国家"十一五"重点图书

中国泌尿外科学史

（第2版）

名誉主编　吴阶平　郭应禄

主　　编　那彦群　孙则禹　叶章群　孙颖浩

副 主 编　孙　光　王建业　黄　健　孔垂泽

主编助理　卫中庆　胡　平　张　凯　陈　赟
　　　　　任　阳

第二军医大学出版社
Second Military Medical University Press

内 容 简 介

本书在第1版的基础更新了泌尿外科领域的新发现和研究新进展,修订了上一版本的瑕疵,对于全书整体的格式和体例进行调整和统一。本书适于各级的泌尿外科医师、外科医师及史料研究者阅读。

图书在版编目(CIP)数据

中国泌尿外科学史(第2版)/那彦群,孙则禹,叶章群,孙颖浩主编.—上海:第二军医大学出版社,2011.10

ISBN 978-7-5481-0319-6

Ⅰ.中... Ⅱ.①那...②孙...③叶...④孙...

Ⅲ.①泌尿外科学-医学史-中国 Ⅳ.①R699-092

中国版本图书馆CIP数据核字(2011)第198238号

出 版 人 陆小新

责任编辑 陆小新 高 标

中国泌尿外科学史

(第2版)

主编 那彦群 孙则禹
叶章群 孙颖浩

第二军医大学出版社出版发行

上海市翔殷路800号 邮政编码:200433

电话/传真:021-65493093

全国各地新华书店经销

江苏句容排印厂印刷

开本:889×1240 mm 1/16 印张:33.5 字数:733千字

2011年10月第2版 2011年10月第2次印刷

印数:4001～6 000

ISBN 978-7-5481-0319-6/R·1115

定价:280.00元

■名誉主编 吴阶平 郭应禄

中国泌尿外科学史 （第2版）

主 编　那彦群　孙则禹
　　　　叶章群　孙颖浩

第二军医大学出版社

Second Military Medical University Press

中华医学会泌尿外科学分会会徽

中华医学会泌尿外科学分会会旗

中华医学会泌尿外科学分会青年医师沙龙

谨以此书献给

中华医学会泌尿外科学分会
成立三十周年

中国泌尿外科学史（2版）编委会
中华医学会泌尿外科学会

值此纪念
中国泌尿外科学主要奠基人
吴阶平 院士

中国泌尿外科学史（2版）编委会
中华医学会泌尿外科学会

努力为发展我国泌尿
外科事业作贡献

吴阶平

以史為鑒

為《中國泌尿外科學史》題

韓啟德 二〇〇七年一月廿日

做创新型科技人才

为中国泌尿外科在本世纪实现

亚洲领先 世界一流宏伟目标而

努力奋斗

郭应禄

二〇〇六年十二月

回顾辉煌历史

展望美好未来

钟南山

二〇〇七年元月

不忘历史
开创未来

朱庆生

二○七年三月一日

▲ 吴阶平院士接见中华医学会泌尿外科学分会第七届
主委会成员留影（2002年11月）

▲ 中国泌尿外科学界三位院士合影
中：吴阶平（中国科学院院士、中国工程院院士）
左：郭应禄（中国工程院院士）
右：张心湜（中国工程院院士）

中国泌尿外科学史（第2版）

▲ 全国人大常委会副委员长、中国科协主席韩启德院士接见
中华医学会泌尿外科学分会第七届主委会成员合影（2007年1月）

▲ 国家卫生部部长高强接见中华医学会泌尿外科学分会第七届
主委会成员合影（2007年1月）

中华医学会泌尿外科学分会历届主任委员

◀ 吴阶平
中华医学会泌尿外科学分会
第一、第二、第三届委员会主任委员

顾方六 ▶
中华医学会泌尿外科学分会
第四届委员会主任委员

◀ 郭应禄
中华医学会泌尿外科学分会
第五、第六届委员会主任委员

那彦群 ▶
中华医学会泌尿外科学分会
第七、第八届委员会主任委员

◀ 叶章群
中华医学会泌尿外科学分会
第九届委员会主任委员

中华医学会泌尿外科学分会历届副主任委员

马永江

中华医学会泌尿外科学分会
第一、第二届委员会副主任委员

虞颂庭

中华医学会泌尿外科学分会
第一届委员会副主任委员

熊汝成

中华医学会泌尿外科学分会
第一届委员会副主任委员

沈绍基

中华医学会泌尿外科学分会
第二届委员会副主任委员

吴德诚

中华医学会泌尿外科学分会
第二、第三届委员会副主任委员

谢 桐

中华医学会泌尿外科学分会
第二、第三届委员会副主任委员

中国泌尿外科学史（第2版）

马腾骧
中华医学会泌尿外科学分会
第三、第四、第五届委员会副主任委员

顾方六
中华医学会泌尿外科学分会
第三届委员会副主任委员

郭应禄
中华医学会泌尿外科学分会
第四届委员会副主任委员

梅骅
中华医学会泌尿外科学分会
第四、第五、第六届委员会副主任委员

郑家富
中华医学会泌尿外科学分会
第二、第三届委员会副主任委员

张元芳
中华医学会泌尿外科学分会
第二、第三届委员会副主任委员

中国泌尿外科学史（第2版）

侯树坤
中华医学会泌尿外科学分会
第五、第六届委员会副主任委员

那彦群
中华医学会泌尿外科学分会
第六届委员会副主任委员

孙则禹
中华医学会泌尿外科学分会
第七、第八届委员会副主任委员

叶章群
中华医学会泌尿外科学分会
第七届委员会副主任委员
第八届委员会候任主任委员

孙颖浩
中华医学会泌尿外科学分会
第七、第八届委员会副主任委员
第九届候任主任委员

王建业
中华医学会泌尿外科学分会
第八、第九届委员会副主任委员

中国泌尿外科学史（第2版）

孙　光
中华医学会泌尿外科学分会
第八、第九届委员会副主任委员

孔垂泽
中华医学会泌尿外科学分会
第九届委员会副主任委员

黄　健
中华医学会泌尿外科学分会
第九届委员会副主任委员

中华医学会泌尿外科学分会全国性学术会议集锦

▲ 中华医学会第一届全国泌尿外科学会全体委员合影

▲ 中华医学会泌尿外科学分会第六届第二次常务委员会委员合影

▲ 中华医学会泌尿外科学分会第七届委员会全体委员（2007.10）

▲ 中华医学会泌尿外科学分会第八届委员会全体委员会议（2008.1）

中国泌尿外科学史（第2版）

▲ 中华医学会泌尿外科学分会第八届委员会第一次常务委员会议（2008.2）

▲ 中华医学会泌尿外科学分会主委秘书长会议

▲ 中华医学会泌尿外科学分会青年委员会全体委员

▲ 中华医学会第七届第一次全国泌尿外科学术会议暨第六届全球华人
泌尿外科学术会议会场外景

中国泌尿外科学史（第2版）

▲ 吴阶平院士等老专家参加全国年会

▲ 外国专家参加全国年会（2006.10）

▲ 2010年十七届全国泌尿外科学术会议会场照片

▲ 全国青年医师学术会议（2008.7）

▲ 全国腔内泌尿外科及ESWL学组专家合影

▲ 2007年全国肾脏疾病微创治疗学术研讨会

中国泌尿外科学史（第2版）

▲ 尿控学组成员合影

▲ 2011年全国尿控学术会议

▲ 中华医学会泌尿外科学分会肿瘤学组成立（2006.5）

▲ 2011年全国肿瘤学术会议

▲ 中华医学会泌尿外科学分会结石学组成立（2006.5）

▲ 2010年全国尿路结石会议

中国泌尿外科学史（第2版）

▲ CUA肾移植学组筹备组成立（2007.9）

▲ CUA男科学组筹备组成立（2007.7）

▲ CUA尿路感染学组筹备组成立

▲ 两位院士与"将才工程"部分学员合影

▲ 北京大学泌尿外科培训中心第四次专家委员会会议

▲ 中国泌尿外科学院（CSU）成立（2007.3）

CSU "指南讲者" 培训项目

CUA科主任培训项目

▲ CSU "欧洲住院医师培训" 项目

▲ CSU "欧洲住院医师培训" 项目

CSU "EUA住院医师培训"项目

▲ 首届CUA "AUA住院医师培训"项目（2009.4，芝加哥）

▲ CUA芝加哥之夜

▲ 中华医学会泌尿外科学分会"哈佛大学泌尿外科肿瘤培训"项目

▲ AUA访问学者项目（2009.3，明尼苏达）

▲ 中华医学会泌尿外科学分会"AUA访问学者"项目

CSU "欧洲肿瘤培训" 项目

▲ CUA "疾病诊疗指南" 编写组

中国泌尿外科学史（第2版）

▲ CUA "疾病诊疗指南" 编写组

▲ CUA "疾病诊疗指南" 编写组

中国泌尿外科学史（第2版）

▲ CUA "疾病诊疗指南" 编写组

▲ CUA "疾病诊疗指南" 编写组

CUA向患者义诊项目（美国泌尿外科学会主席参与了此活动）

CUA向患者义诊项目（2010年）

中国泌尿外科学史（第2版）

▲ CUA "前列腺增生健康教育工程"

▲ CUS "泌尿外科专家西部行"项目（西藏）

▲ 国内学者与EAU学术会议主办者合影

▲ 孙颖浩、李宁忱与亚洲泌尿外科学会本届主席Dr Umbas（印尼）
及上届秘书长胡强达（新加坡）合影

中国泌尿外科学史（第2版）

▲ 中国医生参加国际会议（WCE）

▲ CUA主委秘书长参加2011EAU

CUA在AUA、EAU、JUA设展台

▲ CUA–AUA高峰会（2010 旧金山）

▲ CUA–EUA高峰会（2010.7 北京）

▲ 中国英国泌尿外科高峰会议（2010.9，西安）

▲ 中国加拿大泌尿外科高峰会议（2010）

▲ 中国韩国泌尿外科高峰会议

▲ 中国日本泌尿外科学术会议（2010.10）

▲ 那彦群主任委员与各国泌尿外科学会主席合影

▲ 叶章群主任委员与各国泌尿外科学会主席合影（2010，旧金山）

中国泌尿外科学史（第2版）

▲ AUA秘书长与全球华人泌尿外科会议组织领导人等合影

▲ 第30届国际泌尿外科会议（2009.12，上海）

▲ 第26届世界腔道泌尿外科学术会议（2008.10，上海）

▲ 那彦群主任委员与日本泌尿外科学会主席

中国泌尿外科学史（第2版）

《中国泌尿外科学史》(第2版)参编人员

名誉主编	吴阶平	郭应禄		
主　编	那彦群	孙则禹	叶章群	孙颖浩
副主编	孙　光	王建业	黄　健	孔垂泽
主编助理	卫中庆	胡　平	张　凯	陈　赟	任　阳

参编人员（按姓氏笔画为序）

丁　强	于大雄	卫中庆	马洪顺	王　禾
王　健	王子明	王东文	王共先	王行环
王志平	王国民	王春喜	王晓峰	文志卫
孔垂泽	孔祥波	石炳毅	刘修恒	齐　琳
米振国	安瑞华	孙兆林	杜林栋	李　虹
李　逊	李汉忠	李启忠	李炯明	李黎明
岑　松	吴小侯	邱明星	何延瑜	何舜发
闵立贵	宋　波	宋希双	张　炜	张玲嫒
陈　山	陈　方	陈福宝	杨罗艳	夏术阶
贺大林	袁亚光	莫曾南	高居忠	徐祗顺
黄　健	黄翼然	梁朝朝	谢立平	曾甫清
韩瑞发	温端改	靳风烁	蔡文清	蔡松良
潘铁军	魏　强			

《中国泌尿外科学史》(第1版)
参编人员

名誉主任　　吴阶平　　郭应禄

主　　编　　那彦群　　孙则禹　　叶章群　　孙颖浩

主编助理　　卫中庆　　李宁忱　　胡　平　　陈　赟　　杨　荣　　冯鲲心

参编人员　（按姓氏笔画为序）

于大雄　　于金城　　于德新　　卫中庆　　王东文　　王共先

王春喜　　叶章群　　仁　青　　文志卫　　孔垂泽　　史本康

冯鲲心　　刘凯龙　　米振国　　孙　光　　孙则禹　　孙兆林

孙颖浩　　那彦群　　杨为民　　杨罗艳　　李　虹　　李　响

李大纲　　李龙坤　　李宁忱　　李先祥　　李启忠　　岑　松

何延瑜　　何舜发　　闵立贵　　宋　波　　张　凯　　张元芳

张玲媛　　张祥生　　陈　山　　陈　炜　　罗瑞华　　胡　平

贺大林　　袁亚光　　莫曾南　　黄　健　　梅　骅　　眭元庚

梁大用　　郭应禄　　蔡松良　　黎　玮　　魏　强

再版前言

学习历史　尊重历史　创造历史

2007年7月,《中国泌尿外科学史》第1版出版发行了。阅读该书可管窥中国泌尿外科学在改革开放30年来的长足地进步,新中国成立60年来的艰苦创业,百余年来战乱中辛勤奠基,并上溯千余年,古人对现代泌尿外科发展的贡献尽收眼底。一时间,《中国泌尿外科学史》成为全国泌尿外科同仁们学习历史、了解历史、促进学科发展的"教科书",受到广大泌尿外科学界人士的热烈欢迎,同时受到医史界、医学界、新闻出版界的普遍关注。

在《中国泌尿外科学史》第2版即将出版之际,我们要永远铭记,并怀着崇敬之心、感恩之情,去追思几代前辈对中国泌尿外科学发展的贡献。新中国泌尿外科事业的创始人之一、中华医学会泌尿外科学分会和《中华泌尿外科杂志》的创始人吴阶平院士刚刚故去。先生之"精湛医术、高尚医德、艺术服务"的教诲和对中国泌尿外科事业发展的贡献永驻我们心中。尊敬前辈就是尊重历史,这是我们后辈必须铭记的。

历史是前辈创造的,也是我们续写的。在第1版问世以来的短短5年里,新一代泌尿外科组织的同仁们继承发扬前辈艰苦奋斗、严谨求实精神,不断创造新的历史,续写了新的篇章。

随着信息化社会的发展,少数专家、少数医疗单位统领全国的局面已经一去不复返,交流与合作成为学科发展的重要方向。泌尿外科学会则成了推动该学科发展的核心力量和重要平台。中华医学会泌尿外科学分会第七、第八、第九届委员会顺应新时代的要求,提出了"规范学会管理",编写"中国泌尿外科疾病诊疗指南",大力促进国际化进程的工作目标,取得了举世瞩目的成绩。面对浩瀚的宇宙,茫茫的时空,上苍给我们每个人创造历史的空间并不那么宽裕,我们正在创造历史,我们必须创造历史。

历史：你知或者不知／她都在那里

你尊重或亵慢／她都在悄然发生变化

你无为或创造／她都在流淌你的生命

让我们学习历史,尊重历史,一起创造历史吧!

第2版在前1版本的基础上补充和修正部分内容,并对前一版发行以来中国泌尿外科界的变化做了重要补充。在此,感谢各省、直辖市、自治区及港澳台泌尿外科学会及全国泌尿外科同仁们的通力合作。

那彦群　孙则禹

叶章群　孙颖浩

2011 年 8 月

第 1 版序一

现代泌尿外科学在中国从无到有，从小到大，从弱到强的发展已将近一个世纪，回顾这一历史的目的是展望中国泌尿外科的发展与未来。中华医学会泌尿外科学分会那彦群、孙则禹、叶章群、孙颖浩等同志组织全国泌尿外科同道编写的《中国泌尿外科学史》是一项非常有意义的、开创性的工作。

本书内容丰富、全面、真实、客观地反映了我国泌尿外科事业的发展。本书记述了全国及各省、自治区、直辖市、港澳台地区和中国人民解放军泌尿外科发展的历史，回顾了中华医学会泌尿外科学分会及各学组历届委员会、历次学术会议的情况，也叙述了《中华泌尿外科杂志》的发展历程。总的说来，本书涵盖了我国泌尿外科学的学术发展、技术进步、人才培养、海内外交流等各方面的重要人物和史实。

读过本书，不难得出以下几点体会。第一，中国的泌尿外科学史是一部反映中华民族振兴的历史，泌尿外科学的发展与国家的兴旺发达息息相关。新中国成立后，特别是改革开放的大好形势，使我国泌尿外科事业得以飞速发展。第二，中国的泌尿外科学史是一部团结与前进的历史。中国泌尿外科学的发展不是靠一个人或几个人推动的，而是全国同道团结奋斗的结果。书写泌尿外科历史的，不仅仅是知名专家，还有成千上万普通的医护人员、科研人员、技术人员，更有关心和支持我国泌尿外科事业的各界人士及海外同道。第三，中国的泌尿外科学史是一部实践的历史。泌尿外科事业发展的动力来自实践的需要，全心全意为病人服务的信念是我们开拓创新的力量之源，为广大病人解除病痛的实践是我们开拓创新的灵感之源。第四，中国的泌尿外科学史是一部创新的历史。新的理论、技术、药物和仪器设备对现代泌尿外科的发展尤为重要。医、技、工、贸的紧密结合，积极开发与推广适合我国国情的新技术、新产品，必将推动泌尿外科事业的持续发展。

感谢参加本书编写的各位同志。建议中华医学会泌尿外科学分会把这项工作继续做下去,希望全国泌尿外科界的老专家、老职工把个人的经历写出来,把临床和科研实践中得到的经验和教训写出来,使中国的泌尿外科学史不仅仅是一部学术历史,更能成为一幅丰富的、生动的、体现时代发展和精神风貌的历史画卷。

谨向全国泌尿外科同道及关心泌尿外科学事业发展的各界人士推荐此书。特别希望年轻的泌尿外科医师读一读这本书,因为你们正在续写中国泌尿外科学明天的历史。

吴阶平

2006 年 12 月

第1版序二

编写《中国泌尿外科学史》是吴阶平老师的意愿。1999年在大连举行的第五届中华医学会泌尿外科学分会常务委员会上决定，由泌尿外科学分会主持编写，号召各地首先编写地方泌尿外科学史。2002年《江苏泌尿外科史志》正式问世，为编写全国性泌尿外科学史开了个好头。现在，中华医学会第七届泌尿外科学分会通过努力已完成《中国泌尿外科学史》的编撰工作，这是件好事，值得庆贺。

以史为鉴，通过编写学科发展史，可从我国泌尿外科学迅速发展的历程中清晰地看到以吴阶平院士为代表的老一代科学家，为建设学科、促进医学事业发展，带领全国同道努力奋斗，在建设中国泌尿外科学中作出的卓越贡献。我们以无比崇敬的心情回顾老师们所走过的艰辛历程和作出的巨大贡献。前辈们的丰功伟绩永载历史史册，他们的创业精神永远激励着我们，为使我国的泌尿外科学在本世纪实现亚洲领先、世界一流的宏伟目标，我们决心与全国同道们一起努力奋斗。

编撰中国医学学科发展史，必须以实事求是的科学历史观，分析和认识在学科发展历程中所取得的经验和教训，客观地记录学科发展过程中的实事，尽可能给以客观评价，这是巨大的财富。我们的学科能有今天这样发展较快、凝聚力较强的大好局面，来之不易，如何才能在原有的基础上更快地发展是每一位同道必须重视的大问题。

实现全国泌尿外科界的和谐相处、共同进步，要有"万紫千红才是春"的全局观念。要通过专科医师培训，尽快缩小地区之间差距，加快学科发展。

每位同道，不管从事医疗、科研还是教学工作，首先必须学会做人，而且要做王选式好人。每位同道必须养成良好的学风，防范科学浮躁风的侵袭，开好学术会议，少开质量不高的会，要踏踏实实干工作。学术骨干要防止蜻蜓点水式的"学术走穴",带头做好医疗、教学、科研等各项工作。

在承认我们的学科总体上落后于先进国家的基础上,我们实行开放式教育,是迅速提高学科学术水平的一条捷径。因此,要走出去、请进来,要加强国际交流,要充分重视引进、消化、吸收和再创新的原则。我们既反对盲目自满,也反对完全崇外的思想。

党的十六大提出建设社会主义和谐社会是个伟大创举,我们必须认真学习、深入领会,把它贯彻到我们的日常工作中,为加速我国泌尿外科学的发展而努力。

我坚信随着我国国力的提高,科学技术的快速发展,抓住本世纪头 20 年这一历史性战略机遇,通过全国同道的共同努力,我国的泌尿外科学发展定将实现飞跃,我们的宏伟目标一定能够实现。

郭应禄

2006 年 12 月

第 1 版前言

古人云：以史为鉴，可以知兴废。也就是说，研究历史可以找到人类社会发展的必然规律，并以此把握时代的脉搏，促进社会的进步。研究医学科学的发展史，探索人类在与大自然、与不同的疾病抗争中医学科学发展的轨迹，可以使我们更加深刻地理解医学科学的过去与现状，拓展我们的视野；研究医学科学的发展史，可以使当今从事医疗职业的学者们，更加深刻地体会到历史赋予的责任，更加激励他们为医学发展而拼搏向上的奋斗意志。可以说，在现代医学的发展中，凡是真正有造诣、有突出贡献的学者，无一不是该学科发展史的研究者和宣传者。

中华医学会泌尿外科学分会，由吴阶平院士等一批老一辈泌尿外科学专家发起，于 1981 年在南京正式成立。这是中国泌尿外科学发展史上的一个重要里程碑。从此，中国的泌尿外科学进入了一个快速发展的时期，并在追赶世界先进水平的道路上，不断取得骄人的成绩。

从 20 世纪 90 年代开始，我国泌尿外科学的奠基人吴阶平院士，以及为中国泌尿外科学的发展作出过卓越贡献的学科带头人郭应禄院士，曾在许多场合多次教诲我们："要重视历史资料的保存与收集"；"不要忘记历史，要写好中国泌尿外科学史。"

2004 年 11 月中旬，中华医学会泌尿外科学分会在重庆市举行了换届选举，产生了以那彦群教授为主任委员，孙则禹教授、叶章群教授及孙颖浩教授为副主任委员的第七届委员会。新一届委员会认识到挖掘、抢救与保存历史资料的紧迫性及重要性，主委会决定：响应吴阶平、郭应禄两位院士的号召，立刻动员全体委员及各地主委组织编撰《中国泌尿外科学史》，并争取在两年时间内完稿。主委会还强调：编撰《中国泌尿外科学史》是一项非常重要的任务，是本届委员会的历史使命之一。

对学科史的编写，在国内医学界尚无先例可循；参编的委员们又都是首次涉足史书的写作,而且平时临床、教学、科研任务十分繁忙,加之他们对本地的泌尿外科发展史亦知之甚少。所有这些,都给我们的编撰工作带来了极大的困难。全体编委及其他编者都感到这副担子沉甸甸的。但全体编者们在困难面前没有止步,没有退缩。就在我们处于困境的时候,吴阶平、郭应禄两位前辈不断地给予我们支持与鼓励。我们以此作为动力和鞭策。在全委会上,我们多次强调:谁没有完成自己应承担的那个地区的泌尿外科发展史资料收集、整理的历史使命,谁就辜负了那个地区泌尿外科同道们的希望,就没有尽到他们应尽的历史责任。如果主委会没有完成本书的汇总及出版,也就没有完成本届委员会主委会的历史责任。

《中国泌尿外科学史》从构思与制订写作计划,到动员、收集整理资料、编写、汇总,再经编校、付梓,前后耗时两载。本届委员会全体委员付出了大量的精力和心血。但是,当阅读到已完成的文稿,想到终于不负众望,完成了一项艰巨而光荣的历史使命时,我们感到莫大的欣慰。现在,这项系统工程终于完成了!在本书即将出版之际,我们首先要感谢全体编委及参编作者们,正是由于他们积极响应分会的号召,全身心地投入工作,辛勤耕耘、孜孜以求,才使本书得以顺利完稿。在本书的编撰中,香港、澳门及台湾的泌尿外科学专家及学术组织也给予了我们真诚的支持与合作,对此我们表示衷心的谢意。我们还要衷心地感谢吴阶平、郭应禄两位前辈,他们不仅始终关注着本书的编撰与进展,而且还不时地给予我们具体的指导和热情的鼓励,并亲自为本书题词和作序。此外,第二军医大学出版社对本书的出版给予了大力支持,总编辑李春德编审亲自负责本书的审稿工作,促成了本书能如期付印。在此,我们也一并表示诚挚的谢意。

我们希望本书的出版,能让全国的泌尿外科学者们永远铭记那些曾为我国泌尿外科学的发展付出了毕生精力并作出了巨大贡献的先辈与学者们。正是由于他们的开拓与创业精神的推动,才使得中国泌尿外科学得以较快地发展,才使得我们新一代泌尿外科学者们得以茁壮成长并在各自的岗位上作出了应有的贡献。我们更寄希冀于本书的出版能激励起那些正奋斗在临床、教学、科研第一线的泌尿外科学者们的历史使命感,促使他们沿着中国泌尿外科学前辈与长者们开创的事业道路,继续攀登医学高峰,为中国的泌尿外

科学在 2020 年赶上世界先进水平,创造更加辉煌的业绩。我们相信,中国泌尿外科学的后继者们,在今后的岁月里,一定能不断地补充、修正和拓展这部《中国泌尿外科学史》,进一步为其谱写新的篇章,增添新的光彩。

那彦群　孙则禹

叶章群　孙颖浩

2006 年 12 月

目　录

第一部分
中国泌尿外科学史概述

中华民族是世界上最古老、最伟大的民族之一。在灿烂辉煌的中华文明中，博大精深的中华医学更是世界文明的瑰宝。中国的泌尿外科学，在中国悠久的医学史中有着重要的地位和不可磨灭的贡献。然而，一个学科的发展和腾飞，除了依靠该学科工作者们的探索和奋斗之外，尚有赖于这个学科中杰出人物的努力与奉献。他们不知疲倦的工作，以及默默无闻的耕耘，不仅有力地推动该学科的发展，而且促进了科技的进步。现在，追述、整理和记载中国泌尿外科学从无到有、从小到大的风雨历程，不仅有利于传承几代老前辈学者们的奋斗精神，歌颂他们对中国泌尿外科学的建设和发展所作出的丰功伟绩，而且还给后人留下一份宝贵的财富。《中国泌尿外科学史》的出版和发行具有重要的历史意义。

中国泌尿外科学的历史沿革

一、奠基时期（1949 年前）

在中华民族 5 000 年的历史长河中，我国的中医药学在保障中华民族的繁衍生息中作出了不可磨灭的贡献。早在春秋战国时期，我国医学名著《五十二医方》中就有关于治疗泌尿系统结石的记载。至秦汉时期，《武威汉代医简》较为详尽地记载了泌尿系统结石的治疗方法。公元 2 000 年前，在祖国医药学文献中，对泌尿系统及男性生殖系统疾病便有许多深刻的认识和详细的描述。在 1 000 多年前的古医籍中，就有关于用葱管和鹅毛管导尿的记载，这可能是医学史上最早的软管导尿术。中华民族 5 000 年的历史文化积淀，孕育了无数杰出的医药学家。他们为人类医药学的发展作出了卓越的贡献。但在 19 世纪之前，中国历代医药学家中，专职从事泌尿外科的却无一人。在我国的中医药学中，泌尿外科并不像骨伤科那样自成一体。

19 世纪中期，帝国主义列强为了达到瓜分中国的目的发动了鸦片战争，用铁甲炮舰轰开了腐朽清政府统治下的中国大门，列强们除了使用政治、军事、经济等手段侵略外，还加强了对旧中国的文化侵略。例如：19 世纪初，传教士源源不断地进入中国，在民间行医、办诊所、办医院。早期主要是在澳门、广东、福建、浙江等沿海地区。1828 年，英国传教士高立支，在澳门建立了当时中国第一个教会医院。现今的中山大学附属第二医院是由美国传教士 Parker 创建于 1835 年 11 月，这是有历史记载的中国最早的西医院，当时称博济医院。

1

1886年,孙中山先生曾在此学习医学并从事革命活动。在中国西医史上,1844年博济医院首次记录了泌尿外科手术,即Parker医师开展的首例经会阴膀胱切开取石术。1856年,博济医院的Kerr医师成功地施行了经尿道盲目碎石钳机械性粉碎膀胱结石术,这也是有案可查的国内首例经尿道膀胱碎石术。据博济医院建院100周年(1935年)统计,该院共施行泌尿系统结石手术4 041例,其中膀胱结石3 456例。1844年英籍医师William Lockhart在上海市开埠仁济医院。1860年(清咸丰十年),英国基督教会创办了福州圣教妇孺医院。1866年(清同治五年),英国基督教会在福建省福州市仓山塔亭旁(今福州市上藤路)建立海港医院。1885年(清光绪十一年),英国基督教圣公会派英籍医师在福州市霞浦创办了福宁博济医院,院内还设有西医学校,专门培养中国医师。1881年,英国基督教会惠师社在广东省佛山市建立了广济医局(佛山第一医院前身,1946年改名为循道医院)。19世纪80年代,葡萄牙军队侵占我国领土澳门后,相继建立澳门镜湖医院和仁和伯爵综合医院,分别为中医和西医医院。1892年,孙中山先生曾到澳门镜湖医院担任义务西医医师,开创该院西医之先河。

在此期间,全国各地也陆续建立了许多教会医院,如较早的有湖北省汉口仁济医院(1882年,现武汉协和医院),江苏省苏州博习医院(1883年,现苏州大学附属一院),辽宁沈阳盛京施医院(1883年),广东省海口福音医院(1885年),江苏省南京马林医院(1892年,现南京大学附属鼓楼医院),江苏省徐州女医院(1887年)等。19世纪末,西方基督教会在安徽省芜湖(1888年)、合肥(1898年)、安庆(1902年)、怀远(1909年)等城市创办了一批基督教医院。当时,沈克非曾在芜湖市弋矶山医院任外科主任。1892年,加拿大基督教会在四川省成都市创办四圣祠北街福音男医院(现存仁医院),1896年,在其附近后巷子建立福音女医院(现仁济医院)。1909年,英国、美国、加拿大办的几所教会在成都联合创办私立华西协合大学,1910年正式招生;1913年设立医科(现四川大学华西医学中心),医科1914年正式招生,并以四圣祠北街的福音男医院和福音女医院为教学医院。1915年,医科的教程中已将泌尿外科作为一门独立的课程,安排在第6学期,当时课程名为"阴阳尿经病症",后又改称"生殖尿具学"。

20世纪初期,又有许多教会西医院及爱国华侨募捐集资的医院在中国建成,例如:1901年,法国天主教会建立的海口中法医院;1904年,英国教师金纯仁(J. H. Taylor)在河南省开封市建立了河南省首家西医院——福音医院(现河南省人民医院)。1906年,美国年轻医师古月在湖南省长沙市开办雅礼医院,1908年,江苏省无锡市的基督教会开办普仁医院。在我国东北三省,当时属日本的势力范围,日本南满铁道株式会社在辽宁省沈阳市建立日本赤十字奉天医院(1909年)和南满医学堂(1911年)。1911年,英国圣公会在福建省福州市柴井医院举办福州协和医学校,校长由柴井医院英籍教师金纯仁担任。同期,西方教会于四川省的成都、重庆、乐山、宜宾、遂宁、自贡等地(市)也陆续建立了教会医院及诊所。1918年,顾毓琦创办上海同德医学院等。

尽管上述记载的这些医院的建立,是帝国主义列强侵略中国的历史铁证,但先进的西方医学及文化同时也传入了被封建社会禁锢了数千年的中华大地。这些医院的外籍医生中已存在兼职的泌尿外科医师,许多医院都有开展阴茎部分切除、睾丸切除、膀胱切开取石等中小手术的记载,也有过少量开展肾切除、前列腺切除等手术的记录。据有关史料记载,在这一时期开展的泌尿外科手术中,已有中国医师担当手术第一助手的记录。

在新中国成立前(主要指 1921—1949 年),中国泌尿外科处于初创阶段,泌尿外科仍设在大外科内,没有形成专科。当时,我国泌尿外科高发的疾病主要有肾结核、阴茎癌、前列腺增生、膀胱结石等。在此期间,有关泌尿外科的文献仅有 60 多篇,翻译的泌尿外科书籍只有一部。

1926 年,谢元甫在美国约翰斯·霍普金斯大学医学院接受"现代泌尿外科之父"Hugh Young 指导后,回国到北平协和医院工作,在大外科中建立了泌尿外科专业。他在临床工作和培养人才方面的贡献非常突出,培养了施锡恩、虞颂庭、许殿乙、吴阶平等我国现代泌尿外科学的重要人物。曹晨涛于 1925 年赴美国进修泌尿外科,并于 20 世纪 30 年代学成回国从事泌尿外科工作。

20 世纪 30 年代前,上海市的一些大医院中泌尿外科仍附属在大外科之内,也没有专科病床。到 30 年代后,上海市的一些大医院才陆续开设了泌尿外科床位,如上海市红十字会医院(现华山医院)、广慈医院(现瑞金医院)及伯特利医院(现上海市第九人民医院)等。抗日战争前后,有王历畊、陈仁亨、宋元阁、王以敬、陈邦典、许殿乙等在外科中兼职做泌尿外科专业工作。

20 世纪 40 年代初,施锡恩在北平协和医院任代理泌尿外科主任,吴阶平、熊汝成、虞颂庭、马永江等都曾师从于他。日本占领北平后,施锡恩到天津,于 1942 年与当时著名的内科专家卞万年、肿瘤学专家金显宅、妇产科专家林菘等联合创办了天津恩光医院,并自任泌尿外科主任。这可能是中国第一个成建制的泌尿外科学专科。1937 年,日本医生小池博士带一台膀胱镜来到哈尔滨,中国医师呼义民、曹维纯很快掌握了膀胱镜检查技能,独立开展膀胱镜检查。他们后来都成为我国东北地区泌尿外科学的创始人,为东北地区的泌尿外科学的发展奠定了坚实的基础。抗日战争期间,上海市虽然沦为孤岛,但仍有一批泌尿外科学者留守上海,如高日枚就留在当时上海市红十字会医院主持泌尿外科工作。

抗日战争爆发前,原南京中央大学医学院董秉其任外科主任,曹晨涛主要从事泌尿外科专业工作。在南京中央医院(现南京军区南京总医院)工作的沈克非为外科主任,王历畊为泌尿外科医师,开展泌尿外科常规手术。由于曹晨涛、王历畊为从事泌尿外科专业的专职医师,被我国医学界公认为泌尿外科学的第一代开拓者。抗日战争期间,王历畊随南京中央医院迁至重庆歌乐山,继续从事泌尿外科工作。抗战胜利后,王历畊回到江苏省,任江苏医学院院长并继续从事泌尿外科工作。1947 年,王历畊到浙江工作。1945 年,许殿乙调入南京中央医院,负责筹建南京中央医院泌尿外科。许殿乙在江苏省泌尿外科的创建和发展中做了大量的工作,他不仅在南京中央医院开展了多项泌尿外科临床工作,还定期组织南京地区各大医院从事泌尿外科工作的医师召开读片会及病例研讨会,对江苏省泌尿外科学人才的培养倾注了极大的热情,为江苏省泌尿外科学后来的发展打下了良好的基础。当时,在江苏省从事泌尿外科专业工作的还有于茂生、刘正确、周志耀、周性明、张攀树、尤国才、黄炳然、陈锡龄、关哲昭、高鸿程、罗汇等,他们都为江苏省泌尿外科的发展做了大量工作。

抗战胜利后,上海市的医疗事业开始复苏。一些大医院纷纷建立泌尿外科专科病房,真正意义上的上海市泌尿外科医疗队伍开始形成。当时除熊汝成主持中山医院泌尿外科工作外,陈家镳主持红十字会医院泌尿外科工作,程一雄主持广慈医院泌尿外科工作,曹裕丰主持仁济医院泌尿外科工作,黄正主持公济医院(现上海市第一人民医院)泌尿外科工作,马永江主持同济医院(现长征医院)泌尿外科工作,王以敬主持宏仁医院泌尿外科工作。他们利用从国外带来的膀胱镜等医疗器械,开展了许多中小型的泌尿外科专科手术,为上海的泌尿外科学的建立和发展作出了突出的成绩。

1942年,吴阶平于北平协和医学院获博士学位后,到南京中央医院任住院医师。1946年下半年,吴阶平应邀到北京大学医学院附属医院任外科学讲师兼管泌尿外科工作。同年,他在医院外科中设立了专属泌尿外科病房(3张床位),并以此为基础逐渐形成了该院的泌尿外科专科。

值得一提的是,中国医科大学,其前身为中国工农红军军医学校,是由中国共产党创建的第一所医科院校。该校1931年11月创建于江西省瑞金,1933年改名为中国工农红军卫生学校,由贺诚任校长,当时还出版了红军第一本医学杂志,即《红色卫生》。该校随红军长征迁至陕北。1940年,在陕西省延安经毛泽东同志提议更名为中国医科大学。1946年7月,该校奉命挺进东北,合并了原东北军医大学(前身为哈尔滨陆军军医学校)。1948年,东北三省全境解放后,该校奉命进驻沈阳,又合并了原满洲医学堂(1911年创立)和原盛京医科大学(1892年创立),成为名副其实的中国医科大学。在中国医科大学附属第一医院、大连医科大学附属第一医院(其前身为满洲医科大学)及日本赤十字大连医院的院史中,记载了当时皮肤泌尿器科的基本状况,已有肾切除、前列腺切除、膀胱切开取石术、阴茎部分切除术等手术的记录。1943年,中国医生王瑞福进入满洲医科大学皮肤泌尿器科成为科内唯一的中国医师。1945年抗日战争胜利后,王瑞福任皮肤泌尿科主任。1949年,王瑞福创立了当时辽宁第一个独立的泌尿外科,并任主任。

在整个奠基阶段,中国的泌尿外科学已开始从无到有,但与西方先进国家相比,发展仍属缓慢。由于许多前辈们的努力和"传帮带",在此期间,已吸引了一大批有志于泌尿外科工作的青年医师,初步形成了一个泌尿外科学术队伍。而且,由于他们的努力和开创性的工作,使我国的泌尿外科事业从北京、上海、天津、南京、武汉、重庆等大城市逐渐扩大到全国其他城市。从此,中国泌尿外科学如星星之火,呈现燎原之势,逐渐发展壮大起来。

二、发展时期(1949—1980年)

1949年新中国成立后,我国泌尿外科开始蓬勃发展。在全国各地医院中,首先有一批省(部)级医院设立了泌尿外科专业病区,有的在外科病区中设立了泌尿外科专业病床。施锡恩、吴阶平、许殿乙、熊汝成、虞颂庭、马永江、陈仁亨、曹晨涛、于茂生、王历畔、杨松森、张华麟等前辈们,均在各自的岗位上为我国的泌尿外科学的发展做了大量卓有成效的工作,对我国泌尿外科学的发展起到了重要的推动作用。值得一提的是，解放军部队医院，在长期战争中积累了泌尿生殖系统大量救治战创伤伤员的经验，因此，泌尿外科的发展较地方医院稍快一些。由于接管了原国民党军队的医疗机构和专业人才，在20世纪50年代初解放军各大军区和军医大学就组建了一批泌尿外科专科。例如：陈仁享1950年组建了重庆西南医院泌尿外科；马永江1951年组建了上海长海医院泌尿外科；许殿乙1951年组建了南京军区总医院泌尿外科，1954年调往北京解放军总医院主持泌尿外科工作。这一时期，第四军医大学的曹晨涛和沈阳军区的宋元阁等亦相继在自己的医院组建了泌尿外科。在50年代初的抗美援朝战争中，这批军队医院的泌尿外科专科成功地救治了大量的泌尿外科战伤病人，为保障我军指战员的生命安全和健康作出了重大的贡献。

1952年，熊汝成领导的上海医学院附属中山医院泌尿外科已拥有70多张病床，成为当时国内规模最大的泌尿外科，对泌尿生殖系统结核病、阴茎癌、膀胱结石等常见病、多发病的诊治积累了较丰富的经验和体会。1952年，王历畊在浙江省广济医院（现浙江大学附属第二医院）创立泌尿外科专业，开设泌尿外科床位20多张。20世纪50年代初，上海第二医学院附属瑞金医院、上海纺织第一医院等也正式拥有了泌尿外科病房。

吴阶平到北京大学医学院后不久，谢元甫也应邀到该院任教，吴阶平在谢元甫的指导下工作。谢元甫根据在美国考察学习的实际体会，认为芝加哥大学泌尿外科的哈金斯教授是美国最出色的泌尿外科学专家之一，就不断推荐中国泌尿外科医生去那里学习深造，第一个派出去的是施锡恩，然后是许殿乙、虞颂庭、吴阶平。这几位前辈留学回国后，都成为中国泌尿外科学的著名专家和导师。吴阶平留学归来后，于1953年根据248例肾结核的临床资料，结合双侧肾结核晚期病人的病理结果，提出"一侧肾结核、对侧肾积水"的理论，并制订了切实可行的治疗方案。这一理论在当时结核病肆虐的年代里，挽救了许多肾结核病人的生命。吴阶平的这一创见，被认为是国际泌尿外科学领域的一次突破性进展。1954年，吴阶平的相关论文在《中华外科杂志》上发表，并引起国际泌尿外科学界的轰动。吴阶平因此名扬泌尿外科学界，也成为中国泌尿外科学界的主要奠基人之一。

20世纪50年代后期，肾上腺外科在国际医学界的研究尚不深入，当时临床上认为肾上腺皮质有增生并可发生肿瘤，肾上腺髓质只有肿瘤而没有增生性病变。70年代中期，有人提出，肾上腺髓质即使病理上有所谓增生，那也是肿瘤的前期表现。吴阶平根据临床观察和基础研究，对肾上腺髓质增生提出了独特的见解，并发表了一系列著名的论著。吴阶平提出："肾上腺髓质病变不仅有嗜铬细胞瘤，还有增生性疾病；肾上腺髓质增生不是肾上腺嗜铬细胞瘤的"前身"，而是一种独立的疾病"。

20世纪80年代，许多国外泌尿外科学界最终承认了这一理论，这是吴阶平对泌尿外科学的又一重大贡献。

吴阶平在男性计划生育工作中指出："输精管结扎之前向远端精道注入杀精药物，疗效显著，也更加安全。"此法迅速在全国得到推广和应用，对当时的国策——计划生育工作，作出了杰出的贡献，也已被载入史册。

在尿流改道方面，1956年马腾骧与虞颂庭共同完成国内首例回肠膀胱术。吴阶平在国内率先采用回盲肠进行膀胱扩大术,解决了结核性膀胱挛缩引起对侧肾积水的贮尿难题。之后,这一术式在国际上也得到应用与推广。

到了 20 世纪 50 年代中期,随着国人营养水平的提高和卫生条件的改善,建国初期高发的泌尿系统疾病逐渐减少,而上尿路结石的发病率快速上升。吴阶平在全国较早开展泌尿系统结石机制的研究,并还探讨了甲状旁腺功能亢进与尿路结石的关系。

20 世纪 50 年代末,我国对肾功能衰竭病人的救治工作开始起步。1959 年,马腾骧在国内首次将"人工肾"应用于临床挽救急性肾功能衰竭的病人,并获得成功。肾移植工作也开始在国内起步。1960 年 2 月,吴阶平、沈绍基完成 2 例尸体肾移植手术。不久,吴阶平与郭应禄发表了肾移植的综述,对肾移植的历史、现状及具体技术作了详尽的论述,对肾移植工作在我国的开展起到了有力的促进作用。1962 年,马腾骧出版了国内第一部血液透析方面专著——《人工肾》。

"文革"期间,由于受极左思潮的影响,医疗卫生事业遭到破坏,许多医学院校被迫迁至边远贫困的省份,许多大医院的著名学者也被下放到基层或边远地区。尽管工作条件艰苦,但他们为医学奉献的精神没有变,追求医学发展的理想没有变。例如,广东省的梅骅、庄广伦等深入边远山区,在极其艰苦的条件下,将农舍当作手术室,用手电筒照明,仍然施行了 30 多例复杂的膀胱阴道瘘手术。他们还改良了手术方式,取得了良好的效果。改良的术式后来在梅骅主编的《泌尿外科手术学》一书中进行了详细的介绍,对当时的中国泌尿外科工作有很重要的指导作用。1972 年,梅骅完成了国内第一例亲属间肾移植,在全国产生了巨大影响。1974 年,武汉协和医院熊旭林率先为一例肾动脉狭窄性高血压病人进行了自体肾移植并获得成功。此后,国内多家医院相继开展同种尸体肾移植工作,但由于免疫药物的研发水平滞后,肾移植长期生存率仍不高。

1962 年,在重庆市组建全国泌尿外科协作组(中华泌尿外科学会前身)。1963 年 6 月 14~19 日,在沈阳市首次单独举行了全国泌尿外科学术会议,有 25 个省、直辖市,共 139 位代表参加。会议收到论文 219 篇,大会宣读了 92 篇,内容以结石、损伤、尿石症为重点。会议还讨论了计划生育与泌尿外科医师培训的问题。1963 年,施锡恩与吴阶平共同主编了《泌尿外科学》专著。这是中国泌尿外科学界第一部,也是最为系统的理论与临床相结合的专著,对中国泌尿外科学的发展有着重要的历史意义。同年,北京医学院北大医院在吴阶平的领导下,率先成立泌尿外科研究室。次年,在吴阶平的倡议下,北京、上海、天津、重庆等大城市的泌尿外科同仁们共同创建了《泌尿外科内部通讯》,即后来《中华泌尿外科杂志》的前身。该通讯编委会由吴阶平任主任委员,下设 4 个编辑组,分别由吴阶平、施锡恩、熊汝成、陈仁亨任编辑组长。顾方六、缪廷杰、马腾骧、金锡御任秘书。该通讯先后共出刊 6 期,影响全国,后因"文革"而停刊。

20 世纪 60~70 年代,国内仍缺乏泌尿外科学专业人才,许多医院的泌尿外科医师仍由普外科医师兼任。故尽快培养一支我国青年、中年泌尿外科专科医师队伍显得格外紧迫和重要。在这一时期的泌尿外科医师教育培养工作中,施锡恩、吴阶平、许殿乙、熊汝成、虞颂庭、马永江、张华麟等老一辈专家呕心沥血,倾注了大量的心血,做了大量培训专科医师的工作。当时,北京医学院附属医院还为全国乃至第三世界国家培养了大批专业骨干,如国内知名的专家梅骅、彭轼平、魏克湘、肖连生、于惠元等,都曾在该院进修。早在20世纪50年代,吴阶平就培养了我国第一个泌尿外科学专业研究生顾方六,70年代培养了中国第一个泌尿外科专业博士研究生鹿尔训。

上海市的医师培养工作成绩也很突出,1956年就举办过一期全国泌尿外科进修班,由程一雄、曹晨涛、王以敬授课。1963—1964年,卫生部委托上海市第六人民医院开办全国泌尿外科学习班,使得泌尿外科专业医师的培训理论化、系统化。1976年,在曹裕丰、熊汝成、何尚志、谢桐、孟荟、安世源、沈家立、江鱼、马永江等相继参与和组织下,上海市12家医院进行分工,分别给全国泌尿外科学习班学员上课。根据各医院的特长,安排手术示教内容,使教育工作理论与实践相结合,成为卫生部选定的泌尿外科高级专业人才培养基地。自1976年至今,已连续举办了30届,为全国各地培养了近600名高级泌尿外科专业人员。新华医院蒋鹤鸣长期承担主办学习班的艰苦工作,功不可没,使一大批泌尿外科精英在专业水平上更上一层楼。

由于建国后历次政治运动以及军队医院的换防,使得解放后一批泌尿外科的开拓性专家调动频繁。但他们每到一地都迅速开展"传帮带"工作,也间接促进了中国泌尿外科学的进展及学术思想的交流。例如,吴阶平曾在北京多家医院任学科带头人;曹晨涛、许殿乙、张华麟、王历畊、陈仁亨、宋元阁、虞颂庭、秦尔斌、于茂生、马永江等均在国内多家医院从事过泌尿外科临床工作。20世纪50年代末,北京医学院鲍镇美及湖南医学院张保罗到内蒙古支边。60年代,顾方六也曾支边到内蒙古包头医学院工作。作为这一时期的一批中国泌尿外科学的学科带头人,他们为全国各地培养了大批专业人才,为中国泌尿外科事业在全国各地的发展作出了重要贡献。

三、快速发展时期(1980—2000年)

"文革"后,随着国家各项事业的飞速发展,以吴阶平为领军人物的中国泌尿外科学获得全面、快速发展。1978年,北京医学院泌尿外科研究所成立。1979年天津市泌尿外科研究所成立。1980年2月15日,《中华泌尿外科杂志》创刊,成为我国泌尿外科学术界首家正式出版的权威性的专业学术性刊物,填补了我国泌尿外科学专业刊物的空白。1981年11月,在江苏南京举行了第一届全国泌尿外科学术会议,并宣布成立中华医学会泌尿外科学分会,选举产生了第一届委员会,吴阶平任主任委员,熊汝成、虞颂庭、马永江任副主任委员,会上公布全国专职泌尿外科专科医师有2 024人。中华医学会泌尿外科学分会的成立和《中华泌尿外科杂志》的出版,这两件大事成为中国泌尿外科学发展的重要里程碑。

与此同时,我国医学院校的教育也步入正轨,1977年恢复了大学和研究生招生制度,大大促进了泌尿外科临床和科研工作的发展。上海、北京、天津、广州、武汉等大城市,以及四川、浙江、山东、陕西等省一些比较著名的医学院或附属医院都相继获得硕士、博士研究生的培养资格。这为中国泌尿外科学界今后科研工作的开展,奠定了坚实的基础。随着国内改革开放的进行,国际学术交流日益增多,以腔内泌尿外科、体外冲击波碎石术(ESWL)为特点的新技术得到飞速发展。在技术革命浪潮的冲击下，超声检查、计算机体层摄影术（CT）、磁共振成像（MRI）、分子生物学检测等技术被迅速在医学领域的应用，为泌尿外科疾病的诊断提供了有力的武器，使泌尿系统疾病的治疗成功率大大提高。因此，外部条件的推动加上内部机制的改革，都使中国泌尿外科学进入一个快速发展期，为我国泌尿外科追赶国际水平提供了一个良好机遇和环境。

在此期间，各地区受到良好培训的泌尿外科专业人员数量不断增加。各省、直辖市及自治区相继建立、建全了泌尿外科学分会及专业学组等组织。各医院陆续建立了泌尿外科，设有专科病区，床位数不断增加。在全国快速形成了具有相当规模的泌尿外科专业队伍和先进设备的医疗机构。

20世纪80～90年代，腔内泌尿外科学在全国迅速发展，ESWL在我国迅速兴起，并接近国际先进水平。1982年7月，在吴阶平、郭应禄、王德昭主持下，北京医学院泌尿外科研究所与中国科学院声学研究所共同进行ESWL研究，从动物实验很快过渡到临床应用。1984年，ESWL应用于肾结石的治疗取得成功，北京医学院人民医院与中国科学院电工研究所研制成功我国第一台体外震波碎石机，1987年北京医科大学泌尿外科研究所和人民医院泌尿外科共同获国家科技成果奖一等奖。此时，上海交通大学与上海医科大学中山医院也相继开发并完成了体外冲击波碎石机的研制和临床应用。南京铁道医学院附属医院参与了国产第一代碎石机的研制和应用工作。继而，苏州医学院附属第一医院与上海交通大学共同研制出国内第一台干式小型震波碎石机。同一时期，国内引进了多台碎石机应用于临床。1987年，郭应禄等首先提出采用俯卧位ESWL治疗输尿管中、下段结石及膀胱结石，并获得成功。这些新技术的应用和临床经验的积累使得泌尿系统结石病的治疗规范发生了根本性的改变，大大减少了开放性手术的比例。至20世纪末，ESWL已成为治疗泌尿系统结石的基本手段，在全国县级以上医院大多已常规开展。

20世纪70年代末，北京医学院泌尿外科研究所等国内少数医疗机构，已引进国外的经尿道电切设备与技术。1980年，美国加州大学Kaplan教授应邀来天津医学院总医院传授经尿道前列腺电切术（TURP）及经尿道膀胱肿瘤电切术（TURBt）。北京市的吴德诚和天津的韩树楠及中国医科大学附属第一医院的张明铮在国内较早开展了该技术。北京协和医院泌尿外科及北京医学院泌尿外科研究所，也相继在国内举办多期腔内电切术学习班，对在国内泌尿外科界普及此项技术起到了推动作用，使TURP逐渐成为我国腔内治疗前列腺增生症的"金标准"。

1985年，吴开俊、李逊等在国内首次报道"经皮肾镜取石术临床报告"及"逆行经皮肾镜取石术"。他们在积累了数千例治疗经验的基础上，又发展了此项技术。目前，他们开展的经皮多通道微穿刺下处理肾及上尿路结石的手术方法，已得到全世界泌尿外科界的肯定。

1986年，郭应禄在国内首先报道经尿道输尿管镜取石术（PCNL），为我国肾镜、输尿管镜的临床应用做了开拓性的尝试。后来，他们陆续总结了大量病例的临床经验。经过近20年的推广，此项技术目前在我国已普及到许多城市的二级医院。

1992年，那彦群在国内最早报道了腹腔镜在泌尿外科中的应用，并率先开展了一系列泌尿外科腹腔镜手术。此后,腹腔镜的应用在全国泌尿外科如雨后春笋般地迅速发展起来,尤其在北京、上海、天津等市,以及湖北、广东、江苏等省,已涉及泌尿外科肿瘤根治术、整形术、泌尿系结石、供肾切取等各类手术,并已与国际水平接近。

1993 年,中华医学会泌尿外科学分会在北京召开了第一次腔内泌尿外科学术会议,会上宣布成立中华医学会泌尿外科学分会"腔内泌尿外科和体外冲击波碎石学组"。第一届学组由郭应禄任组长,唐孝达、吴开俊任副组长,那彦群任秘书,委员 15 人。1995 年,在广州市召开了第二次腔内泌尿外科学术会议。1997 年,在上海市召开第三次腔内泌尿外科学术会议,同时对"腔内泌尿外科和体外冲击波碎石学组"进行换届。第二届中华医学会泌尿外科学分会"腔内及体外冲击波碎石学组",由那彦群任组长,唐孝达、吴开俊任副组长,周利群任秘书,委员 14 人。2001—2005 年的第三届中华医学会泌尿外科学分会仍由上述第二届全体成员连任。2005 年该组在长春市进行换届,并更名为"微创泌尿外科学组",由孙颖浩任组长,周利群、张旭任副组长,委员 15 人。

这一时期的肾移植工作发展很快,已在全国普遍开展。北京友谊医院、广东南方医院、上海第一人民医院、上海长征医院、西安交通大学附属第一医院、南京军区福州总医院,都已完成 2 000 例以上肾移植手术。北京市及浙江、江苏、湖南、陕西、山西等省大医院,以及解放军西南医院也完成多例肝肾、肾胰、心肾联合移植等复杂手术。腹腔镜下供肾切取手术(其中包括手助腹腔镜供肝切取手术),在国内许多医院都普遍开展起来。抗排斥反应、提高人肾长期存活率等方面的研究,已成为泌尿外科学研究生的重要研究课题之一。这一时期,我国泌尿外科学界取得了一大批相关的科研成果。同时,在一些大城市已初步建立了器官组织配型网络,极大地提高了器官移植的工作效率。

在尿动力学及尿控临床研究领域,在老一辈专家郭乃勉、金锡御的辛勤努力下,从排尿的基础研究着手,应用尿动力学手段,着眼于排尿功能障碍性疾病的诊治研究,建立了尿路功能检测方法学。同时,他们还开发和研制了相关系列仪器设备,并建立了泌尿系统疾病规范的检查方法和国人的正常值。1997 年,在重庆召开了中华医学会泌尿外科学分会第一届尿动力学学术会议,与会代表 160 多人,收到论文 120 多篇。会议期时,同时成立了中华医学会泌尿外科学分会尿动力学学组,由金锡御、郑家富任组长,宋波任秘书,委员 11 人。1999 年,在南京召开了第二届尿动力学学术会议,参会代表 230 多人,收到论文 180 多篇。2000 年,尿动力学组换届,金锡御任组长,宋波(兼秘书)、杨勇任副组长,委员 15 人。2004 年 9 月学组换届,第三届学组,宋波任组长,杨勇、廖利民任副组长,金锡御任名誉组长,委员 15 人。新一届委员会与国际尿控学会(ICS)及相关专家取得广泛的联系,带动了本专业的快速发展。

在此时期,我国的男科学也有了长足的进步,开展了许多男科学的基础研究,创办了《中国男科杂志》《中华男科学杂志》。1993 年成立了中华医学会泌尿外科学男科学组,郭应禄任组长,江鱼、吕德斌任副组长,薛兆英任秘书,委员 9 人。此后不久,为适应男科学快速发展的国际形势,在此学组的基础上,1995 年中华医学会男科学分会成立,郭应禄任主任委员。

尽管小儿泌尿外科未成立专业学组,各地除儿童医院有泌尿外科病区和专职小儿泌尿外科医师外,一些大型的教学医院及综合医院也有兼任小儿泌尿外科的医师。北京儿童医院的黄澄如较早开展小儿泌尿外科临床工作,成功地治疗大量来自各地的疑难病儿,积累了丰富的临床经验。1996 年,黄澄如主编的《小儿泌尿外科学》出版,对中国的小儿泌尿外科学的发展起到了积极的推动作用。同时,华西医科大学泌尿外科治疗先天性尿道下裂一期修复研究累积了大量的病例。陈绍基创立了纵行带蒂岛状包皮修复术,收入 1997 版《Campbell Urology》杂志。广州军区总医院何恢绪多年致力于尿道下裂一期矫治的研究,一次手术成功率达 90％以上,并发明了阴茎头打孔器,主编国内第一本《尿道下裂外科学》。因此,小儿泌尿外科学在这一时期持续较快发展,并取得了长足的进步。

全国各地医学院校的泌尿外科工作者,在完成大量的临床工作的同时,注重教学工作,积极开展基础理论研究,培养了大批泌尿外科的研究生,又增加了许多泌尿外科的硕士点、博士点及博士后工作站,为使我国泌尿外科的基础研究赶上国际先进水平,发挥了积极的作用。同时,有一大批科研成果获得国家及省(自治区、直辖市)级各类科技成果奖。随着国内泌尿外科队伍的壮大,临床经验的积累及科研工作的广泛开展,对中国泌尿外科学的发展有了较充分的积累。因此,在这一时期,国内许多著名的泌尿外科学者编写了一大批高质量的泌尿外科学及相关分支学科的专著。这些专著不仅包括了国际、国内泌尿外科学的最新理论与技术,也有作者及其单位多年的临床经验。在这些专著中影响较大的有:施锡恩、吴阶平主编的《泌尿外科学》;吴阶平主编的《吴阶平泌尿外科学》;熊汝成主编的《肾脏移植》;梅骅主编的《泌尿外科手术学》;江鱼主编的《泌尿外科手册》;马腾骧主编的《肾脏病学》《现代泌尿外科学》;郭应禄主编的《腔内泌尿外科学》《男科学》;叶章群主编的《肾上腺外科学》;孙则禹主编的《现代肾上腺外科学》《内分泌外科学》;贺大林主编的《泌尿男生殖系肿瘤学》;金锡御主编的《尿道外科学》等。

四、现阶段(2000 年至今)

进入 21 世纪,在全球性技术革命浪潮的冲击下,以电子信息、生物基因工程及新材料为代表的新技术不断渗入生命科学、医学科学,并在理论研究与实际应用中取得了令人瞩目的成果。这已经在很大程度上改变了人们的传统观念与现实生活方式。

中国泌尿外科学的发展已历经百年的沧桑。经过几代人的执著追求与奉献,中国的泌尿外科学已拥有一支 12 000 多人的高素质专业技术队伍,成为我国医学界的一支重要力量。在各省、自治区、直辖市及军队医院中,新一代泌尿外科学学科带头人的队伍已经茁壮成长起来。他们年富力强,许多是留学归来人员,科研能力强,外语基础好。这批新一代的学科带头人,继承了中国几代前辈学者们团结奋进和无私奉献的精神,已经勇敢地挑起中国泌尿外科学发展的历史重任。

中华医学会泌尿外科学分会(CUA)是推动中国泌尿外科事业发展的核心力量。CUA历任主任委员均在我国泌尿外科事业的发展史上留下了精彩的一页:吴阶平院士是新中国泌尿外科事业的奠基人,创立 CUA,创办《中华泌尿外科杂志》;顾方六教授促进了我国泌

中国泌尿外科学史(第 2 版)

尿外科学术研究,建立了与国际泌尿外科学术组织的联系;郭应禄院士首开我国泌尿外科继续教育和华人泌尿外科同道交流的先河;那彦群教授推动了CUA国际化进程,推行了泌尿外科临床诊疗的规范化,建成了规范、统一的泌尿外科继续教育体系。

2000年,郭应禄院士连任CUA第六届主任委员。在他的积极倡导下,CUA广泛、深入地开展海峡两岸及全球华人泌尿外科同道的交流。在郭应禄院士和张心湜院士的倡议下,于1995年首次举办的海峡两岸泌尿外科研讨会,后改为全球华人泌尿外科学术会议,并与全国泌尿外科学术会议同期举行。在CUA这一大平台下,以北京大学泌尿外科研究所为基地,北京大学泌尿外科培训中心(后改为北京大学泌尿外科医师培训学院)先后推动"人才工程"和"将才工程",为各地培养各级泌尿外科专业医师和学科带头人做出了突出贡献。

2004年,那彦群教授当选CUA主任委员,叶章群、孙则禹、孙颖浩教授任副主任委员;2007年,那彦群教授连任CUA第八届主任委员,叶章群教授当选候任主任委员,孙则禹、孙颖浩、孙光、王建业教授任副主任委员。CUA第七、第八届委员会在那彦群主任委员领导下,坚决贯彻中华医学会"学术交流、继续教育、科学普及"三大任务,积极推进"规范学会管理,规范常见病诊疗"、"着力打造继续教育体系,积极加快国际化进程"先后两个工作标,将规范化、国际化的理念贯串于学术交流、继续教育的各个方面,取得了一系列骄人的成绩:

CUA第六届委员会成立伊始,即调动常委和委员的积极性,规范学会的各项管理,包括:成立工作部,明确职责分工,制定《工作规约》,编制工作月历,规范国内外学术会议,建立标识系统,开办中国泌尿外科学会网(注册会员已达15 000人),编印《中国泌尿外科纪事》(双月刊)。在组织建设上,于2007年成立青年委员会;除已有的腔道(微创)、尿控学组,先后成立了结石、肿瘤学组和男科、肾移植、感染与炎症学组筹备组。

在CUA推动下,泌尿外科学界国内外学术交流空前活跃。从2005年起,全国泌尿外科学术会议改为年会制,并逐步增加了英语会场、中日会场、护理会场等。每年投稿均超过5000篇,参会人数3000余人。2006年,CUA年会恢复颁发吴阶平泌尿外科医学奖,孙则禹教授、叶章群教授获奖;2007年,CUA向吴阶平院士颁发终身成就奖,并首次设立学组奖,金锡御教授获尿控学组大禹奖,那彦群教授获腔道学组金膀胱镜奖,孙则禹教授获结石学组钻石奖。2008年起,为表彰国际学术组织领导人对促进CUA国际化进程做出的贡献,CUA已颁发3批荣誉会员称号。

除年会外,CUA青年论坛成为青年泌尿外科医师的重要交流平台。各学组均在每年固定时间举办全国性学术会议。此外,良性前列腺增生、前列腺癌、肾肿瘤等一系列专题学术论坛也形成了CUA独特的品牌会议。

近年来,CUA的国际化层次从广泛的交流上升到深入的、制度化的合作,在学术交流、继续教育等方面建立了稳固的平台,形成了长期的合作机制。

CUA年会突显了国际化特征,除英语会场外,欧洲泌尿外科学会(EAU)、美国泌尿外科学会(AUA)等主要国际或区域学术组织均派团参会,设置展台并做大会演讲。第26届世界腔内泌尿外科大会(WCE)和第 30 届国际泌尿外科大会(ISU)先后于 2008 年 11 月和 2009 年 12 月在上海成功召开,CUA 积极参与组织筹备工作,在大会上展示了中国泌尿外科的发展和中国医生的高超水平。CUA 还成功申办了 2012 年第 42 届国际尿控学会(ICS)大会。

CUA 每年派团参加的国际性学术会议包括:EAU、AUA、ISU、WCE、ICS 及亚洲、日本、韩国、意大利、加拿大等国家和地区泌尿外科年会。2006 年起,在 AUA 年会期间举办世界华人泌尿外科学术会议(WCUS);2008 年起,在 EAU 年会期间举办 CUA‑EAU 联合会议。日本、韩国、意大利等国泌尿外科年会也与 CUA 举办双边学术会议。在 CUA 及以上各方的年会上,进行高层会晤或召开峰会已成为惯例。

CUA 着力打造我国泌尿外科继续教育体系,建立全国统一的继续教育平台。中国泌尿外科学院(Chinese School of Urology,CSU)于 2008 年 2 月 23 日成立,集中优势资源,统一组织、实施 CUA 各种类型的继续教育活动,致力于提供专业化、规范化、国际化的泌尿外科继续教育项目。CSU 特别重视培训的规范化,在建立基地、编制教材、培训师资等方面均进行了积极的探索。除指南培训、科主任管理培训等国内项目外,国际化联合办学已成为 CSU 的特色。CSU‑ESU(欧洲泌尿外科学院)合作的中国泌尿外科医师教育项目(CUEP)已举办 4 届,CUA‑AUA 合作的中国泌尿外科住院医师培训项目已举办 2 届。此外,还包括 ESU 欧洲住院医师培训项目(EUREP)、ESU 肿瘤大师班、CUA‑AUA 高级医师培训、CUA‑哈佛大学肿瘤培训项目、亚洲泌尿外科学院(ASU)培训项目等。2010 年,在 CUA‑AUA 峰会上,AUA 承诺协助 CUA 建立泌尿外科专科医师培训体系,将派专家到中国进行每年两次集中培训。

2010 年 8 月,CUA 与北京大学吴阶平泌尿外科医学中心合作建立的中国泌尿外科内镜模拟培训中心揭幕,以吴阶平泌尿外科医学中心为领导基地的中国泌尿外科专科医师培训即将启动试点,掀开了我国泌尿外科继续教育/专科医师培训和认证的新篇章。

针对我国各地区泌尿外科发展不平衡、临床水平参差不齐的状况,CUA 第七、第八届委员会积极推动诊断治疗的规范化。自 2005 年始,CUA 组织全国专家编写《中国泌尿外科疾病诊断治疗指南》(简称《指南》)。《指南》涵盖的疾病从 2006 年版的 4 种,逐步扩大到 2007 版 8 种,2009 版 16 种,2011 版 20 种。经过 5 年余不懈的推广,《指南》得到全国各地同道的认可和应用,整体提升了我国泌尿外科临床的诊治水平,必将产生深远的影响。

CUA 在科学普及、社会公益及政策支持等方面也取得了突出成绩。每年夏季的泌尿外科专家西部行、秋季的全国前列腺增生健康教育工程、年会前的义诊等科普活动已形成惯例,受到群众的广泛欢迎。面对汶川地震救援、三聚氰胺奶粉事件等国家大事,CUA 以国家和人民的需要为己任,快速响应,积极投入,受到中华医学会及卫生部相关部门的好评。近年来,CUA 积极配合中华医学会及卫生行政管理部门的工作,先后领导制定了《泌尿外科诊疗科目费用标准》、《三级医院泌尿外科设立标准》、《泌尿外科临床入径》、《国家医保基本药筛选》、《国家临床重点学科标准》等行业标准和规范。

以史为鉴,可知兴替。从这篇概述和本书收集的各省、直辖市、自治区、解放军及港、澳、台地区的泌尿外科学发展史中，可以看出我国泌尿外科学从无到有、从弱到强的发展轨迹。我们总结了近两个世纪中国泌尿外科学所取得的进步与成就，既看到了我国泌尿外科学与国际先进水平间的差距，也看到了中国泌尿外科事业已经进入有史以来发展最快的时期。

随着中国社会和经济的飞跃发展，在 CUA 的积极推动下，我国的泌尿外科事业正在持续健康发展，国际地位不断提升。泌尿外科学界学术氛围空前浓厚，临床和科研水平日益提高，人才培训逐步规范，各地呈现出公平竞争，百花齐放的良好局面。CUA 建成了中国泌尿外科事业发展的崭新平台，是领导中国泌尿外科事业发展的核心力量。全国泌尿外科同道将团结在 CUA 周围，肩负历史的重任，发扬老一辈艰苦奋斗的创业精神，不断努力，不断拼搏，创造我国泌尿外科事业新的辉煌！

那彦群　孙则禹

叶章群　孙颖浩

2011 年 8 月

第二部分

中华医学会泌尿外科学分会
历届委员会组成名单

第一届委员会名单

（1981 年 11 月至 1985 年 10 月）

主 任 委 员	吴阶平					
副 主 任 委 员	马永江	虞颂庭	熊汝成			
常 务 委 员	马永江	于惠元	王瑞福	邓显昭	孙昌惕	吴阶平	吴德诚
	张华麟	沈绍基	邵鸿勋	杨松森	虞颂庭	鲍镇美	熊汝成
	熊旭林						
委 员	马永江	马腾骧	马成义	于惠元	于茂生	卫 恚	邓显昭
	尤国才	王瑞福	田有年	宁天枢	刘土怡	宋元阁	吴阶平
	吴德诚	孙昌惕	孙世镛	肖连升	邵鸿勋	沈家立	沈绍基
	周志耀	周宪文	杨松森	苗延宗	张天军	张华麟	张时纯
	陈郁林	陈家镳	施锡恩	骆 毅	曹维纯	黑兰荪	谢 桐
	覃光熙	彭轼平	虞颂庭	蒋观尧	熊汝成	熊旭林	鲍镇美
	樊苏培	魏维山					
秘 书	邵鸿勋（兼）						

第二届委员会名单

（1985 年 10 月至 1989 年 5 月）

名 誉 顾 问	虞颂庭	熊汝成				
主 任 委 员	吴阶平					
副 主 任 委 员	马永江	沈绍基	吴德诚	谢 桐		
常 务 委 员	马永江	马腾骧	于惠元	邓显昭	孙昌惕	肖连升	吴阶平
	吴德诚	沈绍基	邵鸿勋	周志耀	黑兰荪	谢 桐	熊旭林
	樊苏培						
委 员	马永江	马成义	马腾骧	于茂生	于惠元	万恒麟	卫 恚

中国泌尿外科学史（第2版）

王文成	王海珠	王植柔	尤国才	邓显昭	田有年	孙炳豹
孙昌惕	刘士怡	刘国栋	江　鱼	肖连升	李长春	吴阶平
吴德诚	沈绍基	沈国立	邵鸿勋	周志耀	何梓铭	苗延宗
骆　毅	张时纯	张铭铮	章咏裳	黄剑钢	梅　骅	彭轼平
程靖远	蒋观尧	黑兰荪	谢　桐	潘慈康	熊旭林	樊苏培
魏克湘	魏维山					

秘　　　书　邵鸿勋（兼）

第三届委员会名单

（1989年5月至1992年10月）

主 任 委 员　吴阶平

副主任委员　马腾骧　顾方六　吴德诚　谢　桐

常 务 委 员　马腾骧　于惠元　卫　焘　江　鱼　刘国栋　邵鸿勋　肖连升
　　　　　　　张时纯　吴阶平　吴德诚　周志耀　郭应禄　唐孝达　顾方六
　　　　　　　谢　桐

委　　　员　马成义　马腾骧　于惠元　万恒麟　卫　焘　王文成　王植柔
　　　　　　　尤国才　田有年　孙炳豹　江　鱼　刘国栋　李长春　李长生
　　　　　　　李希华　许纯孝　吴阶平　吴德诚　肖连升　张兆武　张时纯
　　　　　　　张铭铮　邵鸿勋　周志耀　何梓铭　苗延宗　郑家富　章咏裳
　　　　　　　郭应禄　唐孝达　赵伟鹏　顾方六　黄剑钢　曹宁生　梅　骅
　　　　　　　彭轼平　程靖远　黑兰荪　谢　桐　韩树楠　詹炳炎　潘慈康
　　　　　　　樊苏培　魏克湘　魏维山

名 誉 委 员　马永江　沈绍基
秘　　　书　邵鸿勋（兼）

第四届委员会名单

（1992年10月至1996年9月）

名誉主任委员　吴阶平
主 任 委 员　顾方六
副主任委员　马腾骧　郑家富　郭应禄　梅　骅
常 务 委 员　马腾骧　卫　焘　王少华　尤国才　刘国栋　李炎唐　张铭铮
　　　　　　　郑家富　侯树坤　郭应禄　唐孝达　章咏裳　顾方六　梅　骅
　　　　　　　臧美孚

委　　　员　马腾骧　万恒麟　卫　焘　王少华　王文成　王克孝　王植柔

尤国才	孙炳豹	孙则禹	江　鱼	刘国栋	李长生	李长春
李希华	李炎唐	许纯孝	阎廷雄	张铭铮	郑家富	肖连升
张元芳	张兆武	何梓铭	苗延宗	陈梓甫	陈照祥	秦韶华
侯树坤	郭应禄	唐孝达	顾方六	章咏裳	黄　循	黄剑钢
曹宁生	梅　骅	彭轼平	鲁功成	程靖远	黑兰荪	谢　桐
韩树楠	董德欣	詹炳炎	臧美孚	魏克湘		

名 誉 委 员　吴德诚

秘　　　书　侯树坤（兼）

第五届委员会名单

（1996 年 9 月至 2000 年 8 月）

名誉主任委员　吴阶平　　顾方六

主 任 委 员　郭应禄

副主任委员　马腾骧　张元芳　侯树坤　梅　骅

常 务 委 员　马腾骧　尤国才　刘国栋　李炎唐　那彦群　张元芳　张凤翔

张铭铮　金锡御　侯树坤　姜永金　郭应禄　唐孝达　章咏裳

梅　骅　臧美孚

委　　　员　马腾骧　万恒麟　尤国才　王文成　王中琨　王克孝　王植柔

孙炳豹　孙则禹　刘国栋　李长生　李长春　李炎唐　许纯孝

邢广君　米振国　吴永安　那彦群　张元芳　张凤翔　张铭铮

陈梓甫　陈照祥　郑克立　郑家富　金锡御　杨宇如　姚德鸿

高建光　姜永金　秦韶华　阎廷雄　侯树坤　郭应禄　唐孝达

章咏裳　黄　循　曹宁生　梅　骅　彭轼平　鲁功成　程靖远

韩树楠　董德欣　詹炳炎　臧美孚　魏克湘

秘　　　书　侯树坤（兼）

第六届委员会名单

（2000 年 8 月至 2004 年 10 月）

名誉主任委员　吴阶平

顾　　　问　顾方六　马腾骧

主 任 委 员　郭应禄

副主任委员　那彦群　张元芳　侯树坤　梅　骅

常 务 委 员　孙　光　孙则禹　刘同才*　李炎唐　那彦群　陈一戎　张元芳

张凤翔　杨宇如　金锡御　侯树坤　郭应禄　唐孝达　高居忠

		梅 骅	鲁功成	臧美孚	沈同举*		
委　　员	王文成	王中琨	王克孝	王玲珑	叶章群	孙 光	孙则禹
	孙颖浩	刘同才	米振国	那彦群	李生祥	李炎唐	陈一戎
	陈伯川	陈梓甫	陈照祥	闵立贵	沈同举	沈寅初	吴永安
	吴宏飞	杨宇如	杨罗艳	张元芳	张凤翔	金锡御	郑克立
	赵忠文	侯树坤	郭应禄	姚德鸿	党建功	高居忠	高建光
	唐孝达	徐鸿毅	梁大用	梅 骅	程继义	程靖远	董德欣
	鲁功成	韩树楠	蔡松良	熊礼生	臧美孚	孔垂泽*	
秘　　书	那彦群（兼）						

注　＊2001年刘同才常委逝世,补选沈同举为常委,补选孔垂泽为委员。

第七届委员会名单

（2004年10月至2007年10月）

名誉主任委员	吴阶平	郭应禄					
顾　　问	张元芳	侯树坤	梅 骅				
主 任 委 员	那彦群						
副主任委员	孙则禹	叶章群	孙颖浩				
常 务 委 员	王行环	王晓峰	王建业	孔垂泽	叶章群	孙 光	孙则禹
	孙颖浩	米振国	那彦群	李 虹	宋 波	陈 山	高居忠
	黄翼然	贺大林					
委　　员	丁 强	于德新	孔垂泽	王 禾	王共先	王行环	王春喜
	王晓峰	王建业	叶章群	石炳毅	孙 光	孙兆林	孙则禹
	孙颖浩	米振国	那彦群	安瑞华	李生祥	李启忠	李 虹
	刘修恒	陈 山	陈一戎	宋 波	宋希双	吴小侯	闵立贵
	吴宏飞	何延瑜	杨罗艳	贺大林	黄 健	黄 翔	黄翼然
	徐祗顺	徐鸿毅	莫曾南	高居忠	梁大用	袁亚光	夏术阶
	董德欣	曾甫清	强万明	韩瑞发	蔡文清	蔡松良	
秘 书 长	陈 山（兼）						

第八届委员会名单

（2007年10月至2010年12月）

名誉主任委员	吴阶平
现任主任委员	那彦群
候任主任委员	叶章群

副主任委员 （以下按姓氏笔画为序）

王建业　孙　光　孙则禹　孙颖浩

常务委员名单 （以下按姓氏笔画为序）

丁　强　孔垂泽　王建业　王行环　王晓峰　叶章群　孙　光

孙则禹　孙颖浩　米振国　那彦群　宋　波　李　虹　李汉忠

陈　山　贺大林　高居忠　夏术阶　黄　健　黄翼然　谢立平

全体委员名单 （以下按姓氏笔画为序）

丁　强　马洪顺　孔垂泽　孔祥波　王　禾　王东文　王子明

王　健　王共先　王志平　王建业　王国民　王行环　王晓峰

王春喜　叶章群　石炳毅　刘修恒　孙　光　孙兆林　孙则禹

孙颖浩　米振国　齐　琳　安瑞华　那彦群　邱明星　吴小候

何延瑜　宋　波　宋希双　岑　松　李　虹　李　逊　李汉忠

李启忠　李炳明　李黎明　杜林栋　张　炜　闫立贵　杨罗艳

陈　山　陈　方　陈福宝　贺大林　夏术阶　徐祗顺　莫曾南

袁亚光　高居忠　黄　健　黄翼然　梁朝朝　谢立平　曾甫清

韩瑞发　温端改　靳凤烁　蔡文清　蔡松良　潘铁军　魏　强

秘 书 长　陈　山（兼）

副 秘 书 长　谢立平（兼）

工 作 秘 书　李宁忱　张　凯

学 会 办 公 室　胡　平

第九届委员会委员名单

（2010年12月至今）

名 誉 主 任 委 员　吴阶平

顾　　　　　问　孙则禹

前 任 主 任 委 员　那彦群

现 任 主 任 委 员　叶章群

候 任 主 任 委 员　孙颖浩

副主委委员名单　黄　健　孔垂泽　孙　光　王建业

常 委 名 单　21人＋顾问（以下按姓氏汉语拼音排序）

陈　山　丁　强　贺大林　黄　健　黄翼然　孔垂泽　李汉忠

李　虹　马潞林　那彦群　潘铁军　宋　波　孙　光　孙则禹

孙颖浩　王东文　王建业　王晓峰　夏术阶　谢立平　叶章群

张　炜

委 员 名 单 （以下按姓氏汉语拼音排序）

岑　松	陈　方	陈福宝	陈　山	程　跃	邓耀良	丁国富
丁　强	杜广辉	范治璐	高　新	贺大林	侯建全	黄　健
黄　翔	黄翼然	靳风烁	孔垂泽	孔祥波	黎　玮	李传洪
李汉忠	李　虹	李炯明	李黎明	李　逊	梁朝朝	刘修恒
马洪顺	马潞林	那彦群	倪少滨	潘铁军	齐　琳	任来成
宋　波	孙　光	孙颖浩	孙兆林	田　野	王春喜	王东文
王共先	王建业	王　健	王晓峰	王行环	王玉杰	王志平
王子明	魏　强	吴小侯	夏海波	夏术阶	谢立平	邢金春
徐　勇	徐祗顺	叶章群	殷长军	袁建林	张　炜	张　旭
赵晓昆	郑军华					

秘　书　长　　陈　山（兼）

副　秘　书　长　　谢立平（兼）　潘铁军（兼）

工　作　秘　书　　许克新　张　凯　陈　忠

办　公　室　　胡　平

第三部分

中华医学会泌尿外科学分会
历届全国学术交流大会简介

20 世纪 20～40 年代，我国开始对泌尿外科疾病有所了解，但还没有独立的泌尿外科，有关文献报道仅数十篇，更没有全国性的学术活动。1949 年新中国成立后，泌尿外科学开始发展。1951 年 8 月 13～16 日，在沈阳市举行的第四届全国外科学术会议期间，举行了第一次泌尿外科学专科小组会议，内容以创伤外科为中心。1952 年 12 月举行的第五届全国外科学术会议和 1956 年 7 月举行的第七届全国外科学术会议期间均召开了泌尿外科专业小组会议。在 1952 年的学术会上，综合讨论了各种泌尿外科手术病死率；在 1956 年的学术会上，不少代表报告了肾上腺外科和回肠膀胱扩大术。

1963 年 6 月 14～19 日，在沈阳市首次单独举行了全国性泌尿外科学术会议，此会是为将于同年举行的第八届全国外科学术会议作准备，有 25 个省市的 139 名代表参加，会议收到论文 219 篇，宣读论文 392 篇，内容以结核、损伤、尿石症为重点，并讨论了有关计划生育和泌尿外科医师的培养问题。

1963 年 9 月 21～29 日，第八届全国外科学术会议在北京市举行，泌尿外科专业安排了独立的学术报告会。此次会议对我国泌尿外科学的发展产生了重要的影响。会议中吴阶平任大会副秘书长，施锡恩任泌尿外科专业组组长，专业组成员有：吴阶平、许殿乙、熊汝成、虞颂庭、马永江、陈仁亨、杨松森，秘书顾方六。会上决定出版《泌尿外科内部通讯》，为后来的《中华泌尿外科杂志》的创刊奠定了基础。

以上是我国泌尿外科第一届全国学术会议之前曾开展的历次学术活动。1981 年中华医学会泌尿外科学分会成立之后，每 2～4 年举行一次全国泌尿外科学术会议。

第一届全国泌尿外科学术会议

第一届全国泌尿外科学术会议于 1981 年 11 月 6～11 日在南京市举行，28 个省、市、自治区共 148 名代表与会，会议收到论文 678 篇，其中 104 篇论文在大会、分会上报告，10 篇以电影、录像和展板方式介绍。内容以泌尿及男性生殖系统肿瘤和同种肾移植为多。收到男性生殖系统肿瘤论文 164 篇，会议报告论文 29 篇；收到膀胱肿瘤论文 36 篇（病例 5 503 例，男：女 = 4.8：1），会上报告膀胱肿瘤切除或部分膀胱切除 3 233 例（65.8%）、膀胱全切除术 1 073 例（21.8%），经尿道手术仅占 5.15%。各种手术疗法的 5 年平均存活率在

40％左右。肾肿瘤报告1 381例,其中肾癌750例(54％)、肾盂癌359例(26％),肾盂癌发病率高于西方国家。收到肾移植论文84篇,会议报告25篇。全国肾移植总数900例次,存活期最长6年4个月,存活1年以上的占46.3％,肾移植存活率为72.3％。其他,如肠管在泌尿外科的应用、前列腺增生、计划生育、肾上腺疾病、急性肾功能衰竭、肾血管性高血压等均有报道。会上还提出要加强流行病学和基础研究。

此次大会宣布成立中华医学会泌尿外科学分会,选举产生了第一届委员会,吴阶平任主任委员,熊汝成、虞颂庭、马永江任副主任委员,邵鸿勋任秘书。全体委员44人,其中常务委员15人。会上还公布了在全国(不包括台湾地区)地(市)以上医院任职的专职泌尿外科医师共2 024人。

第二届全国泌尿外科学术会议

第二届(原称第二届第一次)全国泌尿外科学术会议于1985年10月20～25日在成都市举行,与会代表300多人,收到论文704篇,内容以肿瘤、尿石症、腔道泌尿外科为多。其中肿瘤方面论文138篇,会上报告论文61篇,展板29篇,讨论了多器官肿瘤发病问题,认为肾盂、输尿管、尿路上皮肿瘤中50％以上可发生多器官肿瘤。采用膀胱内化学治疗膀胱表浅肿瘤的论文较多,不少地区以卡介苗(BCG)代替噻替哌作为预防药,复发率仅占10.7％。尿石症论文128篇,会上报告42篇,流行病学和基础研究受到重视,反映出我国一些少数民族地区和边远地区下尿路结石的发病率仍偏高。会上报告了尿路结石实验研究的结果和中西医结合治疗的经验,还报告了我国自行研制的体外冲击波碎石机的研制及临床应用情况。腔内泌尿外科是本次会议突出讨论的内容,收到论文110篇,会上报告论文41篇。1984年,已有人开始了经皮肾镜取石、经尿道切除前列腺增生(946例)。会上还收到其他内容的论文328篇,包括感染、肾性高血压、计划生育、各种手术改进方法等内容。

此次会议期间,中华医学会泌尿外科学分会换届选举产生了第二届委员会,吴阶平连任主任委员,马永江、沈绍基、吴德诚、谢桐任副主任委员,邵鸿勋连任秘书。全体委员44人,其中常务委员15人。会上,吴阶平主任委员指出,《中华泌尿外科杂志》是中华医学会泌尿外科学分会领导下的刊物,对促进我国泌尿外科的发展起到了重要的作用。大会期间,《中华泌尿外科杂志》编委会进行了换届工作,选举产生了第二届编辑委员会,编委会由46人组成,吴阶平连任总编辑,吴文斌、虞颂庭、谢桐、鲍镇美任副总编辑,曲乃智任秘书。

第三届全国泌尿外科学术会议

第三届(原称第二届第二次)全国泌尿外科学术会议于1987年9月1～4日在兰州市举行,与会代表150多人,收到论文455篇,会上报告论文152篇,重点内容为腔内泌尿外科,几乎涉及腔内泌尿外科的全部内容,如经尿道镜膀胱、前列腺和尿道疾患的诊治技术,经尿道输尿管肾镜技术,经皮肾镜技术,经皮泌尿和男生殖系统血管腔内诊治技术以及体外冲击波碎石术等。经皮肾镜、输尿管镜取石已完成 500 例以上,体外冲击波碎石已积累了 3 000 例以上的经验,经尿道前列腺电切术已达 3 500 例,手术病死率低于 0.5%。施行经尿道膀胱肿瘤电切术总数在 600 例以上,内镜直视下行尿道狭窄内切开术已有 180 例。会议还开展了《如何写好学术论文和摘要》的专题报告和讨论。此次会议上,吴阶平主任委员公布了对全国 1 212 所县以上医院泌尿外科现状的调查结果,共有泌尿外科床位 13 182 张,占总病床 2.9%,占外科床位 10.6%;泌尿外科医生总数 3 219 人,其中专职 2 081 人,兼职 1 138 人,高、中、初级职称分别占 11.7%、32.9%、53.9%,年龄 50 岁以上占 10%,30～49 岁占 60%,35 岁以下占 30%。

第四届全国泌尿外科学术会议

第四届(原称第三届)全国泌尿外科学术会议于 1989 年 5 月 14～19 日在济南市举行。与会代表 350 余人,收到论文 1 000 多篇,会议报告论文 286 篇,展板 67 篇,重点内容为肿瘤、结石、新技术、肾移植、男科学等。其中肿瘤论文 192 篇,以膀胱肿瘤居多。论文反映出我国在新的诊断技术和基础研究等方面发展迅速,有的接近和达到国际水平。共报告肾肿瘤 1 961 例,其中肾癌 1 242 例(63.3%)、肾盂癌 471 例(24.0%),与 1981 年第一届学术会议时相比,肾癌所占比例有所上升,但肾盂癌相对发病数仍远高于欧美国家。膀胱癌的基础研究进展很快,已建立我国自己的细胞系并制备了单克隆抗体,流式细胞仪技术已广泛用于膀胱癌细胞学诊断。154 篇结石方面论文,内容涉及流行病学、诊断、治疗、预防等领域。体外冲击波碎石术(ESWL)是 20 世纪 80 年代国际上发展起来的技术,近年来在我国进展非常迅速,开展也很普遍,总数已在 12 万例以上,而且治疗复杂肾结石的比例大,如报道的 161 例鹿角状肾结石例数和效果均达国际先进水平。有报道称,对输尿管中、下段结石采用俯卧位体外冲击波碎石,大大提高了疗效。近年来,国产碎石机的研发极为迅速,在临床应用的 200 台碎石机中,仅有 9 台是进口的。肾移植论文 40 篇,报告 24 篇,全国肾移植总数为 3 199 例(3 574 次),新免疫抑制剂环孢素已得到普遍应用。人/肾年存活率从 86.67%/50.0% 提高到 93.7%/78.8%,死亡原因中感染仍占首位,会议对感染的防治进行了较深入的讨论。男科学论文比以往各届有所增多,内容主要为临床,缺少有关生殖生理方面的基础研究。

此次会议期间,中华医学会泌尿外科学分会进行换届选举,产生了第三届委员会,吴阶平连任主任委员,马腾骧、谢桐、顾方六、吴德诚任副主任委员,邵鸿勋连任秘书。全体委员 44 人,其中常务委员 15 人。大会期间,《中华泌尿外科杂志》编委会亦进行了换届工作,选举产生了第三届编辑委员会,编委会由 53 人组成,吴阶平连任总编辑,马腾骧、顾方六、谢桐、鲍镇美任副总编辑,何瑞祥任秘书。

第五届全国泌尿外科学术会议

第五届(原称第四届第一次)全国泌尿外科学术会议于 1992 年 10 月 13～16 日在西安

市举行，与会代表 650 人，收到论文 1 008 篇，会上报告论文 417 篇，内容主要有肿瘤、前列腺增生、结石、肾移植、男科学等。肿瘤论文中基础研究占59.7%。免疫治疗、化学治疗以及随访工作方面的内容多于历届学术会议。分子生物学方面，应用 Southern 印迹和 Northern 印迹技术研究膀胱癌、肾癌原癌基因的表达，c-erb B_2/neu c-myc ras 以及嗜银蛋白核仁区 AgNOR 等许多基础研究达到国际水平。随着超声检查的广泛应用，偶然发现的无症状肾癌已占 1/3 以上。前列腺癌已引起重视，已报道 600 多例，前列腺特异性抗原（PSA）检查已广泛应用，激光治疗和支架技术均有大宗病例报道，经尿道前列腺电切已报道 6 000 例以上。体外冲击波碎石进展很快，全国已有碎石机 400 多台，其中90%以上系国产机器。结石的基础研究、肾移植、男科学和手术方法的改进方面均取得令人鼓舞的成就。

此次会议期间，中华医学会泌尿外科学分会换届选举产生了第四届委员会，吴阶平任名誉主任委员，顾方六任主任委员，马腾骧、郑家富、郭应禄、梅骅任副主任委员，侯树坤任秘书。全体委员 47 人，其中常务委员 15 人。委员会决定成立"腔内泌尿外科和体外冲击波碎石"（郭应禄任组长）、"尿动力学"（金锡御、郑家富任组长）、"男科学"（郭应禄任组长）3 个学组，郭应禄、郑家富、金锡御、卫涛分别任组长。大会期间，《中华泌尿外科杂志》编委会亦进行了换届，选举产生了第四届编辑委员会，编委会由 51 人组成，吴阶平连任总编辑，马腾骧、顾方六、谢桐、鲍镇美任副总编辑，何瑞祥任秘书。

第六届全国泌尿外科学术会议

第六届（原称第四届第二次）全国泌尿外科学术会议于 1994 年 10 月 10～13 日在武汉市举行，与会代表 474 人，收到论文 794 篇，会上报告论文 533 篇。大会讨论 4 个中心内容：诊断和介入技术、泌尿生殖系统肿瘤、新技术和其他。大会请有关专家分 8 个专题介绍各个领域最新成就。诊断方面，前列腺特异性抗原（PSA）已成为诊断前列腺癌的常规方法，聚合酶链反应（PCR）技术、发射计算机断层摄像（ECT）评定、核素显像、彩色多普勒、CT 等技术已得到广泛应用。肿瘤分子生物学治疗研究已达国际水平。临床工作方面，可控性膀胱、气压冲击碎石等都有新的进展，射频治疗前列腺增生已积累 3 181 例经验。腹腔镜在泌尿外科的应用，首次报告论文 11 篇，共计 244 例，包括精索静脉高位结扎、肾囊肿切开、隐睾切除、肾上腺肿瘤切除等。

大会公布了 1993—1995 年统计全国泌尿外科医师总数为 7 048 人。

第七届全国泌尿外科学术会议

第七届（原称第五届第一次）全国泌尿外科学术会议于 1996 年 9 月 7～11 日在北京市举行。此次大会与"第二届海峡两岸泌尿外科学术会议"同时举行。与会代表 678 人，其中台湾代表 16 人。共收到论文 1 438 篇，大会报告论文 31 篇，分组交流 532 篇。大会邀请了 9 位国内外专家做专题报告。肿瘤临床诊治与基础研究是本次大会的重点，收到论文 300

多篇,其中基础研究占 1/3,且达到一定水平,其中最多的是原癌基因或抑癌基因异常表达、突变与肿瘤生物学行为的研究。临床方面的经验总结主要集中在肾、膀胱等主要器官上,肾癌发病率逐年增加,手术治疗仍为主要治疗手段,3 年生存率为 60％～70％,5 年生存率为 30％～50％。膀胱癌方面的研究论文较多,在联苯胺工人职业性膀胱癌生物学监测(1 796 人)5 年中,共发现 30 例发生癌症病人,有 3 个市的流行病学调查联苯胺接触者膀胱癌发病率高于对照组约 25 倍,潜伏期平均为 21.2 年。尿石症论文 150 篇,大部分为临床经验报告;体外冲击波碎石术在我国开展已 10 多年,积累了近百万例经验。

此次会议期间,中华医学会泌尿外科学分会进行换届,选举产生了第五届委员会,吴阶平、顾方六为名誉主任委员,郭应禄任主任委员,马腾骧、张元芳、侯树坤、梅骅任副主任委员,侯树坤兼任秘书。全体委员 47 人,其中常务委员 16 人。大会期间,《中华泌尿外科杂志》编委会亦进行了换届,选举产生了第五届编辑委员会,编委会由 54 人组成,吴阶平为总顾问,顾方六任总编辑,马腾骧、郑家富、梅骅、鲍镇美任副总编辑。

此次大会的开幕式上颁发了 1996 年度"吴阶平泌尿外科医学奖",公布了 1996 年度获得"吴阶平泌尿外科医学基金"资助的 8 个科研项目和 2 个人才基金项目。

第八届全国泌尿外科学术会议

第八届(原称第五届第二次)全国泌尿外科学术会议于 1998 年 9 月 4～7 日在上海市举行。此次大会与第一届全球华人泌尿外科学术会议同时举行。与会代表 1 000 多人(境外代表 20 余人),收到论文 1 559 篇(境外 17 篇),内容仍以肿瘤为最多(437 篇),其次为前列腺增生论文(250 篇)和尿石症论文(112 篇)。大会邀请 5 位外国学者和 9 位国内学者就 20 世纪在泌尿男生殖系统肿瘤、尿石症、肾移植、男科学、手术学等领域的临床和基础研究进展做了专题报告。会上就肿瘤、前列腺增生、尿石症、腔内泌尿外科、肾移植、肾上腺外科、男科学等内容进行了专题交流和讨论。

此次会上,郭应禄主任委员提出 2020 年我国泌尿外科专业达到国际水平的号召。

第九届全国泌尿外科学术会议

第九届(原称第六届第一次)全国泌尿外科学术会议于 2000 年 8 月 26～30 日在北京市举行。此次会议与第五届亚洲泌尿外科学术会议和第三届全球华人泌尿外科学术会议同时举行。与会代表 2 166 人,其中国内代表 1 530 人、国外 45 个国家和地区代表 632 人,共收到国内论文 2 726 篇(其中英文 560 篇)、国外论文 300 多篇。大会共有专题论文报告 9 篇,以境外学者为主,对本专业重点课题进行了最前沿内容的报告。会议对肿瘤、前列腺增生、尿石症、腔内泌尿外科及手术、肾移植、男科学等专题进行了交流和讨论。其中肿瘤论文 599 篇,临床内容约占 60％,基础研究占 40％,有关膀胱肿瘤内容仍占首位(271 篇,占 45％);美国学者介绍了尿路上皮分化的新概念,国内代表介绍了单克隆抗体在膀胱癌导向诊断和治疗中的应用,以及膀胱癌术后单次和多次膀胱内灌注化疗疗效的前瞻性研究等。有关膀胱癌基础研究的论文多集中于研究各类癌基因或抗癌基因(如 p53、p16、c-myc 等)的表达,论述各种生长因子、端粒酶活性及微卫星不稳定性与膀胱癌的诊断、病理分期分级及预后的关系;有关膀胱癌临床研究的论文多集中于讨论表浅肿瘤各类治疗方法的疗效比较、手术前后的辅助治疗、膀胱全切除后不同尿流改道方式的疗效、并发症及病人生活质量等问题。值得注意的是,前列腺癌论文居肿瘤论文的第 2 位(139 篇,占 23%),其基础研究论文仍多集中于探讨各类癌基因或抗癌基因的表达,研究各种生长因子、端粒酶活性及微卫星不稳定性与前列腺癌的生物学行为、病理分期与分级及预后的关系等,其他尚有雄激素受体方面研究的论文。前列腺癌的临床方面,我国已广泛采用血清前列腺特异性抗原(PSA)用于 fPSA 和 tPSA 测定。B 超指引下的前列腺活检,大大提高了前列腺癌的诊断水平,但不够普遍,前列腺癌的早期诊断仍然是一个亟待解决的问题,目前我国仍以晚期病人为多见,C 期及 D 期占75.3%。肾肿瘤论文数则退居肿瘤论文的第 3 位(130 篇,占 22%)。其基础研究与膀胱癌相似;临床研究论文多集中于研究伴下腔静脉瘤栓的手术治疗、保留肾单位的手术、多中心病灶的研究及辅助性生物治疗。前列腺增生论文数居全部论文的第 2 位(274 篇),绝大多数为临床内容,以手术改进和微创治疗的研究为主。尿石症论文 162 篇,体外冲击波碎石术(ESWL)仍为研究的重点,并有相关的基础研究,如 ESWL 与对结石形成危险因素的研究,碎石后尿内 TNF、NAG 和 EGF 变化的研究,以及碎石前后肾内小血管阻力指数变化的研究等。基础研究日趋深入,已达分子水平、基因水平,但专门进行基础研究的单位不多。腔内泌尿外科技术已逐步推广到县级医院,有 41 所医院共报道经尿道手术 13 440 例,有一所医院报道经尿道前列腺汽化手术达 1 000 例。国内、外有关腹腔镜手术在泌尿外科的应用报道较多,应用范围也很广,包括根治性前列腺切除、肾上腺肿瘤切除、肾切除、肾盂输尿管切开取石、肾蒂周围淋巴管结扎、肾囊肿去顶减压术、精索静脉结扎等。

此次会议期间,中华医学会泌尿外科学分会换届选举产生了第六届委员会,吴阶平任名誉主任委员,顾方六、马腾骧任顾问,郭应禄连任主任委员,那彦群、张元芳、侯树坤、梅骅任副主任委员,那彦群兼任秘书。全体委员 47 人,其中常务委员 17 人。

大会期间,《中华泌尿外科杂志》编委会亦进行了换届,选举产生了第六届编辑委员会,编委会由 53 人组成,吴阶平任总顾问,鲍镇美、马腾骧、郑家富、梅骅任顾问,顾方六任名誉总编辑,郭应禄任总编辑,何瑞祥、张元芳、金锡御、侯树坤任副总编辑。在大会开幕式上,还进行了 2000 年度"吴阶平泌尿外科医学奖"的颁奖工作。

第十届全国泌尿外科学术会议

第十届(原称第六届第二次)全国泌尿外科学术会议于 2002 年 9 月 18~22 日在长沙市举行,与第五届全球华人泌尿外科学术会议同时举行。此次会议是 21 世纪泌尿外科首次盛会,来自全国 31 个省、直辖市、自治区及香港特区、台湾地区和美、新加坡的 1 290 位代表参加了会议,并有国内外 40 多家医药企业参展。会议共收到论文 2 719 篇,内容涵盖了泌尿外科各领域,其中较多的有肿瘤论文近 700 篇,腔内泌尿外科论文 400 多篇,前列腺增生论文 330 篇,肾移植论文 171 篇,尿石症论文 149 篇。大会还邀请了 10 位世界知名学者就泌尿男生殖系统肿瘤、前列腺增生、肾移植、男科学等领域做了前沿性专题报告。在交流论文中,仍以肿瘤为多,其中膀胱肿瘤涉及流行病学调查、肿瘤标记物与早期诊断、浅表膀胱癌的腔内治疗、复发预防、髂内动脉化疗等诸多方面。肾肿瘤研究方面,有较多作者总结了肾癌合并腔静脉瘤栓的诊断和治疗经验,以及中、晚期肾癌的介入、手术、生物联合治疗的经验。前列腺癌方面包括早期诊断、根治手术,以及内分泌治疗等。在肿瘤的基础研究方面,许多作者对肿瘤的基因表达及发病机制进行了较深入的研究,对肿瘤的基因诊断和治疗也有较多的探索。腔内泌尿外科是近年来本专业领域中发展快速的方面,本次会议收到论文 400 多篇,其中腹腔镜手术占 1/3,一些单位会上报告了 300 例以上的经验,其他较多的是输尿管肾镜技术。前列腺增生论文 334 篇,居第 3 位,内容涉及发病机制的研究、尿动力学、超声等检查在诊断中的意义、各种手术的应用及效果、非手术治疗的应用等。尿石症基础研究方面内容有结石相关因素对肾小管细胞表达骨桥蛋白(OPN)及其 Mrna 的影响,维生素 D 受体基因多肽性与草酸钙结石及高钙尿症的关系等。临床方面主要是冲击波碎石术(ESWL)的经验,有学者报道了 13 500 例 ESWL 后 15 年的随访结果。

第十一届全国泌尿外科学术会议

第十一届(原称第七届)全国泌尿外科学术会议于 2004 年 10 月 20～24 日在重庆市举行。此次会议与第六届全球华人泌尿外科学术会议同时举行。来自 31 个省、市、自治区、港澳特区和台湾地区、美国、越南的近 2 000 名代表参加了会议,有国内外 70 多家企业参展。会议收到论文 3 594 篇,内容涵盖了泌尿外科各领域,属于基础研究论文 529 篇。大会邀请国内、外专家做专题报告。大会分基础研究、肿瘤、尿石症、前列腺疾病、腔内泌尿外科、肾上腺外科、排尿功能障碍及尿动力学、肾移植、男科学等专题进行交流讨论。此次会议还增设了“影像泌尿外科学”专题讨论。在肾肿瘤的基础研究中,主要探讨了肾肿瘤标志物与诊断和预后之间的关系。对膀胱肿瘤的研究,内容较为广泛,涉及肿瘤的发生、生物学特征、细胞凋亡、检测、治疗及瘤苗研究。有关前列腺相关疾病基础研究较多,主要集中在前列腺癌发生、发展与相关基因和蛋白关系的研究,以及雄激素与前列腺基质细胞之间关系的探究。在 473 篇肿瘤论文中,内容涉及膀胱肿瘤涉及肿瘤标记物与预后、病理特点,表浅膀胱癌的腔内治疗、复发的预防,不同尿流改道术式根治性切除肿瘤,动脉化疗治疗晚期膀胱癌等诸多方面。在肾肿瘤方面,总结了肾癌和肾盂癌的影像学诊断,肾癌的介入、开放手术、腹腔镜手术、生物治疗等方面的经验。在 400 多篇尿石症论文中,泌尿系统结石现代治疗的新观念已经形成,即围绕微创这一基本核心,综合运用最新技术和最新设备,形成多种微创治疗手段,以逐渐替代传统开放手术的态势。收到腔内泌尿外科论文 500 多篇,其中以腹腔镜手术、输尿管镜碎石技术治疗上尿路结石者居多;前列腺癌增生的手术方式进一步多样化。腹腔镜技术在国内的应用与发展取得了长足进步,手术适应证进一步拓展,后腹腔镜肾上腺切除术已成为肾上腺手术新的金标准,肾盂输尿管连接部梗阻的分离成形术已达 30 例以上。前列腺腔内手术方式在电切和汽电切的基础上,正向多元化方向发展,电切和汽化电切同时进行,出现了多家上千例的病例报告。等离子前列腺电切术亦有大宗病例报道。鉴于我国泌尿外科诊治技术,特别是手术方面,不少单位已达到国内领先和国际水平,有必要通过影视资料展示,以利于推广和继续教育,亦有利于与国际接轨。因此,大会首次设立了影像泌尿外科分会场,精选出 10 个单位的 30 份影像资料进行展示和交流,深受代表们的欢迎,成为人数最多的分会场。

此次会议期间,中华医学会泌尿外科学分会进行了换届工作,选举产生了第七届委员会,吴阶平、郭应禄任名誉主任委员,张元芳、侯树坤、梅骅任顾问,那彦群任主任委员,叶章群、孙则禹、孙颖浩任副主任委员,陈山兼任秘书。全体委员 48 人,其中常务委员 16 人。

第十二届全国泌尿外科学术会议

2005 年第十二届全国泌尿外科学术会议暨第七届全球华人泌尿外科学术会议于 2005 年 11 月 18～20 日在浙江省杭州市召开。出席会议的有原全国人大常委会副委员长吴阶平院士,中华医学会泌尿外科学分会名誉主任委员郭应禄院士,中华医学会副秘书长赵书贵,中华医学会泌尿外科学分会主任委员、大会主席那彦群教授和副主任委员孙则禹、叶章群、孙颖浩教授,浙江省政协副主席陈昭典教授,中华医学会副会长、浙江省卫生厅厅长李兰娟。大会共收到论文 3 800 多篇,参会代表 2 000 多名,为历届最多。大会分为专题报告、大会交流、分会交流三大部分。

一、专题报告

大会特邀美、英、法、德等国际著名专家 15 人,就世界泌尿外科临床与基础研究的新进展做了专题报告。法国 Debre 教授讲解了 360 例膀胱全切回肠新膀胱术的长期良好疗效。美国的 McDougal 教授、Goldenberg 教授、吴群立教授、Dahiya 教授、张传祥教授、香港的文志卫教授、法国的 Peyromaure 教授分别介绍了前列腺癌临床治疗与基础研究的进展以及预后。美国的 Schaefer 教授介绍了从良性前列腺增生症(BPH)到膀胱出口梗阻及下尿路症状的尿动力学改变。美国的 Kogan 教授介绍了泌尿系统感染(UTIs)和反流的传统方法和新进展。美国的李龙承博士介绍了 RNA 干扰技术在泌尿外科的应用及其局限性。美国的庄正平教授对 VHL 基因相关肾细胞癌的肿瘤生成机制作出了新的解释:促红细胞生成素的重要作用,及其有可能成为肿瘤治疗的一个新途径。

二、大会交流

来自全国各地的 12 位代表就泌尿外科发展中的新技术、新方法及难点做了大会发言。总体水平较往届有了进一步提高,充分展示了我国泌尿外科学的新进展。

（一）泌尿系统结石

第二军医大学附属长海医院孙颖浩比较了输尿管软镜与经皮肾镜钬激光治疗肾盏结石的选择问题,提出经皮肾镜大功率钬激光碎石不仅能快速粉碎结石,而且碎石块体积小,大部分呈粉末状,很好地解决了微创经皮肾镜取石术(PCNL)由于通道直径小,需要将结石击成更小的碎块才能从通道取出而导致手术的时间较长。

（二）肿瘤

浙江大学附属第一医院蔡松良等通过对 120 例膀胱全切原位 W 形回肠代膀胱临床分析,认为该技术手术时间短、操作简便、出血少、并发症少。原位 W 形回肠代膀胱有较好的储尿和排尿功能,术后无膀胱输尿管返流,电解质紊乱发生率低。上海第二医科大学附属仁济医院黄翼然等总结了前列腺癌根治术 13 年的诊治经验,分析了 132 例前列腺癌根治术的临床资料,认为出血量、手术时间及手术时期与术后病人排尿控制之间有密切关系;保护性功能除了注意盆腔神经丛发出的支配阴茎海绵体神经外,保护副阴部动脉也很重要。因此,熟悉解剖和良好的手术技巧是保留阴茎勃起功能的关键之一。北京大学泌尿外科研究所宋毅等分析 33 例肾癌伴静脉瘤栓外科治疗的疗效,认为肾癌根治术切除加瘤栓取出术是治疗肾癌伴静脉瘤栓的有效方法,肾静脉瘤栓病人的预后好于腔静脉瘤栓的病人。

（三）微创手术

浙江大学附属第一医院汪朔等介绍了腹膜后腔镜在肾盂输尿管连接部整形术中应用 54 例的临床资料,充分肯定了该技术的微创特点和良好效果,体现了微创技术在泌尿外科未来的重要发展方向。广东省人民医院王行环总结了经尿道等离子双极电切治疗良性前列腺增生 1 000 例的临床资料,认为用等离子双极电切行经尿道前列腺切除安全、有效,但包膜切除率较低。

三、分会交流

大会交流分为 7 个分会场,分别就泌尿男生殖系统肿瘤、微创泌尿外科、泌尿系统结石、尿动力学及排尿功能障碍,以及男科学、肾移植、泌尿男生殖系统手术影像等进行交流。

（一）泌尿男性生殖系统肿瘤

北京协和医院陈海昕回顾分析了 58 例保留肾单位(NSS)手术治疗肾癌的临床资料,认为 NSS 的手术治疗肾细胞癌具有良好的疗效,尤其适用于局限的肿瘤体积较小、分期较低的肾癌病人。术前因对侧肾功能差或孤立肾而被迫行 NSS 的病人预后相对较差。中山大学附属第二医院黄健等分析 14 例保留前列腺包膜的膀胱全切、原位回肠新膀胱术的资料,认为其适用于性功能要求较高、肿瘤没有累及膀胱颈及前列腺的较年轻病人,与标准的膀胱前列腺全切除术相比,有操作简便、控尿效果好,大部分可保留勃起功能的特点。但其肿瘤控制效果还有待进一步观察。北京大学泌尿外科研究所何志嵩等报告了 23 例前列腺癌病人间歇性内分泌治疗(IHT)的效果,提出 IHT 对于前列腺癌病人是一种可选择的治疗方法,在治疗间歇期病人的生活质量可以得到改善,而 IHT 能否延缓病人的疾病进展时间将有赖于随机对照研究结果。

（二）微创手术

北京大学泌尿外科研究所周利群等介绍了该所独创的建立腹膜后腔的方法（IUPU法），经900多例临床操作经验证实，这是一种安全、简单、实用，无需特殊器械、值得常规应用的建立腹膜后间隙的方法，也适合在基层医院开展应用。华中科技大学附属同济医院张旭总结了25例保留性神经的腹腔镜膀胱全切原位回肠新膀胱术的临床经验，认为该术式视野清楚，可避免尿道括约肌损伤，保留海绵体神经血管束，创伤小，近期效果满意。南京医科大学附属第一医院殷长军等评价了21例经腹膜外前列腺癌根治术，提出该术式不进腹腔，避免腹腔脏器损伤及术后肠粘连、腹膜炎等并发症。与经腹腔腹腔镜前列腺癌根治术相比，术中更易于寻找输尿管和精囊，减少输尿管和膀胱、直肠损伤机会。还有多位医生报告了将各种新技术应用于良性前列腺增生症（BPH）治疗中的经验与体会，其中浙江大学附属第二医院杜传军等报道了经尿道前列腺钬激光剜除术（HOLEP）500例经验，认为HOLEP是更具有解剖意义的前列腺电切术，其出血少，没有电切综合征，与经尿道前列腺电切术（TURP）相比疗效相似，安全性更好。

（三）泌尿系统结石

广州医学院附属第一医院曾国华等利用F8/9.8输尿管镜，结合自行研制的高压脉冲灌注泵，经皮肾通道取石，研究其安全性，认为微创PCNL对肾盂内压影响较小，术后发热与肾盂内压短时间持续在40 mmHg以上无关，故在中国开展微创PCNL是安全、可行的。南京医科大学附属第一医院张国珍分析了体外冲击波碎石术（ESWL）治疗9 200例泌尿系统结石的结果，指出ESWL已成为泌尿系统结石治疗的主要手段之一，但必须严格掌握适应证，以提高结石的粉碎率和排空率，而且ESWL不能完全取代手术或腔内镜技术的治疗，对碎石效果不佳者，应及时改用开放性手术或腔内手术治疗。华中科技大学附属同济医院叶章群介绍了细胞膜磷脂异常参与特发性草酸钙结石的形成、炎症、肥胖、胆固醇、神经内分泌、基质等因素与结石的密切相关性等结石成因的最新观点与假说；介绍了包括通过控制抗生素滥用和调节肠道菌群，保持肠道产甲酸草酸杆菌数量以预防肠源性高草酸尿，胱氨酸尿症的基因治疗及钬激光、铒、钇铝石榴石激光碎石等结石防治的最新理论与方法。该院的王少刚研究了钙敏感受体基因单核苷酸多态性（CaSR - SNP）与特发性高钙尿症的关系，提示CaSR基因在特发性高钙尿发生中不是主导基因，但第7外显子990位A/G SNP能影响尿钙排泄，可能是特发性高钙尿中调节钙排泄的遗传成分之一。

（四）尿动力学及排尿功能障碍

压力性尿失禁依旧是许多代表关心的重点。手术治疗仍是压力性尿失禁疗效最为肯定的治疗方法，经耻骨上膀胱尿道悬吊术（SPARC）和无张力阴道中段悬吊术（TVT）两种术式的疗效和并发症水平基本相当，两种术式均有经闭孔和经耻骨后径路，在疗效上基本相当，而经闭孔悬吊则并发症相对较少。BPH一直是尿动力学研究的重点内容，但是对于减少 BPH 术前的误诊,确定术中、术后的疗效,以及在术后并发症的处理方面,尿动力学仍然有着重要的价值。各种原因所致的神经源性膀胱尿道功能障碍依然是泌尿外科尿动力学研究的难点,骶神经根电调节、肉毒毒素注射、膀胱扩大、肠代膀胱术等方法也被广泛应用。肠代膀胱术的尿动力学表现正逐渐引起泌尿外科学者的重视,系本次会议的一个亮点。尿动力学基础研究也有一些突破,尤其在膀胱出口梗阻后肌源性变化,以及尿道括约肌解剖生理结构方面,有一些发现和提示作用。而女性膀胱颈梗阻、膀胱过度活动症、慢性前列腺炎、糖尿病膀胱尿道功能障碍等常见疾病的尿动力学表现及相关处理也正日益受到重视,但尚无创新性发现,有待长期大宗的病例观察和总结。

(五) 其他(男科学、肾移植等)

北京大学第三临床医学院姜辉介绍了全国调查协作组完成的中国性功能障碍病人临床需求及治疗满意度调查情况,指出阳痿对伴侣情感有很大影响,新的治疗药物对病人有较大的吸引力,而研究和开发更加符合病人需求的药物也是发展趋势之一。男科泌尿医生有责任通过加强宣教、推广科普知识、规范治疗、简化就诊程序及主动工作等,尽早解除阳痿病人的痛苦。安徽医科大学附属第一医院梁朝朝分析了 1 426 例慢性前列腺炎病人精神障碍的调查报告,指出前列腺炎病人存在明显的精神障碍,并与多种因素相关,病情的发生、发展及转归与精神因素密切相关,也提示了心理治疗在临床治疗过程中具有不可忽视的地位,研究精神因素在病因学、症状学及治疗中的作用也是男科、医学心理学、精神病学等学科共同面临的紧迫任务。

(六) 男性泌尿生殖系统手术影像

目前国内腔内泌尿外科有了长足的进步,尤其是腹腔镜手术技巧有了大范围、高质量的提高,不仅有更多的单位已经开展了腹腔镜下肾切除、肾盂成形、膀胱全切、前列腺癌根治等手术,而且腹腔镜下肾部分切除、活体供肾切除、保留神经的前列腺癌根治术等难度较大的手术也在全国各地广泛开展。此外,中国康复研究中心北京博爱医院廖利民演示了钬激光在泌尿外科疾病中的多种用途;广州医学院附属第一医院李逊展示了中国微创 PCNL 治疗鹿角状结石的技术。腔内泌尿外科学组、尿控学组、结石学组分别将首届金膀胱镜奖、大禹奖、钻石奖授予了北京大学泌尿外科研究所那彦群教授、第三军医大学西南医院金锡御教授、南京大学附属鼓楼医院孙则禹教授,以表彰他们对我国腔道泌尿外科学、尿动力学和尿路结石领域所作出的突出贡献。

本次大会为国内的泌尿外科同道们提供了与国外同行相互学习、增进交流的机会。在过去的一年里,我国的泌尿外科事业有了很大的进步,但是我们应该清醒地认识到我们在许多方面与世界先进水平还有一定差距,临床诊疗还需进一步规范。此次大会多数报告仅限于回顾性的研究,目前还缺乏具有前瞻性的、多中心、大数据的中国病人的诊疗经验数据。基础研究创新性不够,研究深度等方面有待提高。希望我们发扬团结奋进、求真务实的精神,把我国的泌尿外科事业推向一个新的发展阶段。

第十三届全国泌尿外科学术会议

　　2006 年 10 月 13～15 日,第十三届全国泌尿外科学术会议暨第八届全球华人泌尿外科学术会议在辽宁省沈阳市召开。会前举行了中华泌尿外科学会网站开通 1 周年的庆典仪式。出席本次会议的领导和嘉宾有:原全国人大常委会副委员长、中国科学院和中国工程院院士、中华医学会泌尿外科学分会名誉主任委员吴阶平教授,辽宁省副省长滕卫平教授,辽宁省卫生厅副厅长董德刚,辽宁省医学会龙济瀛会长,辽宁省人大常委会李会永副秘书长,中国医科大学校长赵群教授和该校附属第一医院院长徐克教授,健康报党委赵书贵书记,中华护理学会张惠霞秘书长,中华医学会韩晓明副秘书长,中华医学会泌尿外科学分会主任委员那彦群教授以及副主任委员孙则禹、叶章群和孙颖浩教授,中华医学会泌尿外科学分会顾问梅骅教授和张元芳教授,中华医学会泌尿外科学分会第四届委员会副主任委员郑家富教授,中华医学会泌尿外科学分会尿控学组名誉组长金锡御教授,腔内学组名誉组长唐孝达和吴开俊教授,结石学组名誉组长周四维教授,本次大会执行主席孔垂泽教授和副主席宋希双教授,以及海外华人代表黄教悌教授。大会执行主席孔垂泽教授首先致欢迎辞。大会主席那彦群教授宣布大会开幕并致开幕辞,那教授总结和汇报了 2004 年以来全国泌尿外科学界所做的工作及取得的成绩,对本届年会委员会的工作给予了充分的肯定,并表示学会坚定贯彻实施"学术交流、继续教育、科学普及"三大任务,积极制订与推进"规范学会管理,规范常见病诊疗指南"的两大工作目标。同时对中国泌尿外科的发展寄予了厚望,希望各界人士给予关心和支持。吴阶平院士作了重要讲话,表示中华医学会泌尿外科学分会成立至今已经 25 年了,在大家的共同努力下,中国的泌尿外科事业有了长足的进步,学会成为大家交流与合作的平台,以那彦群教授为主任委员的第七届委员会做了大量卓有成效的工作,获得了全国同道的好评与支持,希望大家紧密团结在学会的领导下,把中国的泌尿外科事业推向一个新的发展阶段。孙则禹教授、叶章群教授获得了 2006 年度吴阶平泌尿外科医学奖。大会共收到论文 5 097 篇,其中英文论文 772 篇、护理学论文 206 篇,与会代表 2 500 多人,为历届最多。大会分为专题报告、大会交流、分会交流和展板交流 4 个部分,首次增设了英文论文交流会场和护理论文交流会场。

一、专题报告

　　大会组委会特邀 Pierre Teillac 教授、Hans-Goran Tiselius 教授、公文裕己教授、Didier Jacqmin 教授、Manfred P. Wirth 教授、P. A. Abrahamsson 教授、Francisco Cruz 教授、张传祥教授、吴群立博士、庄正平博士、黄教悌博士和王云川教授共 12 名国际著名专家做了专题报告。欧洲泌尿外科学会(EUA)秘书长 Pierre Teillac 介绍了膀胱癌的预后标记物。日本冈山大学的公文裕己教授介绍了前列腺癌的原位基因治疗,他们分离出来的 REIC/DKK3 有望成为基因疗法治疗前列腺癌的理想而有前途的新靶点。瑞典 Malmo 大学医院的 P. A. Ambrahamsson 教授介绍了前列腺癌筛查的新方法和有效性,以及肿瘤各阶段的不同疗法和治疗决策。瑞典 Karolinska 大学医院的 Hans-Goran Tiselius 教授介绍了体外冲击波碎石术治疗尿路结石的结果。华裔专家张传祥教授等就雄激素受体在前列腺癌中的作用、RNA 结合蛋白 IMP3 作为新肾细胞癌预后标记物的意义、蛋白质组学分析和肿瘤标记物在泌尿外科中的应用、泌尿生殖系统肿瘤的病理学和基础研究的新进展对临床实践的影响，以及 Id-1 基因活性和前列腺癌细胞的化学耐药性的发展和蛋白质组学分析和肿瘤标记物在泌尿外科中的应用等问题进行了详细介绍。

二、大会交流

大会共有来自全国各地的 12 位专家发言，代表了我国泌尿外科相应领域的最高学术水平。

（一）肿瘤

北京大学第一临床医学院的周利群教授总结了开放手术切除巨大肾上腺肿瘤的疗效，认为肾上腺巨大肿瘤（直径≥9 cm）经认真术前准备是可以成功切除的，但需多学科协作，因手术创伤较大、出血多、术后恢复时间较长、并发症发生率较高，临床需慎重选择。北京大学第一临床医学院的李鸣报告了中国人不同前列腺特异性抗原（PSA）水平的前列腺癌穿刺阳性率，发现无前列腺结节和 fPSA/tPSA＞0.16 时，穿刺阳性率仅为 11.6%；在 PSA 4～10 μg/L（ng/ml）、fPSA/tPSA＜0.16 或 PSA＞10 μg/L 时前列腺穿刺有临床意义；在 PSA 4～10 μg/L 时参考 fPSA/tPSA 值能明显提高前列腺癌的诊断率。上海交通大学附属仁济医院的董柏君报告了 3 年间累积的肾癌数据库资料，发现临床上肾癌病人趋向年轻化，偶发性肾癌日渐增多，健康体检有积极意义，肾癌不同病理类型的生物学特征存在较大差异，遗传性 VHL 基因相关的肾癌存在基因突变，常呈双侧、多中心、低 Fuhrman 分级透明细胞癌，易再发、不易转移。肾嫌色细胞癌预后较好，而集合管癌预后差。TNM 分期、肿瘤大小、淋巴结转移、远处转移和肾癌病理分级是晚期肾癌的预后因素。

（二）男科学与移植

第三军医大学附属西南医院的宋波教授利用前列腺炎动物模型研究了前列腺炎疼痛的产生和持续存在的机制，发现盆底肌痉挛和内脏牵涉痛是前列腺疼痛产生的机制之一。前列腺疼痛相关的脊髓中枢为以骶 2 为中心的骶髓，传出神经主要为髂腹下神经和髂腹股沟神经。前列腺炎症状的轻重与疼痛性物质的量呈不一致性变化，在炎症缓解期疼痛性物质含量仍较多，前列腺疼痛之所以持续而顽固是因为存在着致使前列腺感觉神经产生过敏或神经炎的因素。四川大学附属华西医院的李虹报告了尿道下裂术后成年病人性功能、社会心理和性心理远期随访的研究结果，发现尿道下裂术后成年病人具有正常性动力，大部分病人性功能正常，但性生活满意程度不高，对性活动有明显的自我抑制，对自身性能力缺乏信心，有明显的忧虑性人格倾向和一定的情绪情感障碍，社会适应能力较差，性格内向；阴茎外观、初次手术年龄及术后并发症等情况对病人心理状态有明显影响。北京大学第三临床医学院马潞林报告了亲属供肾血管评估及取肾方法比较的研究结果，他采用后腹腔镜途径取活体供肾肾移植 16 例，开放取肾肾移植 15 例，结果显示腹腔镜下活体取肾肾移植的移植肾早期功能恢复较慢，但是长期肾功能良好，与开放活体取肾肾移植疗效相同。

（三）微创技术

中国医科大学附属第一医院的孔垂泽教授介绍了小切口腹腔镜辅助根治性肾切除术治疗 86 例肾癌的结果，通过分析手术时间、术中失血量、住院天数和随访资料，证实小切口腹腔镜辅助是一种微创肾癌根治手术方法，具有手术时间短、创伤小、恢复快的优点。中山大学附属第二医院的黄健教授介绍了采用腹腔镜技术对 85 例浸润性膀胱癌病人经腹腔镜切除膀胱后通过小切口形成回肠新膀胱的经验，证实腹腔镜下行膀胱全切除能满足肿瘤根治原则，可减少出血、减轻损伤、缩短肠管暴露时间，有利于术后肠道功能恢复，术后新膀胱功能良好。小切口取出标本、体外构建贮尿囊并吻合输尿管可缩短手术时间、减少腹腔内污染。华中科技大学附属同济医院的张旭介绍了离断式肾盂成形术中后腹腔镜与开放手术的回顾性研究结果，证实与开放离断性肾盂成形术相比，后腹腔镜离断肾盂成形术在保证手术成功率和不增加手术并发症的同时，具有创伤小、恢复快的优点，但后腹腔镜离断肾盂成形术能否成为微创外科时代治疗肾盂输尿管连接部梗阻的新"金标准"，仍需要大样本前瞻性随机研究和长期随访来进一步证实。

（四）泌尿系统结石

华中科技大学附属同济医院的陈志强报告了可分解草酸小鼠肠干细胞群的构建，发现中国人肠道具有产甲酸草酸杆菌存在，细菌形态有一定变异，将其功能基因 oxc 基因和 frc 基因能在体外转入小鼠肠干细胞群后，后者具有草酸分解功能。北京大学第二临床医学院的李建兴报告了 B 超引导 1 306 例标准经皮肾镜临床应用体会，发现 B 超定位引导穿刺可以提供穿刺肾毗邻关系、观察肾的内部结构、便于选择目标（肾盏）和降低伤及临近器官的概率。经 24 F 通道使用新型标准经皮肾镜操作通道可达 10.5 F，在微创的基础上可以进行多种能量形式的腔内碎石。气压弹道联合超声碎石清石系统比单独采用气压弹道碎石或超声碎石具有更高的效率，独特的负压清石系统在处理感染结石及结石合并感染的过程中显示了独特的优势。第二军医大学附属长海医院的高小峰介绍了一期经皮肾取石术治愈完全鹿角型肾结石的技术经验，结果显示经皮肾取石术中应用大功率钬激光行肾盏口劈开能提高结石的取净率、减少额外的穿刺通道以及术后的辅助治疗，手术安全可靠，不增加术中、术后出血并发症。

三、分会交流

本次大会设立了腔镜及影像、肿瘤、尿控、男科学和移植、护理、结石 6 个专业会场及英语会场，共 7 个分会场，还有壁报交流会场。其中英语专业和护理专业分会场为本次大会首次设立。

（一）腔镜泌尿外科技术及手术影像

第二军医大学附属长海医院的孙颖浩教授等介绍了后腹腔镜下肾上腺肿瘤切除术 78 例的临床体会，认为手术时应将 Gerota 筋膜充分打开，避免腹膜穿孔，如果腹膜已穿孔，应继续将穿孔处扩大，避免在手术的初期就企图直接寻找肾上腺，术中使用超声探测有助于寻找肾上腺。中山大学附属第三医院的高新报告了 150 例腹腔镜前列腺癌根治术的疗效分析,经过 6 年的随访,结果表明腹腔镜前列腺癌根治术的肿瘤根治效果、术后控尿和性功能恢复均较满意。第四军医大学附属西京医院的王禾介绍了经尿道前列腺电切术(TURP)、前列腺绿激光汽化术及两者联合应用,治疗前列腺体积在 60 ml 以上的良性前列腺增生的比较研究结果,发现绿激光选择性吸收的特点使前列腺绿激光汽化术在将腺体组织汽化的同时凝血可靠,可使视野清晰,术中、术后出血量较小。由于穿透深度仅 0.8 mm,因此无器官穿孔等严重并发症,且术后基本无须冲洗。而对较大体积(60 ml 以上)的良性前列腺增生,用前列腺绿激光汽化术与 TURP 联合治疗可综合两者优点,在术中各项指标、术后并发症及安全性等方面均略优于单纯前列腺绿激光汽化术和 TUP-P。因此,对较大体积的良性前列腺增生推荐该治疗方法。

(二)泌尿男性生殖系肿瘤

南京大学附属鼓楼医院的戴玉田介绍了保留肾单位的肾部分切除术治疗肾细胞癌的经验,发现保留肾单位的肾部分切除术不仅可以应用于孤立肾或一侧肾肿瘤对侧肾功能不正常的肾癌病人的治疗,而且对于早期肾肿瘤(直径≤4.0 cm),即使对侧肾功能正常也可采用保留肾单位的肾部分切除术治疗。但需要严格掌握手术适应证,术前要仔细检查病人,以期发现有无局部浸润或淋巴结、远处器官转移征象;术中肿瘤切除后必须做快速病理检查,以了解切缘情况;术中肾蒂阻断时间一定要控制在 20 分钟以内,以减轻肾组织缺血损伤程度,避免手术对肾功能的损害;术后对病人要坚持长期密切随访。第二军医大学附属长海医院的高旭等介绍了基于美国样本资料的 Partin tables 用于国人前列腺癌病理特征预测的准确性研究结果,发现虽然存在一定人群结构差异,但 Partin tables 仍可准确预测国人前列腺癌根治性前列腺切除术后器官局限癌、精囊侵犯和淋巴结转移的发生。Partin tables 修订版仅在对精囊侵犯的预测上具有临床应用价值,且其对精囊侵犯的预测准确性显著低于 Partin tables,因此 Partin tables 更适合在我国临床使用。中国医科大学附属第一医院的赵伟介绍了肾上腺偶发瘤的诊治体会,认为 CT 是肾上腺偶发瘤首选的定位诊断方法,MRI 对良、恶性的鉴别具有一定的意义。仅凭影像学检查对肾上腺偶发瘤定性非常困难。术前都应进行完善的内分泌学及实验室检查判断肿瘤是否具有内分泌功能并鉴别良、恶性,术前做充分准备。对于功能性肾上腺肿瘤、恶性肾上腺肿瘤以及直径为 3～6 cm 的无功能肾上腺偶发瘤应手术切除,对直径<3 cm 的肿瘤则可暂行 CT 随访。对直径>6 cm 的无功能肾上腺肿瘤、嗜铬细胞瘤及恶性肿瘤以开放手术为宜,对直径<6 cm 的良性无功能性肾上腺肿瘤则首选腹腔镜手术治疗。

(三)泌尿系统结石

华中科技大学附属同济医院的宋晓东等介绍了经尿道输尿管镜取石术(PCNL)联合气压弹道碎石系统(EMS)治疗复杂性肾结石,认为微通道 PCNL 及大通道 EMS 系统下 PCNL 各有优劣,将两种方法结合起来可取长补短,提高复杂性肾结石 PCNL 治疗的成功率,缩短手术时间及一期完成率。天津医科大学附属第二医院的韩洞民介绍了钬激光治疗输尿管息肉包裹性结石 234 例分析的结果,认为钬激光治疗输尿管息肉包裹性结石是一种息肉切除并同时碎石的安全有效的方法,手术前后应用抗生素治疗可有效预防急性肾盂肾炎,当发现结石与管壁粘连较重时可用气压弹道,不应使用钬激光,以避免损伤输尿管壁。对位于输尿管肾盂连接部息肉行切除时应从后外方开始,对位于髂血管处息肉行切除时应从上方开始,可避免穿孔后损伤血管。南方医科大学附属珠江医院的李虎林等介绍了600例微创经皮肾镜取石术治疗肾、输尿管上段结石的体会,主张I期手术,除非肾积脓、肾功能较差或不能耐受手术等情况才行II期手术。术前逆行插管尽量插至肾盂,要在C臂X线机或B超引导下穿刺,穿刺路径最好是第十一肋间经后中组肾盏,一般单通道即可,扩张要在C臂X线机或B超引导下,宁浅勿深,对于复杂性肾结石术前可行CT三维成像以利于穿刺和术中取净结石。如术中出血较多、术野不清应停止手术;要注意冲洗液的压力,尽量在低压下完成手术以免肾盂压力过高造成反流。

(四)尿控专业

中国康复研究中心附属北京博爱医院的廖利民介绍了A型肉毒毒素(BTX-A)对神经性源及非神经性源膀胱过度活动症病人逼尿肌及括约肌功能的调控及效果,共收集113个病例,包括非神经源性膀胱过度活动症6例、骶裂等神经源性膀胱10例和脊髓损伤97例,其中78例接受膀胱壁注射、22例接受尿道括约肌注射、13例接受联合注射。发现膀胱壁及尿道括约肌BTX-A注射可有效抑制脊髓损伤病人逼尿肌反射亢进、减轻逼尿肌-括约肌协同失调,减少膀胱过度活动症病人尿频,保护上尿路功能,是一种有效、安全、可行、可多次重复应用的调节下尿路功能的微创方法。第三军医大学附属西南医院的张武合等介绍了钙通道阻滞剂对大鼠不稳定逼尿肌机械收缩和肌电活动的影响,建立了SD雌性大鼠膀胱出口梗阻的动物模型,发现逼尿肌不稳定的发生率为75.5%,T型钙通道在调节逼尿肌细胞兴奋性方面起重要作用,逼尿肌自身兴奋性增高是逼尿肌不稳定发生的主要原因,逼尿肌不稳定的发生与逼尿肌自身钙通道的功能改变密切相关。华中科技大学附属同济医院的杜广辉等介绍了3种尿道sling手术治疗132例压力性尿失禁的疗效比较,证实3种尿道吊带术均具有优良的疗效,In-fast的操作相对复杂,经尿道无张力尿道中段悬吊术(TVT)组并发症最多,经闭孔经阴道无张力尿道中段悬吊术(TVTO)操作最为简单,术中、术后并发症最少。北京大学第一临床医学院的吴士良等介绍了50岁以上社区人群下尿路症状调查的结果,共546人,调查发现发生率最高的前5位下尿路症状依次为尿频47.4%、夜尿增加44.0%、尿不尽感38.3%、尿急37.4%和尿失禁36.4%。IPSS评分显示在社区人群中存在中重度症状病人高达47.0%,刺激症状和梗阻症状均随年龄增加而加重,主观症状(包括刺激症状和梗阻症状)比客观症状(尿流率和残余尿量)更影响病人的生活质量,且刺激症状与生活质量的关联度比梗阻症状更高。

(五)男科及肾移植

北京协和医院的刘广华等介绍了男性肾上腺生殖综合征的治疗体会,包括先天性肾上腺增生(CAH)15例,其中21-羟化酶缺陷(21-OHD)7例、11β-羟化酶缺陷(11β-OHD)1例、17-羟化酶缺陷(17-OHD)7例和分泌雄激素的肾上腺皮质肿瘤2例。给21-OHD与11β-OHD病人服用糖皮质激素,给17-OHD病人服用糖皮质激素和雌激素,并行性腺切除,对肾上腺肿瘤行手术切除肿瘤。发现补充激素治疗可以增加病人的身高与改善睾丸功能,对肾上腺肿瘤需行手术切除肿瘤,术后性早熟改善。广西医科大学附属第一医院张新华等介绍了雄激素缺乏与糖尿病性阳痿相关的病理机制及活动功能研究结果,利用成年雄性大鼠建立动物模型,证实糖尿病致雄激素缺乏,以及由此而致 V 型磷酸二酯酶及一氧化氮合成酶的减少,成为糖尿病性勃起功能障碍的病理生理机制之一。用雄激素替代治疗能改善海绵体 V 型磷酸二酯酶及一氧化氮合成酶的改变,并且能恢复西地那非的作用。复旦大学附属华山医院的马良宏等介绍了精原干细胞移植后的生精功能的研究结果,发现精原干细胞移植后能在受体生精上皮中克隆增殖,并能分化形成成熟的精子。采用常规方式冷冻保存的精原干细胞移植后不影响其克隆增殖和分化形成精子的能力,这对临床应用精原干细胞移植技术具有重要的实用意义。在全身大剂量化疗前,将青春期前肿瘤病人精原干细胞从睾丸组织中提取出后予以冷冻保存,在病人痊愈后将原干细胞自体移植回病人睾丸内重新启动精子发生,使病人生育力长久保持。这种冷冻保存与移植技术的联合应用,对采用精原干细胞移植技术治疗因大剂量化疗所致的不育症,具有实际的临床应用价值。首都医科大学附属北京友谊医院的张磊等介绍了亲属活体肾移植规范诊治的初步经验,共 42 例,认为活体亲属肾移植是终末期尿毒症病人的有效治疗方法,移植肾存活率高。但由于活体亲属肾移植涉及活体供肾,需要移植医生同时保障供体、受体双方的安全及治疗的有效性,只有通过制订有效的规范诊治方案,才能达到预期治疗目标。诊治方案包括供者选择、充分的术前准备、适当的围术期处理,以及术后严密随访、合理用药。

（六）护理专业

中华护理学会张惠霞秘书长和中华医学会泌尿外科学分会主任委员那彦群教授参加了护理专业分会场的交流。护理专业的交流内容包括：护理质量控制、护理团队建设、泌尿外科术后护理及泌尿外科护理新进展等方面。大连医科大学附属第二医院的鞠红卫等介绍了低压抗反流回肠代膀胱术 51 例的护理体会,认为回肠取材方便,有较好的顺应性,同时经去管回肠做成的膀胱压力最低,这样有利于肾功能的保护。术前做好充分的肠道准备可以减少术后感染的机会。术后精心的病情观察及护理,保持引流管的通畅,特别是进行新膀胱贮尿及排尿功能的训练,不仅可以减少并发症的发生,而且是手术成功及病人康复的关键。病人出院后应指导其继续保持定时排尿的习惯,无论提前或推迟排尿都会影响新膀胱功能的稳定。四川大学附属华西医院的谷波报告了留置尿管的护理研究现状,认为术前病人导尿应在麻醉起效后 10 分钟进行;在不影响导尿效果的情况下尽量选择较为细软的尿管;保持尿道口清洁和引流系统的密闭是预防尿管相关泌尿系感染的有效措施;膀胱冲洗并不能减少留置尿管相关泌尿系感染;增加饮水量可减少泌尿系感染和结石发生率;全身应用抗生素难以杜绝尿管相关泌尿系统感染的发生,长期预防性使用抗生素可使真菌性尿路感染增加等。对长期留置尿管的病人,其集尿袋和尿管更换的间隔时间,以及是否需要夹闭尿管、定时放尿,还缺乏大样本的前瞻性研究,目前护理界存在较大争议。兰州军区兰州总医院的乔够梅等介绍了嗜铬细胞瘤围术期的用药护理,术前应注意降压药物、扩

中国泌尿外科学史（第 2 版）

容药物、纠正心律失常药物和镇静药物的应用与护理,术后应注意血管活性药物,血、血浆代用品、镇痛药物和激素类药物的应用与护理,出院后血压仍持续偏高者应服用降压药物,服药时应注意嘱病人用药后平卧 1 小时,每日测量血压 2 次,做到五定(定时间、定体位、定肢体、定血压计、定测量人),出院 3 个月后复查。

(七)专业英语交流

首次设立的英语分会收到稿件 772 篇,中华医学会泌尿外科学分会副主任委员叶章群和孙颖浩教授、美国南加州大学儿童医院谢会文教授到会,参加交流的嘉宾有香港的李树强教授、美国的李龙承、庄正平教授等。论文专业广泛,涉及泌尿外科的各个领域。复旦大学附属华山医院的吴忠介绍了钬激光碎石术治疗尿路结石的经验,共 1 216 例,其中输尿管结石的排出率达到 96.9%,膀胱结石的排出率达到 98.4%,认为钬激光碎石术是一种非常安全、有效而且微创的治疗尿路结石的技术,应该作为结石病人,尤其是输尿管和膀胱结石病人的首选治疗方法。四川大学附属华西医院的 Yang Yuan 报告了 35 年随访的睾丸肿瘤病人的生活质量分析,发现同时患隐睾症的病人在逐渐减少,精原细胞瘤的比例逐渐下降,而胚胎癌的比例逐渐增加,发病年龄提前,超声和 CT 的应用对于早期诊断意义重大,AFP 和 HCG 有助于预后的判断和肿瘤类型的鉴别。根治性睾丸切除术是主要的治疗方法,逐渐趋向综合治疗,病人的性功能受到影响,对生活质量的要求不高,出院后的治疗和随访不佳。福建医科大学的 Zhu Shaoxing 等介绍了大鼠自体骨骼肌卫星细胞尿道移植治疗压力性尿失禁的实验研究结果,发现骨骼肌卫星细胞能够被成功体外培养,进行尿道注射后可见分化的细胞存活,对于治疗压力性尿失禁可能成为一种新方法。

四、海外专家访谈

(一)谢会文教授访谈录

李宁忱教授采访了美国南加州大学儿童医院的谢会文教授,谢教授表示中国泌尿外科年会一年比一年开得好,会议的规模和质量显著提高,说明中国泌尿外科事业取得了巨大成功,中国泌尿外科在很多方面已十分接近世界水平。为了缩小差距,应该完善中国泌尿外科住院医生的培训制度,为将来培养优秀的人才打下基础,在泌尿外科医生资格的认证上也应该规范化,还应该加强与国外泌尿外科界的交流,不但要了解国外泌尿外科的情况,还要把自己的经验介绍到国外去。

(二)Teillac 教授访谈录

Teillac 教授是 EAU 秘书长、法国泌尿外科学会(FUA)秘书长、法国 Saint-Louis 医院泌尿外科主任,受中华医学会泌尿外科学分会的邀请作了特别演讲。周利群教授采访了 Teillac 教授,Teillac 首先对本次年会作出了高度评价,然后介绍了 EAU 的相关情况,并讨论了 EAU 和中国泌尿外科学会(CUA)两个学会间的交流和合作方面的问题。

五、大会奖励

本次大会设立了优秀论文奖和学组奖,大会优秀论文奖由黄健教授、宋波教授获得,他们报告的论文题目分别为:腹腔镜下膀胱全切除原位回肠新膀胱术85例报告和慢性前列腺炎疼痛及持续性疼痛的产生机制研究。腔内学组金膀胱镜奖的获奖者是李逊教授,尿控学组的大禹奖的获奖者是宋波教授,结石学组的蓝宝石奖由李虹教授获得。

第十三届全国泌尿外科学术会议暨第八届全球华人泌尿外科学术会议取得了圆满成功,本次年会的参会代表人数为历届年会之最,会上报告的论文学术水平高,首次设立了专业英语交流会场和护理分会场,各会场均气氛热烈,代表发言踊跃。本次大会为提高我国泌尿外科专业的学术水平、缩小与国际先进水平的差距、促进学术交流成功地搭建了一个平台,同时也将中国泌尿外科事业推向了一个新的高峰。

第十四届全国泌尿外科学术会议

第十四届全国泌尿外科学术会议暨第九届全球华人泌尿外科学术会议于2007年11月16~18日在厦门国际会展中心召开。本次会议收到稿件5013篇,会议发言433篇;注册代表2498人,参会人数超过3000名;厂商展位达172个。大会设主会场1个,分会场8个。主会场特邀嘉宾发言4个,大会发言6个,专题演讲1个,学术辩论4个,卫星会4个。分会场除腔道、肿瘤、尿控、结石、移植和男科外,还有英语、护理、中日泌尿外科学术会议和亚洲泌尿外科学校(ASU)培训课程、卫星会等内容。分会场议程除论文报告外,还穿插了讲座、辩论、圆桌讨论、病例讨论等形式的学术交流,除发言和壁报外,还有大量的录像演示。

大会开幕式上,那彦群教授向新中国泌尿外科事业奠基人之一吴阶平院士颁发中华医学会泌尿外科学分会终身成就奖。上海交通大学仁济医院黄翼然教授获得2007年度吴阶平泌尿外科医学奖。

大会特邀嘉宾和演讲题目先后是:SIU秘书长、加拿大泌尿外科学会主席Luc Valiquette教授的《膀胱过度活动症的诊断和治疗》;EAU国际关系办公室主任、法国Strasbourg大学泌尿外科Didier Jacqmin教授的《保留肾单位的肾癌手术》;印度泌尿外科学会主席Mahesh R. Desai教授的《肾盂输尿管连接部狭窄的微创手术》;南开大学生命科学院分子生物学研究所所长张琚教授的《雌激素在良性前列腺间质增生病理改变中作用分子机制的研究》。

大会发言包括:北京大学泌尿外科研究所吴士良副教授代表尿控学组做《我国女性压力性尿失禁手术治疗现状——国内SUI手术治疗文献荟萃》的报告。第二军医大学长海医院陈书尚报告的题目是《感染性结石肾乳头钙盐沉着特点分析》。华中科技大学同济医学院附属同济医院张旭教授就《后腹腔镜解剖性肾上腺切除术的手术技巧和临床效果》做了精彩报告。福建省立医院李涛的报告题目是《尿细胞角蛋白检测在尿路移行细胞癌诊断和复发监测中的应用研究》。复旦大学附属肿瘤医院马春光报告了《三个中心525例前列腺癌流行病学特征及诊疗分析》。上海交通大学医学院附属仁济医院陈斌报告了《无精子症规范化诊治体会（附1027例资料分析）》。

华中科技大学同济医学院附属同济医院张旭教授的《后腹腔镜解剖性肾上腺切除术手术技巧和临床效果》、上海交通大学医学院附属仁济医院王益鑫教授的《无精子症规范化诊治体会（附1027例资料分析）》分别获得大会优秀论文奖。张旭教授同时荣获腔道泌尿外科学组"金膀胱镜奖"；广西医科大学附属第一医院邓耀良教授荣获结石学组"钻石奖"；北京博爱医院廖利民教授荣获尿控学组"大禹奖"。获得大会论文投稿前三名奖的地区依次为上海市、广东省、北京市；获得大会论文投稿前三名奖的医院依次为中国医科大学附属第一医院泌尿外科、华中科技大学同济医学院附属同济医院泌尿外科、北京大学第三医院泌尿外科。

第十五届全国泌尿外科学术会议

第十五届全国泌尿外科学术会议于2008年9月19～21日在昆明召开。本届年会收到稿件5130篇；参会代表来自全国31个省、市、自治区及港澳台地区达2000余名。本次年会第1天在主会场设特邀嘉宾发言、大会发言、讲座、辩论、疑难病例讨论等环节；第2～第3天设腔道、尿控、肿瘤、结石、英语、移植、男科、中意/中加、中日、护理等7个分会场，会上交流论文315篇；召开卫星会4个；中国泌尿外科学院（CSU）在首次在CUA年会期间开设了继续教育课程。

在开幕式上，那彦群主任委员、叶章群候任主任委员向2008年吴阶平泌尿外科医学奖获奖者朱积川教授、贺大林教授颁奖。孙颖浩副主任委员主持向获得首届CUA荣誉会员的外国贵宾颁发证书。他们是：国际泌尿外科学会（SIU）主席Mostafa M Elhilali教授、美国泌尿外科学会（AUA）主席Paul F. Schellhammer教授、欧洲泌尿外科学会（EAU）副秘书长、欧洲泌尿外科学院（ESU）院长Christopher Reginald Chapple教授、美国泌尿外科学会（AUA）秘书长Robert C. Flanigan教授、2009年日本泌尿外科学会年会会长公文裕巳教授、亚洲泌尿外科学会主席Rainy Umbas教授。

大会特邀嘉宾演讲包括：Mostafa M. Elhilali的《激光前列腺切除术——BPH手术治疗的新挑战》、Paul F. Schelhammer的《前列腺癌的研究》、Christopher Reginald Chapple的《症状性膀胱出口梗阻》、Rainy Umbas的《70岁以上局限性前列腺癌患者的管理》、Robert C. Flanigan的《AUA的过去、现在与未来》、公文裕巳的《癌症治疗的魔法子弹理念》、Christopher Reginald Chapple的《Advance in the management of LUTS/BPH》等。

本届年会首次、并彻底地采用网上投稿、网上审稿。5005篇稿件中，投稿前三位的地区是：上海、北京、广东；投稿前三位的医院是：北京大学第三医院、上海交通大学医学院附属瑞金医院、上海交通大学附属第一人民医院。

本届年会还在昆明市举行了前列腺健康教育和义诊，旨在贯彻学会"科学普及"的任务，普及群众对前列腺疾病的认识，提高对男性健康的关注。

第十六届全国泌尿外科学术会议

第十六届全国泌尿外科学术会议于 2009 年 9 月 18～20 日在成都娇子国际会议中心隆重举行。本次大会共收到论文 4530 余篇。其中肿瘤 1048 篇、结石 880 篇、腔道 851 篇、男科学 590 篇、尿控 471 篇、护理 290 篇、移植 143 篇、英语投稿 257 篇。参会代表来自全国 31 个省、市、自治区及港澳台地区 3000 余名。

大会特邀 SIU 副秘书长、EAU 秘书长、AUA 现任主席、AUA 秘书长、KUA 主席、BAU 主席等国际各大泌尿外科学会高层领导人参会，来自美国、韩国、英国、中国香港等地的泌尿外科专家也将参与大会学术交流讨论。这些专家的到来，推动了 CUA 的国际化进程以及日益扩大的国际影响力。大会继续设立英语交流分会场，为广大医生提供对外交流的平台。与此同时，AUA 也连续第二年在会场设立展台，方便中国医生对其更进一步的了解。

四川华西医院李虹教授的《复杂性尿道狭窄的治疗——从基础到临床》、上海第二军医大学附属长海医院孙颖浩教授的《经脐单孔通道腹腔镜泌尿外科手术体会》获得大会优秀论文奖。中山医科大学附属第二医院的黄健教授荣获 2009 年"金膀胱镜奖"；结石学组"钻石奖"的获得者为北京大学人民医院王晓峰教授；尿控学组"大禹奖"获得者是首都医科大学朝阳医院杨勇教授。大会投稿论文前三名奖的地区分别为第一名上海市、第二名武汉市、第三名北京市。

本届会议在汶川大地震后的成都举行，四川及成都的泌尿外科同道在李虹教授等领导下，克服困难，举办了一届成功的年会。

第十七届全国泌尿外科学术会议

第十七届全国泌尿外科学术会议于 2010 年 10 月 14～16 日在西安举行。本次大会收到论文 4271 篇，其中肿瘤 1024 篇、腔道 911 篇、结石 512 篇、男科 478 篇、英语投稿 345 篇、护理 300 篇、尿控 292 篇、移植 114 篇、感染和炎症 98 篇、其他内容 197 篇。大会特邀学术报道 20 个，会上交流论文 522 篇，选出大会优秀论文 2 篇。2680 名来自全国 30 个省、市、自治区及港澳台地区的代表注册参会。参展机构 85 家，设立展位223 个。

大会开幕式上向 CUA 第三批国际荣誉会员颁发证书，包括欧洲泌尿外科学会

（EAU）创始人 Frans M. J. Debruyne 教授、AUA 候任主席 Sushil S. Lacy 教授、亚洲泌尿外科学会（UAA）名誉执行总监、亚洲泌尿外科学院（ASU）院长 Foo Keong Tatt 教授、巴西泌尿外科学会（SBU）主席 Modesto Jacobino 教授、韩国泌尿外科学会（KUA）候任主席 Moon Kee Chung 教授、加拿大泌尿外科学会（CUA）副主席 Joseph Chin 教授。

大会特邀嘉宾报告包括：EAU 秘书长 Per Anders Abrahamsson 教授《Update on androgen depravation therapy2010》；AUA 候任主席 Sushil S. Lacy 教授《PSA testing in 2010》；SIU 代表、UAA 名誉执行总监胡强达教授《The art and science of urological practice：back to basic》；UAA 代表香港泌尿外科前任主席文志卫教授《Ketamine uropathy a new epidemic》；EAU 创始人 Frans M. J. Debruyne 教授《LHRH antagonists in the management of advanced prostate cancer》；AUA 秘书长 Robert C. Flanigan 教授《Treatment of small renal masses》；JUA 前任主席公文裕巳教授《A Novel Interpretation of Self-replication mechanism of nanobacteria-like particles derived from urinary stones》；SBU 腔道泌尿外科主席 Edibert Melchert 教授《Percutaneous nephrolithotripsy in total dorsal decubitus position》；KUA 考核委员会主席 Sang Won Han 教授《Surgical management of vesicoureteral reflux；What's new in concept & technique?》；英国皇家泌尿外科学会主席 Peter M. Thompson 教授《The evolution of radical prostatectomy：open vs lap vs robotic》；加拿大泌尿外科学会（CUA）副主席 Joseph L. ? Chin 教授《Alternative ablative treatments for prostate cancer：Cryotherapy and H. I. F. U.》。

本次大会的亮点首先是 CUA 年会的国际化特征进一步突显。注册外宾 85 人。来自美国、欧洲、加拿大、日本、韩国、巴西、新加坡等国的嘉宾带来了精彩的特邀学术报告，并参加了国际、中韩、中日会场的交流。ESU 与 CSU 在会前合作举办了第四次中国泌尿外科医师教育课程（CUEP）、在年会期间举办了 AUA-CUA 首次联合培训、首次英国皇家医学会泌尿外科培训项目。中欧、中美、中日、中韩、中英举行了泌尿外科学会间的高峰会议，就继续深入合作取得了丰富的成果。巴西泌尿外科学会首次派团参加 CUA 年会，并与 CUA 进行了高峰会谈。EAU、AUA 继续在 CUA 年会上设立展台。

本次大会的第二个亮点是学术水平进一步提高，与国际先进水平保持同步的新技术、新观念得到了充分的展示和讨论。会议的学术气氛空前浓厚，代表的参会热情空前高涨。这标志着各地泌尿外科事业都在快速发展，也说明 CUA 为全国泌尿外科同道提供了公平、开放的交流平台。

本次大会的第三个亮点是延续了 CUA 成都年会开始的会前公益活动，开展全国知名专家义诊咨询活动，在西安交通大学医学院第二附属医院（西北医院）举办了主题为"前列腺健康"的科普和义诊活动，收到广大西安市民的欢迎和好评。

表 3 - 1　历届全国泌尿外科学术会议简况

届　别	时　间	地点	收到论文篇数	与会人数
第一届	1981 年 11 月 6～11 日	南京	513	148
第二届(原第二届第一次)	1985 年 10 月 20～25 日	成都	704	300
第三届(原第二届第二次)	1987 年 9 月 1～4 日	兰州	455	150
第四届(原第三届第一次)	1989 年 5 月 14～19 日	济南	1 000	350
第五届(原第四届第一次)	1992 年 10 月 13～16 日	西安	1 008	650
第六届(原第四届第二次)	1994 年 10 月 10～13 日	武汉	794	474
第七届(原第五届第一次)	1996 年 9 月 7～11 日	北京	1 438	678
第八届(原第五届第二次)	1998 年 9 月 4～7 日	上海	1 559	1 000
第九届(原第六届第一次)	2000 年 8 月 26～30 日	北京	3 026	2 166
第十届(原第六届第二次)	2002 年 9 月 18～22 日	长沙	2 719	1 920
第十一届(原第七届第一次)	2004 年 10 月 20～24 日	重庆	3 594	2 000
第十二届	2005 年 10 月 18～20 日	杭州	3 800	2 000
第十三届	2006 年 10 月 13～15 日	沈阳	5 097	2 500
第十四届	2007 年 11 月 16～18 日	厦门	5 000	2 500
第十五届	2008 年 9 月 18～21 日	昆明	5 130	2 000
第十六届	2009 年 9 月 18～20 日	成都	4 530	3 000
第十七届	2010 年 10 月 15～17 日	西安	4 271	3 000

注　自 2005 年起改为全国泌尿外科学术年会。

表 3 - 2　中华医学会泌尿外科学分会历届正、副主任委员任职时间及委员人数

届　别	主　委	副　主　委				任职年月	委员数	常委数
第一届	吴阶平	熊汝成	虞颂庭	马永江		1981 年 11 月至 1985 年 10 月	44	15
第二届	吴阶平	马永江	沈绍基	吴德诚	谢　桐	1985 年 10 月至 1989 年 5 月	44	15
第三届	吴阶平	马腾骧	谢　桐	顾方六	吴德诚	1989 年 5 月至 1992 年 10 月	45	15
第四届	顾方六	马腾骧	郑家富	郭应禄	梅　骅	1992 年 10 月至 1996 年 9 月	47	15
第五届	郭应禄	马腾骧	张元芳	侯树坤	梅　骅	1996 年 9 月至 2000 年 8 月	47	16
第六届	郭应禄	那彦群	张元芳	侯树坤	梅　骅	2000 年 8 月至 2004 年 10 月	47	17
第七届	那彦群	叶章群	孙则禹	孙颖浩		2004 年 10 月至 2007 年 10 月	48	16
第八届	那彦群	王建业	孙　光	孙则禹	孙颖浩	2007 年 10 月至 2010 年 12 月	63	21
		候任主委　叶章群						
第九届	叶章群	黄　健	孔垂泽	孙　光	王建业	2010 年 12 月迄今	65	21
		前任主委　那彦群						
		候任主委　孙颖浩						

中国泌尿外科学史(第 2 版)

中国泌尿外科学史(第2版)

图3-1　中华医学会泌尿外科学会首届全体委员合影(1981年，南京)

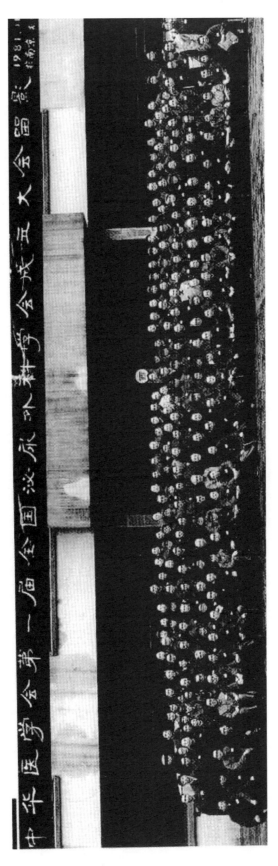

图3-2　首届全国泌尿外科学术会议代表合影(1981，南京)

第四部分

中华医学会泌尿外科学分会各学组的成立及活动

　　1992 年 10 月,第五届(原第四届第一次)全国泌尿外科学术会议期间,中华医学会泌尿外科学分会决定成立 3 个专业学组:"腔内泌尿外科和体外冲击波碎石学组"、"尿动力学学组"、"男科学学组"。"腔内泌尿外科和体外冲击波碎石学组"于 1993 年在北京市正式成立,郭应禄任组长;"尿动力学学组"于 1997 年在重庆市成立,金锡御、郑家富任组长;中华医学会泌尿外科学分会成立最早的学组是男科学学组:1991 年由郭应禄、薛兆英等教授发起,在中华医学会泌尿外科学分会建立"男科学组",由郭应禄教授任组长,曾举办 2 次全国性学术活动,并积极为筹建男科学分会做了大量工作。1995 年 6 月正式成立中华医学会男科学分会(学组停止活动),由郭应禄任主任委员。第二、第三届主任委员由朱积川担任,每 2 年举办 1 次全国学术会议,并举办 1 次男科论坛,为我国男科学发展作出了贡献。2005 年 9 月,在广西壮族自治北海市会议上"泌尿系结石学组"从"腔内泌尿外科和体外冲击波碎石学组中"分出,成立"泌尿系结石学组",叶章群任组长,同年 11 月,"中华医学会泌尿外科学分会肿瘤学组"在上海市成立,那彦群任组长。

中华医学会泌尿外科学分会

腔内泌尿外科及体外冲击波碎石学组

(2005 年 9 月分别更名为泌尿系统结石学组和微创泌尿外科学组)

第一届(1993—1997 年)

组　　长　郭应禄

副组长　梅　骅　唐孝达

成　　员　郭应禄　那彦群　李炎唐　唐孝达　章仁安　张祖昭　梅　骅　吴开俊
　　　　　余安迪　夏金山　李长春　黑兰逊　万恒麟　陈承志　章咏裳

秘　　书　那彦群

第二届（1997—2001 年）

组　　长　那彦群
副组长　唐孝达　吴开俊
成　　员　那彦群　周利群　洪宝发　唐孝达　张元芳　史启铎　方玉华　李　虹
　　　　　石梅海　吴开俊　陈承志　叶章群　党建功　史沛清
秘　　书　周利群

第三届（2001—2005 年）

组　　长　那彦群
副组长　唐孝达　吴开俊
成　　员　那彦群　周利群　洪宝发　张元芳　唐孝达　史启铎　江　军　吴开俊
　　　　　高　新　李　虹　蔡文清　顾晓箭　叶章群　党建功　王春喜
秘　　书　周利群

第四届（2005—2009 年）

（更名为微创泌尿外科学组）

名誉组长　唐孝达　吴开俊
组　　长　孙颖浩
副组长　周利群　张　旭
成　　员　王子明　王东文　王春喜　李黎明　江　军　李　逊　李宁忱　孙颖浩
　　　　　张　旭　洪宝发　周利群　夏术阶　高　新　顾晓箭　魏　强
秘　　书　高　旭

第五届（2009 年 5 月至今）

组　　长　孙颖浩
副组长　李汉忠　黄　健
成　　员　王子明　王春喜　李黎明　李　逊　张　旭　夏术阶　顾晓箭　魏　强

王玉杰　王剑松　刘修恒　毕建斌　吴小侯　殷长军　梁朝朝　曹晓明

霍红旭

秘　书　高　旭

中华医学会泌尿外科学分会
尿动力学学组

第一届（1997年10月至2000年9月）

组　长　金锡御　郑家富

成　员　郑家富　王跃闽　申鹏飞　吴永安　杨　勇　陈晓春　金锡御　宋　波

曹宁生　鹿尔训　瞿创予

秘　书　宋　波

第二届（2000年9月至2004年9月）

组　长　金锡御

副组长　宋　波　杨　勇

顾　问　郑家富　申鹏飞　曹宁生

成　员　王跃闽　吴永安　郑少斌　孙颖浩　廖利民　卫中庆　杨　勇　张小东

王　平　王东文　沈　宏　金锡御　宋　波　盛新福　杜光辉

秘　书　宋　波

第三届（2004年9月至2009年6月）
（更名为尿控及女性泌尿外科学组）

名誉组长　金锡御

组　　长　宋　波

副组长　杨　勇　廖利民

成　　员　宋　波　杨　勇　廖利民　杜广辉　卫中庆　沈　宏　吴士良

方祖军　许传亮　宋希双　王　平　郑少斌　黎　伟　刘润民

李龙坤　何舜发　关志忱　文建国　赵耀瑞

秘　　书　李龙坤

第四届（2009年6月至今）

名誉组长 宋 波
组 长 王建业
副组长 王东文 宋希双
成 员 孙兆林 廖利民 杜广辉 卫中庆 沈 宏 方祖军 许传亮 黎 玮
　　　 李龙坤 关志忱 文建国 赵耀瑞 王 健 李振华 陈福宝 杜传军
　　　 侯建全
秘 书 许克新

中华医学会泌尿外科学分会
泌尿结石学组

第一届（2005年9月至今）

顾 问 周四维
组 长 叶章群
副组长 李 虹 张晓春
成 员 于德新 邓耀良 史启铎 孙西钊 刘 春 齐 琳 安瑞华 李为兵
　　　 陈兴发 李建兴 张选志 李炳明 黄旭元 鲁 军 程 跃 高晓峰
　　　 刘贤奎 钟红兴 邢金春 杨江根
秘 书 陈志强

中华医学会泌尿外科学分会
肿瘤学组

第一届（2005年11月至今）

组 长 那彦群
副组长 李 鸣 丁 强
成 员 李长岭 吕文成 高江平 叶定伟 孙 光 靳凤硕 王行环 周芳坚
　　　 潘铁军 何延瑜 谢立平 董胜国 孔垂泽 米振国 李 响 贺大林
　　　 王晓民 杨晓峰 王志平 钟维德 沈周俊 郭 军
秘 书 李 鸣

中华医学会泌尿外科学分会
男科学组

（2007 年 7 月 5 日至今）

组　长　王晓峰
副组长　黄翼然　刘继红
委　员　张　凯　刘　雨　邢俊平　肖明朝　莫曾南　白文俊　吴宏飞　杨书文
　　　　董　强　王　忠　吴　斌　陈　斌　毛向明　商学军　叶炳贤　张春影
　　　　王玉杰　邓春华
　　　　王怀鹏

中华医学会泌尿外科学分会
肾移植学组

（2007 年 7 月 5 日至今）

组　长　高居忠
副组长　杜林栋　朱有华　蔡　明　马潞林
委　员　张玉海　管德林　石炳毅　闵志廉　张小东　肖序仁　田　野　王林辉
　　　　马麟麟　张艮甫　杨皖清　于立新　张　炜　杨顺良　高振利　杨亦荣
　　　　明长生　李海潮　王　禾　王　莉　刘　龙

中华医学会泌尿外科学分会
感染与炎症学组

（2007 年 7 月 5 日至今）

组　长　陈　山
副组长　乔庐东
委　员　杨　勇　张　凯　郑　波　果宏峰　杨　波　李启忠　史本康　杨为民
　　　　高晓峰　牛远杰　王　毅　赵晓昆　陈　明

中华医学会泌尿外科学分会
护理学组

（2007 年 7 月 5 日至今）

组　长　何　玮

中国泌尿外科学史（第 2 版）

副组长　谢双怡　王　薇
委　员　万　蓬　贾晓君　刘　玲　陈　锦　宋彩萍　李　欣　郑　瑾　李　萍
　　　　　钱卫红　程　茹　蒋玉梅　邱　玲　曾子健　梁伟霞　彭晓琼

中华医学会泌尿外科分会

第一届　青年委员会（2007 年 11 月至今）

主　委　那彦群
副主委　毕建斌　李宁忱　许传亮　钟惟德
委　员　车翔宇　陈俊星　龚　侃　郭剑明　郝刚跃　何　坚　黎承杨　李　兵
　　　　　李龙坤　林天歆　刘　犇　刘晓强　邱建光　沈国球　石　磊　史本康
　　　　　双卫兵　孙　磊　孙晓文　唐　伟　王　伟　王坤杰　王少刚　魏　东
　　　　　夏国伟　徐万海　许克新　薛　蔚　严维刚　杨　航　叶烈夫　张　凯
　　　　　张　鑫　张　弋　种　铁　朱　刚　祖雄兵

表 4-1　泌尿外科学分会各学组举办全国性专业学术会议情况

学　组	届　别	举办日期	地点	收到论文	与会人数
腔内泌尿外科及体外冲击波碎石学组（现改名为微创泌尿外科学组）	第一届	1993 年 09 月	北京	287	250
	第二届	1995 年 09 月	广州	307	270
	第三届	1997 年 09 月	上海	260	280
	第四届	1999 年 09 月	成都	352	341
	第五届	2001 年 10 月	南京	422	435
	第六届	2003 年 11 月	武汉	606	1 200
	第七届	2005 年 6 月	长春	*	*
	第八届	2007 年 9 月	太原	*	*
	第九届	2009 年 5 月	广州	*	*
	第十届	2010 年 6 月	重庆	*	*
	第十一届	2011 年 5 月	武汉	*	*

中国泌尿外科学史（第 2 版）

(续表)

学　　　组	届　别	举办日期	地点	收到论文	与会人数
尿动力学学组 （现改名为尿控 及女性泌尿外科 学组）	第一届	1997 年 10 月	重庆	112	160
	第二届	1999 年 05 月	南京	144	190
	第三届	2001 年 09 月	广州	304	260
	第四届	2003 年 09 月	沈阳	259	300
	第五届	2005 年 4 月	武汉	*	*
	第六届	2007 年 3 月	成都	*	*
	第七届	2009 年 6 月	西安	*	*
	第八届	2010 年 4 月	大连	*	*
	第九届	2011 年 4 月	苏州	*	*
结石学组	第一届	2005 年 09 月	北海	*	300
	第二届	2003 年 8 月	太原	*	*
	第三届	2004 年 9 月	沈阳	*	*
	第四届	2005 年 9 月	北海	*	*
	第五届	2006 年 9 月	成都	*	*
	第六届	2007 年 9 月	绍兴	*	*
	第七届	2008 年 8 月	苏州	*	*
	第八届	2009 年 8 月	武汉	*	*
	第九届	2010 年 9 月	广州	*	*
	第十届	2011 年 9 月	长沙	*	*
肿瘤学组	第一届	2005 年 11 月	上海	194	250
	第二届	2007 年 4 月	武汉	*	*
	第三届	2008 年 4 月	北京	*	*
	第四届	2009 年 4 月	天津	*	*
	第五届	2010 年 4 月	北京	*	*
	第六届	2011 年 4 月	沈阳	*	*

（续表）

学　　组	届　　别	举办日期	地点	收到论文	与会人数
肾移植学组	第一届	2007 年 08 月	烟台	＊	＊
	第二届	2008 年 07 月	温州	＊	＊
	第三届	2009 年 07 月	南京	＊	＊
	第四届	2010 年 07 月	北京	＊	＊
	第五届	2011 年 08 月	西安	＊	＊
男科学组	第一届	2010 年 7 月	武汉	＊	＊
	第二届	2011 年 7 月	上海	＊	＊
护理学组	第一届	2006 年 10 月	沈阳	＊	＊
	第二届	2007 年 9 月	厦门	＊	＊
	第三届	2008 年 8 月	昆明	＊	＊
	第四届	2009 年 9 月	成都	＊	＊
	第五届	2010 年 10 月	西安	＊	＊
	第六届	2011 年 12 月	武汉	＊	＊
感染与炎症学组	第一届	2010 年 9 月	贵州	＊	＊
	第二届	2011 年 8 月	济南	＊	＊
基础研究学组	筹备会	2011 年 10 月	南京	＊	＊
	第一届	2012 年 6 月	北京	＊	＊

注　＊：未统计。

第五部分

与全球华人泌尿外科学界的学术交流

　　1995 年,在台北市举办了首届"两岸泌尿外科研讨会",此后海峡两岸每年一次轮流举行,共举行 3 届。香港回归后在郭应禄院士和台湾张心湜院士提议和策划下,该会议改为"全球华人泌尿外科学术会议",与"全国泌尿外科学术会议"同时举行,至 2007 年共举办了 9 届。2004 年以来,中华医学会泌尿外科学分会不断推进国际化进程,原局限于港、澳、台泌尿外科医生参加的"全球华人泌尿外科学术会议"范围扩大到全球华人泌尿外科医生,并从 2006 年起,每年的 AUA 年会期间在美国举办"全球华人泌尿外科学术会议"。

　　从 2008 年起,中华医学会泌尿外科学分会只召开"全国泌尿外科学术会议",邀请香港、澳门和台湾的泌尿外科同道前来参加。

表 5-1　全球华人泌尿外科学界的学术交流活动

会议名称	地点	时间
第一届两岸泌尿外科研讨会	台北	1995 年 8 月
第二届两岸泌尿外科研讨会	北京	1996 年 8 月
第三届两岸泌尿外科研讨会	台北	1997 年 8 月
第一届全球华人泌尿外科学术会议暨第八届全国泌尿外科学术会议	上海	1998 年 9 月
第二届全球华人泌尿外科学术会议	花莲	1999 年 8 月
第三届全球华人泌尿外科学术会议暨第九届全国泌尿外科学术会议	北京	2000 年 8 月
第四届全球华人泌尿外科学术会议	香港	2001 年 11 月
第五届全球华人泌尿外科学术会议暨第十届全国泌尿外科学术会议	长沙	2002 年 9 月

（续表）

会议名称	地点	时间
第六届全球华人泌尿外科学术会议暨第十一届全国泌尿外科学术会议	重庆	2004 年 10 月
第七届全球华人泌尿外科学术会议暨第十二届全国泌尿外科学术会议	杭州	2005 年 11 月
第八届全球华人泌尿外科学术会议暨第十三届全国泌尿外科学术会议	沈阳	2006 年 10 月
第九届全球华人泌尿外科学术会议暨第十四届全国泌尿外科学术会议	厦门	2007 年 10 月
第十五届全国泌尿外科学术会议	昆明	2008 年 9 月
第十六届全国泌尿外科学术会议	成都	2009 年 9 月
第十七届全国泌尿外科学术会议	西安	2010 年 10 月

表 5 - 2　全球华人泌尿外科学术会议

会议名称	地点	时间
第一届全球华人泌尿外科学术会议	亚特兰大	2006 年 5 月
第二届全球华人泌尿外科学术会议	洛杉矶	2007 年 5 月
第三届全球华人泌尿外科学术会议	奥兰多	2008 年 5 月
第四届全球华人泌尿外科学术会议	芝加哥	2009 年 4 月
第五届全球华人泌尿外科学术会议	旧金山	2010 年 5 月
第六届全球华人泌尿外科学术会议	华盛顿	2011 年 5 月

第六部分

中国泌尿外科学会的国际化

　　CUA 创始人、第一至三届主任委员吴阶平院士多次出国访问，参加学术大会，进行学术交流，为提高我国医学界的国际地位，推动国际医学交流做出了卓越的贡献。CUA 第四届主任委员顾方六教授建立了与国际泌尿外科学术组织的联系，并于 2000 年担任了第六届亚洲泌尿外科学会主席。CUA 第五、六届主任委员郭应禄院士在吴阶平院士的支持下，开展了海峡两岸和全球华人泌尿外科同道的交流。

　　CUA 第七、第八届委员会在那彦群主任委员领导下，积极推动 CUA 的国际化进程，在短短六年内，使 CUA 成长为一个国际化的泌尿外科学术组织。CUA 与国际泌尿外科学会（SIU）、世界腔道泌尿外科大会（WCE）、国际尿控学会（ICS）及美国（AUA）、欧洲（EAU）、亚洲、日本、韩国、新加坡、意大利、加拿大、英国、巴西等国际或区域泌尿外科学术组织保持了紧密的关系，CUA 的国际化层次从广泛的交流上升到深入的、制度化的合作，在学术交流、培训等方面建立了稳固的平台，形成了长期的合作机制。

　　CUA 年会、各国际学术组织年会期间例行召开双边峰会，面对面讨论合作细节。2005年起，CUA 开始统一组织全国各地同道出境参加各种国际学术会议。在经过多次英语主持人培训后，2006 年 CUA 开始在年会上设立英语分会场（后称"国际分会场"）。2008 年起，CUA 相继与 EAU、AUA 达成协议，在对方的年会上设立学会展台。越来越多的中国医生登上国际学术会议的讲台；CUA 年会国际分会场上也出现了国外代表的身影。无论是 CUA 年会，还是国际学术组织的年会，都出现了诸如世界华人、中欧、中日、中韩、中意马可波罗、中加会场。

　　国际性学术大会移师中国。2008 年 11 月，在上海成功举办了第 26 届世界腔内泌尿外科大会（WCE），注册外宾 1100 余名，内宾 1400 余人。这是有史以来 CUA 首次举办全球性泌尿外科学术会议。2009 年 12 月，第 30 届国际泌尿外科大会（SIU）在上海成功召开，参会人数 3000 余人。CUA 积极参与组织筹备工作，在大会上展示了中国泌尿外科的发展和中国医生的高超水平。2012 年，第 42 届国际尿控学会（ICS）大会将在北京召开。

　　2008 年，CUA 开始在年会上颁发荣誉会员称号，表彰国际泌尿外科学术组织主要领导人为推动 CUA 国际化做出的贡献，至今已颁发三批。那彦群教授也因积极推动 CUA 国际化进程先后被日本、欧洲和美国泌尿外科学会授予荣誉会员称号。

　　中国泌尿外科学院（CSU）致力于提供专业化、规范化、国际化的泌尿外科继续教育项目和专科医师培训。在此方面，美国、欧洲走在了前面，并已形成了固定的模式，积累了丰富的经验，AUA、EAU 也非常愿意协助 CUA 开展继续教育和专科培训工作，双方建立了长期、稳固、不断扩大的合作机制，形成了 CSU 国际化联合办学的特色。

　　从 2007 年起，CUA 每年选拔优秀的青年泌尿外科医师参加 EUREP；从 2008 年起，CUS－ESU 联合在中国举办 CUEP，2010 起扩大为每年 2 期。2009 年起，CUA 与 EAU 达成协议，每年选派优秀中青年专家参加 ESU 举办的泌尿系肿瘤大师班和腹腔镜培训班。

　　2008 年，CUA 与 AUA 高层达成了住院医师互访学习、高级学者访问学习两个常设项目的协议。2009 年，首批 10 名住院医师到美国培训 1 周，另有 2 名高级职称泌尿外科医生前往美国著名泌尿外科中心 Mayo Clinic 学习 1 个月。2010 年，CUA－AUA 峰会达成协议，AUA 协助 CUA 开展泌尿外科专科医师培训计划，从 2011 年起，AUA 将派专家到中国开办每年 2 次的集中培训。

2008 年 CUA 国际荣誉会员

Mostafa M. Elhilali 教授
国际泌尿外科学会
（SIU）主席

Per-Anders Abrahamsson 教授
欧洲泌尿外科学会
（EAU）秘书长

Rainy Umbas 教授
亚洲泌尿外科学会
（UAA）主席

Laurence Klotz 教授
加拿大泌尿外科学会
（CUA）主席

Paul F. Schellhammer 教授
美国泌尿外科学会（AUA）
2007—2008 年主席

公文裕巳教授
日本泌尿外科学会（JUA）
候任主席

中国泌尿外科学史（第2版）

2009 年 CUA 国际荣誉会员

Luc Valiquette 教授
国际泌尿外科学会
秘书长（SIU）

Christopher R. Chapple 教授
欧洲泌尿外科学会（EAU）
副秘书长

Anton J. Bueschen 教授
美国泌尿外科学会（AUA）
2009—2010 年主席

Peter M. Thompson 教授
英国皇家医学会泌尿外
科学分会主席

Jae-Seung Paick 教授
韩国泌尿外科学会
（KUA）前任主席

Robert C. Flanigan 教授
美国泌尿外科学会
（AUA）秘书长

2010 年 CUA 国际荣誉会员

Frans M. J. Debruyne 教授
洲泌尿外科学会（EAU）创始人

Sushil S. Lacy 教授
AUA 候任主席

胡强达教授亚洲泌尿
外科学会（UAA）名誉执行总监
亚洲泌尿外科学院（ASU）院长

Modesto Jacobino 教授
巴西泌尿外科学会
（SBU）主席

Moon Kee Chung 教授
韩国泌尿外科学会
（KUA）主席

Joseph Chin 教授
加拿大泌尿外科学会
（CUA）副主席

第七部分
泌尿外科专业人才培训

中华医学会泌尿外科学分会对人才培养和继续教育一直很重视，因而保证了我国泌尿外科专业医师水平的不断提高。2002年，中国科协进行了多学科科技人员知识更新问题的调研，中华医学会泌尿外科学分会对20个省市及百余名医务人员进行了调查，结果证明泌尿外科医务人员的知识更新比较及时、更新知识覆盖面广。

一、中国泌尿外科专业培养人才和继续教育的方式

1. 进修制度

北大医院泌尿外科从创建开始，吴阶平即着眼于为全国培养专业人才，一般以招收各省市级所属医院和高等医学院校附属医院的医生为主，进修人员回本单位后再招收基层人员前来进修，使受益面不断扩大。上海泌尿外科界更把进修和培训作为各医院的共同任务，各大医院之间同时招收、统一授课、资源共享，取得了很好的效果。这种进修制度目前在国内各地区、各医院仍为培养专业人员的主渠道。

2. 举办培训班

随着卫生事业的快速发展，医务人员人数快速上升，培训不能只靠师傅带徒弟的进修方式来完成，举办不同层次的培训班成为最好的形式。这种培训形式主要从国家实行改革开放以后开始，以北大医院为例，最早开办了全国结石培训班，由吴阶平、沈绍基、顾方六、章绍舜、曹履曾等主讲，并邀请世界著名结石专家布拉克教授授课，听课人数超过百人。又如，20世纪80年代，邀请了加拿大麦吉尔大学皇家维多利亚医院移植科主任格特曼教授来华主讲肾移植，参加人数近百人。这是在"文革"刚刚结束、技术资料缺乏的大环境下开办此班，对我国泌尿外科发展起到了积极的促进作用。80年代末和90年代初，郭应禄教授和那彦群教授在全国各地举办了多次内镜技术培训班，对推动中国泌尿外科内镜手术起到巨大作用。进入本世纪以来，多渠道、多层次的培训班不断增多，有力地推动了中国泌尿外科事业的发展。

3. 成立专业培训机构

（1）北京医科大学泌尿外科培训中心　"文革"造成人才断层，致使泌尿外科出现人才青黄不接的现象。经吴阶平、郭应禄倡议和组织，1995年在北京医科大学成立了北京医科大学泌尿外科培训中心（2004年更名为北京大学泌尿外科医师培训学院），中心聘请了国内10名著名专家成立专家委员会，由吴阶平、郭应禄、顾方六、梅骅、马腾骧、周志耀、候树坤、唐孝达、鲍镇美及台湾张心湜担任专家委员会委员，吴阶平担任名誉主席，郭应禄担任中心

主任,负责全国泌尿外科医师培训工作。2001年又增加4名专家委员:张元芳、朱积川、金锡御及那彦群。

1997年中华医学会泌尿外科学分会主任委员郭应禄提出了启动泌尿外科"将才工程"的规划,为全国培养知识面广、工作能力强、素质好和具有创新意识的专业骨干,为中国泌尿外科事业的腾飞奠定坚实的基础。此项工程采取举办专题培训班和远程教育,通过教育电视台和好医生网站等方法来实现。"将才工程"先后选拔12批中国泌尿外科的骨干直接向国际知名大师 Skinner、Walsh、Coffey、Sloway、吕福泰、孙同天、李钟、胡达强、张心湜、王润等教授学习,听他们讲课,观摩他们的手术,学习他们的敬业精神和培养年轻住院医师的经验与方法,要求学员学习新的知识与技术,学习现代科室管理和专科医师培训知识,学习他们全身心投入、兢兢业业工作的敬业精神。这极大地刺激大家为我国泌尿外科事业多做贡献的责任感和紧迫感,增强泌尿外科同仁一心为国的凝聚力。培训中心还通过电视台、好医生网站培养了大批基层泌尿外科医生。

(2)中国泌尿外科学院　以那彦群教授为主任委员的第七、第八届委员会在总结前辈经验,学习欧美先进继续教育制度基础上,为了打造中国泌尿外科继续教育体系,2008年2月成立了的中国泌尿外科学院(CSU)。由中华医学会泌尿外科学分会主任委员担任院长、副主任委员担任副院长、全体委员担任教育委员会委员。CSU的使命是:组织、实施中华医学会泌尿外科学分会专科医师培训和各种类型的继续教育活动。CSU的愿景是:致力于提供专业化、规范化、系统化、分层次、国际化的泌尿外科专科医师培养和继续教育项目。CSU从成立起就大力加强国际化培训项目,打造精品培训项目。

二、国内培训

1. 中国泌尿外科常见疾病诊治指南的培训

在全国范围内组织《中国泌尿外科常见疾病诊治指南》培训50余次,培训了三千余名泌尿外科医生。

2. 科主任培训

培训对象为泌尿外科科主任或副主任,旨在为国内泌尿外科管理人员提供相互交流管理经验、提高管理水平的平台,打造一支支和谐团队。自开启科主任管理培训班起,共举办科主任培训班22次,培训了800余名泌尿外科科主任。

3. "Training For The Trainer"——讲师培训班

为国内培训《中国泌尿外科常见疾病诊治指南》和国际合作培训项目的讲者100余位,从专业和演讲技巧等方面对讲师团进行培训,提高讲者的综合素质。

4. "如何撰写医学论文"培训

与中华医学会杂志社联合举办面向青年泌尿外科医生的培训,以提高医生的医学论文包括SCI论文撰写水平。已经培训数千名医生。

三、国际联合培训

1. CUEP(中国青年泌尿外科培训项目)

欧洲泌尿外科学会领导下的欧洲泌尿外科学院(ESU)每年派国际著名专家到中国与CSU推荐的中国泌尿外科专家合作,把 ESU 的经典培训课程(EUREP)移植到中国来进行。从 2008—2011 年已举办五届培训课程,培训中国青年泌尿外科医生 500 余名。内容主要包括:BPH、OAB、前列腺癌、膀胱癌、肾癌、尿道狭窄修复等。同时还举办腹腔镜操作培训。

2. 与美国泌尿外科学会(AUA)合作的核心课程培训

从 2010 年起,在 CUA 年会前,CSU 与 AUA 合作开展面向中国青年泌尿外科医生的美国泌尿外科住院医生核心培训课程的培训,由 AUA 派来的著名专家授课。已培训 100 余名学员。

3. 与英国皇家泌尿外科学会合作的腹腔镜动物模型培训

从 2010 年起,在 CUA 年会前,由英国皇家泌尿外科学会主席带领的国外著名专家举办腹腔镜动物模型培训,从缝合等腹腔镜操作技巧方面对中国青年泌尿外科医师开展培训,已培训 20 名学员。

四、国际交流培训

1. 欧洲青年泌尿外科医师培训项目(EUREP)

自 2007 年起,CUA 推荐中国青年泌尿外科医师参加在捷克由 ESU 主办的 EUREP 项目,已培训学员 31 人。

2. 欧洲泌尿系肿瘤大师培训班(ESU Masterclass)

CSU 自 2009 年起先后推荐 14 名中国泌尿外科医师参加 ESU 在巴塞罗那举办的泌尿系肿瘤大师培训班。

3. 哈佛大学泌尿外科肿瘤高级培训班

中华医学会泌尿外科学分会与美国哈佛大学马萨诸州(麻省)总医院精心策划、共同组织和举行高级研修项目。从 2007—2010 年已有 40 名中国医生参加培训。

4. 与 AUA 合作的住院医生培训项目

从 2009 年起,CSU 每年选送 10 名青年泌尿外科医生前往美国参加在 AUA 年会期间举办的住院医生培训项目。已有 30 名医生参加培训。

5. 与 AUA 合作的高级学者访问项目

从 2009 年起,每年由 CSU 选派 2 名医生前往美国参加为期 1 个月的培训。已有 4 名医生参加了培训。

6. 与 EAU 合作的"Rising Star"—未来之星培训

由 CSU 选送 4 名医生参加 EAU 推荐的为期一个月在 4 个欧洲著名泌尿外科中心巡

回学习。2011年首次派送一位高级职称的医生和3位中级职称的医生前往学习。

中国泌尿外科学院(CSU)在CUA的领导下,正按建立之初的愿景而努力打造有特色的培训项目,集国际合作伙伴之力,不断设置精品培训课程,满足不同层次的中国泌尿外科医生的需求。可以说:我们说到的,我们就做到了,并会继续做下去,以确保中国泌尿外科事业可持续性发展。

第八部分
中国泌尿外科学院
（Chinese school of urology）

一、CSU 成立背景

2008 年起，以那彦群主任委员为核心的中华医学会泌尿外科学分会第八届委员会决定要大力加强中国泌尿外科人才培养的工作，并强调：基层医生培养和中高级人才培养相结合，短期培训计划与长期连续性培训计划相结合，国内培训与国际培训相结合的原则，要把继续教育和专科医生培养工作持久地、有序地、分层次、系统化地开展。为此，为了更好地保证继续教育培训课程的专业化、系统化和规范化，同时加强利用 CUA 网站在线继续教育功能，使基层泌尿外科医生也能接受 CUA 的系统培训，分会借鉴国外泌尿外科学会的经验，于 2008 年 2 月 22 日成立了中国泌尿外科学院（CSU）。

二、CSU 组织机构与核心体系

1. 组织机构

院　　长　那彦群
常务副院长　叶章群

副院长（按姓氏笔划）　王建业　孙　光　孙则禹　孙颖浩

教务长　孙则禹

副教务长　李　虹　黄　健

教育委员会委员　CUA 第八届委员会全体委员

2. 核心体系

CSU 的使命　组织、实施中华医学会泌尿外科学分会专科医师培养计划和各种类型的继续教育活动

CSU 的愿景　致力于提供专业化、规范化、国际化的泌尿外科专科医师培养和继续教育项目

CSU 的核心任务　——中国泌尿外科专业医师的培养

——中国泌尿外科医师的继续教育

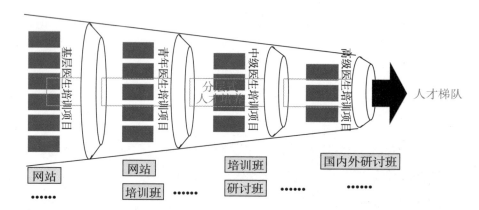

三、CSU 成立以来工作重点

● CSU 的成立和规范化管理。

● 大力推进国际化培训进程，树立 CSU 品牌。

● 打造 CSU 精品培训项目。

● 逐步建立中国泌尿外科医师专科医生培训体系。

四、中国泌尿外科专业医师的培养

建立泌尿外科医师临床培训基地。

五、CSU 设置的继续教育课程

（一）国内培训

1. 中国泌尿外科常见疾病诊治指南培训

在全国范围内推广《中国泌尿外科常见疾病诊治指南》，2008—2010 年，成功举办 50

次，在全国范围内培训了3 000余名泌尿外科医生。

2. "科主任"培训班

培训对象为泌尿外科科主任及科副主任，旨在为国内泌尿外科管理人员提供一个互相交流管理的平台，CUA自开启"科主任"管理培训以来，在全国范围培训了500余名泌尿外科科主任。

3. "Training for the trainer"培训

为国内泌尿外科讲者进行演讲和沟通技巧等方面的培训，旨在提高讲者的综合素质。

（二）联合培训

1. CUEP（中国青年泌尿外科住院医生培训项目）

EAU每年派国际著名教授到中国协助培训，把欧洲泌尿外科学院经典培训课程（EUREP）移植到中国进行，让更多的中国青年泌尿外科医生获得学习的机会。此项培训在2008—2010年间已举办4届，培训中国医生四百余名。

中国泌尿外科学史（第2版）

2. 临床操作培训（hands-on training）

1）泌尿外科内窥镜等基础培训。

2）腹腔镜动物试验中心。

（三）国际交流培训项目

1. 欧洲青年泌尿外科医师培训项目（EUREP）

欧洲青年泌尿外科医师培训项目，由欧洲泌尿外科学院（ESU）主办。在 CUA 与 EAU 自 2006 年建立合作关系后，CUA 已选拔派送 31 名中国青年医师参加本项培训。

CSU泌尿外科微创技术标准化培训班

EUREP2007

2. ESU 泌尿系肿瘤大师培训（master class）

由欧洲泌尿外科学院（ESU）主办，每年在西班牙巴塞罗那举办的泌尿系肿瘤培训，2009—2010 年 CUA 共派出 8 名青年医师参加本项培训。

3. 哈佛大学泌尿外科肿瘤高级培训

中华泌尿外科学分会和世界顶级医学院校-美国哈佛大学马省总医院精心筹划、共同组织和举行的高级研修项目，2007—2010 年已有 40 名中国医生参加本项培训。

ESU泌尿系肿瘤大师培训班-2009

2007哈佛大学泌尿肿瘤高级研修班

4. 与 AUA 合作的住院医师学习项目

本项培训从 2009 年开始设立，每年 AUA 年会培训期间，CUA 选送 10 名医生前往美国参加 AUA 住院医师培训。

中国泌尿外科学史（第2版）

5. 与 AUA 合作的高级学者访问项目

从 2009 年开始，每年由 CUA 选派 2 名住院医师到美国培训 1 周。

CUA/AUA住院医师培训项目-2009

CUA/AUA访问学者项目-2008

（四）出版物

1)《中国泌尿外科疾病诊断治疗指南视频讲座》出版发行。

为加强《中国泌尿外科常见疾病诊治指南》推广，中国泌尿外科学院于 2010 年组织国内专家制作出版了《中国泌尿外科常见疾病诊治指南》教学光盘，一套 4 张，包括了 2009 年版 16 种疾病指南的视频教学。

2) CUA 内部期刊《中国泌尿外科纪事》编辑发行。

第九部分

泌尿外科专业杂志简介

杂志名称	创刊年份	主办单位
《中华泌尿外科杂志》	1980	中华医学会
《临床泌尿外科杂志》	1986	华中科技大学附属同济医学院
《实用泌尿外科杂志》	1994	华南科技大学附属第二医院
《现代泌尿外科杂志》	1996	西安交通大学医学院

《中华泌尿外科杂志》简史
（1980—2010 年）

在中华医学会的领导和支持下，由吴阶平教授倡议，经过全国泌尿外科界的共同努力，《中华泌尿外科杂志》于 1980 年 2 月 15 日出版创刊号，成为我国泌尿外科学术界首家正式出版的学术性刊物，填补了我国泌尿外科专业刊物的空白，结束了泌尿外科专业无刊的历史。至今，《中华泌尿外科杂志》已历经了 8 届编委会，由创刊时的季刊发展为现今的月刊，发表的文献数量大幅增加，发表文献的学术质量不断提高，所反映的专业学术动态及学术导向基本与国际同类刊物同步，有力地促进了我国专业学术水平的提升和泌尿外科专业的发展。现将中华医学会主办的《中华泌尿外科杂志》简介如下。

历届编辑委员会组成名单

第一届编辑委员会名单（1980—1985 年）

总　编　辑　吴阶平
副总编辑　施锡恩　许殿乙　熊汝成　虞颂庭　孙昌惕　吴文斌
编　　委　（以姓氏笔画为序）
　　　　　于茂生　于惠元　卫　恭　马腾骧　马永江　王以敬　邓显昭

曲乃智（兼秘书）	刘士怡	刘国振	刘猷枋	刘正确	江　渔
许殿乙	孙昌惕	李长春	李炎唐	杨松森	杨文质	吴文斌
吴阶平	吴德诚	肖连生	宋元阁	邵鸿勋	沈绍基	沈家立
张华麟	张时纯	周志耀	陈家镳	陈郁林	呼义民	孟广栋
范翼熊	施锡恩	骆　毅	俞尧平	顾方六	黄汉兴	黄永源
章咏裳	章仁安	程一雄	谢　桐	虞颂庭	鲍镇美	詹炳炎
熊旭林	熊汝成	樊苏培				

第二届编辑委员会名单（1985—1989 年）

总　编　辑　吴阶平

副总编辑　吴文斌　虞颂庭　谢　桐　鲍镇美

编　　委　（以姓氏笔画为序）

于茂生	于惠元	卫　恭	马腾骧	马永江	万恒麟	刘国振
刘猷枋	刘国栋	刘士怡	江　渔	曲乃智（兼秘书）	吴阶平
吴文斌	吴德诚	邵鸿勋	李炎唐	李长春	沈家立	肖连升
何梓铭	孟广栋	杨文质	周志耀	张季伦	张铭铮	张时纯
骆　毅	顾方六	郭应禄	袁之敏	唐孝达	黄澄如	章仁安
章咏裳	梅　骅	谢　桐	彭轼平	黑兰荪	鲍镇美	虞颂庭
詹炳炎	熊汝成	熊旭林	樊苏培	魏克湘		

第三届编辑委员会名单（1989—1992 年）

总　编　辑　吴阶平

副总编辑　顾方六　谢　桐　马腾骧　鲍镇美

编　　委　（以姓氏笔画为序）

于惠元	卫　恭	万恒麟	马腾骧	王文成	刘猷枋	刘国栋
刘士怡	江　渔	申鹏飞	吴阶平	吴德诚	吴国荃	吴开俊
邵鸿勋	李炎唐	李长春	李希华	肖连升	何梓铭	何瑞祥（兼秘书）
孟广栋	陈梓甫	陈曾德	杨文质	周志耀	周性明	张季伦
张铭铮	郑家富	金锡御	顾方六	郭应禄	袁之敏	唐孝达
韩树楠	黄澄如	章仁安	章咏裳	梅　骅	谢　桐	曹宁生
曹　坚	蒋鹤鸣	鲁功成	彭轼平	黑兰荪	鲍镇美	詹炳炎
缪廷杰	樊苏培	薛兆英	魏克湘			

第四届编辑委员会名单(1992—1996 年)

总 编 辑　吴阶平

副总编辑　顾方六　谢　桐　马腾骧　鲍镇美

编　　委　(以姓氏笔画为序)

卫　恭	万恒麟	马腾骧	王文成	王克孝	刘国栋	申鹏飞
朱积川	史时芳	吴开俊	吴永安	吴阶平	吴家骏	吴德诚
吴国荃	许纯孝	孙丙豹	邵鸿勋	李炎唐	李长春	李希华
何梓铭	何瑞祥(兼秘书)	陈梓甫	陈曾德	陈赐龄	杨文质
周性明	苗延宗	金锡御	张元芳	郑家富	顾方六	郭应禄
袁之敏	唐孝达	韩树楠	黄澄如	章咏裳	梅　骅	谢　桐
曹宁生	曹　坚	蒋鹤鸣	鲁功成	彭轼平	黑兰荪	鲍镇美
薛兆英	詹炳炎	缪廷杰				

第五届编辑委员会名单(1996—2000 年)

总 顾 问　吴阶平

总 编 辑　顾方六

副总编辑　马腾骧　郑家富　梅　骅　鲍镇美

编　　委　(以姓氏笔画为序)

于立新	马腾骧	王文成	王克孝	申鹏飞	史时芳	史沛清
朱积川	孙则禹	孙丙豹	许纯孝	米振国	何瑞祥	吴国荃
吴开俊	吴永安	肖序仁	陈一戎	陈宝琦	陈曾德	陈赐龄
陈梓甫	闵志廉	金锡御	苗延宗	郑家富	周四维	张元芳
张永康	胡礼泉	南勋义	侯树坤	赵忠文	顾方六	郭应禄
袁之敏	高居忠	唐孝达	徐峰极	黄澄如	曹　坚	曹宁生
眭元庚	盛新福	鹿尔驯	韩树楠	梅　骅	鲁功成	鲁学军
蒋鹤鸣	彭轼平	鲍镇美	蔡广增	薛兆英		

第六届编辑委员会名单(2000—2005 年)

总 顾 问　吴阶平

名誉总编辑　顾方六

总 编 辑　郭应禄

副总编辑	何瑞祥	张元芳	金锡御	侯树坤			
编　　委	（以姓氏笔画为序）						
	于立新	孔垂泽	马建辉	王行环	王克孝	王晓雄	史时芳
	史沛清	石炳毅	叶　敏	孙　光	孙则禹	孙颖浩	许纯孝
	朱积川	米振国	杜林栋	何瑞祥	闵志廉	那彦群	吴开俊
	严春寅	陈一戎	陈宝琦	陈梓甫	金锡御	杨宇如	张元芳
	张永康	张玲媛	张祖豹	周四维	胡礼泉	侯树坤	南勋义
	郑克立	赵忠文	俞莉章	高居忠	徐　勇	徐鸿毅	曹　坚
	郭应禄	黄　循	黄澄如	盛新福	眭元庚	鹿尔驯	鲁学军
	曾甫清	强万明	蔡广增	熊礼生			

第七届编辑委员会名单（2005—2009 年）

总　顾　问	吴阶平						
名誉总编辑	郭应禄						
总　编　辑	那彦群						
副总编辑	（以姓氏笔画为序）						
	叶章群	孙则禹	孙颖浩	张元芳	杨　勇	周利群	金锡御
	鹿尔驯						
编　　委	丁　强	于立新	马建辉	马潞林	孔垂泽	王东文	王　禾
	王行环	王国民	王建业	王晓雄	王　润	叶章群	石炳毅
	刘　流	孙　宁	孙　光	孙则禹	孙颖浩	安瑞华	朱积川
	米振国	那彦群	严春寅	宋　波	张小东	张元芳	张永康
	张　冠	张玲媛	李汉忠	李　虹	李　逊	李黎明	杜林栋
	杨　勇	辛钟成	闵立贵	闵志廉	陈一戎	陈宝琦	陈梓甫
	周四维	周利群	金讯波	金锡御	贺大林	钟惟德	夏术阶
	夏　溟	徐月敏	徐　勇	徐鸿毅	高居忠	梁朝朝	眭元庚
	鹿尔驯	黄　健	黄　循	黄翼然	强万明	曾甫清	谢立平
	韩瑞发	鲁学军	廖利民	熊礼生	蔡文清	蔡松良	潘柏年
	戴玉田	魏　强					

第八届编辑委员会名单（2010 年至今）

顾　　问	吴阶平
名誉总编辑	郭应禄
总　编　辑	那彦群

版 本 沿 革

1980 年 2 月创刊：季刊，每期 64 页，16 开本。

1982 年：季刊，每期 80 页，16 开本。

1983 年：双月刊，每期 64 页，16 开本。

1991 年：双月刊，每期 80 页，16 开本。

1995 年：月刊，每期 64 页，16 开本。

1999 年：月刊，每期 64 页，大 16 开本。由以往的胶版纸改用铜版纸，封面按中华医学系列杂志统一要求设计。

2005 年：月刊，每期 72 页，大 16 开本。

刊 出 论 文 情 况

自创刊号由吴阶平、顾方六、孙昌惕教授撰写的本刊第 1 篇论著"中国的尿石症"发表以来，截至 2010 年底，共出版 31 卷，279 期其中 2006 年出版增刊 2 期，2007、2008 年出版增刊 1 期。共发表专业文献 9 111 篇,其中刊载论著性文稿 4 818 篇,摘要 362 篇,经验交流 1 519 篇,个案报道 1 983 篇,述评、综述、讲座、总结等评述性文稿 666 篇,会议纪要 92 篇。

按版本沿革分类:

1980—1982 年为季刊,3 年间共发表文献 470 篇,年平均约 157 篇。

1983—1994 年为双月刊,12 年间共发表文献 2 672 篇,年平均约 223 篇。

1995—2004 年为月刊,11 年间共发表文献 4 197 篇,年平均约 382 篇。

2005—2010 年为月刊,每期增页至 72 页,6 年间共发表文献 2 142 篇,1 年平均约为 357 篇。

刊物质量化指标

本刊是国家科技部信息研究中心的统计源期刊。据《中国科技期刊引证报告》公布的数据,《中华泌尿外科杂志》总被引频次和影响因子数据见表 8 - 1(数据引自由中国科协主办的核心期刊)。

表 8 1　《中华泌尿外科杂志》历年总被引频次、影响因子及排序

年份	总被引频次	影响因子	排序	排序类别
2009	5 205	0.591*	2	泌尿外科学
2008	3 651	0.771*	1	泌尿外科学
2007	4 297	1.364	1	泌尿外科学
2006	2 450	1.027	3	外科学
2005	2 135	0.938	7	外科学
2004	1 796	0.800	10	外科学
2003	1 751	0.777	7	外科学
2002	1 503	0.702	9	外科学
2001	1 181	0.562	12	外科学
2000	1 157	0.556	9	外科学
1999	908	0.543	29	临床医学
1998	452	0.280	52	医学

注　* 该数据来源于《中国学术期刊影响因子年报》,为期刊综合影响因子。

重点数据库收录本刊情况

1）中国科技论文数据库（CSTP）。

2）中国科学引文数据库（CSTY）。

3）中文科技期刊数据库（PSTR）。

4）万方数字化期刊数据库（CHINAINFO）。

5）中国学术期刊综合评价数据库。

6）中国生物医学数据库（Medline CN）。

7）中国医刊网。

8）中国学术期刊（光盘）。

9）中国学术期刊文摘。

10）北京大学图书馆核心期刊。

11）中国生物医学文献数据库（CBM disc）。

12）中国科技论文统计源期刊（中国科技核心期刊）。

13）中国期刊全文数据库。

14）中国生物医学文献数据库。

15）RCCSE 中国核心期刊。

16）WHO 西大洋地区医学索引。

17）美国化学文稿（CA）。

18）日本科学技术文献速报（CBST）。

19）中国期刊网。

本 刊 获 奖 情 况

本刊分别于 1987、1992、1995、1997、1999、2005 年获"中华医学系列杂志优秀期刊奖"。

本刊分别于 1999、2002 年获"中国科协优秀期刊奖"。

引导学术发展、开展学术交流和培训

1988 年 9 月，在无锡召开 EWSL 与 BHH 研讨会和培训班，与会者 100 人，由吴阶平总编辑主持。

1990 年 4 月，在杭州举办"泌尿外科专题研讨会"，吴阶平总编辑主持会议。

1991 年 9 月，在北京举办"首届全国男科学研讨会"，由吴阶平总编辑主持会议。

1992 年 3 月，与《中华医学杂志》在珠海联合举办"腔内泌尿外科与 EWSL 专题研讨会"，吴阶平总编辑主持会议。

1992 年 5 月,在昆明举办"膀胱肿瘤专题研讨会",由吴阶平总编辑主持会议。

1992 年 6 月,在北京举办前列腺疾病专题研讨会,由吴阶平总编辑主持会议。

1993 年 4 月,在杭州举办前列腺疾病专题研讨会,吴阶平总编辑主持会议。

1993 年 11 月,在北京举办"全国中青年医师泌尿外科学术研讨会",由吴阶平总编辑主持会议。

1995 年 4 月,在北京举办"泌尿外科学术研讨会暨庆祝《中华泌尿外科杂志》创刊 15 周年",由吴阶平总编辑主持会议。

2003 年与 2004 年,以分会名义分别在北京和山西举办了两期"尿动力学讲习班"。

2005 年 9 月,在中国医科大学第四医院的支持下,在沈阳举办"泌尿系肿瘤诊治规范研讨会",由那彦群总编辑主持会议。

2008 年 6 月,在广州举办"WCE 中国行——经皮肾手术技术与操作规范研讨会",由那彦群总编辑主持会议。

2008 年 7 月,在温州举办"中华医学会泌尿外科学分会肾移植学术研讨会"。

2011 年 4 月,在北京吴阶平泌尿外科医学中心举办"激光在泌尿外科应用研讨会"。

【后记】 专业杂志是学术交流的重要园地,是推广科研成果的载体,亦是泌尿外科医学工作者进行学术交流的舞台。历史是一面镜子,《中华泌尿外科杂志》的发展史,从一个侧面反映了自改革开放以来我国泌尿外科学专业的发展历程。在泌尿外科工作者的共同努力下,我国泌尿外科专业的学术水平与国际先进水平的差距越来越小,但差距亦确实存在。敬爱的吴阶平教授为《中华泌尿外科杂志》创刊 20 周年的题词"总结经验,胜利前进"是我们办好刊物的座右铭。正如本刊第五届总编辑顾方六教授所说:"要办好一本专业期刊,必须具备 3 个基本条件:一要有丰富的、高水平的稿源;二要有一个在学术上有造诣、负责任的编委会;三要有多名愿意为杂志无私奉献的编辑人员。《中华泌尿外科杂志》就是在这样的基础上发展起来的。"现任总编辑那彦群教授强调:杂志和学会是推动中国泌尿外科事业发展的两个方面,应该互相协助,共同发展。《中华泌尿外科杂志》历经 20 余载的历程,现已成为我国泌尿外科学术界公认的能代表我国泌尿外科最高学术水平的专业期刊。许多中青年医师将其能在《中华泌尿外科杂志》发表文章为荣,援引他们的话说:《中华泌尿外科杂志》是我们心目中的金字塔。我们相信,在广大作者、编委、读者的共同努力下,《中华泌尿外科杂志》一定能够越办越好。

《中华泌尿外科杂志》编辑部

2011 年 6 月

第十部分
各直辖市泌尿外科学史

北京市泌尿外科学史

在我国泌尿外科学的发展中,北京地区的泌尿外科学占有重要地位。北京地区泌尿外科学的发展可分为奠基阶段、发展期和快速发展期3个历史阶段。

一、奠基阶段

北京市泌尿外科的奠基阶段是于20世纪20年代起至新中国成立前,这一时期是北京市泌尿外科学发展的奠基阶段。在此阶段,泌尿外科工作在外科内,没有设专科。

1926年,谢元甫在美国约翰斯·霍普金斯医学院接受"现代泌尿外科学之父"Hugh Young指导后回国到北京协和医院工作,在外科中建立泌尿外科专业。谢元甫注重临床工作和培养人才,研究工作与临床实践密切结合,培养了施锡恩、虞颂庭、吴阶平等我国现代泌尿外科的重要奠基人物。

1946年,吴阶平应邀到北京大学医学院附属医院(现北京大学第一医院,即北大医院)任外科学讲师兼管泌尿外科。不久,谢元甫也应邀在此任教。同年,谢元甫、吴阶平在北大医院外科设立3张泌尿外科病床,以此为基础,逐渐形成了泌尿外科专业科室。他们极为重视培养人才,使北大医院成为培养我国泌尿外科医师的摇篮。

二、发展期(1949—1976年)

新中国建立后,北京的泌尿外科学得到蓬勃发展,北大医院、协和医院等一批部级和市级医院相继设立了泌尿外科专业,并很快成为带动全国专业发展的力量。

至50年代中期,北大医院在总论外科、系统外科和临床外科3个教研组内设置了泌尿外科专业病床。吴阶平、沈绍基、孙昌惕分别负责这3个教研组内泌尿外科病床的工作。

这一发展时期,在吴阶平带领下,北京医院王历耕、邵鸿勋,解放军总医院许殿乙,人民医院孟广栋,协和医院刘国振、吴德诚,友谊医院于惠元等共同努力,积极推动北京地区泌尿外科事业的发展,完成大量疑难病例的诊治工作和高质量的临床科研工作。

1953年,吴阶平根据248例肾结核的临床资料,结合"双侧肾结核"晚期病人的尸体解剖检查,提出了"一侧肾结核,对侧肾积水"的理论,并制订了切实可行的治疗方案,挽救了许多肾结核患者的生命。吴阶平的创见是泌尿外科学的一次突破性进展,1954年在《中华外科杂志》上发表有关论文。1956年,吴阶平的专题论文在俄文杂志上发表,引起国际医学界的强烈反响。

20世纪50年代后期,肾上腺外科在国际医学界尚未深入研究。吴阶平在国内开始对肾上腺髓质部分是否有增生的问题进行探索。1960年,吴阶平遇到1例诊断为"嗜铬细胞瘤"的患者,手术后病理却未发现肿瘤,只见髓质增生。以后17年内,他共收集同样病例17例。1977—1978年,吴阶平先后在《中华医学杂志》和《中华医学杂志》英文版上发表有关肾上腺髓质增生问题的论文,确认这是一种独立的临床疾病。该文于1979年载入美国《泌尿外科年鉴》,国际医学界也都确认这一疾病的存在。

1956年,中国的计划生育工作全面开展,男性输精管结扎术在应用方面尚存在缺点。吴阶平提出了改进方法:在输精管刚被切断、尚未结扎之前,即向远端精道(指输精管、精囊、后尿道)注入少量杀灭精子的药物(如万分之一的醋酸苯汞溶液)。1956年,他根据2年的临床经验在《中级医刊》上发表了相关论文。此项革新措施,简便而又可靠,迅速在全国广泛采用。

1959年,在尿流改道方面吴阶平率先利用回盲肠进行膀胱扩大术来治疗膀胱挛缩取得成功,这对于膀胱挛缩患者和肾结核对侧肾积水的晚期病人疗效甚好。20世纪70—80年代欧美医学刊物才把膀胱扩大术作为最新方法介绍推广。

20世纪50~60年代,吴阶平就预见到尿石症会随着生活水平的不断提高而逐年增多。几十年的事实证明,我国由于营养状况不良所致小儿膀胱结石逐年减少,而上尿路结石呈快速上升。他较早地确定研究防治尿石症课题,较深入地研究了尿石的形成机制,筛选甲状旁腺功能亢进病人,在尿石症诊治上取得较好效果。

1960年2月,吴阶平、沈绍基完成2例尸体肾移植手术。很快,吴阶平与郭应禄写出肾移植综述,较全面、系统地介绍了肾移植历史、现状及具体技术。1972年,友谊医院于惠元、侯宗昌赴广州协助完成国内第一例亲属间肾移植。1977年以后,北京友谊医院、北大医院、解放军总医院、解放军三〇九医院、协和医院、中日友好医院等多家医院开展肾移植工作取得满意效果。

1963年,施锡恩与吴阶平共同主编了我国第一部《泌尿外科学》。1964年,在高校建立研究机构时,北大医院率先成立泌尿外科研究室。同年,在吴阶平倡议下,北京、上海、天津、重庆的泌尿外科同仁在全国出版《泌尿外科内部通讯》(季刊),为筹建《中华泌尿外科杂志》做准备。出刊6期后,因"文革"的影响而停刊。

在成立泌尿外科专业的同时,吴阶平在完成大量医疗工作的基础上,做了大量的培训工作。在此期间,北大医院为全国乃至第三世界国家培养了大批专业骨干医师,国内知名专家如梅骅、彭轼平、魏克湘、肖连生、于惠元等都曾经在北大医院进修。20世纪50年代,吴阶平还培养了我国第一个泌尿外科专业研究生顾方六。

20世纪50年代初期,北京协和医院恢复,吴阶平协同虞颂庭重建泌尿外科,并担任《中华外科杂志》的副总编辑。上世纪 50～60 年代,虞颂庭、吴阶平、刘国振、吴德诚、邵鸿勋、臧美孚等专家教授在北京协和医院泌尿外科工作。

北京协和医院是国内最早开展肾上腺疾病外科治疗的单位之一,在 20 世纪 60 年代,积累了较多的治疗嗜铬细胞瘤和库欣综合征的手术经验。从那时起,肾上腺疾病的外科治疗就成为北京协和医院泌尿外科的特色之一。当时刘国振发现这类病人在手术前常常是在全麻诱导气管插管时发生肾上腺功能危象,所以建议把麻醉方法从全麻改为硬膜外麻醉。这之后嗜铬细胞瘤手术前发生危象致死的情况就大大下降了。20 世纪 70 年代,α 受体阻断剂、β 受体阻断剂诞生后,开始尝试将之应用于肾上腺嗜铬细胞瘤的术前准备,降低了手术的风险。

1960 年,吴阶平调任北京第二医学院筹备组主任。此后 10 年间,他历任该医学院副院长、院长兼任该院党总支常委、党委常委。1964 年,吴阶平在北京友谊医院创建了泌尿外科,70 年代又在友谊医院创建了肾移植基地。

1966—1976 年,由于“文革”的影响,泌尿外科学发展受到阻碍,专业建设受到了破坏。泌尿外科水平与世界先进水平产生了较大的差距。

三、快速发展期(1976 年以后)

1976 年之后,随着国家改革开放各项事业的飞速发展,全国的泌尿外科事业全面发展。1978 年,北京医学院泌尿外科研究所(现北京大学泌尿外科研究所)成立。1980 年《中华泌尿外科杂志》在北京出版。1981 年,中华医学会泌尿外科学分会成立,同年北京分会成立。上述机构由吴阶平分别担任所长、总编辑和主任委员。他不仅率领北京泌尿外科工作者努力工作,更重要的是领导和团结了全国泌尿外科工作者齐心协力,为提高泌尿外科学术水平、为维护人民群众的健康作出了重大贡献。

在此期间,北京市泌尿外科事业得到空前迅速的发展。北京地区设有泌尿外科专业的医院有北京大学第一医院、人民医院、第三人民医院;中国医学科学院协和医院、肿瘤医院;卫生部直属北京医院、中日友好医院;北京市属北京友谊医院、红十字朝阳医院、同仁医院、宣武医院、安贞医院、天坛医院、儿童医院;解放军总医院、北京军区总医院、空军总医院、海军总医院、空军北京医院、解放军三○九、解放军三○七、解放军二六二医院、武警总医院;北京市第二医院、第四医院、第六医院、复兴医院、通州区医院、昌平区医院、顺义区医院。一些区县级医院也都有专门从事泌尿外科的医师及病床。此外,一些部属及厂矿医院,如首钢医院、酒仙桥医院、四○二医院、航天部中心医院、航空中心医院、民航北京医院、煤炭总医院、冶金总医院等均设有泌尿外科或专业组。

1978 年,北京医学院泌尿外科研究所成立;1986 年更名为北京医科大学泌尿外科研究所;2000 年,更名为北京大学泌尿外科研究所,吴阶平、顾方六、郭应禄、那彦群先后担任所长。

1989 年,北大泌尿外科研究所被国家教委评为全国唯一的泌尿外科重点学科点;1995年首批进入“211”工程;2000 年被评为北京市首批 14 个重点学科之一;2002 年又被以全票通过再次当选国家教委重点学科。

20 世纪末,微创外科在世界范围内迅速发展,并成为 21 世纪外科学的发展方向之一,腔内泌尿外科和 ESWL 技术是微创外科的重要代表。在此发展阶段,北大人民医院和北京大学泌尿外科研究所积极推动腔内泌尿外科和体外冲击波碎石技术的应用与推广,为创立和推动我国腔内泌尿外科学科,保持与国际先进水平同步发展作出了贡献。

1982 年开始,北医人民医院泌尿外科何申戍、王晓峰等与中国科学院电工研究所等单位协作,于 1984 年研制出我国第一台体外冲击波碎石机,并于 1987 年获国家科技成果一等奖。同年北医泌尿所与中科院声学研究所共同研究 ESWL 技术,1983 年初将实验结果总结发表。1984 年,ESWL 技术成功应用于肾结石的治疗。经过大量临床病例的实践,效果甚为满意,不仅扩大了 ESWL 的适应证,也大大提高了疗效。

20 世纪 50～60 年代,吴阶平开始施行经尿道膀胱肿瘤和前列腺疾病的电灼、电切技术,使我国腔镜技术基本上与国际同步发展。20 世纪 70 年代末,北大泌尿外科研究所在国内较早开展经尿道前列腺电切术(TURP)。1982 年,北大泌尿外科研究所开展经尿道膀胱肿瘤电切术(TURBt)。1986 年,那彦群总结了 50 例 TURBt 手术经验,最早在国内提出手术适应证和选择适应证的方法,获得首届卫生部优秀中青年论文奖。1986 年,郭应禄在国内首先报道经尿道输尿管镜取石碎石术和经皮肾镜取石术。1992 年,那彦群最早在国内报道了腹腔镜在泌尿外科的应用,并率先开展了一系列泌尿外科腹腔镜手术,包括:腹腔镜盆腔淋巴结切除术(1992 年)、腹腔镜精索静脉高位结扎术(1992 年)、腹腔镜肾切除术(1993 年)、腹腔镜肾囊肿切除术(1994 年)。1993 年,那彦群首先应用国产形状记忆合金网状支架治疗前列腺增生,并自行研制支架置入器,迅速在全国推广。

截至 2005 年初,北大泌尿外科研究所已发表有关腔内泌尿外科论文 60 篇;经文献查新,在国内首先开展腔内泌尿外科关键技术 17 项;主编腔内泌尿外科专著 5 部,其中郭应禄主编《腔内泌尿外科学》是国际上第一部全面、系统的专业书籍。此外,那彦群等还制作了多部腔内泌尿外科技术教学片,那彦群主持的《腔内泌尿外科技术的应用和推广》于 2005 年获中华医学科技奖二等奖和北京市科技进步奖二等奖。

1979 年以来,北大泌尿外科研究所已完成各级课题 51 项,获得成果 41 项,发表论文 700 多篇。近 5 年来,课题项目和经费大幅度提高,承担课题 55 项,经费 961.5 万元,包括教育部科技研究重大项目、国家"十五"科技攻关计划项目(一、二期)、卫生部临床重点项目、863 计划项目等。

在此阶段初期,北大泌尿外科研究所沿着吴阶平指导的方向,继续在结石及肾切除后对侧肾代偿等课题的研究中取得了成果。吴阶平等《含钙尿结石形成的高危因素及其临床意义》、《肾切除后留存肾代偿性生长与年龄的关系》,沈绍基等《肾结石形成过程中肾病理和超微结构的变化》、《泌尿系结石的病因和发病机制研究及其在临床及预防上的应用》先后分别获得卫生部、北京市和北京医科大学的科技成果奖项。

20 世纪 90 年代,北大泌尿外科研究所在泌尿系统肿瘤、前列腺增生等研究方面取得成果。吴阶平、顾方六、俞莉章等《膀胱癌生物行为系列研究、膀胱癌建株单克隆抗体导向药物和放免显影、组织图》获卫生部科技进步奖三等奖。顾方六等《良性前列腺增生和前列腺癌在中国发病情况的研究》获国家科技进步奖三等奖。郭应禄等《局部热疗的3个温度段概念》获北京市科技进步奖三等奖。

1981年,北大泌尿外科研究所继续发挥了国内泌尿外科教育培训中心的作用。建立博士点,吴阶平培养了我国第一个泌尿外科博士鹿尔驯。20世纪90年代,顾方六培养了我国第一个泌尿外科博士后李鸣。目前该所拥有博士生导师9名,硕士生导师5名。全所已培养博士研究生78名、硕士研究生90名、博士后5名,目前在读博士35名、硕士20名、博士后2名。

1995年,吴阶平泌尿外科医学基金会和北京医科大学泌尿外科培训中心(现北京大学泌尿外科医师培训学院)成立。前者支持泌尿外科的科研并奖励对泌尿外科事业发展有突出贡献的个人和集体;后者以中华医学会泌尿外科学分会为平台,以北大泌尿外科研究所为基地,启动"泌尿外科人才工程"。10年来,"泌尿外科人才工程"通过学习班、电视课程等方式为全国培养泌尿外科骨干10 000余人次。在郭应禄主持下,针对高级人才培养的"泌尿外科将才工程"也取得了成功,来自全国各单位的青年学术带头人分期、分批远赴美国、新加坡、韩国以及中国台湾等地参加培训。

改革开放以后,北大泌尿外科研究所积极开展国际及海峡两岸学术交流,倡导并主办了7届两岸三地泌尿外科学术会议及全球华人泌尿外科学术会议。迄今,已有几百名来自世界各国、各地区的泌尿外科专家前来参观交流,聘请多名美国、日本、新加坡、中国台湾及香港客座教授,并与美国罗切斯特大学、纽约大学、西北大学、香港大学的泌尿外科实验室建立了合作关系,同步开展了相关领域的课题研究。

北京协和医院泌尿外科在此快速发展阶段也作出了突出的成绩。20世纪80年代后期,北京协和医院泌尿外科已经形成了一整套完善的肾上腺外科术前准备体系,不论在药物剂量还是准备时间、手术时机的选择上都日趋成熟。近年来,他们运用现代微循环理论建立了全新的评价方法,使患者的术前准备日趋科学和完善。北京协和医院泌尿外科的肾上腺疾病外科治疗在数量上,还是在质量上,一直都保持着国内外先进水平。每年进行腹腔镜肾上腺手术100多例,已发表有关肾上腺疾病诊治论文20余篇,《下腔静脉分段取血内分泌激素的测定》获卫生部科技进步奖三等奖。

北京协和医院泌尿外科在国内较早地开展了经尿道前列腺切除术(TURP)、经尿道输尿管镜手术、经皮肾镜手术、腹腔镜手术等,推动了全国腔内泌尿外科技术的开展。20世纪80年代初,吴德诚去美国进修学习经尿道切除技术,回国后即开展TURP手术,当时每月开展30例左右,积累了大量宝贵的实践经验。

目前,北京协和医院泌尿外科已累计完成同种异体肾移植近千例,1年人/肾存活率均在90%以上,已接近国际先进水平。2004年,该科还成功地开展肾肝联合移植,使人体器官移植工作达到一个新的水平。

北京友谊医院泌尿外科至今已完成3 000例以上肾移植手术,是亚洲最大的肾移植中心。1965年,应用国内第一台具有国际水平的鼓式血液透析机,结束了我国急性肾功能衰竭"不治之症"的时代。在20世纪70年代初期，于惠元和侯宗昌组建肾移植研究室，开展肾脏移植配型的研究工作。1972年，同广州医学院梅骅合作完成了我国首例亲属异体肾移植术。从1985年起，该科开展了对移植供受者进行人类白细胞抗原配型的研究，1993年在国内率先应用于临床。1997年采用世界上先进的分子生物学分型技术替代了血清学方法。20世纪90年代初，为治疗糖尿病性肾病，在国内首次报道开展了胰岛细胞-肾联合移植的研究工作，并在1997年开始应用于临床。1997年，友谊医院被北京市卫生局确定为北京市器官移植配型中心。此配型中心率先在国内成立了肾脏移植配型信息网络，实现了北京地区供、受者配型信息共享，极大地提高了工作效率。北京的肾移植工作也极大地推动了全国肾移植工作的进展。

北京泌尿外科工作者在临床工作中，对泌尿、男生殖系统器官肿瘤做到早诊断、早治疗，努力提高防治水平。同时开展了较先进的分子生物学水平的基础研究。北大泌尿外科研究所首先建立了膀胱癌细胞株供全国研究使用。继而协和医院和北大泌尿所又成功地建立了肾癌细胞株。中国医学科学院肿瘤医院对光动力治疗膀胱肿瘤作了一些研究。北大泌尿外科研究所、人民医院及协和医院都对泌尿系统肿瘤的起源、癌基因、抑癌基因做了较深入的研究，为更快地赶上国际先进水平做了大量工作。北京儿童医院则在膀胱横纹肌肉瘤的治疗方面取得了较好的成绩。

1978年，北京同仁医院率先开展了α肾上腺受体阻断剂治疗前列腺增生的临床研究；1988年，安贞医院在全国首先开展了接触式Nd-YAG激光切除前列腺手术，并开展动物实验，荣获北京市卫生局科技进步奖三等奖，对当时采用激光切除前列腺在全国的推广和普及起到了积极作用。中国中医研究院广安门医院泌尿外科进行了中医中药治疗前列腺增生及前列腺炎的系列研究，获国家中医药管理局科技进步奖三等奖。

20世纪80年代初期，宣武医院从国外引进导管技术，率先在国内开展经股血管介入技术。在泌尿外科领域，开展了经皮肾动脉栓塞、肾血管性高血压、精索静脉曲张疾病的血管介入治疗。

20世纪60年代中期，黄澄如在张金哲、吴文斌的指导下，开始在北京儿童医院开展小儿泌尿外科临床工作。1972年，与白继武、梁若馨一起成立独立的小儿泌尿外科专业，先后开展了小儿肾积水、尿道下裂、陈旧性尿道狭窄等疾病的临床诊治和研究，并成功地治疗了大量来自全国各地的疑难病例患儿。1996年，黄澄如主编《小儿泌尿外科学》出版。今天，北京儿童医院已成为国际知名、国内领先的小儿泌尿外科中心。

北京地区不仅在临床上，如肾移植、泌尿男性生殖系统肿瘤、腔内泌尿外科、肾上腺外科、体外冲击波碎石取得成果，在基础研究方面如结石、肿瘤、男科学等紧密与临床结合，从分子水平进行研究，也取得了可喜成果，大跨步地向世界水平迈进，使整体水平持续提高。1997年4月，北京朝阳医院成立首都医科大学泌尿外科研究所。1998年6月，北京友谊医院建立了北京市泌尿外科研究所，1999年被确定为北京市卫生局重点学科。

2010年8月29日，北京大学吴阶平泌尿外科医学中心在北京举行落成典礼。全国人大常委会副委员长韩启德院士出席落成仪式并为中心剪彩。那彦群教授担任中心主任。

中心集医疗、教学、科研、预防、保健、国内外学术交流于一体,是世界上规模最大的泌尿外科中心。同日,中国泌尿科内镜模拟培训中心举行了启动仪式可掀开了我国泌尿外科内镜规范化培训的新篇章。

中央军委及中国人民解放军海、陆、空军总部均在北京。其优秀的医疗资源历史悠久、设备先进、技术精湛,正在为首都及全国人民的健康服务,将另有篇幅介绍。

四、学会活动

北京市的泌尿外科同仁早在 20 世纪 50 年代,即已开展学术活动。而且很活跃最初由吴阶平倡导,先是在院内泌尿外科与放射科间进行,定期举办阅片会、临床病例讨论会,继之开展医院间活动。以后北大医院与协和医院间每周相互参加联合查房,参加的医院很快增加至近 10 个。由于地点关系,活动在上述医院轮流举行,形成全市性会诊与教学活动。1966—1976 年,学术活动虽受到影响,但相互间会诊、解决疑难病例的诊治,提高学术水平一直做得较好。1972 年,为了开展肾移植工作,在全市组织了慢性肾功能衰竭发生机制、诊断及血液透析和肾移植的系统讲座,并派出专家到广州、上海等地协助开展肾移植工作。这为 1976 年以后在全国广泛开展此项工作奠定了良好基础。近年来,北京市医学会泌尿外科分会坚持每月举办一次以疑难病历讨论为主要内容的学术活动,每年举办一届北京市泌尿外科学术年会。

北京市泌尿外科分会 1981 年正式成立。第一届及第二届委员会由吴德诚任主任委员吴德诚、邵鸿勋、杨文质、黄澄如、于惠元、沈绍基、孙昌惕、刘猷枋等为委员。并推举吴阶平、沈绍基、孙昌惕、吴德诚、于惠元和邵鸿勋为中华医学会泌尿外科学分会的全国委员,吴阶平任主任委员,沈绍基任副主任委员,邵鸿勋为秘书,其他多人任常务委员。1985 年,在成都成立第二届中华医学会泌尿外科学分会,仍由上述 6 人连任全国委员。1989 年,在济南举行第三次全国大会,北京委员由吴阶平、吴德诚、邵鸿勋、于惠元、顾方六和郭应禄担任,吴阶平任主任委员,吴德诚、顾方六为副主任委员,邵鸿勋为秘书,其他人为常务委员。同年,北京市分会改选,郭应禄任主任委员,吴德诚、杨文质为副主任委员,李炎唐为秘书。委员尚有邵鸿勋、刘猷枋、吴克让、那彦群、吴国荃、姜永金及黄澄如。1992 年,召开了第四次全国大,成立第四届委员会,北京吴阶平被推举为终身名誉主任委员,顾方六为主任委员,郭应禄为副主任委员,侯树坤为秘书,臧美孚、李炎唐和王少华任常务委员。北京分会选举杨文质为主任委员,李炎唐及那彦群为副主任委员,那彦群兼秘书,郭应禄为名誉主任委员,刘猷枋、吴国荃、吴克让、姜永金、吴德诚、邵鸿勋及黄澄如为委员。1996 年,在北京市召开全国第五次全国大会,北京吴阶平、顾方六为名誉主任委员,郭应禄任主任委员,侯树坤任副主任委员兼秘书,李炎唐、臧美孚、姜永金、那彦群为常务委员。1996 年,北京分会改选,杨文质任名誉主任委员,那彦群为主任委员,李炎唐、臧美孚为副主任委员,王建业为秘书,委员尚有吴国荃、吴克让、姜永金、侯树坤、刘猷枋、刘润生和郭应禄。2000 年,在北京召开第六次全国大会,北京吴阶平、顾方六为名誉主任委员,郭应禄为主任委员,那彦群任副主任委员兼秘书,李炎唐、侯树坤、高居忠为常务委员。2000 年,北京分会改选,那彦群任主任委员,王建业、杜林栋、杨学辉任副主任委员,郭应禄、藏美孚、李炎唐、侯树坤、李长岭、章钊、高居忠、孙玉成、陈山、石秉毅、曾祥福为委员,陈山任秘书。2004 年,在重庆召开第七次全国大会,北京的吴阶平、郭应禄为名誉主任委员,那彦群为主任委员,高居忠、王建业、王晓峰、陈山为常务委员、陈山兼秘书长,石炳毅为委员。同年,北京分会改选,那彦群任主任委员,王建业、王晓峰、石炳毅、李汉忠为副主任委员,潘柏年、洪宝发、李长岭、章钊、高居忠、杜林栋、杨学辉、孙玉成、陈山、石秉毅、曾祥福、冉金生为委员,陈山兼秘书。

2007 年 10 月 11 日,中华医学会泌尿外科学分会召开八届一次全体委员会,北京的吴阶平为终身名誉主任委员,那彦群连任主任委员,王建业任副主任委员,陈山任常务委员兼秘书长,高居忠、王晓峰、李汉忠任常务委员,石炳毅、杜林栋任委员。2007 年 11 月 15 日,中华医学会泌尿外科学分会成立青年委员会,那彦群兼任主任委员,北京的李宁忱任副主任委员,王伟、张鑫、许克新、魏东、郝钢跃、严维刚、龚侃、张凯、朱刚、张弋任委员。2008 年 12 月,北京市医学会泌尿外科分会改选,那彦群任主任委员,王建业、王晓峰、李汉忠、陈山任副主任委员,高居忠、石炳毅、杜林栋、潘柏年、洪宝发、曾祥福、李鸣、马潞林、欧彤文、李长岭、刘乃波、孔广起任委员,陈山兼秘书。

2010 年 12 月第九届全国委员会成立,那彦群为前任主任委员,王建业为副主任委员,陈山、王晓峰、李汉忠、马潞林为常务委员,张旭、田野为全国委员,陈山兼任秘书长。

随着信息化社会的发展,作为交流与合作的平台,学会的作用日显重要。近年来,北京医学会泌尿外科分会每年组织一次年会,每月举办一次疑难病例讨论,还举办了科主任沙龙,定期在各家医院轮办。为了促进郊区泌尿外科专业的发展,每年举办一次环北京学术会议。这些活动增加了北京泌尿外科界的影响力和凝聚力,有力地促进和推动了北京市泌尿外科事业发展。

上海市泌尿外科学史

20世纪初,现代泌尿外科学在全球范围内进入了一个突飞猛进的发展阶段,上海市泌尿外科学也遵循着这条发展轨迹,开始了卓有成效的创业历程,历史将永恒地记载着这项丰功伟绩。

一、孕育与诞生

19世纪末,西方工业大举进入中国,西方医学也踏上了中国的土地。上海这个当时的"冒险家乐园",成为西方人士争相涌入的天堂,带着宗教色彩的一所所医学院、医院相继在上海诞生,例如震旦大学医学院、圣约翰大学医学院等。1918年顾毓琦等创办同德医学院,1927年颜福庆等发起成立国立上海医学院,在当时那种形势下,显得格外的难能可贵。

20世纪30年代前,上海就出现了第一代泌尿外科医师,开始主要治疗性传播性疾病,以后发展到治疗泌尿生殖系统感染、尿道狭窄、肾结核、尿道结石、前列腺和阴囊内疾病等。当时在上海开设的许多医院中,泌尿外科仍附设在大外科内,还没有专科病床。到了30年代后,上海几家大医院里开设了泌尿外科专科门诊,例如上海红十字会医院(现华山医院)、广慈医院(现瑞金医院)和伯特利医院(现市第九人民医院)等。

新中国成立前夕,上海已经拥有了一支泌尿外科医生队伍,其中日后成为著名泌尿外科医生的有高日枚、陈邦典、王以敬、曹晨涛、曹裕丰、马永江、夏其昌、金宁恬、熊汝成、樊苏培、何尚志、安世源、陈家镳、黄正、程一雄、吴元熙等。

上述事实表明,新中国成立前上海市泌尿外科已初具雏形。

抗日战争给中国人民带来了深重的灾难。虽然国立上海医学院内迁后,上海成为孤岛,但仍有一批泌尿外科专家留守上海,例如高日枚就是在当时的上海红十字会医院主持泌尿外科工作。抗战胜利后,随着上海医疗卫生事业的复苏,一些大医院纷纷成立泌尿外科,建立专科病房,真正意义上的泌尿外科开始逐步形成。高日枚转入现上海市第六人民医院(下简称市六医院)前身及市第一劳工医院(现静安区中心人民医院,下简称静安中心医院)泌尿外科,熊汝成主持中山医院泌尿外科,陈家镳主持红十字会医院泌尿外科,程一雄主持广慈医院(现瑞金医院)泌尿外科,曹裕丰主持仁济医院泌尿外科,黄正主持公济医院(现上海市第一人民医院,下简称市一医院)泌尿外科,马永江主持同济医院(现长征医院)泌尿外科,王以敬主持宏仁医院泌尿外科。当时,这些专家已经采用国外带回来的医疗器械开展泌尿外科的诊疗工作,例如膀胱镜检查、逆行造影、膀胱内电灼、尿道扩张、输尿管膀胱开口囊肿剪开等。

上海解放前夕,实际上已有上海市红十字会医院、中山医院、仁济医院、公济医院、市六医院、同济医院、长海医院等近10所医院有了泌尿外科专职主任、专科病房及专职医生。

87

解放后泌尿外科队伍继续不断扩大,1952年,中山医院泌尿外科拥有了70多张病床,成为当时国内规模最大的泌尿外科;瑞金医院、市纺织第一医院等也正式拥有泌尿外科病房。在全市范围内形成一支当时国内较为强大的泌尿外科专业队伍,建立了一定规模的泌尿外科设施。至此,上海市泌尿外科终于水到渠成地诞生了。

随着泌尿外科的诞生,医疗工作也飞速发展。20世纪50年代初期,上海已经常开展肾脏、膀胱、前列腺手术,如王以敬的耻骨后前列腺摘除术,黄正的耻骨上经膀胱前列腺摘除术等一直沿用至今。上海市泌尿外科人才资源得天独厚,一开始就拥有一支具有先进学术思想、丰富临床经验的医生队伍,他们当中不少人曾求学于西方国家,把当时世界上泌尿外科的先进理论和技术引入上海,他们成为上海乃至中国泌尿外科学界第一代实力派学科带头人。

20世纪50年代末,随着国家对医学教育院系的调整,上海市泌尿外科基本形成现在的格局。中山医院熊汝成,华山医院沈家立,瑞金医院程一雄,仁济医院王以敬,新华医院曹裕丰,长征医院贺宗理,长海医院马永江,市一医院黄正,市六医院金宁恬,公费医院夏其昌,中医学院吴元熙,市纺织第一医院郑康桥,静安中心医院孟荟,市四医院前身福民医院杨松森,松江人民医院陈金斗,市五医院陈兆义,铁路中心医院赵光国……同时还诞生了全国早期的小儿泌尿外科,李衷初主持新华医院小儿泌尿外科,金百祥主持上海第一医学院儿科医院泌尿外科,马孝义主持上海市儿童医院泌尿外科。当时虽然各医院分属上海第一医学院系统、上海第二医学院系统,第二军医大学系统、铁道系统、中医学院系统、卫生局系统,但大家和谐相处,经常共同开展学术交流或疑难病例讨论,为其后上海市泌尿外科学的蓬勃发展,以及专业医生的人才培养,创造了良好的条件,奠定了坚实的基础。

二、发展与壮大

新中国的诞生为上海市泌尿外科学的发展创造了良好的外部条件和环境,上海市泌尿外科学进入了发展、壮大的良好时期。在这一时期,学术上百花齐放、百家争鸣,临床工作方面取得了许多全国领先的成果。同时进一步完善了学术交流、疑难病例讨论、会诊、青年医师的培养等组织制度,还为全国各地培养了大批专业人才,并为支援各地泌尿外科的发展作出了重大贡献。

(一)抗美援朝

新中国成立不久,朝鲜战争爆发,中央人民政府决定派遣中国人民志愿军赴朝参战,随即组建"抗美援朝医疗队"。上海泌尿外科界以熊汝成为首的老一辈专家积极响应祖国的召唤,熊汝成任第18大队国际医疗队队长,沈家立参加第18大队国际医疗队,谢桐参加第3大队医疗队,周永昌参加了第27大队医疗队。为了祖国,为了和平,他们毅然走上了抗美援朝的前线,有的到了朝鲜前线在坑道中救治伤员。这种爱国主义和国际主义精神受到了祖国和人民的肯定,他们均获得了立功的奖励。

(二)支援内地建设

为了发展全国的泌尿外科事业,上海泌尿外科界的前辈们响应号召奔赴祖国各地,他们都是上海泌尿外科学界的精英,像种子一样撒到哪里就在哪里生根开花结果,成为当地的领军人物和学科带头人。从 20 世纪 50 年代开始,有陈邦典赴安徽,曹晨涛赴陕西,夏其昌赴云南,陈家镳、何梓铭赴四川,樊苏培赴新疆,邬家美赴湖南,金浩祥赴江苏,庄熙明赴辽宁等。

(三)学术活动

上海泌尿外科诞生不久就开展了学术交流,通过这些活动促进了临床工作的发展和泌尿外科医生的培养。1952 年上海泌尿外科第一次学术活动在当时的中华医学会上海分会内举行。学会位于慈溪路、北京路口的一幢两层的石库门房子内,有 20 人左右到会,由王以敬主持,陈家镳、樊苏培等报告阴囊内丝虫病等专题。医学会迁址北京西路后,第一次学术活动由中山医院报告肾结石专题,高日枚主持讨论。由于上海市区面积比较大,大家聚在一起开展活动有一定难度,因此最初就有南区和北区两个读书会,定期开展活动。南区以中山医院为主,北区有市六医院、市一医院等。以后北区由时任市六医院的泌尿外科主任高日枚和市一医院黄正为主,主持了卫生局系统的泌尿外科读书会、病例报告会、病例讨论会,基本上有卫生局系统的市一、市六、宏仁、静安中心等医院参加,因为他们都在上海市北区,亦有人称其为"桥北读书会"。其间,上海第一医学院系统熊汝成为主组织西区泌尿外科学术活动,上海第二医学院系统的程一雄、王以敬为主组织本系统学术活动。由于没有统一的学术活动地点,活动时间无法统一,因此有的医生既参加这里的活动,又参加那里的活动。三处活动之间相互协作,有这里活动请那里的专家来讲课。在学术活动中,虽然早期各医院泌尿外科的主任都曾求学于英、美、法、比、德、奥、日等不同国家,但并不影响他们之间的交流。他们胸怀宽大,提倡互相交流、互相学习、取长补短、团结协作、共同发展的精神,这也为上海泌尿外科学界从源头上树立了良好的学术风范。

1962 年起,由中山医院泌尿外科发起油印出版《泌尿外科内部交流文札》,供上海泌尿外科学界同仁参阅。1963 年前后,在吴阶平、熊汝成等人的努力下,创立了全国性的《泌尿外科内部资料》,供全国泌尿外科医生学习参考。每年 4 期分别由北京、上海、天津、重庆负责编辑出版。上海方面由熊汝成、缪廷杰负责,使上海泌尿外科也成为全国性泌尿外科刊物的发起地之一。此刊物出版 2 年左右遇"文革"中断出版。1979 年,此刊改名为《中华泌尿外科杂志》,1980 年向全国正式发行。"文革"结束不久,上海市泌尿外科在全国首先恢复了学术活动。1976 年底,熊汝成、马永江、程一雄、谢桐、江鱼、沈家立等提出恢复上海泌尿外科学术活动的议题,当时大家一致的意见:①应当恢复,这是当时泌尿外科医生和临床工作的需要,应当尽快把文化大革命浪费的几年时间追回来;②根据当时的形势,分步进行,先恢复疑难病例会诊讨论;③决定各大医院轮流做东道主。于 1977 年开始由中山医院、华山医院、市六医院、市一医院、长征医院、静安中心医院、房地产职工医院、瑞金医院等轮流,每个医院主持 3 个月,定于每周六下午由东道主医院医生主持讨论会诊,全市各医院泌尿外科、放射科医生和进修医生均可参加。为提高诊断水平,特邀中山医院放射科韩莘野教授,以及由泌尿外科改行从事超声影像专业的周永昌教授参加活动。由于会诊中心越办越好,许多在上海进修学成回当地的医生也经常输送病例来沪参加病例讨论,也有外地病人自发来沪提供病历要求会诊。数年后,大家感到各医院轮流主持不够方便医生和病人,加之有的医院离市区较远,当时静安区中心医院副院长孟荟,同意将会诊中心固定设立在当时位于上海市中心人民广场旁的静安区中心医院住院部内。1986年春,该疑难病例讨论会诊中心被正式命名为"上海市泌尿外科会诊(咨询)服务部",且一直沿用至今。

上海市医学会泌尿外科学分会的成立,是上海泌尿外科学发展史上的一件大事,许多学有所长和德高望重的专家担任了学会的主任委员、委员,广大的泌尿外科医生成为学会会员。自此在学会组织下,各项学术活动显得格外活跃且井井有条,相继开设了青年学组学术活动、每月1次的学术讲座、青年英语学术讲座等,有的活动至今还在继续。在上海市医学会泌尿外科学会的基础上,有不少专家被吸收进入历届全国性的中华医学会泌尿外科学分会,担任副主任委员或委员,例如熊汝成、马永江、谢桐、沈家立、江鱼、郑家富、唐孝达、张元芳、姚德鸿等,以及21世纪初新涌现的新一代泌尿外科专家孙颖浩、黄翼然、夏术阶和丁强等。这不仅仅代表着上海专家在国内的学术地位,更重要的是他们肩负着与国内外泌尿外科学界直接沟通的重任。

上海市泌尿外科学年会是上海市医学会重要的学术活动。"文革"期间中断,"文革"后续办且趋于正规,尤其是近10年来每年均如期进行,每次年会吸引了众多泌尿外科医生与会,论文质量也逐年递升。在20世纪80年代,由上海市医学会泌尿外科学分会发起,与江苏、浙江、山东、安徽、江西、福建省的泌尿外科学会共同创办了华东六省一市泌尿外科学年会,每2年1届,至2005年已举办了10届,以后仍将继续举办。随着改革开放的浪潮,上海泌尿外科的学术活动也从上海走向华东地区,走向全国,乃至走向世界。上海许多泌尿外科医生每年都要参加许多次国内外学术交流。随着上海泌尿外科事业的蓬勃向上,上海泌尿外科学术水平同世界水平越来越接近了。

1996年,上海成立了上海医科大学泌尿外科研究所,所长为张元芳,副所长为张永康、丁强、林宗明等。这是代表上海市泌尿外科总体学术水平的第一家泌尿外科研究所,在国内有相当的影响,这预示着上海泌尿外科事业的规范化,更象征着上海泌尿外科事业的蒸蒸日上。

(四)教育培养

上海泌尿外科学在形成之初就注重对青年一代的教育培养工作。前面提到的各种学术活动,都对青年医生起到了很好的培训作用。此外,上海泌尿外科学界很早就开展了手术示教的培养形式,例如1956年前后,何尚志就曾对青年医生作过根治性全膀胱切除示范手术。1956年,上海就举办过一期泌尿外科进修班,由程一雄、曹晨涛、王以敬讲课。1963—1964年,卫生部委托市六医院举办了一期全国性泌尿外科学习班。1970年以后,上海各大医院都有大量的进修医生,如何对进修医生进行系统的理论教育,便提到日程上来。具体做法是,当时的上海老一辈专家敞开胸怀,将讲课"对外开放",一个医院的讲课全市进修医生或市、区级医院的年轻医生都可以听,并把讲稿印发给大家。老师精心施教,学生努力学习,形成了一套良好的教学体系。值得一提的是,当时在市一医院泌尿外科进修的丁小蕙医生,利用一些机会跑遍了北京、上海等地各大图书馆,编成一本《泌尿外科中文文献索引》，顿时上海的进修医生争相手抄，后来有人将其印成小册子在上海进修医生和青年医生中分发，为检索中文泌尿外科文献提供了极大的方便。这也显示了当时老师勤教，学生好学，教学相长的氛围。

1976年，在曹裕丰、熊汝成、何尚志、谢桐、孟荟、安世源、沈家立、江鱼等人的组织下，开始时有中山医院、华山医院、瑞金医院、仁济医院、新华医院、市一医院、市六医院、静安区中心医院等8家医院，以后长海医院、长征医院、市第九人民医院、华东医院等医院陆续加入，共12家医院分工上课，讲课内容为各医院的特色和专长，并且安排示教手术，使教学理论和实践结合。例如，中山医院示教肠道在泌尿外科的运用，瑞金医院示教肾上腺手术，市一医院示教前列腺耻骨上经膀胱摘除缩小窝口的手术，静安区中心医院示教经会阴前列腺摘除术，仁济医院示教耻骨后前列腺摘除术，市六医院示教尿道狭窄手术，华山医院示教尿动力学检查术等。讲稿集中打印，成为早期的讲义。1978年，上海被卫生部选定为泌尿外科高级专业人才培养基地，并委托上海市卫生局领导。1979年，由卫生部正式将上述培养方式命名为"上海市全国泌尿外科进修学习班"，面向全国招生，学制1年，结业考试合格给予证书。在上海市卫生局的主持下，大家一致推荐新华医院主办该进修学习班，其他医院协办。自1976年起，在新华医院泌尿外科和上海市泌尿外科学会的共同努力下，已连续举办了33届，为全国各地培养了近600名高级专业人员。还编写了数百万字的讲义、专著，出版了《泌尿外科学》、《泌尿生殖外科学》、《临床泌尿外科》、《泌尿外科进展和基础》等专著。期间，新华医院蒋鹤鸣长期以来全面主持与操办该学习班的工作，可谓功不可没。上海市泌尿外科学界对青年医生的培养可谓是治学严谨、内容丰富、循循善诱，为上海乃至全国青年医生的成长作出了不可磨灭的贡献。

1980年以后，为了进一步提高青年医生的学术水平，上海医学会泌尿外科学会成立了青年学组，积极开展青年医生学术活动，包括采用英语进行系统的学术活动，并在青年医生中评选施思明基金奖，在全市安排每月1次的青年医生专题讲座，应用各种手段提高青年医生的理论水平和临床技能。每种活动完全对外开放，因此经常吸引长三角地区甚至更远地区的青年泌尿外科医师参加。

2008年初，经过专家评审和上海市卫生局的审定，上海市首次正式成立了泌尿外科临床质量控制中心，挂靠单位为长海医院，中心主任委员为孙颖浩。这标志着上海市泌尿外科临床工作的一个新的发展起点，也是规范全上海泌尿外科临床诊疗的重要开端。该中心在"汶川大地震"后正式全面展开工作，迅速地建立健全了覆盖全市的泌尿外科临床质控网络，通过严格实施质控评价工作，确保医疗质量稳步提高；严格行业准入制度，加强专业队伍规范化培训；推广疾病诊疗指南，统一相应医疗文书，对本市泌尿外科的临床质控、规范诊疗起了积极的指导和推动作用。

三、业绩和成果

从临床医学角度看，早在20世纪50年代，上海泌尿外科界已经运用国外先进技术开展工作，嗣后广泛开展肾脏手术、全膀胱切除术、各种术式的前列腺摘除术，并开始了对肾上腺疾病、肾血管造影、人工肾等的研究和临床工作。可以说，上海泌尿外科起点很高，因此在以后的年代里，临床医学取得了空前的发展，获得了可喜的成果。

（一）肾上腺外科

1950 年前后，当国外肾上腺外科还处于起步阶段时，孟荟、马永江已经翻译出版了《肾上腺外科学》一书。1952—1953 年，长海医院通过后腹膜充气造影诊断出 1 例嗜铬细胞瘤，并予手术治疗取得了良好的效果。库欣综合征曾一度考虑到其病因与垂体有关，以往临床上均采用内分泌药物和垂体放射治疗。华山医院沈家立和中山医院缪廷杰等人，首先主张手术探查双侧肾上腺，手术发现果真此病与肾上腺皮质增生、腺瘤或癌症有关，采取手术后取得良好疗效。1957 年瑞金医院程一雄做了国内第一例原发性醛固酮增多症的手术治疗。1964 年程一雄代表中国赴罗马尼亚参加国际会议报告了 3 例原发性醛固酮增多症的治疗，引起广泛关注。20 世纪 80 年代，北京吴阶平、上海谢桐相继提出了肾上腺髓质增生的概念，以后得到大家认可。瑞金医院也发现肾上腺皮质结节增生等问题。上海的肾上腺外科从此不断向前发展，一直处于全国领先地位。随着实验室检查、影像学检查的进步，病例越来越多，定位越来越准确，治疗水平也越来越高。市六医院开展肾上腺皮质、髓质放射性核素扫描，在当时没有 B 超、CT、MRI 的情况下，对于肾上腺疾病的定性与定位诊断起到了不可替代的作用。在肾上腺外科工作中，瑞金医院至今已积累了 5 000 多例病例，成为全国肾上腺疾病手术治疗例数最多的医院。上海的泌尿外科专家在肾上腺疾病手术治疗过程中互相切磋，摸索出一套行之有效的常规治疗方法，供国内同仁共享。20 世纪 90 年代开始，随着腹腔镜技术的崛起，肾上腺手术开始能在腹腔镜下进行，目前大多数三级医院、部分二级医院都已能开展腹腔镜下肾上腺手术。

（二）人工肾和透析疗法

上海很早开始人工肾和透析疗法的研究，并取得了辉煌的成就。在 20 世纪 50 年代初期，公费医院夏其昌便研制成功"公费 I 型"人工肾，瑞金医院、长海医院也曾经引进蟠管型人工肾，并试用于临床。程一雄还出版了《急性肾衰竭》一书。1959 年，中山医院研制"套筒式"人工肾，由章仁安等按 Kolf 大滚筒型人工肾改制为多层小滚筒型人工肾。1972 年，中山医院缪中良等研制成平板型（Kill 型）人工肾，此型人工肾的研制成功为国产 Kill 型人工肾的生产推广、临床运用创造了条件。以后天津、重庆、上海分别生产出国产的 Kill 型人工肾供国内各医院使用，为促进中国的医疗事业作出了贡献。当年中山医院采用国内首台 Kill 型人工肾，成功抢救过挤压伤伴急性肾小管坏死肾衰竭的病人。1973 年 10 月 5 日又用自制的平板型人工肾成功地抢救了一位青鱼胆中毒所致的急性肾功能衰竭病例，为此 1974 年获上海市重大科技成果奖。与此同时，中山医院泌尿外科率先在国内开展血液透析循环通路建立和腹膜透析管置放的研究和实验，治疗了大量尿毒症病人，其技术在本市及各地推广应用。1974 年 10 月，市一医院率先引进了日本 BN-2000 型标准平板型人工肾。1975 年，谢桐成功为一个双肾结石伴有早期尿毒症病人进行外瘘制备和造影。随后，市一医院开始进行动静脉内瘘手术的研究和临床实践，并取得了成功。

通过研究和实践，市一医院设计出了"边缘肝素化"法，使肝素应用既维持血透顺利进行,又不致造成病人出血的并发症,病人在透析结束时凝血功能基本恢复正常。1975 年起,市一医院谢桐等同上海医疗器械研究所合作研制当时世界上先进的空心纤维透析器和小型人工肾获得成功,并获 1978 年全国科学大会奖。随着以后肾移植的开展,中国的血透事业得到了蓬勃发展。上海当时有十余家医院开展血液透析,例如中山、瑞金、长征、长海、仁济、华山等医院。1976 年谢桐、张先有、凌桂明等编写了国内第一本透析治疗的专著《透析疗法》。上海泌尿外科还举办过多次血透培训班,为全国各地培训血透技术人才。在上海乃至中国血透事业发展中,上海泌尿外科的夏其昌、熊汝成、章仁安、缪廷杰、缪中良、程一雄、郑崇达、江鱼、沈家立、谢桐、贺宗理、何长民、闵志廉、马永江、凌桂明等人都是功不可没的。

透析疗法中腹膜透析也是一个重要的方法,诸如中山、华山、仁济、瑞金、市一、市六、静安中心等医院,早在 20 世纪 50 年代末,就已开展此项临床研究。当时由于科技的限制,只能采用输液用的塑料管作为腹透管。中山医院缪廷杰曾用一根普通的 T 形导管作腹膜透析,救治一个胆囊切除术后引起 10 天无尿的急性肾功能衰竭病例获得成功。江鱼、赵伟鹏等一起与橡胶研究所共同研制了国产腹透管。谢桐等与长征制药厂研制并投产了国产腹透液供应上海乃至全国;此外还同上海橡胶制品研究所一起制成了"腹纽",透析结束后拔出腹透管将此腹纽插进腹腔,第二次透析时拔出腹纽再插入腹透管,这可大量减少透析时管道不通、肠粘连、大网膜包裹等并发症。上海泌尿外科专家还同他们一起研制出血透用的动静脉外瘘管,供全国各地应用,替代进口产品,直至动静脉内瘘大量推广应用。

上海的透析事业一直走在全国前面,现在已发展成血液净化,二、三级医院都建有血透中心,都能进行血液透析、腹膜透析、血液灌流、腹水浓缩等治疗。有的医院还开展了血浆分离置换、血浆分离免疫吸附、肝细胞分离、全身血液灌注热疗治疗晚期肿瘤等,已经名副其实地可利用"血液净化"技术治疗各种疾病。透析病人的长期生存也取得了可喜成绩,20世纪 70 年代后期开始透析的病人,至今有很多仍健在,生存期达 30 年。

（三）肾脏移植

1954 年法国同卵双生子间同种异体肾脏移植获得成功。上海泌尿界在 20 世纪五六十年代进行过多次实验动物肾移植的研究,例如华山医院沈家立和中山医院缪廷杰等曾共同进行狗的同种异体肾移植实验。同期,瑞金医院程一雄、郑崇达,长征医院贺宗理、何长民、郑韶先、闵志廉等也开始肾移植的研究工作。至 20 世纪 70 年代初期,根据当时中国具体情况,沈家立创立了一套尸体肾取肾的方法,后来此方法成为在上海及全国推广应用的标准取肾方法。此法既保证了供肾的质量,又减少了污染的机会,缩短了取肾的时间。

1969 年仁济医院江鱼等成功施行第一例亲属肾移植术,广东梅骅一起参加。1970 年 1 月中山医院熊汝成等进行首例尸体肾移植,存活 45 天。1975 年 7 月又对一例慢性肾小球肾炎尿毒症病人进行尸体肾移植,经历多次排异和并发症等难关后,获得成功,存活 9 年以上,是当时我国肾移植存活最长的病例。该项成果获 1977 年上海市重大科技成果奖。该院泌尿外科同时也获 1978 年全国医药卫生科技大会颁发的"全国医药卫生先进集体"称号。从此上海乃至全国的肾移植工作有了良好的开端,肾移植开始在中国全面铺开。

市一医院谢桐等依托透析基础，紧紧抓住组织配型、供肾质量保证体系、手术质量控制、术后密切随诊等关键步骤，一度在肾移植上领先于全国，病人与供肾1年、5年存活率均处于领先地位。长征医院贺宗理、何长民、闵志廉等研究供肾保存液（HCA）液获得了成功，并组织生产提供给我国的肾移植临床应用，为全国的肾移植事业作出了贡献。他们不但继续在保存液上进行研究，使供肾保存72小时仍能供移植使用，而且何长民、闵志廉、朱有华主持该院泌尿外科工作后，迅速使长征医院的肾移植数量超越上海其他大医院而名列首位，在全国也是遥遥领先，直到现在仍居于前列。

20世纪70年代中期，经过几年的发展，上海10多家医院先后开展过同种异体肾移植工作，例如中山医院、华山医院、瑞金医院、仁济医院、市一医院、市六医院、长征医院、长海医院、新华医院、市九医院、解放军八五医院、驻沪空军医院、解放军四五五医院。每年移植600～800例，最多时曾达1 200例。

上海的肾移植专家如谢桐、江鱼、郑崇达、张先有、缪廷杰、章仁安、何长民、闵志廉、张元芳、朱有华等还经常外出到全国各地讲学，施行肾移植手术，接受医生来沪培训。全国肾移植工作能如火如荼地发展，可以说是上海泌尿外科界肾移植专家辛勤劳动和奉献的结果。以后随着器官移植的发展，长征医院、市一医院等开展肝肾、胰肾、肾胰岛细胞移植，中山医院、长征医院、市一医院、仁济医院、华山医院等开展了亲属肾移植，中山医院、长征医院等还开展了腹腔镜下活体供肾摘取术，市一医院谢桐、谭建明对组织配型提出新建议，这些都将上海的肾移植工作推向一个新的高度，为上海及国内其他大器官移植提供了基础。

实际上上海肾移植工作能顺利开展，还离不开对该项课题的理论探讨与资料汇集。早在1974年1月，当时还没有正式专业刊物的情况下，上海市医学科学情报站曾出专刊，刊登由沈家立、赵伟鹏等撰写的"肾移植进展"，以及由江鱼、姚德鸿撰写的"肾移植供肾保藏进展"两篇文章。1974年12月，由金宁恬、沈家立、程一雄和熊汝成共同组织全市十多位专家，翻译出版《肾脏移植》一书。1983年熊汝成、缪廷杰编著《肾脏移植》一书出版。这些都为当时方兴未艾的肾移植工作起到了推波助澜的作用。

（四）男子计划生育和男科学

上海泌尿外科在计划生育工作方面起步较早。早在1949年前，公济医院的黄正以身作则自己做了输精管结扎术被传为佳话。20世纪50年代，缪廷杰撰写《输精管结扎》一书曾四度再版。1963年上海紧跟全国形势，也大张旗鼓地进行输精管结扎术的宣传和手术。1964年仁济医院首先成立了计划生育研究室，根据当时的形势，以开展男子输精管结扎为主题，研究结扎后对男性的影响、结扎后局部痛性结节和其他并发症、后遗症问题，为后来对后遗症的诊断和治疗提供了依据。1968年仍以仁济医院计划生育研究室为主，成立输精管结扎后遗症诊治小组，由上海8家三级医院参加，为上海输精管结扎后有并发症病人的防治作出了重要贡献。计划生育高潮期，上海市卫生局组织了计划生育大队，由谢桐任队长，协助全市二、三级医院开展输精管结扎的技术培训和手术宣教等工作。后由李效忠接替谢桐带队。当时由市区各医院抽调人员去郊县做手术者有章仁安、李效忠、王益鑫等人。70年代初期，为了解决男子结扎后遗症的问题，上海市泌尿外科专家组织了几次大讨论，制定出诊断标准和治疗方法，并由各大医院分区负责指导。继 1964 年在上海召开的全国计划生育技术交流会后，1971 年又在上海召开了第二次会议，重点切磋手术方法、手术器械等问题。当时上海创制的输精管钳和输精管分离钳获得好评，并在全国推广。1972 年，上海举办全国计划生育培训班，为了更好地规范手术，负责男子计划生育的江鱼、马永江、李效忠、章仁安、王益鑫等和上海科教电影制片厂一起编写剧本，摄制成男子计划生育手术教学电影，成为全国计划生育工作的培训教材。1976 年仁济医院计划生育研究室和上海国际和平妇幼保健院等合编了《计划生育技术》一书。70 年代中后期，转向诸如输精管粘堵、杀精剂和男用避孕药等问题的研究。1986 年，上海医药工业研究院和王益鑫等组成的外用避孕药膜（杀精子剂）研究也获国家计生委"六五"攻关三等奖。

20 世纪 60 年代，中山医院从一封人民来信中了解到湖北等地男性不育病人较多，且女子嫁到当地引起不孕，但嫁到外地却有生育能力。该院缪廷杰多次赴湖北夏邑、邳县调查，发现当地食用油以棉籽油为主，并证明食用生棉籽油会引起男性不育。经精液检查、睾丸活检和药物分析进一步证实粗制棉籽油中的棉酚可引起男性不育。此项研究在 1987 年全国科学大会上获重大科技成果奖。以后，上海组成了由中山医院章仁安为组长，静安区中心医院、仁济医院参加的调查组再次进行实地调查。此后一段时间，由于受到中央的重视，全国各地均开展了男用避孕药的研究，重点即为棉酚。由章仁安、王益鑫、唐涌志等组成棉酚临床研究协作组，进行"棉酚致低血钾肌无力症发病原因的研究"，于 1986 年获国家计生委"六五"攻关成果三等奖。

进入 20 世纪 80 年代，上海泌尿外科中部分专家重点转入男科学研究，于是男科学成为泌尿外科派生出来的分支学科，随之蓬勃发展。1986 年，由江鱼任主编的《临床男性学杂志》正式出版发行，后改为《中国男科学杂志》，一直出版至今，对全国男科学的发展起到了带头与促进作用。1986 年，唐涌志与上海橡胶研究所合作研制阴茎硅银假体并应用于临床。以后唐涌志、金三宝等同有关部门合作研制成功"三件套可控阴茎假体"获国家发明银奖，目前已在临床推广应用十余年，填补了国内此类假体的空白。1988 年，姚德鸿开展男子勃起功能障碍的阴茎海绵体内注射活性药物疗法，累积了近 4 000 例的治疗经验，他们的临床资料都已在国内专业杂志上发表。1990 年，中山医院张永康、王国民出版了《男子的生育、不育和避孕》一书。1993 年，江鱼、姚德鸿主编出版《实用男子性障碍》专著。1993 年，江鱼、姚德鸿和张祖豹发起成立"上海男性病专家医疗、会诊咨询服务中心"，相继设点于上海海港医院和上海江东泌尿外科医院内，一直延续至今。1996 年 8 月 19 日，上海市成立上海市医学会男科学分会，成为上海男科学方面的学术团体。1997 年江鱼、姚德鸿负责承担 PDE5 抑制剂——西地那非的上海地区临床试验，并为此专程赴美国作专题考察，为国家是否引进这类药物作验证工作。2000 年，江鱼、姚德鸿主编出版《性医学》一书。2001 年，由上海市卫生局批准在仁济医院成立上海市男科研究所，王益鑫任所长。2002 年，张元芳、吴登龙主编出版《男科治疗学》专著。2003 年，经卫生部专家评审批准在仁济医院男科学研究所内成立"上海市人类精子库"。2003 年起，仁济医院、瑞金医院经卫生部专家评审，先后建立生殖中心，开展辅助生殖技术。

（五）腔内泌尿外科

膀胱镜在抗战胜利前已经在上海零星应用,抗战胜利后使用膀胱镜的医院开始增多。当时华山医院、中山医院、瑞金医院、仁济医院、市一医院、市六医院、长征医院等均已应用膀胱镜作检查、电灼、输尿管囊肿开口剪开、逆行插管等治疗和检查。解放初期大多数成立泌尿外科的医院开展了泌尿科早期的腔内膀胱镜的应用治疗。20世纪50年代,沈家立在华山及中山医院开展电切膀胱颈部治疗神经源性膀胱。也有医院用电切膀胱颈部治疗膀胱颈部狭窄和前列腺纤维化。到了70年代,随着腔内器械的发展,仁济、中山等医院相继应用激光治疗膀胱肿瘤。在此期间,市一医院率先添置沪上第一套Storz膀胱镜,首次应用了光导纤维的光源,并配有电切镜、碎石钳、腔内摄影装置等,为开展膀胱碎石、电切膀胱肿瘤、腔内摄影创造了条件。嗣后,各大医院陆续添置此类先进设备,逐步在各地推广使用。

自20世纪80年代后期起,由于腔内电视系统的介入,各大医院开始施行经尿道前列腺电切术(TURP)和前列腺电汽化术(TUVP)。新华医院蒋鹤鸣曾借该院杨荣赴国外学成归来之际,主办过一次全市的经尿道前列腺电切术学习班,班上邀请美国专家讲授与示教,对推动上海腔内泌尿外科的发展作出了贡献。90年代后,上海所有三级医院和部分二级医院都开展了上述治疗,使上海腔内泌尿外科又上了一个新台阶。

20世纪80年代中期,上海开始引进输尿管镜及经皮肾造瘘(PCN)技术,市一医院等与他人合作研制国产橄榄头扩张器,用于输尿管镜术前的输尿管口扩张,以提高成功率。在此后不到10年的时间里,大多数三级医院和部分二级医院已常规应用输尿管镜开展诊疗工作。90年代末,长海医院在国内率先开展输尿管镜下钬激光碎石术治疗泌尿系统结石,提高了碎石成功率,并首先将大功率钬激光应用于复杂性肾结石的碎石治疗,缩短了手术时间,在第二十三、等二十四届世界腔道泌尿外科大会上交流,得到与会学者的认同。该研究获得了2006年上海市科技进步奖一等奖。

1993年,王国民等开始应用腹腔镜技术治疗精索静脉曲张,之后采用经后腹腔途径行腹腔镜下肾囊肿切除、输尿管切开取石、肾上腺良性肿瘤切除和肾切除等。1994年7月,台湾张心湜率团在中山医院举办"海峡两岸泌尿系统腹腔镜手术研习会",并向中山医院赠送了一套腹腔镜设备。1995年2月,王国民、张永康、张祖豹等应邀赴台湾重点考察腹腔镜技术,并开展其他学术活动。如果说90年代腹腔镜在上海起步,那么到了2000年后便进入普及阶段,各大医院都已广泛开展,治疗范围和难度也随之扩大,包括亲属供肾摘取、肾脏肿瘤根治、肾上腺肿瘤切除、肾盂整形、前列腺癌根治、全膀胱切除等。2009年起上海中山医院、瑞金医院、华东医院等先后引进达芬奇机器人,并开展机器人辅助腹腔镜泌尿外科手术。

在尿道损伤的治疗上,长海医院孙颖浩提出了尿道镜下尿道会师术的概念,并应用于尿道球部损伤的治疗,该技术被2003年欧洲泌尿外科学会编写的《泌尿系统创伤诊治指南》采用。

随着腔内泌尿外科的发展,腔内其他治疗也有了很大突破,如钬激光、铥激光、绿激光前列腺手术,输尿管镜气压弹道碎石、激光碎石、经皮肾穿刺碎石取石术等,一系列的腔内泌尿外科治疗在上海全面开花。

(六) 医疗器械

20世纪50年代,由于帝国主义对我国的经济封锁,中国医学界缺少羊肠线,但泌尿外科手术又离不开羊肠线。在这种情况下,市一医院黄正克服重重困难,开办了中国第一家羊肠线生产厂,终于生产出各种规格的医用羊肠线,解决了外科手术中羊肠线短缺的问题,为推动上海乃至全国的泌尿外科手术的发展作出了贡献。

1983年,吴阶平组织全国有关泌尿外科专家,在上海商讨研制中国自己的泌尿外科器械,随即中山医院章仁安等同上海手术器械厂合作,成功研制了其中一部分器械,包括膀胱肿瘤钳、肾蒂钳、膀胱颈部用钳、剪刀、持针钳、肾盂切开取石钳、输尿管结石固定钳等,并付之生产使用。上述研制于1988年获得上海市科技进步奖二等奖。以后上海泌尿外科继续合作研制成弯头持针钳应用于各种深部手术,并研制成功肾移植成套手术器械、前列腺成套手术器械。

上海泌尿外科利用沪上独特的医疗器械工业优势,另外还研制成功许多医疗器械,例如20世纪50年代,夏其昌研制的平板型人工肾;20世纪70年代缪中良研制的标准平板型人工肾,谢桐等研制的空心纤维型人工肾和自动腹膜透析机;20世纪80年代章仁安、张元芳、缪中良等研制的体外冲击波碎石机;20世纪90年代末至21世纪初孙颖浩等研制了螺旋形双"J"管、体内电动碎石机及末端可弯曲的输尿管硬镜(获国家专利)等。

各种医疗器械研制中,小者诸如腹透管、动静脉外瘘管、抗菌硅橡胶导尿管、双囊四腔导尿管、开花导尿管、气囊导尿管、腹透腹纽、前列腺活检穿刺针、磁化器等;大者诸如导光纤维膀胱镜、软性膀胱镜、肾盂镜、内腔镜用教育镜、内腔镜用激光、激光光导纤维等。

上海泌尿外科对医疗器械的重视,同其医疗技术的高速发展是分不开的。泌尿外科肾窦切开取石由于有了肾盂拉钩变得容易,输尿管镜由于有了输尿管口扩张导管而提高了效率。虽然当时并无专利与盈利,但是为了推动泌尿外科事业的发展,专家们仍在医疗器械的研发上贡献了自己的聪明才智。上海还专门召开了全国性的三新(新技术、新方法、新器械)会议。

(七) 其他泌尿外科临床方面的发展

上海泌尿外科学的业绩与成果,还可以包括以下一些方面。

(1) 肾动脉狭窄和肾血管造影　早在20世纪50年代,上海已有多家医院进行腹主动脉穿刺造影,用来诊断肾脏血管疾病等。20世纪60年代中山医院熊汝成等对肾性高血压与肾动脉狭窄关系作过重点研究,并于1961年用真丝人造血管和自体大隐静脉进行肾-腹主动脉旁路手术,以治疗此类疾病,并在此基础上同时提出中国肾性高血压主要病因是大动脉炎引起肾动脉狭窄的观点。他们还在1974年采用自体肾移植来治疗肾动脉狭窄,并开展经皮腔内血管整形术(PTA)等方法,终于形成了该病的一套完整的诊治方案。该项研究属"七五"国家课题,得以顺利完成。20世纪60年代初,市一医院谢桐等利用心导管,自制快速换片装置,成功地进行了国内首例选择性肾动脉造影,用于肾脏疾病的诊治,为以后肾脏的介入疗法打下了良好的基础。

（2）尿动力学　早在 20 世纪 50 年代，华山医院沈家立就对神经源性膀胱的尿动力学问题进行过探索。20 世纪 60 年代，谢桐进行膀胱电刺激研究，自制膀胱电刺激器、膀胱壁内埋藏电极，通过线圈体外感应刺激膀胱逼尿肌收缩而排尿，进行动物实验并获得了成功。70 年代初，上海随着尿动力学检测设备的逐步引进，对尿动力学的研究也迅速发展。1992年市一医院开展上尿路动力学研究，并通过尿流率分析，提出前列腺增生对尿动力学的影响，可根据尿流率图形将前列腺增生分为代偿期、失代偿期和无影响期，并建议在代偿期施行手术，使得膀胱功能恢复率提高。1976 年唐山大地震后，缪廷杰等专门组织人员赴唐山调查截瘫病人排尿障碍情况。1979 年，上海泌尿外科举办系统讲座，马永江讲"男性膀胱的神经解剖与生理"，沈家立讲"尿动力学的进展"，谢桐讲"排尿功能障碍的治疗"。1987 年新华医院杨荣和蒋鹤鸣一起开展尿动力学研究工作，并编写《下尿路功能性疾患》一书。现在尿动力学检测设备在上海二、三级医院已基本普及。

（3）体外冲击波碎石　1985 年中山医院章仁安、张元芳、缪中良等，同上海交通大学联合研制国产体外冲击波碎石机；1986 年 5 月，完成了临床试验 62 例，肾结石粉碎成功率达98.41%。嗣后，中山医院、市九医院两家医院采用这种碎石机，率先在上海治疗大批尿结石病人，在社会上产生很大影响，一度被媒体广泛报道。1990 年，在上海举行首次全国体外冲击波碎石技术交流会议，吴阶平、能汝成等与会。从此，上海市多家医院频增体外冲击波碎石机，中山医院引进法国制造的 EDAP-01 型超声体外冲击波碎石机，随后 Dornier 型碎石机也被引进，碎石技术被不断发展与普及，碎石效果也逐步提高。例如市九医院宋宁家等积累了大量肾脏铸型结石的体外冲击波碎石治疗的经验，取得了良好的治疗效果。配合腔内泌尿外科技术，体外冲击波碎石在上海已成为一种常规治疗方法，普及到绝大多数二、三级医院。

（4）乳糜尿　早在 20 世纪 50 年代，上海就有人采用肾蒂淋巴管结扎术、肾包膜剥脱术等方法治疗乳糜尿。华山医院沈家立提出乳糜尿的胸导管梗阻理论，从而创立了国内外独一无二的胸导管-奇静脉吻合术，用于治疗乳糜尿。60 年代，江鱼、郑康桥等创立腰干淋巴管同精索内静脉或卵巢静脉吻合术治疗乳糜尿。江鱼还独辟蹊径采用腰干淋巴结剖面与附近静脉吻合分流的技术，写出"172 例乳糜尿外科治疗 25 年的效果观察"，刊载于《中国丝虫病防治研究论文集》。70 年代，华山医院赵伟鹏等又开辟精索内淋巴管与周围静脉吻合的显微外科手术来治疗乳糜尿。市一医院谢桐、仁济医院江鱼等，通过经足背淋巴管造影诊断乳糜尿的方法，都提出过淋巴管内腔梗阻，从而影响淋巴液单向流动的功能，造成淋巴液逆流是乳糜尿的发病机制的观点，为肾蒂淋巴管结扎术是有效与合理治疗乳糜尿的最佳选择提供了有力的依据。在经足背淋巴管造影诊断乳糜尿方面市第一人民医院张先有曾做过大量的工作。

（5）良性前列腺增生症　上海泌尿外科在治疗良性前列腺增生症的手术方法上，早就形成各具特色的模式，例如静安区中心医院的经会阴前列腺摘除术、仁济医院的耻骨后前列腺摘除术、同济医院的预先结扎前列腺动脉尿道外前列腺切除术，而更多医院采用的是耻骨上经膀胱前列腺摘除术。长海医院钱松溪等为减少经尿道前列腺电切的出血,采用了微波加电切治疗前列腺增生,取得良好的效果,获得了军队科技进步奖二等奖。在手术细节上也各有特点,例如市一医院采用回转针缩小前列腺窝的方法等。20世纪70年代后,随着腔内泌尿外科的发展,经尿道途径处理增生前列腺的方法,在上海几乎都有医院涉足,这方面技术包括经尿道电切、汽化、等离子、激光、电化学、针刺消融、支架、扩裂、微波、射频等。

（6）泌尿男生殖系肿瘤 1956年,中山医院熊汝成、华山医院沈家立等开始为阴茎癌伴有髂动脉旁深部淋巴结转移病人施行根治性髂-腹股沟淋巴结清扫术。1956年上海第一医学院病理科与中山医院,通过分析1928—1956年收集到的59例睾丸肿瘤的资料,从病理学角度结合临床观察,对我国睾丸肿瘤的发病率、病理变化和临床表现等作出睾丸肿瘤的分类定型。又于1958年、1981年相继报道586例睾丸肿瘤的临床资料分析,提出睾丸肿瘤混合型的治疗方针和腹膜淋巴结清扫术的指征和范围,为该病提供了完整的病理分类和治疗方案。

20世纪50年代,仁济医院王以敬率先在上海施行回肠代膀胱术。从此,各大医院开始开展肠道在泌尿道应用的研究,并更多地应用于膀胱、输尿管因肿瘤而全部或部分切除后的替代。期间,仁济医院江鱼还专门作过胃代膀胱与自生膀胱的实验研究,以期探索因肿瘤而全切膀胱替代的新途径。

20世纪70年代,静安中心医院在国内率先开展膀胱肿瘤小剂量卡介苗（BCG）腔内免疫治疗,市一医院谢桐创用喜树碱灌注膀胱治疗和预防膀胱肿瘤。80年代,仁济医院在上海最早采用光敏技术诊疗浅表膀胱肿瘤;该院还在前列腺癌根治术方面积累了相当数量的病例和经验。90年代,长海医院开展了经直肠超声引导下前列腺穿刺活检,提高了前列腺癌的早期诊断,并大力开展保留性功能的前列腺癌根治术,获得了军队医疗成果奖一等奖;该院还成立了全军前列腺疾病研究所。其他方面如新华医院的肾癌根治术,中山医院、华山医院、市一医院等的睾丸肿瘤后腹腔淋巴结清扫术等都各具特色。上海泌尿外科曾对建国后沪上18家大医院泌尿男生殖系肿瘤的发病情况作过全面调查,为上海进一步提高泌尿男生殖系肿瘤的诊断、治疗和预防,起到了有益的促进作用。

（7）生殖器官畸形 市纺织第一医院郑康桥1965年在《中华外科杂志》上报道上海第一例真两性畸形;静安区中心医院孟荟、唐涌志对两性畸形从染色体方面做过长期深入研究;上海三所小儿泌尿外科医院也对两性畸形做了深入研究与报道。在两性畸形整形治疗方面,静安中心医院、长征医院、中山医院、市九医院等都有着丰富的经验与突出的成绩。市九医院、新华医院在手术矫治先天性尿道下裂方面经验格外丰富,对不同病况提出了多种不同的治疗技术。市九医院利用整复外科优势,在生殖器官畸形、创伤、大面积阴部Paget病手术切除后创面修复、阴茎缺损等矫治方面,更显示出特色。上海儿科医院提出隐睾在2岁前手术复位的观点。该院"功能性膀胱外翻重建术"课题获国家卫生部科技进步奖二等奖。

（8）其他 20世纪60年代,新华医院何尚志首先开展去顶减压术治疗多囊肾。以后蒋鹤鸣做了大量研究和总结,从理论与实践两方面提出新的观点,1984年发表论文,嗣后获科技成果奖。此方法被上海和全国接受,目前已成为各大医院治疗多囊肾的主要手术方法。市六医院陈曾德在复杂性尿道损伤、狭窄的研究与诊治方面很有造诣,治疗效果显著,该项治疗最终成为该医院享誉医界的特色品牌。华东医院宋建达在诊治神经源性膀胱方面颇有心得,对于阴部神经切除术或骶神经切除术等很有建树。长海医院马永江、郑家富结合创伤外科,在急性肾功能衰竭方面做过很多研究,也曾通过寻找中药以改善肾功能,获得军队科技进步奖二等奖。中山医院缪廷杰、华山医院赵伟鹏等对尿结石成分做过分析研究,发现国人以草酸钙成分最为多见,建议采用磁化水减少结石的生成,并研制成磁化器供临床应用,此成果获得1983年上海市科技重大成果奖三等奖。总之,诸如此类的成果不胜枚举。

四、人才与展望

追溯与回顾历史,不难看出,上海市泌尿外科学取得如此丰硕的业绩,是几代专家不懈努力的结果。正如前述,活跃于上海市泌尿外科学孕育与诞生阶段的那些老一辈专家,如高日枚、陈邦典、曹裕丰、王以敬、熊汝成、马永江、金宁恬等,可谓是这项事业的创业先驱,在历史上应该浓墨重彩地留下光辉的一笔。随之,江鱼、谢桐、沈家立、孟荟、章仁安、缪廷杰、贺宗理、张长水和郑崇达等一批专家脱颖而出,起着承上启下的作用,不仅自己兢兢业业投身于泌尿外科临床、科研第一线,更仁爱不衿地从事培养接班人的教育事业,才形成上海泌尿外科人才辈出的大好局面。在这批专家中,有不少享誉国内医界,例如继前辈专家熊汝成之后,江鱼、谢桐被聘为中央高干保健医生,后者还曾应邀赴菲律宾为当时的总统马科斯治病。总之,这批专家继续引领着上海泌尿外科进入一个崭新的境界。

更值得记载的是,在20世纪末至21世纪初的10～20年,上海还活跃着一批泌尿外科精英,他们有的长期担任各大医院主任,有的是学科带头人,有的是沪上名医,如郑家富、钱松溪、闵志廉、陈曾德、张先有、唐孝达、张元芳、张永康、王国民、蒋鹤鸣、姚德鸿、吴家骏、王益鑫、陈其智、张祖豹、唐涌志、宋建达和曹承华等。由于这批专家孜孜不倦地努力工作,才使得上海泌尿外科事业有了空前的推进与发展。

随着新世纪的到来,上海年轻一代的泌尿外科专家,继承前辈们的优良传统,挑起了21世纪发展上海泌尿外科的重担。他们在泌尿外科全方位发展的基础上,都各有所长。例如,长海医院孙颖浩擅长腔内泌尿外科技术,仁济医院黄翼然在女性压力性尿失禁方面有较深的造诣,华山医院丁强对肾移植颇有心得,市一医院夏术阶在经皮肾途径治疗方面很有建树,市六医院徐月敏在尿道狭窄和手术创新上名声在外。新华医院陈方治疗尿道下裂技术精湛,市九医院王忠对尿路和生殖器畸形的整形修复和功能重建方面经验丰富,肿瘤医院叶定伟精通泌尿男生殖系统肿瘤的治疗,长征医院徐丹枫曾致力于腔内泌尿外科的攻克,瑞金医院沈周俊潜心研究腹腔镜的应用……无疑,这批中青年专家一定会给上海泌尿外科的发展增添新的风采。

在上海市泌尿外科学发展史上,还有一支不容觊觎的力量,那就是遍布于全市的二级医院。这些医院中同样是人才辈出,尤其改革开放以来,他们紧跟时代潮流和学术步伐,努力提高自身学术水平,也作出了可观的成绩。静安区中心医院至今仍担任着组织全市性泌尿外科会诊的任务。市第五人民医院何家扬编写了《现代泌尿外科手册》等多本图书。对于新技术的开发,这些医院的专家们也不甘落后。据2006年上海泌尿外科年会论文汇编记载,二级医院中,开展经尿道等离子前列腺切除术的有静安区中心医院、市八医院、东方医院、市一医院宝山分院等;开展腔内激光治疗的有静安区中心医院、市三医院、浦南医院等;开展输尿管镜的有杨浦区中心医院、普陀区中心医院、公利医院、市三医院、市五医院、市一医院分院等;开展腹腔镜的有市三医院、市五医院、公利医院等。这还只是不完整的统计,呈现在我们面前是一派百花齐放的灿烂局面。

最近几年来,在上海市医学会和孙颖浩主任委员、黄翼然、丁强、夏术阶、叶定伟、郑军华、陈方、沈周俊副主任委员的领导下,全体委员齐心协力,团结奋斗,工作积极主动,不断解放思想,更新观念,围绕学会的中心工作,"一心一意谋发展,聚精会神搞建设",踏实苦干,更加重视团队效应;更加注重学术的国际化、亚学科建设、诊疗标准化、专科医生的培养、质控体系的建立和健康教育等。

无论是四川省汶川抗震救灾还是三聚氰胺污染事件的检查和治疗工作,上海的泌尿外科医生都积极踊跃地参与,孙颖浩获得全国抗震救灾模范、中宣部抗震救灾重大典型和全军抗震救灾优秀党员。除了在举办年会、学术活动上推陈出新外,还连续创办了4届前列腺疾病的国际论坛,成为上海市泌尿外科学界的一大品牌。上海泌尿外科学者在国际泌尿外科的话语权迅速提高,孙颖浩担任世界腔道泌尿外科学会(ES)Board of Directors 成员、第31届国际泌尿外科学会(SIU)Board of Chairmen 理事、第31届国际泌尿外科学会(SIU)国家代表委员会主席、第1届世界腔道泌尿外科学会临床研究办公室常务理事、第1届世界腔道泌尿外科学会泌尿腔镜教学培训基地考评委员会委员、第10届亚洲泌尿外科学会常务理事、第4届东亚腔道泌尿外科学会(EASE)常务理事、第1届世界机器人外科学会亚洲泌尿外科分会常务理事。在那彦群、叶章群领导下,孙颖浩作为大会共同主席或(和)执行主席,上海市连续承担了两次国际性学术。第26届世界腔道泌尿外科(WCE)大会于2008年11月30日至12月3日成功在上海国际会议中心召开,来自国际和中国的近2000名泌尿外科医生出席本次大会。2009年11月1~5日,第30届国际泌尿外科学会(SIU)大会再次在上海国际会议中心召开,来自100多个国家的3000余名泌尿外科医生出席本次大会。两次国际性会议的成功举办,进一步向国外介绍和展示了上海泌尿外科医生的风采和临床、学术水平和能力。2009年4月25目在美国芝加哥举行的第四届世界华人泌尿外科会议上,孙颖浩荣获了2009年度(第四届)世界华人泌尿外科突出贡献奖(WCUS Award)。上海的泌尿外科学专家孙颖浩、黄翼然、夏术阶、叶定伟均荣获了吴阶平泌尿外科医学奖。第二军医大学泌尿外科团队、复旦大学泌尿外科团队成为国家重点学科。

上海市泌尿外科学界努力专研业务,积极与国际最先进的技术接轨,除了服务于上海市2000万人口外,还服务于全国和海外的病人。上海市泌尿外科科研工作近年来也屡获佳绩。孙颖浩作为首席科学家获得了国家重点基础研究发展计划(973计划),还获得了国家自然科学基金杰出青年基金、国家科技部重大新药创新专项资助、被评为上海市科技精英、全国科普工作先进个人。孙颖浩、夏术阶荣获上海市泌尿外科领军人才,叶定伟荣获上海市优秀学科带头人称号。孙颖浩、王林辉、郑军华、陈方、许传亮等入选上海市卫生系统青年最高奖励银蛇奖一、二等奖。上海市泌尿外科界获得国家科技进步二等奖、教育部科技进步一等奖、中华医学奖二等奖、上海市科技进步一等奖和二等奖、上海市医学奖一、二等奖 10 余项。上海市三甲医院的泌尿外科多数成为所在医院和学校的重点发展学科,成为上海医疗界的一支重要的力量。

　　展望未来,在上海二、三级医院的共同努力下,在这些上海泌尿外科新生代学术带头人的带领下,上海泌尿外科必将朝着新的世界水平发起冲击,前途如绣似锦! 上海泌尿外科的明天必将更加美好!

　　上海市泌尿外科学发展史是一部充满艰难曲折却又硕果累累的历史,在这短短的篇幅里,不可能面面俱到地记载下所有的历程和业绩,也必然会有遗漏与错误,有待来日补正。

天津市泌尿外科学史

在中国泌尿外科学的发展历程中,天津市一直占有重要地位。天津市也是中国泌尿外科早期发源地之一。抗日战争时期,由于日寇占领了北京(旧称北平),在北京的许多医学专家辗转来到了天津开展医学工作。从那时起,天津市泌尿外科就奠定了在中国的领先地位。1942年,当时在北京协和医院代理泌尿外科主任的施锡恩教授来到天津,和我国著名的内科专家卞万年、肿瘤科专家金显宅、妇产科专家林菘等建立了天津恩光医院,并任泌尿外科主任。1948年,在美国芝加哥大学进修泌尿外科的虞颂庭教授回国后担任天津中央医院外科主任,当时专业组已有泌尿外科床位9~10张。1950年他被聘为北京协和医院泌尿外科助理教授(兼职)。1952年天津医学院(现天津医科大学)成立,天津中央医院成为天津医学院附属医院,虞颂庭教授仍任大外科主任。当时附属医院外科泌尿专业组主治医师有丁厚发和马腾骧。1956年,以中纺医院为基础组建天津市第一中心医院,由施锡恩教授任泌尿外科主任,设床位30张。同年天津市第二中心医院成立,陈宜和组建了泌尿外科并任科主任,设床位14张。1973年初,在原河北省医院院址成立天津医学院附属医院分院,80年代中更名为天津医科大学附属第二医院,由马腾骧教授任大外科主任兼泌尿外科主任,设立泌尿外科病床48张。1979年,马腾骧教授建立了天津市泌尿外科研究所并任所长。同时成立了当时国内最大的血液透析中心,并建立了一系列基础研究室。1986年,天津市第三中心医院(原名为天津市河东医院)成立,马长全任泌尿外科主任。现在,经过半个多世纪几代人的积累和努力,天津市泌尿外科学专业已取得了很大的发展。天津市的17家大、中型医院拥有独立的泌尿外科,从事泌尿外科的临床医师已达150多人。现有国家级重点学科1个、国家教育部重点学科1个,泌尿外科博士学位授权点1个、硕士学位授权点2个,生物医学工程硕士学位授权点1个,博士后流动站1个,企业博士后工作站1个;已获国家科技进步奖二等奖1项、"吴阶平医学奖"3项、吴阶平·保罗-杨森药学研究奖一等奖1项、军队科技进步成果奖二等奖1项等。

1941年冬天,太平洋珍珠港事件后,日本占领原北京协和医学院。1942年初,北平协和医学院被迫停办,施锡恩教授不得不离开学习和工作过多年的北京来到天津,和我国著名的内科专家卞万年、肿瘤科专家金显宅、妇产科专家林菘等在天津建立了恩光医院,并任泌尿外科主任,同时兼任马大夫医院泌尿外科顾问。1949年,施锡恩教授断然拒绝离开祖国,他出任河北医学院泌尿外科教授。施锡恩作为我国早期的泌尿外科专家,在北京协和医学院执教时就造就和培养了大批专业人才,如原中国医学科学院院长吴阶平,原上海中山医院院长、泌尿科主任熊汝成,原天津医学院第一附属医院外科主任虞颂庭,原第二军医大学附属长海医院泌尿外科主任马永江等。解放后,为了适应全国医学教学工作的需要,施锡恩教授于1956年编著了《泌尿外科学纲要》和《泌尿外科学常规》2部泌尿外科基础性著作。1963 年,施锡恩和吴阶平共同编著了《泌尿外科学》。该书长达 70 多万字,是当时我国有史以来第一部大型、系统的泌尿外科专著,不仅填补了我国医学史上的空白,也满足了全国泌尿外科医生和高等医学院校学生的迫切需要。1978 年《泌尿外科学》第二版出版,书中增加了许多最新的资料,使其内容更充实、更完善,反映了当时世界先进水平。

1948 年,虞颂庭教授回国,就职于天津中央医院(现天津医科大学总医院),任外科主任,并一直致力于外科、泌尿外科的临床医疗、教学和科研工作。1956 年,虞颂庭教授与马腾骧教授共同完成了国内首例回肠膀胱术。多年来,虞颂庭教授与泌尿外科的同仁一道进行了深入的基础研究,尤其对泌尿系肿瘤的基础研究造诣颇深。如 20 世纪 70 年代,虞颂庭教授对从事染料行业工人膀胱癌染色体畸变进行了细致的观察,着重研究了膀胱癌 DNA 倍体、细胞核形态学多参数分析与膀胱癌预后等,后又进一步运用分子生物学方法,对多种癌基因、抑癌基因与膀胱癌预后的关系展开了研究,并对肿瘤发生过程某些环节的作用进行了探索(诸如 E 黏附素、核基质蛋白、端粒酶、微卫星等)。这些研究完善了医学界对肿瘤生物行为的认识,且为肿瘤治疗(基因治疗)指出了方向。几十年来,虞颂庭以广博的医学理论知识、丰富的临床实践经验、认真严谨的治学态度和朴实民主的学者风范,教育和影响了许多年轻医师,为我国培养了不少外科、泌尿外科领域的专业人才。虞颂庭教授曾担任中华外科学会委员、第一届中华医学会泌尿外科学会副主任委员、《中华外科杂志》编委、《中华泌尿外科杂志》副总编等职,获 1993 年第一届"吴阶平医学奖"。

20 世纪 50 年代,马腾骧教授在天津医学院总医院开始从事泌尿外科的专业工作。1959 年,他在国内首次将人工肾用于临床抢救急性肾功能衰竭获得成功。在他的推动下,使国内人工肾进入临床实用阶段。20 世纪 60 年代初,他开展了天津市第一例同种异体肾移植术,成为国内最早开展肾移植手术的专家之一。1960 年,他编写出版了国内第一部《膀胱镜诊断学》,1962 年编写出版了国内第一部《人工肾》专著。1973 年,在原河北省人民医院的院址上建立天津医学院总医院分院(现天津医科大学第二医院),马腾骧教授自总医院调到该分院,任大外科主任,兼外科二组(泌尿)主任,白手起家,艰苦创业。泌尿外科设床位 48 张。1978 年,经天津市政府批准,马腾骧教授创建了天津市泌尿外科研究所,建立了天津泌尿外科学的科研基地。他卓有远见地将学科基础研究与临床医学研究有机地结合起来,使得基础研究与临床医学相互促进、共同发展。在研究室的设置上,他注重新兴学科、边缘学科的发展与泌尿外科学科间的相互交叉、渗透,形成了有利于泌尿外科学发展的多学科、多专业的基础研究格局,为学科适应当今高新技术的发展奠定了坚实的基础。1980 年,马腾骧创建了国内第一个大型血液透析中心,当时已有血透机 24 台。现该中心已成为拥有 100 余台国际一流血液净化设备,国内首家标准化、规范化的血液透析治疗中心。在马腾骧教授的领导与规划下,确立泌尿系统肿瘤(重点是膀胱肿瘤)、肾脏替代、前列腺疾病、泌尿外科临床 4 个主要研究方向,形成了系列课题研究体系,并取得突出成果。1996 年以来,在马腾骧教授的领导下,学科先后承担国家级、部委级、市级等科研项目 56 项。获 2000 年度国家科技进步奖二等奖(第一作者)1 项,获天津市科技进步奖三等奖 5 项,获天津市自然科学奖三等奖 2 项,科技成果通过验收鉴定 29 项,与泰达创业中心合作共同进行开发研究科技成果 3 项。学科成为首批国家"211 工程"重点建设学科,2001 年成为全国高等学校重点学科,2004 年被评定为天津市重点实验室。现在,天津泌尿外科研究所泌尿外科临床有 204 多张床位。研究所在国内首先建立了泌尿系统肿瘤生物化学治疗中心,建立了当时国内技术和设备最为先进的泌尿外科介入超声诊断治疗中心。目前,泌尿外科研究所有博士生导师 8 人,硕士生导师 13 人,正高级职称 16 人,副高级职称 13 人,享受政府特贴专家 3 人,天津市授衔专家 2 人,已形成一个结构合理、能够掌握本学科前沿高新技术、多专业的人才群体。研究所已培养了研究生 190 多名,其中博士生 80 多名。学科受卫生部委托曾举办了 19 期全国泌尿外科医师进修班,为全国十几个省市培养高层次泌尿外科专业医师 200 多人。对外受聘于北京医科大学泌尿外科培训班专家委员会委员,为我国新一代泌尿外科学学术带头人的培养做了大量工作。马腾骧先后出版了《肾脏病学》《现代泌尿外科学》等专著近 10 部,发表高水平学术论文百余篇,对我国泌尿学界的发展起到了很大的推动作用。1994 年,马腾骧教授荣获全国第一届吴阶平医学研究奖、吴阶平-保罗-杨森药学研究奖一等奖。马腾骧曾担任第三、第四、第五届中华医学会泌尿外科会副主任委员。

2000 年起,孙光担任天津市医学会泌尿外科分会主任委员,提出全市泌尿外科一盘棋,共同团结谋发展的思路。团结全市老、中、青泌尿外科医师,发挥各医院的主观能动性,协调好学会、医院、医药厂家的关系,造成一种宽松、和谐、心情舒畅、共同努力发展天津市泌尿外科事业的学术氛围。泌尿外科分会产生了更大的凝聚力和向心力,每月学术例会及每年学术年会参会人员踊跃,学术气氛热烈,学术内容丰富,加速了学术发展、信息交流、行业自律、团结互助,提升了天津市泌尿外科的整体学术水平。

2009 年 6 月,经天津市医学会批准,在天津市泌尿外科分会男科学组的基础上成立了天津市医学会男科学会分,孙光任主任委员,刘雨和杨长海任副主任委员,刘晓强为秘书。天津市医学会泌尿外科分会积极响应中华医学会泌尿外科学分会的号召,为更好的培养青年医师,于 2009 年 10 月成立了天津市泌尿外科分会青年委员会,孙光兼任主任委员,刘晓强和朱军为副主任委员。为规范治疗,提高专项诊疗技术水平,更好地促进中青年专家的成长,分别于 2009 年和 2010 年成立了天津市尿控学组和微创泌尿外科学组,组长分别为赵耀瑞、李黎明。

2009 年,孙光荣获吴阶平泌尿外科医学奖,以表彰其对中国泌尿外科事业的发展所做出的贡献。

在第八届和第九届中华医学会泌尿外科分会委员会中,天津市的孙光任副主任委员,韩瑞发、马洪顺、李黎明、徐勇任委员。在年青一代泌尿外科专家的努力和带领下,天津市泌尿外科的明天一定会更好。

纵观天津市泌尿外科发展历程,不仅巨星闪耀,引领着天津泌尿外科专业队伍阔步前进,而且率先开展了诸多国内泌尿外科发展史上值得称道的临床工作,并与当时世界上的先进诊疗技术相衔接。

20 世纪 40 年代天津已有肾切除的成功案例。

20世纪50年代起,施锡恩、金显宅、林菘开展了盆腔肿瘤的全盆广泛清除术。天津市第一中心医院的欧阳乾、天津医学院的马腾骧、虞颂庭、丁厚发对阴茎癌病人实施了髂腹股沟淋巴结清除术。欧阳乾同时还开展了难度较大的淋巴管造影术。

1955年,马腾骧、虞颂庭开始对一部分肾结核(结核性狭窄发生于肾盏或漏斗部)病人施行了肾部分切除术或病灶清除术,取得理想疗效。

1956年,虞颂庭、马腾骧成功地实施了Bricker回肠膀胱术,当时将此种手术称为输尿管末段回肠皮肤造瘘术。

1957年,马腾骧、虞颂庭教授就已经对结核性挛缩的膀胱实行了扩大术(当时称为肠膀胱成形术),认为片状肠管(肠管去管化)是一种较好的形式。此法使膀胱容量增大,症状改善迅速,功能良好,效果甚佳。Weinberg(1959年)实验证明,此种方法就功能、并发症、电解质平衡和远期效果而言均较满意。现代泌尿外科可控膀胱和原位膀胱应用肠管去管化是必要的前提,当时已认识到肠管去管化在膀胱扩大手术中的重要意义。

20世纪50年代,人工肾已应用于临床。

1959年,马腾骧、虞颂庭、罗文权、张振雄应用Kolff回旋式人工肾对11例急性肾功能不全病人进行了14次人工肾透析治疗,疗效颇佳。同时对人工肾临床使用的适应证进行了详细的阐述。该人工肾在唐山大地震的抗震救灾中挽救了很多病人的生命。

1961年,马腾骧等在天津市实施了第一例同种异体肾移植术。

1964年,马腾骧等采用血管重建治疗肾性高血压取得良好疗效。

1965年,陈宜和在天津市率先开展了肾上腺醛固酮增多症的手术治疗。

1976年,马腾骧、董克权、王文成在国内较早地开展了治疗肾血管性高血压的自体肾移植术,并在国内较早地开展了选择性肾动脉造影。

1978年,天津医学院附属第二医院广泛开展了同种异体肾移植术,同时开展了胸导管引流术减轻对移植肾的排斥反应,用自由水清除率来评估移植肾的功能。这些方法对当时的国内肾移植工作的开展具有重要的指导价值。

1980年,美国加州大学Joseph H Kaplan教授应邀来天津医学院总医院传授经尿道前列腺电切术(TURP)及经尿道膀胱肿瘤电切术(TURBt),成为该技术传入我国的起始点。天津医学院总医院韩树楠在国内最早开展了该技术,到目前为止,已施行该手术5 000多例。同年,天津医学院第二医院采用尿脱落细胞的吖啶橙荧光法检查,显著提高了尿路上皮肿瘤的诊断阳性率和准确性。

1981年,天津医学院附属第二医院建立了国内第一个大型血液透析中心,有透析机24台,救治了许多肾功能衰竭病人。

1987年,天津医科大学第二医院开展经皮通道肾镜碎石术治疗鹿角样结石获得成功。该院还采用液电碎石术治疗膀胱巨大结石。

1989年,该院成立了体外震波碎石中心,陆续采用体外冲击波碎石、气压弹道碎石、经皮肾镜和输尿管镜等技术诊治尿路结石。

1989年,天津市第二中心医院成立了尿道外科治疗中心,治疗尿道下裂800余例。该中心的临床研究"带蒂阴茎斜行皮条法治疗尿道下裂一次成形术",获天津市多项科研成果奖,在国内产生了较大影响,并作了国际学术交流。

1990年,天津医科大学第二医院开展了腹腔镜手术,成功完成了精索静脉高位结扎术、高位隐睾的检查与切除术。

1991年,天津市第一中心医院开展了显微镜下睾丸自体移植术。

1997年后,解放军驻津第254医院、天津医科大学第二医院、天津医科大学总医院、天津市第一中心医院陆续开展了原位新膀胱、去带盲结肠膀胱和Mainz手术。同期还开展了保留性神经的全膀胱切除术。

1999年,天津医科大学第二医院开展了解剖性前列腺根治性切除术。同年天津医科大学总医院开展了后腹腔镜肾上腺肿瘤切除术,至今已完成近700例。现在,此手术适应证不断扩大,已开展了腹腔镜前列腺癌根治术、肾癌根治术、腹腔镜肾部分切除术、腹腔镜肾盂成形术等,在国内已产生较大影响,该院分别于2002、2004年举办了两期全国泌尿外科腹腔镜学习班,为推广此项技术在中国泌尿外科学界的展开做了大量的工作。

2003年,天津医科大学第二医院采用局麻下尿道吊带术治疗女性压力性尿失禁取得成功,至今已完成170余例,疗效满意。近年来,天津市各医院还陆续开展了下尿路腹腔镜手术、巨大腹膜后肿瘤切除术、复杂的腔静脉瘤栓取栓术、复杂肾鹿角样结石手术、钬激光手术、血管超选择止血或治疗肿瘤等。

2010年初,天津医科大学第二医院开展了单孔腹腔镜手术,目前已完成肾囊肿去顶减压、输尿管切开取石、单纯性肾切除术共20余例,取得满意疗效。随着泌尿系统水成像、CT三维成像、正电子发射体层摄影术(PET)等影像学技术的发展,天津市泌尿外科学诊疗技术的发展也在日新月异,蒸蒸日上。

重庆市泌尿外科学史

重庆市地处祖国西部，医学发展水平与全国相比相对滞后，尤其在建国之初，医学科学发展欠平衡。抗战时期，重庆作为陪都，汇集了来自全国各地的各种专业人才，当然也包括了大量的医学专家，这为重庆市后来的医学发展奠定了一定基础。

一、起步阶段

重庆解放后，在原有的医院和卫生所基础上开始组建新的综合性及专科医院。1950年，以原国民党中央医院为基础，经过整编和改编，组建了西南医院；以第二野战军医院为基础，组建了新桥医院，后来隶属于现第三军医大学。西南医院泌尿外科则由我国泌尿外科奠基人之一陈仁亨教授于1950年创立，王历耕、马永江、虞松庭等都曾在该院工作过。

1957年，重庆医科大学附属医院由原上海第一医学院（现复旦大学上海医学院）分迁来渝创建，初期设附属第一医院与儿科医院合并办公。医院大楼于1958年9月正式建成开始使用。其泌尿外科由来自上海第一医学院（现复旦大学上海医学院）的全国著名泌尿外科专家陈家镶和何梓铭于1958年创建。初创时只有一套旧的美国ACMI，B-B诊断膀胱镜。在设备简朴条件下，没有实习医生，白手起家，艰苦创业。直到1960年才有了该校第一届实习医生和1961毕业生建立泌尿外科病房、开放床位15张，在设备简朴条件下，1960年何梓铭即开展全膀胱切除及回肠膀胱术、挛缩膀胱扩大术、经骶前肾周围充气造影诊治肾上腺外科疾病、复杂性膀胱阴道瘘修补术等。

重庆医科大学附属第二医院泌尿外科成立于1979年，由何仕元教授任主任。

第三军医大学新桥医院泌尿外科成立于20世纪50年代初，主要由来自西南医院的蒋克均、莫华根等创建。

第三军医大学大坪医院泌尿外科是在1959年成立。在20世纪50年代成立的医院还有长寿县医院等区县级医院。

20世纪50～60年代，重庆市泌尿外科在国内已有较高的学术地位，1962年组建了全国泌尿外科协作组（中华泌尿外科学会前身），1963年创办了《泌尿外科内部通讯》（《中华泌尿外科杂志》前身），陈家镶和何梓铭为编辑部成员。重庆为全国四个（北京、天津、上海、重庆）联络点之一。从而使泌尿外科的医疗、教学、科研和专业队伍跻身于国内泌尿外科界的先进行列。在有限的6期《泌尿外科内部通讯》上登载了来自重庆泌尿外科学界的数篇有关外伤性尿道狭窄、嗜铬细胞瘤、尿动力学及全盆腔脏器切除治疗晚期膀胱癌的文章。"文革"的冲击对重庆泌尿外科学的发展，产生了重大的阻碍。"文革"后，经过泌尿外科人员的努力以及中华医学会和重庆市科委等单位的扶持，重庆和全国泌尿学界一样得到了快速发展。目前重庆几家综合医院的泌尿外科均已发展成为集医疗、教学及科研为一体的大型科室,且大多已成为院校和医院重点学科。

二、发展阶段

20 世纪 70 年代末开始,随着全国整体经济形势的好转,以及国内医疗整体水平的提高,重庆市的泌尿外科学也得到了长足的发展,表现在以下几方面:

(一) 大型综合性医院临床规模不断扩大

第三军医大学西南医院泌尿外科　1978 年的 20 多张床位发展到现在的近 120 张,其临床实力迅速增强。该学科于 1983 年获国家硕士学位授权点,1994 年获国家博士学位授权点,1995 年列为第三军医大学重点学科,1998 年与肾内科联合组成泌尿中心,1999 年成为重庆市首批泌尿外科重点学科,1999 年成为第三军医大学泌尿外科学专科中心,2000 年获批准为全军泌尿外科学专科中心,同年被批准为重庆市泌尿外科研究所,2001 年成立第三军医大学西南医院泌尿外科分院,2005 年被批准为全军唯一的泌尿外科研究所。在临床方面,该院以尿动力学为基础,着眼于排尿功能障碍性疾病的诊治。通过长达半个多世纪、历经三代人的不懈努力,对尿动力学和排尿功能障碍性疾病进行了系列研究,建立了尿路功能检测方法学,研制系列仪器设备,建立了检查方法和确定了国人正常值;完善了尿路功能的诊断方法,对 5 种常见下尿路功能障碍性疾病进行了病因诊断和鉴别诊断研究。同时,以尿动力学检查为主要手段,该院重点开展了良性前列腺疾病诊治,对慢性前列腺炎及良性前列腺增生症进行了较好的治疗。迄今为止,共完成前列腺汽化、电切、钬激光手术 3 000 余例。对尿道外伤及外伤性尿道狭窄的治疗是该院的又一特色。20 世纪 50 年代末,提出了"尿道外伤一期成型"的观点,现已治疗 2 000 多例,治愈率达 94.5%,处于国内领先水平。创立的直针尿道吻合法及儿童耻骨后吻合法,提出了尿道狭窄的系统诊治原则,并得以广泛应用,该成果于 1992 年获军队科技进步奖二等奖。近年来,该科着眼于西部地区结石发病率高、铸型结石多的特点,大力开展输尿管镜和经皮肾镜技术进行腔内微创处理泌尿系上尿路结石,成立了结石诊治中心,一期碎石成功率超过 90%。

重庆医科大学附属第一医院　经历"文革"后,20 世纪 70 年代末开始,随着全国经济形势好转,以及国内医疗逐渐复苏整体水平的提高,泌尿外科得到长足的发展,经过调整,临床实力迅速增强。

1979 年引进血液透析机(人工肾)、体外冲击波碎石机治疗尿石症。

1980 年先后开展腹膜透析治疗急性肾功能衰竭、经髂外动脉穿刺腹主动脉及选择性肾动脉造影术、肾自体移植术、脾肾动脉吻合术、自体肾移植术等外科治疗肾血管高血压。

1981 年自主研发开展异体肾移植(带肾存活 17 年),为重庆地方医院中获得首例成功病例。此外,何梓铭等还开展了阴茎假体植入治疗新技术。

1983 年,该科获得泌尿外科硕士学位授权点,是该院外科系统中最早招收研究生的科室之一。

2005 年获得泌尿外科博士学位授权点已毕业博、硕士研究生 131 名。

20 世纪 80 年代中期即开展了前列腺癌根治术、前列腺癌近距离后装放疗(brachytherapy)、经尿道电切前列腺术等。

20世纪90年代中期吴小候等开展了前列腺汽化电切术、无张力尿道中段悬吊术(TVT)、输尿管镜及经皮肾镜钬激光碎石术、经腹腔镜肾、肾上腺切除等微创手术。

在膀胱癌的治疗方面,该科摸索了一套膀胱癌规范化治疗方案。在全膀胱切除术后的膀胱替代手术方面也积累了丰富的临床经验,开展了全膀胱切除术后可控性尿流改道术、回肠,乙状结肠原位膀胱术。还开展了全膀胱切除术后楔形胃原位膀胱术及膀胱挛缩胃扩大膀胱术的研究。

男科学疾病诊治方面,还创建了带蒂皮管阴茎头隧道法一期尿道成形术、阴茎阴囊转位矫正术,针穿法输精管结扎术等新手术,解决了多项医疗疑难问题。并进行了低温医学,如人类精液冻贮、动物及人类胚胎冻贮的研究,均获得成功,2001年评定为重庆市男科诊治中心。

该科先后有何梓铭、吴小候任重庆市医学会泌尿外科专业委员会主任委员。目前病房床位已由1960年的15张发展到现在的150张,全年门诊和住院病人量已达5万多例。

重庆医科大学附属儿童医院　1957年重庆医科大学(重庆医学院)建院时,初期所设的附属医院之一,原名重庆医学院儿科医院,由原上海第一医学院(现复旦大学上海医学院)儿科系分迁来渝创建,各科主持医师均来自上海第一医学院儿科医院,是重庆唯一的儿科专业齐全的综合医院。医院的小儿外科由上海第一医院的小儿外科专家王赞尧、陈文龙教授主持,初期在兄弟医院附属第一医院协作下开展小儿泌尿外科手术。

1973年在龚以榜、李旭良教授主持下从小儿外科分出小儿泌尿专业病房,自此,他们对小儿泌尿常见和疑难病例的诊治进行了探索和不断的改进,使很多病种的诊治方法得到了总结提高和创新,如改进睾丸鞘膜积液、隐睾等手术术式,显著地提高了疗效;又如对各种类型尿道下裂病例均可一期完成,治愈率达到了85％以上。

20世纪90年代以来对肾积水肾脏采用保肾手术,手术成功率达到95％以上。对晚期及远处转移肾母细胞瘤采用术前化疗方案使不少病例获得了手术时机。同时随着手术技术的提高,对远处转移,如肾周淋巴结、腔静脉瘤栓至肝脏及心脏等采取了一期根治手术,使大多数患儿获得了生存希望,目前术后无瘤存活率已达85％以上。该科是国内最早成立的儿童泌尿外科专科之一。

2001年成立重庆医科大学儿童泌尿生殖系统疾病诊治中心。目前开放床位52张,住院手术病例每年2000余例。2009年评定为重庆市卫生局重点学科单位。现有教授4名,副教授1名,博士研究生导师2名,硕士研究生导师2名,已培养硕士、博士70余人。科研工作快速发展,已获得国家自然科学基金等多项资助科研基金。经过几代人努力,该科已发展成集医疗、教学及培训、科研为一体的专业学科,建设成为全国小儿泌尿生殖外科领域的领头单位之一。

第三军医大学新桥医院　泌尿外科包括肾脏病移植中心和普通泌尿两个病区,科室编制床位83张,年门诊量9 000多人次,年收治住院病人900人,医院感染率为0.31％,治愈好转率为97.1％。该科以器官移植为其主要临床和科研方向。其器官移植历史悠久,是我国泌尿外科学界最早开展器官移植的少数几个单位之一。该科器官移植病例数量、种类以及成功率在国内均名列前茅，并且还先后开展了睾丸移植、肾上腺移植、胰肾十二指肠联合移植、肝脏移植等。1年带肾存活率达98.7％，10年带肾存活率为53.9％，最长带肾存活已逾26年，器官移植水平在全国始终名列前茅。该科从1998年始，年均肾移植逾200例。大规模的器官移植为临床研究提供了丰富的资料。1998年，该科"高危病人肾移植的临床研究"获重庆市科技进步二等奖；2002年，胰肾联合移植临床研究获军队医疗成果二等奖。

第三军医大学大坪医院1959年，组建了泌尿外科，宁天枢为首任泌尿外科主任。该科组建之初即能全面开展泌尿外科各种手术，包括全膀胱切除、回肠代膀胱、回肠代输尿管、根治性肾切除、肾上腺肿瘤切除等难度较大的手术。

20世纪60年代初，行巨大嗜铬细胞瘤切除术并成功抢救了出现肾上腺危象的病人，在国内处领先地位，为此后泌尿外科的发展奠定了坚实的基础。

1979年，建立了泌尿外科实验室及人工肾室（血透室）。

1980年，成为全国最早的泌尿外科硕士学位授予单位，主要从事挤压综合征及急性肾功能衰竭的系列研究，取得了丰硕的研究成果。

2001年，已能完成后腹腔镜下肾上腺切除、肾癌根治、肾蒂淋巴管剥脱等在临床上有较大难度的手术。该科先后承担了包括国家"973"课题、国家"十五"攻关课题、国家自然科学基金、军队"九五"、"十五"重点课题在内的十多项课题。主要研究方向为：膀胱肿瘤的生物学治疗、前列腺疾病、急性肾功能衰竭的预警诊断、移植物耐受、男性避孕疫苗研究等。该科先后培养博士研究生23名、硕士研究生38名，获军队及省部级以上科技进步奖二等奖6项，形成了较为完备的学科体系及人才队伍。

（二）市、县级医院发展势头良好

20世纪80年代初，各区、县级医院均先后组建了独立的泌尿外科，从事专业的泌尿外科工作，并在上级医院的指导下成功地开展了泌尿外科常见疾病的诊治工作。

重庆市第三人民医院　1939年抗战时迁至重庆的国民政府中央医院重庆城区分院，一大批国家级专家学者曾供职于该院，成为医院的技术骨干力量，1955年正式命名为重庆市第三人民医院，当时在大外科中有4张床位收治泌尿外科病员。

1976年扩增到10张床由外科副主任宁乾夫兼泌尿外科组长，开展肾癌、膀胱肿瘤根治术、直肠膀胱或回肠膀胱尿流改道等手术。

1982年，成立泌尿外科由杨常德主持，收治床位扩增到24张。

1997年，王晋忠主持该科，住院床位扩增至30张，添置腔道泌尿外科器械，努力紧跟泌尿外科发展形势开展腔道泌尿外科微创技术，进行了前列腺电切术、膀胱肿瘤电切术、经尿道内切开术、膀胱镜下液电碎石术及气压弹道碎石术等。近年还开展经腹腔镜摘除肾上腺肾脏手术及经皮肾镜碎石术治疗复杂性肾结石。该院泌尿外科经过不断发展和壮大，目前已成为市卫生局医院系统中一支重要的泌尿外科队伍。

重庆市第五人民医院　原名仁济医院，系早年（1896年）教会所建产，抗战期间马永江曾在该院工作过。1958年英国皇家医学会会员，资深外科医师王业，在普外科病区开设泌尿外科专科床位 10 张收治病员,是我市较早从事泌尿外科工作的专家之一。在他主持下先后开展了肾切开取石术、膀胱肿瘤全膀胱切除术＋直肠膀胱术及回肠膀胱术、前列腺穿刺活检、前列腺癌根治切除术、腹主动脉、肾动脉造影、尿路结石生化分析等临床工作。

1979 年 10 月泌尿外科从普外科分出,成立独立科室,开设病床 22 张。

20 世纪 80 年代初期在王业、戴宗志主持下开展人工授精(鲜精、冻精)治疗男性不育及性功能障碍的临床研究。

1985 年获得重庆首例人工授精婴儿出生成功。

1993 年后泌尿外科分成泌尿外科和男科学两部分,前者由胡华主持,后者由关仁龙主持成立重庆市性医学保健中心和男性不育研究室。近年开设了性医学专科门诊和开展心理性性功能障碍行为疗法的临床研究。

1993 年,胡华主任医师主持以来,先后积极开展了腔道泌尿外科和泌尿腹腔镜手术治疗肾癌、尿石症、膀胱肿瘤、肾上腺肿瘤等疾病,目前开放住院床位 25 张,迄今已完成上千例内镜手术,积累了一定的临床经验,形成了该院以腔道泌尿外科治疗为主的特色科室。

(三) 与国内外交流日益增多

20 世纪 80 年代重庆市泌尿外科专业委员会成立以来,蒋克均、何梓铭、金锡御、吴小候先后担任重庆市泌尿外科专业委员会主任委员。重庆市医学会泌尿外科专科委员会较好地坚持了学会制度。学会成员每月例行一次学术讲座和学术会议。重庆市每年召开一次市级学术交流会议,并积极做好西南地区的泌尿外科学术工作和学术活动。还成功地主办了第五届全国尿动力学学术会议和第四届全军泌尿外科学术会议。值得一提的是,重庆市医学会泌尿外科学分会在中华医学会和重庆市医学会的领导下,成功地举办了 2004 年全国泌尿外科年会,受到了与会代表的一致好评。近年来,重庆市的许多专家开始走出国门,与国外学者进行广泛接触和交流,也为本地区的学术发展起到了良好的推动作用。

第十一部分
各省、自治区及解放军泌尿外科学史

（省、自治区顺序按 1980 年 9 月 29 日国务院批转国家标准总局等六部门关于
省、市、自治区排列顺序请示报告的通知为序）

河北省泌尿外科学史

中华民族作为世界上最古老、最伟大的民族之一，自古以来创造了灿烂的中华文明，为世界的前进和人类的进步作出了巨大的贡献，成为世界民族长河中一颗璀璨的明珠。古老的中华医学更是世界文明的瑰宝，值得我们永远珍藏和发扬。现代医学由西方社会进入中国，虽然起步较晚，但是在几辈医学工作者不懈努力和毕生奋斗下已经成为一棵枝繁叶茂的参天大树，屹立于世界医学之林。

河北省地处京畿腹地，人杰地灵，千年以来的历史文化积淀孕育出无数杰出人物与巨匠，其中也包括许许多多医学家。20 世纪初，西方列强的战舰轰开了处于腐朽清政府统治下的中国大门。随着教会的进入，也带来了西方医学，河北省内陆续建立了一些教会医院，但由于河北省地处京津周围地区，当时医院主要集中在京津，河北地区数量及少，覆盖面较窄。在新中国成立之前，河北省泌尿外科几乎为零，有关泌尿外科手术治疗的记载也寥寥无几。

半个多世纪以来，河北省泌尿外科从无到有，从小到大，逐渐发展壮大起来。尽管泌尿外科涉及组织，器官在人体所占比例较小，但泌尿男性生殖系统的发病率相当高，涉及病种较多，在临床工作中占有相当重要的地位。

一、起步阶段

发展初期（建国至文革前），起步阶段即新中国成立后，百废待兴，万象更新。河北省医学事业也迎来了崭新的春天。河北省泌尿外科事业和其他医学专业一样，迎来了起步发展的春天，从零开始，逐步发展，特别是河北医学院随着河北省省会由天津迁入河北省后，泌尿外科事业才真正有了长足的发展。当时，省内各地区医院尚未成立泌尿外科专业，仅由外科医生完成极少数简单的泌尿外科手术，当时甚至连最基本的泌尿外科检查工具膀胱镜都没有。河北省泌尿外科的前辈们就是在这样艰苦的条件下，开始了河北省泌尿外科创业史。

20世纪50年代中期前后，各地医院相继成立了泌尿外科专业组，开始了真正的起步发展阶段。河北省第一代泌尿外科专家刘钦、王珏、王振华、罗庭贵医师为河北省泌尿外科的建立奠定了基础，是河北省泌尿外科发展的开拓者和奠基人。

河北北方学院第一附属医院　前身为河北省张家口医专附属医院，其泌尿外科建科于1953年，当时有15张床，是河北省最早成立的泌尿专科，其创建者刘钦医师于1942年毕业于新京医科大学，后就职于张家口医学专科学校附属医院外科，1953年创建了泌尿外科，在全国及河北省泌尿外科方面保持先进水平，曾于1953年新开展了：肾切除、耻骨上前列腺摘除术，并于1963年开展了乙状结肠膀胱术，在河北省实属领先地位。

承德医学院附属医院　前身为1949年7月组建的热河省立医院。建院初期以普通外科和创伤骨科为主的外科设病床90张，当时没有泌尿外科专业，直至1956年在普外科内设有不超过5张病床的泌尿外科组，王珏医师主持工作，早期只能做膀胱切开取石术、耻骨上膀胱造瘘术、阴茎癌阴茎部分切除术、睾丸摘除术以及包皮环切术等比较简单的手术。1959年王珏医师赴上海第二医学院附属仁济医院泌尿外科进修，师从王以敬教授。在1961年相继开展了经第11肋间切口肾切除术、肾上腺大部切除术治疗库兴氏综合征、膀胱外翻修复术、肾盂成形术及耻骨后前列腺切除术等。在1964年首创"穿线法"输精管结扎术，出席在天津市召开的全国计划生育技术交流会，在大会作报告，被誉为男性计划生育手术三项主要方法之一。

河北医科大学第二医院　1952年随河北省省会由天津搬到河北保定。于1955年选派王振华医师到北京医学院学习泌尿外科。1956年医院开设了泌尿外科专业，隶属于外科。1958年外科设泌尿外科专业病房，专业负责人为王振华，主治医师戴旭皋。1968年泌尿外科专业改为独立科室，科主任黑兰荪，副主任张风翔，科内还有平乃阶、洪声涛医师。1954—1964年，开展了泌尿外科专业常见的检查和手术，如膀胱镜检查、逆行肾盂造影、前列腺摘除术、膀胱部分切除术，进行200例肾结核肾切除手术无感染。1956—1965年主要以治疗泌尿外科专业常见病为主，泌尿系结核、尿道损伤最为常见，从20世纪70年代始，以治疗泌尿系统肿瘤、前列腺增生、泌尿系统畸形矫治、泌尿系统结石等疾病为主，特别是膀胱外翻、尿道上裂成形手术例数位居全国之首，以后开展膀胱外翻、尿道上裂的功能矫治，取得良好疗效。1972年泌尿外科开展血液透析，在1976年唐山大地震中成功救治大量急性肾衰危重病人。1973年泌尿外科开展内腔镜技术，用于泌尿系统疾病的诊断和治疗。1975年泌尿外科开展尿流率检查技术。在这一阶段，由于河北医科大学第二医院是教学医院，发展相对较快，成为河北省唯一真正独立的泌尿外科，成为河北省泌尿外科的领头单位。

河北大学附属医院泌尿外科　创建于1958年，是保定市最早拥有专职泌尿外科医师的科室之一。创立人为朱保翰医师，于1960年开展了泌尿外科常见病和多发病的检查、诊断和治疗，1962年开展腹膜后充气造影术、精路造影、淋巴管造影和肾动脉造影。开展了中等以上的手术如肾结核的肾切除术、肾肿瘤的肾切除术、肾上腺疾病的手术、肾切开取石术、肾盂成形术、输尿管膀胱移植术、膀胱全切术、回肠膀胱、直肠膀胱及乙状结肠膀胱扩大术。1973年发明了不锈钢栓输精管堵塞男性节育术。

同时期,沧州市中心医院,石家庄地区医院(后迁至衡水市更名为哈励逊国际和平医院),河北医学院附属第四医院等单位均开展了泌尿外科手术,为泌尿外科事业的发展壮大作出了积极的贡献。

二、发展时期(文革后至今)

文革期间,河北省的泌尿外科事业受到重大打击。许多单位的泌尿外科专业被撤销,专业人才受到压制,流失严重,诊疗技术停滞不前。在这特定时期,许多老一辈泌尿外科专家、医师克服重重困难,依然坚守在一线工作岗位,为广大患者解除病痛,如黑兰荪、张凤翔、霍光荧等医师,还有被下放到农村的平乃阶、洪声涛医师,他们是我们河北省第二代泌尿外科专家,为以后河北省泌尿外科的迅速发展作出了巨大贡献。文革结束后,尤其在十一届三中全会后,各地的泌尿外科专业得到了迅速发展。

1976 年河北医学院第二医院完成了河北省首例同种异体尸肾移植手术,1979 年承德医学院附属医院开展了肾移植手术,1983 年河北大学附属医院也开展了肾移植手术,但由于种种原因直至 90 年代末肾移植手术才在全省各地医院广泛开展起来。其中以秦皇岛 281 医院、邢台市人民医院开展得较好。2002 年由河北医科大学第二医院泌尿外科蔡文清、黎玮医师完成河北省首例亲属供肾活体肾移植手术。到目前为止,河北省各医院肾移植手术量累计达到 1 000 余例。2008 年,河北医科大学第二医院和秦皇岛解放军 281 医院被卫生部认定为河北省具有肾移植资质的两家单位。

1977 年省内多家医院联合开展男性节育药棉酚的研究,获全国科技大会奖。

1985 年以来,河北大学附属医院和河北北方学院第一附属医院等单位进行了膀胱再生的研究。

1987 年河北医学院第二医院购置了河北省首台体外震波碎石机,在临床应用中取得了良好效果。到目前为止,省内各医院共有碎石机 20 余台,在泌尿系结石治疗中发挥了巨大的作用。

进入 20 世纪 80 年代后,随着腔镜技术的发展,省内各地纷纷开展了经尿道前列腺电切术、经尿道膀胱肿瘤电切术等手术。其中以邯郸中心医院最早开展腔内手术,该院泌尿外科霍光荧医师到北京医学院第一附属医院泌尿外科学习腔内技术,首先在我省开展输尿管镜技术,取得良好效果,同时于 1977 年还开展了经尿道电切手术。河北医科大学第二医院泌尿外科于 1980 年派石梅海医师到北京医学院第一附属医院泌尿外科学习腔内技术,回来后开展经尿道电切手术,发展迅速,效果显著,同时还开展了经输尿管镜手术及经皮肾镜技术。80 年代后期解放军 260 医院也开展经尿道电切手术,且发展较快。

在这一时期我省泌尿外科主要开展常规的临床工作,在 90 年代各大医院逐步开展腔内手术,主要是经尿道手术,如经尿道前列腺电切术,经尿道膀胱肿瘤电切术,并开展一些经尿道激光手术;河北医科大学第四医院洪声涛教授还开展膀胱全切+胃代膀胱手术;河北医科大学第二医院泌尿外科张凤翔教授开展的小儿膀胱外翻功能修复术,尿道上裂功能修复术在当时居全国领先水平,得到国内专家的认可。

20 世纪 90 年代末,河北医科大学第二医院黎玮医师、白求恩国际和平医院邱建宏医师等相继开展了尿动力学研究工作,在他们的带领下,各地市医院也相继开展了此项工作。

20 世纪 90 年代末,各医院逐步开展了后腹腔镜手术。初期主要开展肾囊肿去顶术、肾上腺肿瘤摘除术等简单手术。21 世纪后,省内各单位通过向国内外派出人员访问、进修,进一步扩大了泌尿外科腹腔镜手术的范围,先后开展了包括肾癌根治、膀胱全切、前列腺癌根治等在内的各种手术。其中以河北医科大学第二医院、唐山工人医院以及邯郸峰峰矿务局总医院开展得较好,2009 年以后邢台人民医院有较快的发展。2009 年,河北医科大学第二医院的张勇医师采用俯卧位背入路相继开展了输尿管切开取石、肾盂成形、腔静脉后输尿管成形后等腹腔镜手术,2010 年,开展了单孔后腹腔镜输尿管切开取石及单孔后腹腔镜肾盂成形手术。

21 世纪,河北省泌尿外科事业有了飞速的发展,迅速弥补了与全国泌尿外科发展的距离,这段时间全省很多地市乃至县级医院都成立了独立的泌尿外科专业,各县级医院基本普及了经尿道电切手术,一些力量较强的县级医院开展了泌尿外科腹腔镜手术和经皮肾镜碎石术。开展较好的医院有河北医科大学第二医院,河北大学附属医院。截至 2010 年,全省泌尿外科专职医师共有约 200 人,各级医院泌尿外科床位数也明显增加,截至 2010 年,超过 60 张床位的单位有河北医科大学第二医院、唐山工人医院、保定河北大学附属医院、沧州中心医院、邯郸中心医院等。

在学会建设上,1981 年开始成立了河北省医学会泌尿外科学分会,首届主委由刘钦担任,第二届黑兰逊,第三届平乃介,第四届张凤翔,第五、第六届蔡文清,第七届黎玮担任主委。2002 年,河北省医学会男科学分会成立,首届由蔡广增担任主委,第二、第三届由杨书文担任主委。2006 年成立河北省医师协会泌尿外科医师分会,蔡文清担任首届主委,黎玮担任常务副主委。90 年代末至今,包括石家庄、承德、张家口、保定、邢台、衡水、沧州、唐山等地都分别成立了市一级的泌尿外科学分会,各地主委先后由洪生涛、李文平(石家庄)、王珏、于满(承德)、李喆、李凤岐(张家口)、王金明、杨文增(保定)、陈树波(邢台)、王志建(衡水)、李英杰(沧州)、李晓强(唐山)等担任。

2008 年 9 月,三聚氰胺结石事件发生,河北省政府及泌尿外科界十分重视三聚氰胺结石患儿救治工作,在河北省儿童医院成立了专门的结石患儿救治病区,在河北省政府及卫生厅的领导下,从省内各大医院抽调了十余名骨干医师,成立了以陈康宁、葛金山、霍红旭、黎玮、赵学强等参加的专家组,各地市泌尿外科医生也积极参与救治,在卫生部特派专家的帮助下顺利完成了该项工作。

回顾我省泌尿外科事业的发展历程,我们既总结出几十年来所取得的进步与成就,也发现了与国内先进水平的差距与不足。21 世纪的大门已经敞开,我们进入了一个科技飞速发展、日新月异的时代,一个充满机遇与挑战的时代。医学事业的全面发展获得了良好的契机。我们河北省全体泌尿外科同仁要继承与发扬老一辈专家学者的孜孜以求、刻苦钻研的精神,抓住机遇,迎接挑战,为河北省泌尿外科事业的发展书写更为辉煌的篇章!

山西省泌尿外科学史

泌尿外科专业队伍的形成与发展

解放前期及解放初期,川至医学专科学校设有全省唯一泌尿工作的专业——皮肤泌尿器科,从事泌尿工作的只有刘世明,此外还有 2 个日本籍医师。

20 世纪 50 年代初期,虽然没有开设泌尿外科专科,但已经开始有专门从事泌尿外科工作的专业医师,年纪最长者首推山西医学院(现山西医科大学)附属第二医院尹国年,另外有山西医学院附属第一医院的佟锦、贺天富,山西医学院附属第二医院的张望和、马道远、饶长根,太原市中心人民医院的卫焘、亢铨寅,山西省人民医院的付信孚、李永德,山西省肿瘤医院的郭文宗、席忠义。这些老专家多数专门受训过泌尿外科,如尹国年、佟锦、亢铨寅曾到天津医学院(现天津医科大学)进修,郭文宗曾到上海长征医院进修,毕业于上海圣约翰大学医学院(现上海交通大学医学院)的卫焘在北京协和医院师从吴阶平,毕业于北京医学院的付信孚在协和医院进修。其间泌尿外科的工作开展主要集中在太原市的几所大医院。当时仅能开展一般的泌尿外科疾病诊断和治疗,主要工作集中在泌尿系统感染、泌尿系结核、泌尿系结石、睾丸鞘膜积液、精索静脉曲张、阴茎癌的开放手术等普通泌尿外科工作。太原市中心人民医院的卫焘,1955 年开展了山西省第一例肾切除手术(肾结核肾切除术),1958 年开展了吴氏法前列腺切除手术,1959 年自行研制出了 Collf 式人工肾,并成功救治了 2 例急性肾功能衰竭病人,在山西省率先开创了人工肾血液透析工作。在第二届全国泌尿外科学术会议上,卫焘总结并报道了 500 多例吴氏法前列腺切除手术的临床经验,第一次在全国展示山西省泌尿外科的工作,受到与会专家的好评。1975 年,由卫生部委托太原市中心人民医院举办了全国人工肾学习班一期,培养了来自全国各地人工肾专业人才 12 名。老一辈专家为山西省泌尿外科初期的建设与发展作出了很大的贡献。

1974 年,山西省第一家人工肾透析中心在太原市中心人民医院成立,开展了血液透析。1979 年,山西省第一家独立的泌尿外科创建于太原市中心人民医院,设有床位 50 张,并于当年被山西省卫生厅确定为省内重点科室,设有人工肾室,配有进口人工肾设备、丹迪尿流仪、进口膀胱镜、输尿管镜及东芝专用泌尿 X 线检查台等。之后,山西医学院附属第一、二医院,山西省人民医院及省会各大医院和各地区医院泌尿外科相继创建,形成专门从事泌尿外科工作的队伍。如今,山西医科大学附属第一医院泌尿外科在王东文的带领下迅速发展,现有床位 72 张,分设有微创诊治中心、尿控疾病诊治中心、男科疾病诊治中心及碎石中心,并开设专门的实验室,拥有医师 22 人,其中博士学位者 8 人。各县级医院也在外科专业科室中成立泌尿外科专业组,均配有兼职的泌尿外科医师。

20世纪90年代初,逐步形成山西省泌尿外科的第二批学科带头人,如山西医科大学附属第一医院的米振国教授、山西医科大学附属第二医院的胥枫林教授、山西省人民医院的尉锐传主任医师、太原市中心人民医院的杨楷主任医师、大同市第三人民医院的周长霖主任医师、运城地区人民医院的方彦彬主任医师等,为全省泌尿外科各项工作的展开和普及做了很多努力。

现在,已开始培养第三梯队的学科带头人,如山西医科大学附属第一医院的王东文教授、山西医科大学附属第二医院的任来成教授、太原市中心人民医院的王建华教授、山西中医学院附属医院王毅东教授、大同市第三人民医院的李海潮主任、大同市第五人民医院的孙元星主任、运城市中心人民医院的曹建国主任、长治市人民医院的王力主任、晋城煤业集团总医院的郭进喜主任等。

山西省除设有泌尿外科的医院外,各地、市、县级以上共100多家医院拥有泌尿外科专科,床位约1 000多张,独立的泌尿外科科室40多个。泌尿外科专业医师200多人,兼职泌尿外科医师300多人,拥有硕士研究生学历者60多人,博士研究生学历者12人。

山西医科大学附属第一医院泌尿外科由佟锦教授创建于1980年,经过三代人的不懈努力,现在已经成为人员结构合理、设备先进、技术力量雄厚的科室。在米振国教授带领下,该科2000年被确定为山西省医学重点学科,是目前山西省唯一的泌尿外科重点学科。现在,在王东文教授的带领下医、教、研各项工作均走在全省的前头。

近5年来,山西省泌尿外科发展迅速,学术气氛浓厚。于2007年9月22~23日在太原市晋祠国宾馆承办了第八届全国泌尿外科微创会议(2007全国肾脏疾病微创治疗研讨会)。来自全国各地近500名医师出席了本次会议。中华医学会泌尿外科分会主任委员我国泌尿外科腹腔镜先行者及奠基人那彦群教授、副主委孙则禹、叶章群、孙颖浩教授亲临会议指导。会议云集了腔道泌尿外科学组的全体委员及广大的腔内泌尿外科的精英,孙颖浩、周利群、张旭、黄健、马潞林、李逊、李树强、王东文、李建兴等专家就与。有关肾脏的肿瘤、结石、结核、积水等疾病进行了专题讲座和与之相应的手术演示。山西医科大学第一医院准备了涵盖肾脏外科疾病的大量病例,并进行了长达11.5小时的卫星现场手术直播。受到了与会专家及代表的一致好评。

2008年先后成立了长治市、吕梁市和晋城市医学会泌尿外科专业委员会,王力、刘百成和郭进喜教授分别任主任委员。

2009年中华医学会泌尿外科分会学组改选,王东文教授当选为尿控及女性泌尿外科学组副组长,刘春为结石学组委员,杨晓峰为肿瘤学组委员,曹晓明为微创学组委员,李海潮为移植学组委员,双卫兵为全国青年委员。

2009年山西省医学会泌尿外科专业委员会改选,王东文教授当选为主任委员。同年山西省医学会男科学专业委员会改选,徐计秀教授当选为主任委员。2010年7月31~8月2日在太原市主办了2010年山西省泌尿外科男科学学术会议,莅临本次大会的CUA领导有主任委员那彦群教授、候任主任委员叶章群教授、副主任委员兼CSU教务长孙则禹教授、副主任委员孙光教授、副主任委员王建业教授,秘书长陈山教授,副秘书长谢立平教授,常委兼 CSU 副教务长李虹教授、常委兼微创学组副组长李汉忠教授,中华医学会男科学分会候任主任委员王晓峰教授。会上,那彦群主任委员充分肯定了山西省泌尿外科的发展。并指出近年来,在米振国教授、王东文教授的领导下,山西省泌尿外科学会的工作非常活跃。那彦群教授报告了《微创时代培训面临的挑战》,叶章群教授报告了《泌尿外科新进展》,使与会者开阔了视野,并为与会者指明了努力的方向。此外,王晓峰教授、孙光教授、李汉忠教授、李虹教授等均做了精彩的报告。这次会议是规模最大的一次山西省泌尿外科男科学学术会议,参会人数 400 余人,特约嘉宾 12 人,会议论文 300 余篇,包括 8 篇大会发言、60 篇分会发言,现场手术演示 11 台,取得了圆满成功。山医大一院多次举办国家级和省级继续教育学习班。省肿瘤医院连续三届举办了省抗癌协会泌尿男生殖系肿瘤专业委员会学术年会。

目前,山西泌尿外科有国家级"百千万人才"1 人,国务院特贴专家 3 人,卫生部有突出贡献中青年专家一人,国际泌尿学会会员 2 人,国际尿控学会会员 2 人,国际肾脏病学会会员 1 人;山西省高校青年学科带头人 1 名,山西省跨世纪学科带头人 2 名,归国留学人员 6 人,中国医师协会泌尿外科分会全国常委 1 人,中华医学会泌尿外科分会全国委员 2 人,其中常委 1 人,中华医学会男科分会全国委员 1 人,中华医学会泌尿外科分会全国青年委员 1 人。2010 年山西医科大学第一医院成为山西省首个泌尿外科博士后流动站,培养了大量的泌尿、男科的硕士和博士研究生逐年增多。6 人次先后被选为全国泌尿外科"将才工程"赴美国和台湾等地进行培训。

随着各省级、地市级医院泌尿外科床位数明显增加,医疗队伍逐步壮大,在临床诊疗方面,各地均有发展。近年来各地微创经皮肾、输尿管镜技术也逐步开展,多家地市医院都开始应用,多数尿路结石的病人能得到合理的现代微创治疗。器官移植自准入制度执行以来,全部集中在了山西省第二人民医院和山西省武警医院、大同市第三人民医院。对肾癌、膀胱癌、前列腺癌、睾丸肿瘤的诊疗越来越规范,并逐步开展了巨大肾上腺肿瘤切除术、孤立肾肾盂肿瘤切除术、双肾盂肿瘤切除术、巨大肾肿瘤切除及腔静脉瘤栓摘除术等难度较大手术,开展了膀胱肿瘤的药敏检测,放射性粒子植入治疗前列腺癌等工作。

在山西医科大学第一医院的带动下,尿动力检查在各省级、地市级医院先后开展起来,其在临床、科研的重要性充分体现。开展了女性尿道下裂尿道重建手术、女性盆底功能重建手术。腔镜泌尿外科是近年来各地开展最为活跃的领域。下尿路的多种腔内手术各省级、地市级及县级医院已先后开展,日益成为泌尿外科的优势,腹腔镜技术的应用逐步在普及与深入。

2008 年山西医科大学第一医院在国内报道首例腹腔镜下膀胱阴道瘘修补术,是腹腔镜手术由切除型进一步向复杂的功能重建型发展的初步尝试;2010 年成功开展并逐步在全省范围内推广单孔腹腔镜在泌尿外科的应用。近年来还开展了 NBI 膀胱肿瘤检查、精囊镜检查及精囊镜下钬激光肿瘤切除术等多项腔镜泌尿外科工作。2006 年王东文教授的《糖尿病膀胱逼尿肌细胞内钙离子浓度及其膜通道与受体改变的研究》获得国家自然基金资助,填补了山西省泌尿外科界无国家自然基金项目的空白。2009 年,《成肌调节因子 MyoD 和

Myogenin联合基因治疗大鼠糖尿病膀胱逼尿肌萎缩的实验研究(30972987)》再次获得国家自然基金资助的资助。此外,还承担多项国家及省级科研项目。近年来,获得恩德思医学科学技术奖(国家级)二等奖一项,目前共有四项国家自然基金项目,山西省科技进步一等奖两项、二等奖五项、三等奖四项,并获得多项省级科研奖项。

一、学会工作

1981年,山西医学会泌尿外科学分会成立。学会为山西省泌尿外科学的发展与普及,以及培养山西省泌尿外科专业人才做了大量的工作,真正成为山西省泌尿外科学的领导核心。

山西医学会泌尿外科学分会第一、第二、第三、第四届(1986—1995年)委员会,由卫焘担任主任委员,其间举办了10期全省泌尿外科学习班,承办了第一、第四届华北地区泌尿外科学术交流会议。卫焘曾任中华医学会泌尿外科分会委员、常委、男科组组长、《中华泌尿外科杂志》编委;现任《现代泌尿外科杂志》编委、《中国男科杂志》编委及《国外医学·泌尿分册》编委、山西医学会移植专业学会及泌尿外科专业学会的名誉主任。

山西省医学会泌尿外科学分会第五、第六(1995—2009年)届主任委员由米振国担任。在此期间,举办多次全省泌尿外科学习班,举办2次国家级腔内泌尿外科学习班,举办1次全省男科学习班及1次国家级男科继续教育学习班,主办了第七届华北地区泌尿外科学术会议。米振国为留学回国人员,为国际泌尿外科学会会员,前任山西省肿瘤医院院长、山西省肿瘤研究所所长、博士研究生导师,曾任中华医学会泌尿外科学会常委、中华医学会男科学会常委、中国脊髓损伤学会(尿动力学组)常务理事、中国抗癌协会理事及山西医学会泌尿外科专业委员会主任委员,任《现代泌尿外科杂志》、《中华泌尿外科杂志》、《中国腔道泌尿外科和体外冲击波碎石杂志》及《山西医科大学学报》编委,已发表论文40多篇,获省科研成果奖3项,参与撰写了《现代泌尿外科学》及《中西医结合治疗前列腺增生症》,主编《膀胱肿瘤的诊断与治疗》学术专著1部。成立了山西省泌尿外科专家咨询委员会、山西省膀胱肿瘤诊治协作网、山西省前列腺癌诊治协作网,使全省泌尿外科工作蓬勃发展。很多泌尿外科新技术得到了推广和普及,肾移植、腔内泌尿外科手术、体外冲击波碎石术(ESWL)等微创治疗技术在绝大多数地市级医院都已开展,而且逐步在向各县级医院发展;腹腔镜泌尿外科手术亦已在几家医院开始开展。学会长期坚持每一季度的学术活动,每次组织一个主题的学术讲座,邀请省内及全国知名的专家演讲、讨论;每次组织全省的泌尿外科疑难病例讨论,都得到了同行的赞同,取得了良好的社会效益。1999年5月,运城市中心人民医院曹建国主任牵头成立了运城地区泌尿外科专业委员会,2004年由太原市中心人民医院牵头成立了太原市泌尿外科专业委员会,2005年由大同市第三人民医院牵头成立了大同市泌尿外科专业委员会,每年召开1次年会,为本地区的学术交流与发展起到推动作用。

二、人才培养工作

山西医科大学附属第一、第二医院,太原市中心人民医院,山西省人民医院为山西省基层医院泌尿外科医师的培养作出了重要的贡献,多年来为全省各地医院培养了100多名泌尿外科骨干人才。

各大医院重视人才培养,不断选派人员到全国知名的泌尿外科,如北京大学泌尿外科研究所、协和医院、解放军总医院、北京朝阳医院、天津大学泌尿外科研究所、上海市第六人民医院、复旦大学的华山医院和中山医院等医院进修或进行专项技术学习。近年来,全省10多名医师参加了由北京大学泌尿外科研究所主办的全国泌尿外科高级医师培训,有10多名医师参加了省卫生厅主办的跨世纪学科带头人培训学习及外语学习。研究生培养工作起步于1979年,当时,山西医学院附属第一医院佟锦教授招收了山西省第一名泌尿外科专业硕士研究生米振国。现在,山西医科大学已有米振国、胥枫林、王东文、杨晓峰、刘红耀、张雁刚等多名硕士研究生导师,已培养出近60余名硕士研究生。米振国教授于2003年成为华中科技大学同济医学院兼职博士研究生导师,并开始招收博士生,现有5名在读博士生。

1986年,山西省第一名泌尿外科专业人员卫焘教授出国到比利时学习。1991年,米振国教授到日本东京医科大学师从三木诚教授留学1年。1998年,他推荐王东文教授在日本东京医科大学医学院留学1年。此外,还有2名泌尿外科医师曾到日本研修。现还有2人在美国留学,攻读博士学位。

三、学术交流情况

山西省医学会泌尿外科学分会鼓励全省各级泌尿外科医师积极参与国内及本地区举办的各种学术会议。2000年,在北京召开第六届第一次全国泌尿外科学术会议及第三届全球华人泌尿外科学术会议,山西省泌尿外科界共有56人参加,共投稿41份。2002年,在长沙召开的第六届第二次全国泌尿外科学术会议及2004年在重庆召开的第七届第一次全国泌尿外科学术会议,山西泌尿外科学界参会人数、稿件数量、质量明显提高,名列全国前10位。2001年,在张家口召开的第八届华北地区泌尿外科学术会议,全省共有37人参加,共投稿42份。米振国教授(1997年)和王东文教授(2003年)参加美国泌尿学会(AUA)会议,之后,多次、多人参加过国际性泌尿外科学术会议。

2008年12月在上海举办的第26届世界腔镜泌尿外科大会(WCE),王东文教授应组委会邀请进行了后腹腔镜下巨大肾肿瘤根治术的现场手术演示,并作为会议的主持,与国内外同道进行了广泛的交流。各地积极参加各届泌尿外科全国年会及学组会议,2008年及2010年全国泌尿外科年会山西医科大学第一医院投稿数量在全国科室排名中分别列第七和第六名,并有多篇论文被选为会议发言。2010年西安年会上全省的论文投稿量列全国第四名。

四、泌尿外科疾病诊疗及研究工作

(一)泌尿系统结石

山西省泌尿系统结石的发病率总体来说相对较低,但在运城地区中条山脚下一带由于水内含盐量高,尿石症成为该地区泌尿外科常见的疾病之一。

20 世纪 80 年代末期,体外冲击波碎石机在全省被陆续推广使用,开始了尿石症的非手术治疗,现在已有 20 台以上碎石机。20 世纪 90 年代初期,腔内碎石、取石的设备、技术开始发展,现在有多家医院已开展经皮肾镜、经输尿管镜取石、碎石手术,多家医院开展膀胱镜下机械碎石术;山西医科大学附属第一医院已开展体外冲击波碎石术(ESWL),微造瘘经皮肾镜碎石术(MPNL),经输尿管镜下的肾、输尿管、膀胱结石的液电碎石,超声波碎石,气压弹道碎石,电子碎石,钬激光碎石。一套完善的微创碎石技术使用,使尿石症的开放手术正逐步减少。已开展结石成分的临床分析及基础研究,为各种尿石症的防治提出了指导性意见。

(二) 肾脏替代

1974 年开展血液透析后,1979 年山西医学院附属第一医院与太原市中心人民医院同时开始起步异体肾移植。目前,全省各地市级医院均有自己的透析中心,多数能独立开展肾移植工作。近年来,随着 HLA 配型基础研究的发展和配型手段的改进,肾移植质量明显提高。现在,肾移植在山西省第二人民医院初具规模,每年肾移植近百例;1999 年开展了胰肾联合移植,2000 年开展了肝肾联合移植。山西医科大学附属第一医院已开展国际标准HLA 6 位点(HLA-A、HLA-B、HLA-DR 等)配型,采用先进的单克隆抗体免疫磁珠技术及分子生物学技术,使器官移植的质量得到保证。

(三) 泌尿男生殖系统肿瘤

对肾癌的治疗多数已采用规范的根治性肾癌切除手术,对一些病程较晚的病例术前进行肾动脉灌注化疗及栓塞治疗。肾静脉瘤栓取出手术已开展过多例。膀胱肿瘤的治疗,自1984 年开始应用电切镜以来,多数医院的泌尿外科已能开展经尿道膀胱肿瘤切除术(TURBt),术后膀胱内药物灌注已成为常规,已开展根治性膀胱全切除术后的各种肠代膀胱手术。对睾丸肿瘤的治疗已普遍采用睾丸高位切除手术,术后根据病理结果对精原细胞瘤进行放疗,对非精原细胞瘤进行腹膜后淋巴结清扫及化疗。前列腺癌的发病率在逐年上升,山西医科大学附属第一医院开展前列腺癌的早期诊断,对经直肠 B 超检查及前列腺特异性抗原(PSA)检测异常者进行系统的前列腺穿刺活检及目标活检。根治手术及近距离放疗技术正逐步开展。

(四) 尿流动力技术

自 1992 年山西医科大学附属第一医院引进全套高级尿流动力仪以来,开展了许多临床及科研工作,如女性压力性尿失禁的诊治研究,对女性压力性尿失禁进行分类、分型,针对不同类型进行不同的治疗,并对其疗效进行评估;前列腺增生症的逼尿肌功能变化与超微结构的关系,结合前列腺增生症引起的下尿路梗阻定量分析,对把握手术时机提供客观的依据,对术后效果进行判断,为前列腺增生症的治疗提供客观依据。神经性膀胱尿道功能障碍的研究;女性 BOO 形态与功能变化的研究,指导手术范围及对效果进行评估。现在该医院已购买第二台 Labory UDS-6 型尿流动力仪。王东文、双卫兵、高宏飞等对糖尿病膀胱进行了系列研究,并获包括国家自然科学基金在内的多渠道资助。全省现共有 10 多台多参数尿流动力仪,为排尿功能障碍原因的分析、治疗方法的选择及疗效的评定提供了客观条件。

（五）腔内泌尿外科

内镜手术是泌尿外科微创治疗的最基本也是最重要的技术。山西医科大学附属第一医院泌尿外科作为山西省重点学科,已经在经尿道手术、经皮肾镜手术、输尿管镜手术及腹腔镜手术方面跟上国内先进水平,有的国内领头,已开展经尿道前列腺电切术、尿道内切开术、膀胱颈内切开术、膀胱肿瘤电切术、输尿管镜手术、经皮肾镜手术 10 多年。现在,其腔内与开放手术的比例已近 8：2。该院泌尿外科利用继续教育手段将这些技术在全省范围内普及推广,现在各地泌尿外科已基本能开展经尿道前列腺电切术及膀胱肿瘤电切术,而且很多县级医院的泌尿外科也能开展此项目。王东文等开展的腹腔镜技术迅速健康发展,已开展肾上腺肿瘤切除、肾上腺切除、单纯肾切除、根治性肾切除、肾囊肿去顶、输尿管切取石、肾部分切除、肾盂成形、腔静脉后输尿管成形术、腹腔内隐睾切除及精索静脉曲张的高位结扎等多种手术。

（六）男科

1987 年卫恭从比利时回国后开展了阳痿病因的调查,并将阳痿分为四大类型,即心理性、内分泌性、神经性及血管性。先后开展了阴茎海绵体造影、阴茎背静脉结扎治疗阳痿、阴茎背静脉与腹壁下动脉吻合治疗阳痿,海绵体内注射前列腺素 E 及罂粟碱使产生人工勃起等一系列男科工作,达到国内先进水平,尤其是阳痿的五步诊断法得到国内外同行的认可,并在全省广泛推广应用。

随着男科学、生殖医学的快速发展,逐步出现男科专职医师及男科学专业独立的趋势,已有多家医院成立了男科或生殖医学科。1997 年起,招收男科学方向硕士,徐计秀为第一位男科学硕士导师,至今已培养出九届男科学硕士研究生 17 人。目前,各省级医院男科学均有长足的进步,男科学实验室成为常设实验室,尤以山西医科大学第一医院泌尿外科男科学实验室实力最强,拥有全自动精液分析仪、全自动性激素分析仪、阴茎夜间勃起实验检测仪（NPT 检测仪）、实时视频 NPT 检测仪、阴茎多普勒超声检测仪、阴茎勃起功能障碍治疗仪（ED 治疗仪）、阴茎龟头敏感阈测定仪、有创阴茎勃起实验仪、VCD 治疗仪等多台男科学专用实验设备。连续 3 年参加全国百家医院男科宣传周活动;举办 3 次全省男科学继续教育培训班;举办 8 次全省男科专题讲座。积极参与了多项国家级、省级科研课题工作。如：西地那非治疗 ED 的三期临床观察,社会变迁中的青少年性问题研究——新世纪大学生性文化发展趋势及对策研究,西地那非治疗 ED 的四期临床观察,男性更年期健康的临床流行病学研究,中西医结合治疗免疫性不育的实验和临床研究,小剂量西地那非治疗糖尿病性 ED 的临床观察,中西医结合治疗早泄的临床观察,山西省男性生育力普查等。

内蒙古自治区泌尿外科学史

一、发展史

内蒙古自治区是一个由多民族组成的少数民族地区。在泌尿外科专业发展过程中,经过几代医务工作者的努力,内蒙古自治区已由一个没有专职泌尿外科医师、无泌尿外科专科的落后状况,逐步发展壮大到有固定从事泌尿外科工作人员及稳定的泌尿外科专科的局面。

内蒙古自治区泌尿外科工作开始于 20 世纪 50 年代初。有资料记载,1954 年,内蒙古自治区外科开展了治疗肾结核、前列腺增生、膀胱癌等的泌尿外科手术。1958 年,前呼和浩特市人民医院及内蒙古自治区人民医院已有诊断和手术治疗肾结核、前列腺增生、膀胱癌、阴茎癌等病例的报道。但那时还无专门从事泌尿外科的专业医师。

1958 年,北京医学院附属医院泌尿外科主治医师鲍镇美及湖南医学院张保罗教授支边到内蒙古医学院附属医院泌尿外科工作。60 年代初,北京医学院附属医院泌尿外科顾方六教授也支边到包头市医学院及其后的包头市第二人民医院外科。他们的到来对内蒙古地区,尤其是呼和浩特市、包头市的泌尿外科工作的开展起到了直接的指导和很大的推动作用。

1956 年,内蒙古自治区成立了第一所医学院校,即内蒙古医学院。1958 年,内蒙古医学院附属医院建成并投入使用,建院初始就有相对固定的泌尿外科病房,是自治区最早建立的泌尿外科专业,有床位 15 张。张保罗教授和鲍镇美教授任泌尿外科医师。

鲍镇美对内蒙古医学院附属医院泌尿外科及内蒙古自治区人民医院的泌尿外科发展作出了重大贡献。1962 年,他与孙培道合作在国内首先用尿 VMA 定性法筛选嗜铬细胞瘤病人,并经手术切除治愈了病人。1965—1976 年,用髂内动脉结扎以减少前列腺切除的手术失血,该方法获 1979 年内蒙古自治区科技成果奖。1980 年,创造出嗜铬细胞瘤包膜下剜除术,使复杂的嗜铬细胞瘤手术增加了一种切除手段,提高了切除成功率,降低了手术病死率。此技术编入了 1996 年版的《泌尿外科手术学》,并因此获英国剑桥世界名人传记中心授予的 Decree of Merit 奖状。

鲍镇美教授洞悉国外泌尿外科现状及发展趋势,在大剂量含钠溶液防治失血性休克、嗜铬细胞瘤诊治进展、血管活性药物治疗阳痿、前列腺疾患的药物治疗、细胞凋亡的研究上均有独到之处,每隔一段时间即可见到他撰写的关于这些课题的讲座或述评性文章。

内蒙古医学院附属医院泌尿外科是自治区内成立最早的泌尿外科,当时仅有 1 台老式的膀胱镜,收治的主要是泌尿系统结核病、膀胱癌、膀胱结石、阴茎癌等病种。随着生活水平的提高和人均寿命的延长,泌尿外科疾病谱发生了明显的变化,膀胱结石、阴茎癌明显减少,前列腺增生、泌尿系统外伤和泌尿系统肿瘤发病明显增加。

20世纪60年代后,包头市、乌兰察布市、赤峰市都先后成立了泌尿外科专科,并开展了泌尿外科常见病、多发病的诊治工作。在此阶段,在内蒙古自治区内从事泌尿外科工作的还有一大批勤奋、努力工作的学科带头人,其中有内蒙古医学院附属医院的程靖远、张亚正、杨盛,内蒙古自治区人民医院的王景美、郑文辉、边福亮,包头市第二人民医院的钱声,包头市包钢医院的侯忠志,包头医学院附属医院的芦中平,赤峰市医院的刘宝晨,乌盟人民医院的杜世光等,他们都对当地的泌尿外科发展作出了重大贡献。

"文革"后,特别是党的十一届三中全会以来,各医院相继落实了知识分子政策。内蒙古自治区的泌尿外科专业也蓬勃发展起来,专业队伍不断发展壮大,在诊疗技术和泌尿外科基础科研方面,都取得了可喜的成绩。内蒙古医学院附属医院开展了肾上腺肿瘤、嗜铬细胞瘤的诊治,膀胱癌手术、膀胱全切术、尿流改道术、肾癌根治切除术、自体肾移植治疗肾动脉狭窄性高血压、肾动脉栓塞治疗巨大肾癌、阴茎海绵体造影诊断血管性阳痿、阴茎背静脉结扎治疗静脉瘘性阳痿等。赤峰市医院开展了膀胱全切、膀胱再生术。

1981年,包头市仓钢医院侯忠志,在内蒙古自治区内首先开展了同种异体肾移植术并获得成功。1984年内蒙古自治区人民医院、1985年内蒙古医学院附属医院也前后开展了同种异体肾移植术。1998年赤峰市医院夏海波在内蒙东部开展了同种异体肾移植手术,并于2000年在内蒙率先开展了亲属活体供肾肾移植手术,创造了亲属73岁高龄活体供肾的全国之最。2002年又开创了父母供肾于一人的全国记录,同年,高龄活体肾移植研究获自治区科技进步三等奖。迄今,内蒙古自治区已开展同种异体肾移植400多例,取得了良好的经济和社会效益。

1984年,北京医学院泌尿外科研究所郭应禄教授,那彦群教授到呼和浩特市举办内蒙古自治区第一届腔内泌尿外科学习班,讲授和演示了经尿道膀胱肿瘤电切术(TURBt)和经尿道前列腺电切术(TURP)等腔内手术,开启了自治区腔内泌尿外科工作的序幕。1985年,内蒙古医学院附属医院率先在内蒙古自治区内开展了TURP、TURBt及输尿管肾镜治疗输尿管结石。此后,全区范围内包头市第二人民医院的钱声主任率先在包头市开展了TURP、TURBt,带动了包头市腔内泌尿外科工作的发展。相继包头市钢铁医院、包头医学院附属第一医院、包头市肿瘤医院、乌盟人民医院、赤峰市医院、临河市人民医院都普及了这项工作,使TURP和TURBt成为前列腺增生、膀胱肿瘤的首选微创手术方法。到目前为止,腔内泌尿外科在内蒙古地区取得了很好的成绩,在区内得到了普遍开展。

20世纪90年代,赤峰市医院、内蒙古医学院附属医院、巴盟盟人民医院、包头中蒙人民医院、包钢医院和赤峰市医院开展了体外冲击波碎石术(ESWL)用于治疗泌尿系统结石,各单位都积累了丰富的临床经验。目前ESWL在内蒙地区已成为治疗泌尿系统结石的首选治疗手段。包头钢铁医院开展了气压弹道技术治疗泌尿系统结石。1992年赤峰市医院开展了 YAG 激光治疗膀胱肿瘤。

2000 年以后，赤峰市医院夏海波等用腹腔镜治疗肾囊肿和肾肿瘤。在 20 世纪末 21 世纪初，内蒙古医学院附属医院袁亚光在区内率先开展了"耻骨后保留尿道的前列腺切除术"，获得了内蒙古自治区科技进步三等奖；赤峰市医院夏海波、陈鑫也开展了这一术式。袁亚光还开展了保留肾单位、肾部分切除等手术。2001 年由赤峰市医院泌尿外科夏海波、邢数主编出版了 30 万字的专业著作《泌尿外科实用肿瘤学》，由内蒙古科技出版社出版发行。2002 年自治区重点学科评审，内蒙古医学院第一附属医院泌尿外科、赤峰市医院泌尿外科被评审为自治区临床重点学科。内蒙古医学院附属医院袁亚光、赤峰市医院夏海波被评为自治区中青年学术技术带头人。2000—2008 年赤峰市医院、赤峰学院附属医院泌尿外科分别开展了腹腔镜肾切除、前列腺癌根治、膀胱全切、肾上腺肿瘤切除等腔镜手术。

2004 年包头市中心医院泌尿外科、2007 年赤峰学院附属医院泌尿外科分别开展了等离子前列腺切除术。2004 年以来赤峰学院附属医院泌尿外科、赤峰市医院泌尿外科、内蒙古医学院附属医院泌尿外科、鄂尔多斯中心医院泌尿外科、包头市中心医院泌尿外科分别开展了尿流动力学检查，对神经源性膀胱、膀胱过度活动症等疾病进行科学诊治，取得了良好效果。2006 年赤峰学院附属医院泌尿外科开展了绿激光汽化切除前列腺治疗前列腺增生症及绿激光切除膀胱肿瘤，并获得自治区医学会科学技术二等奖。2010 年 6 月，内蒙古医学院附属人民医院泌尿外科也开展了绿激光汽化术治疗前列腺增生、膀胱肿瘤等手术，取得良好的效果。

2007 年内蒙古医学院附属医院泌尿外科成功开展了胰肾联合移植手术，手术取得了良好效果，填补了自治区空白。同年赤峰学院附属医院泌尿外科开展了三代碎石系统（超声、气压弹道混合动力）、钬激光、经皮肾镜、输尿管镜治疗泌尿系结石，赤峰市医院也开展了钬激光治疗肾、输尿管结石。2008 年内蒙古医学院附属医院泌尿外科开展了膀胱癌膀胱全切、原位新膀胱术，对膀胱全切病人术后生活质量的提高有较大帮助。2008—2009 年内蒙古医学院附属医院泌尿外科开展了前列腺癌前列腺根治性切除术、肾上腺腺瘤腹腔镜切除术、后尿道狭窄段切除端-端吻合术等手术，手术均取得了成功。在此年度白治区第二轮重点学科评审中，赤峰学院附属医院泌尿外科被评为自治区临床重点学科。赤峰学院附属医院泌尿外科开放床位 100 张，分两个病区，年收治病人 1500 人次，年手术量 1200 例，成为自治区泌尿外科年收治病人数和手术量最多的科室。2009 年自治区成立内蒙古自治区泌尿外科质控中心，由夏海波任质控中心主任。2010 年赤峰学院附属医院泌尿外科义开展了 2 微米激光治疗前列腺增生症、膀胱肿瘤、输尿管、肾盂肿瘤等手术，填补了自治区泌尿外科治疗的多项空白，当年完成激光手术 300 多例，取得良好的社会效益和经济效益。

内蒙古自治区泌尿外科仍在发展阶段，现在市级以上医院都设有泌尿外科，大部分旗县医院泌尿外科专业仍包含于大外科中。自治区目前从事泌尿外科专业的医师有 300 多人，他们都在各自岗位上为提高本地区泌尿外科的水平奋力拼博着。

二、自治区历届学术交流大会简介

1988年,在内蒙古自治区呼和浩特市举办了第三届华北地区泌尿外科学术会议。会议由内蒙古医学院附属医院承办,收到论文200多篇,会议上就泌尿外科常见疾病的诊断治疗经验进行了交流。

1997年8月,在内蒙古自治区包头市举办了第六届华北地区泌尿外科学术会议。会议由包头市中心人民医院承办,收到了论文300多篇。会议除了进行泌尿外科常见病治疗经验交流外,腔内泌尿外科也成为主要的交流内容。

2004年12月,在内蒙古自治区呼和浩特市举办了第三届内蒙古医学会泌尿外科学分会学术会议,收到论文100多篇,交流了腔内泌尿外科、肾移植等的诊疗经验。

2007年6月内蒙古自治区举办了浅表性膀胱癌药物膀胱灌注预防复发的前瞻性多中心临床研究的研讨会,会议由内蒙古医学院附属医院承办,会议上来自全区的泌尿外科医学工作者就浅表性膀胱癌的术后灌注化疗进行了经验交流。2008年7月31日至8月4日中华医学会泌尿外科学分会"第四次中国泌尿外科专家西部行暨CSU指南培训班"在呼和浩特市举办,活动由内蒙古医学院附属医院承办,会议上中华医学会泌尿外科学分会候任主任委员叶章群教授代表CUA和主任委员那彦群教授致辞,中华医学会泌尿外科学分会副主任委员孙则禹教授介绍了卫生部十年百项"皮肤物理抗菌膜"专利技术与方案。叶章群教授讲解《尿石症诊断治疗指南》、李鸣教授讲解《前列腺癌诊断治疗指南》、陈山教授讲解《膀胱癌诊断治疗指南》、王东文教授讲解《OAB诊断治疗指南》、戴玉田教授讲解《肾细胞癌诊断治疗指南》、张凯副教授讲解《前列腺炎诊断治疗指南》。参会医生积极针对CSU指南进行了深入的研讨,陈新实主任作了题为《科研创新怎样撰写高质量医学论文提高医学论文刊用率》的报告,让与会者获益匪浅,活动取得了圆满成功。

2008年11月在内蒙古赤峰市举办了第四届内蒙古自治区医学会泌尿外科学学术会议暨赤峰市医药卫生学会泌尿外科学术会议,收到论文100多余篇,由赤峰学院附属医院承办,中华医学会泌尿外科分会副主任委员王建业、北京大学第三附属医院马璐林教授、北京大学人民医院李建兴教授、友谊医院吕文成教授、大连医科大学泌尿外科李泉林教授到会,并做了"经皮肾镜手术并发症的预防及处理"、"后腹腔镜肾脏切除术"、"肾癌诊断与治疗的进展"等学术讲座,大会还进行了"腹腔镜肾癌根治"、"经皮肾镜三代碎石系统治疗肾结石"等手术演示,大会同时选举产生了新一届的主任和副主任委员,会议取得圆满成功。

2009年7月在内蒙古巴彦淖尔市举办了第五届内蒙古白治区医学会泌尿外科分会学术会议暨巴彦淖尔市医学会泌尿外科分会年会,巴彦淖尔市医院承办了此次会议,会议聘请了国内专家进行了学术交流及内蒙本地专家的学术研讨,会议取得了良好的效果。

2010年7月在内蒙古赤峰市成功举办了庆祝中华医学会男科学分会成立15周年系列活动——中华医学会男科学分会第五期男科医师培训班暨内蒙古自治区医学会泌尿外科学、男科学学术会议。会议白赤峰学院附属医院承办。中华医学会男科分会主任委员朱积川教授、候任主任委员王晓峰教授,中华医学会男科分会副主任委员姜辉教授,《中华男科学杂志》主编黄宇峰教授，《中华男科学杂志》编委、中华医学会男科学分会常务委员王忠教授，中华医学会男科学分会青年委员会副主任委员、《中华男科学杂志》编委毛向明，《中华男科学杂志》编辑部主任、中华医学会男科学分会青年委员会副主任委员商学军等著名专家莅临会场，分别做了"2010 EAU ED Treatment Guide 解读"、"男科实验室诊断新进展"、"后腹腔镜根治性肾切除术"、"中国男性生殖健康的现状及应对"、"射精迟缓与不射精的诊断与治疗"等精彩的学术讲座及手术演示。大会受到了自治区卫生厅、医学会和赤峰市医药卫生分会领导的高度重视和好评。

内蒙古自治区医学会泌尿外科学分会历届主任、副主任委员

第一届（1990—1997 年）
主任委员　程靖远

副主任委员　王景美　钱　声

第二届（1997—2004 年）
主任委员　程靖远

副主任委员　张亚正　刘　和　郑文辉

第三届（2004—2008 年）
主任委员　袁亚光

副主任委员　云志中　刘　和　夏海波

第四届（2008 年至今）
主任委员　夏海波

副主任委员　云志中　刘　和　高文礼　郭燕铭　李根东　刘致中　杨志平

三、历年获奖情况

1979 年，内蒙古医学院附属医院鲍镇美等的"髂内动脉结扎减少前列腺切除的术中失血"获内蒙古自治区科技成果奖。

1980 年，内蒙古医学院附属医院鲍镇美的"嗜铬细胞瘤包膜下切除术"获英国剑桥世界名人传记中心授与的 Decree of Merit 奖状。

1981 年，包头钢铁公司职工医院侯忠志等的"同种异体肾移植"获内蒙古自治区科技进步奖三等奖。

1992 年，内蒙古医学院附属医院杨庆北等的"经尿道切除术"获内蒙古自治区科技进步奖二等奖。

1997 年，内蒙古医学院附属医院张亚正等的"红细胞计数法测定含血冲洗液和含血尿液中的失血量"获内蒙古自治区科技进步奖三等奖。

2001 年，内蒙古医学院附属医院袁亚光等的"耻骨后保留尿道前列腺切除术"获内蒙古

自治区科技进步奖三等奖。

2003年,赤峰市医院夏海波等的"同种异体肾移植及亲属活体供肾临床研究"获内蒙古自治区科技进步奖三等奖。

2008年,赤峰学院附属医院夏海波等"选择性绿激光汽化术治疗良性前列腺增生的应用研究"获内蒙古自治区医学会科学技术奖三等奖。

辽宁省泌尿外科学史

一、溯源

勤劳智慧的中华民族创造了极其灿烂的东方文化,为人类的文明发展作出了卓越的贡献。特别是以中医、中药为代表的祖国医学更是其中璀璨夺目的明珠。中医、中药在解决人民病痛的过程中发挥了主导作用,这是中华儿女永远也不能忘记的历史,是中华儿女永远的骄傲!

19世纪末至20世纪初期,在辽宁出现西方医学的传播。1883年,英国教会在盛京(现在的沈阳市)设立盛京医院。1892年,在盛京施医院基础上,东北第一所医科大学——盛京医学堂在沈阳建立,1912年改名为盛京医科大学,也称小河沿医科大学。我国著名泌尿外科专家许殿乙教授、马腾骧教授等都曾就读于该所医科大学。1909年及1911年,日本南满铁道株式会社在奉天(今沈阳市)分别建立日本赤十字奉天医院、南满医学堂。尽管这些医院的建立是帝国主义列强侵略中华民族的历史铁证,但先进的西方医学文化同时也传入了被封建社会禁锢了数千年的中华大地。就此,西医在辽宁的发展史也就开始了。

辽宁承袭着优秀中华文明的血脉,在中国悠久的历史上占有漫长而辉煌的篇章。辽宁是中国的重工业基地之一,为新中国的发展做出过不可磨灭的贡献;同样,在中国泌尿外科发展史上也书写了浓重的一笔,也占有举足轻重的地位。因为,中国共产党创建的第一所医科院校——中国医科大学就坐落在沈阳市,发展壮大在辽宁省。

中国医科大学是中国共产党创建的第一所医科院校,其前身为中国工农红军卫生学校,1931年11月创建于江西瑞金,后随红军长征到达陕北。1940年9月在延安,经毛泽东同志提议,中共中央批准,学校更名为中国医科大学。1946年7月,学校奉命随军挺进东北,到达黑龙江兴山(现鹤岗市),合并了原东北军医大学(前身为哈尔滨陆军军医学校)。1948年11月,东北全境解放,学校奉命进驻沈阳,合并了1911年建立的原满洲医学堂(后称满洲医科大学,1945年国民党接收后称国立沈阳医学院,现在的中国医科大学附属第一医院前身)和1892年建立的原盛京医科大学(当时称私立辽宁医学院,现在的中国医科大学附属第二医院前身),并不断发展壮大至今日。因此,辽宁省泌尿外科的发展历史,追根溯源可至20世纪30~40年代。

二、奠基时期(1930—1940年)

在中国医科大学附属第一医院及大连医科大学附属第一医院的前身——"满洲医科大学"、"日本赤十字大连病院"的院史中,已经记载了当时皮肤泌尿器科的基本状况,包括皮肤性病及泌尿专科病种,医师都是日本人,已经有了肾切除、前列腺切除、膀胱切开取石、阴茎部分切除等手术的记录。1943 年,辽宁省泌尿外科的奠基人之一王瑞福进入"满洲医科大学"皮肤泌尿器科,他是当时皮肤泌尿器科内唯一的中国医师。1945 年日本医生撤离。1946 年,国民党政府接收医院,改名为国立沈阳医学院,王瑞福任皮肤泌尿科主任,并相继有吕连庭、葛依明等泌尿专科医师来科工作。1948 年 11 月 2 日解放军攻克沈阳,中国医科大学合并了沈阳国立医学院;经过 3 个多月的整顿,于 1949 年 3 月,泌尿外科由原来的皮肤泌尿科脱离出来。泌尿外科的创始人王瑞福负责成立了独立的泌尿外科。这是辽宁省泌尿外科发展史上第一个由中国人自己负责的泌尿外科专科。此期间,大连医科大学的黄汉兴、黄剑刚也活跃在辽宁省泌尿外科专业的前沿。

三、发展初期(1950—1976 年)

1949 年,新中国成立后,辽宁省泌尿外科和其他医学专科一样开始了真正的起步和发展。但由于国内战争硝烟初散,抗美援朝战争硝烟再起,百废待兴,因此当时的医疗设备极其简陋,只在一些规模较大的医院拥有少数几台国外产的老式膀胱镜。收治的病种主要以尿道下裂、睾丸鞘膜积液、肾结石、肾结核、男生殖系统结核、阴茎癌为多见,肾切除即为较高水平的手术。20 世纪 50 年代初期,中国医科大学的王瑞福、吕连庭、葛依明、何乃祥、那宝苓、李宝兴、赵自亮,大连医科大学的黄汉兴、黄剑刚、高春章,大连市医院的张存让、初立本等辽宁省的老一辈泌尿外科专家们在泌尿外科学战线上努力工作,他们为辽宁省泌尿外科的创建、发展作出了卓越的贡献。

由于战争创伤导致尿道损伤、尿道狭窄病人很多,也使得辽宁地区在治疗尿道狭窄上积累了丰富的经验。抗美援朝期间,我军在大连建立志愿军第一后方医院,以中国医科大学附属第一医院葛依明为代表的辽宁省许多泌尿外科前辈均在该医院工作过,为志愿军伤病员在泌尿系统损伤,特别是尿道损伤的治疗上,立下了汗马功劳。1949 年,在沈阳召开的东北卫生工作会议上,中国医科大学附属第一医院的吕连庭报道了"尿道损伤早期处理",并在 1951 年沈阳召开的全国第四届外科学术会议上进行了交流,在国内首次提出"尿道会师术"这一术式名称,论文于 1951 年 11 月在《中华医学杂志》上发表,得到国内泌尿外科学界的普遍认可和赞誉。后又经过总结、整理,再次于 1952 年的《东北医学杂志》上发表相关论文——"应用牵引手术治疗外伤性后尿道狭窄的体会",为后尿道损伤的治疗做出了杰出的贡献。沈阳军区总医院在抗美援朝期间收治了 100 多例外伤性尿道狭窄病例,其中 2 例狭窄段长 3～5 cm,采取了瘢痕切除尿道牵拉术,取得良好效果。

1950 年,中国医科大学附属第一医院在国内较早开展对严重阴茎损伤病例施行阴茎再造手术,以后陆续开展这方面工作,积累了较为丰富的经验。

1951 年开始,中国医科大学附属第一医院开展前列腺肥大(前列腺增生症)的手术治疗。50 年代后期,中国医科大学附属第二医院、沈阳军区总医院等医院也陆续开展这方面工作。开始时采用耻骨上术式,以后逐渐开展了耻骨后术式,并逐步改进术式为耻骨后前列腺囊纵行切开及部分膀胱壁切开的联合切口,使得对前列腺窝的出血和紧缩、膀胱内病变(膀胱结石等)的处理更为方便。

1952年开始,中国医科大学附属第一医院开展了膀胱全切、输尿管结肠移植术。由于该手术易引起尿路逆行感染及高氯血症酸中毒等严重并发症,在后来的实践中又进行了多种术式的研究和探讨,如双侧输尿管皮肤正中造口术、双侧输尿管腹壁分别造口术等;后又曾开展Lowsley-Johnson手术,即直肠膀胱乙状结肠经肛门括约肌皮肤造口术,使肛门括约肌既控制排便又控制排尿,但因其并发症仍较多,后被摈弃。20世纪50年代中期,大连医科大学附属第一医院、沈阳军区总医院等医院也相继开展膀胱全切、肠代膀胱术;多家医院经多年探索,最终成功开展Bricker(回肠膀胱术)手术,并沿用至今。

20世纪50年代中后期,中国医科大学附属第一医院与第二医院、大连医科大学附属第一医院、沈阳军区总医院已经能够开展包括肾实质切开取石、肾部分切除术等较高难度手术。并已经有开展腹膜透析治疗急性肾功能衰竭的记录。

1956年开始,中国医科大学附属第一医院开展了肾动脉造影,以后又开展股动脉剖开插管做肾动脉造影。开始时,X线摄片需人工换片很不方便,20世纪60年代在引进菲利浦公司的大型X线机后,开展了同步连动自行换片的新技术,为诊断较困难的肾病变,如肾肿瘤等,开辟了一条新的诊断途径,特别是为以后开展肾血管性高血压的治疗奠定了基础。另外,1958年,腹膜后充气造影检查肾上腺疾患也已经开始应用,为肾上腺肿瘤的诊断提供了一定的影像学基础,这在当时已属较为先进的有关肾上腺疾患的影像诊断技术。20世纪60年代中后期,大连医科大学附属第一医院、沈阳军区总医院也相继开展肾动脉造影术诊断肾血管性高血压。大连医科大学附属第一医院还开展了肾动脉成形治疗肾动脉狭窄所致高血压,为保住病肾做了有益的尝试。虽然现代影像技术三维CT、CT血管造影等无创技术已经能够取代血管造影技术,但后者为泌尿外科发展曾作出过的贡献是不可忘却的。

1956年,在"向科学进军"口号的鼓舞下,中国医科大学附属第一医院进行了犬的肾移植实验,为以后的同种异体肾移植工作积累了宝贵的经验。20世纪60年代初期,沈阳军区总医院也开始做人工肾动物实验,并借鉴国外经验自制了一台人工肾机器,1963年投入临床使用,此项成果获总后勤部科技成果奖三等奖。

1958年,中国医科大学附属第一医院开始对肾上腺疾病进行外科治疗,如库欣综合征、嗜铬细胞瘤、原发性醛固酮增多症的手术治疗,扩大了泌尿外科的治疗范围。该科在临床实践中不断摸索、不断改进术式,如对肾上腺皮质增生引起的库欣综合征,在国内较早开展一侧肾上腺全切,另一侧做五分之四切除的手术,症状虽可一时性缓解,但长时间后可能复发,且复发概率很高,故改为双侧肾上腺全切,终身服用激素替代。临床实践中,他们不断总结后,摈弃背部切口改为经第十一肋切口的手术方法,手术操作简便,并发症少,为肾上腺疾病的手术治疗提供了更为可行的新方法。

1959年开始,中国医科大学附属第一医院尝试对浸润直肠的膀胱癌或浸润膀胱的直肠癌,施行全盆腔脏器切除术,打破了以往的手术禁区,开辟了一条新的救治途径。

1963年,中国医科大学附属第一医院开展了血管修补手术治疗肾血管狭窄性高血压,取得了良好效果。

1964年,为配合计划生育工作的开展,全省各大医院派出泌尿外科医生参加医疗队,对开展男性绝育手术做了大量工作。

1966年,"文革"开始,辽宁省泌尿外科遭到了严重破坏,特别是中国医科大学附属第二医院被下放到辽西朝阳市达十几年之久,医疗、科研及教学几乎处于停顿状态。但仍有中国医科大学附属第一医院的王瑞福、吕连庭、李宝兴、张铭铮、刘公尧、刘同才,中国医科大学附属第二医院的赵自亮、徐瑞章、佟宗生、郭恩忠、王鸿起,大连医科大学附属第一医院的黄剑刚、高春章,大连医科大学附属第二医院的叶成通,沈阳军区总医院的宋元阁、王丕中,锦州医学院的潘加林等为代表的一批泌尿外科专家,坚持在泌尿外科临床第一线。他们克服了重重困难,艰难地维系着泌尿外科的存在。难能可贵的是,在极其不利的条件下,这些泌尿外科前辈们仍以忘我的工作精神开展了一些以当时的条件来说很难完成的工作。如1973年初,沈阳军区总医院开展肾移植的动物实验,取得了成功,并积累了宝贵的经验,为开展临床肾移植打下了基础。

在此期间,大连医科大学附属第二医院南迁遵义,在临床手术革新方面做了大量工作,其中睾丸移植、膀胱外翻的功能性重建等技术达到了很高的水准,在国内率先发表了"利用腹膜瓣膀胱再生术"、"原位低温肾剖开取石、肾内成形术"等文章。

以中国医科大学附属第一医院泌尿外科吕连庭、王瑞福为主的泌尿外科前辈们参加了《实用手术学》(1974年,辽宁人民出版社)泌尿外科部分内容的编写工作。该书以大量的手术失败教训为主线内容编写,可以称得上是一部难得一见的好书,为辽宁省乃至全国泌尿外科界留下了一份极其珍贵的历史资料,1977年在沈阳市科学大会上获得集体奖。此书为辽宁省第一部有泌尿外科专业人士参编的大型专著,在全国也应是较早的一部。

四、发展时期(1977—1995年)

"文革"结束后,特别是党的第十一届三中全会以来,各医疗单位落实了知识分子政策,撤并的科室重新独立,泌尿外科专科医师重又回归工作岗位,辽宁省泌尿外科又蓬勃发展起来。多家医院开始创办泌尿外科专科,专业队伍不断壮大,在诊疗技术和临床、基础科研等方面,取得了可喜的成绩。

1977年开始,随着国产及国外平板血液透析机在临床的应用,沈阳军区总医院、大连医科大学附属第一医院、中国医科大学附属第一医院、解放军二一〇医院相继建立人工肾室,之后都开展了血液透析工作,挽救了一些急、慢性肾功能衰竭病人的生命,并为异体肾移植做好了准备工作。1978年,中国医科大学附属第一医院、沈阳军区总医院相继开展"同种异体肾移植"。其中,1978年8月27日,沈阳军区总医院施行了首例异体尸体供肾移植,这一女性病人带肾存活19个月。1979年,大连解放军二一〇医院、大连医科大学附属第一医院也相继开展"同种异体肾移植"。其中大连医科大学附属第一医院收治的一例青年女病人在肾移植术后1年结婚,并正常分娩一女婴。据考证,此为国内肾移植术后首例分娩出正常婴儿的女性尿毒症病人。此后,"同种异体肾移植"手术在省内蓬勃开展起来。这其中的代表包括沈阳军区总医院、大连医科大学附属第一医院、沈阳空军四六三医院、中国医科大学附属第一医院等。其中沈阳军区总医院截止2005年10月,已经完成1 458例"同种异体肾移植"手术,最长一例已经带肾存活 27 年。目前,全省移植肾 1 年存活率超过 90%,5 年存活率超过 75%,达到国内先进水平。2000 年,大连友谊医院开展了亲属供肾肾移植手术,扩大了肾移植手术的供体范围。

1979 年,中国医科大学附属第一医院的王瑞福着手"双肾上腺全切自体移植治疗肾上腺皮质增生症的研究",当时在国内处于先进水平,取得了良好的手术效果。在长期术后随访观察中,发现双侧肾上腺切除者有部分出现 Nelson 综合征,系因脑垂体肿瘤引起,他们在国内较早地报道了该病的诊断和治疗。1980 年,中国医科大学附属第一医院开始对肾上腺皮质增生病人采取双侧肾上腺全切,腺体组织自体移植埋藏于股直肌内,取得一定效果;后又开展右侧肾上腺全切,左侧肾上腺大部分切除,将余下部分带血管蒂移位于左腰背部第十一肋间皮下,也取得了良好的临床效果。辽宁省是在当时国内治疗肾上腺疾病的病种较多和效果较好的几个地区之一。

20 世纪 50 年代初期,中国医科大学附属第一医院泌尿外科开展的阴茎修复手术技术,通过与口腔、烧伤等整形科室的合作,技术已趋成熟。其成果("9 例阴茎再造术的体会",吕连庭)分别在"第一届全国泌尿外科学术会议"(1981 年),"中华医学会全国烧伤、整形学术会议"(1982 年)上作了交流,受到与会同行的高度认可。

1979 年,中国医科大学附属第一医院的张铭铮留学瑞典,在瑞典首都斯德哥尔摩卡林斯医院深造 2 年,掌握了经尿道电切治疗泌尿外科疾病的先进技术。回国时,因其成绩优异,导师赠送一套价值人民币 20 多万元的 Storz 电切镜及电切襻、气囊尿管等相关器械,此套设备一直使用到 2001 年。他在回科后(1981 年底)积极开展经尿道前列腺电切术及表浅膀胱肿瘤电切手术。该项成果 1984 年获卫生部科技进步奖二等奖,为国内先进水平。同时也标志着辽宁省的腔内泌尿外科技术的全面开始。此后(1985 年),大连解放军二一○医院的符庆吉主任、大连医科大学附属第一医院、大连医科大学附属第二医院、大连市中心医院、沈阳市第八人民医院的曾庆有、本溪钢铁公司总医院的吴永安、锦州医学院附属第一医院、营口市中心人民医院的王明瑞等也相继开展经尿道前列腺电切及表浅膀胱肿瘤电切手术,微创泌尿外科技术开始在辽宁省蓬勃开展起来。

1982 年,中国医科大学第一附属医院经过对肾上腺疾病多年的临床诊治实践,不断总结,提出了"肾上腺性高血压"的概念,并且细化为"高血容量性"和"低血容量性"两种不同机制,进行不同的术前准备,为肾上腺疾病的外科治疗提出了新的理念。经中国医科大学附属第一医院孙志熙整理总结,发表于国外医学杂志上。

1982 年,中国医科大学附属第二医院成立独立的小儿泌尿外科,在赵国贵、王宪章、王常林的带领下,做了大量的小儿泌尿外科的专科工作。该院的小儿泌尿外科的诊疗技术在国内处于领先水平。

1983 年,大连市友谊医院在国内较早开展冷刀内切开治疗尿道狭窄,取得了良好的术后效果。

1985 年 5 月,以瑞典卡林斯医院安德森教授为首的瑞典医学代表团,应邀到辽宁进行学术交流,并在中国医科大学附属第一医院开办了全国经尿道电切手术(TUR)技术学习班,来自北京、上海、武汉等全国各地及省内的 40 多名泌尿外科专业学者参加了会议。会议期间,张铭铮被授予"卡林斯医院"银质荣誉奖章和证书,以表彰他对发展 TUR 技术及中瑞友好所作出的贡献,成为辽宁省第一位得到国外学术团体授予奖章的学者。

1986 年 3 月,解放军二一〇医院开展体外冲击波碎石技术(ESWL),此后中国医科大学附属第一医院(1987 年)、阜新市中医院(1987 年)、大连医科大学附属第一医院(1988 年)等多家医院也相继开展,包括 EDAP-10 型进口碎石机及国产碎石机的应用,为辽宁地区尿石症的治疗掀开了新的历史篇章。迄今,全省已治疗几万名尿石症病例,积累了丰富的临床经验。

20 世纪 80 年代中后期,辽宁省泌尿外科进入持续稳步发展时期。

以中国医科大学附属第一医院与第二医院、沈阳军区总医院、大连医科大学附属第一、二医院、大连市友谊医院、辽宁省肿瘤医院、辽宁省医院、锦州医学院附属第一医院、沈阳空军四六三医院、沈阳市第八医院、沈阳军区二〇二医院、本溪钢铁公司总医院、本溪市中心医院、鞍山钢铁公司医院、抚顺市中心医院等为代表的辽宁省泌尿外科学界相继开展了经腹肾癌根治术、膀胱全切回肠代膀胱术,提高了肾肿瘤及膀胱肿瘤的治疗效果。在"自体肾移植"手术方面,成功进行了不切断输尿管的新术式,同时开展了经尿道膀胱颈切开治疗膀胱颈梗阻及经尿道膀胱碎石术(中国医科大学附属第一医院,1985 年);卡介苗、血卟啉激光治疗表浅性膀胱癌(大医医科大学附属第一医院、沈阳市第五医院,1986 年);经尿道膀胱内液电碎石术治疗膀胱结石(解放军二一〇医院,1986 年);腹壁皮瓣法膀胱外翻一次功能修复术(辽宁省医院,1986 年);改良式乙状结肠 L-Y 吻合法(尿粪合流)尿流改道术(中国医科大学附属第二医院,1987 年);异位可控盲升结肠膀胱术(解放军二一〇医院,1988 年)。1989 年开始,以解放军二一〇医院、阜新市中医院、丹东市第二医院为代表的多家医院率先开展输尿管镜技术,应用于腔内碎石、输尿管狭窄内切开、输尿管肿瘤电切,取得了良好的经济效益和社会效益。这些技术各具特色,均取得了良好的治疗效果。对这些技术做出过杰出贡献的包括中国医科大学附属第一医院的张铭铮、刘同才教授,中国医科大学附属第二医院的徐瑞章、郭恩忠教授,大连医科大学附属第一医院的黄剑刚、高春章教授,大连医科大学附属第二医院的刘用楫教授,辽宁省肿瘤医院的梁仲奎主任,解放军二一〇医院的符庆吉主任,阜新市中医院的岳惠卿主任等。其中刘用楫教授主持的腹壁皮瓣法膀胱外翻一次功能修复术成果获得 1993 年辽宁省科技进步奖一等奖。

20 世纪 90 年代初期开始,以中国医科大学附属第一医院与第二医院、沈阳军区总医院、大连医科大学附属第一医院与第二医院、大连市友谊医院、锦州医学院附属第一医院、辽宁省医院、辽宁省肿瘤医院、沈阳空军四六三医院、辽宁省金秋医院、解放军二一〇医院、沈阳市第八医院、沈阳市第五医院、本溪市中心医院、丹东市第二医院、阜新市中心医院、本溪钢铁公司总医院、鞍山钢铁公司医院、抚顺市中心医院、朝阳市中心医院、铁岭市中心医院等泌尿外科为代表的多家医院开始全面开展各项泌尿外科高新技术,如保留神经的根治性全膀胱切除术(辽宁省肿瘤医院,1990 年);肾脏工作台手术鹿角型结石取出术(大连市中心医院,1990 年);完全鹿角结石的肾劈开取石术(中国医科大学附属第二医院,1991 年);

经 Treitz 韧带入路左肾癌根治术(中国医科大学附属第二医院,1991 年);前列腺癌根治术(沈阳空军四六三医院,1992 年)等。1992 年,沈阳空军四六三医院等开展的前列腺癌根治术,至 2004 年已达 80 例,积累了丰富的经验。辽宁省金秋医院开展的早期前列腺癌筛检工作等都取得了可喜的成绩。全省各医院紧跟国际发展潮流,逐步发展包括腹腔镜、输尿管镜、肾镜等微创泌尿外科技术,在原有工作基础上,专业工作方向又上了一个新的台阶。1994 年,大连医科大学附属第一医院开始应用腹腔镜诊断和切除腹腔型隐睾,此后包括中国医科大学附属第一医院与第二医院、大连医科大学附属第二医院、大连市友谊医院等陆续开展后腹腔镜下泌尿外科手术治疗,应用于肾上腺切除、肾切除、肾囊肿去顶减压、肾癌根治术等。1995 年,中国医科大学附属第一医院开展输尿管镜检查技术及气压弹道碎石技术。

在辽宁省泌尿外科的发展时期,中国医科大学附属第一医院的张铭铮、吕连庭、刘同才、李芳、李书章、孙志熙、任玉鹏教授,中国医科大学附属第二医院的赵自亮、徐瑞章、佟宗生、郭恩忠、王鸿起教授,大连医科大学附属第一医院的黄剑刚、高春章、陈椿教授,大连医科大学附属第二医院的叶成通、刘用辑教授,大连友谊医院的初立本、吴永安主任,解放军二一〇医院的符庆吉主任,辽宁省肿瘤医院的梁仲奎主任,沈阳军区总医院的黎鉴泉、伍秋生主任,锦州医学院附属医院的孙奎治教授,沈阳市第八人民医院的曾庆有主任,沈阳空军四六三医院的郭宏欣主任,抚顺市中心医院的于宪斌主任,鞍钢铁东医院的洪振国主任等都作出了巨大的贡献,使辽宁省的泌尿外科形成了相当的规模。

五、现阶段(1996 年至今)

20 世纪 90 年代中后期,随着改革开放和国际交流合作的加强,辽宁省泌尿外科界焕发出青春和活力,在传承老一辈们优良传统的基础上,积极开展微创泌尿外科技术,奏出新时代强有力的新乐章! 主要有以下几个方面的显著特点。

1. 泌尿外科专业人才队伍更加知识化、年轻化

出现了一大批年轻有为的人才和跨世纪的学科带头人,他们活跃在临床、科研、教学的第一线,并加强了与国际泌尿外科界的学术交流,顺应了中国泌尿外科高速发展的潮流。

2. 泌尿外科诊疗技术的高速发展

在世界性技术革命浪潮的冲击下,新技术、新疗法不断应用于泌尿外科临床。全省三甲医院都普遍地更新了设备,引进一大批国际先进水平的仪器设备。1996 年,大连医科大学附属第一医院开始在国内首家应用钬激光治疗表浅性膀胱癌及膀胱结石等,为新一代微创技术的应用开了先河。1996 年,沈阳空军四六三医院还成功开展小肠代全程输尿管手术,迄今已积累了 5 例手术经验。1997 年,中国医科大学附属第二医院引进并开展了软性电子膀胱镜及软性输尿管镜的诊治工作,收到良好效果。1998 年,大连市友谊医院及中国医科大学附属第一医院相继引进尿流动力分析仪,开展神经泌尿学及女性泌尿外科诊治工作。20 世纪末,大连友谊医院开展了国际上先进的尿道中段悬吊术治疗女性压力性尿失禁。此后,中国医科大学附属第一医院、大连医科大学附属第一医院也相继开展此项技术,

取得良好效果。大连市友谊医院还成立了女性排尿功能障碍治疗中心,中国医科大学附属第一医院成立女性泌尿外科门诊,开展了有关女性排尿功能障碍的相关诊治工作,开展了CTU在泌尿外科疾病诊断中的应用,同时开展了肾癌下腔静脉瘤栓的取出手术治疗,取得了良好的社会效益。2003年,沈阳空军四六三医院开展的肾脏工作台手术以及中国医科大学附属二院开展的人工心脏辅助下大血管内肿瘤栓子取出,大连医科大学附属一院开展的横行延续纵行带带包皮单皮瓣法Ⅰ期修复重度尿道下裂等都具有一定的专业技术水准。

3. 微创泌尿外科技术开始占据主导地位

中国医科大学附属第一医院与第二医院、沈阳军区总医院、大连医科大学附属第一医院与第二医院、辽宁省人民医院、辽宁省肿瘤医院、锦州医学院附属第一医院、中国医科大学附属第四医院都非常重视发展腔内及后腹腔的微创技术,各单位微创手术的比例达60%～70%,缩短了病人住院的时间,大大减少了病人的痛苦。

1) 以后腹腔镜肾上腺切除为代表的腹腔镜技术的开展方兴未艾,这其中的杰出代表包括:大连医科大学附属第一医院、大连医科大学附属第二医院、中国医科大学附属第一医院、中国医科大学附属第二医院等。此项技术陆续在省内各家医院普遍开展,并逐步开展了各类腹腔镜手术,如肾癌根治术、肾盂成形术、根治性膀胱全切术和前列腺癌根治术等。

2) 2002年,中国医科大学附属第一医院在国内率先开展微创内视镜单通道无气腹后腹腔镜泌尿外科手术技术,并首先应用于肾癌根治术,以后逐步应用于肾脏切除术、肾盂成形术、输尿管切开取石术,并有选择地应用于肾囊肿去顶减压术及肾上腺肿瘤切除术。微创内镜泌尿外科手术是将传统的开放手术和内镜相结合的新型手术技术,并以国家继续医学教育的方式在国内推广、应用。

3) 经尿道电切手术的开展与应用迅速发展为辽宁省在全国最早开展的高新技术,治疗前列腺增生症、膀胱肿瘤、尿道狭窄、膀胱颈梗阻等疾病,迄今已经开展20多年。2001年,中国医科大学附属第二医院开展经尿道前列腺剥脱术,同时辽宁省人民医院也开展了此项技术;大连医科大学附属第一医院开展经尿道等离子束治疗前列腺增生、膀胱肿瘤。近年来,各医院又引进等离子电切、汽化电切、绿激光技术,丰富了经尿道手术的内容,也取得了良好的效果。目前,经尿道手术,在辽宁省的市级以上医院都已经普遍开展。

4) 输尿管镜技术和经皮肾镜主要用于肾脏和输尿管结石的治疗、输尿管炎性狭窄的内切开治疗和输尿管肿瘤的诊断与治疗等。包括:中国医科大学附属第一医院,大连医科大学附属第一医院与第二医院,中国医科大学附属第二医院与第四医院,锦州医学院附属第一人民医院,沈阳市第五医院与第八医院,阜新市中医院,辽河油田中心医院,本溪钢铁公司总医院,本溪市中心医院,鞍山钢铁公司诸家医院等在内的多家医院都已经成熟地运用这些技术,而且已经开始应用纤维输尿管镜技术治疗肾盏结石,并拥有诸如钬激光、U-100激光等世界上先进的治疗仪器,对病人创伤小,效果确切,达到国内先进水平。

5) 单通道腹腔镜技术应用于泌尿系统疾病的治疗,已在中国医科大学附属第一医院得

中国泌尿外科学史（第2版）

到了初步的尝试。微创内视镜肾癌根治术获得辽宁省科技进步二等奖。

4. 肾移植手术已经在全省范围内普遍开展

20家以上的医院开展了肾移植工作。其中沈阳军区总医院、大连医科大学附属第一医院、沈阳空军四六三医院、中国医科大学附属第一医院等医院的泌尿外科在这一领域工作尤为突出。沈阳军区总医院肾移植病例已经累计过千例，成功率在国内处于先进水平。2005年沈阳空军四六三医院在东北地区首家开展了亲属供体肾移植手术。中国医科大学附属第一医院移植科的"胰肾联合移植治疗糖尿病引起的糖尿病肾病的基础与临床研究"还获得教育部提名国家科技进步奖一等奖及辽宁省科技进步奖一等奖。

5. 上尿路移行细胞癌术后再发膀胱癌的防治研究工作取得重大突破

中国医科大学附属第一医院泌尿外科采用临床与基础结合的方法，利用分子生物学技术检测瘤标，来预测肾盂输尿管癌术后再发膀胱癌，以指导临床术后及时复查，及早发现膀胱癌，早期治疗。同时对肾盂输尿管癌手术中输尿管口周围膀胱壁的处理方法进行改良，既确切切除术后易再发膀胱癌的病变部位，又防止以往因切开膀胱而致含瘤细胞尿液引起切口种植的几率，同时探讨了术后早期膀胱灌注化疗可减少肾盂输尿管癌术后再发膀胱癌。该项研究分别获得辽宁省科技进步奖三等奖、辽宁省科技进步奖二等奖、全国泌尿外科中青年医师优秀论文奖以及中华医学科技奖三等奖。

6. 泌尿系统肿瘤的预防与治疗工作也具有一定特色

特别是辽宁省肿瘤医院泌尿外科，应用羟基喜树碱膀胱灌注防治表浅性膀胱癌已有15年以上的经验。该科室采用的膀胱肿瘤术中黏膜下注射化疗药物方法，取得了良好的效果，使膀胱癌早期复发率由40%下降至10%以下。此外，晚期肾癌术前采取选择性肾动脉栓塞配合手术治疗，也取得了非常好的效果，术后采用树突状细胞免疫疗法预防和治疗微转移达到国际水平。

7. 肾上腺疾病的外科治疗技术又迈上了一个新的台阶

中国医科大学附属第一医院泌尿外科总结了30多年肾上腺疾病外科治疗的诊治经验，此研究涉及的病例样本大，病种、病因齐全，研究方法科学，特色明显，有可操作性和实用性。提出了肾上腺性高血压的诊断分型，将肾上腺性高血压分为高血容量型和低血容量型，对肾上腺外科疾病的治疗具有实际指导意义。特别是对无功能肾上腺肿瘤的生物学特征及其诊断与治疗做了系统研究，提出了临床前原发性醛固酮增多症等新的观点。他们还就术前诊断恶性嗜铬细胞瘤和无功能肾上腺肿瘤提出了自己的经验。该项研究获得2项辽宁省科技进步奖三等奖。

8. 泌尿外科的基础与临床研究也在不断深入，医、教、研全面发展

省内教学医院中，已经拥有多家博士及硕士点单位，每年培养博士生30人以上、硕士生70人以上。全省泌尿外科学的专业论文、研究生学位论文数量逐年增长，并且在近年有多篇论文发表于"UROLOGY"等国外著名专业杂志上，被SCI收录。有多项科研课题获得省、部级奖项，其中的杰出代表包括中国医科大学附属第一医院与第二医院，大连医科大学附属第一医院与第二医院,锦州医学院附属第一医院等。

　　9. 男科学发展方兴未艾

　　中国医科大学附属一院成立了男科学专业。除多家大医院外,一些民营医院也都表现出了强劲的发展势头,并在试管婴儿等新技术领域做了有益的探索。

　　10. 中医在泌尿外科的应用也越来越受到重视

　　以辽宁中医学院附属医院、阜新市中医院为代表的中西医结合治疗泌尿外科系统疾病,特别是尿路结石方面,取得了可喜的成果。其中,1997年阜新市中医院泌尿外科被"国家中医药管理局"批准为"全国中医泌尿系结石医疗中心",在岳惠卿主任带领下,采取腔内、体外碎石配合中药治疗泌尿系统结石,取得了良好的治疗效果,并于2002年再次被"国家中医药管理局"定为"十五"重点专病项目。

　　11. 学科发展

　　各医院重视专业学组的划分,特别是大型综合性医院专科化,专业分组再细化。在此方面中国医科大学附属一院泌尿外科走在了省内前列,成立了中国医科大学泌尿外科研究所、专业实验室。并将整个学科细化为7个亚专科,每个专科由2～3名学术骨干带领,展现出非常好的发展态势。

　　辽宁省泌尿外科学经过近百年的风雨沧桑,不断发展壮大,可以说已经成为国内泌尿外科学界的一支重要力量。目前,全省拥有泌尿外科专业的医院达70多家,泌尿外科专业医生近1 000人,总病床数2 200余张,发表学术论文近5 000多篇,参编《吴阶平泌尿外科学》等著作,以及主编泌尿外科相关著作30多部,获得基金资助的科研课题200余项,获得各级成果奖近350项。

六、重要学术交流

　　1949年,在沈阳市召开了东北卫生工作会议,会议主要探讨了东北卫生工作的重点内容并进行了学术交流。1951年,在沈阳市召开了全国第四届外科学术会议,泌尿外科学组重点对泌尿系创伤进行了学术交流。

　　1963年6月14～19日,由中国医科大学附属第一医院泌尿外科主办,沈阳医学会协办,在沈阳召开了首次全国泌尿外科学组学术会议。此次会议是为第八届全国外科学术会议做准备,其中主要论文在第八届全国外科学术会议做交流,因此,也被认为是中国泌尿外科学史上大规模专业学术会议的开端,共有25个省、市、自治区139人与会,收到论文219篇,以肾结核、泌尿系统损伤、尿石症为重点,会上宣读论文92篇,并讨论了有关计划生育、泌尿外科医师培养等问题。此次大会由王瑞福主持,李宝兴任秘书长。本次会议主要议题是关于泌尿外科手术的进展,明确了关于"肠代膀胱"和"肠扩大膀胱"的概念,标志着肠道泌尿外科在我国泌尿外科规范化应用的开始。同时,在本次会议上,我国著名泌尿外科专家吴阶平首次提出的"一侧肾结核"、"对侧肾积水"的机制为膀胱挛缩后尿液反流而非代偿性因素所致的理论得到与会代表的广泛认同。大会上,辽宁省泌尿外科有15篇学术论文进行交流,受到来自全国各地同行们的赞许,在国内引起很大震动。其中,王瑞福的"晚期重症脓肾型肾结核一期肾切除术",改变了过去沿用的先行肾造瘘、再择期肾切除的手术常规,变两次手术为一次,既减少了病人痛苦,又减轻了病人的经济负担,成为此后多年来沿用的经典手术之一。

1979年,辽宁省与内蒙古自治区泌尿外科同仁在辽宁省阜新市召开学术会议,就当时的泌尿外科相关技术进行了学术交流,同时对加强地区间学术交流等问题进行探讨。

1982年,由辽宁省医学会主办、中国医科大学附属第一医院泌尿外科协办,在沈阳召开了第一届东北三省泌尿外科学术会议。辽宁、吉林、黑龙江三省的98名泌尿外科医生与会,大会收到论文109篇,50篇在会上进行交流。此后,于1987—1997年相继召开了共计7次东北三省泌尿外科学术会议,为推动东北三省泌尿外科的发展做出了贡献。自1988年开始,每两年召开一次辽宁省泌尿外科学术会议,迄今共12次。自1994年开始,每4年召开一次辽宁省男科学学术会议后于2006年改为每两年一次,至今共5次。

近年来,辽宁省学术及科研的氛围不断加强,不仅积极参与国内各项学术活动,而且积极争取全国性的学术会议在辽宁召开,以扩大影响,提高省内的学术氛围。

2003年,由中国医科大学附属第一医院泌尿外科主办、辽宁省医学会协办,于沈阳召开了全国第四届尿动力学术会议,无论从规格上,还是质量上,该次会议都被与会代表誉为历届以来最好的会议之一。

2004年9月由《中华泌尿外科》杂志社主办,沈阳市第五人民医院协办,于沈阳召开了全国第六届泌尿外科新进展暨尿路结石治疗学术高级论坛会,与会者不仅有国内著名的泌尿外科专家、工程院院士,同时也有来自美国和德国在国际上享有盛名的泌尿外科专家学者。

2005年,由《中华泌尿外科》杂志社主办、中国医科大学附属第四医院泌尿外科协办,于沈阳开办了全国肿瘤规范化治疗高层论坛讲习班,国内知名学者云集一堂,也为辽宁省泌尿外科同道提供了宝贵的学习机会。

2006年10月,第十三届全国泌尿外科学术会议暨第八届世界华人泌尿外科学术年会在沈阳召开,这是东北地区自中华医学会泌尿外科分会成立以来首次承办全国泌尿外科学术会议,是一次全国性泌尿外科界盛大的集会,以辉煌的成绩载入辽宁省泌尿外科学的史册。

2008年1月,全国尿失禁与膀胱功能障碍专题研讨会;2009年8月,第十届全国男科学学术会议;2010年4月,第8次全国泌尿外科尿控学术会议等大型学术会议又相继在沈阳、大连召开,充分表明了辽宁省泌尿外科学在国内举足轻重的地位。

特别是近4年来,在中华医学会泌尿外科学分会副主任委员孔垂泽教授的推动与组织下,辽宁省的尿外科手术氛围空前活跃。东北三省,辽宁省每年举办地区级学术会议5~7次,极大地调动了本地区泌尿外科医生学习、工作的热情,特别是2010年还创办了内部学术交流刊物《泌尿外科论坛》,建立了泌尿外科论坛官方网站,推动了本地区的学术交流。

七、学会发展简史

1981年,吴阶平发起成立了中华医学会泌尿外科学分会,辽宁的王瑞福任泌尿外科学分会常务委员。同年,辽宁省医学会成立外科学会泌尿外科学组,王瑞福任组长,这也是辽宁省泌尿外科学会发端的前身。

1988年8月23~26日,召开了辽宁省第一次泌尿外科学术会议,会议期间,第一届泌尿外科学会委员会成立,张铭铮任主任委员,辽宁省泌尿外科学界从此有了真正属于自己的专业学术团体。

1994年4月26~28日,辽宁省男科学会议在本溪市顺利召开,第一届辽宁省男科学专科学会委员会成立,佟宗生教授任主任委员。

省泌尿外科学会及男科学会发展简况见表10-1、表10-2。

表10-1 辽宁省泌尿外科学会历届委员会简况

届 数	时间(年)	主任委员	主委单位	副主任委员人数	委员人数
第一届	1988—1992	张铭铮	中国医科大学附属第一医院	5	17
第二届	1992—1996	张铭铮	中国医科大学附属第一医院	4	15
第三届	1996—2000	张铭铮	中国医科大学附属第一医院	4	25
第四届	2000—2001 2001—2004	刘同才 孔垂泽	中国医科大学附属第一医院	3	32
第五届	2004—2008	孔垂泽	中国医科大学附属第一医院	7	36
第六届	2008迄今	孔垂泽	中国医科大学附属第一医院	7	40

表10-2 辽宁省男科学会历届委员会简况

届 数	时间(年)	主任委员	主委单位	副主任委员人数	委员人数
第一届	1994—1998	佟宗生	中国医科大学附属第二医院	6	20
第二届	1998—2001	李书章	中国医科大学附属第一医院	4	17

（续表）

届　数	时间(年)	主任委员	主委单位	副主任委员人数	委员人数
第三届	2001—2005	吴　斌	中国医科大学附属第二医院	5	25
第四届	2005—2009	吴　斌	中国医科大学附属第二医院	7	14
第五届	2009至今	吴　斌	中国医科大学附属盛京医院	8	32

2009年，成立了东北地区泌尿外科青年委员会，中国医科大学附属第一医院泌尿外科毕建斌教授任主任委员，概况见表10-3。

表10-3　东北地区青年委员会简况

届　数	时间(年)	主任委员	主委单位	副主任委员人数	委员人数
第一届	2009—	毕建斌	中国医科大学附属第一医院	4	49

辽宁省泌尿外科学从无到有、从小到大，经过了几代人的拼搏与努力，已经取得了辉煌的业绩。但站在历史的高度，特别是进入了新的世纪，全省泌尿外科同道们深深地意识到泌尿外科学还将面临着新的严峻考验，"2020年达到国际先进水平"的任务还非常艰巨。全省同道们也已经意识到使命的沉重，决心继承前辈们奉献进取、团结奋斗的优良传统，努力学习，跟上时代发展的步伐，将辽宁省泌尿外科学推进到一个新的辉煌阶段，为泌尿外科事业的可持续发展谱写更加美丽、更加动人的新篇章！

吉林省泌尿外科学史

一、奠基时期

20 世纪 30 年代,在伪满时期,长春成立了新京医科大学。当时医科大学附属医院称为新京特别市立医院,旧址现为吉林大学附属第二医院所在地。当时附属医院收治的病人主要以中国人为主。该院的皮肤科负责皮肤、性病和泌尿外科工作,已经拥有膀胱镜等设备,能够开展前列腺摘除术、肾切除术等。

新京医科大学培养了一批优秀的中国医学生,医学前辈肖连升教授就是其中杰出的一位。他 1945 毕业后在该院皮肤科工作,成为了吉林省第一位专业从事泌尿外科的中国人。

1945 年,抗日战争结束后,新京医科大学及其附属医院被国人接收。

二、发展初期(1949—1976 年)

1. 建国初期泌尿外科专业队伍的组建和壮大

1949 年,在原新京医科大学的基础上,由原八路军医卫人员和原新京医科大学的工作人员共同成立了军委长春军医大学。原新京医科大学附属医院也分为 3 个专门医院。其中长春医科大学外科学院(后称白求恩医学院附属第三医院、白求恩医科大学附属第三医院,现吉林大学附属第三医院,又称中日联谊医院)于 1949 年 11 月成立。肖连升来到当时的外科学院,创建了泌尿外科。当时该科室床位 30 张,科负责人为肖连升,主治医师有董惠成,军医王恩普、左宝瑞、陈学军;护士 8 人,护理员 4 人。此后,附属第三医院泌尿外科曾几次与其他外科分分合合,以肖连升为代表的泌尿外科专业队伍却不断发展、壮大。1951 年前后,该科新增加的医师有李柏苍、张百超、林启春、刘忠霖、王为革。

抗美援朝时期,军委长春军医大学更名为第三军医大学,泌尿外科医生陈学军和左宝瑞参加了志愿军的医疗队赴朝鲜战场。作为后方较大的医疗和医学生培养基地,长春的各家医院特别是军医大学的三个附属医院收治了大量的志愿军伤病员。当时的泌尿外科前辈们边治病、边教学,为抗美援朝的胜利作出了巨大的贡献。

1954 年 8 月实行整编合校。第一、第三军医大学合并为第一军医大学。原来的两个泌尿外科合并成立了第一军医大学三院泌尿外科。当时新增的人员有许殿乙教授、张保罗副教授、牛芳儒、李洪、丁传纪。许殿乙教授任科主任,张保罗副教授任副主任,王晓辉任护士长。整编合校后的泌尿外科床位 40 张,教授 1 人、副教授 1 人、讲师 8 人、护士 8~10 人、护理员 4 人。

1956 年,学习苏联三段教学法,三院成立了临床外科、普通外科和系统外科,各科均设泌尿组。原医师分至三个泌尿组,同时又增加了新的人员,梁圣保、刘作华。1958 年,根据国家卫生部和解放据总后勤部的联合决定,学校移交给地方。许殿乙教授调至解放军总院,张保罗调至内蒙古医学院。1960 年,梁圣宝、王恩普调至医大一院、刘忠霖调至延边医学院泌尿外科。1962 年,三院取消混合收容,回复专科,重新调整科室,再次成立泌尿外科肖连升任副主任。至此吉林省泌尿外科开始以独立科室的姿态高速发展,此期间新增人员刑广君、鲁学军、于德江、姜长胤。

2. 驻军医院泌尿外科专业人员开始向全省扩展

20 世纪 50 年代,第一军医大学泌尿外科专业人员逐渐向全长春市和全吉林省扩展,成为吉林泌尿外科事业发展的中坚力量。1951 年,王忱在第一军医大学附属第二医院(后称白求恩医科大学附属第二医院,现吉林大学附属第二医院)开始从事泌尿外科工作,董惠成(1956 年)、刘作华(1960 年)、庄凯(1968 年)、李毅(1970 年)加入到泌尿外科专业工作。1956 年,张权和陈星辉在吉林省人民医院开始从事泌尿外科工作。1958 年,吴景禹和王士英在长春市中心人民医院开始从事泌尿外科工作;1965 年,姚飞强加入泌尿外科工作;1976年新增加的医师有姚飞强、鲍长途、穆春喜。1960 年,梁圣保在第一军医大学附属第一医院(后称白求恩医科大学附属第一医院,现吉林大学附属第一医院)开始从事泌尿外科工作。

1958 年,孙少增在吉林医学专科学校附属医院(后称吉林医学院附属医院,现北华大学附属医院)开始从事泌尿外科工作。1973 年,吉林医学专科学校附属医院成立了泌尿外科,科主任李佳,设置床位 8 张,医生 5 人。新增加的医师有黄道柞、杨忠山、袁长山、项东。1969 年,苗光远在吉林油田医院开始从事泌尿外科工作,1970 年刘学民加入该科工作。20世纪 60 年代,王淑兰在通化市人民医院开始从事泌尿外科工作;70 年代,朴松哲加入该院泌尿外科工作。

3. 开展新的手术或者新技术

20 世纪 50 年代,已开展了泌尿外科常见病、多发病的手术治疗,如尿道会师术、尿道狭窄成形术、耻骨后膀胱外前列腺摘除术、回肠膀胱扩大术、膀胱全切、回肠膀胱术、耻骨上经膀胱前列腺切除术、肾部分切除术、膀胱阴道瘘经膀胱修复术、腹膜后精索内静脉高位结扎术、经会阴前列腺癌根治术、肾上腺切除治疗柯兴综合征、肾病灶清除术等。

20 世纪 60 年代开展的手术有:乙状结肠膀胱扩大术、膀胱全切乙状结肠代膀胱术、直肠膀胱术、嗜铬细胞瘤切除术、肾动脉狭窄引起的高血压的诊治、尿道上裂成形术、手术治疗原发性醛固酮增多症、肾蒂淋巴管剥脱术治疗乳糜尿、肾动脉造影术、肾淋巴管造影术、回肠代输尿管术、尿道下裂一期成形术等。

1976 年,长春市中心人民医院开展了经尿道前列腺电切术(TURP)。同年,于《中华外科杂志》上发表了相关论文。

三、发展时期(1977 年至今)

1. 专业泌尿外科纷纷成立

"文革"结束后,国内医疗工作逐渐步入正轨,尤其是改革开放以来,医疗卫生事业更加飞速发展。在此期间,吉林泌尿外科学领域也取得到了长足进步,各家医院先后成立泌尿外科专业科室。白求恩医学院第三临床学院（现吉林大学中日联谊医院）就有独立的泌尿外科专科，当时肖连升教授为科主任。

20世纪80年代，吉林省各大医院的泌尿外科相继成立。

1982年，长春市中心人民医院泌尿外科成立。1983年，白求恩医学院第一临床学院（现吉林大学附属第一医院）泌尿外科成立，创始人为梁圣保教授。

1982年，吉林中西医结合医院泌尿外科成立，科主任张德良。1984年，吉林省人民医院泌尿外科成立，科主任陈星辉。

1982年，四平市中心人民医院泌尿外科成立，科主任谢方志。

1985年，白求恩医科大学附属第二医院泌尿外科成立，科主任王忱；同年，吉林市人民医院成立泌尿外科，科主任启宝毅。

1988年，吉化集团公司总医院成立泌尿外科，科主任佟立明。

1990年，白城市中心人民医院成立泌尿外科，创始人王壮。

1992年，吉林油田总医院泌尿外科成立，负责人刘学民。

1993年，通化矿务局总医院泌尿外科成立，科主任温书鼎。

1994年，白城市人民医院成立泌尿外科，科主任李秋成。

1995年，白城市第二人民医院泌尿外科成立，科主任王军。

2003年，北华大学附属医院泌尿外科成立，科主任扈昕虹。

2. 医疗技术迅猛发展

20世纪医学科学技术的进步推动了吉林泌尿外科事业的发展，1977年，白求恩医学院附属第三医院开展了血液透析，1978年开展同种异体肾移植术，近几年肾移植例数突破150例/年。进入20世纪80年代后，白求恩医学院附属第一医院等多家医院亦先后开展了血液透析和肾移植工作，通化矿务局总医院1980年开展血液透析，吉林油田总医院1990年开展血液透析；长春市中心人民医院1978年开展血液透析，1979年开展同种异体肾移植手术。1987年，四平市中心人民医院先后开展血液透析和肾移植术。吉林省在移植透析方面的业绩突出，目前能开展血液透析、血液滤过、血脂清除、血浆置换等治疗项目。经过几代人的积极努力和探索，在肾脏移植临床与基础研究方面成绩斐然，肾移植生存最长者已达24年，在肾移植实施例次、人/肾长期存活率和存活质量方面，均居于国内的先进行列。2006年，傅耀文教授由吉林大学附属第三医院（中日联谊医院）调至吉林大学附属第一医院，组建了器官移植中心，并在原有同种异体尸肾移植丰富经验的基础上，大量开展了活体肾移植。

泌尿外科的发展初期，手术治疗以开放手术为主，在传统的手术方案基础上，亦作出了许多改革和创新。20世纪90年代后，吉林泌尿外科取得了很快的发展。白求恩医学院附属第三医院（1982年）孔祥波在省内率先开展ESWL、四平市中心人民医院（1991年）、通化市中心人民医院（1992年）相继开展ESWL。吉林市人民医院（1992年）引进德国超声碎石机；吉化集团公司总医院（1989年）购入B超引导下体外震波碎石机。吉林油田医院（1991年）、长春市中心人民医院（1996年）、吉林大学附属第二医院（2000年）、通化市人民医院（2000年）、通化矿务局总医院（2001年）、吉林省梅河口人民医院（2002年）亦相继开展ESWL。

1984 年 10 月,吉林省开展国内第一例经皮肾镜取石术及输尿管镜取石术,首开我国微创泌尿外科之先河。1997 年,吉化集团公司总医院率先在省内开展经皮肾镜微造瘘术治疗复杂性肾结石。2002 年,吉林大学附属第三医院开展腔内气压弹道超声碎石取石术。2004 年,吉林大学附属第一医院引进 60 W 钬激光碎石机,率先开展了经皮肾镜、输尿管镜钬激光碎石技术。2006 年,吉林大学中日联谊医院引进 100W 钬激光仪,开展"钬激光碎石术"。

　　腔内泌尿外科技术作为一项新兴的微创治疗技术,在临床实践中逐步发展成熟,并逐渐占据了外科治疗领域的主导地位。当前,微创技术水平已成为衡量一个单位泌尿外科技术发展的重要标志。20 世纪 80 年代,吉林大学附属第三医院、吉林大学附属第一医院相继开展经尿道腔内技术,并在 20 多年的临床实践中积累了丰富的临床经验。继此之后,吉林省内各家医院先后引进经尿道电切镜。1987 年,白求恩医科大学附属第三医院开展经尿道膀胱肿瘤电切术(TURBt)和经尿道前列腺电切术(TURP);吉林省人民医院(1992 年)、通化市中心医院(1992 年)、吉林市人民医院(1992 年)、长春市中心人民医院(1998 年)、四平市中心人民医院(1999 年)、吉林大学附属第二医院(2000 年)、通化市人民医院(2000 年)、吉林省梅河口医院(2002 年)、吉林油田总医院(2002 年)、通化矿务局总医院(2003 年)、白城市人民医院(2005 年)先后开展了 TURBt 和 TURP。2001 年白山市中心人民医院开展经尿道腔内技术。现在,TURBt 已经成为吉林省治疗非肌层浸润性膀胱肿瘤和良性前列腺增生的金标准。钬激光的应用使既往复杂、疗效差的手术变得简单,2006 年,吉林大学中日联谊医院应用 100 W 钬激光仪开展"狭窄段内切开术"治疗尿道狭窄,取得了理想的效果。

　　20 世纪 80 年代,吉林大学附属第一医院率先在省内开展经皮血管内技术,如肾动脉造影、肾动脉栓塞、精索静脉造影和栓塞技术,为当时肾癌和精索静脉曲张的诊断和治疗提供了良好的方法,并很快在省内普及和发展。

　　20 世纪末期,电视腹腔镜技术的诞生使传统的外科治疗模式发生深刻的变革,外科医师面临内镜技术的巨大挑战。2001 年,吉林大学附属第一医院泌尿外科王春喜教授率先组织第一次长春国际泌尿外科腔镜技术研讨会。以后腹腔镜技术在吉林省泌尿外科领域逐渐开展起来。吉化集团公司总医院 2002 年开展腹腔镜泌尿外科手术,长春市中心人民医院 2005 年也开展了腹腔镜泌尿外科手术。已开展的腹腔镜手术包括:肾上腺切除、肾上腺腺瘤切除、肾切除、肾盂癌根治、输尿管癌根治、前列腺癌根治性切除、肾盂输尿管离断成形、保留肾单位除、精索静脉高位结扎术、膀胱全切等。经过多年的努力,吉林省的腔镜技术已经达到国内先进水平。

　　2002 年吉林大学中日联谊医院与日本政府合作(JICA 项目),获项目资金 500 余万,开展"前列腺癌早期防治"计划,成立了"前列腺疾病预防与治疗中心",开展了"前列腺癌的普查"、"经直肠前列腺超声诊断技术"和"前列腺多点穿刺技术",填补省内空白,开始了吉林省前列腺疾病规范化治疗的先河。并于 2005 年,组织召开全国前列腺疾病研讨会,与会人数 500 余人次,国内外知名专家,在大会上发言。

　　男科的是泌尿外科的一个分支,20 世纪 70 年代才正式成为一门专业学科,吉林省男科起步较晚,但发展迅猛,20世纪80年代,白求恩医科大学附属第二医院庄凯最早在吉林省开展男科工作,此后,李傅彪(白求恩医科大学附属第一医院)、那万里(白求恩医科大学附属第三医院)相继在本单位开展男科工作。2004年,那万里教授主持成立"吉林大学中日联谊医院男科中心",率先在省内开始专业男科工作。2008年,吉林大学附属第一医院成立了专业男科。目前,吉林大学附属第一、第二医院和基础医学院联合成立医学研究中心,长春市妇产医院成立生殖研究中心。吉林省男性生殖的基础与临床研究正逐步的发展。

3. 学术团体成立

20世纪80年代初期,吴阶平教授发起创建中华医学会泌尿外科学分会不久,各省的泌尿外科学分会也纷纷成立。1984年,以白求恩医科大学附属第三医院肖连升教授、附属第一医院梁圣保教授和附属第三医院牛芳儒教授为首,成立了中华医学会吉林省医学会泌尿外科学分会,并召开第一次学术会议,肖连升教授为主任委员。自那时起,吉林省医学会泌尿外科学分会每两年召开一次学术交流会议,肖连升教授连任四届主任委员。赵忠文教授继任吉林省医学会泌尿外科学分会第五届主任委员。中华医学会吉林省男科学分会成立,赵忠文教授兼男科学主任委员。2004年,中华医学会吉林省医学会泌尿外科学分会改选,吉林大学附属第三医院孔祥波教授任第六届主任委员,吉林大学附属第一医院王春喜教授任副主任委员。同年,王春喜教授被聘为中华医学会腔内泌尿外科及ESWL学组委员,先后在中山医科大学附属第三医院和北京大学附属第三医院进行现场腹腔镜手术演示,并于2005年6月组织承办第七届全国腔内泌尿外科及ESWL学术会议,来自全国各地的与会代表有600多人。会议期间,吉林大学附属第一医院王春喜教授等国内知名专家进行了现场手术演示,并通过网络进行手术录像的远程会场传递。

在此期间,泌尿系统肿瘤的治疗亦更为成熟和彻底。经腹肾癌根治、根治性膀胱全切、肠代膀胱等多种术式逐渐在省内推广。大多数基层医院也能独立完成这些开放手术,提高了肾癌、膀胱癌的生存率和生活质量。

2006年,王春喜教授当选中华医学会泌尿外科分会委员。2007年,孔祥波教授当选中华医学会泌尿外科分会委员。2008年,孔祥波教授当选泌尿生殖系肿瘤学会委员。2010年,孔祥波教授、王春喜教授被选聘为《中华泌尿外科》杂志编委;同年当选第九届中华中华医学会泌尿外科分会委员。1983年,吉林大学附属第三医院肖连升教授选聘为硕士研究生导师,吉林省开始拥有了培养专业泌尿外科研究生的硕士点。2003年,吉林大学附属第三医院(中日联谊医院)孔祥波教授成为吉林省第一位泌尿外科的博士生导师,开始招收博士研究生。此后,王春喜教授(吉林大学附属第一医院)、王伟华教授(吉林大学附属第三医院)、傅耀文教授(吉林大学附属第三医院)先后选聘为博士生导师。现吉林省泌尿外科学界共有博士生导师4人,硕士生导师30余人,培养了大批的泌尿外科专业的优秀研究生。在科研领域,吉林省泌尿外科成果丰硕。

4. 科研发展

2001年,吉林大学附属第三医院"乙状结肠直肠膀胱术作为尿流改道的临床应用研究"获吉林省科技进步二等奖、2002年,吉林大学附属第一医院"泌尿系统恶性肿瘤微卫星不稳定性及癌相关基因的研究"获吉林省科技进步二等奖、2004 年,吉林大学附属第三医院"同种异体肾移植术后急性排斥反应免疫学监测的临床研究"获吉林省科技进步二等奖、2006年,吉林大学附属第三医院"微创经皮肾镜气压弹道碎石清石术治疗复杂肾结石"获吉林省科技进步三等奖、2007 年,吉林大学附属第三医院"前列腺癌早期诊断技术的优化与规范化治疗体系的构筑"获科技部科技进步三等奖。

黑龙江省泌尿外科学史

一、发展史

黑龙江省泌尿外科从无到有，从小到大，经历了较漫长的发展历程。它伴随着社会的进步和医学的发展而不断地成长壮大，经过几代人的努力取得了可喜的成绩。目前，全省市级以上及部分县级医院都设立了泌尿外科。全省已形成了拥有 392 个泌尿外科专科医生的专业技术队伍，在泌尿外科的许多领域已跻身于国内先进行列。

19 世纪末，哈尔滨作为中国东北战略重地，曾遭到沙俄和日本的侵略，西方医学也逐渐传播到省内，并建立了第一批西方医学医院。1897 年，在哈尔滨建立中东铁路中央病院，后改为哈尔滨铁路中心医院。随后又建立哈尔滨市第一医院，是国内最早的公立医院。1937 年日本医生小池博士来到哈尔滨，带来第一台膀胱镜，开始了黑龙江省泌尿外科发展。当时省内中国医生有李凌彪、呼义民、曹维纯医师等，能开展膀胱镜检查，并且可以进行简单的肾切除等手术。但那时的泌尿科医生还是属兼职性的，除进行简单泌尿系统疾病和性病的诊疗外，还要进行大外科范围的工作。虽然这与现代概念的泌尿科相距较远，但也是黑龙江省泌尿学科的初始，并为以后的泌尿科独立发展奠定了基础，特别是这些兼职泌尿外科医师都成为后来发展黑龙江省泌尿外科的重要人物。

20 世纪 40 年代中期，东北解放后，由原哈尔滨医科大学（其前身为 1926 年伍连德博士建立的哈尔滨医学专门学校）和原兴山中国医科大学第一、二分校（其前身为 1931 年在江西瑞金建立的中国工农红军卫生学校）合并组建成新的哈尔滨医科大学。该校的建立为黑龙江省医学事业掀开了新的篇章，也为泌尿外科事业奠定了扎实的基础。学校传承伍连德博士"赤诚爱国、自强创业"的精神，发扬了中国工农红军卫校"政治坚定、技术优良"的校风，经过 80 年的建设和发展，成为具有相当规模和鲜明特色的医学院校，成为黑龙江省泌尿外科发展的摇篮，为各地培养了大批泌尿外科人才。

新中国成立后，黑龙江省泌尿外科专业在各医院相继建立。1949 年，哈尔滨医科大学附属第一医院建院，当时的泌尿外科工作由外科医师兼职。1950 年，该院正式成立泌尿外科专业，设立泌尿外科病房，病床数 20 张，成为当时黑龙江省最早的泌尿外科专科。该科当时专门从事泌尿外科工作的人员有张仲祺、郭宝兴医师，后来又有李长春、李将春、尹克炎、王俊成、祁尤成医师被陆续调入该科。

1954 年，哈尔滨医科大学附属第二医院建院。建院初，泌尿外科还没有从大外科中独立出来，在外科主任刘载生领导下，蓝芝泰担任泌尿外科主治医师。1955 年，高治中从山东齐鲁医学院来到该医院，1959 年后任主治医师，当时兼职做泌尿外科工作的还有赵士杰、何应龙、陈昭民。随后固定从事泌尿外科工作的有钱亚林、史沛清医师。1968 年，该院成立胸泌病房；1981 年成立泌尿外科病房，高治中任科主任，床位数 20 张。

解放军二一一医院曾是东北第四野战军某陆军医院。1955 年更名为沈阳军区二一一医院，并建立泌尿外科。这是解放军较早建立的泌尿外科专业单位之一，司铎医师任主任。

哈尔滨市第一人民医院是黑龙江省最早开展泌尿外科专科的单位之一，1955 年成立泌尿外科，科主任李国福。历届科主任有呼义民、曹维纯、吕德滨、陈庆祥。

黑龙江省人民医院从 1956 年开始开展泌尿外科工作，大外科兼职泌尿外科的人员有蒙启智、赵玉琦、崔风德医师。1965 年王景森医师调入泌尿外科专业组，泌尿外科在大外科内设立专门的泌尿外科病床，病床 12 张，崔风德任主任，从事泌尿外科工作的还有李金亭医师。1980 年正式成立泌尿外科。

哈尔滨医科大学附属第四医院前身为哈尔滨铁路中心医院，建院于 1897 年，当时称中东铁路中央病院，泌尿外科建科于 1958 年，当时与皮肤性病科在一起，科主任为吴光新，建科床位数 15 张。

黑龙江省肿瘤医院泌尿外科创建于 1975 年，是国内肿瘤医院内较早成立泌尿外科的医院，1978 年并入哈尔滨医科大学，成为该校附属第三医院，当时有赵玉琦、赵丕显和牛奎武组成泌尿外科组，有床位 10 张。

佳木斯医学院附属第一医院（现佳木斯大学附属第一医院）1961 年建立泌尿外科，从事泌尿外科专业的医生有杨学荣、孟绍喜医师，随后王国政、张恒涛医师加入，床位数 13 张。另外，较早开展泌尿外科工作的还有哈尔滨市第四人民医院王藩、商惠生医师；哈尔滨二四二医院的焦玉珂医师；牡丹江医学院红旗医院王绍伯、艾俊贤医师；大庆油田总医院的孙英奎医师等。他们都曾为黑龙江省泌尿外科专业的建立和发展发挥了重要作用。

1945—1966 年是黑龙江省泌尿外科创立阶段，其中有许多泌尿外科工作在国内有一定影响。1952 年开展了阴茎癌阴茎全切手术，填补了黑龙江省阴茎全切除术的空白，延长了阴茎癌病人的生存期。1954 年，哈尔滨医科大学附属第一医院张钟琪、郭宝兴教授总结了结核性挛缩膀胱病人应用回肠扩大膀胱容量的经验，并在全国杂志首先报道挛缩膀胱回肠扩大术，使晚期泌尿系统结核合并膀胱挛缩病人免除了尿流改道的痛苦，术后病人的生活质量得到非常大的改善。1956 年，时任泌尿外科主治医师的李长春查阅大量文献资料后，在省内首先开展了梅林式手术方法前列腺切除术和外伤性尿道狭窄对端吻合术，降低了术后尿道狭窄等并发症的发生率。经过经验介绍和交流，梅林式手术方法后来成为前列腺手术的标准方法之一，在省内广泛开展，治愈了大量的前列腺疾患病人。1957 年开展了膀胱癌膀胱全切除直肠代膀胱术。1958 年，经过李长春教授的改进，又对一例晚期膀胱癌病人实施膀胱全切并应用回肠再造膀胱，克服了病人因尿便合一容易引起尿路感染的缺点，改善了病人术后的生活质量。1957 年，哈尔滨市在国内首先开展肾盂穿刺造瘘术，论文发表在《中华放射杂志》上，引起前苏联学者的注意，并在苏联杂志转载。1958 年，哈尔滨铁路中心医院吴兴新主任报道，将尿道狭窄瘢痕切除后取大隐静脉修复尿道，减少了尿道狭窄术后再狭窄的危险。1960 年，哈尔滨医科大学附属第一医院在李长春主任带领下，开展了肾上腺切除术和膀胱癌膀胱全切除乙状结肠代膀胱术，并应用天津产纸管做透析器行血液透析,延长了尿毒症病人的生存期。1962 年,李长春教授又在省内首先开展腹主动脉穿刺肾动脉造影术,应用于肾癌和肾性高血压的诊断,提高了两种疾病的诊断率,为早期肾癌诊断和肾性高血压的治疗提供了依据。1962 年,哈尔滨市第一医院也开展了肾上腺手术,论文发表在《泌尿外科通讯》上,成为当时国内极少数几家能开展肾上腺手术的医疗单位之一。同年,原苏联俄文杂志刊登消息:"古巴医生试行膀胱再生术失败。"这一消息引起了当时工作在哈尔滨医科大学附属第一医院李将春教授的注意,于是开始收集资料并分类整理,为后来的膀胱再生术的实施打下坚实基础。在此期间,省内一些规模较大的医院也开展了诸如泌尿系统结石、畸形和肿瘤等疾病的手术治疗。

　　1966 年,"文革"开始,黑龙江省泌尿外科学的发展也受到了较大的冲击。各大医院从事泌尿外科专业的医师有些被下放到农村,泌尿外科不得不与外科学其他专业合并。哈尔滨医科大学附属第一医院泌尿外科与胸外科合并成立外科第三病房。哈尔滨铁路中心医院泌尿外科也纳入大外科,并与脑外科合并成立脑泌病房。由于社会大环境的影响,在此阶段泌尿外科的发展速度缓慢,但仍然有一些成果问世,主要的成果集中在晚期肾功能衰竭的治疗方面。1972 年,哈尔滨医科大学附属第二医院在高治忠教授亲自主持下开展了肾移植动物实验,对移植肾的切取、灌洗、保存和移植手术后并发症的处理进行总结,取得了宝贵的经验。1973 年,哈尔滨市第一医院也进行动物试验,对犬进行自体肾移植试验,并取得成功。动物实验的成功为后来的同种异体肾移植积累了经验。1974 年 4 月,高治忠教授成功地进行了自体肾移植,用于治疗肾血管性高血压。1977 年,佳木斯医学院附属第一医院也开展一例自体肾移植,以治疗肾动脉狭窄引起的高血压。1978 年 2 月 3 日,经过周密准备和部署,高治忠教授亲自主持,对肾病尿毒症病人开展了黑龙江省首例人同种异体肾移植。同年 5 月,黑龙江省林业总医院得到肾源,经过认真准备后,在李将春主任的领导下,也进行了人同种异体肾移植手术。1979 年,哈尔滨医科大学附属第一医院在李长春教授的带领下也开展了人同种异体肾移植手术。由于受当时医疗条件及免疫学的限制,早期开展的肾移植病人长期人/肾存活率还不高。但这些开创性的尝试,为后来继续开展该手术奠定了坚实的基础。

　　在此期间,对晚期肾功能不全除进行肾移植外,血液透析及腹膜透析技术也有了较快发展。1960 年,哈尔滨医科大学附属第一医院李长春教授及同事就开始应用天津产的纸管做成的透析仪进行血液透析,虽然设备简陋,透析效果和质量不能与现在的血液透析技术相比较,但当时也挽救和延缓了许多尿毒症病人的生命。随后又开始应用平板式膜透析器对晚期尿毒症病人进行治疗。1973 年,哈尔滨医科大学附属第二医院也开始应用国产血液透析机对晚期尿毒症病人进行血液透析的工作;1977 年,黑龙江省林业总医院(现黑龙江省红十字医院)引进瑞典血液透析机,对晚期尿毒症病人进行血液透析。哈尔滨医科大学附属第一医院引进美国血液透析机用于尿毒症和急性药物中毒的病人,透析质量和效果均明显提高。20 世纪 70 年代初期,沈阳军区二一一医院采用自制的腹膜透析管进行腹膜透析,治疗急性肾功能衰竭病人。

　　1976—1996 年是黑龙江省泌尿外科学发展的第四阶段。1976 年,"文革"结束,特别是

1978 年以后,随着我国科技发展春天的到来,泌尿外科事业也得到高速发展。突出变化是各医院泌尿外科学科队伍的壮大和医疗新技术的飞速发展,尤其是腔内泌尿外科学的发展最为迅速。哈尔滨医科大学附属第一医院泌尿外科 1973 年恢复成为独立泌尿外科病房,李长春任科主任,床位数增加到 28 张。1981 年,哈尔滨医科大学附属第二医院泌尿外科从大外科独立,高治忠任科主任,床位数从 20 张增加到 26 张。1980 年,黑龙江省人民医院泌尿外科专业从大外科独立成立泌尿外科病房,崔风德任科主任,病床 21 张。1989 年,哈尔滨医科大学附属第三医院成立泌尿外科,赵丕显任科主任,床位数从 10 张增加到 15 张。同年,哈尔滨铁路中心医院泌尿外科再次组建,徐开录任科主任,床位 26 张。1972 年,黑龙江省林业总医院建院,1976 年成立泌尿外科,李将春任科主任,床位 25 张。1979 年,黑龙江省中医药大学附属医院成立泌尿外科,赵玉琦任科主任,床位 20 张。此外,省内各市县也已开始有独立病房的泌尿外科或从事泌尿外科专业的队伍。哈尔滨市第二人民医院(1987 年)、哈尔滨市第四人民医院(1982 年)、哈尔滨二四二医院(1984 年)、大庆油田总医院(1980 年)、牡丹江医学院红旗医院(1981 年)、齐齐哈尔医学院(1976 年)、绥化市第一人民医院(1981 年)、鸡西矿业集团医院(1981 年)都相继成立泌尿外科。泌尿外科队伍快速扩大。

　　腔内泌尿外科学是哈尔滨医科大学附属第一医院的工作重点之一。1986 年,哈尔滨医科大学附属第一医院在北京医科大学泌尿外科研究所郭应禄教授的帮助下,在省内率先引进美国和德国尿道内切镜、肾镜、输尿管镜、前列腺电切镜、超声碎石仪等先进设备,成立了省内第一个内腔镜研究室。李长春教授在省内率先开展经皮肾镜术、经尿道输尿管镜术、经尿道电切术、尿道内切开术等微创手术,对肾结石、输尿管结石、膀胱结石、尿道结石、前列腺增生尿道狭窄等疾病进行微创治疗。这些技术当时在国内也仅有几家医院能够开展,完成例数在全国居前列。特别是应用自制的经皮肾造瘘小拉钩,对肾结石病人进行皮肤小切口肾造瘘肾镜碎石术,克服了当时 X 线设备落后,盲目进行肾穿刺带来的肾出血损伤等不良作用;该技术具有定位准确、损伤小等优点。李长春教授经过反复观察和研究,经尿道输尿管镜术中不用进行输尿管口扩张,按解剖角度直接插入进行输尿管检查和治疗,该方法对当时外径较大的输尿管肾镜设备的确是不小的改进,对减少术后狭窄和缩短手术时间均有益处。1990 年,哈尔滨市第二人民医院引进德国输尿管镜超声碎石机、膀胱尿道电切镜,在科主任张恒涛的领导下开展肾输尿管结石、前列腺增生、尿道狭窄、膀胱肿瘤的内腔镜治疗,取得良好效果,曾获得 1990 年哈尔滨市医疗卫生新技术奖。

　　经尿道电切技术是在 1984 年开展起来的。哈尔滨二四二医院泌尿外科主任焦玉珂引进德国电切镜,对前列腺增生、膀胱肿瘤、膀胱颈硬化进行腔内治疗,使大部分该类病人免除开放性手术带来的手术创伤,术后恢复期明显缩短。1986 年哈尔滨医科大学附属第一医院李长春教授引进了该技术,除病例数迅速增加外,李长春教授还扩大了 TURP 的手术适应证,不仅治疗前列腺增生,而且对晚期前列腺癌导致的尿路梗阻,在配合内分泌治疗的基础上,将前列腺部分切除,减少尿路梗阻,改善病人排尿困难等症状。该方法在国内泌尿外科学术会议上报告后反响很大,目前,该方法已经成为晚期前列腺癌解除尿道梗阻的可选择方法之一。

1990年，哈尔滨医科大学附属第一医院引进国产体外冲击波碎石机，同期引进此种碎石机的还有哈尔滨市第四人民医院、大庆油田总医院、牡丹江温春水泥厂医院等。1997年，哈尔滨医科大学附属第一医院又从德国进口第三代体外冲击波碎石机。随后，哈尔滨医科大学附属第二医院也从德国进口新型体外冲击波碎石机，全省碎石机总数达到20多台，基本满足治疗泌尿系统结石病人的需要。

器官移植的临床和基础研究一直是哈尔滨医科大学附属第二医院的重点研究工作，肾移植手术例数及质量不断提高，保持与国内同步发展。针对肾移植中肾灌洗时灌洗压力和流速不恒定的缺点，高治忠教授研制并在国内首创"肾脏自动灌洗器"。该仪器将压力计、电磁阀、电池和继电器有机结合起来，因而保证了在不同环境下简便、稳定地完成移植肾的灌洗，保证肾移植顺利进行。该成果曾在全国学术会议上交流，并在专业杂志上发表，获黑龙江省科技进步奖。高治忠教授1984年开展自体肾上腺移植，1985年开展异体睾丸移植，1990年开展胎儿肾上腺异体移植。尤其在睾丸移植的研究中，高治忠教授提出保护输精管动脉对移植后的附睾功能恢复有直接关系，这对睾丸移植术后精子的成活非常重要。另外，他们在实践中总结出不灌洗的尸体睾丸移植方法，保存时限在80小时以内，这也是一大创举。1999年，哈尔滨医科大学附属第二医院又成功地进行了活体供肾肾移植和胰-肾联合移植。2002年，哈尔滨市二四二医院也完成了一例胰-肾联合移植。

泌尿系统肿瘤诊疗是哈尔滨医科大学附属第三医院的重点研究项目。1976年，赵丕显教授及其同事在省内最早开展膀胱动脉内插管，进行局部化疗。通过相关研究，他们配合膀胱黏膜下注射化疗，降低了膀胱癌的复发，提高了疗效。该方法在全国泌尿外科专业会议上报告，并被吴阶平主编的《泌尿外科学》所引用；同期哈尔滨医科大学附属第三医院也开展应用平阳霉素配合手术治疗阴茎癌。1978年，哈尔滨医科大学附属第三医院对一例女性侵及阴道的尿道癌病人进行尿道切除术，并成功进行膀胱肌瓣腹壁尿道成形术，解决术后尿漏和尿失禁的并发症问题。20世纪80年代初，他们开展了腹壁下动脉插管膀胱动脉造影，对膀胱癌进行诊断研究。哈尔滨医科大学附属第一医院祁尤成教授也根据多年的临床经验，采用腹膜外途径，先控制肾蒂后再施行肾癌根治手术，在减少手术损伤的基础上提高病人生存期，较少复发。1980年，黑龙江林业总医院李将春教授主持开展的膀胱再生获得成功，并进行了相关研究，荣获黑龙江科技进步奖二等奖。1984年，哈尔滨医科大学附属第三医院在国内最早应用经皮穿刺股动脉选择性肾动脉注射无水乙醇栓塞和化疗，发表多篇相关研究论文。1988年，黑龙江省人民医院开展前列腺癌的冷冻治疗方法。1998年，哈尔滨市第一医院吕德滨开展经皮置入动脉输液泵，对膀胱癌进行生物免疫化疗。

男科学的雏形是从男性计划生育开始。从20世纪60年代初，在哈尔滨医科大学附属第一医院设立男性计划生育门诊到今日的男科专科已经发生了巨大变化。1980年，配合国家计划生育政策，哈尔滨医科大学附属第一医院成立男性计划生育研究室，从事男性计划生育的工作。1980年,哈尔滨市第一医院开展睾丸活组织穿刺,对输精管结扎术后远期临床观察和组织学进行研究。1982年,曹维纯主任报道一例阴茎离断后再植的经验;哈尔滨医科大学附属第一医院和哈尔滨市第一医院等对棉酚抗生育进行研究,为国家计划生育这一基本国策的实施作出了贡献。1984年,佳木斯医学院采用腹壁下动脉与阴茎背动脉吻合法治疗外伤后动脉性阳痿。

20世纪80年代初,哈尔滨医科大学附属第三医院赵丕显教授参照Kock和Skiune手术方法,设计出可控制回肠代膀胱术,使膀胱癌行膀胱全切术的病人能够间歇性地进行排(导)尿。1991年,哈尔滨医科大学附属第二医院史沛清教授自日本学习归来,开展了Indiana可控结肠代膀胱术,该手术当时在国内处于领先水平,同时也填补了省内该领域的空白。同年,史沛清开展经尿道无张力尿道中段悬吊术(TVT)治疗女性压力性尿失禁及海绵体转位治疗男性尿失禁。1992年,陈照彦、王晓东教授开展Madigan手术治疗前列腺增生。1992年,黑龙江省林业总医院李栋、李学东主任开展了螺旋式尿道内切削术的研究并应用于临床治疗尿道狭窄。1995年,李德本主任主持开展前列腺网状支架植入术治疗前列腺增生。1997年,哈尔滨医科大学附属第一医院王涌泉教授在省内首先开展介入超声和腔内超声诊断和治疗泌尿外科疾病。应用特制带穿刺架的超声探头,精确定位肾囊肿部位,进行介入治疗,总有效率达到80%～90%。同年,哈尔滨医科大学附属第一医院率先开展经直肠前列腺的超声检查,并在省内首先进行前列腺穿刺活检,提高了前列腺癌的诊断率,累积病例资料达到4 500多例次。

进入21世纪后,黑龙江省泌尿外科界也迎来新的时期和挑战。省内各医院泌尿外科规模得到增加。哈尔滨医科大学附属第一医院泌尿外科病床增加到140张床;附属第二医院床位增加到130张;附属第三医院(肿瘤医院)扩展到60张,附属第四医院泌尿外科床位增加到80张;黑龙江省医院床位也效应增加到60张;林业总医院床位达50张。其他医院的床位数都有增加。床位数增加的同时也开展了许多新技术。突出表现的是以腹腔镜技术和输尿管肾镜技术为代表的微创方法在泌尿外科得到广泛开展;排尿功能障碍和尿动力学检查越来越受到重视;泌尿外科专业分类越来越细,形成了以泌尿系肿瘤学、尿石症、前列腺疾病、男科学、女性泌尿外科学、肾移植和肾上腺外科等为主的多分支亚专业。先后成立了腔内泌尿外科学组、肿瘤学组、泌尿系结石学组和膀胱功能障碍学组。同时在泌尿外科队伍的年轻化倾向也表现出来,学科带头人都是20世纪60年代后出生,并有大学本科或研究生学历。

2000年,佳木斯大学附属第一医院开展腹腔镜下的肾囊肿切除和肾上腺切除术。2004年,黑龙江省人民医院成功进行肾癌的腹腔镜根治术,大庆油田总医院、哈尔滨医科大学附属第一医院和哈尔滨市第二人民医院也开展腹腔镜下的肾囊肿、肾癌手术。2007年哈医大一院在华中科技大学张旭教授的指导下开始腹腔镜前列腺癌根治性切除,收到了满意效果。目前省内大医院已经把腹腔镜技术应用到肾上腺手术,部分肾脏的手术成为临床首选方法。

在尿动力学检查和排尿功能障碍的诊疗方面,最早由黑龙江省林业总医院引进丹麦尿动力学检测仪,并开展尿动学检测。1983年,该院张树桂主任在省内首先开展尿动力学检查的研究并应用于临床。哈尔滨医科大学附属第二医院(1987年)、大庆油田总医院(1988年)分别引进尿动力学检查仪并用于临床;2004年哈尔滨市第一人民医院引进加拿大尿动力学检查仪;2005年哈尔滨医科大学附属第一医院也引进加拿大新型尿动力学检查仪,为排尿功能障碍的诊治提供了科学的依据。

2003年,哈尔滨市第一人民医院泌尿外科史沛清主任在省内最早应用TVT治疗女性压力性尿失禁,取得良好效果;2003年,哈尔滨医科大学附属第一医院安瑞华教授,自澳大利亚研修归来后,也开展TVT治疗女性压力性尿失禁,取得良好的效果。2004年,安瑞华教授在国内率先开展感觉性急迫性尿失禁的内腔镜治疗,并在全国学术大会上报告;2005年,史沛清主任应用TVTO治疗女性压力性尿失禁,取得满意效果。

2000年,黑龙江省林业总医院李学东主任开展了放射性核素粒子植入治疗晚期前列腺癌和膀胱癌;2004年,大庆油田龙南医院裴振东主任在省内首先开展了绿激光治疗前列腺增生(PVP)。腔内泌尿外科学的技术进展,拓宽了泌尿外科临床治疗领域,提高了疗效,减轻了病人负担,大大推动了黑龙江省泌尿外科的发展。

全省各大医院,特别是教学医院泌尿外科,在繁忙的临床工作中做到了医疗、教学、科研兼顾,把医疗、科研和教学有机结合,承担本科、硕士和博士研究生等多轨道教学任务,培养出了大批医学人才。1985年,哈尔滨医科大学附属第一医院泌尿外科被授予硕士生培养点,李长春教授任导师,同年招收黑龙江省首批硕士研究生2名。1986年,哈尔滨医科大学附属第二医院泌尿外科被授予硕士生培养点,高治忠教授任导师。1996年,哈尔滨医科大学附属第三医院泌尿外科被授予硕士生培养点,赵丕显教授任导师。1993年,佳木斯医学院附属第一医院泌尿外科被授予硕士生培养点,王国政任导师。哈尔滨市第一人民医院史沛清教授(1990年),哈尔滨医科大学附属第一医院祁尤成教授(1992年)、王俊成教授(1992年)、赵常济教授(1994年)、安瑞华教授(1996年)聘为硕士研究生导师。1997年,黑龙江省中医药大学泌尿外科被授予硕士生培养点,安立文教授任硕士研究生导师。2001年,哈尔滨医科大学附属第一医院泌尿外科被授予博士生培养点,安瑞华教授任博士研究生导师。2003年,哈尔滨医科大学附属第二医院被授予博士生培养点,陈照彦教授任博士研究生导师;2005年,哈尔滨医科大学附属第一医院首获批为博士后研究人员流动站。

泌尿外科学术团体的成立对加强学术交流、促进黑龙江省泌尿外科学的发展起到了重要的保证作用和促进作用。1956年,以张钟琪教授为组长的黑龙江省第一届泌尿外科学组成立;1973年,以李长春教授为主任委员的黑龙江省医学会第一届泌尿外科学分会成立,李长春连任5届主任委员;1999年,以沈同举教授为主任委员的黑龙江省医学会第六届泌尿外科学分会成立;2003年,以安瑞华教授为主任委员第七届泌尿外科学会成立;2010年,以倪少滨教授为主任委员的黑龙江省医学会第九届泌尿外科分会成立,前后经历了50多年的发展历程。正由于有了泌尿外科自己的学术团体,在历届组长、主任委员的领导、组织下,全省泌尿外科同仁共同努力,才呈现出了黑龙江省泌尿外科持续发展的大好局面。黑龙江省医学会泌尿外科学分会组织并坚持多年的每月一次的阅片、会诊、病例讨论会,在发挥学会集体智慧、及时解决临床工作中的疑难问题、培养队伍等方面都起到了非常好的作用。有计划地开展泌尿外科学术会议,加强了全省泌尿外科的学术交流。联合辽宁省、吉林省召开东北三省学术交流会,加强了省际学术交流和合作。

回顾过去几十年全省泌尿外科有了很大的发展,取得了很大的成绩。特别值得提出的是中青年技术人才茁壮成长,已成为了各医院泌尿外科的骨干力量,形成了新老交替、新老结合的良好局面。泌尿外科充满了生机和活力,泌尿外科工作呈现了喜人的景象,特别是近20年来全省泌尿外科的规模逐渐扩大,设备快速更新,技术队伍壮大成长,医疗技术水平和医疗质量不断提高。但是,全国新医疗技术发展迅猛,形势逼人,全省泌尿外科同道深深意识到面临着严峻的挑战,任重而道远,2020年达到国际先进水平的任务还非常艰巨,对此,全省泌尿外科工作者要继承前辈们的奉献进取、团结奋斗、知难而上的优良传统,贯彻科学发展观的指导思想,不断加强学习,更新知识,真抓实干,努力拼搏,为黑龙江省泌尿外科事业的可持续发展做出新的贡献,谱写我省泌尿外科的新篇章。

二、黑龙江省泌尿外科专业委员会史

届　数	时间(年)	主任委员	委员人数	备注
第一次	1956—1968	张钟琪		学组
第二次	1968—1971	郭宝兴		
第三次	1971—1973	蒙启智		
第一届	1973—1977	李长春	10	学会
第二届	1977—1981	李长春	11	
第三届	1981—1985	李长春	15	
第四届	1985—1989	李长春	15	
第五届	1989—1999	李长春	15	
第六届	1999—2003	沈同举	20	
第七届	2003—2007	安瑞华	31	
第八届	2007—2010	安瑞华	35	
第九届	2010 至今	倪少滨	37	

三、黑龙江省泌尿外科学会会议史

会议届次	时间 （年、月）	地 点	主 要 内 容	人数	论文数
第一次	1956.5	哈尔滨市	成立黑龙江省泌尿外科学组，制订活动计划	30	
第二次	1968.8	哈尔滨市	泌尿系统常见病的防治体会	50	30
第三次	1971.5	哈尔滨市	泌尿系结核、结石、前列腺增生等的诊治	80	50
第四次	1973.12	哈尔滨市	尿道损伤、尿道狭窄、前列腺增生、结核病的诊治	95	85
第五次	1979.8	密山市	肾移植动物实验、外伤性尿道狭窄、结石诊治体会	96	88
第六次	1981.5	牡丹江市	同种异体肾移植、泌尿系损伤、结核、肿瘤等诊治	101	90
第七次	1985.12	哈尔滨市	泌尿系结石、肿瘤、损伤、感染等。腔内泌尿外科	110	93
第八次	1989.5	哈尔滨市	腔内泌尿外科等新技术	115	95
第九次	1997.12	大庆市	泌尿新技术、新项目	40	95
第十次	1999.7	哈尔滨市	泌尿系常见病诊治体会。新技术、新项目	120	98
第十一次	2003.5	哈尔滨市	泌尿系肿瘤、BPH、结石、腔内泌尿外科	130	100
第十二次	2005.7	哈尔滨市	泌尿系肿瘤、BPH、结石、腔内泌尿外科	150	200
第十三次	2007.7	哈尔滨市	泌尿外科疾病指南及进展	230	300

江苏省泌尿外科学史

19 世纪末至 20 世纪，随着西方教会的传入，江苏省各地陆续建立了许多教会医院，如苏州博习医院（1883 年）、南京马林医院（1892 年）、徐州女医院（1897 年）、无锡普仁医院（1908 年）、南通基督医院（1912 年）、常州武进医院（1918 年）、镇江浸会医院（1922 年）。随着这些医院的建立，西医在江苏省的发展史也就开始了。

江苏省在中国是一个历史悠久的文化大省，古往今来人文荟萃、医学名家辈出。在中国泌尿外科发展史中，江苏的泌尿外科发挥了重要的作用，占有重要的地位。中国泌尿外科学的奠基人之一，吴阶平的传奇医学之旅就是在江苏省常州启程的；施锡恩、虞颂庭、马永江等老前辈也曾在江苏东吴大学读过医学预科。中国的泌尿外科在 20 世纪 20～30 年代是起步阶段，中国泌尿外科的主要奠基人中，第一辈老专家有曹晨涛、王历畊医师在江苏省从事泌尿外科工作。尽管当时泌尿外科隶属于大外科，尚无泌尿外科专科，但已有肾结核、阴茎癌、前列腺增生等手术的记载。第二辈老专家许殿乙曾在南京中央医院（现南京军区南京总医院）从事泌尿外科工作，对江苏省泌尿外科的发展作出过杰出的贡献。由此，江苏省泌尿外科学的历史，可以说与中国的泌尿外科学几乎是同时起步和同步发展的。

一、奠基时期（1949 年前）

江苏省的泌尿外科萌发于 19 世纪末至 20 世纪初，在苏州博习医院（现苏大附一院）、南京马林医院（现南京大学附属南京鼓楼医院）、徐州女医院（现徐州医学院附属医院）的院史中，就有美国医师从事过肾切除、前列腺切除、经会阴膀胱切开取石等手术的记录。

抗日战争前，在南京中大医院（现东南大学附属中大医院），董秉其任外科主任，曹晨涛主要从事泌尿外科工作。在南京中央医院（现南京军区南京总医院），沈克非任外科主任，王历畊为泌尿外科医师，亦开展过泌尿外科手术。由于曹晨涛、王历畊为专职从事泌尿外科的医师，现被医学史界公认为中国泌尿外科的奠基人之一。

抗日战争期间，王历畊医师随南京中央医院迁至重庆歌乐山，继续从事泌尿外科工作。抗日战争胜利后，王历畊医师又回到江苏，任镇江江苏医学院附属医院（现江苏省人民医院，南京医科大学第一附属医院）院长，并继续从事泌尿外科工作，其后调浙江医学院，最后转至北京医院任外科主任。同期，贵阳中央医院迁来南京，重新成立南京中央医院。许殿乙医师于 1945 年调来南京中央医院，负责组建该院泌尿外科。

二、发展初期（1949—1976 年）

1949 年新中国成立后，江苏省泌尿外科和其他医学专科一样，开始了真正的起步和发展阶段。但由于解放战争硝烟初散，战争的创伤尚未恢复，百废待兴，因此，当时医疗设备非常简陋,一般只是一些较大的医院有1~2台国外的老式膀胱镜,收治的病种主要为泌尿系统结核病、膀胱癌、膀胱结石、阴茎癌等。到20世纪60年代,由于人民生活水平的提高和营养状况的改善,泌尿外科的疾病谱也发生了明显的变化,膀胱结石、泌尿系统结核病和过去占泌尿外科肿瘤发病率第一位的阴茎癌亦明显减少。相反,由于人们平均寿命延长,在解放前较少见的前列腺增生、前列腺癌、上尿路结石、泌尿系统恶性肿瘤等发病率不断上升,成为泌尿外科的重要疾病。

许殿乙教授在江苏省泌尿外科发展初期曾作出重大的贡献。他不仅在南京中央医院开展多项泌尿外科技术,还定期组织南京地区各大医院泌尿外科医师召开读片会及病例讨论会。他医德高尚、作风严谨、严于律己、宽以待人,对江苏省泌尿外科人才的培养倾注了极大的热情。1954年后,因组织安排,许殿乙教授调往北京解放军总医院工作。在南京中央医院早期从事过泌尿外科工作的还有黄永乐、何铭善、余汉民、商秉彝、蔡荣星等医师。

南京中大医院泌尿外科在全国解放后由秦尔斌、于茂生、周性明等医师创建的。1958年,秦尔斌、于茂生医师奉命调往西安组建第四军医大学泌尿外科。该科由留任的周性明医师主持工作。他克服困难开展泌尿系统结石、肿瘤及先天性畸形手术,为南京中大医院泌尿外科及江苏省泌尿外科的发展作出了贡献。

1948年,周志耀医师从国立江苏医学院毕业后,由王历畊医师推荐来南京鼓楼医院从事外科工作。南京鼓楼医院由人民政府接管后,王永仁、陈祖荫、周志耀医师等继续开展外科临床工作。1954年,在许殿乙、黄永乐、王历畊教授的指导下创建了南京鼓楼医院泌尿外科。在南京鼓楼医院早期从事泌尿外科工作的还有鲁卫民、朴树德等医师。

江苏省人民医院前身为国立江苏医学院附属医院(1936年,江苏省立医政学院附设诊疗所),王历畊医师于1945年抗日战争胜利后,调至该院并组建泌尿外科。王历畊德才兼备、勤奋努力、技术精湛,成为江苏省泌尿外科的学术带头人,为江苏省泌尿外科学的发展作出了卓越的贡献。1956年,江苏医学院附属医院迁至南京与南京市工人医院合并,更名为江苏省工人医院。此后,泌尿外科由刘正确领导,同期工作的还有张攀树、金浩祥、凤仪萍、尤国才等医师。刘正确教授1944年毕业于江苏医学院,是江苏最早开展泌尿外科工作的老前辈之一,德高望重、诲人不倦,为江苏省泌尿外科人才培养、新技术的开发应用做了大量的工作,深受泌尿外科界敬仰。1985年江苏省工人医院更名为江苏省人民医院,1993年命名为南京医科大学第一附属医院。

苏州大学附属第一医院(苏州医学院附属医院)泌尿外科由黄炳然教授始建于1952年,1966年文革期间专科被撤销,1972年恢复。黄炳然教授毕业于江苏医学院,1952年开展肾上腺手术,1957年施行耻骨后前列腺切除术,1958年开展膀胱全切回盲肠代膀胱术,1962年开展骶骨旁前列腺切除术。黄炳然教授德才兼备,技术精湛,为苏州医学院及江苏省泌尿外科的发展作出了卓越的贡献。

20世纪60年代,金浩祥调至徐州医学院附属医院从事泌尿外科工作。为淮海地区的泌尿外科的发展作出了突出的贡献。在此期间在江苏省从事泌尿外科工作的还有一大批勤奋、努力地学科带头人。这其中有南京市人民医院的关哲昭、高鸿程、蒋守仁等医师,解放军八一医院的余汉民、包平医师,苏州医学院的黄炳然、陈赐龄医师,南通医学院的罗汇医师,常州市第二人民医院的高谷深医师,无锡市第二人民医院的潘承俭医师,镇江市第一人民医院的广基明医师,徐州市第一人民医院的李志墅医师,连云港海州人民医院的林则鑫医师等。由于有了上述前辈们的努力和开拓性的工作为基础,这一时期的江苏省泌尿外科紧跟全国泌尿外科学的发展步伐,取得了长足的发展。

三、发展时期(1977—1989 年)

"文革"期间,江苏省许多泌尿外科的老专家受到过冲击,泌尿外科发展受到重创。许多单位泌尿外科被撤并,专业人才流失,诊疗技术停滞。但以刘正确、周志耀、黄炳然、张攀树、陈龄赐、周性明、蔡荣星、金浩祥、尤国才等医师为代表的一批泌尿外科专家,仍然坚持在临床第一线。他们克服了重重困难,在前列腺癌的根治性手术治疗、尿道狭窄的处理,自体肾移植及男科学等方面进行了积极的探索。

"文革"后,特别是党的十一届三中全会以来,各医疗单位相继落实了知识分子政策,泌尿外科在全省各地又蓬勃发展起来,专业队伍不断壮大,在诊疗技术和泌尿外科基础科研等方面,不断取得新的成绩。比如徐州医学院附属医院,1975 年即开展了腹膜后淋巴清扫术,积累了丰富的经验;南京军区南京总医院开展了甲状旁腺切除治疗尿石症;江苏省人民医院成功设计耻骨切除显露下段尿道,自研设备进行选择性肾动脉造影;1974 年苏州医学院附属医院开展了全国第二例自体肾移植等。这些工作在当时对省内外泌尿外科界都有很大影响,促进了泌尿外科的发展,使江苏省泌尿外科逐渐成为中国泌尿外科学界的一支重要力量。1981 年,在南京召开了第一届全国泌尿外科学术大会,江苏省泌尿外科同道承办了这次学术会议。大会期间,由吴阶平教授发起成立了中华医学会泌尿外科学分会。这次划时代的会议大大增强了江苏省泌尿外科的学术研究氛围。

1983 年,江苏省医学会泌尿外科学分会于江苏省淮安市(原淮阴市)正式成立,刘正确医师担任名誉主任委员,周志耀医师任主任委员,罗汇、张攀树、陈赐龄、周性明、蔡荣星、金浩祥等任副主任委员,尤国才、吴万春任秘书,委员 11 名。并同时召开了江苏省第一届泌尿外科学术交流大会。当时出席会议的代表有 90 名,大会收到论文 97 篇,其中 47 篇在会上进行交流。据不完全统计,至 1985 年,江苏省泌尿外科工作者在国内各级杂志发表论文有 220 多篇。

以腔内泌尿外科和介入为标志的新技术,于 20 世纪 80 年代首先在江苏省人民医院、南京鼓楼医院、徐州医学院附属医院、常州市第二人民医院、苏州医学院附属医院等单位开展,先后开展了经皮血管内成形术(PTA)治疗肾血管性高血压、肾动脉栓塞、经尿道直视内切开术(DVIU)、经尿道前列腺切除术(TURP)、经尿道膀胱肿瘤电切术(TURBt)、经皮肾造口术(PCN)、经皮肾镜取石术(PCNL)、经尿道超声、液电碎石、输尿管套石等技术。

20 世纪 80 年代初,体外冲击波碎石术(ESWL)问世,铁道医学院附属医院参与了国产第一代冲击波碎石机的研制和应用;继而苏州医学院附属第一医院与上海交通大学共同研制出国内第一台干式水囊震波碎石机通过成果鉴定,并获国家卫生部科技成果二等奖;江

中国泌尿外科学史(第2版)

苏省人民医院与中科院电工研究所共同研制的 KDE－I 型水囊式国产第二代冲击波碎石机亦很快成功问世。南京鼓楼医院在国内首先引进了法国 EDAP－01 型碎石机。此时 ESWL 已成为江苏省尿石症病人的重要治疗手段。在尿流动力学研究方面，从简单地应用尿流率记录仪开始，逐步向尿控研究发展，南京鼓楼医院在省内引进了首台多导程的尿动力学检测仪，开始了临床尿控学研究的新阶段。

在引进、发展新技术的同时，对泌尿外科常见病、多发病的传统治疗也做了许多改革和创新，在省内外产生重要影响的有：对尿石症，徐州市第四人民医院采用低温保护下的复杂性肾结石手术，徐州医学院附属医院成立泌尿研究室对尿石成分分析和钙、草酸代谢进行了实验研究；浅表性膀胱肿瘤术后预防复发方面，南京鼓楼医院采用卡介苗，江苏省人民医院采用顺铂均取得较好的疗效；膀胱癌的手术方面，南京鼓楼医院开展了保留性神经的膀胱全切除；江苏省人民医院在膀胱全切除后采用了可控性尿流改道；肾癌的手术方面，采用了后腹膜淋巴结清扫的扩大肾癌根治术，对手术切口南京鼓楼医院对巨大肿瘤提倡胸腹联合切口，江苏省人民医院则采用腰腹切口，并对伴有腔静脉癌栓的病例取得成功；对肾血管性高血压除 PTA 外也在徐州医学院附属医院和江苏省人民医院开展了肾血管旁路重建手术；前列腺癌的手术水平有了进一步提高，数量也不断增加，南京鼓楼医院的手术经验在国内得到推广；良性前列腺增生的手术方面，苏州医学院附属第一医院研制了"吴-郭氏"导管；复杂性尿道狭窄的治疗方面，苏州医学院附属第一医院进行了缝针的设计，江苏省人民医院研制的弧形导针获得了国家发明奖；苏州医学院附属第一医院还推广了腰背直切口在肾、输尿管手术中的应用。

作为新兴的学科，男科江苏起步也较早，初步建立了男性不育，男性性功能障碍的诊疗系统。省内的男科队伍也逐步发展壮大。江苏省人民医院尤国才教授研制的可曲性硅胶银阴茎假体成功地应用于男性性功能障碍的治疗并在全国获得推广。

江苏省较早开展了肾移植工作，影响较大的有常州市第一人民医院、江苏省人民医院、南京军区南京总医院和苏州医学院第一附属医院。1978 年江苏省人民医院开展省内首例活体肾移植。常州市第二人民医院开展胎肾移植。20 世纪 70 年代后期，肾移植几乎同时在全省各教学医院蓬勃开展。

四、现阶段(1990 年至今)

(一) 概述

20 世纪 90 年代，随着改革开放和国际交流合作的加强，江苏省泌尿外科经过几代人的努力进入了一个快速、全面的发展时期。

1990 年，于连云港市召开江苏省第二届泌尿外科学术会议，到会代表 107 人，收到论文 123 篇，其中会上交流论文 87 篇。周志耀教授任主任委员，尤国才、陈赐龄、周性明、蔡荣星等任副主任委员，郑世广、吴万春任秘书。周志耀教授做了腔内泌尿外科及 ESWL 进展的讲座，展示了全省泌尿外科的发展趋势。

1992 年，于无锡市召开了第三届江苏省泌尿外科学术会议，到到会代表 150 人，收到论文 168 篇,学术论文涉及泌尿外科的各个领域。换届后新一届学会由周志耀教授任主任委员,周性明、陈赐龄、尤国才、孙则禹任副主任委员,殷福兴、孙则禹任秘书。

1997 年,于镇江市召开了江苏省第四届泌尿外科学术会议,到会代表 174 人,收到论文 172 篇。换届后新一届学会由尤国才教授任主任委员,孙则禹、徐汇义、郭震华、吴铁诚任副主任委员,眭元庚、高建平任秘书。

2000 年第五届江苏省泌尿外科学术会议在扬州市召开,并举行了该学会换届工作,孙则禹任主任委员,徐汇义、高建平、吴铁诚、眭元庚、温端改任副主任委员,戴玉田任秘书。参加代表 250 人,收到论文 328 篇。从参会人数到论文数量及质量都有明显提高。值得一提的是,以孙则禹教授为主任委员的新一届委员会,积极响应吴阶平、郭应禄院士的倡导,在全国率先编写并出版了第一本地方性泌尿外科史志——《江苏泌尿外科史志》。2002 年,孙则禹教授被聘为美国 Georgia 医学院客座教授。

（二）这个时期的特点

1. 泌尿外科的专业人才队伍更加知识化和年轻化

出现了一大批年轻有为的人才和跨世纪的学科带头人。他们活跃在临床、科研和教学第一线,并加强了与国际泌尿外科界的学术交流。

2. 泌尿外科诊疗技术高速发展

在全世界新技术革命浪潮的冲击下,新技术、新疗法不断应用于泌尿外科临床。目前全省二级甲等以上医院均有成套的、不断更新的泌尿外科微创手术设备,南京军区南京总医院在省内首先引进了达芬奇机器人。以腔镜、介入技术为主的微创技术在应用的范围和规模上都上了一个台阶,在许多方面,腔镜手术有逐步取代开放手术的趋势。省内腹腔镜手术于上世纪 90 年代初由常州市第二人民医院首先开展,目前发展迅速,手术种类和数量明显增加。江苏省人民医院在前列腺癌根治,根治性全膀胱切除及腹膜后淋巴结清扫等复杂的腹腔镜手术方面,都有成熟的经验。腹腔镜技术本身也在不断改革、进步,经单孔、自然腔道等腹腔镜手术省内许多单位都已相继开展。全省的输尿管镜技术得到进一步的推广,在有条件的二级以上医院均已普遍实施。

3. 肾移植手术在全省普遍开展

江苏省开展过肾移植工作的医疗单位有 30 多家,常州市第一人民医院、江苏省人民医院、南京军区南京总医院和苏州大学附属第一医院在这一领域较为突出,前三家医院累计例数均已超过 1500 例。江苏省人民医院和无锡市第一人民医院先后开展了胰-肾联合移植。南京鼓楼医院和江苏省人民医院肝-肾联合移植获得成功。江苏省人民医院在国内首先开展了腹腔镜下活体亲属供肾移植并在国内推广。相关的基础研究如组织配型、排斥反应的预防和监测、移植肾慢性失功的防治、诱导免疫耐受方面均取得了不少成果。

4. 泌尿外科新的分支学科也得到不断发展

临床与基础研究已在全省众多的教学医院广泛展开,这对临床工作又起着很好的推动作用。在教学医院中,已出现 10 多个博士点和(或)联合博士流动站。这些已成为江苏省泌尿外科学界开展基础研究的生力军及人才基地。男科学的发展方兴未艾。南京军区南京总医院经多年努力，创办的《男科学杂志》已得到国内男科学界的认可，质量不断提高，并更名为《中华男科学杂志》。江苏省人民医院的精子库得到国家批准，服务于省内外的辅助生殖技术。常州市第一人民医院的超声介入技术在泌尿外科的应用及南京鼓楼医院的尿动力学技术也不断向尿控技术的深层发展。近期，多家医院泌尿外科均已开展了国际上先进的经阴道无张力尿道中段悬吊术（TVT）、人工尿道括约肌及人工阴茎假体手术；南京鼓楼医院卫中庆博士开展的排尿起搏器（Interstim技术）在置入例数及成功率上均处于国内领先水平。

5. 泌尿外科的基础研究不断深入，学术氛围不断加强

全省泌尿外科同道积极参加各种形式的学术交流，历年参加全国泌尿外科学术会议的论文数均在全国前列。许多年轻学者到国内著名医院的泌尿外科进修深造，有的还被邀请到国外讲学及手术示教。全省泌尿外科医疗、教学、科研全面发展，发表的专业论文、撰写专著数量在逐年增加，其中对全国泌尿外科界有较大影响的专科书籍有《泌尿外科手术图解》、《内分泌外科学》、《现代肾上腺外科学》、《泌尿外科疾病诊疗决策》、《泌尿外科疾病诊断流程与治疗策略》、《睾丸肿瘤外科及手术学》、《实用泌尿外科学》、《精道外科学》等。

2003年，在苏州召开了第六届江苏省泌尿外科学术交流及泌尿外科学会换届大会，孙则禹连任主任委员，眭元庚、徐汇义、温端改、高建平、孙晓青任副主任委员，戴玉田任秘书。江苏省医学会泌尿外科学分会坚持每年举办泌尿外科新技术及循证泌尿外科学习班一次，每年还组织专家巡讲团到江苏省各地进行泌尿外科专题演讲，收到全省各地泌尿外科学同道的欢迎和高度评价。

2006年于苏州市召开了江苏省第七届泌尿外科学术会议，参会代表252人，收到论文350篇，并举行了换届工作，温端改任主任委员，高建平、张炜、戴玉田、孙晓青任副主任委员，侯建全任秘书，后又增补何小舟任副主任委员。这一届委员会连续3年被评为先进分会，并申请举办2011年全国年会在南京召开取得成功。

进入21世纪后，以电子信息、生物工程技术及新材料为代表的一系列高新技术飞速发展，并已取得了令人瞩目的成果，这在很大程度上改变了人们的传统观念与现实生活，也极大地促进了医学的发展。江苏省泌尿外科的同道们已意识到时代的变迁及使命的沉重，他们正秉承着老一辈专家们的团结拼搏、无私奉献的优良传统，为江苏省泌尿外科事业的现代化而继续奋斗，力争谱写更新、更美的历史画卷。

浙江省泌尿外科学史

浙江省是一个历史悠久的文化大省，古往今来，人文荟萃、医学名家辈出。在中国泌尿外科学发展史中，浙江的泌尿外科有着举足轻重的作用，占有重要地位。中国泌尿外科的主要奠基人中，第一辈老专家王历畔以及随后的杨松森两位医师在浙江从事过泌尿外科工作。浙江省泌尿外科在60多年的锐意创新、不断进取中，取得了丰硕的成就。

一、泌尿外科创建和发展壮大时期（1949—1979年）

浙江省泌尿外科创建于建国前。早在1947年，中国泌尿外科学的奠基人之一王历畔教授在担任浙江省立杭州医院外科主任期间，带领李伦和朱振业医生开展泌尿外科诊疗工作。1949年，王历畔教授就任广济医院（现浙江大学医学院附属第二医院）及仁爱医院（现红会医院）院长。1952年，王历畔教授亲自领衔创立泌尿外科，成员包括杨松森讲师和王钟奇住院医师，开设泌尿外科病床20多张。1953年王历畔教授上调北京后，该科由杨松森负责。1957年，黄学斌医师及魏克湘医师自普外科调入泌尿外科，病床扩充到50张，担负泌尿外科教学、医疗和科研任务。同年，浙江医学院（1986年更名为浙江医科大学1998年更名为浙江大学医学院）进行院系调整，泌尿外科全部转入浙江医学院附属第一医院（现浙江大学附属第一医院），是国内创建较早的泌尿专科。此后，朱琼（1959年）、陈昭典（1962年）、史时芳（1963年）、陈银珠（1966年）、余家琦（1972年）、沈志坚（1972年）、蔡松良（1973年）、孙冠浩（1974年）、朱选文（1979年）、张志根（1979年）等相继分配进入泌尿外科。1972年，陈昭典担任科副主任。1973年成立血液透析组，由朱琼医师负责。嗣后逐步扩大与国内同行的交流1963年和1964年杨松森教授代表浙江省泌尿外科参加分别在沈阳和北京召开的全国泌尿外科学术会议。1956—1957年，王钟奇医师赴上海第二医学院进修学习，1961—1962年，魏克湘医师赴北京医学院进修学习，回科进一步促进了科室的发展。

以王历畔、杨松森两位教授为奠基人的浙江省泌尿外科自创建之日起，全省泌尿外科工作人员密切合作、精诚团结、相互学习交流，开展了大量具有开创性的且卓有成效的临床、教学与科研工作。

1952—1957年，浙江医学院附属第一医院泌尿外科拥有病床20张左右，有膀胱镜、尿道扩张器等专科器械。1957—1965年，该科病床有50～60张。1962年成立膀胱镜室，配有X线设备，可独立完成逆行造影等检查，配有专职护士及放射专业人员。1952年，杨松森主任开始收集制作泌尿外科标本并建立泌尿外科标本室，数十年不断地精选，更换积累，从走廊陈列逐步形成标本室。因医院拆建，1996年起，部分标本移至浙江医科大学主楼地下室，占房总面积约140平方米，精选陈列标本1 500多件及数千枚结石及尿路异物标本，其规模、数量和质量均为国内之最。1998年《中华泌尿外科杂志》为此做了专门报道，在国内有广泛影响。已故我国著名泌尿外科专家顾方六教授(1996年)曾对此作出高度评价,认为"全国第一,恐怕也是世界无双。"

1952年前后,浙江医学院附属第一医院泌尿外科王历畊教授等便已开展阴茎癌、肾结石、肾结核等大中型手术。1952年开展膀胱、肾、输尿管及前列腺等手术,20世纪60年代开始行膀胱全切、肾上腺手术等泌尿外科高精尖手术以来,各种手术日趋规范,并有多种手术技术的改进。1955年,杨松森等在国内首先开展肾部分切除术。20世纪50年代中后期,杨松森等在附睾结核、睾丸鞘膜积液、睾丸肿瘤等疾病的诊治中,提出以透光试验、体格检查等鉴别积液与肿瘤的方法。1960年,杭州市第一人民医院林肇南等在膀胱全切术中进行保留部分前列腺包膜,使之形成膀胱颈的膀胱重建术。在此基础,他们又开展了回肠膀胱术和乙状结肠膀胱术。同时,成功地开展生殖系统各类恶性肿瘤的手术治疗,如输尿管肿瘤切除修复术、肾上腺肿瘤切除术、肾上腺肿瘤原发醛固酮增多症、高危肾上腺嗜铬细胞瘤切除术,以及先天性阴茎畸形,包括各种类型的尿道下裂、小阴茎、膀胱阴道瘘、睾丸下降不全和隐睾症等的矫治。1962年,杨松森、王钟奇等开展耻骨后前列腺摘除术。同年,魏克湘等又从北京引进耻骨上前列腺摘除术,随后在全省逐步推广这两种手术。1963年初,魏克湘、黄学斌从北京引进回肠膀胱术,并逐步开展。1964年,杨松森等在国内最早采用膀胱壁瓣行女性尿道重建治疗尿道全切除病人,使其能正常排尿。1967年,进口了转鼓型(Kolff)人工肾,并应用临床治疗急性肾功能衰竭,取得显著效果。

20世纪50年代后期,浙江省及杭州市级医院相继开展泌尿外科工作,并成立专科。1956年,杭州市第一人民医院开设泌尿外科门诊,增设专科病床,除治疗泌尿系统常见病外,还开展前列腺摘除术、肾肿瘤切除术等。20世纪50年代后期,绍兴市立医院、福康医院(后改为绍兴市第一人民医院、绍兴市第二人民医院)皆开展泌尿外科诊疗工作;当时已有美国、德国及国产膀胱镜数台,可行膀胱镜检查及逆行肾盂造影,杭州市第二人民医院泌尿外科已经能开展肾切除、前列腺摘除等。同期,丽水县人民医院(现丽水市人民医院)外科陈韶华任主任,开展了肾切除、膀胱切开取石术。60年代,邹福安在上海瑞金医院进修泌尿外科,回科后从事泌尿外科临床工作,购置了第一台美国生产的膀胱镜,正式开展泌尿外科疾病的诊疗工作。1960年,由周宏泉老院长、顾明祥主任等老前辈亲自建立了宁波市最早的,也是该市唯一的泌尿专科,即宁波市第二人民医院泌尿科,并开设了泌尿外科门诊。1978年,他们开始做离体肾手术后的自体肾移植手术。20世纪70年代,他们还开展了肾动脉造影、选择性肾动脉造影栓塞治疗肾破裂大出血,并在《中华外科杂志》上发表了"腰部直切口治疗肾盂、输尿管上段结石手术"。1979年,解放军四一二医院开展了血液透析工作。1961年,湖州市第一人民医院外科黄凤祥医师在浙江医学院附属第一医院进修回院后即开展了泌尿外科手术,以下尿路手术为主,如膀胱肿瘤、膀胱结石等。20世纪60年代始,金华市在徐君赐、吕卫生、曾天定、王先道等医师的努力下,泌尿外科专业从无到有,开始做膀胱镜检查、肾切除、肾及输尿管切开取石、膀胱部分及全部切除、阴茎癌扩大根治术和尿道会阴部移植术。1962年在温州市第一人民医院(现温州医学院附属第一医院)成立了泌尿外科组。当时仅有唐曙、蔡士钊两位医师,病床10张,配备了进口膀胱镜等设备,自此浙南地区首次拥有了泌尿外科的专科医师和专科病房。1963 年,台州医院组建了台州地区第一个泌尿外科治疗组,先后开展了肾切除、肾盂肾实质切开取石术、耻骨后前列腺切除术和肾部分切除术,并开展膀胱部分切除术、复杂性尿瘘修补术(如膀胱对剖法修补或者腹会阴联合切口法)。1965 年,解放军一一七医院成立泌尿外科,并开展泌尿外科常规医疗工作。值得一提的是,1973 年,以泌尿外科为特色的温岭县泽国医院泌尿外科开业,床位 20 张,张士行医师为负责人,是国内最早成立的县级医院泌尿外科。

"文革"期间,在"极左"思潮的影响下,全国各行各业都受到不同程度的冲击,但浙江省泌尿外科医护人员仍然坚持在临床一线,克服重重困难,积极努力工作。1976 年,浙江医学院附属第一医院首先开展同种异体肾移植,该院门诊病人也从初始时的 1 000 例次/年上升至 20 世纪 70 年代末的 20 000 例次/年,手术人次由每年数百例上升至 20 世纪 70 年代末近 2 000 例次/年。1977 年以后,杭州市第一人民医院、市红十字会医院也先后收治肾功能衰竭病人,开展了人工肾透析,并可进行异体肾移植术。1979 年,杭州市第一人民医院林肇南等对 5 例多发性肾结石采用离体肾取石自体肾移植术,为国内最早开展此类手术者之一。20 世纪 70 年代,温州市泌尿外科人员在温州医学院附属第一医院李澄棣教授的带领下,业务有了快速的发展与普及。温州市第二人民医院、第三人民医院、瑞安县人民医院、温州医学院附属第二医院相继建立了泌尿外科。温州医学院附属第一医院还建立了外科实验室及男性实验室。1978 年,温州医学院附属第一医院成立了男性实验室后便开展男性学的研究,如精子轨迹摄影、精子冷冻保存、人工授精等。1973 年,浙江医学院附属第一医院泌尿外科成立血液透析组,由朱琼医师负责。1958 年 6 月,舟山市人民医院添置膀胱镜一套并设泌尿外科门诊;1974 年,开展男性输精管结扎术;1977 年设泌尿外科组,开展膀胱部分切除术、肾盂输尿管切开取石术、尿道会师术;1979 年开展原位冰冻肾实质切开取石术。

在学术研究方面,浙江省泌尿外科也取得了丰硕的成果。浙江医学院附属第一医院泌尿外科陈昭典医师负责的科研小组,先后进行了小剂量棉酚抗生育研究和十一酸睾丸酮注射液抗男子生育研究;朱选文医师参加了 WHO 三项男性节育手术的前瞻性研究;史时芳医师进行前列腺冷冻治疗,表浅膀胱癌发生、发展的分子病理学研究,肾小管研究模型的建立及抗癌药物的肾毒性研究,增生前列腺的血供及微血管密度的研究等 20 多项研究。浙江医学院附属第一医院泌尿外科获 WHO、国家计生委、国家教委、国家卫生部、浙江省科委、浙江省教委、浙江省卫生厅资助,并获得国家级(1 项)、省部级(6 项)及厅局级(7 项)共14 项奖励。该科主编与参编了《泌尿外科常见急诊》(浙江科学技术出版社,1975 年)、《急性肾功能衰竭》(上海人民出版社,1976 年)、《实用泌尿外科手术学》(浙江人民出版社,1979年)等 10 多本专著。

二、改革开放和迅速发展时期(1980—1999 年)

"文革"后,特别是党的十一届三中全会以来,各医疗单位相继落实了知识分子政策。浙江省泌尿外科又进一步蓬勃发展起来,专业队伍不断壮大,在诊疗技术和基础研究等方面不断取得新的成绩。特别是进入 20 世纪 90 年代以后,随着改革开放、国际交流和合作的加强,浙江省泌尿外科进入了一个快速、全面的发展时期。

浙江医学院附属第一医院泌尿外科,自 1982 年后,相继引进了杜传军(1998 年到浙江大学附属第二医院任泌尿外科主任)、汪朔、沈柏华、谢立平、沈周俊(2005 年调往上海交通大学医学院附属瑞金医院任泌尿外科主任)、金百冶等医师,至 20 世纪 90 年代末,该医院泌尿科设置床位约 90 张,分设 2 个病区,年门诊量达到 4 万人次,年手术量达到 2 500 台次,成为华东地区乃至国内大型泌尿外科之一。1981 年 11 月,杨松森教授任浙江医学院附属第一医院副院长,1982 年 8 月任院长。1984 年 5 月,陈昭典教授任浙江医学院附属第一医院党委书记,1986 年 11 月任浙江医科大学党委副书记,1991 年任副校长,1996 年任校长。1984 年,朱琼医师创建血液净化与肾移植中心,并独立建科,成为国内透析最早单独成科的医院之一。浙江医科大学附属第一医院泌尿外科自 80 年代开始相继引入大型进口仪器设备。1984 年底,泌尿外科率先引进德意志联邦共和国 Storz 公司电切镜、肾盂镜、输尿管镜及超声碎石仪。后来,相继引进的有以色列产前列腺射频治疗仪(1992 年)、配备 X 线的德国产万能手术床(Uromat-200,1993 年)、德国产 Storz 体外冲击波碎石机(1995 年)、英国产半导体激光机(1995 年)。该院 1975 年成立男性计划生育实验室;1984 年成立泌尿外科 B 超室;1992 年成立泌尿外科研究室和男性计划生育研究室。

1984 年以来,浙江医学院附属第一医院全面开展腔内及微创泌尿外科手术,为国内较早开展腔内手术的医院之一。1984 年魏克湘、史时芳等开展经尿道膀胱肿瘤电切术(TURBt),1985 年开展经尿道前列腺电切术(TURP)、输尿管镜检查及治疗、经皮肾镜取石术。1986 年,魏克湘、史时芳、叶有新等重新恢复开展同种异体肾移植术,后由朱琼、陈江华负责,并进一步大规模发展,每年开展肾移植 200 例以上,至 2005 年末,共进行肾移植术 2 000 多例,在国内同行中名列前茅。截至 1999 年,浙江医科大学附属第一医院在新技术、新方法的开创和应用中,在国内属于首先报道的有:肾部分切除术(杨松森,1955 年)、膀胱壁瓣尿道成形术(杨松森,1964 年)、尿酸结石溶石治疗(蔡松良,1985 年)、前列腺增生症的冷冻治疗(张志根、史时芳,1985 年)、前列腺癌的冷冻治疗(史时芳,1986 年)、数字减影血管造影在肾癌诊断中的应用(史时芳,1987 年)、复杂性尿道狭窄的会阴部皮瓣替代(陈昭典,1987 年)、第十肋间胸膜外胸腹联合切口的应用(史时芳,1992 年)、前列腺电切后内毒素研究(张志根,1992 年)、肾集合管癌(史时芳,1995 年)、颊黏膜尿道成形术(朱选文,1996年)、颊黏膜在 Peyronie 征中的应用(蔡松良、朱选文,1999 年)、国产阴茎假体植入术(朱选文,1999 年)、经阴道无张力尿道中段悬吊术(TVT)治疗女性尿失禁(汪朔,1999 年)。1984 年,浙江医疗器械研究所和浙江医学院附属第一医院等通过了前列腺冷刀及其对前列腺增生的冷冻治疗的鉴定。

1982 年,浙江医学院附属第一医院杨松森和陈昭典代表浙江省泌尿外科参加全国第一届泌尿外科学术会议;1985 年,该院杨松森、魏克湘、史时芳、陈昭典等参加全国第二届泌尿外科学术会议。1986 年,浙江医科大学附属第一医院孙冠浩参加国际棉酚抗生育研究学术会议(武汉);1988 年,该院史时芳、蔡松良参加第一届北京国际泌尿外科研讨会。1989 年,

中国泌尿外科学史(第 2 版)

杨松森、陈昭典、蔡松良、余家琦参加全国第三届泌尿外科学术会议。1989年,史时芳、张志根参加第七届国际冷冻外科会议。1984年,杨松森、朱琮赴加拿大访问。1987年,史时芳到德国进修。1991年,陈昭典、孙冠浩参加第一届全国男性学研讨会,同年,蔡松良参加第二届北京国际泌尿外科研讨会。1992年,魏克湘、史时芳参加全国膀胱肿瘤专题研讨会。1992年,魏克湘、史时芳、陈昭典、沈志坚、朱选文参加全国第四届泌尿外科学术会议。1993年,史时芳参加第十一届国际激光会议(德国慕尼黑)。沈志坚医师于1984年赴山东省人民医院进修学习。1985—1988年蔡松良师从吴阶平教授攻读泌尿外科博士学位。1991年1月,谢立平赴德留学,1993年10月获博士学位回国。1991年,陈昭典到日本进行学术访问。1992年,蔡松良到德国进修。1992年,陈昭典到美国进行学术考察。1992年,魏克湘、史时芳到香港、德国、奥地利及瑞士考察。1993年,史时芳、汪朔到德国进修深造。另外,1990年和1993年以浙江医科大学附属第一医院泌尿外科为承办单位主办了两次全国泌尿外科专题研讨会。

浙江医学院附属第一医院泌尿外科1981年获硕士学位授予权。1996年,浙江医科大学附属第一医院泌尿外科获博士学位授予权。至1999年,前后已相继培养硕士研究生40多名、博士生4名,并培养国内各地进修医师约200名。杨松森教授参加全国统编教材《外科学》的编写工作。魏克湘、蔡松良参加《吴阶平泌尿外科》(第一版)和《泌尿外科病历讨论集》编写工作。魏克湘、史时芳、陈昭典、蔡松良等分别担任《中华泌尿外科杂志》、《中华男科学杂志》、《中国男科学杂志》、《临床泌尿外科杂志》、《现代泌尿外科杂志》等主编或编委,陈昭典任《浙江医科大学学报》主编和《浙江医学杂志》副主编。

20世纪80年代,杭州市第一人民医院开展可控制膀胱重建尿流改道术、膀胱癌经尿道微波凝固摘除术等;1990年开展了肾上腺嗜铬细胞瘤摘除术;1991年开展可控回肠代膀胱术(COCK)、肾癌根治术。1997年,浙江省新华医院(原浙江省建工医院)开展了睾丸活体移植、输精管附睾吻合术。1998年,在浙江医科大学附属第一医院朱选文等指导下开展可膨胀性阴茎假体植入术,同时开展了膀胱全切回肠原位尿道重建术、前列腺癌根治术等。

1986年,浙江省人民医院泌尿外科成立,并于1992年在省内率先开展经尿道输尿管球囊扩张术治疗输尿管肾盂结合部狭窄。1994年,浙江医科大学附属第一医院邵逸夫医院泌尿外科成立,在美国专家的帮助下,相继开展了经尿道前列腺电切术、膀胱肿瘤切除术、腹腔镜泌尿外科手术等微创手术。1998年5月,浙江医科大学附属第二医院泌尿外科成立,在顾才校、杜传军两任主任的带领下,全科以泌尿外科腔内技术的临床应用为突破口,先后开展经尿道前列腺电切、输尿管镜下气压弹道碎石等腔内泌尿外科手术。2001年,在国内率先开展了经尿道钬激光前列腺剜除术,获得成功。近年来,杜传军主任多次被邀请去国内著名的大医院做此类手术演示,标志着浙江医科大学附属第二医院泌尿外科腔内技术已跨入国内先进行列。

1980年,温州医学院附属第一医院开展肾移植动物实验,以及自体肾移植术治疗复杂性肾结石、肾性高血压,为以后的异体肾移植打下了基础。同年,开展血液透析治疗慢性肾功能衰竭。1984年成立了显微外科实验室,率先应用显微手术治疗乳糜尿及睾丸自体移植术治疗高位隐睾症,这是我省最早开展显微手术的科室,并开展了淋巴管造影,填补了浙江省相关空白,跨入国内先进行列。1987 年,添置第一套泌尿腔内手术器械,开展 TURBt。1996 年,温州医学院附属第一医院泌尿外科与妇产科合作筹建生殖医学中心,并开展单精子卵泡穿刺,并取得较好成效。该中心是全国最早开展此项技术的单位之一,是卫生部首批批准的 5 个可行辅助生产技术医疗单位之一,在全国享有一定声誉。1999 年成立男性科,同时成立尿动力实验室及男性实验室。

20 世纪 80 年代,丽水市人民医院张宝金主任等开展肾动脉造影和肾动脉栓塞,经皮血管内成形术治疗肾血管性高血压,开展尿道狭窄内切开术、后腹膜淋巴清扫术、自体肾移植术、同种异体肾移植术,以及 TURP 和 TURBt。20 世纪 80 年代后期,他们还引进国产碎石机,开展体外冲击波碎石术(ESWL)。20 世纪 90 年代开展阑尾输出道可控性回肠代膀胱术和原位膀胱术,前者获浙江省医学科技进步奖三等奖。

1987 年,绍兴市第一人民医院徐国强医师赴中山医科大学,在梅桦教授的科室进修。1993 年他们在浙江医科大学附属第一医院的协作下成功地进行了肾移植手术。其"针刺封闭闭孔神经在 TURP 术中应用",经鉴定为省内领先水平。随着腔镜的问世,微创外科时代到来,绍兴地区各有关医院先后都配置了 Storz 电切镜等器械设备,如绍兴市第一人民医院、第二人民医院,以及诸暨县人民医院、嵊州县人民医院等。绍兴市第四人民医院又陆续配置了输尿管镜等设备。

金华市中心人民医院于 1985 年独立开展肾移植术并获得成功。1988 年,在王先道主任的领导下该科建立了碎石中心,并购买了体外冲击波碎石机。20 世纪 90 年代初期,开始开展前列腺癌根治术。1996 年,购电切镜并开展 TURP、TURBt 等,同时还开展了冷刀内切开治疗尿道狭窄。1997 年,购入第一台输尿管镜,施行上尿路腔内手术。

20 世纪 80 年代中期,湖州市第一人民医院组建泌尿专科组,开展肾切除术、肾铸形结石 Brödel's 线肾实质切开取石术、原位低温肾部分切除术、肾上腺肿瘤切除术、输尿管肾盂结合部狭窄整形术、膀胱全切乙状结肠原位代膀胱术。1984 年,湖州市医学会成立泌尿外科学组。1989 年,湖州市第一人民医院引进经尿道电切镜,开展了 TURP、TURBt、经尿道直视内切开术(DVIU)等腔镜手术。1991 年,湖州市第一人民医院泌尿外科成立独立专科病区,并且成功地完成同种异体肾移植术。同年,王伟高医师开展了保留尿道前列腺切除术(Madigan 术),达到国内先进水平,研究论文获中华医学会泌尿外科分会首届中青年优秀论文奖(1994 年,武汉),并参与《泌尿外科手术学》(第二版)的编写。20 世纪 90 年代后,湖州市第一、第二人民医院已设泌尿外科或配备兼职医师。

1980 年,台州医院建立了泌尿外科病房及专科门诊。至 1988 年,台州市所辖 9 个县市区都已建立了泌尿外科,并有专科医生从事泌尿外科工作。1990 年,已能开展的手术包括自制直针后尿道狭窄瘢痕切除端-端吻合术、睾丸肿瘤腹膜后淋巴结清扫术、膀胱液电碎石术、原位肠代膀胱术等泌尿外科几乎各门类的手术。1995 年 7 月,台州市第一例腹腔镜下肾囊肿去顶手术获得成功。1996 年 8 月,在台州医院开展了 TURP 和 TRUBt 等。

1980 年初,嘉兴市第一人民医院开展了全膀胱切除术＋回肠膀胱术。1989 年,嘉兴市第一人民医院开展 ESWL，武警浙江省总队医院、嘉兴市第二人民医院也先后开展了该项目。1991 年，嘉兴市多家医院开展了腹腔镜泌尿外科手术，并在短短几年内迅速普及，包括腹腔镜肾上腺肿瘤切除、肾切除、肾盂成形、肾盂输尿管切开取石、肾输尿管全长＋膀胱部分切除、前列腺癌根治。同年，嘉兴市第一人民医院还开展了同种异体肾移植术。1998 年，嘉兴市第二人民医院、武警浙江省总队医院率先开展经尿道前列腺汽化电切术，并陆续开展 TURP 和 TURBt 等。嘉兴市第一人民医院、嘉兴中医院也先后开展这些手术。

1980 年，衢州市人民医院徐存志医师赴浙江医学院第一附属医院进修泌尿外科，返院后逐步开展了肾切除、前列腺摘除等常规手术，并能做一些复杂手术，如原位冷冻肾实质切开取石术、肾部分切除、全膀胱切除回肠代膀胱术和复杂性尿道狭窄修复手术。该科于 1989 年引进体外碎石机，1992 年成功地开展自体肾移植和异体肾移植。

进入 20 世纪 90 年代，宁波市的泌尿外科进入了一个快速、全面的发展时期。宁波市第二人民医院以顾明祥主任为首的泌尿外科随医院整体迁至宁波市李惠利医院。同时，宁波市第一、第二、第三人民医院（现宁波大学医学院附属医院）、解放军一一三医院（现与四一二医院合并）等市内大医院也都逐步建立了独立的泌尿外科。鄞州、余姚、慈溪、宁海、象山、奉化等区县医院都逐步有了泌尿外科专科。

1982 年，在南京召开的第一届全国泌尿外科学术大会上，杨松森教授当选为中华医学会泌尿外科学分会常委，并连续担任第二届常委直至 1992 年。1992 年，魏克湘教授担任第三届中华医学会泌尿外科学分会委员。1997 年，蔡松良教授担任第四届中华医学会泌尿外科学分会委员。1982 年，在杨松森等的倡导下，浙江省医学会泌尿外科学分会成立，杨松森担任主任委员，林肇南、余汉民、魏克湘担任副主任委员，陈昭典担任秘书。1990 年，魏克湘担任第二届省泌尿外科分会主任委员，陈昭典、林肇南、史时芳担任副主任委员。1995 年，史时芳担任第三届省泌尿外科分会主任委员，陈昭典、李汉林、王先道、蔡松良担任副主任委员。1992 年，陈昭典教授等发起并成立浙江省医学会泌尿外科学分会男科学组，陈昭典任组长，史时芳、李澄棣任副组长。1999 年，正式成立浙江省医学会男科学分会，陈昭典担任主任委员，史时芳、李澄棣、李汉林、朱选文任副主任委员。

三、创新和全面发展时期（2000 年至今）

21 世纪以来，随着国际交流与合作的加强，以电子信息、生物工程技术及新材料为代表的一系列高新技术的飞速发展，极大地促进了医学的发展，浙江省泌尿外科学也进入了创新和全面发展的辉煌时期。

2000 年，谢立平副教授任浙江大学医学院附属第一医院泌尿外科副主任。2004 年，浙江大学医学院附属第一医院创立男科中心，朱选文主任医师担任主任。2006 年，谢立平任泌尿男科中心主任，同时担任院长办公室主任。2007 年 8 月起，谢立平教授担任泌尿外科主任，至此，浙江大学医学院附属第一医院泌尿外科共有教授 5 名、主任医师 11 名、博士生导师 3 名、硕士生导师 9 名，床位 150 多张，分设 3 个病区，设置泌尿外科专用手术室、膀胱镜室、尿动力学检查室、男科实验室等。年门诊量近 10 万人次，年手术量 4 000 多台次。

2010 年床位已达 180 多张,分设 5 个病区。

　　随着微创外科的飞速发展和重大疾病诊治技术的不断革新和深入,浙江大学医学院附属第一医院泌尿外科于 2000 年引进了 Olympus 电子膀胱镜,2001 年引进 Labolie 尿动力仪,2005 年引进了瑞士 EMS 气压弹道碎石装置以及钬激光装置等。

　　1993 年,浙江医科大学附属第一医院蔡松良教授在男性膀胱全切术中,采用逆行法将切除膀胱的手术时间由传统 2.5 小时缩短为 0.5 小时,同时采用手助拔针毯边缝合肠膀胱技术,使相应的男性和女性原位肠代膀胱术时间可缩短至 2~3 小时。至 2005 年底,蔡松良教授率全科开展原位膀胱术近 500 多例,在 2005 年杭州召开的第十三届全国泌尿外科学术会议暨第八届全球华人泌尿外科大会上进行大会发言,并于 2005 年获浙江省科技进步奖二等奖。由浙江医科大学附属第一医院陈昭典教授和蔡松良教授首创,并经蔡松良教授改进的膀胱颈口会阴牵引复位术治疗骨盆骨折后尿道断裂,大大减少了阳痿(ED)和尿道狭窄的发生率。2001 年,浙江大学医学院附属第一医院谢立平教授等报道手助泌尿外科腹腔镜手术;2003 年,报道针式后腹腔镜肾囊肿去顶术和肾上腺肿瘤切除术。目前,该科已成功地开展了手助泌尿外科腹腔镜手术已近 300 例。1997 年,朱选文主任在省内率先开展国产可充胀阴茎假体植入术,并于 2003 年获浙江省卫生厅医药创新一等奖、浙江省科技进步奖三等奖。浙江医科大学附属第一医院张志根、蔡松良等开展的肾部分切除术和肾癌累及腔静脉手术在国内影响很大。2000 年,浙江大学医学院附属第一医院汪朔、谢立平等在国内率先报道腹腔镜输尿管肾盂接合部整形术,2004 年获浙江省卫生厅科技成果奖二等奖,至 2005 年成功完成手术 150 例,并在 2005 年杭州召开的第十三届全国泌尿外科学术会议暨第八届全球华人泌尿外科大会上进行大会发言。浙江大学医学院附属第一医院泌尿外科在积极开展泌尿外科传统手术的基础上,致力于发展腔内微创手术,开展的腔内微创手术的数量与质量均在国内领先,具有一定影响力。至 2005 年底,该院完成各类腹腔镜泌尿外科手术 2 000 多台,手术范围涵盖几乎所有泌尿系统器官疾病的诊治,如腹腔镜前列腺癌根治术、腹腔镜肾癌根治术、腹腔镜膀胱癌根治术、腹腔镜肾输尿管全长切除术、腹腔镜肾部分切除术、腹腔镜腹膜后淋巴结清除术、腹腔镜肾盂成形术、腹腔镜输尿管吻合术、腹腔镜输尿管膀胱再植术等复杂的泌尿系重建手术。2006 年,浙江大学医学院附属第一医院谢立平教授等率先在国内提出了微创泌尿外科应从内稳态、应激、免疫、麻醉和手术时间及心理等方面综合评估的概念,对国内泌尿外科微创技术的开展具有启示作用。谢立平教授从 2007 年以来开展解剖性前列腺癌根治术,2009 年开展等离子前列腺剜切术。此外,浙江大学医学院附属第一医院泌尿外科在阳痿的研究、骨盆骨折致后尿道破裂的医源性阳痿研究、男性膀胱全切除术解剖及应用研究、膀胱全切除术后尿流改道(各种可控膀胱、输尿管腹壁造口、男性和女性原位肠代膀胱)等方面均已有实质性突破。闭孔神经疲劳法预防闭孔神经反射使 TURBt 更安全。耻骨上前列腺摘除术的术式改进使手术时间大大缩短。另外,科室在特殊性肾癌(包括大血管受累肾癌)的治疗、ESWL、腹腔镜手术等方面也取得了丰富的经验。浙江大学医学院附属第一医院泌尿外科在临床方面成为当地及邻近区域名符其实的龙头医院。

2000 年以来,浙江大学医学院附属第一医院泌尿外科主办、参加了多次国内、国际学术会议。蔡松良、谢立平、张志根等作为中华医学会泌尿外科分会的将才工程对象,相继赴美国、德国、澳大利亚等国家和中国香港、中国台湾等地区进行学术交流,以及参加美国泌尿外科学会、欧洲泌尿外科学会和亚洲泌尿外科年会。2003—2005 年谢立平等成功举办了多次国际微创泌尿外科研讨会,美国、德国多名学者来院讲学和进行手术演示。2005 年 3 月,浙江大学医学院附属第一医院泌尿外科举办了北京大学泌尿外科培训学院学术活动。2006 年 8 月,邀请美国西北大学医学院泌尿外科专访团来院做手术演示和讲学活动。由该科主编的书籍有《中国老年百科全书》(陈昭典主编,浙江教育出版社,2000 年)、《全科医学临床治疗学》(陈昭典主编,科学出版社,2002 年)、《男性生殖健康手册》(陈昭典、谢立平、杨国胜主编,中国人口出版社,2002 年);参编书籍有《吴阶平泌尿外科学》、《黄家驷外科学》、《男科学》、《腔内泌尿外科学》、《实用男科学》以及中华医学会继续医学教育教材《泌尿外科临床新进展》。蔡松良、谢立平、陈昭典等分别担任《中华泌尿外科杂志》、《中华男科学杂志》、《中国男科学杂志》、《临床泌尿外科杂志》、《现代泌尿外科杂志》、《实用肿瘤杂志》、《中华急诊医学杂志》等杂志编委。陈昭典任《浙江医学杂志》副主编。2000 年至今,该科获国家自然科学基金资助 2 项,教育部基金 2 项,省级课题近 20 项,省级科研成果 10 多项,发表SCI 收录论文 15 篇,全国重点期刊论文 300 多篇,获得国家专利 13 项;培养博士研究生 30多名,硕士研究生 60 多名,培养来自国内各地的进修医师 100 多名。

　　浙江大学医学院附属第二医院泌尿外科目前所具备的内腔镜种类已涵盖泌尿外科各类内镜,包括尿道镜、电切镜、软硬输尿管肾镜、经皮肾镜和腹腔镜等,内腔镜手术占全部泌尿外科手术的比率已高达 70% 左右。

　　至 2005 年底,邵逸夫医院泌尿外科完成各类腹腔镜泌尿外科手术 1 000 多台,主要包括腹腔镜前列腺癌根治术、腹腔镜肾癌根治术、腹腔镜膀胱癌根治术、腹腔镜肾输尿管全长切除术、腹腔镜肾部分切除术、腹腔镜腹膜后淋巴结清除术等。2007 年底开始,邵逸夫医院逐渐引进了张志根、赵伟平,由张志根医师担任科室主任,李新德、余大敏医师担任科室副主任,科室同事关系和谐,团结进取,科室进入了迅速壮大和全面发展时期,购置了电子膀胱软镜、电子输尿管软镜、泌尿外科诊疗床等先进设备,开展了三维适形放射粒子植入治疗前列腺癌、单孔法腹腔镜肾囊肿去顶术、输尿管镜软镜手术、肾积水经皮肾膀胱分流术、肾肿瘤腔内冷冻术等新技术,对膀胱全切、前列腺癌根治术、肾部分切除术等手术做了改进,在保持腔内微创手术特色的同时,大大增加了重大疑难手术的比例。临床业务增长迅猛,取得了长足的发展。

　　2001 年 4 月,浙江省人民医院泌尿外科与胸外科合作完成省内第一例心肾联合移植术。2005 年底,实施了杭州地区首例夫妻之间的亲属肾移植,2006 年初又完成了第二例。2005 年底在省内率先开展经尿道绿激光前列腺汽化术治疗前列腺增生症。

　　浙江中医药大学附属第二医院(浙江省新华医院)近 10 年以吕伯东、张士更为领队的泌尿男科得到了飞速发展。现已具备实力雄厚、设备齐全、医教并进、科研领先的医、教、研互为一体的附属医院重点专科。2006 年至 2009 年间连续 5 次成功举办了国家级中西医结合泌尿系结石、男科继续教育学习班,获得各方好评。

解放军 117 医院 2002 年先后开展 TVT 术,前列腺癌根治术及膀胱癌根治性切除回肠新膀胱术。2005 年初开展输尿管镜下气压弹道碎石治疗尿路结石,并开展经皮肾镜治疗肾结石以及输尿管上段结石。2006 年开展了泌尿外科腹腔镜手术,至今已进行了肾上腺切除术、肾部分及肾根治性切除术、肾盂输尿管成形术、肾盂输尿管切开取石术,肾盂癌根治性切除术等等。2010 年引进钬激光设备,增加了对尿路上皮肿瘤以及结石的治疗手段。

2000 年,温州市成立中华医学会温州市分会泌尿外科学专业分会,李澄棣教授任主任委员。温州医学院附属第一医院、温州市第二人民医院、温州市第三人民医院、瑞安人民医院、温州医学院附属第二医院、平阳县人民医院等医院有了独立的泌尿外科,各县人民医院也都有泌尿外科专科医师。共有泌尿外科医师 80 多人。其中教授、主任医师 9 位。

宁波市第二医院于 2002 年 12 月开展腹腔镜肾癌根治术。宁波市各大医院先后开展各类腹腔镜手术,包括肾上腺肿瘤切除尤其是嗜铬细胞瘤的切除,小肾癌肾部分切除保肾手术,腹膜外腹腔镜膀胱癌全膀胱切除、回肠膀胱术、回肠新膀胱手术,腹膜外腹腔镜/腹腔镜下前列腺癌早期全前列腺切除膀胱颈后尿道再吻合,睾丸肿瘤根治性切除后后腹膜淋巴清扫术,肾盂输尿管成形术等手术等。2005 年宁波泌尿外科年会改为宁波市泌尿外科论坛,论坛每年设立一个专题,邀请全国相关专业顶级专家、浙江省三级以上医院医师及宁波市医师参加。2006 年开始进行现场手术转播。每年有 300 多人参与论坛,且人数在逐年增加。2010 年 5 月,"应用中国商环进行成年男性包皮环切"视频论文以总分第二的成绩获 2010 年美国泌尿外科年会视频论文二等奖,并作为亮点在 2010 年 5 月 29 的"获奖视频论文:最佳中的最佳"进行了展播。宁波市第一医院泌尿外科程跃主任医师上台领取荣誉证书。

2001 年绍兴市人民医院第三任科主任徐国强,2003 年引进 EMS 系统开展肾镜、输尿管镜气压弹道、超声碎石,开展了腹膜后腔镜肾癌根治、肾上腺肿瘤切除、肾盂成形术等手术。2005 年第四任科主任阎家骏,引进微通道经皮肾镜技术治疗肾结石,结合原有的标准肾镜对不同病人采取个体化治疗,进一步提高了肾镜的安全性和有效性。2006 年引进进口的尿流动力学设备,并进行了 3 年的创建绍兴市医学重点学科。期间除了经皮肾镜有了质的飞越外,还普及开展了常规腹腔镜技术。并开展了难度高手术复杂的腹腔镜腹膜后淋巴清扫、前列腺癌根治术及膀胱全切术;经尿道等离子前列腺剜除术。绍兴县中心医院泌尿外科 2000 年开始从事输尿管镜治疗输尿管结石和经尿道前列腺电切术。

2000 年金华市中心医院引进 Labolie 尿动力仪器,在全省第二家开展尿动力检查。同时,逐步开展了一系列泌尿外科常规手术,如:肾上腺肿瘤切除术、前列腺癌根治术、肾癌根治术、肾窦内肾盂切开取石术、肾盂肾实质联合切开取石术、输尿管癌根治术、睾丸肿瘤切除后腹膜淋巴结清扫术等。

台州微创泌尿外科从腹腔镜下肾上腺切除、肾切除、输尿管取石到前列腺癌根治、膀胱全切已全面展开;2004 年在泽国医院和台州医院相继开展了输尿管镜的检查、治疗,标志着台州泌尿外科进入了腔内微创的时代。到目前为止,全市 18 家医院均设立了泌尿专科。

2000年后湖州一院先后开展了后腹腔镜手术（包括肾囊肿去顶术、输尿管肾盂切开取石、肾上腺肿瘤、保留肾单位肾部分切除、肾癌根治术、多囊肾减压术、肾盂输尿管整形术等微创手术等）。2004年开展了TVT、TVT0手术、阴茎假体植入术。2005年开展钬激光输尿管镜和经皮肾镜碎石术,2006年始先后开展了腹腔镜前列腺癌根治术和全膀胱切除术。至2009年底已施行了近千例腹腔镜手术,使湖州一院泌尿外科腔镜微创手术占手术总量的60%以上,保持省内同步水平。2004年3月,湖州中心医院（原湖州二院）泌尿外科从大外科脱离,成为独立科室,专科病床扩展至36张,杨荣华任科主任,先后开展输尿管镜下激光碎石术,膀胱镜下膀胱结石碎石术,经皮肾镜激光碎石取石术,后腹腔镜下肾囊肿去顶减压术、肾上腺肿瘤切除术、输尿管切开取石术、嗜铬细胞瘤切除术、单纯性肾切除术、肾盂输尿管狭窄整形术、肾部分切除术。

2000年嘉兴二院率先开展全膀胱切除＋回肠原位新膀胱术,此项目获嘉兴市科技进步三等奖。2001年嘉兴二院开展输尿管镜手术,一院、武警医院以及部分县级医院也相继开展。2004年,嘉兴多家医院陆续开展小通道经皮肾镜碎石术。2007年,嘉兴一院和武警医院购买EMS超声联系气压弹道碎石清石系统,开展标准经皮肾镜手术。同年嘉兴一院开展无张力尿道悬吊术治疗女性压力性尿失禁。

衢州市人民医院2000年购置Storz输尿管镜,开展了输尿管镜检查和套石术,以后逐步开展输尿管镜气压弹道碎石取石术和钬激光碎石取石术。2000年开展腹腔镜肾囊去顶术,2003年开展手助腹腔镜肾上腺肿瘤切除术,2004年开展腹腔镜肾下垂固定术。以后逐步开展了腹腔镜肾盂切开取石、肾盂成形、腹膜后淋巴清扫、腔静脉后输尿管成形、肾部分切除、肾切除、肾癌根治、肾盂癌根治、前列腺癌根治以及再次腹腔镜手术等一系列腹腔镜手术。

舟山医院自2003年9月,许晓明主任主持泌尿外科工作以来,开展了复杂尿瘘修补术,进一步完善前列腺增生各种开放手术方式如耻骨后Millin和Madgain,率先于2003年在本地区开展内窥镜下尿道会师术、腹腔镜下膀胱破裂修补术、后腹腔镜下肾上腺等肿瘤切除手术;2004年开展输尿管镜下气压弹道碎石术,经皮肾微造瘘碎石取石术,后腹腔镜下肾切除手术,后腹腔镜下肾实质、肾盂、输尿管切开取石术,单孔法后腹腔镜下肾囊肿去顶减压术,多内窥镜下复杂性尿道狭窄内切开术、经阴道无张力尿道中段悬吊术（TVT）治疗女性压力性尿失禁等;2006年开展后腹腔镜下肾癌根治术,后腹腔镜下肾盂癌根治术,后腹腔镜下肾盂输尿管狭窄及下腔静脉后输尿管裁剪整形术;经尿道前列腺等离子体剜除术,使微创泌尿外科达到了省内先进水平。马蹄肾及重复上半肾切除术,膀胱癌根治性全切除术原位回肠代膀胱术,肾癌合并腔静脉癌栓根治术。2007年开展腹腔镜下前列腺癌根治术、肾肿瘤肾部分切除术,保留性功能膀胱癌根治性全切除术加可控的原位回肠代膀胱术。男科开展男子勃起功能障碍及男子不育等疾病的治疗;开展肾移植手术及器官移植术后各种药物浓度的检测。

目前浙医一院泌尿外科陈昭典教授担任浙江省医学会副会长,男科学分会名誉主任委员。蔡松良教授任中华医学会泌尿外科学分会委员,浙江省医学会泌尿外科学分会主任委员。谢立平教授担任中华医学会泌尿外科学分会常务委员、副秘书长,肿瘤学组委员,中国抗癌协会泌尿生殖系统肿瘤专业委员会常务委员,浙江省抗癌协会泌尿生殖系统肿瘤专业委员会主任委员,浙江省医学会泌尿外科学分会候任主任委员,浙江省医学会微创外科学分会副主任委员,泌尿学组组长,浙江省内镜(腔镜)质量控制中心专家委员会副主任,浙江省计划生育科学研究所男性生殖健康重点实验室主任。朱选文主任医师任中华医学会男科学分会常务委员,浙江省男科学分会主任委员。沈柏华主任医师担任中华医学会男科学分会青年委员,浙江省男科学分会候任主任委员。金百冶主任医师任浙江省医学会泌尿外科学分会常委,汪朔主任医师任浙江省医学会泌尿外科学分会常委兼秘书。浙江省医学会泌尿外科分会第四届主任委员史时芳,副主任委员陈昭典、李汉林、王先道、李澄棣、蔡松良,第五届主任委员为蔡松良,副主任委员陈昭典、吴章穆、翁志梁、杜传军、谢立平。第六届主任委员蔡松良,候任主任委员谢立平,副主任委员王刚、吴章穆、张志根、杜传军、翁志良、程跃。浙江省医学会男科学分会第三届主任委员陈昭典,副主任委员蔡松良、翁志梁、朱选文。第四届主任委员朱选文,候任主任委员沈柏华,副主任委员姚康寿,吕伯东,肖家全,蔡健。2005年11月浙江省医学会泌尿外科分会承办了在杭州召开的第十三届全国泌尿外科学术会议暨第八届全球华人泌尿外科大会。

在飞速发展的21世纪,在中华医学会泌尿外科学分会的领导下,浙江省泌尿外科的同道们,正秉承着老一辈专家们的团结拼搏、无私奉献的优良传统,齐心协力、锲而不舍、努力拼搏,不断开拓进取、创新发展,为浙江省泌尿外科学的发展作出应有的贡献。

安徽省泌尿外科学史

安徽省横跨江淮,人杰地灵。在有文献记载的中国历史中,倘若谈及传统医学,不会不提到东汉末期的华佗,这位出生在安徽亳州的杰出医学家被后世尊称为外科鼻祖。再有明清时期盛极一时的新安医学派,也为中国医药学史添上了浓厚的一笔。

西医在 19 世纪末传入安徽,作为教会的慈善机构,西方人先后在芜湖(1888 年)、合肥(1898 年)、安庆(1902 年)、怀远(1909 年)等地创办了基督医院,一些留学在外的医师也纷纷辗转回国,报效祖国。我国现代外科的奠基人之一沈克非教授曾在芜湖市弋矶山医院任外科主任(1927 年),后调至南京中央医院(现南京军区南京总医院)。弋矶山医院现为皖南医学院附属第一医院。合肥基督医院是现在的安徽省立医院的前身。在安庆教会医院原址上重建了海军一一六医院。怀远民望医院在 1949 年后并入东南医学院(现安徽医科大学)。

一、奠基时期

随着教会西医医院的建立,泌尿外科工作在安徽有了开端。有记载的当时民望医院外科手术以膀胱结石为主。解放前经济落后,缺少有规模的中心城市,医疗卫生设施也相当落后。民国期间,虽然政府大力倡导西医,但经费、医务人员严重不足。建国初期,安徽仅有 17 所设备简陋、经费匮乏的医院(卫生院),床位 190 张。包括卫生防疫人员在内,全省只有 310 名卫生技术人员,勉强能开展阑尾切除、剖腹产等一般的手术,复杂的泌尿外科手术则无从谈起。

新中国成立后,党和政府非常重视安徽省卫生事业的发展,并给予了极大支持。1949 年 12 月,东南医学院内迁至安徽怀远县,1951 年又迁至合肥市并更名为安徽医学院。1952 年,在蚌埠市建立水利部治淮委员会医院(现蚌埠医学院附属医院)。这些医院的建立为安徽省的医疗事业奠定了基础。建国初期基础薄弱,泌尿外科还没有从外科中独立出来。一些医师分别从上海市、江苏省调入或毕业分配到安徽省从事泌尿外科工作。李同度、李宗晋、李永信等医师分别在合肥市、蚌埠市和芜湖市等主要城市创建了泌尿外科专业组,开展泌尿外科手术。

二、发展初期

1956 年 8 月,我国泌尿外科创始人之一的陈邦典教授从上海仁济医院调至安徽医学院附属医院任外科主任、兼泌尿外科教授,后任安徽医学院副院长。他的到来为安徽省泌尿外科事业注入了活力。他在安徽医学院创立了泌尿外科专科,并将专科病床扩大到 60 多张,成为当时华东地区规模大、专科器械齐全的泌尿外科专科,并能开展低温下阻断肾动脉行肾部分切除治疗鹿角型结石。1958年,在全国较早开展全膀胱切除＋回肠膀胱术,以及阴茎癌根治性切除＋双侧腹股沟深浅淋巴结及盆腔淋巴结清扫术。

20世纪50年代后期,随着王克孝、胡永泉、周来苏、姚正子、田有年、陈友辉、马大任、袁政朝等医师加入各医院泌尿外科工作,使安徽省的泌尿外科队伍得以迅速发展扩大。继安徽医学院附属医院泌尿外科成立之后,弋矶山医院和蚌埠医学院附属医院分别在1957年和1958年成立泌尿外科,当时全省已能够开展除肾移植以外的各种复杂的泌尿外科手术,安徽省泌尿外科进入了一个新的时期。

20世纪60年代,特别是经历了"自然灾害",安徽的泌尿外科工作并未停滞不前。蚌埠医学院附属医院泌尿外科先后开展肾上腺肿瘤手术(包括嗜铬细胞瘤和皮质腺瘤)、淋巴管造影术,并进行男性结扎术后睾丸和附属性腺形态学改变的研究。安徽医学院附属医院泌尿外科关于肠道在泌尿外科应用方面做了大量工作,如全膀胱切除＋直肠膀胱＋乙状结肠会阴造瘘(肛门括约肌控制)、乙状结肠扩大膀胱、回肠代输尿管术等术式,并成功举办"肠道在泌尿外科应用"专题论坛,使这一技术在全省推广。对泌尿外科骨干进行调整,如李同度由安徽医学院调入蚌埠医学院工作,姚正子调入安徽省立医院泌尿外科工作。

六安市黄元安医师、阜阳市徐自立医师、黄山市叶仁照医师分别在皖西、皖西北和皖南建立泌尿外科。周裕德医师也在合肥市第一人民医院成立泌尿外科。随后芜湖、安庆、淮北、淮南等城市地相继成立泌尿外科或专业组,使全省的泌尿外科专业得到均衡发展。

"文革"期间,许多医院停办,医务人员到农村务农,安徽的泌尿外科事业也受到重创。直至1972年,医院才逐步恢复正常工作,一批有才干的泌尿外科医师又满腔热情地投入到工作中去。在这一时期作出重要贡献的医师有王克孝、李宗晋、胡永泉、田有年等。这期间的主要业务骨干还有姚正子、周来苏、陈友辉、陈景州、石天凯、李永信、黄元安、马大任、刘福龙、徐自立、徐鸿儒、戴祖旺、刘载丰、韦喜等医师。通过他们的努力,安徽省泌尿外科事业得到持续发展。在"文革"后期的困难年代里,安徽医学院附属医院、蚌埠医学院附属医院等仍然完成了肾癌根治性肾切除、腹膜后淋巴结清扫、尿道上裂膀胱外翻成形、小儿肾母细胞瘤根治性切除＋下腔静脉置换、复杂性膀胱阴道瘘修补等高难度手术。安徽省立医院在应用回肠代输尿管术方面积累了相当丰富的经验。

1975年,以王克孝教授为首的科研小组,研制成功安徽75-Ⅰ型Kill型人工肾,在完成动物实验后进入临床应用,抢救了大量的急性肾功能衰竭和尿毒症病人。该技术获1978年全国医药卫生科学大会奖。次年,在安徽医学院附属医院建立人工肾室,为异体肾移植奠定了基础。与此同时,安徽医学院与蚌埠医学院先后开展了选择性肾动脉造影,后又开展了自体肾移植技术来治疗肾血管性高血压。

陈邦典教授在"文革"后期回上海市养病,于1976年不幸病逝。陈教授作为安徽省泌尿外科一代大师,为中国特别为安徽省的泌尿外科事业作出了卓越贡献,值得后辈们永远铭记。

三、发展时期(1977—1990 年)

随着"文革"的结束,中国迎来了改革开放的春天,安徽省的泌尿外科又有了新的发展机遇,泌尿外科医师们加倍努力工作,竭力挽回"文革"所造成的巨大损失。安徽医学院附属医院、省立医院、蚌埠医学院附属医院、皖南医学院弋矶山医院均相继开展了同种异体肾移植。虽然当时的供受体配型、手术条件及免疫抑制剂应用等存在问题,人/肾存活率均较低,但可以说明安徽省在肾移植方面和全国大部分省市处在同一起跑线上。

蚌埠医学院附属医院在开展直针修补复杂性膀胱阴道瘘、输精管黏堵节育术方面,以及安徽医学院附属医院在复杂肾结石的离体工作台手术及原位低温灌注肾动脉肾脏劈开取石术等方面,都积累了相当丰富的经验,提高了处理复杂性、多发性肾结石的治疗水平。

地市级医院的技术也快速提高,六安市人民医院黄元安主任开展全膀胱切除＋尿流改道、肾癌根治性切除术;合肥市第一人民医院周裕德主任利用肾动脉阻断进行复杂性肾结石手术;阜阳市人民医院徐自立主任在全省较早开展自体肾移植手术;蒙城县人民医院徐华南医师最早在县级医院建立泌尿外科专业,并尝试采用膀胱镜行术中肾盂内取石,获得成功。

1984 年,在安庆市召开了第一次安徽省泌尿外科学术会议,当时与会代表仅有 60 人,选举产生了第一届泌尿外科学会,主任委员为田有年教授。1988 年,在芜湖市召开第二次泌尿外科学术会议,与会代表约 100 人,有数十篇论文参与交流,这两次学术学会的成功召开,标志着安徽省泌尿外科事业有了新的起点。

20 世纪 80 年代,腔内泌尿外科在我国逐步兴起,安徽医学院附属第一医院 1987 年率先引进德国 Storz 内腔镜,开展了 TURP、TURBt、经尿道内镜直视下狭窄切开术(DVIU)及输尿管镜下取石术(URS)等。六安市人民医院徐鸿儒主任在 TURP 手术方面积累了丰富的经验,并举办学习班进行推广。随后,安徽省大部分省级和地市级医院都引进了新的器械,下尿路的内腔镜手术在全省得到了广泛应用。

体外冲击波碎石术(ESWL)使泌尿系结石的治疗发生了革命性变化。省立医院、蚌埠医学院附属医院、皖南医学院附属弋矶山医院、合肥市第一人民医院相继使用国产碎石机。这些医院都积累了数千例经验,碎石率及排石率均有不同程度的提高,获得了良好的社会效益和经济效益。在此基础上,蚌埠医学院附属医院在国内较早成立了专业学会——安徽省体外震波碎石学会。该学会已组织多次全国性学术会议,受到同行的认可。

1990 年,在合肥市成功举办了安徽省 ESWL 与腔内泌尿外科学习班,邀请了国内著名泌尿外科章仁安、邵鸿勋教授授课并进行现场手术演示转播,有学员 80 多人参加,收到了良好的效果,也标志着该两项技术已正式在省内推广应用。

安徽省立医院在肾移植领域做了大量研究,在 20 世纪 90 年代完成了近百例肾移植,同时开展了同种异体睾丸移植工作。省武警医院泌尿外科林政主任后来居上,施行肾移植数百例。他们在供受体配型、手术技巧及术后免疫抑制剂应用等方面摸索出许多经验,提高了人/肾存活率。同期,坚持开展肾脏移植的单位还有皖南医学院附属第二医院、安徽医科大学第一附属医院、淮南第二和第三矿工医院、解放军一〇五医院、淮北矿工总医院、淮北市人民医院,蚌埠市第三人民医院等。

早在 1979 年,蚌埠医学院附属医院就开展了输精管穿刺和黏堵男性节育手术的临床应用及节育术后性功能障碍的研究,同时进行了慢性前列腺炎的致病菌和敏感药物试验的系列研究。在 80 年代初,皖南医学院弋矶山医院开设生殖专科门诊,采用"王氏管"优选精子及 LHRH-A 治疗男性不育。推广"比林斯"避孕技术,在省内外有一定的影响。

四、快速发展阶段(1999—2006 年)

20 世纪 90 年代,随着改革开放的深入,安徽省泌尿外科迎来了新的发展机遇。80 年代毕业的医学生在老一辈学者的引导下,已逐渐成才,并引进了一批国内著名院校毕业的研究生,他们活跃在临床、科研和教学的第一线。一部分有造诣的中青年骨干成长为省级跨世纪学科带头人的培养对象。到了 1992 年,在黄山市举行第三次安徽省泌尿外科学术会议,与会代表增加到 180 多人,王克孝教授任主任委员,胡永泉教授、石天凯教授任副主任委员。泌尿外科专业队伍不断壮大,专科学会工作也逐步走向正常化,全省大部分地市相继成立泌尿外科学分会。同时按区域划分为皖南、皖中、皖北三片,分别以芜湖、合肥、蚌埠三市为中心,开展形式多样的学术活动,如读片会、专题讲座、疑难病例讨论会等,使安徽省的泌尿外科学术气氛空前活跃,学术水平也得以提高。除了每两年一次的全省泌尿外科学术会议外,1996 年,还在黄山市成功举办了华东六省一市泌尿外科学术会议。同时安徽省泌尿外科临床工作也有了新的进展。2002 年及 2004 年举办的安徽省泌尿外科学术年会采用了手术演示或手术视频讲座,促进了全省微创泌尿外科的发展。

自 20 世纪 90 年代初期以来,安徽医科大学附属医院、六安市人民医院等单位大力推广 TURP、TURBt、DVIU 等下尿路腔内手术。该项技术经过两家医院 10 多年的努力,已分别积累了数千例病例的手术经验,并向全省推广,现已扩大到县级人民医院。20 世纪末,皖北矿务局第二医院、安徽医科大学附属医院、省武警医院、六安市人民医院、安庆市第二人民医院、芜湖市第二人民医院等开展输尿管镜及气压弹道碎石术,也已在地市级以上医院普及,并有多家医院应用钬激光碎石,达到满意的临床疗效。近年来,经皮肾穿刺微造瘘碎石术在广州医学院附属第一医院的支持下,也已在安徽医科大学附属医院、六安市人民医院、省武警医院顺利开展。在这些医院,腔镜技术配合 ESWL 已经基本取代了传统的开放取石手术。21 世纪初,腹腔镜技术也已进入安徽省泌尿外科临床。安徽医科大学附属医院、安徽省立医院等单位已从最初开展的单纯肾囊肿、肾上腺手术发展到输尿管肾盂结合部 UPJ 狭窄成形术、肾癌根治术、半尿路切除、乳糜尿的肾蒂淋巴管结扎术等手术。现在安徽医科大学附属第一医院已能熟练开展腹腔镜下前列腺癌根治性切除、全膀胱切除+回肠原位膀胱重建等复杂手术。全省地市级以上医院均能行腹腔镜泌尿外科手术。腔镜下微创泌尿外科手术在部分医院占外科手术的比例达 60%～70%。2003 年以后,经皮肾镜技术已在安徽医科大学第一附属医院、安微省立医院等多家医院开展。

ESWL 在近 10 年也得到了迅猛发展,全省已有数十台碎石机应用于临床。一些单位已经积累了数千例病例经验,碎石率不断提高,并发症逐渐减少。2004 年,安徽医科大学附属医院引进德国 Donier 碎石机的应用,使安徽省体外碎石技术又跃上新的台阶。

随着皖南医学院弋矶山医院、合肥市第一人民医院的加入,开展肾移植的单位逐渐增多,虽然各家医院例数不多,但仍在不断积累经验。安徽省武警医院已施行异体肾移植手术 600 多例,人/肾存活率均进入全国先进行列。同时,还开展了亲属活体供肾移植、胰肾联合移植等项目。省立医院也已施行肾移植术 100 多例,存活最长者 20 多年,有的病人已经婚育。

蚌埠医学院附属医院、安徽医科大学附属医院在全膀胱切除后尿流改道可控膀胱和原位膀胱重建技术上做了大量工作,在提高病人生存期的基础上改善了病人的生活质量。安徽医科大学附属医院在省内首先开展了腹腔镜下全膀胱切除＋回肠原位膀胱重建术,进一步减少了病人的手术创伤,达到国内先进水平,术后近期疗效满意。

安徽医科大学附属医院、安徽省立医院、蚌埠医学院附属医院分别利用带蒂包皮皮瓣、阴囊纵隔皮瓣和膀胱黏膜 I 期修复尿道下裂取得了可喜成果。省立医院开展 Medigan 手术摘除前列腺,安徽医科大学附属医院在去顶减压后利用大网膜包裹治疗多囊肾等均疗效显著。安徽省立医院和安徽医科大学附属医院分别进行了经阴道悬吊术治疗压力性尿失禁。安徽医科大学第一附属医院引进 Laborie 尿动力仪进入临床应用,为开展尿动力学研究打下了基础。

在泌尿外科基础研究方面,蚌埠医学院附属医院开展膀胱癌基因研究,已发表多篇论文。安徽医科大学附属医院在前列腺炎研究方面也作出一定成绩。安徽医科大学附属医院慢性前列腺炎的流行病学及其发病机制的研究获多项国家自然科学基金资助,肾癌转移相关基因研究获安徽省自然科学基金资助。

自 2002 年起,安徽省泌尿外科硕士研究生培养人数大大增加,安徽医科大学附属医院,安徽省立医院、蚌埠医学院、皖南医学院等多家机构加大了对研究生的培养,为安徽的泌尿外科人才队伍建设注入新的活力。

五、全面发展时期(2006 年至今)

安徽省医学会泌尿外科学分会在 2006 年 6 月产生第五届委员会,安徽医科大学第一附属医院王克孝教授任名誉主任委员,蚌埠医学院第一附属医院胡永泉教授担任顾问,安徽医科大学第一附属医院梁朝朝教授任主任委员,安徽省立医院诸禹平教授、蚌埠医学院第一附属医院李庆文教授、皖南医学院附属弋矶山医院姜书传教授分别任副主任委员,2008 年 7 月第二次常委会上增补 4 名委员,目前共 35 名委员、11 名常委。第五届委员成立以来,安徽省泌尿外科学进入了全面发展时期。到 2010 年 5 月,全省 17 个地市已经有 14 个地市成立泌尿外科专科分会并已开始工作,另外 3 个地区也在积极筹建中。

(一)开展多种学术活动

1. 每两年召开全省学术年会

近 4 年来,安徽省医学分会已成功举办两次全省学术年会,十余次继续教育学习班,并于2009年6月在黄山市举办了华东六省一市泌尿外科学术会议,全省各地泌尿外科正在迅速发展。

2006年9月7~10日在合肥市召开第九次安徽省泌尿男科学术年会。来自全省各地270多名代表出席了会议,大会收到论文255篇,其中英文24篇。邀请了北京大学泌尿外科研究所李鸣教授参加会议并做"中国前列腺癌诊治指南"的专题讲座,同时邀请广州医学院第一附院李逊教授、南方医科大学珠江医院刘春晓教授分别做了经皮肾镜和前列腺等离子电切的现场手术演示。大会期间,省内专家等就当今泌尿外科进展、腹腔镜应用及并发症、膀胱癌治疗及膀胱重建、前列腺等离子电切等作了精彩的报告。会议就当前泌尿外科领域热点分设了泌尿外科微创手术、泌尿系肿瘤、泌尿系结石、男科学、肾脏移植等专题讨论。

2008年7月24~27日在阜阳市召开了第十次安徽省泌尿男科学术年会暨新技术新进展学习班,来自全省各地280多名代表出席了会议,大会收到论文306篇,其中英文20篇。本次学习班邀请了北京大学人民医院泌尿外科李建兴教授做了经皮肾镜气压弹道联合超声碎石清石术的手术演示;大会期间,省内专家做了多个学术报告;同时梁朝朝教授和亓林教授分别进行了腹腔镜肾癌根治术和腹腔镜肾蒂淋巴管结扎术的手术演示。此外,本次会议的形式在以往的基础上进行了改革。就当前泌尿外科领域热点分设了泌尿系肿瘤、前列腺疾病、泌尿系结石等专题报告讨论及分析点评,在一定的时间内围绕某一专题进行中心发言,然后进行透彻的讨论、答疑;对各地市、各医院的论文数量进行排序,并从投稿中经几轮投票评选出前十名优秀论文(共11篇)予以奖励,提高了各级医生参与学术活动的积极性。

2009年6月18~21日在黄山市召开华东六省一市暨安徽省第十一次泌尿外科学术会议,以华东六省一市为主的440多名代表参加了会议,大会共收到论文1 303篇,其中英文部分98篇,参会人数及论文数居历届华东六省一市会议之最。大会邀请了中华医学会泌尿外科分会副主任委员孙则禹教授、孙光教授、王建业教授、美国加州大学黄教悌教授等国内外30多名知名教授参加了会议。同时邀请了黄山市市长陈强、安徽省医学会副会长兼秘书长王尚柏参加会议并做了重要讲话,充分肯定了安徽省医学会泌尿外科分会在近些年组织的多项活动及对学会的贡献。大会邀请全国副主委孙则禹教授、王建业教授、孙光教授做了学术报告。由华东六省一市每省各有一个大会报告,内容涵盖了当前泌尿外科主要领域的进展及新技术新方法的应用。会议还就泌尿外科领域热点分设了泌尿系肿瘤、前列腺疾病、泌尿系结石、下尿路疾病等四个专题设立分会场,由华东六省一市知名教授主持和点评,进行相关专题的论文交流及专题讨论、答疑。会议期间还召开了华东六省一市主委会,孙则禹、蔡松良、温端改、王共先、曹林升等教授先后发言,他们首先肯定了这次会议的组织工作做得细致、周到,安排的讲座内容丰富、精彩;同时讨论决定下一届华东六省一市泌尿外科学术会议将由浙江省承办。

2. 每年召开泌尿外科继教学习班2~3次

(1)泌尿外科主任研讨班

2007年3月30至4月2日在合肥市召开安徽省泌尿外科主任研讨班,本次研讨班邀请了中华医学会泌尿外科分会副主任委员孙则禹教授、北京大学第一医院泌尿外科周利群教授、北京大学第一医院泌尿外科梁丽莉教授、中华泌尿外科杂志编辑部张玲媛教授等做学术报告。同时邀请安徽省立医院许戈良院长、安徽医科大学第一附属医院放射科余永强教授、肾内科郝丽教授就医院管理、泌尿外科影像学、肾脏内科等做专题报告，旨在提高学科带头人的学术水平、管理能力，促进安徽省各地市泌尿外科学科发展。

（2）微创泌尿外科学习班

为普及及提高泌尿外科腔内微创技术，近年多次举办微创泌尿外科学习班，目前已在合肥（2004、2007、2009 年）、芜湖（2008 年）共举办了四届，参会人数总计有 800 余人。学习班着眼于当今泌尿外科发展的最新动态与发展方向，邀请省内外专家进行学术讲座和手术演示，内容覆盖腹腔镜、经皮肾镜、输尿管镜、电切镜等泌尿外科微创技术，通过交流手术经验及并发症防治，对推动我省泌尿外科微创技术的规范化开展及提高有重要意义。计划将在 2010 年 6 月举办第五届微创泌尿外科学习班。

（3）举办多次继教学习班

2008 年 10 月 19～28 日在芜湖市二院举办了"经尿道前列腺汽化电切手术培训学习班"；2009 年 4 月 18 日在蚌埠市第三人民医院成功举办了安徽省继续医学教育项目"性功能障碍的诊断与治疗新进展培训班"；2009 年 11 月 20～22 日在蚌埠医学院第一附属医院举办了"安徽省泌尿及男生殖系肿瘤新进展学习班"；2010 年 5 月 15～16 日在蚌埠医学院第二附属医院举办了"安徽省泌尿外科新进展学习班"，这些学习班的举办，对于推动全省各地泌尿外科尤其微创泌尿外科的发展起着重要的作用。

3. 巡讲团工作

为了提高我省泌尿外科学术整体水平，规范泌尿外科疾病的诊断和治疗，加强省内泌尿外科学术界的交流及泌尿外科新技术、新理论、新指南在省内各级医疗机构的普及和推广，安徽省医学会泌尿外科分会自 2006 年第五届泌尿外科分会成立后即成立了专家巡讲团。巡讲团由省内泌尿外科界著名专家组成，成员包括安徽省泌尿外科分会新老主任委员、学会常务委员及有深厚学术造诣的学者组成，巡讲团准备有计划、按步骤、兼顾全省各地地进行专题巡讲。先后约有 500 多名泌尿外科医师现场听讲了巡讲团关于腹腔镜技术应用、前列腺疾病、泌尿系统肿瘤、泌尿系统结石等的报告，并进行疑难病例讨论，专家答疑等，使省内各地泌尿外科医师充分了解最新的医学进展并能把工作中遇见的疑难病例与专家们进行讨论，充分交流心得体会，答疑解惑。目前已经赴芜湖、蚌埠、安庆、滁州、马鞍山、淮北市等六市进行了巡讲。

（二）专题讲座和讨论

不定期的对某些疾病进行专题讲座和讨论。多次举办了前列腺增生、前列腺癌、肾癌、勃起功能障碍等疾病诊疗的高层论坛，并邀请国内知名教授进行学术报告及讨论。

（三）注重青年医师的培养，多次举办青年医师沙龙

注重培养青年医师，多次举办青年医师沙龙及青年医师演讲比赛，让青年医师参与到

学术活动中来,提高青年医师参加学术活动的积极性;同时,2009 年底全委会讨论同意增设青年委员,旨在提高年轻泌尿外科医生的业务水平和组织交流能力,为我省泌尿外科事业的发展积蓄力量。2009、2010 年均举办了青年医师演讲比赛。

(四)组织编写泌尿外科通讯

自 2006 年 12 月组织编写《安徽泌尿外科通讯》,内容包括学术园地、学会动态、诊疗指南、名医名院等。通过通讯传递最新的泌尿外科前沿动态和学会工作,促进泌尿外科的学术交流,同时也扩大我省泌尿外科在全国的影响力,省外多名专家对此高度评价。

(五)积极组织、参加国内外学术交流活动

1)积极组织安徽各地泌尿外科参加国内学术活动如全国泌尿年会、男科年会等投稿及交流,充分展示安徽泌尿外科的学术水平,其中,安徽的稿件数连续两年在全国泌尿外科年会上排名第五,我省多篇论文多次在全国会议上进行论文交流。

2)积极参加全国泌尿外科研讨会、继教班,应邀安徽医科大学第一附属医院梁朝朝教授多次参加全国泌尿外科继教班并授课。

3)2009 年 6 月,正式聘请 UCLA 黄教悌教授作为安徽医科大学兼职教授,使安徽泌尿外科与国外先进科室的合作交流迈出了坚实的一步。

六、各地泌尿外科专业开展情况

微创治疗是 21 世纪先进医学的标志,也是医学发展的必然趋势。我省泌尿外科早在 20 世纪 80 年代就已经开展了前列腺电切术(TURP),膀胱肿瘤电切术(TURBt)等内窥镜手术,后逐步开展输尿管镜、经皮肾镜技术的应用。2002 年来,开展了后腹腔镜下肾上腺切除术、肾癌根治术、肾囊肿去顶术、输尿管切开取石术和肾、输尿管全切除术等多项手术。目前,我省开展的各项腔内泌尿外科已趋成熟并向县、市级医院推广。

安徽医科大学第一附属医院、安徽省立医院自 2002 年开展腹腔镜在泌尿外科的应用,逐渐开展后腹腔镜下肾上腺切除术、肾癌根治术、肾囊肿去顶术、输尿管切开取石术和肾、输尿管全切除术、前列腺癌根治术、全膀胱切除术＋回肠代膀胱术等多项手术,腔镜手术已逐步取代大多数开放手术,目前该科室腔内手术占总手术量的 60％～70％。

自 2003 年起在安徽医科大学第一附属医院、安徽省立医院、皖南医学院附属弋矶山医院、六安市人民医院、安徽省武警医院等多家医院开展经皮肾镜技术,经皮肾镜碎石取石术配合 ESWL 已经逐渐取代了传统的开放取石术。目前,安徽医科大学第一附属医院、安徽省立医院配备了钬激光、EMS 碎石清石系统等多种碎石器械,全省市级医院都配备了碎石设备,部分县级医院拥有 EMS 碎石清石系统等碎石设备,经皮肾镜技术在我省也已成熟并逐渐推广。同期,多个医院常年开展输尿管镜碎石术及 ESWL 术,可以对泌尿系结石进行全方位、多手段的治疗。安徽医科大学第一附属医院等开展的红外光谱结石自动分析技术,可以针对结石成分用于泌尿系结石的预防,提高了我省对泌尿系结石的预防和诊疗水平。

安徽医科大学第一附属医院 2007 年引进男性性功能检查仪、NPT、前列腺治疗仪等男

科诊疗设备,全面开展男性不育、ED的诊治,并开展了男性生殖疾病的显微外科手术。

安徽医科大学第一附属医院和安徽省立医院为批准开展人体器官移植医院,常年开展尸肾同种异体肾脏移植术及活体供肾同种异体肾脏移植术。

七、科研及人才培养

安徽医科大学第一附属医院、安徽省立医院泌尿外科获得国家自然科学基金资助,蚌埠医学院第一附属医院、皖南医学院附属弋矶山医院等多家医院获得省科技厅、教育厅、卫生厅等的资金资助,加大了泌尿外科基础及临床方面的研究。其中安徽医科大学第一附属医院已先后获得3次国家自然科学基金资助进行慢性前列腺炎的流行病学及发病机制的系列研究,在国内受到广泛肯定,发表相关论文50余篇,其中SCI论文7篇。

蚌埠医学院第一附属医院近年来致力于膀胱肿瘤的病因及治疗的研究,发表论文10余篇。安徽医科大学第一附属医院2007年参与卫生部课题"荧光原位杂交在膀胱肿瘤诊断中的应用",对膀胱肿瘤的早期诊断有重要的意义。

2009年11月安徽医科大学第一附属医院又参与了泌尿外科系统肿瘤基因组的计划,该计划旨在通过基因组的测序和研究,从根本上提高泌尿生殖系统肿瘤的预警、预防、诊断和个体化的诊疗水平,相信该计划一旦圆满完成,将大大提高安徽泌尿外科诊疗技术的发展,使中国泌尿系肿瘤的诊疗水平上一个大台阶。

安徽医科大学第一附属医院、安徽省立医院、蚌埠医学院第一附属医院、皖南医学院附属弋矶山医院都为泌尿外科硕士培养单位,近年来每年共培养10～20名硕士研究生充实到安徽泌尿外科队伍中,为安徽泌尿外科人才培养起到重要作用;2008年,梁朝朝教授被遴选为博士生导师,目前已招收博士研究生3名,为安徽泌尿外科高层次人才培养奠定了基础。

经过老、中、青三代人的共同努力,在短短的几年时间里,安徽泌尿外科的临床科研能力已经有了明显的进步,部分疾病的临床、科研水平达到了国内先进水平,与国外学术界的交流也在积极开展,成绩有目共睹,但差距仍然存在,相信在全省的泌尿外科工作者的努力和国内外同道的支持下,安徽泌尿外科事业能更上一层楼。

福建省泌尿外科学史

福建省地处中国东南沿海，是中国距东南亚、西亚、东非和大洋洲较近的省份之一，历来是中国与世界交往的重要门户。福建省西方医学始于明末清初的来自西方教士传播，起初他们只是为群众接种牛痘，后来才设立诊所或医院。鸦片战争后，五口通商，帝国主义对中国进行文化侵略，传教士源源不断地涌入福建省传教，同时开设西医院，创办医学校和护士、助产士职业学校。1848年（清道光二十八年），英国基督教会在福州仓山塔亭旁（今福州上藤路）建立海港医院，这是福建省早期的一所西医综合医院，至1866年（清同治五年），海港医院改为福州塔亭医院。最早的正规医院是基督教会在1860年（清咸丰十年）创办的福州圣教妇孺医院和1866年（清同治五年）创办的福州塔亭医院。1885年秋（清光绪十一年），英国圣公会派英籍医师雷滕在霞浦创办了福宁博济医院，并在医院内附设了西医学校，培养中国医师，前后四届毕业生共十余人。1898年（清光绪二十四年），雷滕又带他的学生林叨安、余景陀等到莆田县新建兴化双凤医学校，次年开始招生，学业年限为5年，共招生3届，毕业生10人。

1911年，英国圣公会在福州柴井医院举办福州协和医学校，校长由柴井医院英籍教师泰勒（Taylor）担任。福州协和医学校初创时期未设预科班，生源为基督教会（即英国的圣公会、美国的美以美和美部会）推荐的具有一定英语基础的男性青年。福州协和大学成立后，协和医学校新设的预科课程，如生物学、化学、物理学等都在协和大学上课，学校学制仍为5年，学校所用教材均为英语版的医学课本，教师也用英语授课。福州协和医学校于1922年因外籍教师相继回国而停办，前后10年中共招生5届，毕业生26名。此外，外国人在福建省还办了西医院，如日本人在厦门、福州两市办的博爱医院和庆田（产科）医院等。另外，民国时期由慈善机构、社会团体及私人创办的西医综合医院，属私立医院。由地方热心人士及华侨资助，于1928年创办的厦门中山医院和于1943年创办的厦门鼓浪屿医院，由福州市医师公会集资于1943年创办的福州合组时疫医院等，是当时在省内颇具影响、有一定规模的私立医院。

1934年3月，按照地方经济情况设置县立综合医院，当时有龙溪等11个县先后筹建，后因经费无着，有的中途停办，有的归并到县卫生院。1936年，省政府民政厅设立卫生科，统管全省医疗机构，并成立福建省卫生实验所，1937年成立福建省立医学专科学校。1937—1943年，原国民党省政府先后创办省立第一、第二医院（即省立厦门医院、省立福州医院），福建省立医学专科学校附设医院和省立第三医院（原省立龙岩医院，后改为省立泉州医院）。1943年由福州市医师公会集资创办福州合组时疫医院。

清朝和民国时期，教会在福建先后办过56所医院（包括原为专门医院后改为综合医院的），除去已归并的3所及停办的11所，到1949年底，全省教会办的综合医院有福州基督教协和医院、莆田圣路加医院、厦门救世医院、漳州协和医院和仙游协和医院等共 42 所,合计病床 2 452 张,工作人员 1 679 人。这些医院和学校对西医的发展起到了不小的作用,使福建省逐渐形成中西两种医学并存的局面,但当时城乡医疗仍以中医为主。西医外科技术于 19 世纪 60 年代传入福建,随教会医院的兴起而不断发展提高。在 20 世纪 30 年代,外、妇科合一,技术方面不仅能做腹部小手术,一些教会医院还施行子宫切除术。妇产科于 20 世纪 30 年代末逐渐从外科中分出,到 20 世纪 40 年代,外科最大的手术是胃切除术。

一、奠基阶段(1949 年前)

20 世纪 40 年代,福建省泌尿外科已初步形成,由于未独立设科,常见泌尿外科病人均由外科收治。手术方面只能进行包皮环切、尿道扩张、睾丸鞘膜翻转及膀胱切开取石等中小手术。祖籍福建惠安的李温仁,1941 年自北京协和医学院毕业获医学博士学位,留校北京协和医院工作,先后到私立中央医院、山东潍县乐道医院任职,1947 年到山东大学医学院任副教授,又到青岛福德医院任职,成功进行结核肾切除及前列腺切除等手术。

二、发展初期(1950—1966 年)

1949 年 9 月,在福州、泉州、厦门等城市成立中国人民解放军军事管制委员会,并以随军部队卫生人员为骨干,先后在各地接管了国民党政府遗留的卫生机构,原省立福州医院、泉州医院、厦门医院分别改称福建省人民医院、泉州市人民医院、厦门市人民医院;原福建省医学专科学校附属医院更名为福建医学院附属医院,并于 1950 年 3 月与福州合组时疫医院合并,一度改称为福州市合组医院。1949 年,福州市基督教协和医院、原福建省立福州医院和原福建省立厦门医院外科已开始开展各种泌尿系统方面的手术,由于当时外科尚未分出专业,这些手术均在大外科中施行。此阶段只有福州基督教协和医院有膀胱镜与简单泌尿外科器械。1950 年,李温仁回到福州市基督教协和医院任外科副主任,开展了常见泌尿系统疾病的检查,如膀胱镜检查、逆行肾盂输尿管造影、静脉肾盂造影等,并开展了耻骨上经膀胱前列腺摘除术及肾切除手术等。1950 年 7 月,魏维山医师自福建省立医学院毕业后就职于福州协和医院,为外科住院医师。

20 世纪 50 年代初期,协和医院已经开始施行肾切除、前列腺摘除和半肾切除等较大型的手术。魏维山于 1952 年 8 月参加抗美援朝医疗队,1953 年回国。1955 年,李温仁院长将外科分为普通外科、泌尿外科、心胸外科、骨科及肿瘤外科 5 个专业,魏维山专职泌尿外科。1955 年,该院划出 15 张病床设立泌尿外科,并由魏维山任泌尿外科主治医师。陈振龙于 1956 年(1959 年后调福州市第一人民医院)和陈梓甫于 1959 年开始专门从事泌尿外科工作。20 世纪 50 年代后期,该院泌尿外科病床扩展至 28 张。

20 世纪 50 年代中期,泌尿外科病种以肾结核占首位,就诊病人多为晚期肾结核,患肾无功能、对称肾积水及结核性膀胱挛缩。在李温仁院长指导下,行乙状结肠扩大膀胱术治疗结核性膀胱挛缩获得良好疗效。此时,魏维山、陈梓甫就肾结核、肾肿瘤及乳糜尿进行临床研究并发表数篇论文。1963 年,黄玲专职泌尿外科,进行男性计划生育方面的研究,并向全省推广男性输精管结扎技术。在此期间,魏维山、陈梓甫分别至广州、北京等地进修学习,同时亦开始接收进修医师。省内其他医院也相继派外科医师前往省外学习进修,但回院后多数只在普通外科中兼开展泌尿外科工作。福州解放后,与原福州市合组医院合并为福建医学院附属医院(现福建医科大学附属第一医院),当时虽未正式建立泌尿外科,但以郑师资(1948 年福建省立医学院医学本科毕业)为首的数名泌尿外科专业医师,拥有 2 台先进的英国产膀胱镜,应用膀胱镜检查、泌尿系统造影、腹膜后充气造影等技术,开展了肾切除术、肾部分切除术、泌尿系统结石切开取石术、膀胱部分切除等各种手术,并于 20 世纪 50 年代末开展肾上腺手术。

1955 年,张仰奎(原南京中正医学院本科毕业)由南京军区南京总医院调入解放军九三医院(现南京军区福州总医院)组建泌尿外科,有床位 15 张。随后几年,引进并培养了许灿华(后调南京军区南京总医院任泌尿外科主任)和欧良明(福建医学院 1963 年医学本科毕业)2 名泌尿外科专业医师。在张仰奎主任带领下,先后开展了结核性膀胱挛缩的肠代膀胱手术、肾上腺肿瘤切除术及输尿管膀胱再植等手术。1953 年初,林挥年主任及蒋鼎新医师在原厦门市中山医院成功施行结核肾切除、膀胱部分切除及膀胱切开取石术。1956 年,蒋鼎新为专职泌尿外科主治医师,成立泌尿外科专业组,周祥迟医师是主要助手。1956—1966 年厦门市中山医院泌尿科发展迅速,具有膀胱镜检查设备,施行多种泌尿系造影检查,开展了肾上腺手术、全膀胱切除手术、耻骨上前列腺摘除、肾蒂淋巴管结扎治疗乳糜尿、肾部分切除及乙状结肠扩大膀胱术。

创建于 1881 年的泉州惠世总医院,1952 年由泉州政府接管,命名为晋江专区第二人民医院,现称为福建医科大学附属第二医院。1952 年起泌尿外科作为外科的一部分,叶神碫等已开始诊治泌尿外科病例,如女性尿瘘、肾结核、膀胱结石、睾丸鞘膜积液、睾丸肿瘤及前列腺增生等。1956 年,收购一套旧膀胱镜(德国产)经维修后开展膀胱镜检查、逆行肾盂造影等。1958 年,叶神碫至上海市第一人民医院进修,回院后组建泌尿外科,并开设泌尿外科专科门诊,此期女性尿瘘、肾结核病多发,开展尿瘘修补、结核肾切除及挛缩膀胱行输尿管腹壁皮肤造口是当时的常见手术。此后,陆续开展肾盂成形术、尿道下裂尿道成形术、肾囊肿去顶术及重复肾部分切除等手术。20 世纪 60 年代起,邹世民、王庆祥等在叶神碫指导下开展前列腺摘除手术。此阶段,省内各大综合医院为地方及军队基层医院培养了许多泌尿外科方面的专业技术人才。

20 世纪 50 年代开始,福建省城市各大医院曾组织巡回医疗队去农村支援农业生产或救灾、防疫。到 20 世纪 60 年代中期,除继续派医疗队外,还组织流动医院去农村。流动医院配备的医务人员较多,医疗设备也较齐全,医务人员在农村驻扎的时间也较长,流动医院到农村一般是以当地公社保健院(卫生院)为依托,除分组外出巡回医疗外,还开设简易病床,开展门诊和住院医疗工作。在此期间,一些简单的泌尿外科手术在农村得到开展,通过传、帮、带的方式,对农村基层医疗单位的医务人员进行业务技术指导与培训。

"文革"中,省卫生厅及各级卫生机构不能正常运转,许多有专长、有名望的中西医专家被冠以"反动学术权威"的罪名,医院规章制度被废除,高等医学教育遭受严重破坏。1969

年秋,因"备战需要",福建医学院两所附属医院被撤销,并内迁至闽西北八县,福建中医学院附属医院(现省人民医院)迁址福建医学院附属协和医院原址。1970 年 3 月,福建医学院与福建中医学院合并,成立福建医科大学,迁往泉州东郊原华侨大学校址。在这些医院和医学院的搬迁中,大量器材设备和医疗、教学、科研等宝贵资料散失殆尽,几十年积累的标本、病理切片、医院 X 线片和病历档案失散不少,损失之大,难以估计。仅福州地区,1969 年底病床便减少 2 000 多张,下到农村劳动卫生技术人员 1 000 多人,泌尿外科亦受到严重破坏。到 20 世纪 70 年代,泌尿外科才逐步得到恢复和发展。陈梓甫于 1972 年自协和医院调至福建省立医院,创建泌尿外科,在外科系统中设泌尿外科专业组,泌尿外科业务由泌尿外科专科医师集中管理,同时开展肾上腺手术等。1971 年,在泉州复办福建医学院,重建福建医学院附属第一医院,成立了由曾明泉、罗义麒、潘志训、曹林升 4 位专科医师组成的泌尿外科专业组,拥有床位 15 张,诊治了大量泌尿系统、男性生殖系统和肾上腺疾病病人。在这 10 年中,各级医院受"文革"冲击,但对军队医院的影响相对较小,泌尿外科仍得以保留,解放军九三医院当时还开展了一些新技术,如多种复杂肾结石的取石手术、淋巴管造影诊断乳糜尿、复杂尿道成形术等。

三、发展阶段(1977—1995 年)

20 世纪 70 年代后期,各项卫生事业开始逐步得到恢复和发展,全省卫生工作进入一个崭新的时期。1978 年 5 月,福建省批准福建医学院迁回福州办学,同年 11 月,国务院批准福建中医学院复办,同时全省泌尿科专业技术亦逐步发展。1978 年,福建省立医院、南京军区福州总医院先后购入血液透析机开展尿毒症的血液透析治疗,建立人工肾室,为晚期尿毒症病人的血液透析治疗积累了较为丰富的经验。福建省立医院于 1979 年设立泌尿外科(二级学科),并开展泌尿外科专科门诊,泌尿外科专科医师逐渐增多,先后有陈文榜、詹汉雄、詹天棋等专职泌尿外科医师加入。多名医师先后到国内泌尿外科权威科研机构进修学习。1981 年,何延瑜由泌尿外科专业硕士研究生毕业后,到福建省立医院做专职泌尿外科工作,1984 年赴日本东京女子医科大学研修。1985 年 9 月,福建省立医院成功进行了同种异体尸体肾移植,成为福建省地方医院中最早开展此项技术的医院,并且在利用单光子发射计算机体层摄影术(SPECT)监测移植肾功能方面积累了丰富的经验。南京军区福州总医院于 1979 年成功开展临床尸体肾移植,10 年累计病例 236 例,居全国前 10 名行列,其中 1980 年施行的 1 例肾移植病人至今健在。1987 年,他们成功进行全省首例儿童(12 岁)肾移植;1990 年,成功举办了第一届全军透析与肾移植大会;1995 年,进行首例亲属活体供肾移植获得成功,同年,将组织相容性抗原组织配型技术应用于肾移植的供肾选择。福建协和医院自 1976 年以来,泌尿外科专职医师除原有魏维山、黄玲外,先后又有陈仕平、陈春光、李启镛、岑和及许恩赐等加入,且均经国内先进泌尿外科的培训,成为泌尿外科有力的业务骨干。1981 年,中华医学会泌尿外科学分会成立,在南京召开第一届全国泌尿外科学术会议,魏维山当选为学会全国委员。1985 年,在成都召开第二届全国泌尿外科学术会议,魏维山继续当选为全国委员。1983 年,开展自体肾移植治疗肾动脉狭窄,1984 年对一例复杂肾结石病人行工作台手术后自体肾移植成功。魏维山主持的省卫生厅课题"福建省尿石症调查"获1987年度省医药卫生科技成果奖一等奖。福建医科大学附属第一医院先后派曾明泉（1985年调至泉州市第一医院泌尿外科）、罗义麒、潘志训（后赴香港）、曹林升至国内知名泌尿外科及男科进修班学习。1979年福建医科大学附属第一医院在省内率先开展自体肾移植的临床研究、同种异体肾移植的动物研究、膀胱黏膜尿道成形术等，其中膀胱黏膜尿道成形术获1983年福建省医药卫生科技成果奖二等奖，肾体外手术的临床研究获1984年度省医药卫生科技成果奖二等奖；附属第一医院泌尿科还开展了肾上腺切除、全膀胱切除、肾癌根治、复杂性后尿道损伤等多种难度较大的手术，成为闽南地区诊治泌尿外科疾病的主要技术队伍；1985年5月，附属第一医院迁回福州，泌尿外科正式成为大外科的二级专业科室，郑师资、林增芬、罗义麒、林承杰、曹林升等成为科室的主要技术骨干，泌尿外科工作得到进一步发展，并诊治了大量男科疾病；1990年，罗义麒、林承杰、曹林升等依靠自身技术力量开展同种异体肾移植术获得成功，1995年成立福建医科大学肾移植研究室；女性尿道口处女膜病的临床研究获1992年度省医药卫生科技成果奖三等奖。福建医科大学附属第二医院邹世民等开展肾上腺肿瘤切除及肾蒂淋巴管结扎治疗乳糜尿，20世纪80年代开展血液透析；1988年进行腹股沟淋巴结与大隐静脉吻合术治疗乳糜尿，1994年行自体肾移植治疗肾血管性高血压。1978年，漳州市人民医院进行了自体肾移植。1988年2月，泉州市第一医院成功完成自体肾移植术。

腔内泌尿外科最早是福建医科大学附属第二医院于1980年在香港梁智鸿教授指导下行经尿道前列腺电切术（TURP）。1980年底，购置了一套Storz电切镜设备，11月份邹世民自行开展首例TURP，至1987年5月共施行手术168例，获满意效果，无一例死亡。随后，福建省立医院、福建医科大学附属协和医院、福建医科大学附属第一医院及南京军区福州总医院相继开展TURP、经尿道膀胱肿瘤电切术（TURBt）及经尿道狭窄冷刀内切开等腔内手术。1987年，南京军区福州总医院开展了体外冲击波碎石术（ESWL）。1988年始福建省立医院、福建医科大学附属协和医院、厦门市第二医院及漳州市医院等相继购买进口ESWL机应用于临床，取得了良好的效果。至1988年，全省大多数地、市、县级医院已能在外科中开展泌尿外科手术。另外在小儿泌尿外科方面，福建省立医院对先天性尿道下裂的一期修复进行了系列临床研究，取得了良好效果。

1985年，在中华医学会福建省分会主持下在福州市召开了福建省第一次泌尿外科学术会议，与会代表56人，会上交流论文60篇，邀请了我国著名泌尿外科专家、第二军医大学马永江教授指导并作专题演讲。此时，我省专职泌尿外科医师43人，兼职67人。1987年4月，在福州市召开福建省第二次泌尿外科学术会议期间，成立了中华医学会福建省第一届泌尿外科学分会，选举魏维山任主任委员，陈梓甫、张仰奎、蒋鼎新任副主任委员，刘昌荣、黄玲任秘书。1989年11月，福建省第三次泌尿外科学术会议在泉州市召开，中华医学会泌尿外科学分会副主任委员顾方六教授莅临指导，并作了泌尿及男生殖系肿瘤的治疗现状的专题报告。本次会议的重点是肿瘤、ESWL、肾移植、肾上腺外科及前列腺增生症。1991年5月，学会举办了泌尿外科讲习班，主要内容为男科学及泌尿外科新进展，邀请国内专家薛兆英、王益鑫、陈赐龄、彭轼平以及蒋鹤鸣作专题讲座,参加学习班的有全省各地泌尿外科工作者51人,本省于思庶、魏维山、陈梓甫也作了专题报告。1992年11月,福建省第四次泌尿外科学术会议在武夷山市召开,邀请了武汉同济医院泌尿外科章咏裳教授参加会议,并传达了第十届国际腔内泌尿外科及ESWL会议的主要内容。本次会议进行委员会换届改选,成立了福建省第二届泌尿外科学分会,魏维山连任主任委员,陈梓甫任副主任委员,张仰奎任顾问,陈春光任秘书。1994年在厦门市召开省第五次泌尿外科学术会议。1996年11月,在莆田市召开了省第六次泌尿外科学术会议,会议期间进行了学会的换届选举,产生了福建省第三届泌尿外科学分会,魏维山为名誉主任委员,陈梓甫任主任委员,杨其修、曾明泉、陈仕平任副主任委员,陈文榜、高祥勋任秘书。1992年起,陈梓甫教授任中华医学会泌尿外科学分会第四、第五、第六届全国委员,自1989年始至今,任《中华泌尿外科杂志》第三、第四、第五、第六、第七届编委会委员;1995年,成立中华医学会男科学分会,他先后任第一届及第二届男科学分会委员。

四、成熟壮大阶段(1996年至今)

1996年迄今,这10年是福建省泌尿外科学发展最快的时期。1996年11月,在莆田市召开了福建省第六次泌尿外科学术会议。1997年,经国家食品和药品监督管理局(SFDA)批准,协和医院泌尿外科成为泌尿外科临床试验基地,2005年顺利通过SFDA复审。为了响应郭应禄院士提出的"2020年中国泌尿外科达到国际先进水平"的号召,福建省的泌尿外科加大了人才引进和培养的力度,使人才结构发生了巨大变化,同时也加强了临床医疗、科研和教学的管理,各种先进的泌尿外科检查设备得到合理应用,并且各种腔内泌尿外科技术在临床工作中得到广泛推广。

2000年,南京军区福州总医院成立了泌尿外科微创诊疗中心,拥有全套腔内诊疗设施。泌尿外科中心实验室拥有基因芯片扫描仪、IMX快速免疫分析仪、荧光定量多聚酶链反应(PCR)分析仪等设备。该院泌尿外科主任谭建明教授为"吴阶平医学奖"获得者,现任中华医学会器官移植学会常委、全军泌尿外科专业委员会副主任委员、福建省医学会器官移植学分会主任委员。2001年,科室正式成为南京军区器官移植研究所;2005年,成为全军器官移植中心。肾移植的相关技术,如组织配型、免疫状态监测、移植肾病理等达全国领先水平。1995—2005年,施行肾移植2 268例,居全国前列。2003年1月,成功施行亚洲首例成人胰岛细胞肝内移植治疗1型糖尿病。2005年6月,再次在亚洲成功实施首例肾-胰岛细胞联合移植治疗糖尿病肾病。几年来,全科获得各类科技成果奖17项,其中中国汉族人器官移植基因配型研究与临床应用的系列研究获国家科技进步奖二等奖(2001年)和军队科技进步奖一等奖(2002年),累计获课题经费800多万元。

福建医科大学附属协和医院于2001年成立独立的泌尿外科腔道手术室,添置了一系列先进的腔内手术设备。在临床研究方面,陈仕平教授主持开展了膀胱灌注N-CWS预防膀胱癌术后复发和转移的研究、朱绍兴副教授主持了腹腔镜技术在泌尿外科的应用研究,均取得了良好效果。福建省立医院在尿石症成因及良性前列腺增生症、膀胱肿瘤等方面的基础及临床研究亦获得有价值的成果。2002年,与肝胆外科合作成功进行了福建省首例肝肾联合移植。2004年,引进了EMS Litho-claster Ⅲ代超声气压弹道碎石清石系统,使福建省的尿石症治疗水平上了一个新台阶。福建医科大学附属第一医院在肾上腺疾病诊治方面,利用省内唯一的 ^{131}I-MIBG肾上腺髓质显像技术诊断嗜铬细胞瘤,肾上腺手术至今保持着无手术死亡的良好记录。罗义麒主持的早期尿道吻合术治疗后尿道断裂伤的临床研究,1998年获福建省医药卫生科技成果奖二等奖。曹林升在闭合性睾丸损伤诊治、阴茎异常勃起研究方面卓有成效,闭合性睾丸损伤的诊断与治疗获1999年省医药卫生科技成果奖三等奖,2004年他当选为中华医学会男科学分会第三届全国委员。另外,1997年厦门中山医院开展X线透视下经膀胱镜肾盂输尿管结合部狭窄扩张及支架置入术治疗获得成功。随着腔内泌尿外科设备的更新及技术的进步,目前福建省地市级以上医院大部分都已开展腹腔镜手术,部分县级医院已在上级医院指导下成功开展TURP技术,在省级医院中腔内手术比例已达50%以上,技术不断成熟。

福建省立医院、福建医科大学附属协和医院、福建医科大学附属第一医院及厦门大学附属第一医院等成功举办了泌尿外科新进展、新技术学习班,为全省泌尿外科专业人才培养起了重要作用。自1995年陈梓甫、陈仕平、罗义麒成为福建省首批泌尿外科硕士研究生导师后,已有10多名泌尿外科硕士研究生导师,全省泌尿外科研究生培养速度加快,以及高学历人才引进机制更加灵活,泌尿外科的学术交流活动更加频繁,基础研究和临床研究更加深入。自2005年以来,在武汉同济医院张旭教授、广州中山三院高新教授以及中山二院黄健教授指导下,福建省立医院、福建协和医院、福建医科大学附属第一医院、厦门大学附属第一医院、漳州市医院等相继开展了腹腔镜肾盂癌根治术、肾肿瘤保留肾单位肾部分切除术、前列腺癌根治术、腹腔镜全膀胱切除、原位膀胱再造术。

2006年厦门市泌尿系统疾病诊治中心成立,由厦门大学附属第一医院邢金春教授任中心主任。其中泌尿外科设床位85张,专科手术室6间,专科设备投入二千余万元。至2010年4年间,以第一作者和(或)通讯作者发表SCI论文7篇,主编专著1部,副主编2部,参编4部,均由人民卫生出版社出版发行,并参与了多种泌尿系统疾病诊疗指南的编写工作。

自2004年以来,福州市每季度举办的泌尿外科沙龙活动中,每期均有一个与临床密切相关的主题,将最新进展以综述形式汇报,同时参与的各医院将临床医疗工作中遇到的疑难病例加以讨论,共同切磋,取长补短,不断总结经验教训,为提高医疗质量、保障医疗安全提供了保证,还可以加强年轻泌尿外科医师的培养,活跃学术气氛。近年来,福建省泌尿外科国内国际交流日益频繁,无论是国内的年会、专题会议,还是国际会议,如美国泌尿外科学会(AUA)、欧洲泌尿外科学会(EUA)都有福建省代表参与交流,也带回了泌尿外科方面的前沿信息。

1998年10月,在漳州市召开省第七次泌尿外科学术会议。2000年11月在福州市召开省第八次泌尿外科学术会议。2002年11月,福建省第九次泌尿外科学术会议在龙岩市召开,换届选举陈梓甫教授任名誉主任委员,陈仕平教授任福建省第四届泌尿外科学分会主任委员,何延瑜、谭建明、罗义麒、刘为安任副主任委员,许恩赐任秘书,会议就泌尿外科今后的发展作出了具体规划。2004年,何延瑜教授任中华医学会泌尿外科学会第七届全国委员,曹林升教授当选为中华医学会男科学分会第三届全国委员。2004年11月在三明市召开省第十次泌尿外科学术会议。2006年11月,福建省第十一次泌尿外科学术会议在福安市召开,会议期间进行换届改选,陈仕平教授任福建省第五届泌尿外科学分会名誉主任委员,何延瑜教授任主任委员,谭建明、刘为安、曹林升、许恩赐、邢金春任副主任委员,陈实新、叶烈夫任秘书。2007年中华医学会泌尿外科学分会换届改选,成立了中华医学会泌尿外科学分会第八届委员会,何延瑜教授获得连任。

2010年中华医学会泌尿外科学分会换届改选,邢金春教授当选为中华医学会泌尿外科学分会第九届全国委员,并任《中华泌尿外科杂志》第八届编委会委员。

第十四届全国泌尿外科学术会议暨第九届全球华人泌尿外科大会于2007年11月16日~18日在厦门胜利召开,与会代表2 500余人,共收到稿件5 000多篇,会议邀请了国内外专家就泌尿系肿瘤、结石、腔道外科、尿控及男性学等领域进行大会专题发言,各专业学组组织了分会场论文报告及壁报展示,充分交流近年来各领域基础及临床研究进展。本次大会设立了英语专场学术论文交流,对一些热点议题采用正反方PK的形式,进一步与国际大型会议接轨;在护理分会场特邀请南丁格尔奖获得者章金媛女士作了《护理专业与人文精神》的精彩演讲,大会还邀请到著名历史文化专家、厦门大学易中天教授作了《百家争鸣》专题讲座,将泌尿外科界百家争鸣的学术交流氛围推向了新的高潮。本次CUA年会在那彦群主任委员的组织领导下,制定了"学术交流、继续教育、科学普及"三大任务,为我国的泌尿外科事业赶超国际先进水平指明了方向。我省主任委员何延瑜教授担任本届年会执行主席。

在福建省医学会、各市级医学会以及新一届泌尿外科专业委员会的领导下,全省各区市相继成立各市级泌尿外科学专业学会,并且开展了丰富多样的学术活动,为提高当地的医疗水平起到了重要作用。

1998年厦门市泌尿外科学会成立,是我省首个成立泌尿外科学专业分会的设区市,第1届主任委员杨其修(1998—2000年),副主任委员周中泉、付必成;秘书赵俊华。第2届主委周中泉(2003—2006年);副主任委员陈实新、付必成、赵俊华;秘书赵俊华第3届名誉主任委员周中泉;主委邢金春(2007始);副主任委员陈实新、白培明、赵俊华、陈世伟;秘书刘荣福、陈斌。学会挂靠厦门大学附属第一医院。

2003年12月27日,漳州市医学会泌尿外科分会第一届委员会成立,共有委员27人,常委9人。学会挂靠单位是福建省漳州市医院。主任委员:郑周达;副主任委员:谢庆祥、陈森期;常委:许振强、李金雨、陈耀清、郭太平、黄维忠、许丽明。第二届委员会成立于2009年11月14日,共有委员33人,常委11人。主任委员:郑周达;副主任委员:谢庆祥、许振强;常委:林海利、李金雨、黄维忠、许丽明、吴丹松、江一心、钟裕君、杨益民。

2006年11月15日宁德市医学会泌尿外科学分会成立,闽东医院院长李惠长教授任主任委员,林忠应、郭正声、杨大莹任副主任委员。

2004年泉州市医学会泌尿外科分会第一届委员会成立,名誉主任委员:刘为安;顾问:

曾明泉;主任委员：伍伯聪;副主任委员：李毅宁。学会挂靠在泉州市第一医院。

2007年月12月15日,龙岩市医学会泌尿外科分会第一届委员会在龙岩市成立,由11名委员组成,其中常务委员3名。张永良当选为主任委员,何华享、陈建德为副主任委员,余丰任秘书。分会挂靠在龙岩市第一医院泌尿外科。委员：张小滨、罗建华、刘华昌、赖必南、邹受东、肖武周、李文健。

2009年3月成立福州市泌尿外科学分会,挂靠在福州市第一医院。主任委员：张依利;副主任委员：李炤,林俊,林芃;常务委员：任新,刘忠民,林伙英,汪志伟。

2009年,三明市泌尿外科分会成立,目前为第一届,学会挂靠在三明市第一医院。主任委员为伊岱旭主任,目前学会人员有38人。2009年4月成立了南平市医学会泌尿外科分会。第一届分会主任委员胡言雨主任医师;副主任委员为吴志强及蔡福孙;常委有许志宏(秘书)、仇学让、孙勇、陈勇、李永斌、王辉,开展了多种形式的学术交流。

莆田市医学会泌尿外科学分会于2009年4月11日成立。学会挂靠莆田市第一医院,共有35位会员,主任委员：吴银锁;常务副主任委员：谢锦来、陈清树;副主任委员：林国太、许毅捷、吴剑平、李励献;秘书：刘英发。

福建省第十二届泌尿外科学术年会于2008年9月12～14日在泉州召开,参加大会代表200余人,本次会议收到400余篇论文。2009年12月福建省第十三届泌尿外科学术会议、厦门市第一届泌尿外科年会暨海峡两岸泌尿外科学术会议在厦门隆重举行。此次会议由福建省医学会和厦门大学附属第一医院联合举办。会议吸引了国内外300余位泌尿外科医生参与。新加坡中央医院泌尿外科原主任、高级顾问,亚洲泌尿外科学会原秘书长胡强达教授,台北市卫生局局长、阳明大学、台湾大学泌尿学科邱文祥教授,台北市立联合医院总院长张圣原教授,新加坡中央医院泌尿中心腔镜主任陈业鸿教授,澳门科技大学附属医院泌尿外科主任钟红兴教授等应邀出席了会议。福建省医学会泌尿外科学分会第五届委员会青年委员会于2010年7月24日在福州成立。第五届委员会青年委员会由33名委员组成。福建省医学会泌尿外科学分会第五届委员会主任委员、福建省立医院泌尿外科何延瑜教授兼任第五届委员会青年委员主任委员,中华医学会泌尿外科学分会青年委员、福建省立医院泌尿外科叶烈夫教授兼任第五届委员会青年委员副主任委员。李永生、郑清水、刘荣福当选为副主任委员。

展望我省泌尿外科的发展前景,在中华医学会泌尿外科分会以及福建省医学会的领导下,在全省泌尿外科同仁的努力下,将在泌尿外科微创领域以及泌尿外科疾病的分子生物学研究方面得到进一步的发展。

回首福建省泌尿外科发展的数十载历程,无不凝聚着前辈和前辈们的辛勤汗水和智慧结晶,书写这段历史以表达后辈对他们的敬仰之情,也更加明确了发展福建省泌尿外科事业的历史责任。

江西省泌尿外科学史

江西省的西医可以说是从教会医院开始的。19世纪上半叶,鸦片战争为教会活动披上了合法的外衣,西方国家利用"施医舍教"作为教会活动的手段在华传教,同时也带来了西医、西药。

江西省的教会医院有九江天主堂医院(1877年)、卫理公会南昌医院(1897年)、九江但福德医院(1901年)、生命活水医院(1915年)、南昌圣类思医院(1922年)、赣州仁爱医院(1924年)等,虽然初期大多只设内、外、妇、儿等专科,但已有医生从事泌尿系统疾病简单诊断与治疗的记载。

南昌起义的枪声揭开了中国人民追求光明、顽强奋进的新征程。1931年11月,中国工农红军卫生学校在江西瑞金宣告成立,1940年经毛泽东同志提议,更名为中国医科大学,并为该校写下"救死扶伤,实行革命人道主义"的题词,从此,无数医护人员跟随中国共产党踏上了红色征程。新中国成立后,江西这片红色热土上的泌尿外科事业得到了长足的发展与壮大,涌现出一批批泌尿外科事业的奠基人和泌尿外科专家,在江西省泌尿外科的发展史中起到了举足轻重的作用。

一、奠基时期(1949年前)

江西省的泌尿外科事业开始于抗日战争胜利之后。20世纪40年代,刘茂淳医师在日本东京留学回国后,创建了江西公立医学专门学校附属医院(现南昌大学附属第二医院)皮泌科。1946年1月,中正医学院经过八年战乱、七次迁校,全部迁回南昌,同时筹建中正医学院附属医院(现南昌大学附属第一医院),其外科有收治泌尿外科疾病病人的记载。卫理公会南昌医院(现江西省人民医院)在抗战结束后,美籍医师威尔士(Weiss,中文名韦尔纳)协同湘雅医学院的著名内科专家齐同瑞主持医院的战后重建工作,购置部分美军医院医疗设备,同时向社会广招人才,使得医院逐步得到恢复和扩大,此时有关泌尿外科疾病简单的诊断和处理已有部分记载。吉安天主堂医院(现吉安市中心人民医院)李宗沅、章吟华医师在解放前夕调入该医院任外科、妇产科医师,着手开展外科手术治疗。虽然当时设备条件极差,没有正规手术床,没有输氧、输血设备和吸引器,照明都使用汽灯,但已做了普通外科、泌尿外科、妇产科等手术。

除此之外,江西卫生事务所(现南昌大学附属第三医院)、萍乡普爱医院(现萍乡市人民医院)、九江天主堂医院(现九江市人民医院)、九江但福德医院(现九江市妇幼保健院)、生命活水医院(现九江市第一人民医院)、南昌圣类思医院(现南昌市第三人民医院)、赣州仁爱医院(现赣州市第一人民医院)等在教会和国际善后救济总署的援助下,医院规模和接诊病人数量都比抗战时期有了较大发展和扩大。与此同时,解放前江西省卫生处在第四、六、

二、五、七行政区专员公署驻地先后设立了中心卫生院,分别建于赣县、上饶、萍乡、浮梁、南城。随着西医卫生机构在江西的发展,江西省的泌尿外科事业在这个时期开始萌芽。

二、发展初期(1949—1976 年)

1949 年新中国成立后,江西省泌尿外科事业开始进入真正的起步阶段。旧中国的黑暗统治以及战火的创伤,导致江西省的医疗事业千疮百孔,百废待兴。正是在这样的时代背景下,江西医学院附属第二医院(现南昌大学附属第二医院)根据专科建设的发展,将皮肤、泌尿外科分科,于 1954 年正式建立了该院独立的泌尿外科,汪品兰、沈玉明、陈德民、张焕美、周浩澜等医师一起。开始了艰苦的创业历程,当时只有 10 张病床。江西医学院附属第一医院(现南昌大学附属第一医院)胡锡猷教授也开始着手创建本院的泌尿外科专科,并于 1958 年正式创立江西医学院附属第一医院泌尿外科,当时有 3 名医生,16 张病床,主要设备为一副美制膀胱镜,能完成一般泌尿外科的临床诊疗工作。1962 年后,有彭轼平、熊礼生、王道仁 3 位医师先后调入江西医学院附属第一医院泌尿外科工作,此时有病床 24 张,科室划分及人员开始固定下来。当时除了能做泌尿外科的常见病手术外,较大型的手术有肾切除(结核、肿瘤)术、肾蒂淋巴管结扎术,大型手术有全膀胱切除回肠膀胱术、结核性挛缩膀胱结肠扩大膀胱术、嗜铬细胞瘤切除术。1965 年后,开展阴茎癌髂窝腹股沟淋巴结清除术、尿道下裂丹尼斯布朗成形术。

解放初期,江西省人民医院开展泌尿外科工作的主要人员有黎学潘医师等,当时的主要设备有英国和匈牙利产老式膀胱镜 2 副,可开展肾切开取石和结核肾切除。20 世纪 60 年代,胡灶坤医师赴上海瑞金医院进修后,泌尿外科诊疗技术得到较大提高,可完成经耻骨上前列腺摘除术、膀胱部分切除和全膀胱切除术、肾肿瘤切除术,从事泌尿外科工作的医师增加到 4 人,在大外科下设立了泌尿外科专业组,为成立泌尿外科奠定了基础。

1953 年,邹铨魁(1944 年毕业于国立中正医学院)调入赣州市人民医院,这是赣南第一位从事泌尿外科工作的医师。1963 年,原赣南医学专科学校附属医院外科朱亨保医师,在赴上海仁济医院进修泌尿外科返院后,与同事温白医师共同开展了膀胱镜检查术,1965 年开展了输尿管切开取石术等外科手术。之后,赣州市人民医院范国元医师在赣南地区首次开展了前列腺切除手术。此时期赣南地区已有专职的泌尿外科医师,且人数在逐渐增加,形成了地区泌尿外科的雏形。

20 世纪 60 年代,在江西省从事泌尿外科工作的还有一大批勤奋、努力的专科医师。如吉安地区人民医院(现吉安市中心人民医院)李宗沆医师应用曾在外国教会医院工作的经验,成功开展了膀胱全切回肠代膀胱术,他所做的"吉安地区泌尿系统结石发病率及分布的流行病学调查"发表在国内学术刊物上,为吉安地区泌尿外科事业的发展奠定了良好基础。南昌市第二人民医院林鹤祥、王鹤龄医师,南昌市第三人民医院林培生医师,九江市第一人民医院车屏寰医师,宜春地区医院吴友椿医师,抚州地区的龙家熙、周余堂医师等都是专职的泌尿外科医师。此时,江西许多地市级医院已能独立开展泌尿外科一般的临床诊疗工作。

"文革"期间，江西省泌尿外科的发展受到较大冲击，科室被打乱，胡锡猷教授不幸去世，泌尿外科的发展因此停顿。在此困难时期，以彭轼平、熊礼生、沈玉明、王道仁、葛根、梅真葆、陈德民、张焕美、赵群、何洁卿、殷家驹、刘鸿翻等为代表的许多泌尿外科医师仍然奋斗在临床第一线，他们承受住多种压力，坚持江西省泌尿外科的诊疗工作和科研创新。

三、发展时期(1977—1989 年)

"文革"后，特别是党的第十一届三中全会以后，生机勃勃的春风吹遍了祖国的神州大地，同时也浓浓吹拂着江西省的泌尿外科事业。在彭轼平、沈玉明、熊礼生、王道仁、葛根、何洁卿等老教授的带领下，在全省同道的共同努力下，江西省泌尿外科工作得到长足发展，专业队伍不断壮大，在诊疗技术和泌尿外科基础科研等方面，均取得了令人鼓舞的成绩。如江西医学院附属第一医院泌尿外科先后有谢平、史文仁、王共先、孙庭、张元原等医师调入，医生人数增加到 10 多人，并先后派出多名医师到北京、上海及国外等各大医院研修学习。该院病床增至 40 张，并被确定为整体模式护理病房。1979 年，该院开展了血液透析治疗急、慢性肾功能衰竭，并相继开展了睾丸肿瘤后腹膜淋巴结清除术、丝虫性乳糜尿诊治技术的改进、叶绿素碘油淋巴造影诊断泌尿生殖系统肿瘤淋巴结转移、可控性尿路改道手术、尿道前列腺结合部成形术，成立医院体外冲击波碎石室等。1986 年，医院购置相关设备并开展了经尿道前列腺和膀胱肿瘤电切术、尿道狭窄内切开术、输尿管镜碎石术、经皮肾镜碎石术等。江西医学院附属第二医院在此期间也大力开展科室建设，派出了黄国华、潘正跃、彭瑞元、李国荣等多名泌尿外科医师前往北京、上海、武汉、广州、美国、日本、法国参观与进修学习，并多次邀请国内外著名泌尿外科专家学者前来讲学，促进了泌尿外科的发展。江西省人民医院于 1981 年成立了泌尿外科，何洁卿担任科主任，设 20 张床位，占半个病区，逐步购置了 Storz 膀胱镜、膀胱碎石钳、前列腺电切镜和体外冲击波碎石机等设备，先后派出人员到广州、上海、北京进修学习，业务水平得到很大提高，先后开展了经皮股动脉穿刺腹主动脉造影、选择性肾动脉造影、肾上腺动脉造影、自体肾移植等。20 世纪 70 年代末期，江西省儿童医院小儿外科发展迅速，各专业病例逐渐增多，大外科将病人分专业集中治疗，1982 年正式成立泌尿外科专业。

南昌市第三人民医院于 1978 年由林培生、汪强、万本笃医师组成泌尿外科，从普外科分出，单独收治泌尿外科病人。在 20 世纪 80 年代，该院相继开展了肾动脉造影、淋巴造影、腹膜后空气造影、膀胱气钡双重造影，开展了背直切口行肾盂、输尿管上段切开取石术，经会阴前列腺摘除术，开展了冻精人工授精的临床研究并获得了成功，开展的"癃闭散"治疗前列腺增生症的研究和实验观察，获得 1984 年度江西省科技成果奖四等奖，南昌市科技成果奖三等奖。南昌市第一人民医院泌尿外科专业组成立于 1981 年，在成立之初仅有 6 张病床、3 名专科医师，当时该专业组和本院胸外科属同一病区，称为普外科胸泌组。尽管当时泌尿外科的条件很差，技术力量单薄，但是在前辈们的艰苦努力下，经过 4 年的发展，该院泌尿外科技术明显提高，病人不断增多，附属于普外科的情况已远远不能满足科室发展的需要，因此在 1985 年正式成立了泌尿外科，设有单独病区，拥有固定病床 36 张，专科医师 5 名,其中有高级职称的专科医师 1 名。1982 年由王鹤龄、胡启培医师牵头创建成立了南昌市第二人民医院泌尿外科。1984 年,抚州地区人民医院泌尿外科专业正式从普外科分出,设立了专职泌尿外科的医生,从此开始了抚州地区泌尿外科的航程。九江市第一人民医院于 1978 年由陈茂导医师在广州中山医学院附属第一医院进修后,成立了泌尿外科小组,当时有泌尿外科床位 12 张,专职泌尿外科医师 3 人,1987 年正式成立泌尿外科,人员由 3 人发展为 6 人,同时床位增至 22 张。赣州市人民医院于 1985 年成立泌尿外科单列科室,于 1995 年成立泌尿外科。1990 年赣南医学院附属医院泌尿外科正式单独成立,编制床位数 24 张,温白任科主任。除上述医院之外,全省各地市其他医院在其后不久也先后设立独立的泌尿外科。这些工作的开展对于江西省的泌尿外科事业产生了较大影响,促进了省内泌尿外科事业的发展。1986 年,经国务院学位委员会批准,江西医学院第一附属医院泌尿外科成为江西医学院首批获得硕士学位授予权的学科。1994 年,彭轼平教授与湖南湘雅医院张时纯教授联合培训泌尿外科专业博士生。2004 年,王共先教授被批准为博士生导师,开始招收泌尿外科博士生。2010 年,南昌大学医学院被国务院批准为临床医学(含泌尿外科专业)博士学位授予权单位。从此,江西的泌尿外科能够自身培养学科的专业人才,许多研究生毕业走上工作岗位后,做出了显著成绩,已成为当地的业务骨干和年轻专家。

随着改革开放进程的深入与人民生活水平的提高,人们更加注重生活的质量。江西省的性学及男科学在这个时期得到了快速的发展。1980 年 12 月,江西科技出版社出版了宜春胡廷溢医师的《性知识漫谈》,该书于 1985 年和 1988 年再版,发行总数达 280 万册。南方性学研究所是设立在江西省宜春市宜春医学专科学校的将性学教学、医疗和科研三结合的学术机构,成立于 1989 年 2 月,第一任所长为胡廷溢。研究所成立以来,已向全国通讯咨询有关性问题万人次,举办"性健康教育与性病防治大型展览"巡展七县一市,参观人员达 2 万多人次;开设大专院校性健康教育系列讲座和性健康教育课外学习活动组,听课学员达千余人次。进行了全国男女性功能障碍和性罪错的社会学调查 5 000 多例。1986 年江西医学院附属第一医院王共先、徐宜宜医师受派在上海参加全国男性生殖与精液检测学习班回来后,在彭轼平教授的带领下,创建了江西省第一个正规的男科学门诊,设立了精液分析室等,接诊了大量来自全国各地的男性不育、性功能障碍及其他男性疾病的病人,得到了社会的赞誉。这些工作对于促进江西省的性学及男科学的发展,发挥了重要的作用。

四、现阶段(1990 年至今)

进入 20 世纪 90 年代,在党的关怀和各级组织的领导下,经过几代人的共同努力奋斗,江西省的泌尿外科建设得到迅速发展,业务技术水平不断提高。全省各地市级、县级医院相继成立泌尿外科,科室规模扩大,专科医生人数增加,科室的整体水平不断提升,学科的分工越来越细,这些都反映出江西省泌尿外科发展的黄金时期已经到来。

随着国际交流合作的深入,腔内泌尿外科的迅猛发展,激起了省内泌尿外科同道应用临床新技术治疗病人的巨大热情。1987 年,省内几家大医院引进经尿道电切镜、经皮肾镜、输尿管镜、尿道冷刀切开镜等腔内设备,在全国较早地开展了经尿道手术、腹腔镜及后腹腔镜手术、高能超起聚焦（HIFU）微创治疗等腔内泌尿外科技术。在开放手术方面，广泛吸取了国内外临床医疗最新成果，创造性地开展了泌尿系统恶性肿瘤的根治性手术和区域淋巴清扫术，小肾癌保留肾单位的肿瘤切除术，对晚期膀胱肿瘤病人结合具体情况分别行膀胱功能替代（如 Indiana、Pouch 等）或重建回肠原位新膀胱术、尿道狭窄的尿路重建术、胰肾及肝肾联合移植术、肾损伤的微创超选介入栓塞治疗、经阴道无张力尿道中段悬吊术（TVT）等。在治疗小儿泌尿外科先天性疾病方面，在应用传统的泌尿外科技术基础上亦做了许多改革和创新。

在腹腔镜微创技术临床应用研究方面已达国内先进水平。目前所能开展的手术方式几乎涵盖了所有泌尿生殖系统的腔内器官，包括腹腔镜肾上腺肿瘤切除术、腹腔镜肾（盂）癌根治术、腹腔镜肾蒂淋巴管结扎术、腹腔镜肾盂输尿管连接部畸形整形术、腹腔镜输尿管切开取石术、腹腔镜膀胱癌根治性切除＋原位回肠代膀胱术、腹腔镜前列腺癌根治术、腹腔镜肾部分切除术等。此外，还开展了经脐单孔腹腔镜技术的临床探索，开展了经脐单孔肾上腺肿瘤切除术、经脐单孔肾癌根治术、经脐单孔肾盂输尿管连接部畸形整形术等。

泌尿系结石是我省的高发病之一。近十年来，我省对复杂性尿路结石的治疗取得了突破性发展，建立了一整套微创治疗方法以取代传统的开放手术，包括经皮肾镜大功率钬激光碎石术、经尿道输尿管镜钬激光碎石术、腹腔镜输尿管切开取石术以及体外震波碎石术等。彻底改变了我省在肾输尿管结石治疗领域的落后局面，在各种复杂性肾结石的微创治疗领域积累了丰富的经验，从而为广大结石患者提供了安全有效的选择。

在此期间，具代表性的成果有：丝虫性乳糜尿临床及发病机理研究（获省科技进步奖二等奖）；睾丸肿瘤临床及预后预测研究（获省科技进步奖三等奖）；前列腺增生症射频热疗机理研究（获省教委科技进步奖）；一次性管中管导尿术在尿道手术中的应用（获省科教委科技进步奖三等奖）；膀胱全切后回肠新膀胱的研究；经尿道前列腺汽化术临床应用研究；应用试管婴儿技术治疗阻塞性无精子症的研究等。近期主编、参编的大型专著有《吴阶平泌尿外科学》、《现代前列腺疾病诊断与治疗》、《前列腺病学》、《肿瘤学》、《简明泌尿外科学》、《尿石症与体外冲击波碎石》、《性与生育》、《现代手术并发症学》等。

在科研方面，江西医学院附属第一医院泌尿外科于 1992 年成立了江西医学院泌尿外科研究所，当时建有泌尿病理研究室和尿路结石分析室。现在的南昌大学医学院泌尿外科研究所已发展成为一个多功能、多学科交叉的省级科研机构，设有组织工程与干细胞实验室、细胞培养室、多聚酶链反应基因扩增室、精液分析实验室、泌尿病理研究室、尿路结石分析室、HIFU 超声刀室、时间分辨荧光定量分析室、动物实验室等多个研究室，有 30 多套（台）各种科研设备，面积 400 多平方米，有专职科研人员 5 人，兼职科研人员 23 人，承担了国家级、省（部）级和厅级以上科研课题数十项，每年培养硕士、博士研究生 10 多人。1996、2001、2006 年该所经江西省教育厅遴选确立为"九五"、"十五"及"十一五"期间江西省高校重点建设学科、及重点学科，2010 年被评审批准为省高水平学科。1998、2001 年经省卫生厅遴选后确立为江西省卫生厅领先专业。2009 年被评为江西省优势科技创新团队。2011年南昌大学泌尿外科研究所升级为省级科研机构"江西省泌尿外科研究所"，同年被批准建立江西省全点实验室"江西省再生医学工程技术研究中心",挂靠于江西省泌尿外科研究所,王共先教授任研究所所长和中心主任。其他省直属医院及各地市级医院亦根据各自的条件,积极引进人才,开展了尿路结石的现代诊断与治疗、肾移植、男性不育、前列腺癌诊治等基础及临床研究。

五、学会工作

江西省泌尿外科的发展,离不开省泌尿外科学会所作出的突出贡献。20 世纪 50 年代,成立江西省外科学会时,即设立泌尿外科学组,由胡锡猷、汪品兰任正、副组长。60 年代,江西省泌尿外科以胡锡猷、汪品兰教授为学科带头人,他们在江西省泌尿外科事业的发展初期作出了重大贡献。当时,泌尿外科学组就有不定期的学术聚会,以读片和介绍各单位特殊病例为主,经常参加的有江西医学院附属第一、第二医院的泌尿外科医师,省人民医院胡灶坤主任,南昌市第一人民医院周伯涛主任,南昌三三四医院俞和济主任,铁路医院刘鸿翱主任,宜春地区医院吴友椿主任,地点多在江西医学院附属第一、第二医院的泌尿外科。1963 年,胡锡猷、汪品兰教授参加全国泌尿外科学术会议,这是江西泌尿外科医生第一次走出省界参加全国学术会议。

1974 年,上海第一医学院中山医院有数位主治医师下放至宜春工作,其中就有中山医院泌尿外科医师缪廷杰。江西省医学会利用这一条件组织了几次全省学习班,省内各地市或县医院均派医师参加。学习班由缪廷杰、林贵、沈玉明、彭轼平、陈德明等负责讲课,并将讲稿编印成册。缪廷杰由沈玉明陪同去各地市级医院辅导手术,部分学员由彭轼平、沈玉明带领去浙江医学院附属第一医院参观,这是江西第一次针对全省泌尿外科医师进行的专科培训。

1978 年,第九届全国外科学术会议在武汉召开,江西省有 7 名外科各专业代表参加,彭轼平教授赴会并作了题为"丝虫性乳糜尿 273 例"的学术报告。1981 年,在南京召开第一次全国泌尿外科学术会议,由大会全体代表投票选举全国委员会,彭轼平教授当选为全国委员。1986 年,由江西医学院附属第一医院泌尿外科牵头,积极筹备创建了江西省医学会泌尿外科学分会,彭轼平当选为第一届江西省医学会泌尿外科分会主任委员。江西省医学会泌尿外科学分会成立大会期间,还邀请了华东六省一市代表参加,进行学术交流。

江西省泌尿外科学会走过了 20 多个春夏秋冬。老一辈专家为省学会组织的发展壮大付出了巨大努力,从第一、第二届委员会主任委员彭轼平,副主任委员沈玉明、刘鸿翱、林培生,到第三、第四届委员会主任委员熊礼生,副主任委员王道仁、葛根、何洁卿、吴显新……他们献身于江西省泌尿外科事业,为泌尿外科的发展作出了巨大贡献。2003 年,江西省医学会泌尿外科学分会完成新老委员的更替,名誉主任委员熊礼生教授,主任委员王共先教授,副主任委员孟栋良、潘正跃教授。2007 年江西省第十一次泌尿外科学术会议期间进行了换届选举,成立了江西医学会第六届泌尿外科专业委员会,选举彭轼平教授为终身名誉主任委员,熊礼生教授为名誉主任委员,王共先教授连任主任委员,孟栋良教授、潘正跃教授任副主任委员及 30 位中青年委员共同组成第六届委员会,使学会更加年轻而充满活力。

2011年在赣州举行了江西省第十三次泌尿外科学术会议,期间换届改选成立了江西省医学会泌尿外科分会第七届委员会,王共先教授连任主任委员,孟栋良史子敏与邹晓峰教授任副主任委员,傅斌教授任常委兼秘书。

中国泌尿外科要在2020年赶上世界先进水平,这是全国的泌尿外科医师都在为之奋斗的目标,江西省亦不例外。为实现这一目标,仅靠几个大城市的几家大医院泌尿外科医师的努力远远不够,需动员全省县级以上医院的泌尿外科医师都行动起来,不断学习、更新知识、提高素质、扎实工作、加强交流、加速发展。为此,2003年江西省医学会第五届泌尿外科学分会第一次常委会确定下一步的工作重点是:加强人才培养,加强学术交流,加快新技术推广。

为落实这一工作重点,江西省医学会泌尿外科专业委员会采取了以下几项措施。

1) 创办《江西泌尿外科时讯》,开通"江西省泌尿外科学会网";目的是加强学术交流、促进人才培养、增进信息沟通、宣传专业进展、补充继续教育、督促委员工作。已出版了多期《时讯》,网页内容不断补充更新。

2) 制定了两个工作文件:《江西省医学会泌尿外科专业委员会工作规约》、《省泌尿外科专业学术年会协办者招标方案》,明确委员职责、规范办会行为、提高办会质量、促进学术发展,使得委员会的各项活动有章可循,更加规范化、制度化。学会举办学术会议质量不断提高。各地市均已先后成立自己的泌尿外科专业委员会,并组织了各种形式的学术活动,出版学术论文汇编。

3) 组织专家下地市县巡回讲座,解读诊治指南,普及专业知识,解决实际难题,检查委员工作,了解各地情况,推广新的技术,促进全省交流。这种方式既可节省活动开支,又使参加人员更广、更方便,受到大家欢迎。

4) 加强"江西泌尿外科会诊中心"工作。配置了电脑、数码相机、扫描仪,方便留存资料,提高工作效率。数年来,坚持每周三举行的"江西泌尿外科会诊中心疑难病例讨论会"已成为服务病人、专家交流、实战教学和调解纠纷的平台和场所。

5) 启动《江西泌尿外科专科医师培训项目》。专门组织成立了专家组,时任省卫生厅厅长蒋茹铭亲自为专家组成员颁发证书。结合江西实际组织编辑出版了《江西泌尿外科专科医师培训教材》、《培训班学员手册》等。在南昌市各大医院学习的进修生、研究生和低年资住院医师集中上理论课,分开及交叉到各医院实习。经过专家们的精心传教、授业解惑,年青一代泌尿外科医师迅速成长。

6) 积极主办或协办全国性学术会议,定期组织各类"专题研讨会",加强学组活动,促进学术交流。江西省泌尿外科专业委员会自1986年起分别于南昌、庐山、赣州、鹰潭等地市举办了13次江西省泌尿外科学术会议,参会医生代表人数及投送稿件数量逐年递增。2003年成功地举办了第一届华东六省一市泌尿外科学术会议,参加人数近700人,会上首次在江西实现了演示手术的实时转播,这是江西学术会议史上的一次突破。积极举办了"前列腺专题沙龙"、"青年医师论坛"、"女性泌尿外科学习班"、"男科研讨会"、"腔镜泌尿外科进展研讨会"等,请国内外知名专家和省内同行一起研讨切磋技术。这些会议的成功召开为全省泌尿外科同道提供了一个个交流经验、碰撞思想的广阔平台,受到同行们热烈欢迎和高度评价。

7) 加强与国内外交往。邀请国内外专家学者来赣讲学指导交流,如邀请吴阶平院士、郭应禄院士、张心湜院士、马永江教授、顾方六教授、鲍镇美教授、那彦群教授、法国巴黎第五大学 Debre 教授等一大批国内外知名专家学者来赣讲学,收到很好效果。我们与福建同道交流学会工作,组织了赣浙闽三省同行联谊会,定期开展学术活动。

8) 积极开展科普活动。举办了"江西前列腺健康之友"科普讲座、"男性健康咨询义诊"等,上电视、进社区进行各种形式的义诊、普查和科普讲座;受到广大病友及家属的欢迎。

9) 整合全省力量,促进省内协作,多次组织全省性多中心研究及全省流行病学调查等科研活动。

传承理想,开拓创新。我们的学科目标是:争取实现中部崛起,跻身全国先进行列。我们相信,有老一辈专家们的指导和支持,有全省泌尿外科同道团结一致、携手共进,江西省泌尿外科事业的明天将更加美好。

山东省泌尿外科学史

山东省泌尿外科的发展可以追溯到建国初期，当时万物百废待兴，整个新中国都在进行着轰轰烈烈的社会主义建设。齐鲁大地泌尿外科就是在这个背景下发展起来的。山东大学齐鲁医院（建于1890年，1953年更名为山东省第二人民医院，1957年更名为山东医学院附属医院，1985年更名为山东医科大学附属医院，现为山东大学齐鲁医院）、山东省人民医院、济南军区总医院以及青岛大学医学院附属医院、烟台毓璜顶医院泌尿外科的发展则浓缩了整个山东省泌尿外科的发展历程。

一、起步篇

早在1950年，山东省立医院便设有泌尿外科专业及专业门诊，由毕业于北京大学医学院的刘士怡主治医师负责，床位12张，成为全省最早开展泌尿外科专业工作的医院。1954—1955年，济南军区总医院与山东医学院附属医院也相继成立了分别由张宝瓒主治医师和张振湘主治医师负责的泌尿外科专业，成为全省较早开展泌尿外科专业工作的医院。虽然此时的泌尿外科人员水平有限，仪器设备落后，但仍取得了一些令人瞩目的成就。

1952年，山东省立医院成功施行膀胱全切除直肠代膀胱术。

1953年，山东医学院附属医院开展肾切除手术、膀胱部分切除术、简化耻骨上前列腺摘除术等。

1954年，山东医学院附属医院开展回肠扩大膀胱手术、肾实质切开取石术、输尿管移植术、尿道下裂尿道成形术、嗜铬细胞瘤手术、多囊肾及肾囊肿外科治疗等。

1955年，山东省立医院在国内首先报道了35例耻骨上前列腺切除术、膀胱部分切除术和膀胱全切术、泌尿系结石和外伤手术。同年，山东医学院附属医院开展双侧巨大肾盂结石取出术和双肾盂成形术，所取得最大结石重3.25千克，迄今为止仍属世界之最，术后病人恢复了肾功能及劳动能力。同时还分析了大量膀胱结石病例，认为膀胱结石与消化吸收能力差所造成的营养不良有密切关系，引起国内外同行普遍关注。同年还开展了柯兴综合征的外科治疗。

1956年，山东医学院附属医院开展膀胱外翻成形术。同年张振湘和亓天伟医师成功切除重量超过3千克的肾结石。

1957年，山东医学院附属医院开展直肠代膀胱术、盲目膀胱碎石术。同年，山东省立医院刘士怡被批准为副博士生导师，指导研究生孙公爵，成为全省最早的副博士生导师之一。

1958年，山东医学院附属医院开展膀胱全切术、肾部分切除术。同年，山东省立医院刘士怡进行了大量犬带主动脉双肾移植术的动物实验，并获得成功，为以后的肾移植打下了基础。

1959 年,山东医学院附属医院开展尿道下裂尿道成形术,对后尿道损伤的处理,术后留置环形导管定期扩张尿道,保证手术的远期效果,系国内首创。同年,开展回肠膀胱成形术,开拓了肾结核严重并发症挛缩膀胱的治疗,在国内属开展较早的单位。此外,还设计了治疗巨大阴囊象皮肿的手术方法,治疗了一些病例,恢复了外生殖器的正常功能(包括性生活)和外形,也恢复了劳动能力。同年,山东省立医院开展人体淋巴管研究,在国内首先施行人体淋巴管造影获得成功,引起国内同行的普遍关注。

1960 年,济南军区总医院开展乙状结肠扩大膀胱术。同年,山东省立医院在省内首次成功施行了难度较大的肾上腺嗜铬细胞瘤摘除术。

1961 年,山东省立医院开展半肾切除术治疗复杂性肾结石,在国内首次报道一次平均式半肾切除 40 例。

1962 年,山东医学院附属医院开展淋巴管造影、输精管及精囊造影,对不育的病因及精囊疾病进行诊断。同年,山东省立医院和山东医学院附属医院通过对淋巴管造影的研究,创立了丝虫病性乳糜尿的发病新学说,否定了当时国际通行的胸导管阻塞学说,引起国内外的轰动。

1963 年,山东医学院附属医院开展肾动脉造影。同年,刘士怡、亓天伟和许纯孝被聘为省计划生育研究所男性节育技术组顾问、专家组组长、副组长,参加计划生育工作队,开展了大量输精管结扎手术,并处理了大量后遗症。

1964 年,山东医学院附属医院开展腹膜后淋巴清扫术、输精管小切口结扎术。同年,济南军区总医院开展半肾及肾部分切除术、肾蒂淋巴管结扎术。

二、发展篇

20 世纪 70 年代后期,我国经济、文化生活逐渐步入正轨,山东省泌尿外科也进入正规的发展阶段。全省医务人员数和床位数大大增加,各种先进的设备和仪器陆续到位,泌尿外科事业也得到了大规模的发展。在这个时期,济南军区总医院泌尿外科由建科时的 12 张床,增加至 1978 年的 18 张,1987 年成为济南军区泌尿外科中心,由李慎勤主任及其他 5 位医师负责,床位增加至 33 张,其中肾移植床位 12 张。山东省立医院泌尿外科由建科时的 12 张床,增加至 1992 年的 36 张,人员数由刘士怡 1 人增加至 1992 年的 15 人,成为山东省省级重点学科。1982 年,刘士怡教授被批准为博士生导师,成为当时全国为数不多的博士生导师之一。

山东医学院附属医院泌尿外科在医务人员数、床位数及仪器设备方面也得到了很大发展。1966—1975 年,张鲁南、郑宝钟先后加入专业组,全组共 3 人,仍由亓天伟负责。1991 年山东医科大学附属医院成立泌尿外科,亦为大外科下的二级独立科室。外科副主任郑宝钟兼泌尿外科主任。该科有教授 1 名、副主任医师 1 名、主治医师 3 名、住院医师 8 名。专业床位由 19 张增至 35 张,每月平均手术量由 22 例增加至 30～40 例,每周的专业门诊由 2 个半天增加至 6 个半天,膀胱镜检查由 2 个半天增加至 3 个半天。另外,增加每周半天的腔内导管诊疗。

在仪器设备方面,1974年,山东省立医院泌尿外科引进日本血液透析机2台,建立了人工肾室,为院内外抢救了大量急性肾功能衰竭、药物中毒、流行性出血热、挤压综合征病人。当时根据国内报道,该科人工肾透析的病员例数多,效果最佳。

山东医学院附属医院于1979年购置日本岛津700 mA泌尿外科X线检查台。同年,还增添3台日本产人工肾机(BN200、CR-1型各1台),建立了人工肾室,为开展肾移植奠定了基础。

1982年,山东医学院附属医院添置日本产Olympus电切镜1台,联邦德国产Storz肾镜、输尿管镜各1台,尿道切开刀1套及前列腺切除镜等,为开展经尿道前列腺切除等手术创造了有利条件。

1989年,山东医科大学(2000年更名山东大学医学院)附属医院购进美国(伯特)Baxtersps(450型)人工肾机1台、国产西航水囊式体外震波碎石机1台,建立了体外震波碎石病房,开展了体外碎石工作。到目前为止,已成功治疗近1万例次病人,处于全国先进和省内领先水平。

这一时期山东省泌尿外科专业技术也取得了令人瞩目的长足发展:

1974年,山东医学院附属医院开展肾脓肿引流术后用4%甲醛灌注促使囊壁粘连。

1975年,山东医学院附属医院开展肾窦内肾盂切开取石术。

1976年,山东医学院附属医院在国内首先开展输精管硬化节育术。同年,济南军区总医院开展自体肾移植治疗肾血管性高血压及血液透析、动-静脉外瘘术。

1978年,山东省立医院在省内率先施行了同种异体肾移植手术5例,最长成活达13个月,获得省科委科技成果奖三等奖。同年,获得淋巴管造影术及棉酚临床协作组科技成果奖。同年9月,济南军区总医院开展同种异体肾移植,至今已施行1 500多例,存活时间最长达24年。

1980年,山东省立医院在省内首先施行了体外肾手术获得成功,其论文已在全国第二届泌尿科学会上交流。同年,还开展了肾剖开取石治疗复杂性肾结石的新方法。青岛大学医学院附属医院引进日本经尿道电切手术设备开展经尿道膀胱肿瘤电切术和前列腺疾病治疗的开拓工作。

1981年,山东医学院附属医院开展电视监视下膀胱碎石术、阴囊正中带蒂皮管Ⅰ期尿道成形术和改进前列腺摘除术后(气囊导尿管气囊膀胱内留置)止血法。同年,山东省立医院和山东医学院附属医院共同创立了乳糜尿的淋巴动力学改变发病新学说,获得山东省卫生厅科技奖一等奖。

1982年,山东医学院附属医院开展同种异体甲状旁腺移植手术、自体肾上腺移植、同种异体肾上腺移植术。

1983年,山东医学院附属医院开展用4%甲醛前列腺窝止血法、前列腺囊肿经腹切除术。同年,山东医学院附属医院开展经尿道前列腺电切术(TURP)、经皮腔内肾动脉成形术治疗肾性高血压、可显影硅橡胶肾动脉永久栓塞术治疗肾肿瘤,当时达国内领先、国际先进水平。

1984年2月,济南军区总医院成功进行国内外首例成人胎儿供肾移植,至今已行24

例,存活时间最长达 20 年。同年,山东医学院附属医院开展气囊导管扩张治疗输尿管狭窄、经尿道膀胱肿瘤电切术(TURBt)、耻骨后前列腺摘除术。开展气囊导管扩张治疗输尿管狭窄、耻骨后前列腺摘除术。1984 年,青岛医学院附属医院开展了自体和同种异体肾移植和人工肾透析,成立国内第一个人类精子库,开展低温贮存精子和人工授精技术。同年,济南军区总医院在国内率先开展精索静脉造影,开展精索静脉栓塞治疗精索静脉曲张;开展耻骨后前列腺切除术、耻骨后保留尿道前列腺切除术等。

1985 年,随着国内外科新技术的发展,山东省立医院开展了经皮穿刺腔内肾动脉扩张术,用来治疗肾动脉狭窄引起的高血压,成功率达 30%～70%,使部分病人免除了自体肾移植手术,提高了治疗效果。

1986 年,山东医科大学附属医院在国内首先应用经尿道膀胱肿瘤硬化后电切术。

1987 年,山东医科大学附属医院开展膀胱内前列腺外动脉结扎颈膀胱前列腺摘除术、β_2 微球蛋白诊断泌尿系肿瘤、桡动脉与头静脉吻合进行内瘘透析、正位尿道口尿道下裂成形术。同年,青岛大学医学院附属医院开展膀胱肿瘤电切术,并逐渐成为膀胱肿瘤治疗的主要手段。

1988 年,山东医科大学附属医院在国内首先应用前列腺扩张术治疗前列腺增生症、阳痿的手术治疗及回肠代膀胱手术。同年 7 月,济南军区总医院开展体外冲击波碎石术(ESWL),至今已行 7 000 多例。同年,山东省立医院开展多囊肾病研究,并首创"多囊肾内引流减压手术"。该课题获省科委科技进步奖三等奖和二等奖各 1 项,受到吴阶平院士、郭应禄院士的高度评价。同年,山东省立医院进行输精管结扎对前列腺阻遏作用的研究,获山东省第二届科技成果奖二等奖。同年,青岛大学医学院附属医院开展引进 Storz 经尿道电切镜系列 TURP。引进国产碎石机,开展 ESWL,成功率在 90% 以上。

1991 年,山东医科大学附属医院开展静脉血管性阳痿的手术治疗,开展逼尿肌加强术治疗神经源性膀胱。

1992 年,山东医科大学附属医院开展肾动脉原位切开扩张术治疗肾血管性高血压。同年,济南军区总医院开展亲属肾移植 36 例。

1993 年,济南军区总医院开展输尿管镜术,行异物取出、碎石术。同年,千佛山人民医院开展经尿道微波治疗慢性前列腺炎和前列腺增生症。同年,开展泌尿外科腹腔镜手术,开展经腹腔镜精索静脉高位结扎术、经腹腔镜隐睾切除术。山东医科大学附属医院(现山东大学齐鲁医院)开展腹腔镜肾囊肿去顶减压术和腹腔镜肾上腺腺瘤切除术等。同年,山东省立医院成功治疗 1 例肾癌并肾静脉癌栓病员以及 1 例肾癌并肾静脉下腔静脉及左心房巨大癌栓病人。2 例手术均在体外循环下施行,术后病人顺利康复出院。该手术成功施行属国内领先。

1994 年,千佛山医院王振声教授在全国率先开展前列腺被膜"十"字切开术治疗慢性前列腺炎,取得了非常好的效果;同年,开展腹直肌转位术治疗神经源性膀胱。

1995 年,山东省立医院开展激光消融治疗前列腺增生症,取得良好效果。并开展记忆合金网状支架治疗高危前列腺增生症 10 多例。同年,山东医科大学附属医院开展腹腔镜泌尿外科手术。

1996年，山东医科大学附属医院开展前列腺消融术治疗前列腺增生症。同年，潍坊市人民医院开展腹腔镜泌尿外科手术。

1997年，山东医科大学附属医院开展腹腔镜后腹腔途经肾切除术、肾上腺肿瘤切除术，并获得山东省科技进步奖二等奖。同年，青岛大学医学院附属医院开展经尿道前列腺电切及汽化电切术逐渐取代开放性前列腺手术，占前列腺手术的90％以上，手术成功率超过95％。同时还配备了腹腔镜系列和强生超声刀设备，开始开展腹腔镜手术，从精索静脉高位结扎术、肾囊肿去顶减压术起步，逐渐开展和完成腹腔镜肾切除和肾上腺手术等高难度腹腔镜手术。同年，引进Wolf输尿管肾镜和瑞士EMS气压弹道碎石机，开展输尿管镜手术。开展了保留性神经的根治性膀胱切除手术及回肠膀胱术、Indiana Pouch和原位可控性回肠新膀胱术。

1998年，青岛大学医学院附属医院董胜国教授开始建立膀胱肿瘤数据库。同年，山东医科大学附属医院开展尿道内旋切开术治疗创伤性后尿道狭窄。济南军区总医院开展肾移植组织配型。

1999年，山东医科大学附属医院徐祇顺教授开展球海绵体肌转位治疗女性复杂性膀胱-尿道-阴道瘘。千佛山人民医院成功完成山东省首例同种异体睾丸移植术。

三、辉煌篇

在经历了20多年的快速发展，跨入新世纪后，山东省泌尿外科进入了有史以来最为辉煌的时期。在这一时期，几家大医院泌尿外科的科室规模和医疗技术达历史最佳水平。

山东医科大学附属医院泌尿外科经过张振湘、亓天伟、郑宝钟等历届主任和专家几十年的艰苦创业和努力奋斗，为今后的发展奠定了坚实的基础。现在徐祇顺主任领导下，已成为山东省泌尿外科的"领头羊"。到2003年初，该院泌尿外科先后承担国家及省部委研究课题近30项，在国内外发表论文300多篇，主编和参编著作40多部，获得省部级以上科技进步奖15项。目前，科室共有床位160张专业技术人员30多人，其中教授、副教授各7人，博士生导师4人，硕士生导师7人，具有博士、硕士学位的医师占80％，其中3人享受政府特殊津贴。泌尿外科平均每年承担本科生、硕士生、博士生、进修生的理论授课和实践带教任务，目前已培养博士生10多名，硕士生近60名。近几年来，学术交流日益增多，近10位专家赴美国、日本、瑞典等国参观、学习、进修和开展科研工作，同时与国外专家建立了良好的合作关系。

山东省立医院泌尿外科在刘士怡、蔡天禄、许纯孝、程继义等老一辈专家的辛勤努力，以及现任主任丁克家、副主任王法成与金讯波、外科副主任吕家驹的领导下，已发展成为拥有床位150张医师40人的省重点科室，其中教授、主任医师10人，副主任医师10人，具有硕士、博士学位的医生占80％，其中3人享受政府特殊津贴。泌尿外科平均每年承担本科、硕士、博士和进修生的理论授课和实践带教任务。近几年来，学术交流日益增多，多位专家赴美国、日本、英国等国参观、学习、进修和科研，同时与国外专家建立了良好的合作关系。目前已培养博士生近20名，硕士生近50名。在国内外发表论文300多篇，主编和参编著作30多部。

济南军区总医院泌尿外科在李慎勤、李香铁主任的带领下,有了飞速的发展,设置床位73张,其中肾移植20张,现有工作人员46人,其中主任医师5人,副主任医师5人,主治医师2人,医师3人,护理人员32人,是1954年人数的7倍。该院泌尿外科自1980年以来由于工作成绩突出,荣立集体三等功4次,获省部级科技进步奖二等奖4项、三等奖19项,发表论文310篇,主编专著1部,参与编写专著8部。

青岛大学医学院附属医院泌尿外科在经过冯雁忱、韩振藩、董俊友等老一辈泌尿外科专家及申东亮、黄奋人、阎靖中等历届主任的艰苦奋斗之后,董胜国、王新生、孙立江等中青年医师正努力为其发扬光大。在现任主任孙立江的领导下,已发展成为设备先进、技术精良、在省内享有盛誉的综合科室。该科现有病床101张,医师27名,包括主任医师(教授)5名,副主任医师6名,主治医师5名。他们中拥有博士学位者5人,硕士学位者8人。

1991—2004年,由王振声教授任千佛山医院泌尿外科主任;2004年至今,李青教授任泌尿外科主任。在王振声、李青主任的带领下,科室规模和医疗技术水平跃上新台阶。现有床位60张,医师14人,包括主任医师(教授)3名,副主任医师4名,主治医师4名。其中有博士学位者7人,有硕士学位者5人,其他工作人员2人。

此外,山东省各市、县级人民医院现在都设有泌尿外科专业,在人员、设备数量上都有很大发展,能熟练开展泌尿外科常规手术和一些难度较大的手术,如TURP、腹腔镜肾上腺切除术、ESWL、肾移植手术等。值得一提的是,烟台毓璜顶医院是发展较快的新型医院,该院引进腹腔镜、输尿管镜等国内一流设备,至今已完成各类腹腔镜手术2800多例,每年肾移植已超过100例,人/肾存活率高于90%,目前在泌尿外科腹腔镜技术、腔内泌尿外科技术及肾移植的临床应用研究方面达国内先进水平。潍坊市人民医院、青岛市人民医院和滨州医学院附属医院、临沂市人民医院泌尿外科相继开展膀胱全切、原位球形可控回肠膀胱术、腹腔镜泌尿外科手术,取得了良好的效果,达到国内先进水平。在这一时期取得的成绩还有:

2000年后,山东大学齐鲁医院引进先进的日本Olympus公司生产的汽化电切镜、Olympus电子软性膀胱镜及输尿管镜检查系统。2003年5月,该医院又引进更为先进的数字化可旋转的泌尿外科检查台,可同步造影、照相及录像,更利于病人的诊治。

2001年,山东大学齐鲁医院在山东省率先成立了尿动力学研究室,相继开展了对膀胱出口梗阻、神经源性膀胱、尿失禁的诊断。2002年,开展了经阴道无张力尿道中段悬吊术(TVT)治疗压力性尿失禁这一新的手术方式。山东省交通医院、济南铁路中心医院和济南市中心医院较好地开展了输尿管镜和经皮肾镜气压弹道碎石工作。此后,烟台毓璜顶医院、临沂市人民医院和潍坊市人民医院也相继开展了此项工作,取得了非常好的成绩。

2002年10月26日,山东大学附属第二医院成立了以郭应禄为名誉所长、许纯孝为所长的山东大学泌尿外科研究所。同年,山东省立医院成功治疗了长段肾盂输尿管连接部狭窄所致巨大肾积水。同年,山东省立医院成立泌尿外科碎石中心、膀胱镜诊疗中心。

2003年,山东大学齐鲁医院泌尿外科购买美国生产的100W钬激光,相继开展了钬激光前列腺剜除术、膀胱肿瘤切除术、钬激光碎石术和尿道狭窄切开术。此后,千佛山医院泌尿外科也于2004年相继开展上述工作,取得了非常好的效果。同年,山东省立医院引进英

中国泌尿外科学史(第2版)

国佳乐等离子体电切系统,在省内率先成功开展前列腺和膀胱肿瘤的等离子体电切术。2003年6月,山东省立医院泌尿腔内微创医学中心成立。

2004年7月,济南军区总医院开展胰-肾联合移植。同年,山东大学齐鲁医院泌尿外科购买日本Olympus四轮转向电子腹腔镜,相继开展了多种腹腔镜手术。烟台毓璜顶医院和山东省交通医院开展第三代气压弹道碎石,并在烟台成功举办全国腹腔镜新进展学习班。

2005年2月,山东省立医院应用当今世界上最先进的伊索3000机器人手术辅助系统、电子腹腔镜等仪器设备,历时3小时36分成功完成了我国首例伊索机器人电子腹腔镜保留性神经前列腺癌根治术。济南市中心医院购买美国生产的100W钬激光,也相继开展了钬激光前列腺剜除术、膀胱肿瘤切除术、钬激光碎石术和尿道狭窄切开术。同年6月,济南军区总医院开展肝-肾联合移植。在肾移植方面,山东省泌尿外科的技术处于国内先进水平。

济南军区总医院已完成肾移植手术1 000多例,成功率达98.5%,在国内处于领先水平。烟台毓璜顶医院已完成肾移植手术600多例,2005年成功进行肾移植手术160多例,并成功开展腹腔镜活体供肾手术。山东大学第二医院自2003年以来,每年完成肾移植手术100例以上,成功率达95%以上,其中有一位72岁老年患者肾移植成功。千佛山人民医院现已可开展各种难度的尸体供肾肾移植、活体供肾肾移植,在肾移植术后主要死亡原因,即重症肺炎的救治上达国内先进水平,成功率达80%。

回顾历史,展望未来,山东省泌尿外科学界决心在中华医学会泌尿外科学分会的领导下加强规范化诊疗,积极创新,锐意进取,争取达到更高的水平。

2006年以后,微创技术在山东各地医院相继开展和普及:山东大学齐鲁医院、山东省立医院、山东大学第二医院、山东省千佛山医院、济南军区总医院,青岛大学附属医院、青岛市立医院、烟台毓璜顶医院、潍坊人民医院、临沂市人民医院等省市各级医院在泌尿外科腹腔镜、经皮肾镜、经尿道手术等微创治疗方面取得长足的进步,而且各自在特色方面有更大的发展。

2007年山东大学齐鲁医院徐祗顺教授等相继开展经腹膜外途径腹腔镜肾上腺癌根治术、肾癌根治术、肾盂成形术,钬激光在泌尿外科的应用进行相关的临床与基础研究。

2009年开展第四代EMS气压弹道碎石系列,相关文章20余篇被SCI收录。山东省立医院在泌尿外科微创治疗方面取得长足的进步。济南军区总医院在加强泌尿外科手术的同时,在肾脏移植方面有更好的发展。山东大学第二医院在钬激光前列腺切除方面得到很好的发展。山东省千佛山医院2009年开始开展输尿管软镜诊断肾盏早期肿瘤及经尿道输尿管软镜肾盂旁囊肿开窗内引流术。青岛市立医院候四川教授在前列腺疾病诊治方面进行了很好的探索。相继举行了两次新技术与新能源学习班。山东省临沂市人民医院郭丰富等于2008年经皮肾镜联合2mm激光行肾盂内引流治疗肾盂旁囊肿。

2009年开展输尿管镜下2mm激光行输尿管切开治疗输尿管狭窄。以及70岁以上亲属供肾肾段移植临床应用研究。烟台毓璜顶医院继续在腹腔镜、经皮肾镜、肾脏移植3个大的方面开展较多的研究,多次举办全国学习班,有10余篇文章被SCI收录。潍坊人民医院卢洪凯教授等在球形膀胱及控尿机制方面进行较好的研究了。

河南省泌尿外科学史

黄河之水养育了中华儿女，数千年的华夏文明在中原大地诞生。在河南这块具有悠久历史的土地上，曾孕育了以医圣张仲景为代表的中国古代名医。他们为祖国医学的发展作出了巨大的贡献。现代的中原儿女在继承优秀的传统医学的基础上，吸收和学习西方的优秀医学成果，并不断创新，创建了中原大地的现代泌尿外科技术，为中原儿女的健康事业，为中华医学的发展作出了突出的贡献。中原大地地处内陆，泌尿外科的起步相对较晚。但今天的中原人积极进取、勇于创新，紧跟时代的步伐，各行各业飞速发展，泌尿外科也获得了突飞猛进的发展。回顾河南泌尿外科学的历史，总结过去的成就，这使我们能够从前辈的身上汲取许多宝贵的经验和财富。

一、奠基时期（1949 年前）

河南西医的发展始于西方列强侵略中国、中国人民奋力抵抗的时期。为了缓和中国人民的抵触和排斥，西方教会令英国人金纯仁（Taylor）在河南开封行医传教，并于 1904 年建立河南首家西医院——福音医院（现河南省人民医院）。金纯仁在开封福音医院首先开展了河南省首例泌尿外科手术——膀胱切开取石术。1903 年英国基督教牧师劳海德在河南卫辉开办的博济医院（现新乡医学院附属第一医院）中设立外科。1928 年河南大学医科在开封成立，开设外科教程。随着国内战争及抗日战争爆发，福音医院、河南大学附属医院和博济医院等西医院治疗了大量外伤病人，其中包括肾、膀胱、尿道等泌尿系统外伤性疾病。几乎同一时期，西方教会还在河南卫辉开设教会西医院，开展简单的泌尿外科手术。在此时期，开展的手术较少，泌尿外科专业属于外科范畴，泌尿外科学处于萌芽状态。

二、发展初期（1949—1976 年）

新中国刚成立时，河南与全国一样，饱受战争的创伤，许多病人无处就医。随着河南省人民政府的建立，成立了河南省人民医院，并设立了外科专业。那时的外科不分专业，泌尿外科的手术均由外科医生施行，开展的手术也非常有限。随着河南省会搬迁至郑州，以及大学校系调整，成立了新的河南省人民医院及河南医学院附属第一医院（现郑州大学附属第一医院），开展泌尿外科手术越来越多。河南医学院附属医院的吴国祯医师于 1954 年开展了膀胱全切、输尿管结肠移植术、肾结核切除术、肾盂切开取石术、前列腺切除等手术。1956 年，河南医学院第一附属医院成立泌尿外科专业组，有独立病床 10 张，医师有吴国祯、赵明堂、苗延宗。吴国祯医师后来于 1957 年转至胸心外科工作，苗延宗医师主持该科工作。随着专业学组的成立，已能开展肾肿瘤、泌尿系结核、畸形、结石等手术，且手术数量明显增多。1967 年河南医学院附属医院开展了自体肾移植术治疗肾血管性高血压取得成功，并将血液透析应用于临床。河南省人民医院 1972 年建立泌尿外科专业,任风鸣医师主持该科工作,也开展了大量泌尿外科手术,如淋巴管造影、肾动脉造影、肾上腺手术、小肠代输尿管手术、肾部分切除术及肾肿瘤切除等。此时,位于新乡的豫北医专附属医院(现新乡医学院附属第一医院)由秦维康医师主持,成立泌尿外科专业,并开展了大量泌尿外科手术。在此期间还有陈昕、朱正堂、高建光、李俊卿、赵高贤、杨泰森、段传启、刘保纯、李启忠等医师先后从事泌尿外科专业,泌尿外科队伍不断壮大,开展的手术也更加复杂。手术的种类包括:肾上腺手术,肾癌手术,后尿道手术,膀胱壁瓣、尿道、输尿管成形术等。

三、发展时期(1977—2000 年)

随着"文革"的结束,医学技术进入健康发展轨道。知识分子的地位得到了肯定,广大医师的工作积极性空前高涨,泌尿外科的发展也进入了快车道。1979 年 11 月 21 日,河南医学会泌尿外科专业学组在郑州成立,并召开了河南省第一次泌尿外科学术会议。在这次会议上选出了专业学组成员,由 9 人组成,苗延宗任组长,陈昕任副组长,成员有胡荫浩(洛阳医专医院)、秦维康(豫北医专附属医院)、李庚森(安阳地区医院)、段传启(郑州市第四人民医院)。在专业学组成立后,于 1980 年泌尿外科专业学组决定实行会诊制度,在郑州地区首先实行,每 2 周 1 次疑难病例讨论和 2 周 1 次学术讲座。河南省泌尿外科会诊中心于 1993 年成立,每周会诊 1 次。会诊在郑州各大医院轮流举行,通过疑难病例讨论,解决了病人诊疗中遇到的疑难问题,并起到了培养年轻医师的作用。

进入 20 世纪 80 年代,泌尿外科开始快速发展,地级市以上医院普遍成立了泌尿外科病区,专业医师队伍不断壮大,泌尿外科病床数不断增加,技术日益进步,学术交流气氛逐渐浓厚。1987 年,河南省第二届泌尿外科学术会议在河南南阳召开,与会人数近 200 人,交流论文 100 多篇。在这次会议上正式将泌尿外科学组改名为河南省医学会泌尿外科专业学会,苗延宗医师担任主任委员,陈昕、任风鸣任副主任委员,委员人数扩大为 15 人。在这次会议上,不仅代表们对泌尿外科专科疾病进行了深入的交流,并邀请国内著名泌尿外科专家进行专题讲座。大会使代表们充分了解国内外泌尿外科新进展、新技术。此后,每 2 年举行一次全省泌尿外科学术会议。学术气氛日渐浓厚。1997 年 8 月 28 日,在郑州召开了第十次全省泌尿外科学术会议,在这次会议上进行了第四届泌尿外科专业委员会换届选举,河南医科大学附属第一医院泌尿外科高建光医师担任主任委员,任风鸣、李俊卿、段传启医师任副主任委员,段传启医师兼秘书。2002 年换届选举,郑大一附院高建光医师继续当选第五届泌尿外科专业学会主任委员,李启忠、何朝红、屈淼林医师任副主任委员,魏金星任秘书。委员人数增加到 27 人。

泌尿外科专业学会成立后,全省泌尿外科新技术不断提高,新方法被不断应用和改良。20 世纪 80 年代初,河南省人民医院任风鸣、李启忠医师开展了大量的自体肾移植治疗肾动脉狭窄在此时期开展的数量在全国属领先地位,还应用了带蒂肋软骨阴茎海绵体植入术治疗勃起功能障碍等新方法,治愈了大量疑难病人。河南省人民医院泌尿外科在总结经验的基础上,对一些手术方式进行了改进,包括长直针法后尿道吻合术、多囊肾肾纤维膜剥脱术、股薄肌重建尿道括约肌术等,这些手术方式的改进,提高了疑难疾病的治愈率,并取得了很好的长期疗效。1986年李启忠医师应用回肠代替膀胱开展可控制性膀胱手术使病人的生活质量显著提高。20世纪80年代后期,以体外震波碎石术(ESWL)为代表的治疗泌尿系统结石的新技术开始应用于临床。河南医科大学第一附属医院、河南省武警医院、河南省人民医院先后购置体外震波碎石机并应用于临床,使大批原需要手术的病人免除了手术痛苦。随后全省各地县级以上医院都相继开展了这一技术,临床应用日益广泛。腔内泌尿外科技术代表了现代泌尿外科的发展方向。河南医科大学第一、第二附属医院(高建光、魏金星、李俊卿、何朝宏)、河南省人民医院(任凤鸣、李启忠)先后开展了经尿道前列腺电切术,由开始仅能切除较小的前列腺,发展到切除不同大小前列腺,经验日渐丰富,临床疗效逐步提高。80年代后期,河南省人民医院、河南医科大学附属第一和第二医院、新乡医学院、河南大学附属医院、河南省职工医院先后开展了输尿管镜检查、膀胱肿瘤电切、输尿管镜下超声碎石等技术。李启忠医师在省内率先开展YAG、HPD光动力相结合治疗膀胱癌的实验研究和临床应用,取得良好疗效,并获得河南省科技成果二等奖。

1987年,河南医科大学附属第一医院杨太森发明了自动定向尿道内瘢痕切除器,获国家专利;该院杨锦建等应用YAG激光照射治疗前列腺增生症,取得较好效果。

河南省人民医院张祥生医师等开展肾癌的介入治疗及膀胱镜下输尿管拉网技术早期诊断输尿管肿瘤,提高了输尿管肿瘤的早期诊断水平。丁德刚医师开展了河南省首例 I^{125} 粒子植入治疗前列腺癌。河南大学淮河医院李铁强等开展保留肾单位的肾肿瘤剜除术。新乡医学院附属第一、第二医院张英杰、窦启峰开展了输尿管阴性结石的综合治疗。河南中医学院附属第一医院屈森林应用中医辨证,中药保留灌肠治疗慢性前列腺炎,提高了该病的治愈率。

20世纪70年代后期,河南省开展了肾移植研究工作,河南医学院附属第一医院、解放军一五三医院先后施行了同种异体肾移植。1978年河南医学院附属第一医院苗延宗、赵明堂等完成了河南首例同种异体肾移植术。郑州市第三人民医院进行了河南省第三例同种异体肾移植,并获得成功(此例移植肾存活16年半)。河南省人民医院还开展了亲属活体肾移植,其中在高龄肾移植方面取得了一定的经验。到2000年底,河南省开展肾移植的医院有30多家,肾移植总例数超过2 100例。年肾移植例(次)数超过80例的有郑州市第七人民医院、郑州市第三人民医院、郑州空军四六〇医院。上述3家医院总例(次)数均已超过600例,一年肾存活率达80%~90%。同时,郑州市第七人民医院成立了"郑州市肾移植中心"。河南医科大学附属第一医院开展胰-肾联合移植并获得成功。至此,全省已有8家医院开展活体亲属肾移植技术。郑州市第三人民医院还开展了肾-骨髓联合移植诱导免疫耐受临床研究工作,效果良好。郑州市第三人民医院、郑州空军四六〇医院还开展了肾造血干细胞联合移植治疗尿毒症的工作,取得了良好的临床效果。肾移植的实验性基础研究包括:1994年,开展CMV的检测;1995年,开始环孢素A血药浓度的高效液相检测;同年,开始行移植肾穿刺活检;1996年,开始HLA配型;1998年,开始群体抗体(PRA)检测,在此前后进行血浆转换大大降低了超级排斥的发生率。开展肾移植的单位还承担了多项省、市科技攻关项目,探讨器官的保存、免疫耐受诱导,同时,还开展器官移植排斥的预测及检测、抗排斥方法、并发症的预防及治疗等研究,部分项目已通过鉴定,或已取得成果。

1975年,河南医学院附属第一医院率先开展血液透析工作,随后有河南省人民医院、郑州市第三人民医院、解放军一五三医院也先后开展了这项工作。20世纪90年代以来,许多地市医院都有了进口的血液透析机和进口水处理机。1999年成立河南省血液净化委员会,河南医科大学附属第一医院张明轩任主任委员。至2001年,全省有60多家医院开展了血液净化工作,拥有透析机270多台。开展的工作包括血液透析、血液透析滤过、血浆转换、血液滤过、肝透析等。每年接受血液净化治疗的病人达万例以上。同时也为器官移植的广泛开展提供了有力的保证。

河南省男科学的发展开始于20世纪80年代。河南大学淮河医院率先建立了男科病研究室,河南省人民医院、郑州市第三人民医院也随后相继建立了男科病研究所。河南医科大学附属第一医院、郑州市中心人民医院、郑州铁路中心医院等单位开设男科门诊,并由专人负责。河南省人民医院任凤鸣、李启忠医师开展了阴茎背静脉结扎术及腹壁下动脉与阴茎背动脉吻合术治疗勃起功能障碍(ED),同时,他们还开展了肋软骨植入一侧海绵体治疗严重阴茎勃起障碍,软充盈假体等方法治疗勃起功能障碍,取得了良好效果。开封市第一人民医院、郑州市铁路中心医院、郑州大学附属第一医院、河南省人民医院开展了睾丸自体移植或异体移植。郑州市铁路中心医院还开展了阴茎再造术。新乡市第二人民医院开展了阴茎背静脉栓塞治疗静脉性阳痿和阴茎假体置入术,都取得了良好的效果。河南医科大学附属第一医院用中西医结合的方法治疗精液不液化、男性不育症也取得了良好的成效。1991年,河南泌尿外科学会设立了男科学组。1995年,河南省男科专业学会成立,河南省计划生育研究院程立法任首届主任委员,河南医科大学附属第一医院张卫星任第二届男科专业委员会主任委员。

河南省广大泌尿外科工作者积极开展科研工作,研究新技术、新疗法,并将这些科研成果应用于临床,为广大病人服务。据不完全统计,省市部分医院获省市级科研成果奖200多项,其中获奖超过20项的有河南省人民医院和郑州大学附属第一医院;全省发明创造专利20多项。这些科研成果与发明为河南省泌尿外科学的发展作出了积极贡献。另外,河南省出版泌尿外科专著40部,这些著作内容丰富多彩,既有现代的新理论、新发展,又有宝贵的临床经验,为广大的泌尿外科临床工作者提供了宝贵的资料与经验。

四、现阶段(2000年至今)

在新的世纪里,河南省的泌尿外科学呈飞速发展之势。全省县级以上医院均有泌尿外科专业人员,多数医院成立了泌尿外科专科病区。泌尿外科病床数在50张以上的有10多家。从事泌尿外科专业人数有1 200多人,全省县级医院均配备了腹腔镜、输尿管镜、汽化电切镜、气压弹道碎石等腔内泌尿外科新设备,并且开始应用于临床。河南省人民医院、郑州大学附属第一医院、河南省职工医院、新乡医学院、河南大学附属淮河医院、河南科技大学附属第一医院、洛阳市中心人民医院、漯河市第一人民医院及南阳市中心人民医院等先后开展了在输尿管镜下行气压弹道钬激光碎石术、腹腔镜下肾切除术、肾盂成形术、肾上腺切除术、肾囊肿切除术、肾部分切除术、肾癌根治术及前列腺癌根治术,取得了良好的效果。2000 年后,前列腺汽化电切术在地市级以上的医院普遍开展。尿动力技术的开展为尿道及膀胱疾病的诊断及治疗提供了更为科学的依据。目前该项设备和技术已在河南省人民医院、郑州大学附属第一医院、洛阳市中心人民医院全面展开。近 3 年来,新业务、新技术不断应用于临床,减少了病人的痛苦,临床效果逐渐提高。河南省人民医院应用 I^{125} 放射性粒子置入治疗前列腺癌、经皮肾镜技术治疗复杂肾结石、回肠原位膀胱术、男性勃起功能障碍的阴茎海绵体脚与背深静脉结扎等血管手术、显微镜下输精管多层吻合及精索静脉曲张手术等新技术。郑州大学附属第一、第二医院、河南省人民医院等先后开展了无张力悬吊术治疗女性压力性尿失禁。郑州大学附属第一医院开展了膀胱自扩大术、回肠逼尿肌加强术、肉毒素膀胱及尿道外括约肌注射术等治疗神经源性膀胱。郑州大学附属第一、第二医院,新乡医学院附属第一、第二医院,河南省人民医院,河南省职工医院,南阳市中心人民医院和郑州市第三人民医院等应用钬激光治疗膀胱肿瘤、经皮肾镜下粉碎肾盂结石、在输尿管镜下治疗输尿管多种疾病,并开始用钬激光治疗前列腺疾病均取得良好疗效。郑州大学附属第一医院开展了小儿尿动学检查对小儿尿失禁进行详细的分类,指导临床治疗。

随着时代的发展和科学技术的不断进步,新的高精端仪器设备不断应用于临床,中州大地泌尿外科同仁紧跟国际、国内泌尿外科发展的步伐,与时俱进。进入新世纪以来,及时引进并创造性地将新的技术、设备应用于临床,郑州大学一附院、河南省人民医院、驻马店 159 医院、河南武警医院、郑大二附及各地市医院先后引进并广泛开展了经皮肾镜取石,碎石术、肾、输尿管气压弹道碎石及钬激光碎石术。河南省职工医院应用软输尿管镜治疗肾结石等新技术,这些工作的开展,推动了河南泌尿外科在治疗结石领域有较大的发展,目前全省县级医院普遍开展了输尿管镜下的各种腔内治疗,随着腔镜设备的不断改进,腹腔镜在泌尿外科的应用范围更加广泛,技术也更加成熟。自 2000 年以来河南省人民医院李启忠、张祥生等医师开展了腹腔镜下肾切除,膀胱癌膀胱部分切除术,丁德刚医师在省内率先开展了腹腔镜下摘取供肾,取得了很好的效果。张祥生医师率先开展了对激素难治性前列腺癌采用微波消融联合放射粒子植入技术应用于临床,将肾-膀胱分流套件技术应用于输尿管狭窄均取得良好效果。郑州大学第一附属医院张卫星、杨锦建、张雪培医师相继开展了肾癌肾部份切除,腹膜后淋巴结清扫,用腹腔镜技术将人造血管置受压的静脉外治疗胡桃夹综合征,应用经皮肾镜治疗肾盂癌等创新手术。魏金星、杨锦建、宋东奎医师在省内率先开展了肾癌并心房癌栓及下腔脉高位癌栓切除的高难度手术,乔保平医师采用输尿管球囊扩张技术治疗输尿管狭窄取得良好效果。杨太森医师采用肠系膜动脉悬吊术治疗胡桃夹综合征。2006 年以来河南省人民医院张祥生医师采用阴茎脚结扎加腹壁下动脉、阴茎背深静脉吻合治疗血管性勃起功能障碍,收到了良好的效果。以上这些新技术的开展对我省泌尿外科的发展起到推动作用。全省在肾移植方面更加规范。河南省人民医院、郑大一附院、解放军 153 医院获卫生部首批肾移植资质。郑州人民医院、河南中医学院一附院、郑州市七院获临时资质,上述医院每年开展肾移植手术都在 50 例以上。

中原大地是中华民族的摇篮。这里有3 000多年中华民族的历史见证,也有现代文明的最新成果。中原泌尿外科同仁,在这个具有悠久文明的大地上辛勤耕耘,不断吸取国内外的先进技术和优秀成果,及时全面的把当今世界最新技术应用于临床,服务于中原人民。

为总结河南省腔内泌尿外科技术经验,2005年9月,在郑州市举行了河南省腔内泌尿外科新技术、新进展学术交流会。会议有120名代表参加,交流论文150篇。代表们就腔内泌尿外科临床所遇到的问题及临床经验进行了深入交流,并请国内及香港泌尿外科专家进行经皮肾镜、肾结石碎石、腹腔镜下输尿管肾盂成形术及前列腺汽化电切等手术演示。在这次会议期间,进行了河南省泌尿外科专业委员会的换届选举。河南省人民医院泌尿外科李启忠医师当选为本届委员会主任委员,魏金星、何朝宏、屈森林、窦启峰医师当选副主任委员,张祥生、张雪培医师任秘书。委员人数增加到52人。本届委员会决定:泌尿外科学术交流会议每年举行一次,会议增设优秀论文奖及优秀组织奖,以促进河南省泌尿外科学的发展。新的一届专业委员会更加务实,充分分析了河南省泌尿外科的当前形势,总结了经验,认清了不足,要求团结全省泌尿外科同行的力量,充分发挥其聪明才智,力争在尽可能短的时间内,使全省泌尿外科科研、技术水平有一个更大的发展。

河南省泌尿外科同仁,在不断创新总结经验的同时,及时汲取国内外的先进成果、培养新人。目前有泌尿外科硕士授予权单位4个,2005年郑州大学附属第一医院泌尿外科获博士学位授予权,乔保平医师成为河南省首位博士生导师。2000年以来,河南省人民医院,郑州大学附属第一、第二医院,河南大学附属第一、第二医院,新乡医学院附属第一医院等每年都派出医疗技术人员到美国、法国、英国、德国等国家进修、考察、学习。同时还邀请国外专家到我省讲学:如2000年郑州大学附属第二医院举办腹腔镜在泌尿外科临床应用学习班,邀请日本滨松医科大学铃木和雄教授来郑州市进行学术交流及手术演示。2001年及2004年又举行膀胱肿瘤和腔内泌尿外科学术论坛,邀请日本专家进行学术讲座。2004年河南省人民医院邀请法国岗城大学附属医院帮萨顿教授来郑州市讲学及手术演示。2006年郑州大学附属第一医院举行全国尿动力学学习班,邀请瑞士泌尿外科研究所6位教授来郑州市讲学。2006年河南大学第一附属医院举行了全国性的腔内泌尿外科技术学习班及微创技术研讨会。郑州大学一附院举行了三届泌尿外科新进展学术班,邀请美国及瑞典多名国际著名学者进行学术交流及手术演示。由河南省医学会泌尿外科学分会主办,洛阳市中心人民医院承办的河南省泌尿外科新技术研讨会暨2006年河南省泌尿外科学术年会,是河南省有史以来举办的规模最大的泌尿外科学术会议,参会人员400多人,交流论文200多篇,邀请6位国内著名专家进行专题报告。并对优秀论文及优秀组织者进行了颁奖。在本次会议之前第五届泌尿外科专业委员会常委及秘书对国家级贫困县洛阳市新安县进行义诊,接受义诊病人约200人次,受到了当地人民的欢迎。

历史的车轮在飞速前进,改革的步伐在不断加快。学术进展日新月异,交流形式也在不断地创新。近五年来河南省泌尿外科专业学会在李启忠主任委员的带领下,学术交流气氛日渐活跃,行式新颖多样,内容更加丰富,参会人员及学术交流论文数量显著增加。在每次的学术交流会议上,每年交流形式都在改进,除传统讲座交流外,学术交流采用地区专场、专家点评的形式，指出不同地区的不足之处、改进方法，使河南各地区泌尿外科水平，齐头并进，均衡发展。对有争议的问题采用正反方辩论的交流方式，使参会者能够全面了解当今泌尿外科所存在的问题及前进方向，找出解决问题的方法。对疑难病例及少见病例，采用病案分析、专家评论、与会者共同参与的行式进行广泛交流，各抒己见、全面分析、找出最佳的诊疗方法，使与会者受到很大的启发。同时，还进行现场会诊，现场讨论等多种形式，让每个参会者都有机会展示自己的智慧与技术，活跃了学术气氛。使全省的各级泌尿外科医师都能够从会议中学到知识，拓宽了眼界，学术气氛空前高涨。在 2008 年的学术年会上，河南省人民医院李启忠医师再次当选河南省医学会新一届泌尿外科专业委员会主任委员，魏金星、郝斌、窦启峰、屈淼林、屈国欣医师为副主任委员，张祥生、张雪培医师任秘书。新一代委员会着重在学术上创新，疾病诊疗的规范，新技术普及上开展工作。每年进行 2～4 次的专题研讨及以泌尿外科疾病诊疗规范的推广为主要内容的学术交流活动，并定期组织专业委员会成员到边远的地区、革命老区等基层医院义诊病人，推广新技术，传授规范的诊疗方法。使河南的多数医院都能够按泌尿外科规范的诊疗技术开展工作。使亿万中原人民的健康得到有效的保证。2010 年 10 月杜广辉教授从武汉同济医院引进到河南省人民医院任泌尿外科主任，并担任中华医学会泌尿外科分会委员。2011 年 2 月 27 日河南省医学会泌尿外科专业学会进行换届选举，委员由 64 人组成党委 20 人。郑州大学第一附属医院魏金星教授任主任委员，河南省人民医院李启忠教授任名主任委员。副主任委员有 9 人，分别是河南省人民医院杜广辉，张祥生，郑大一附院杨锦建、宋东奎，郑大二附院郝斌，河南省中医学院一附院屈淼林，河南省职工医院屈国欣，河南省肿瘤医院何朝红及新乡医学院三附院窦启峰。会议决定成立肿瘤学组，微创学组，尿控学组及结石学组。

河南省泌尿外科学的发展史，是一部精心钻研、不断进取、勇于开拓、艰苦奋斗的历史，是老一辈无私奉献、辛勤耕耘的结果。新一代的全省泌尿外科学术带头人正沿着前人所创造的道路积极探索，团结拼搏，书写河南泌尿外科学发展的新壮丽诗篇。

湖北省泌尿外科学史

祖国中医药治疗泌尿外科疾病的历史悠久，早在春秋战国时期，我国医学名著《五十二医方》中就有关于对泌尿系结石外科治疗的记载。至秦汉时期，《武威汉代医简》对泌尿系结石的外科疗法做了如下论述："治诸癃，石癃出石，血癃出血，膏癃出膏，泔癃出泔，此五癃皆同药治之……病即愈，石即出。"此后，古代医典中相继出现了葱管导尿和鹅管导尿的记载。

鸦片战争的爆发，改变了中国原有的历史进程。医学上也出现了新的局面：教会医院由沿海进入整个内地，成为和教堂一样引人注目的教会标志。这是继明末清初来华传教士将西医带至中国后的又一次西方医学的传入。由于战事的频发，战创伤外科在当时发展尤为迅速，这为以后泌尿外科的发展奠定了基础。

位于中国中部的湖北省，教会医院的传入比其他沿海城市晚，但较其他内陆省份为早。在湖北，西医外科的建立始于19世纪80年代，而泌尿外科作为一个专科登上医学舞台则始于20世纪50年代初期。经历了半个多世纪的风风雨雨，湖北省泌尿外科从当时的技术水平落后、专科人才缺乏，发展到现在的技术力量雄厚、人才梯队完备、科研能力一流的局面，这其中凝聚了几代人的艰苦努力和不懈追求。

一、创建期

1882年，英国外科医师Gillison Thomas来武汉主持汉口仁济医院（武汉协和医院前身），首创外科。泌尿外科没有设置专科，其技术力量及业务发展的进程均很缓慢。直到解放初期，省内几所规模较大的医院才开始设立泌尿外科。1952年，武汉协和医院熊旭林、武汉市第一人民医院张天军在各自医院建立了泌尿外科小组及泌尿外科专科病房，集中收治泌尿外科病人。1955年，为加强华中地区的医疗卫生力量，政务院安排上海同济医学院迁到武汉，同济医院也随之迁至武汉。同济医院泌尿外科始创于20世纪40年代中期，先后由黄正、章元瑾、陈远岫等负责，迁至武汉后由陈远岫任主任。随后，湖北省内其他规模较大的医院也相继开始成立泌尿外科小组及专科病房。应该指出的是，同济医学院裘法祖教授为倡导并实施将外科分成包括泌尿外科在内的若干专科作出了突出的贡献。解放初，国家还处在战争创伤修复期，国民经济十分困难，整个华中地区的医疗技术和医疗条件极为落后，远远不能满足病人的需要。面对渴望解除痛苦的病人，黄正、章元瑾、陈远岫、熊旭林、张天军、詹炳炎等老一辈泌尿外科专家在极其艰苦的条件下披荆斩棘，陆续开展了膀胱镜检查及输尿管插管逆行肾盂造影检查、肾结核的肾切除术、输尿管结石切开取石术、肾盂切开取石术、肾实质切开取石术、肾部分切除术、膀胱全切术及输尿管乙状结肠吻合术等。

老一辈泌尿外科专家孜孜不倦的努力，为以后湖北省泌尿外科的发展打开了新的局面,奠定了坚实的基础。

二、初步发展期(1949—1980 年)

随着新中国卫生事业的兴旺发展,湖北省各大医院泌尿外科在诊疗技术上进行了积极的探索,奋力开拓前进。

1954 年,武汉协和医院、武汉市第二人民医院先后开展改良式耻骨上前列腺摘除术。1955 年,武汉同济医院开展尿道下裂修补术(皮条埋藏法)和耻骨后前列腺摘除术(Millin术式)。同年,武汉协和医院开展肾上腺大部分切除术、输尿管腹型皮管移植术;武汉市第二人民医院为双侧肾上腺肿瘤(原发性醛固酮增多症)进行了肾上腺肿瘤切除术,还开展了游离回肠段代替膀胱的手术。1958 年,武汉协和医院开展肾上腺嗜铬细胞瘤剜除术获得成功。1959 年,湖北医学院附属第一医院(现武汉大学人民医院)詹炳炎等开展盲肠代膀胱术,随后又开展了回肠或乙状结肠代膀胱术。随后,武汉同济医院开展了结肠、回肠扩大代膀胱术。

20 世纪 60 年代,人工肾开始应用于泌尿外科疾病的治疗。1962 年,武汉协和医院使用人工肾治疗急性肾功能衰竭及药物中毒病人并获成功;1964 年,武汉协和医院泌尿外科与湖北医疗器械厂共同研制转筒式人工肾,并在武钢第一职工医院成功抢救了 1 例创伤性急性肾功能衰竭病人。此后,同济医院引进英国产人工肾开展血液透析治疗急性肾功能衰竭。至此,人工肾作为主要的治疗手段被广泛应用于急性肾功能衰竭的治疗,挽救了许多病人的生命。在此期间,湖北省开展了精索静脉与腰淋巴干吻合术治疗乳糜尿,利用呋喃坦啶治疗泌尿系感染并在《中华外科杂志》上首次报道;湖北医学院附属第一医院率先开展了部分肾切除术治疗鹿角状肾结石,并在《泌尿外科内部通讯》上刊登。同时,由于开展肾动脉造影、淋巴管造影术,使得泌尿外科在疾病诊断方面也有了新进展。虽然"文革"的影响阻碍了学科的发展,但是全省泌尿外科的老前辈们不畏艰险,仍然兢兢业业战斗在临床第一线,奋勇前行。

湖北省是我国较早开展肾移植工作的省份之一。1974 年,武汉协和医院熊旭林在湖北省率先为 1 例肾动脉狭窄性高血压病人进行了自体肾移植并获得成功,术后血压正常,存活 3 年。接着,武汉同济医院、武汉协和医院、武汉市第一人民医院及省内各大医院先后开展了尸体肾移植术。肾移植技术的开展为众多终末期肾病病人带来了福音。同期,在武汉城乡用棉酚开展男性节育的临床研究,为计划生育工作作出了贡献。多种新术式也在这个时期诞生:1972 年,武汉军区总医院与武汉协和医院、湖北医学院附属第二医院协作研究,施行输尿管套石术成功。1973 年,湖北医学院附属第一医院自行设计的输尿管、回盲肠、乙状结肠吻合术应用于临床,利用回盲肠瓣的抗逆流作用,防止术后上尿道感染。1975 年,武汉部分医院开展了前列腺摘除加用可拆除荷包线的手术方式。1976 年,章咏裳等用苯甲酸甲盐治疗阴茎硬结症取得较好效果,并在《中华外科杂志》上首次报道,同时开展尿液脱落细胞检查的临床研究。1978 年,湖北医学院附属第一医院詹炳炎等开展复杂肾结石手术中原位低温灌注的应用。湖北医学院附属第二医院(现武汉大学中南医院)胡礼泉等开展原位控制性低温肾保护手术的实验和临床研究,发现将肾脏中心温度控制在 10～20℃,可使原位肾手术血管阻断时间延长到 180 分钟,从而为从容施行各种原位复杂性肾脏手术提供了简单、安全、有效的延长缺血时间的方法。

党的十一届三中全会以后,在改革开放大潮的推动下,全国各行各业包括卫生系统在内,出现了新局面。泌尿外科各种新技术、新方法、新理论如雨后春笋般涌现,诊疗水平、研究水平有了很大提高。1979 年,武汉协和医院开展了离体肾手术治疗肾结石和磁处理水防治尿石研究;湖北医学院附属第二医院开展了预置可拆除膀胱颈荷包缝合法耻骨上前列腺摘除术,对减少耻骨上前列腺摘除术的出血和缩短手术时间做了创造性改良。1980 年,武汉协和医院进行了尿石抑制因子研究,发现两种抑制微量元素即 Sr(锶)和 Mo(钼),开展选择性肾动脉造影术、经会阴前列腺全切术、经动物实验和人体电视淋巴造影,对乳糜尿的发病机制进行深入研究,还自行设计淋巴结静脉间吻合术治疗乳糜尿。同年,武汉同济医院建立了泌尿外科实验室,开展泌尿系结石的系列基础实验,其中尿石成分和结构的研究水平居国内领先地位。湖北医学院附属第一医院开展膀胱腰大肌固定术,治疗盆腔段输尿管损伤及狭窄;用带蒂大网膜扩大膀胱术,治疗结核性挛缩膀胱。1981 年,武汉市第一人民医院施行扩大的肾盂切开取石术和前方经腰肾盂扩大的肾盂切开取石术,治疗复杂性肾结石;采用输尿管横切口行输尿管切开取石术,末段输尿管襻皮肤造口术。湖北医学院附属第二医院胡礼泉等设计了带血管蒂的部分胃体、胃窦部代膀胱术,还在勃起功能障碍的基础与临床研究方面自成体系,研制了复方罂粟碱合剂作为阴茎海绵体血管活性药物,并在临床得到充分应用,接受治疗的病人遍布全国各地以及东南亚地区。武汉市第四人民医院开展了尿道膜部狭窄大网膜移植术。武汉协和医院开展了肾动脉栓塞术治疗肾破裂严重血尿及原因不明血尿、经膀胱置管控制前列腺切除术出血、前列腺增生的 5α - 双氢睾酮的研究,以白芨肾动脉栓塞术治疗肾脏肿瘤、肾上腺全切除加部分自体移植治疗肾上腺皮质功能亢进。武汉市第三人民医院在介入放射技术治疗泌尿系肿瘤及泌尿系损伤方面开展了一系列工作,例如:超选择性肾动脉化疗＋栓塞术在特殊肾癌中的应用;超选择性肾动脉分支栓塞治疗外伤性肾挫裂伤,既止血又最大限度地保留了肾组织及肾功能;膀胱肿瘤的全身化疗。另外,开展了经皮腔内扩张治疗大动脉炎所致的双侧严重肾动脉狭窄导致的肾性高血压。并多次出席国际、全国各类学术会议,在科研方面也取得了较大的成绩:"男性不育症中亚临床型精索静脉曲张的液晶膜、测温、造影的诊断及硬化治疗"的科研成果,通过专家鉴定,达到国内领先水平,并获湖北省科技进步奖。

20 世纪 70 年代中期,荆州地区李金华、班继光、张天申、郑吉林,襄樊地区曹庆明,宜昌地区朱世华以及其他地区纷纷创办了泌尿外科专科病房,张先觉、王刚、余志运等教授在老一辈教授的指导下,将本地区泌尿外科工作迈上新的台阶。此外,长江航空公司总医院林竞荷教授开展了女性泌尿外科工作。武钢总医院项士诚教授开展了结肠去黏膜膀胱扩大术……各大教学医院除自身发展外,还协助省内众多地市级医院,帮助他们开展新业务。许多老教授积极响应党的号召,上山下乡参加农村医疗队,亲自为当地百姓主刀手术,并悉心培训当地泌尿外科医师。湖北泌尿外科工作者在这个阶段的辛勤工作以及所取得的卓越成果,为其后湖北省泌尿外科与国际先进水平接轨铺下了坚实的基石。

三、快速发展期(1980年至今)

随着改革开放的深入,湖北省泌尿外科界与国内外技术人员的交流逐渐增多,湖北省多次派遣专业人员出国留学进修,从而加快了专业骨干人才和学科带头人的培养,他们带回了国外的新知识、新技术,活跃了科内的学术气氛和活力,提高了医疗、教学、科研和管理工作的整体水平。这些人才的回归使湖北省泌尿外科进入了全面快速发展的新时期。

1983年,武汉同济医院章咏裳教授在联邦德国进修回国后,建立泌尿外科诊断治疗室,先后开展腔道泌尿外科手术,包括前列腺电切术、膀胱肿瘤电切术、尿道内狭窄切开术、Teflon膏注射治疗尿失禁、膀胱结石碎石术、染色显微膀胱镜及耻骨上膀胱镜、膀胱黏膜下淋巴造影早期诊断膀胱肿瘤转移病灶等新技术。同时,该室还购置了超声探测仪、尿动力学检查仪、X线诊断仪等设备,开展了射频治疗慢性前列腺炎,激光治疗尿道肉阜、尖锐湿疣等新技术的临床应用。1984年,湖北医学院附属第一医院詹炳炎、王玲珑、张孝斌等将显微外科技术应用于同种异体睾丸移植术和胎儿肾上腺移植治疗阿狄森病(此两项研究获卫生部科技进步奖二等奖),在国际上影响很大,如国际著名移植专家Starzl称:中国的显微外科技术和同种睾丸移植术在国际上居领先的地位。该院吴荣阳等自行设计了"输精管过滤装置"(获发明专利)行男性可复性绝育的研究,王玲珑等进行了带蒂大网膜扩大膀胱术的实验与临床研究以及阴囊岛状皮管治疗次全程尿道狭窄的研究,均取得可喜的成果。这个时期国外已开始利用体外冲击波治疗肾结石、输尿管结石,各个医院紧跟时代潮流,开始陆续购买先进的碎石机设备。

1984年起,武汉协和医院熊旭林教授精心研究体外冲击波碎石技术,自己研制的碎石机体外碎石获得了成功。1985年,武汉协和医院用二氧化碳连续灌注测量膀胱内压以检查膀胱功能,单克隆抗体癌胚抗原检查膀胱癌。1986年,武汉同济医院建立泌尿外科研究室,增添了仪器设备,开展尿石成分草酸钙结晶生长和沉淀的抑制实验和临床应用,及抗人膀胱癌单克隆抗体在膀胱癌中的临床应用研究。同年,武汉协和医院与同济医院共同创办了《临床泌尿外科杂志》,日后成为泌尿外科核心期刊,发行量仅次于《中华泌尿外科杂志》,为湖北省以及我国泌尿外科的学术交流增加了一个优秀的平台。20世纪80年代末,武汉协和医院鲁功成教授等开展的膀胱癌多药耐受机制的研究在国内有广泛的影响。

随着男科学的兴起,湖北医科大学附属第二医院胡礼泉教授等深入开展了男科学的理论及临床实践研究,获得了令人瞩目的成果,并组建了湖北医科大学男科学研究中心,下设生殖中心,建立了湖北省首家精子库。该院郑新民教授、刘原医师开展的精子膜移动性的研究对男性不育精子质量的提高很有帮助。1990年,武汉同济医院建立了男科诊断治疗室,开展男性不育、男科疾病的诊治工作,包括精子自动分析、电动射精仪治疗不射精症等工作。章咏裳、李家贵教授等自行设计了睾丸测量尺,经对742例不同年龄组正常的睾丸测量,编成睾丸长径体积对照表,以诊断治疗睾丸疾病和男性不育症。武汉同济医院叶章群教授在意大利进修回国后,带领科室人员开展了许多新技术、新手术,影响较大的有叶章群教授开展的各类尿流改道、前列腺癌根治、PDD、PDT 诊疗膀胱肿瘤等手术,张旭教授等开展的各类泌外腔镜手术,如乳糜尿、肾盂癌根治、保留性神经无出血前列腺癌根治术等。刘继红教授等开展的阴茎假体植入、阴茎硬结磨削术及 ED 的基因治疗等男科疾病基础及临床的研究。武汉协和医院泌尿外科在肖传国、曾甫清教授的带领下,取得了长足发展。

2002 年,中南地区首家泌尿外科研究所在武汉协和医院成立。武汉协和医院的肖传国教授首创用"人工建立体神经-内脏神经反射弧手术治疗截瘫/脊髓损伤/先天性脊柱裂脊髓脊膜膨出所致大小便功能障碍",获得国家科技进步二等奖、何梁何利奖、吴阶平医学奖及国外多项奖项。其"肖氏反射弧(Somatic-autonomic reflex arc)"概念已为国内外权威教科书所采纳。作为国家 973 计划项目"神经损伤修复和功能重建的应用基础研究"首席科学家,2009 年底美国国立卫生院(NIH)批准了 230 万美元,在美国几个主要医学院及印度等地多中心推广研究肖氏反射弧手术。肖亚军教授等开展了"膀胱癌根治,正位可控性盲结肠代膀胱术",陈敏教授开展了"女性压力性尿失禁微创手术经阴道无张力性尿道悬吊术"。武汉大学人民医院刘修恒教授率先开展了"体外可控性肠代膀胱术"。近年来,尿动力学诊断方法及尿失禁的治疗在湖北省逐渐走向成熟,如武汉同济医院近年来较早在全国开展骶神经刺激器治疗膀胱排尿功能障碍、生物反馈治疗尿失禁、人工尿道括约肌治疗真性尿失禁,以及经阴道无张力尿道中段悬吊术(TVT)、In-Fast 吊带治疗女性压力性尿失禁等。腹腔镜技术也在泌尿外科多种疾病中得到广泛运用。广州军区武汉总医院、湖北省武警医院、解放军一六一医院、空军汉口医院泌尿外科,在潘铁军、余建华、姬西宁、向洪斋等同志的带领下,在腔内泌尿外科和男科学方面也取得了很大的进步。2007 年叶章群教授当选为中华医学会泌尿外科分会候任主任委员。2008 年,协和医院与同济医院泌尿外科成为国家重点学科。2010 年叶章群教授当选为中华医学会泌尿外科分会主任委员。

随着湖北省泌尿外科逐渐发展成熟,医疗水平不断提高,新的科研成果层出不穷,专业队伍不断壮大。2004 年湖北省泌尿外科学会举行换届改选,叶章群任主任委员,郑新民、余志运、刘修恒、曾甫清当任副主任委员。常务委员有:叶章群、郑新民、曾甫清、刘修恒、余志运、杨为民、肖传国、张杰、李世文、潘铁军、余建华、张先觉、章传华;委员有:叶章群、刘继江、杨为民、庄乾元、张旭、曾甫清、肖传国、肖亚军、陈敏、赵军、刘修恒、张孝斌、张杰、杨嗣星、钱辉军、李世文、郑新民、杨志伟、田斌群、张卫兵、潘铁军、余建华、祝子清、吴振启、章传华、李文洲、张先觉、周德雄、王钢、张小平、余志运、许晓明、刘昌荣、王晓康、张少峰、方长明、张青汉、徐炳宗、郭祥恒、胡荣铎、余兆雄、尹云言、许景东、向其林、王齐襄、姬西宁、李传才、龚仁杰、简新明、高文喜、汪兴旺、余凌应。2005 年叶章群当选全国泌尿外科学会结石学组组长。在此基础上,湖北省泌尿外科学会成立了数个下属专业组织,例如湖北省医学会泌尿外科分会腔内学组。建立这些组织后,学术交流十分活跃。1994 年,湖北省召开了全国泌尿外科腔内技术学术大会,并多次组织召开中南地区的泌尿外科学术会议、全国腔内泌尿外科学会议、体外冲击波碎石术(ESWL)和尿动力学学术会议、结石及新技术、新方法学术研讨会,每年交替召开湖北省泌尿外科学术年会或腔内泌尿外科学术会。湖北省男科学会也每年召开 1 次年会或专题研讨会。荆州、宜昌、黄石、十堰、襄樊、黄冈等地也相继成立了湖北省泌尿外科学会分会,每年定期邀请省内外专家进行讲座或手术演示,武汉协和医院、同济医院、中南医院、湖北省人民医院等院多次举办各级腔内技术学术班、尿控学习班、前列腺肿瘤学习班,成为同行交流的学术沙龙。湖北省泌尿外科学会还积极组织本省专家参加 AUA、EUA、SIU 等国际学术会议及全国会议,其中叶章群获得全球华人突出贡献奖、吴阶平医学奖,周四维教授获得钻石奖,我省多名专家参与了《中国泌尿外科疾病诊断治疗指南》的编写,指南面世后各级学会多次邀请省内外专家举行讲座推广指南,以推行规范化诊疗。2008 年 5 月干行环教授调入武汉大学中南医院任泌尿外科主任。2009 年,在那彦群教授、叶章群教授和意大利巴勒莫大学泌尿外科研究所 Darwin Melloni 教授共同倡导的中意马可波罗泌尿外科学会成立,该学会主要致力于中意之间泌尿外科领域的学术交流和增进两国泌尿外科专家们的珍贵友谊,并分别在中国和意大利举行了学术会议。这些学术组织的成立和学术活动的开展对湖北省泌尿外科科研和医疗工作的发展、医疗卫生信息的交流和传播、医疗队伍的发展壮大起到了重要的作用。2009 年,中南医院胡礼泉教授去世,为湖北省的泌尿男科学界一大损失。

　　湖北省泌尿外科除了为大量的泌尿生殖系疾病病人解除了病痛外,还为社会培养、输送了大批专业人才,几大教学医院如武汉同济医院、武汉协和医院、武汉大学人民医院和中南医院已培养了数名博士后及几百名博士、硕士,每年还为地市级医院培训进修医师上百人,许多人已卓有成就,成为泌尿外科学界的新星。同时,湖北省专家还主编了多部专著,例如《现代泌尿外科学》、《泌尿外科手术学图谱》、《男科学》、《临床男科学》、《阳痿的基础与临床研究》、《肾上腺疾病》、《泌尿系结石》、《尿流改道和膀胱替代成型术》、《性功能障碍学》、《泌尿系内镜检查》、《现代膀胱肿瘤学》、《阴囊及其内容物疾病》等,参编《吴阶平泌尿外科学》、《黄家驷外科学》、《泌尿外科手术学》等以及医学五年制、七年制、八年制各种教材。我省还创办了《现代泌尿生殖肿瘤杂志》,并与意大利《Urologia》杂志合作,在国内外取得了良好影响。许多专家在多种杂志包括《临床泌尿外科杂志》、《中华男科学杂志》、《中华泌尿外科学杂志》、《中华外科杂志》、《中华实验外科杂志》等担任主编、副主编、编委工作。

　　长风破浪会有时,直挂云帆济沧海。湖北省泌尿外科界的医务工作者们正团结一心、开拓创新、锐意进取,力争赶超国际先进水平,在为广大的泌尿外科疾病病人奉献精湛医术的同时,也为我国泌尿外科事业的发展做出更大贡献!

湖南省泌尿外科学史

在 20 世纪初期，随着西方教会的传入，湖南各地陆续建立起许多教会医院。随着这些教会医院的建立，西医也就开始在湖南发展壮大。1901 年 2 月，美国耶鲁大学有一部分校友成立了旨在推进中美文化交流的雅礼会（Yale-in-China）。雅礼会成立后，即派人到中国实地考察办学的可行性。经过一番调查研究，雅礼会决定在长沙兴办学校。1906 年 11 月，美国年轻医生胡美在长沙市小西门西牌楼正式开办了湖南第一家西医医院——雅礼医院。为了完善医院的管理，胡美又于 1911 年 11 月在雅礼医院开办了湖南最早的护士职业学校——雅礼护病学校。1913 年 7 月，湖南与美国雅礼会签订草约，决定在长沙创办湘雅医科专门学校。1914 年 9 月，其首批预科学生（18 名）正式开课。同年 12 月 8 日，在潮宗街举行了湘雅医科专门学校成立大会暨开学典礼，颜福庆任第一任校长，胡美任教务长兼湘雅医院院长。1915 年 2 月，湘雅医科专门学校接收了雅礼医院，更名为湘雅医院，原雅礼护病学校也更名为湘雅护士学校，开始招收女生入校学习护理。1915 年 9 月，湘雅医科专门学校被北洋政府核准立案，并由湖南省政府拨款在长沙北门外麻园岭购地 54.9 亩，作为建造医学校新校舍之用。美国雅礼会也通过募捐，在与校区毗邻的西面购地 23.3 亩，用于建造湘雅医院的新院址。经过几年建设，湘雅医院和湘雅医学专门学校，分别于 1918 年春和 1920 年初迁入麻园岭新址。1921 年 6 月，湘雅医科专门学校第一批学生共 10 人毕业。他们是张孝骞、萧元定、徐维达、任廷桂、高镜朗、梁鸿训、彭治朴、汤飞凡、吴绍青、应元岳，其中张孝骞获得学业成绩和毕业论文两个第一名。这些毕业生以后都成为我国现代医学的先驱和第一流医学专家。其中有些毕业生还回母校任教，张孝骞和萧元定还曾担任或代理过湘雅医科专门学校的校长。1921 年 11 月，美国教育考察团来华考察与美国有关的医科院校教学质量，确认湘雅医科专门学校与创办于 1906 年的北京协和医学院均为当时中国最好的学校之一，从此即有"北有协和，南有湘雅"之誉。1924 年 7 月，经中华博医学会医学程度标准委员会审查认定，湘雅医科专门学校成为全国 7 所注册医学院校之一。1925 年 5 月，湖南育群学会与美国雅礼会签订了续约 10 年的协定，湘雅医科专门学校更名为湘雅医科大学，由中国方面全权管理。"大革命"时期，学校一度停办。1929 年 9 月又重新恢复招生。1931 年底，学校更名为私立湘雅医学院。抗日战争时期，湘雅医学院于 1938 年迁往贵阳。1940 年改为国立湘雅医学院，直到今天贵阳市还留下了"湘雅村"的美名。1944 年又迁往四川重庆。直到抗战胜利后，湘雅医学院于 1946 年迁回长沙，重建了"湘雅"校园。

湖南是历史悠久的文化大省，古往今来人文荟萃，医学名家辈出。在中国泌尿外科发展史中，湖南省的泌尿外科起着重要的作用，占有重要的地位。中国的泌尿外科在 20 世纪 20～30 年代是起步阶段，中国泌尿外科的老一辈专家中，就有俞尧平、张时纯两位医师在湖南省从事过泌尿外科工作，湖南省泌尿外科的历史与中国泌尿外科几乎是同时起步、同步发展的。

一、奠基时期(1949 年前)

20 世纪 40 年代,湘雅医学院就已开展了膀胱切开取石、尿道修补、阴茎癌根治、肾切除、前列腺切除等手术。

二、发展初期(1949—1976 年)

1950 年,俞尧平和谢陶瀛编写我国第一本泌尿外科手术学图谱《泌尿生殖系统常用手术图解》。1952 年,谢陶瀛教授带领俞尧平率先在湘雅医院建立泌尿外科,是国内最早成立泌尿专科的医院之一。20 世纪 50 年代初,张时纯、曹圣予等利用膀胱壁瓣解决输尿管下段长段缺损的治疗难题,这在当时是极具开创性的举措。同期,张时纯在吴阶平院士的"一侧肾结核引起对侧肾、输尿管积水"的基础上,最早提出了"一侧肾结核引起同侧输尿管两处以上狭窄",进而导致同侧肾积水。该观点进一步发展完善了肾结核的理论,获得极高肯定。1952 年,湘雅医院进行结石成分分析,证实多为尿酸盐和碳酸盐的混合性结石。1956年,湘雅医院报道 4 例尿道异物形成结石,指出异物是形成结石的原因之一。1953 年,张时纯首先在国内提出"精索静脉高位结扎治疗精索静脉曲张"。

1958 年,曹圣予、俞尧平、申鹏飞到湘雅二院创立了泌尿外科,使湖南泌尿外科事业逐步壮大。1959 年,湘雅医院总结尿道狭窄 100 例,提出修补尿道后将尿流暂时改道,以防再度发生尿道感染狭窄。1959 年,湘雅二医院总结该院肾切除 239 例资料手术病死率为0.83%,接近世界先进水平(0.7%)。20 世纪 60 年代初期湖南省人民医院,开始将腹膜透析和直肠透析应用于临床。1965 年,申鹏飞、俞尧平、曹圣予、张时纯等在全国泌尿外科学术会上报道"双侧肾、输尿管结石的手术治疗",为国内首创。1972 年,湘雅医院应用石碳酸＋冰醋酸＋甘油(CAG)溶液注入前列腺治疗前列腺增生症,有效率近期为 86.9%,远期为75.9%,打破了采用耻骨上经膀胱行前列腺切除手术治疗此病的常规。

三、发展时期(1977—1989 年)

1978 年以来,湖南省泌尿外科发展较快。1978 年 4 月,湘雅医院建立了湖南省首家血液透析室,张时纯、王维鑫等人开展人工肾治疗肾功能衰竭病人;应用紧急血液透析治疗尿毒症并发急性左心衰、危重型流行性出血热并发急性、慢性肾功能衰竭等病人,均获得较好效果,并为同种异体肾移植创造了条件。1985 年,已进行血液透析 3 000 多人次,其中 1 例透析存活最长(6 年)者完全靠人工肾维持生命,生活良好,这一成果填补当时省内空白。1985 年,湘雅医院在省内首次成功完成同种异体肾移植术并获得长期成活。

1978 年,湘雅医院申鹏飞、黄福溥、王维鑫、张时纯《双侧上尿路结石并发肾功能不全的处理》就双侧上尿路结石的治疗,提出肾结石的处理原则,在国内得到推广应用,被写入教科书。1981 年,张时纯进行了"经皮电刺激治疗不稳定膀胱的动物实验与临床应用的研究",其研究成果发表于 J. Urol 上,并被收录于 1984 年的美国泌尿外科年鉴上。1985 年申鹏飞、张时纯、曹圣予等在国内首次提出急性肾功能衰竭与多系统器官衰竭,

中国泌尿外科学史(第 2 版)

引起同行重视，为治疗此病提供了理论依据，其论文1987年发表在美国刊物上。

1981年湖南省成立了第一届泌尿外科专业委员会，张时纯任主任委员；其后分别由申鹏飞、刘任担任湖南省医学会泌尿外科专业委员会主任委员，齐琳为现任主任委员。

1983年，湘雅医院成立了尿流动力学研究室，并在全国较早开展尿流动力学及神经泌尿学的研究。1987年，湘雅医院成立了体外震波碎石中心，率先在湖南省开展体外震波碎石治疗泌尿系结石，使肾、输尿管结石非手术治愈率显著提高。1987年湘雅二医院成立腔内泌尿外科研究室。

1975—1984年，申鹏飞、梁士仪、张时纯、黄福溥、薛启明等采用会阴切开肛门直肠修补的方法治疗4例后尿道狭窄，均获成功。此法属国内首创，为复杂的后尿道狭窄治疗提供了新的手术途径。1980年12月，湘雅医院开展了经尿道膀胱肿瘤电切术。

20世纪80年代初湘雅医院开展了Indiana可控膀胱术、腔静脉瘤栓肾癌根治术等。1978年，湘雅医院开展了大隐静脉阴茎海绵体分流术治疗阴茎异常勃起，以后又开展了阴茎海绵体与尿道海绵体分流及龟头-阴茎海绵体穿刺分流术。1986年湘雅二医院将彩色多普勒超声用于阳痿的诊断，并开展血管性阳痿的手术治疗，取得良好效果。湘雅二医院于20世纪80年代开展了阻断肾蒂原位肾脏冷灌注局部低温肾实质切开取石术。1986年，湘雅二医院开展了经尿道前列腺电切术，以后此技术在省内各大医院广泛开展。1987年，湘雅二医院开展了标准通道经皮肾穿刺取石治疗肾结石。

四、现阶段（1990年至今）

1990年，湘雅医院应用射频治疗仪治疗前列腺增生。湘雅医院申鹏飞、张时纯等开展了历时30年的尿路结石与肾功能衰竭的系统研究，于1995年获得湖南省科技进步奖一等奖，该研究内容被写入高等医学教材《外科学》第三、第四、第五版中。20世纪90年代中期，湘雅医院引进输尿管镜，开展了微穿刺输尿管气压弹道碎石治疗上尿路结石，病人创伤更小，以后此项技术在湖南省广泛开展。90年代，湘雅二医院开展了膀胱全切、回肠原位可控膀胱术，使病人生活质量明显改善。

1991年，湘雅医院开展了湖南省第一例前列腺癌根治切除，病人长期存活。1992年，湖南医科大学附属第三医院（现为湘雅三医院）组建并成立了该院泌尿外科。1994年怀化市第一人民医院连续完成2例兄弟间肾移植。1995年，解放军一六三医院开展了腹腔镜下精索静脉结扎术。1997年，湘雅二医院开展了经尿道前列腺半导体激光汽化切除术。1998年2月22日，湘雅三医院成立了男性病研究中心（2004年4月更名为湘雅三医院中美男性病研究中心）。1999年蒋先镇成功地为病人实施了湖南省首例变性手术，2008年湖南省成功首例完成了AMS阴茎假体植入术。该中心其相关研究已获得国家自然科学基金资助，并获湖南医学科技奖三等奖3次，湖南省科协、湖南省医学会优秀论文一等奖1次，申请国家专利2项。

1998年3月，湘雅医院开展省内首例腹腔镜下肾囊肿去顶术及肾上腺肿瘤切除术。1998年，湘雅二医院开展了腹腔镜下输导尿管切开取石术。1999年，湖南省人民医院采用Tendk-hoff管替代行尿流改道加膀胱全切治疗晚期膀胱癌。2002年，湖南省人民医院采用

HG－2000P 体外高频热疗仪协助治疗前列腺炎,效果满意。2004 年湘雅医院、湘雅三医院、湖南省人民医院等引进钬激光治疗泌尿系结石,疗效满意,极大地降低了开放手术的比例。同年,湖南省人民医院开展了绿激光选择性光汽化术治疗良性前列腺增生症。

2003 年,湘雅二医院开展了肝-肾联合移植术。2004 年,湘雅医院实施了腹腔镜活体供肾取肾术。2005 年,湘雅二医院开展了胰肾联合移植术,并取得成功。2006 年 12 月 14 日南华大学附属二医院王毅、罗志刚完成了我国第一例 ABO 血型不相容肾脏移植手术,至今患者情况良好。2010 年 9 月 1 日该团队再次完成了我国首例 ABO/Rh 双血型不相容肾脏移植手术。截至 2010 年 12 月该院已完成此类手术 6 例,手术成功率达到 100%。此技术在临床的成功应用对中国的肾脏移植具有里程碑式的意义,也因此改写了中国器官移植的教科书。其相关研究已获得国家自然科学基金资助课题。中央电视台、人民日报、光明日报、香港大公报等众多媒体亦对该成果进行了广泛报道。

2004 年,湘雅医院在湖南省率先全面开展微创腹腔镜技术和经皮肾镜技术治疗泌尿生殖系疾病,对湖南省腔镜事业的发展起到了推动作用。同年 6 月,湘雅医院在湖南省开展第一例经尿道中段悬吊术(TVT、TVT－O),治疗女性压力性尿失禁。2006—2010 年,湘雅医院又分别开展了湖南省第一例"后腹腔镜下孤立肾癌保留肾单位术"、"后腹腔镜下Ⅰ期双肾肿瘤保留肾单位术"、"经腹膜外途径腹腔镜下前列腺癌根治术"、"腹腔镜下腹膜后淋巴结清扫术"、"腹腔镜下全盆腔脏器切除术"及"腹腔镜下根治性膀胱切除＋盆腔淋巴结清扫＋原位回肠新膀胱术"。并获得 2008 年第六届湖南医学科技奖二等奖、三等奖,2009 年湖南省科技成果二等奖、湖南省科学技术进步三等奖。

2004 年 10 月湖南省医学会成立了男科学专业委员会,蒋先镇任主任委员。该专业委员会举办了四届男科学年会和讲习班,两届"男科学热点和疑难问题研讨会",推动了本学科的发展。

2005 年 4 月至 2009 年 4 月,以湘雅医院牵头先后在湖南省举办第一、第二、第三、第四届"湖南省泌尿外科微创新技术研讨会",现场演示各种微创手术,提高了广大湖南省泌尿外科医师的微创手术水平,为在湖南省泌尿外科微创事业的全面开展起了很好的示范作用。

2006 年 5 月,湖南省医学会泌尿外科学专业委员会分别成立了泌尿生殖系肿瘤学组及结石学组,挂靠湘雅医院。2007 年成立了尿控学组,挂靠湘雅二医院(2004 年已成立了腔道学组)。2006 年 11 月至 2010 年 5 月,湖南省分别举办了第一、第二、第三届"湖南省泌尿生殖系肿瘤学术会议暨中国泌尿外科学院(CSU)泌尿生殖系肿瘤诊治指南培训班"。推动了湖南省泌尿生殖系肿瘤的规范化诊断和治疗,由以往片面强调手术治疗发展为以手术为主、放化疗为辅并结合内分泌、靶向治疗等综合治疗,从而显著改善了患者尤其是晚期患者的预后。2006—2010 年,湘雅医院获得了泌尿生殖系肿瘤相关研究的 3 项国家自然科学基金课题资助,并取得了多项研究成果。

2009 年 4 月,湖南省医学会成立了中西医结合学会男科学专业委员会,王荫槐任主任委员,召开学术研讨会 3 次。同年湘雅二院成立了男性学研究室,并开展相关临床研究。

广东省泌尿外科学史

清朝末年,清政府规定:对于外国传教士一律要予以保护。在开展传教的同时,西方文化也被带进我国沿海城市,以传教为目的而进行的办学、办医院也逐步兴起。例如:1828年,英国传教士高立支在澳门建了第一家教会医院;1835年,美国传教士伯驾(Parker)又在广州市建了博济医院(现中山大学孙逸仙纪念医院,又名中山大学附属第二医院,图10-1)。这也是美国在远东及中国建立的第一家基督教会医院。1899年在广州博济医院服务的富马利又在广州市开办了"广东女子医学堂"并设赠医所,开展教学、赠医及宗教活动。后又在赠医所的基础上建立了柔济医院(现广州市第二人民医院)。1930年博济医院移交岭南大学。岭南大学校董会鉴于孙中山先生曾在博济医院学医并从事革命活动,于1935年将博济医院扩建并更名为"孙逸仙博士纪念医院"。1881年,英国基督教会(惠师礼会)在佛山市成立了广济医局(现佛山市第一人民医院,佛山人习惯称之为西医院),1946年更名为循道医院。

图10-1 博济医院(1835年)

一、奠基阶段(1844—1949年)

1844年,博济医院伯驾最先开展了经会阴膀胱切开取石术。这是中国第一个泌尿外科手术。当时性病、膀胱结石、阴囊内疾病是泌尿外科专业的主要疾病,随后又开展了肾、输尿管切开取石术。

1856年,博济医院的Kerr医生就成功地通过经尿道盲目碎石钳机械性粉碎膀胱结石,这也是中国第一例膀胱碎石术。根据1922年统计,膀胱结石主要通过经会阴切开手术(占74.5%,1 990/2 670,病死率7.9%),其次是经耻骨上入路手术(占13.1%,350/2 670,病死率7.8%),经膀胱碎石术(占12.4%,330/2 670,病死率9%)。

1935年,统计数字表明博济医院建院100年间共施行泌尿系统结石手术4 041例,其中膀胱结石累计3 456例(图10-2),尿道和包皮结石575例,肾结石仅有10例。在全国解放前,当时博济医院已经购置了膀胱镜,开展了泌尿系统的内镜诊断,如膀胱镜检查、输尿管逆行插管造影检查等。

图10-2 博济医院膀胱结石标本

1900年,英籍外科医师晏惠霖在佛山广济医局(现佛山市第一人民医院)开展了膀胱切开取石术。

1941年,卢约翰开展耻骨上膀胱切开取石、阴囊角状物切除、包皮环切等一些简单的手术。

1942年,开展膀胱镜检查。

1947年,王澎、黄主精医师在循道医院开展了膀胱镜检查、膀胱造瘘、尿道取石、膀胱阴道瘘修补、阴茎癌阴茎部分切除等手术。

二、发展初期(1949—1976年)

建国初期,广东省的泌尿外科建设已开始萌芽。岭南大学医学院博济医院王成恩教授重点开展泌尿外科工作。20世纪50年代后期,王成恩、陈郁林、梅骅等在中山医学院并校后奉命调往中山医学院附属第一医院组建泌尿外科,为中山医学院附属第一医院泌尿外科的组建发展起了重要作用。并校后博济医院改称为中山医学院附属第二医院,主要由普通外科医生何天骐、刘祖怡、黄盈、湛道明等开展一些较常规的手术。

在王成恩、陈郁林、梅骅、麦国健等医师努力下,广东省泌尿外科出现很好的发展势头,开展了尿道下裂成形术、前列腺摘除术等难度较高的手术,并开始招收、培训华南地区的泌尿外科进修医师。

1964年,王成恩还开展输尿管-乙状结肠吻合术的临床研究,尿道下裂采用二期手术,用阴茎皮肤作尿道,23%病人因为尿瘘、尿道狭窄而需要再次手术。他在《中华医学杂志》发表了全国第一篇大宗病例分析。

1951年,陈郁林教授从事泌尿外科工作,对于尿路结石梗阻性肾功能衰竭进行研究,全面开展泌尿外科疾病的诊断与治疗工作,1974年发表了国内第一篇"阻塞性无尿症"的大宗病例分析。

1957年,广东省人民医院张启明等开始研究肾部分切除对肾结石的治疗效果,并于1964年在《中华外科杂志》发表论文"肾部分切除术治疗肾结石"。

20世纪50年代中期,佛山市的杨腾兴、曾宪尧、邝敬逊、周公炽、梁继儒等开展了腹膜后空气造影术、尿道下裂成形术、隐睾松解阴囊内固定术、膀胱肿瘤电灼术、经耻骨后经膀胱开放性前列腺切除术等。20世纪50年代后期,开展了肾实质切开取石术、象皮肿阴囊部分切除术、马蹄肾分离取石术、膀胱癌全膀胱切除输尿管乙状结肠移植等手术。

1955—1965年,广东省各地区级泌尿外科相继成立。中山医学院附属第一医院的王成恩、陈郁林、梅骅、麦国健、郑克立,广东省人民医院的张啟明,广州军区总医院的杨启樑,广州市第一人民医院的余安迪,广州市第二人民医院的廖质培,湛江医学院附属医院的高振强,东莞市人民医院的莫鎏基等,在各自的医院泌尿外科开展临床工作,水平不断提高,普遍开展了肾上腺、前列腺、肾、尿道及膀胱的手术。

莫鎏基在尿石症多发区的东莞市对其病因进行研究,提出该病可能与高糖饮食有关,而与水质中的微量元素无显著相关性。莫鎏基医师自20世纪50年代中期起研究尿石症高发区东莞的尿石症发病情况,发表了膀胱结石症一文(中华外科杂志 1959 年第 7 卷第 2 期)。1977 年报告了东莞尿石症流行病学统计,100 万人口中年新发病例为 154 例,尿石症发病率最高地区为 1.168%。1982 年成立了东莞尿石症研究所。1982—1992 年进行饮食与尿石症关系的研究,对比了东莞与黑龙江(结石低发区)土壤、食物、水中 11 种稀有元素含量,发现锶与铜含量与尿石症发病率呈负相关。东莞为蔗糖产地,饮食含蔗糖量高,认为尿石形成可能与蔗糖纳入过多有关,文章发表于《现代微量元素研究》第 206～第 234 页。

1964 年梅骅等在国内首次报道用睾丸精索松解术取代 Bevine 及 Torck 术式,主张将精索游离至接近肾血管水平,取垂直方向置入阴囊。

"文革"期间,各大医院泌尿外科专家多数下放到农村支援基层医疗工作,培训边远山区基层医生,例如,中山医学院附属第一医院的梅骅、庄广伦等深入到偏远的山区,在极其艰苦的条件下,用农舍作手术室,用手电筒照明实施了 30 多例复杂的膀胱阴道瘘手术,使长期残疾的妇女获得了新生。他们在工作中改良了多个手术方式,取得了良好的疗效。手术方式在后来梅骅等主编的《泌尿外科手术学》一书中有详细介绍。1971 年,中山医学院附属第一医院王成恩等在《新医学》杂志报道了输精管结扎手术,详细讨论了手术方式和并发症的防治办法。1975 年,中山医学院附属第一医院的梅骅等首次在《新医学》上发表膀胱黏膜一期尿道成形术,使用一期手术纠正各类尿道下裂。1972 年 12 月,中山医学院附属第一医院收治一名其他医院错切右侧孤独肾的男性病人(图 10-3),梅骅等在北京友谊医院的协助下,对病人进行了组织配型,实施我国首例亲属供肾肾移植手术,病人术后未发生排斥反应。但当时免疫抑制剂毒性较大,病人并发传染性肝炎,于移植术后 1 年 50 天死于肝功能衰竭。尽管如

图 10-3 我国首例亲属供肾肾移植

此,此例手术对国内开展肾移植还是起到了积极的推动作用。1974 年,梅骅等在《新医学》发表论文,报道了尿道口处女膜伞及尿道炎是引起女性下尿路感染的重要因素。此后,又有多篇报道论及此文并提出了手术治疗的方法,对提高女性下尿路感染的疗效有重要的作用。1973 年,中山医学院附属第一医院梅骅等主编并由人民卫生出版社出版的我国第一本泌尿外科专著《泌尿外科手术学》(1998 年再版),被誉为我国泌尿外科经典著作。

三、复兴阶段(1976—1985 年)

1965 年,中华医学会广东省分会成立了泌尿外科学组,每月进行学术活动,"文革"期间活动暂停,1976 年又恢复活动。至 20 世纪 80 年代中期,学术活动主要由中山医学院附属第一医院陈郁林等牵头组织。1974 年,中山医学院附属第二医院泌尿外科正式成为独立专

科,由湛道明担任科主任。此后,随着"文革"的结束,广东省内各大医学院校,如中山医学院、广州医学院、解放军军医学院(1975年改称第一军医大学,现为南方医科大学)、暨南大学医学院、广东医学院、汕头大学医学院等泌尿外科专科工作逐步开展,队伍不断壮大,专科技术迅速提高,并开始科研及培训工作。一些地、市级医院的泌尿外科也逐渐发展并成立了独立的专科。以梅骅为代表的一批优秀人才先后到国外进修学习,如1974年广州军区总医院杨启樑作为解放军军医代表团成员到南斯拉夫贝尔格莱德军医队进修学院参观学习。1984年,中山医学院附属第一医院郑克立、广州军区总医院谭尚恒等开展经尿道前列腺电切术;1985年,中山医科大学(1985年6月更名)附属第二医院也开始探索经尿道电切镜技术;广州医学院附属第一医院吴开俊、广州市第一人民医院余安迪等开始尝试经皮肾镜取石术。自此,广州市各大医院腔内泌尿外科技术开始发展。广东省成为全国最先开展腔内泌尿外科技术的地区之一。

四、发展阶段(1985年至今)

1985年后,广东省泌尿外科事业进入迅速发展阶段,现代泌尿外科新技术引进步伐加快,专业人才队伍不断壮大,医疗设备精良,整体水平跃居国内先进水平。

1988年2月1日,广东省泌尿外科学分会在广州市成立,先后有梅骅、郑克立、黄健担任主任委员。佛山、汕头、肇庆、湛江、深圳、珠海、江门、梅州等城市也先后成立泌尿外科学分会,每年开展学术交流,不定期召开学术讲座及病例讨论、会诊。

1996年开始在深圳市举行"深港澳泌尿外科学术年会",对"三地区"的学术交流起了积极的作用。

20世纪70年代,在开展原位肾盂切开取石和无萎缩性肾切开取石术的基础上,中山医学院附属第一医院的梅骅、麦国健、郑克立等与暨南大学医学院附属医院的苏泽轩等合作研究肾的相关解剖学基础,使得该术式进一步完善。为了更好地取净多发性结石,郑克立等与药厂合作研制了牛凝血酶原及乙酰异羟污酸(AHA)应用于临床,提高了结石取净率及有效地治疗感染性结石。

1985年第一军医大学珠江医院张兆武在全国率先开展液电膀胱结石碎石术。

1987年广州市第一人民医院首先在华南地区使用国产第二代体外冲击波碎石机,成功粉碎肾及输尿管结石。中山医科大学附属第一医院从法国购进EDAP体外冲击波碎石机;第一军医大学南方医院、珠江医院引进德国产体外冲击波碎石机。

1988年,该院与中国科学院电工研究所协作研制成功NE Ⅱ型第二代体外冲击波碎石机,并向国内推广使用。碎石机远销泰国、印尼、香港等地。

1989年,在美国Indianapolis召开的国际体外超声波碎石术(ESWL)会议,梅骅介绍了ESWL在中国的应用情况,我国迅速普及这一技术的现状引起与会者的很大反响。

1984年,广州市第一人民医院余安迪、魏鸿蔼等在国内首先开展经皮肾镜取石术(PCNL)获得成功,并做双侧一期取石、指探法PCNL与ESWL联合治疗肾多发性鹿角型结石等系列临床研究,多篇论文发表在《中华泌尿外科杂志》,多次获省、市级科技进步奖。

1985年，广州医学院附属第一医院吴开俊于国内首次在《中华泌尿外科杂志》发表"经皮肾镜取石术临床报告"及"逆行经皮肾镜取石术"；1988年研制成功吴氏取石网篮，由美国COOK公司销售，并获广州市科委科技进步奖；1989年他在美国泌尿外科学会（AUA）年会上报告输尿管取石术667例，获1995年吴阶平泌尿外科奖；1996年输尿管镜临床研究获国家科委科技进步奖。广州医学院的吴开俊和李逊等在经皮肾镜取石、输尿管镜技术等应用方面在我国起到了开拓者的作用，是中国学者对世界泌尿外科学发展的贡献之一。

2002年5月中山大学附属第二医院黄健、许可慰开始采用斜卧位方法进行经皮肾取石术，为肾结石患者，特别是心肺功能不全患者提供一种安全有效的PCNL手术方法。

1982年广州军区总医院谭尚德等在中南地区率先开展了肾动脉栓塞治疗肾癌，取得较好疗效。

1985年，中山医科大学附属第一医院梅骅等与广东生物制品研究所协作研制成BCG及其细胞壁骨架，用以防治浅表膀胱癌，取得了良好的疗效，复发率在20％以下，对临床应用的剂量、疗程、近期及远期疗效以及作用机制进行了系列研究，在《中华泌尿外科杂志》发表了系列论文。

1987年，中山医科大学附属第二医院黄健开始进行可控膀胱术的临床研究和应用，改进了"缩窄末段回肠式"可控膀胱术式，探索了"插入式"输尿管-膀胱吻合术；1992年开展原位回肠新膀胱术；并进行了动物实验和长期临床随访。该系列研究的相关成果在2004年获得广东省科技进步奖三等奖。

2002年，中山大学中山医学院（2001年10月该院并入中山大学）附属第二医院黄健在全国率先开展腹腔镜膀胱全切除-回肠新膀胱术，并成为美国著名泌尿外科腹腔镜专家Gill教授主持的腹腔镜下膀胱全切除-重建术的国际多中心临床研究项目（IMCLRCP）的唯一中国参与单位，该系列研究结果在2006年WCE上报告。并于2008世界腔内泌尿外科大会和2009年国际泌尿外科学术年会上演示该手术。2004年开展完全腹腔镜下膀胱全切除-乙状结肠新膀胱术。该系列研究在European Urology, Journal of Endourol, Chinese Medicine Journal及中华泌尿外科杂志等发表论文20多篇，是目前国际上病例数最多，随访时间最长的临床研究。该术式已在国内20多个省份60多个三甲医院推广应用，取得了满意的疗效，并获得2008年教育部高等学校科技进步奖一等奖。2008年，黄健在国际上首先成功开展改良单孔腹腔镜下膀胱全切除-回肠新膀胱术，初步研究结果已发表在中华医学杂志上。

20世纪90年开始，中山医科大学附属第一医院梅骅、郑克立等开始对全膀胱切除改用阑尾或盲结肠可控膀胱术临床应用研究，研究结果表明，可控膀胱可以改善病人生活质量，较少发生电解质紊乱，但仍有部分病人发生结石、导尿困难、感染等并发症，未能广泛应用。1996年梅骅等用间断去带盲升结肠阑尾输出道可控膀胱术，第一军医大学珠江医院刘春晓等用完整去带盲升结肠末端做输出道可控膀胱术，在此基础上刘春晓于2000年用全去带乙状结肠原位新膀胱术，并进行基础和临床应用研究，病人可自主排尿，疗效满意，已在全国50多家医院推广，2005年获军队医疗成果二等奖。1998年梅骅、刘春晓等改用全去带结肠新膀胱术或回肠新膀胱术取得较满意的疗效。1998 年,梅骅、刘春晓等改用全去带结肠新膀胱术或回肠新膀胱术取得较满意的疗效。

2002 年第一军医大学珠江医院刘春晓施行了全国首例腹腔镜下全膀胱切除术全去带乙状结肠原位新膀胱术,2003 年 9 月在加拿大蒙特利尔召开的世界泌尿腔镜会议(WCE)上交流,并被美国著名泌尿外科腹腔镜专家 Gill 发表的论文引用。2003 年在《中华泌尿外科杂志》报道了这一方法。2002 年广东省人民医院王行环等开展腹腔镜原位胃新膀胱术也取得较满意的疗效。

中山大学肿瘤医院泌尿外科周芳坚对开放性根治性全膀胱切除＋回肠原位新膀胱手术进行改良和优化,并在 Urological Oncology 和 Urology 报道了改良方法的效果和插入式半乳头输尿管吻合方法所特有的并发症,2003 年中山大学肿瘤医院泌尿外科开展 CIK＋DC 肿瘤疫苗治疗晚期转移性肾癌获得初步临床效果,使一些患者无疾病进展生存时间超过了 5 年。

前列腺增生症为老年男性常见病,经尿道前列腺电切术为前列腺增生症治疗的金标准。1984 年中山医附属第一医院郑克立率先在华南地区开展经尿道前列腺电切术。1989 年始,广东省人民医院李宝炽等开展球囊扩张术治疗前列腺增生尿道阻塞,并研制前列腺螺旋导管用于治疗尿潴留,在《中华外科杂志》及《中华泌尿外科杂志》发表了相关论文。2000 年第一军医大学珠江医院刘春晓等和广东省人民医院王行环等在亚洲率先开展经尿道前列腺等离子电切术、经尿道膀胱肿瘤等离子切除术。2002 年广东省人民医院王行环等在国内首次报道了等离子双极电切术(武汉大学学报),2003 年在《中华泌尿外科杂志》发表经尿道等离子体双极电切术治疗良性前列腺增生及膀胱肿瘤,并首次提出:经尿道前列腺等离子电切术同样可发生闭孔神经反射。2002 年第一军医大学珠江医院刘春晓在电切过程中,用镜鞘模拟手指沿包膜分离腺瘤,再切成碎块,缩短了手术时间。在 2005 年 AUA 年会报告了此种改良术式,手术录像被 AUA 2006 年会议录用。创新了经尿道前列腺剜除术,并在 2003 年和 2004 年 WCE 进行文摘报道。2005 年 AUA 进行 "POUDIUM REPORT",成为在 AUA 进行 "POUDIUM REPORT" 的国内第一人,引起了国内外学者的高度关注,2006 年 "Real endo-enucleation of prostate for treatment of benign prostatic hyperplasia" 一文被 AUA 录用,并进行 VIDEO REPORT,手术录像被收录并存储在 AUA 2006 VIDEO SESSION 6 中。

南方医院郑少斌、广州市第一人民医院谢克基和深圳市中心人民医院关志忱等,自 20 世纪 80 年代末以来在推广尿动力学检查方面做了大量工作。

1994 年,中山医科大学附属第一医院王晓波、梅骅等在《中华泌尿外科杂志》发表了系列论文,对前列腺癌的病因在分子生物学方面进行了深入的探讨。1997 年后,陈炜、梅骅等在《中华泌尿外科杂志》及《中山医学院学报》等发表系列论文,报道了改良耻骨后前列腺癌根治术的方法,强调保留血管神经束、保留部分背侧血管复合体及不切断耻骨前列腺韧带,可有效保存性功能和控尿功能。

2000 年,中山医科大学附属第三医院高新等在国内首次报道应用腹腔镜行前列腺癌根治术,至今是全国开展腹腔镜前列腺癌根治术病例数最多的医院。如今,该术式已在国内大医院广泛应用,证明此术式在控制术中出血、保存性功能、保存控尿功能、术后康复等方面均有较好效果。

2002年广东省人民医院王行环等开展腹腔镜腹膜外途径保留性神经的前列腺根治术在减少肠道并发症、保留病人性功能、保留控尿功能、术后康复等方面也取得较好效果。

2000年,中山医科大学附属第二医院院黄健、林天歆等对非激素依赖型前列腺癌发病机制进行了深入研究,2004年在国内首次构建出前列腺癌人源性抗体库,并成功筛选出PSMA人源性抗体Fab段用于生物导向治疗;2005年鉴定了调控非激素依赖型前列腺癌演进的转录因子AP-4、SP-1。该研究系列文章在《中华泌尿外科杂志》发表,并多次在美国癌症研究(AACR)协会交流。2005年起,林天歆、黄健等开始筛选膀胱癌中差异表达MicroRNA并进行功能鉴定,系列研究发表在 The Journal of Urology, International Journal of Cancer 上。2003年广州军区总医院胡卫列等研究的前列腺癌转移与雄激素抵抗的基础与临床研究获得广东省科技二等奖。中山大学肿瘤医院泌尿外科从2003年期采用 Gecitabine 联合 cispaltin 治疗激素非依赖进展前列腺癌病人,能减轻病人症状和延长生存时间。

自从中山医学院附属第一医院梅骅等在1972年实施了我国第一例亲属供肾活体肾移植以来,在全国产生了一定的影响。但肾移植在随后的10多年里并未得到快速发展。1985年以后,中山医科大学附属第一医院郑克立、第一军医大学南方医院于立新、珠江医院高伟等对肾移植的广泛开展起到了积极的作用,每年所做的肾移植病例数都在150例以上,多家大医院肾移植总数已经超过2 000例,在全国名列前茅。中山医科大学附属第一医院郑克立等首创了尸肾体外循环试验预测超级排斥反应,应用多种方法检测、诊断及治疗巨细胞病毒感染,系列成果获得了2002年教育部高等院校科技进步奖二等奖1项、广东省科技进步奖二等奖2项、中山大学科研成果奖2项。2002年,第一军医大学南方医院于立新及广州市中心血站肖露露等有关组织配型在肾移植方面的研究获国家科技进步奖二等奖。广东地区在肾移植临床及科研方面均走在全国的前列。

2005年9月广州军区广州总医院胡卫列等率先在世界上开展了首例异体阴茎移植,在国内外引起强烈反响,2006年在 AUA 首次华语会场上做大会报告,该文在《European Urology》(2006,50：851－853;2006,50：1115－1116)上连续刊登,在此领域做出了有意义的尝试。

过去肾上腺嗜铬细胞瘤是泌尿外科手术风险最高的手术之一。1985年后,中山医科大学附属第一医院郑克立等通过规范术前诊断、术前准备、改良手术入路及方法,取得了连续150例无死亡的佳绩,并在《中华泌尿外科杂志》发表论文,报道了临床经验。1995年,中山医科大学附属第二医院黄健等在国内较早采用后腹腔镜开展肾上腺疾病手术治疗并在《中华泌尿外科杂志》发表论文,为腹腔镜技术在广东的迅速开展起到了积极的推动作用。

1985年广州市第二人民医院开展男性节育药棉酚临床应用研究,获广州市卫生科技进步奖二等奖。1987年广州医学院第二附属医院开展可膨胀性阴茎假体植入治疗阳痿。

1986年广东省人民医院李宝炽等开展精索内静脉栓塞术治疗精索静脉曲张,疗效满意,并在《中华泌尿外科杂志》发表论文。1990年起,中山医科大学附属第一医院开始进行辅助生育技术治疗不育症病人,泌尿外科协助生殖中心进行男性不育病人精子的获取。庄广伦等辅助生育技术的系列研究获得2002年广东省科技进步奖一等奖。1996年起中山医科大学附属第二医院黄健等利用腹腔镜技术对4例两性畸形进行诊断与治疗,是国内最早开展该项技术的单位之一。2004年,中山大学深圳泌尿外科医院魏辉、梅骅等对1例非梗阻性无精症病人进行睾丸切开获取精子,进行ICSI获得成功,分娩了正常婴儿。2005中山大学附属第一医院邓春华等在《中华外科杂志》报道了对射精管梗阻无精症采取经尿道射精管切开术,取得很好疗效。2002年广州军区广州总医院何恢绪、胡卫列先后在国内应用Sparc和In Vance治疗男女尿失禁取得较好疗效,并在《中华泌尿外科杂志》(2004,25:418-421)、《广东医学》(2003,24:4)、《临床泌尿外科杂志》(2005,20:530-533)发表多篇论文。

1975年中山医学院附属第一医院的梅骅等首次在国内发表膀胱黏膜一期尿道成型术。自使用一期手术纠正各类尿道下裂以来,尿道下裂手术效果明显改观。广州军区广州总医院何恢绪等也对尿道下裂手术一期矫治进行了潜心研究,对传统手术方法进行系列创新或改进。例如:发明了阴茎头打孔器,使正位尿道口成形有了简便、实用的专用器械(中华外科杂志,1990,28:107);设计了弧形带蒂阴茎阴囊联合皮瓣,解决了会阴型尿道下裂新尿道的材料来源(中华泌尿外科杂志,1989,10:99);设计了经会阴小切口置放U形多孔支架管方法,便于新尿道分泌物引流,提高了手术成功率(临床泌尿外科杂志,1990,5:61)。至今,已治疗1 500例,最小年龄3个月,一次手术成功率达到90%以上。上述系列成果先后获得军队科技进步奖一、二等奖(2004年,1992年),国家发明奖四等奖(1993年),国家科技进步奖三等奖(1999年)。主编了国内第一部《尿道下裂外科学》(1998年)。阴茎头打孔器已由浙江奉化医疗器械厂生产,1993年投放市场。

目前,广东省泌尿外科在腔道镜及腹腔镜领域拥有很好的发展土壤。早在1987年,广州市第一人民医院余安迪等已开展经皮肾镜取石术。广州医学院附属第一医院吴开俊、李逊等对腔道镜技术的发展作出了较大的贡献,经皮肾镜及输尿管镜技术已经普及到基层医院。他们定期举行学习班培训国内及省内泌尿外科人才。现广东省各地区已普及经皮肾镜及输尿管镜技术,如惠州市协和医院蔡辉勇至今已开展上述技术2 000多例,技术熟练,经皮肾镜可不必常规使用B超或C臂X定位建立通道,成功率为98%。近期对10例双侧鹿角型肾结石伴氮血症的病例,分期经皮肾镜取石,恢复了肾功能,为这类难治性的病例闯出一种有效治疗的途径。

20世纪90年代末期,中山医科大学附属第一、第二、第三医院紧紧跟国际泌尿外科腹腔镜蓬勃发展的潮流,对推动国内泌尿男生殖系腹腔镜技术的应用与发展起了重要作用。中山医科大学附属第二医院在国内率先开展了腹腔镜膀胱全切除-回肠新膀胱术,该手术处于国内领先水平;中山医科大学附属第三医院是国内开展腹腔镜前列腺癌根治术最早、病例数最多的医院。2005年,中山医科大学附属第二医院黄健教授与广州医学院附属第一医院李逊教授主编的《微创泌尿外科学》付梓出版,该书全面系统地介绍了包括腹腔镜技术、输尿管镜技术、经皮肾镜技术等在内的各种泌尿系统及男性生殖系统微创技术。2001年深圳市人民医院杨江根等完成了中国第一例腹腔镜下亲属活体取肾术,2004年深圳市人民医院在国内首先将机器人应用到泌尿外科手术,完成了机器人辅助下的肾上腺手术和肾盂整形术。单孔腹腔镜手术是2007年以来世界上的研究热点,黄健等从2008年自己研制简单实用的多通道单孔套管,已为50多例患者实行单孔腹腔镜下全膀胱切除术、前列腺癌根治术、肾上腺切除术、肾切除术、肾部分切除术、隐睾下降固定术输尿管膀胱再植术、精索静脉高位结扎术等等手术,研究结果已多次在AUA,WCE上交流并发表在中华医学杂志上。中山大学附属第一、第二、第三医院,珠江医院等每年举办全国继续教育项目,特别是腹腔镜技术的应用吸引了国内及省内同行的积极参与。

2004年新一届广东省泌尿外科学分会成立以来,各大单位团结一致,进一步加强和扩大了广东省泌尿外科队伍,目前正致力于推动微创技术在省内的开展。

2006年7月1日在全国首先成立了中华医学会泌尿外科分会华南微创技术培训中心,整合了广东省泌尿外科微创技术优势,该中心由中山大学附属第二医院黄健教授担任主任,广州医学院第一附属医院李逊教授、中山大学附属第三医院高新教授、南方医科大学附属珠江医院刘春晓教授、中山大学附属第一医院陈炜教授担任副主任。培训中心专家委员会由国内知名泌尿外科专家组成,中华医学会泌尿外科学分会主任委员那彦群教授任主席,孙颖浩、黄健教授任副主席。委员有：周利群、张旭、谢立平、夏术阶、王东文、马路淋、杜传军、徐丹枫、莫增南、王共先、齐琳、白志明、戴宇平、高新、陈炜、胡卫列、李逊、刘春晓、王行环、郑少斌、周芳坚、杨江根教授。培训中心每年举办2～4期短期培训班,每期3～4周。本着"抓基础、重实践"的办学原则,进行泌尿系统微创技术的理论学习、模拟箱训练、动物实验、手术示教,力图使学员们的理论与操作技能在短期内得到全方位的提高。培训班至今已举办12期,为全国20多个省市培养了泌尿外科微创技术骨干。

广东省已拥有5所医学院校及60多家设备先进的三级甲等医院,拥有2 000多张泌尿外科专科床位及400多名泌尿外科专科医生,促进了省内医疗卫生事业的发展。同时,广东省泌尿外科的同道们也清楚地认识到,我们与发达国家泌尿外科水平还有差距。我们任重而道远,一定要继承和发扬老一辈专家无私、拼搏、进取、团结、开拓的优秀品德,为广东省泌尿外科事业全面赶超世界先进水平继续奋斗,创造更辉煌的历史篇章。

中华医学会广东省分会泌尿外科学会会史

一、历届广东省泌尿外科分会委员名单

第一届(1988—1991年)

主任委员　　梅　骅

副主任委员　　陈郁林　张启明　杨启梁

中国泌尿外科学史（第2版）

常 务 委 员	李宝炽	郑克立	凤仪萍	吴开俊	金庆骝	谭尚恒
	廖质培	莫刘基	李敬贤			
秘　　书	陈郁林	张启明	杨启梁			

第二届（1991—1995 年）

主 任 委 员	梅　骅					
副主任委员	余安迪	张兆武				
常 务 委 员	李宝炽	郑克立	凤仪萍	吴开俊	金庆骝	谭尚恒
	湛道明	崔学教	曹文锋	吴显钊	白喜文	董　诚
	张公陞					
秘　　书	郑克立（兼）					

第三届（1995—1998 年）

主 任 委 员	郑克立					
副主任委员	吴开俊	何恢绪				
常 务 委 员	王一峰	苏泽轩	陆灿辉	罗则民	崔学教	曹文锋
	吴显钊	白喜文	董　诚	刘春晓		
秘　　书	陈炜					

第四届（1998—2001 年）

主 任 委 员	郑克立					
副主任委员	吴开俊	何恢绪				
常 务 委 员	王一峰	苏泽轩	陆灿辉	罗则民	曹文锋	白喜文
	吴显钊	刘春晓	董　诚	崔学教		
秘　　书	陈炜					

第五届（2001—2004 年）

主 任 委 员	郑克立					
副主任委员	吴开俊	何恢绪	苏泽轩	黄　健		
常 务 委 员	曹文锋	吴显钊	董　诚	崔学教	王行环	魏鸿蔼
	高　新	郑少斌	刘春晓	陈志光	李普云	洪汉业
秘　　书	陈炜					

第六届（2004—2008 年）

| 主 任 委 员 | 黄　健 | | | | |
| 副主任委员 | 高　新 | 王行环 | 李　逊 | 郑少斌 | |

常 务 委 员	吴开俊	何恢绪	苏泽轩	魏鸿蔼	戴宇平	陈志光
	刘春晓	陈志强	廖贤平	杨　明	杨建军	洪汉业
秘　　书	林天歆					

第七届（2008年至今）

主 任 委 员	黄　健						
副主任委员	高　新	李　逊	郑少斌	胡卫列			
常 务 委 员	周芳坚	戴宇平	刘春晓	刘久敏	曾国华	苏泽轩	钟惟德	周　兴
	陈志强	李正明	廖贤平	杨江根	关志忱	杨　明	柳建军	廖锦先
	廖勇斌							
秘　　书	林天歆							

第七届青年委员会（2010年至今）

| 主 任 委 员 | 黄　健 | | | | |
| 副主任委员 | 林天歆 | 邱剑光 | 王　尉 | 吴　芃 | 吴文启 |

二、泌尿外科学会学术活动

广东省的泌尿外科医师在20世纪50年代后期已开始进行学术活动。泌尿外科学会在学会未分出专科学会前主要参与中华医学会广东省分会外科学会的活动。

1988年2月,在广州市召开广东省第一届泌尿外科学术会议。会议收到论文44篇,与会代表56人,会上宣读论文31篇。

1991年5月,在广州市召开了广东省第二届泌尿外科学术会议。会议征集到论文98篇,与会代表110人,会上宣读论文72篇。

1992年3月,在珠海市主办了首届全国腔道泌尿外科和体外冲击波碎石会议。与会代表180人,收到论文150篇。

1993年12月,在东莞市石龙召开首届广东省男性学学术会议。与会代表63人,会上交流论文41篇。

1994年5月,在广州市主办了中南六省泌尿外科学术会议。与会代表150人,会议征到论文126篇。

1994年5月,在广州市召开了广东省第三次泌尿外科学术会议。与会代表70人,会上交流论文42篇。

1995年9月,在广州市主办全国第三届腔内泌尿外科和体外冲击波碎石学术会议。与会代表310人,会议论文307篇,大会发言31篇,小会发言103篇。

1995年9月,在广州市举行了省第四届泌尿外科学术会议。与会代表124人,会议收集论文162篇,大会宣读21篇,小组交流82篇。会议期间进行了换届选举,选出了第三届委员会。

1997 年 5 月,在广州市召开了省第二届男性学学术会议。会议收到论文 63 篇,与会代表 65 人。

1998 年 6 月,在广州市召开了广东省第四次泌尿外科学术会议。与会代表 183 人,会议论文 200 篇,大会发言 20 篇,小组交流 60 篇。

2001 年 9 月,在广州市召开了广东省第五次泌尿外科学术会议。与会代表 200 人,会议论文 190 篇,大会发言 30 篇,小组交流 50 篇。进行了换届选举,组成了第五届泌尿外科学会委员会。

2004 年 6 月,广东省人民医院联合中山大学附属第三医院及广州医学院附属第一医院微创外科中心举办 2004 年国际微创泌尿外科专题研讨会。与会代表 1 200 人,会议论文 450 篇,大会发言 30 篇,大会期间录像交流 100 篇,并采用微波通讯实时转播三方 19 台手术。

2005 年 9 月,在广州市召开了广东省第六届第一次泌尿外科学术年会暨第一届两岸四地泌尿外科论坛,与会代表 300 人,会议论文 230 篇,大会期间录像交流 70 篇,大会总结性专题发言 8 个,并请香港、台湾、澳门地区著名泌尿外科专家参会。

2006 年 8 月,在深圳市召开了广东省第六届第二次泌尿外科学术年会暨第二届两岸四地泌尿外科论坛,与会代表 400 人,会议论文 320 篇,并请台湾专家进行腹腔镜手术演示。

2007 年 9 月,在广州召开了广东省第六届第三次泌尿外科学术年会暨第三届两岸四地泌尿外科论坛,代表 380 人,会议论文 350 篇。

2008 年 8 月,在广州市召开了广东省第七届第一次泌尿外科学术年会,代表 400 人,会议论文 360 篇,进行换届工作,组成了第七届泌尿外科学术委员会。

2009 年 10 月,在江门市召开了广东省第七届第二次泌尿外科学术年会,代表 400 人,会议论文 330 篇,大会期间录像交流 70 篇,大会总结性专题发言 8 个,并请香港、台湾、澳门著名泌尿外科专家参会。

2010 年 6 月,在东莞市召开了广东省第七届第三次泌尿外科学术年会,代表 400 人,会议论文 200 多篇,并和亚洲泌尿外科学院举行微创技术联合培训项目,成立广东省医学会泌尿外科学分会青年委员会。

三、广东省泌尿外科学分会拥有知识渊博、享誉医学界的专家教授

自广东省分会泌尿外科学会成立以来,历届专科学会的委员,特别是主任委员与副主任委员,都是由学识渊博、基础扎实、专业造诣很深、治学严谨的医学专家及教授担任,他们的事迹因篇幅有限,未作一一介绍。

中华医学会泌尿外科学分会第九委员会副主任委员黄健教授的事迹在历届常委个人小传中作简要介绍。

广西壮族自治区泌尿外科学史

一、发展概况

在新中国成立前，广西壮族自治区较大的正规医院不多，泌尿外科为大外科的一部分。

中华人民共和国成立后，陆续有外科医师专门从事泌尿外科工作。1950年，广西壮族自治区立医学院（1953年改名为广西医学院，1992年改名为广西医科大学）覃光熙承担泌尿外科的教学工作。1955年，他到上海第一医学院附属中山医院参加全国泌尿外科进修班，师从著名的熊汝成教授。同年，同在广西医学院的陈联珊也到北京卫生部组织的全国泌尿外科进修班学习，当时由前苏联专家执教。他们学成归来后，于1958年组建泌尿外科专业组，先后与小儿外科、颅脑外科共病房，设15张病床，由覃光熙负责，有医师3人。1957年，驻桂林的解放军一八一医院高岚到南京军区总医院进修，回院后积极开展泌尿外科工作。同年，驻南宁的解放军三〇三医院骆岚也开了泌尿外科工作。此后，其他医院也相继培养了专职的泌尿外科医师，但至20世纪80年代初，全广西壮族自治区内各医院均尚未分出独立的泌尿外科病房。

1983年10月，解放军一八一医院成立独立的泌尿外科病房，设病床25张，高岚任主任，李明义任副主任。同年，桂林医学院附属医院也成立了独立的泌尿外科。1984年广西医学院第一附属医院（原广西医学院附属医院）由王植柔任科负责人，成立独立的泌尿外科专科病房，设病床30张。1985年建立泌尿外科研究室，王植柔任主任，甘俊常任副主任。1990年后，各自治区级和地、市级人民医院纷纷建立独立的泌尿外科专科病房。多数县级人民医院都有了专职的泌尿外科医师。解放军一八一医院和广西医科大学第一附属医院还分别于1993年和2002年分出独立的肾移植病房。2004年，广西医科大学附属肿瘤医院泌尿外科从原妇泌科独立出来，成为广西第一个专科医院的泌尿外科。

二、医疗技术的应用与发展

1941年广西医科大学第一附属医院开展了精索内静脉结扎、包皮环切、尿道外口切开、耻骨上膀胱切开取石、附睾切除、睾丸鞘膜翻转、经会阴前列腺摘除、肾脏切除、膀胱充氧造影等手术。1946年，该院覃光熙应用BB型美制膀胱镜作膀胱检查及逆行肾盂造影。

民国时期，南宁市第一人民医院（原南宁市小乐园医院）也可完成经会阴前列腺摘除术和一些治疗尿路结石、肾结核、阴茎癌的手术。

20世纪50年代，广西各地逐步开展了泌尿外科的常规手术和诊断技术：腔静脉后输尿管整形术（1956年，解放军一八一医院）、肾盂切开取石术、输尿管切开取石术、耻骨后前列腺摘除术、肾门淋巴管剥离结扎术、阴茎全切除术、膀胱全切除输尿管回肠皮肤造瘘术（1957年，广西医学院第一附属医院）、输精管造影术、膀胱扩大术（1958年，广西医学院第一附属医院)、回肠代输尿管术、嗜铬细胞瘤切除术、肾上腺皮质腺瘤摘除术、股动脉切开插管腹主动脉造影和肾动脉造影术、经足背淋巴管造影术(1959年,广西医学院第一附属医院)、膀胱外翻矫治术(1960年,广西医学院第一附属医院)、腰小肌腱肾固定术、膀胱阴道瘘经膀胱修补术(1961年,广西医学院第一附属医院)、尿道下裂和尿道上裂矫治术(1962年,广西医学院第一附属医院)、肾窦内广泛肾盂切开取石、腹直肌腱条膀胱颈悬吊术、Michalowski前尿道内切开治疗广泛性前尿道狭窄(1964年,广西医学院第一附属医院)、腹膜后淋巴结清除术、经骶骨旁切开直肠修补尿道直肠瘘(1972年,广西医学院第一附属医院)等。

1978年,广西医学院第一附属医院开展改良Denis-Brown尿道下裂手术方法,使成功率提高到96.5%,并开展了自体肾移植治疗肾血管性高血压、输尿管肾下盏吻合术、自体睾丸移植术、根治性前列腺切除术、改良直肠膀胱术和乙状结肠原位代膀胱术等,同时与内科合作开展血液透析疗法。1979年,钦州市第一人民医院开展自体肾移植术治疗复杂肾结石。1980年,广西医学院第一附属医院陈坚等开展经皮穿刺腹主动脉、选择性肾动脉造影术,王植柔开展原位低温肾实质切开取石术治疗复杂性肾结石。1981年,广西医学院第一附属医院开展自体睾丸移植术。1982年,该院覃光熙教授开展根治性前列腺切除术、肾癌合并下腔静脉癌栓切除术。甘俊常开展"一线三针"肾部分切除术。1986年,广西医学院第一附属医院刘天长等开展阴茎海绵体造影术,王植柔开展人工精囊、非膨胀性阴茎假体植入术;同年解放军一八一医院黄诗存开展左精索静脉-旋髂静脉吻合术。1987年,广西医科大学第一附属医院甘俊常和邓耀良开展尿流率的测定;1988年,广西医学院第一附属医院刘天长等开展腹壁下动脉-阴茎背深静脉吻合术;甘俊常和邓耀良开展B超引导经皮肾穿刺治疗肾囊肿。1990年,广西医科大学第一附属医院甘俊常和刘天长等开展去黏膜乙状结肠原位膀胱术。解放军一八一医院田连保等开展腹壁下动脉-阴茎背深动脉吻合术。1993年,柳州地区人民医院莫刚等开展睾丸鞘膜蓄精囊形成术。1994年,广西医科大学第一附属医院刘天长等开展双侧肾上腺全切除术,自体肾上腺移植治疗皮质醇增多症;桂林市第四人民医院王文章等开展尿道记忆合金网状支架管植入术。1989年,广西医科大学第一附属医院刘天长开展高能射频治疗前列腺增生。2000年,钦州市第一人民医院在国内首先开展尿道瘢痕切除带蒂膀胱肌瓣管代尿道术;解放军一八一医院于永纲等开展膀胱全切术、乙状结肠正位膀胱术;南宁市第一人民医院、解放军一八一医院开展尿动力学检查。2006年广西医科大学第一附属医院黄伟华开展左肾静脉下移术治疗胡桃夹综合征。

在器官移植方面,广西医学院第一附属医院于1975年开始做肾移植的动物实验,1978年完成广西首例同种肾移植术。1980年,广西医学院第一附属医院王植柔等在国内首次开展同种带血管肾上腺移植术获得成功。1983年,南宁市第一人民医院开展同种肾移植术。1986年,解放军一八一医院开展同种肾移植术。1990年后,广西人民医院、桂林医学院附属医院、柳州市工人医院、柳州市中医院、柳州市第三人民医院、北海市人民医院、梧州市工人医院等也先后开展了同种肾移植术。1999年广西医科大学第一附属医院开展HCA组织配型工作。2000年4月,玉林市第一人民医院开展活体亲属肾移植术。2000年广西医科大学第一附属医院开展肝肾联合移植术;2000年6月,解放军一八一医院开展同种胰-肾联合移植术。2003年广西医科大学第一附属医院开展胰肾联合移植术。2010年3月,广西准予开展肾移植的单位有：广东西医科大学第一附属医院、广西中医学院瑞康医院、解放军一八一医院和解放军三零三医院。

在微创泌尿外科手术方面,1981年,解放军一八一医院高岚等开展输尿管下段结石套石术。1984年,广西医学院第一附属医院开展了经尿道膀胱肿瘤电切术(TURBt)、经尿道前列腺电切术(TURP)、膀胱内液电碎石术和输尿管镜碎石取石术。1985年,广西人民医院刘瑞祥开展TURP,李丰庆开展输尿管镜碎石取石术。1986年,南宁市第一人民医院也开展了这些手术。1988年广西壮族自治区人民医院谭绍富开展标准通道X线定位经皮肾镜取石术。此后,这些技术迅速在全区地、市以上医院及部分县级医院开展起来。2001年,解放军一八一医院于永刚开展微创经皮肾穿刺取石术。

1994年,广西医科大学第一附属医院邓耀良、1995年梧州市人民医院黄志红等成功开展腹腔镜精索静脉高位结扎术。1997年梧州市工人医院李洪等、1999年南宁市第二人民医院王晓平等也开展了该手术。2000年,广西医科大学第一附属医院、南宁市第一人民医院全面开展腹腔镜泌尿外科手术,如肾囊肿去顶减压术、肾上腺肿瘤切除术、肾上腺切除术、肾切除术、前列腺电切术、腹腔型隐睾探查术等。此后,广西地、市级以上医院也广泛开展了腹腔镜泌尿外科手术。2002年,广西壮族自治区人民医院梁建波开展腹腔镜下右精囊囊肿切除术;解放军一八一医院于永刚开展腹腔镜下肾周淋巴管结扎术;广西医科大学第一附属医院白先忠等首创腹腔镜前列腺摘除术治疗前列腺增生获得成功。2004年,广西人民医院梁建波等开展腹腔镜下根治性膀胱切除术、正位回肠膀胱术。贵港市人民医院在中山大学附属第三医院高新教授的帮助下完成腹腔镜下根治性前列腺切除术。玉林市第一人民医院开展腹腔镜下根治性膀胱切除术,原位乙状结肠膀胱术。2006年贵港市人民医院开展两孔法腹腔镜精索静脉高位结孔术。

1988年1月,玉林市第二人民医院(原玉林市人民医院)开始进行体外冲击波碎石治疗泌尿系结石。此后,广西各地、市级以上医院及很多县级医院也广泛开展了此项技术。

三、科学研究情况

在广西泌尿外科学科研方面,特别是基础研究比较薄弱。早期,研究主要在广西医学院等教学单位开展。近年来,各级医院均相继开展了一些研究工作。获得国家自然科学基金资助的课题有：广西尿石症防治草药——广金钱草的研究(1990年,王植柔);前列腺间质/上皮细胞双向调节关系的基因差异表达研究、前列腺间质/上皮关系差异表达基因的克隆与功能分析、应用血清药理学方法筛选抑制前列腺增生的有效中草药(1999年、2002年、2003年,莫曾南);高血压大鼠盆大神经节及阴茎海绵体NOS的研究(2003年,张新华);高血压大鼠阴茎海绵体PDE5的研究(张新华)、前列腺PDE5雄激素依赖性研究(张新华)、穿膜肽-抗体-蛋白微球偶联物传送系统对膀胱癌作用机制研究(周洁)、牛磺酸干预草酸和草酸钙晶体诱导肾脏细胞氧化应激损伤过程的实验研究(邓耀良),纳米微粒介导的晶体—细胞反应在肾乳头钙化形成中的相关性研究(邓耀良),基于循证决策与技术预见的慢性疾病防治新方法新技术发展战略研究(曾莫南),获省部级资助的项目有 39 项。获奖科研项目:中国发明银奖 1 项;军队科技进步奖 14 项;省级科技进步奖 4 项、医药卫生科技进步奖 3 项、卫生科技三等奖 1 项、科委科技进步奖 2 项;市级科技进步奖 20 项。

　　20 世纪 80 年代初,广西医学院在湖南医学院的协助下,于 1984 年招收泌尿外科硕士研究生,并在 1990 年获得硕士学位授予权。至今共培养硕士研究生 40 人,在读 27 人。2004 年广西医科大学附属第一医院莫曾南教授和该校附属肿瘤医院王植柔教授获得博士生导师资格,挂靠肿瘤学专业招生。2006 年广西医科大学第一附属医院泌尿外科参与该院外科学申报博士点取成功,同年独立招收泌尿外科博士研究生,莫曾南教授和邓耀良教授为博士研究生导师。至今已培养博士研究生 5 人,在读 4 人。解放军第一八一医院于 2003 年培养首批硕士研究生。2005 年北海市人民医院作为广西医科大学第九附属医院开始招生硕士研究生,桂林医学院附属医院泌尿外科 2007 年获硕士学位授予权。2009 年广西医科大学第一附属医院泌尿外科被评为广西医疗卫生重点(建设)学科。

四、学会发展

　　1982 年 12 月,在南宁市成立了中华医学会广西壮族自治区泌尿外科学分会筹备委员会,广西医学院第一附属医院覃光熙任主任委员。在此之前,泌尿外科尚无独立的学会,泌尿外科医师参加外科学会的学术活动。

　　1985 年 4 月,中华医学会广西壮族自治区泌尿外科学分会在南宁成立,覃光熙任主任委员。副主任委员王植柔和江荣光,秘书甘俊常。1988 年,广西医学会泌尿外科分会男科学组在桂林成立,蔡学明任组长,甘俊常任副组长。

　　1990 年 5 月,在北海市选举产生中华医学会广西壮族自治区泌尿外科学分会第二届委员会。王植柔任主任委员,覃光熙任名誉主任委员,蔡学明、李丰庆任副主任委员,陈坚任秘书。

　　1994 年 10 月,在桂林选举产生中华医学会广西壮族自治区泌尿外科分会第三届委员会。王植柔任主任委员,蔡学明、甘俊常任副主任委员,陈坚任秘书。

　　1998 年 11 月,在钦州市选举产生中华医学会广西壮族自治区泌尿外科分会第四届委员会。陈伯川任主任委员,陈坚、白先忠(兼秘书)任副主任委员。

　　2003 年 3 月,在南宁市选举产生中华医学会广西壮族自治区泌尿外科学分会第五届委员会。莫曾南任主任委员,陈伯川任名誉主任委员,王植柔、陈坚任顾问,白先忠、杨燕伟、梁建波任副主任委员。2004 年 6 月,增选于永纲任副主任委员。2008 年 6 月,在钦州市选举产生中华医学会广西泌尿外科分会第六届委员会。广西医科大学第一附属医院莫曾南任主任委员,副主任委员黄伟华(广西医科大学第一附属医院)、白先忠(广西医科大学附属肿瘤医院)、梁建波(广西壮族自治区人民医院)、于永纲(解放军第 181 医院)。秘书米华、杨占斌(广西医科大学第一附属医院)。

　　每届举办两次学术会议,1982 年(南宁)、1992 年(北海)、2004 年(桂林)3 次承办中南省、区泌尿外科学术会议。2005 年在南宁承办中华医学会男科学术分会暨第六次全国男科学术会议,2008 年在桂林承办第三届长城国际男科论坛暨亚太性功能障碍学会地区会议。

海南省泌尿外科学史

海南岛面积 3.4 万平方公里，人口仅 700 万，是我国陆地面积最小、最年轻的省份，于 1988 年脱离广东而独立建省。由于孤悬海外的地缘原因，尽管海南岛接受西方医学的影响较早，但解放前战事纷乱，而解放后又一直是国防战备的前哨，海南的经济及医疗卫生事业都相当落后，直到建省办大特区后才有了较大的进步。现将海南省的泌尿外科发展简略介绍。

一、奠基阶段（1885—1950 年）

第二次鸦片战争后，西方列强强迫清政府开辟海口办商埠。1885 年，美国基督教会建海口福音医院；1901 年，法国天主教会建海口中法医院。以上两家医院初期以产科为主。1930 年，由海南贤达和爱国华侨募捐集资在海口创办海南医院，床位 160 张，科室设置较齐备。这些医院的先后成立给海南岛带来了现代医学，但在泌尿外科方面，直至 1950 年 4 月，也仅仅是由一般外科医师开展阴茎部分切除、睾丸切除、膀胱切开取石等一些简单的外科手术。

二、发展初期（1951—1971 年）

1951 年，广东省人民政府将海南医院与海口福音医院合并成立广东省海南人民医院（现海南省人民医院）。到 20 世纪 70 年代初，该院床位达 600 多张，是海南岛规模最大、技术力量最强的医院。在此期间，海口中法医院更名为海口市人民医院。1952 年，建立海南农垦总局医院；1973 年，建立海南医学专科学校附属医院（现海南医学院附属医院）。在此期间，海南各医院均没有设置专门的泌尿外科医师，泌尿外科病人由普通外科处理，以尿石症较多。尽管如此，泌尿外科技术还是得到逐渐发展，能够完成肾切除术、肾和输尿管切开取石术、膀胱部分切除术等。主要医师有洪微树、符世汉、朱治安、陈钟圣、邱及裔等。

三、发展阶段（1972—1988 年）

1972 年，当时的广东省海南人民医院选送李侨香医师到上海进修泌尿外科 1 年，他是海南自己培养的第一位泌尿外科医师。原广东省人民医院泌尿外科主任张启明下放到海南万宁县劳动锻炼，1973 年调入海南人民医院，后该院成立泌尿外科组，初始有 10 张病床，并购进海南省第一台进口膀胱镜。在张启明主任的带动下，海南人民医院的泌尿外科迅速发展壮大，开展了肾肿瘤、复杂肾结石、尿道狭窄等较高难度的手术，床位也逐渐扩大至 22 张。张启明主任调返广州后，由颜业民主任负责泌尿外科工作，其间该院的泌尿外科医师还有陈白平、李康顺、林书则等 7 人。海南农垦总局医院泌尿外科发展较好，邱及裔、韩启光医师在肾移植、腹膜透析方面成绩较突出。1982 年，海南医学专科学校附属医院张祖洪、吴清章等医师开始组建泌尿外科专科。这阶段由于海南经济比较落后,生活比较艰难。"文革"结束后,一部分医师相继出国或调离海南岛,使泌尿外科的持续发展受到了一定影响。

四、现阶段(1988 年以后)

1988 年,海南建省,原广东省海南人民医院更名为海南省人民医院,后来海南医学专科学校也更名为海南医学院。中央在海南建省办特区,引进了大批人才,在泌尿外科方面也引入了不少学科带头人,如海南省人民医院的董德欣、海口市人民医院的徐汉明、省农垦总局医院的张成友、省中医院的王莆冠、三亚农垦医院的梁超真等,各大医院的泌尿外科都有了较大的发展。现海南省人民医院泌尿外科编制床位 66 张,医师 16 人设有专科腔镜手术室;海南医学院附属医院泌尿科床位 32 张,医师 11 人;海口市人民医院泌尿外科床位 32 张,医师 16 人。海南农垦总局医院泌尿外科床位 32 张,医师 9 人。其他几家三级人民医院也都成立了独立的或半独立的泌尿外科,床位 10～20 张。各市县二级人民医院也都培养了泌尿外科专科医师,相当部分医院还成立泌尿外科专业组。1991 年,成立中华医学会海南省分会泌尿外科专业委员会,名誉主任委员洪微树、邱及裔,主任委员董德欣,副主任委员韩启光、张祖洪,常务委员岑松、徐汉明、王莆冠,后增补白志明、肖劲逐。1988 年,海南省人民医院购入省内第一台体外震波碎石机,之后各医院相继购入。到目前为止,据不完全统计,全省已有 20 多台这类机器。在腔内泌尿外科方面,1989 年,海南省人民医院带头开展了前列腺电切术,输尿管镜、肾镜取碎石术等;开展较好的单位还有海口市人民医院、海南医学院附属医院。紧随外科微创技术的发展,1998 年,海口市人民医院购入美国 NDYAG 激光系统;2004 年,海南省人民医院购置美国绿激光汽化系统,用于治疗良性前列腺增生症(BPH);2005 年,海口市人民医院购入瑞士 EMS 弹道+超声碎石设备,海南省人民医院购置德国钬激光碎石设备,开展经皮经肾镜取石术(PCNL)之后,海南医学院附院、海南省农垦总局医院等单位相继开展,使上尿路结石的治疗更加微创化,开放手术率进一步下降。琼海、琼山等一些市(县)二级医院最近也开展了经尿道前列腺电切术(TURP)及输尿管镜碎石术。1984 年,海南省农垦总局医院率先开展肾移植。1994 年后,海南省人民医院、海南医学院附属医院、海口市人民医院相继开展肾移植,但限于肾源,开展的例数不多。在泌尿外科腹腔镜手术方面,海南省人民医院 1996 年开始应用,现在海口市人民医院、海南医学院附属医院等多家三级医院开展都较好,个别市县二级医院最近也已开展。2008 年海南省人民医院人才引进康新立主任后,在腹腔镜手术方面进一步推动,先后开展了肾癌根治术、肾部分切除术、全膀胱切除术、前列腺癌根治术等。在尿动力学方面,海口市人民医院首先开展,做得较好。在可控尿流改道方面,省人民医院、省农垦总局医院做得较好。2006 年 10 月,海南省泌尿外科专业委员会进行换届,新一届委员会由 41 名委员组成,岑松任主任委员,白志明、肖劲逐任副主任委员。尽管建省后海南省的泌尿外科有了相当进步,但相比其他省份还有相当大的距离,尤其在基础研究、高新技术应用、高尖专科人才培养等方面。

进入 21 世纪,在高新技术日新月异的今天,海南省的泌尿外科同道们将更加努力,为海南泌尿外科事业的快速发展而奋斗。

四川省泌尿外科学史

四川省位于中国西部内陆盆地，虽然在地理位置上相对封闭，但泌尿外科学在四川的历史是与中国的泌尿外科学同时起步、同时发展的。四川省的现代泌尿外科学发轫于20世纪初叶，至今已有近百年的历史。

在这一过程中，四川省数代泌尿外科医师为泌尿外科学的发展付出了毕生的精力和心血。从最初的开展泌尿外科诊疗工作治病救人，到逐渐在各自的医院组建泌尿专业、泌尿专科；从在各医学院校教书育人，到悉心培养各地泌尿外科专业人才；从逐步在全省建立各级泌尿外科学术团体，到常年组织各种学术交流活动，谱写了四川省泌尿外科事业从无到有、不断壮大、逐渐成熟、蓬勃发展的华丽篇章。

一、历史沿革

在四川省泌尿外科学的历史发展过程中，特别是在早期，各地区的发展情况和水平存在较大的差异。从全省范围和整体水平考察，根据泌尿外科专业在各地区主要医疗单位发展的情况，可大致将这一过程分为3～4个在时间上有一定重叠的阶段。

新中国成立以前，是四川泌尿外科学从无到有的奠基时期。仅在成、渝等地的华西协合大学医学院、四川省省立人民医院等少数单位，当时国内著名的泌尿外科学前辈刘荣耀、董秉奇、杨嘉良等较为系统地开展泌尿外科诊疗工作，尚没有成立泌尿外科专业。

1950—1980年，是四川省的泌尿外科学不断壮大的发展时期。在此期间，除四川医学院（原华西协合大学医学院）外，省内先后建成多所医学院，包括第三军医大学、重庆医学院、泸州医学院、川北医学院和成都中医学院等。各医学院均设立了泌尿外科专业，并且学术水平不断提高，专科床位不断增加，专科医师队伍不断壮大。同时，四川省级医院和主要的地、市、州医院也陆续成立了泌尿外科专业组甚至泌尿专业病房、科室，由专职或兼职的泌尿专业医师管理一定数量的泌尿专业病床。不少县级医院也通过派遣外科医师到各医学院校、省级单位进修学习，培养了一批能够从事泌尿外科工作的基层医师。至此，泌尿外科专业在全省范围的主要医疗单位基本建成。

改革开放以后，则是四川省泌尿外科学逐渐成熟、蓬勃发展的时期。省内各级医疗单位的老中青泌尿外科医师齐心协力，在各自的岗位上辛勤耕耘，不断学习，应用和推广现代泌尿外科的新知识和新技术，提高了本单位、本地区的泌尿外科学水平。这既缩小了省内各地区间发展的差异，也促进了全省泌尿外科专业的逐渐成熟。尤其进入20世纪90年代以后的20多年，在省、市、县三级医疗机构的泌尿外科专业构架得以完善、泌尿专业医师队伍不断壮大的基础上，各种高水平的学术交流使得先进的泌尿外科新技术在全省各地得到迅速推广和应用。各地泌尿外科诊疗工作越来越规范,专业水平有了明显的提高,各地的差距逐渐缩小。四川泌尿外科事业进入了历史上发展最快、工作最好的全盛时期。

二、奠基时期

(一)抗日战争爆发以前

19世纪以来,在西学东渐的背景下,西方医学通过多种渠道传入中国。其中主要的形式是由西方各国的教会在中国各地,尤其在长江流域的各通商口岸建立教会医院。四川省地处长江中上游,也是中国西部的内陆腹地。1890—1920年,西方各国的教会在当时四川省的成都、重庆,以及乐山、宜宾、遂宁、自贡等地(市)陆续建立了不少教会医院或诊所。

在这些教会医院中,对四川省泌尿外科学的创建和发展有着巨大影响的是加拿大基督教会于1892年在成都创办的四圣祠北街福音男医院(存仁医院),以及1896年在其附近的后巷子建立的福音女医院(仁济医院)。

1890年,第一届博医会在上海召开,极力主张在中国各地组建联合医学院,最好的例子是北京协和医学院。此后全国各地相继开办起多所医学院。1909年,英、美、加等3国的5个教会在成都联合创办了私立华西协合大学(华大),关于1910年开始正式招生。1913年,华西大学成立医科(现华西医学院),是四川省创办的第一所医学院,也是中国西部最早完全按照西方高等医学教育模式建设的医学院。医学院于1914年正式招生,首任院长为启尔德医生(OL Kilborn)。由于当时没有附属医院,就将四圣祠北街福音男医院和福音女医院作为主要的教学医院。

1915年,医学院六年制教学计划中即已把泌尿科作为一门独立的课程安排在第六学年,当时叫“阴阳尿经病症”。当第一班学生(共7名,1920年毕业时只有4名)在第6年(1920年)上课时,EC Wilford(胡祖怡)被加拿大教会派到华西协合大学医学院任教。他是多伦多大学毕业的医学博士,毕业后在多伦多及爱丁堡工作多年,积累了大量的工作经验。此后,随加拿大军队在国外做过4年军医,后又从事X线诊断学。他有着丰富的泌尿专业经验,同时善于管理,非常适合担任科主任,所以到华西协合大学医学院后即被任命为外科主任,并承担了“阴阳尿经病症”的教学任务,不过当时已把该课程更名为“生殖尿具学”了。

因此,泌尿外科作为一门学科,于1920年后才在四川省开始起步。至于当时,临床上开展过哪些诊疗工作,因无据可考,难予置论。此外,当时泌尿生殖外科在临床上的发展也未查到相关记载。

(二)抗日战争爆发以后

1937—1938年,齐鲁大学(齐大)医学院及南京中央大学(中大)医学院因日本侵华战争而内迁成都与华西协合大学(华大)医学院合作,联合办学、办医,在四圣祠成立三大学联合医院。四圣祠男、女两医院是联合医院的主体,为临床教学及实习的主要基地。齐鲁大学医学院的刘荣耀及南京中央大学医学院的董秉奇原来都主攻泌尿生殖外科。1937年11月,刘荣耀随山东齐鲁大学迁来成都,在四圣祠医院开展了部分泌尿外科医疗工作。1938年他晋升为副教授并任外科主任,开始为三大学联合医院开设泌尿外科课程。

1938年，四圣祠福音男医院手术室的手术登记册上，1月3日至3月8日登记的泌尿生殖系手术中仅有包皮切除及睾丸切除。1938年，妇产科的李哲士医师（SH Liljestrand）从美国带来膀胱镜。同年4月27日至年终所登记的手术，属泌尿生殖系的则有膀胱镜检、尿道扩张术、耻骨上膀胱切开取石术、肾切除术、尿道狭窄切开术、包皮背侧切开术、附睾切除术、输精管结扎术，以及由董秉奇和刘荣耀共同施行的耻骨上前列腺摘除术。

1941年，南京中央大学医学院脱离三大学联合医院，董秉奇也离开了四圣祠医院，泌尿生殖外科病人即由刘荣耀单独主治。1942年，联合医院开展静脉肾盂造影。同年，在成都华西坝新建医学院附属医院——华西协合大学医院（现华西医院）。同年，北京协和大学医学院部分内、外科及护士班师生迁来成都，并入华西协合大学医学院，在此任教与实习。至1943年，华西医院协合大学医院大部建成，四圣祠医院除留下50张床位作为慢性病医院外，其余病人、设备、医护、管理人员全部并入华西协合大学医院，并设250张床位，使其成为一所在当时最时新、科室门类齐全、设施较完善、名副其实的大学附属综合性医院。1945年，抗日战争结束，南京中央大学医学院和齐鲁医学院的大部分师生先后迁回原地。当年在四圣祠医院开展的泌尿生殖系诊治技术已有逆行肾盂造影、膀胱阴道瘘修补术、肾固定术、尿道肉阜切除术等。

1944年，华西医院的杨嘉良前往加拿大多伦多大学医学院进修泌尿外科，并于1947年获泌尿外科硕士学位回国，任华西医院外科主治医师兼四圣祠慢性病医院院长，直至1950年将后者交成都市政府改办为市精神病院为止。当时外科的结构仍为大外科。杨嘉良在大学医院主要从事普外及泌尿病人的主治工作。他用自己节衣缩食所积累的钱购买了膀胱镜、经尿道前列腺切除镜及丝状尿道探条等，无偿地送给医院。1950年以前，在泌尿科方面，他主要开展了睾丸下降不全的睾丸固定术、慢性淋病性尿道狭窄的丝状探条扩张术、输尿管-乙状结肠吻合术等。

南京中央大学医学院脱离三大学联合医院后，于1941年与四川省卫生署联合在成都市创办了公立医院并将其，作为南京中央大学医学院的内、外科教学基地。该公立医院首任院长由时任省卫生署署长陈志潜兼任。1945年抗战胜利后，南京中央大学医学院迁回南京，公立医院改名为四川省省立医院，首任院长为谢锡臻。1946—1948年，刘荣耀留学美国哈佛大学麻省医学院，专攻泌尿外科，回国后任四川省省立医院外科主任。他用带回的膀胱镜在四川省省立医院开展了膀胱镜镜检术，同时还开展了附睾切除术、输尿管膀胱吻合术、肾固定术、肾切除术、耻骨后和耻骨上前列腺切除术和输尿管乙状结肠吻合术等手术。

抗日战争时期，不仅在成、渝两地建立了一些大型医院，而且还先后在上百个州县建立了卫生院。虽然他们的规模较小，条件、设备目录简陋，技术力量较薄弱，但毕竟初步建立起了省、州、县三级医疗卫生机构。

在此期间，作为大后方的四川省，不仅接待了大量来自沦陷区的医学专家和内迁院校的师生，以及一些国际援华医学专家，同时还接受了一些援华医学图书、设备和物资。他们带来的先进医学知识、医学技术和临床经验、医院管理制度及基础和临床的教学经验，对四川省医疗业务技术的提高、医院建设和医学教育等方面都起到了较大的推动作用。抗战胜利后,尽管内迁院校专家教授绝大部分先后返回原地,但已形成的教学、医疗管理制度,已积累起来的医疗业务技术和经验,已培养起来的良好医疗作风及学术风气都比较系统地保留了下来,使四川省的医疗水平和医学教育水平均有明显提高,特别在成、渝两市尤为突出。刘荣耀、董秉奇、杨嘉良等先辈也成为四川省泌尿外科学发展史上的奠基人。

三、不断壮大的发展时期

新中国成立后,1950—1980 年的 30 年,是泌尿外科学在四川省各地不断壮大的发展时期。在各医学院校和省级大型医院,泌尿外科学在前辈们创造和奠定的基础上不断发展壮大,从 20 世纪 50～60 年代的专业组,到 20 世纪 80 年代早中期,大都建立了独立行政管理编制的泌尿外科科室。

在省内的各地、市、州、县,医学院校毕业的外科医师或在医学院校、省级大医院泌尿外科进修后的专科医师,逐步开展了各种泌尿外科诊疗工作。到 80 年代,省内各主要的地市级医院基本上都成立了泌尿外科专业小组或泌尿病房,拥有独立的泌尿外科病床,前且大多数单位由专职的泌尿外科医师从事专业诊疗工作。

(一) 医学院校和省级医院

1. 四川医学院

1951 年,四川省人民政府接管华西协合大学,更名为"华西大学"。1953 年下半年,在全国院系大调整中改为四川医学院。华西医院也更名为四川医学院附属医院。原医学院改为医学系,杨嘉良任系副主任。原来的系改为科,杨嘉良兼任外科主任。1954 年 4 月,外科分设普外、骨科、胸科及泌尿 4 个专业小组。泌尿专业组由杨嘉良任指导,邓显昭任主治医师,王有麒、饶志琳任住院医师,共有床位 12 张,主收泌尿、兼收普外病人。

1962 年,四川医学院贯彻"高教 60 条"时,外科正式受命组建各专业组的教师梯队。当时泌尿专业组的固定成员有杨嘉良、邓显昭、饶志琳、王有麒及唐孝达等 5 人。各专业组除固定成员外,每学期还接收大外科分配到各专业组轮转培养的住院医师。住院医师在固定专科前,尽力拓宽专科医师的大外科基础。1972 年,泌尿专业组编制床位增加到 25 张,同时泌尿专业组成员增加了田兆雄、杨宇如、唐科仕、詹玉清等 4 位医师。此后,陈宗福医生于 1977 年加入泌尿专业组。至此,泌尿专业组的专业梯队建设得到了进一步加强。

1954—1965 年,泌尿专业组经治病人的疾病谱按病例数多少排列,分别为泌尿生殖系统结核、膀胱及肾输尿管结石、骑跨式尿道损伤、阴茎癌、淋菌性尿道狭窄、膀胱阴道瘘、前列腺增生、膀胱肿瘤、肾肿瘤、睾丸肿瘤、肾上腺疾病等。1975 年,唐孝达、杨宇如、唐科仕开展了兔血管吻合术。1978 年,邓显昭晋升为教授,泌尿专业成为外科临床医学硕士培养点之一,邓显昭任硕士研究生导师,并于当年招收了首名硕士生何少牧。同年小儿外科专业组内成立了小儿泌尿专业小组。1980 年,张思孝到泌尿专业组工作。1980—1982 年唐孝达被派往奥地利进修,回国后开始为重危肾盂积水病人开展环形肾造瘘新技术,以改善肾功能、减轻感染。

1979 年 1 月 19 日,首次为慢性肾炎、肾功能衰竭病人张承如施行了同种肾移植术,是川西地区首例。此后,肾移植发展迅速。1983 年,医院新建肾脏移植病房,设有移植术后隔离病床 6 张。另设 16 张缓冲床位,由唐科仕、詹玉清医师分别主管。1984 年,组建了肾移植实验室,开展配型及肾移植术后的常规检查和监测,使移植前后的医疗监测工作规范化。

1984 年,唐孝达被选任为四川医学院及附属医院院长。四川医学院被国家卫生部列为部属五所重点医学院校之一,次年更名为华西医科大学。同年,外科各专业组均经批准成为大外科直属的科室,设有普通外科与泌尿外科床位 40 张和肾移植床位 20 张,杨宇如被任命为泌尿外科科室主任。

2. 四川省人民医院

四川省人民医院泌尿外科的前身是在 1941 年由前国立中央大学医学院与前四川省卫生署共同组建的四川省省立医院之泌尿外科。全国解放后,人民政府接管原四川省省立医院,经四川省人民政府正式命名为四川省人民医院。

1950 年,医院建立泌尿外科组,固定床位 10 张,同时医院指定外科医师潘慈康师从刘荣耀从事泌尿外科工作。1957 年,孟庆川参加泌尿外科工作。1961—1962 年,陈照祥、彭德先、王懋和先后固定在泌尿外科专业工作。至 1976 年,泌尿外科病床增至 36 张,泌尿外科正式成为四川省人民医院外科专科。1983 年 8 月,潘慈康被任命为四川省人民医院院长。同年,陈照祥被任命为泌尿外科科室主任。

在此期间,四川省人民医院泌尿外科先后开展了肾上腺腺瘤切除术、肾上腺大部切除术、阴茎癌根治切除术、尿道下裂成形术、肾盂输尿管交界处狭窄 Y-V 成形术、膀胱全切术和直肠代膀胱术、肾癌根治切除术、改良式耻骨上前列腺切除术以及回肠膀胱成形术和乙状结肠膀胱成形术等泌尿外科手术。早在 20 世纪 70 年代后期,便引进人工肾开展了血液透析治疗。1977 年由医院组织泌尿外科与有关科室组成肾移植小组,开始肾移植的动物实验。1979 年首次成功地为一例复杂肾结石病人进行了自体肾移植术。1963 年,由刘荣耀主编的《临床泌尿手册》出版。

3. 成都军区总医院

1953 年,成都军区总医院始建。泌尿外科工作始于 1956 年,初期是在外科中开展泌尿外科专业工作,如膀胱镜、肾切除、泌尿系结石等手术及检查,由张宗仪负责,但无固定的医师和床位。

随着专业技术水平的不断提高,开展的治疗及手术种类逐渐增加,泌尿外科专业组于 1973 年正式成立,张宗仪任专业组长,配备专科医师 3 人,编制床位 20 张。在此期间,专科建设取得了初步的成就,在常规及部分高难度手术上取得了突破,积极开展肾移植的动物实验(1973 年),分别完成了全膀胱切除术(1973 年)、前列腺摘除术(1974 年)、肾动脉造影术(1978 年),并于 1978 年在国内较早开展了血液透析治疗和同种异体肾移植工作。

1980 年,泌尿外科正式成为医院的一个独立编制的外科专业,张宗仪负责泌尿外科工作,工作人员共有 20 人,编制床位 25 张。自 1981 年起,陈昭颉负责泌尿外科工作,并于1983 年任泌尿外科主任,科室床位逐年扩展至 35 张。

4. 第三军医大学

1951年,解放军总后勤部在重庆建立中国人民解放军第七军医大学;1954年,南昌第六军医大学并入第七军医大学,"文革"中曾迁至上海,后又返重庆;1977年更名为第三军医大学。该校设有三所附属医院:西南医院、新桥医院及大坪医院,首任校长为祁开仁。该校的建立和发展为四川省增加了不少泌尿外科专业人才,其中著名的有陈仁亨、郭遒勉教授等(参见重庆市泌尿外科学史)。

5. 重庆医学院

1955年,开始筹建重庆医学院,同年由中央抽调上海第一医学院医教研人员311人组建成立重庆医学院,1956年秋季开始招生,首任院长为钱真。重庆医学院使我省增加了众多知名专家教授,其中有泌尿外科的陈家骥教授(参见重庆市泌尿外科学史)。

6. 泸州医学院

泸州医学院为四川省属高等医科院校,建于1951年,初名泸州医学专科学校,1978年更名为泸州医学院,首任院长为顾德诚。同年成立泌尿外科专业,知名的教授如李继冉。20世纪70年代末期,该院为继四川医学院之后在省内第二个开展肾脏移植手术的单位。

7. 川北医学院

川北医学院是一所省属高等医科院校,创建于1951年,建校之初为川北医士学校,后经不断改制,于1985年由南充医专升级为川北医学院,首任院长为袁体先。1976年,开始建立泌尿专业组,由陈仲达、毛普德、王继忠等较为系统地开展了开放式前列腺摘除术、肾上腺肿瘤切除术、肾肿瘤切除术、尿道狭窄修复及膀胱全切回肠代膀胱术等。1985年,成立泌尿外科科室。

8. 成都中医学院

成都中医学院于1956年8月创建,是全国最早建立的四所高等中医院校之一。1976年,张蜀武在四川医学院泌尿外科进修后,回医院组建泌尿外科专业组,开展了医院首例耻骨上前列腺摘除手术。1978年,王松培调入成都中医学院附院外科后,主持泌外专业组工作,开展了膀胱全切、肾切除、复杂泌尿道损伤修复等手术。

至此,四川省内已先后建成5所西医医学院校和一所中医学院,布局在川东、川西、川南、川北。各医学院校及成、渝两地的各省级医院,都纷纷开办不同层次的进修培训教育,为基层各地、州、市级医院培训专业人才,使四川省泌尿外科专业人才队伍不断壮大。

(二)省内各地、市、州医疗单位

在这一时期,四川省多数地、市、州医院都有了兼职或专职的泌尿外科医师,他们主要通过到医学院校、省级大医院泌尿外科进修学习的方式,成为当地泌尿外科事业的开拓者,陆续开展了较为系统的泌尿外科诊疗工作。同时,也为各地区培养了一定规模和水平的泌尿外科专业人才队伍。

据1981年的不完全统计,全省共有泌尿外科医生214人,其中专职医生150人,兼职医生64人;副教授或副主任医师以上高级职称者36人。到20世纪80年代中期,各主要的地、市、州医院均已基本成立了泌尿外科专业小组或泌尿外科病房，分别设有 10～30 张独立的泌尿外科病床。

宜宾 ①宜宾市第一人民医院陈炜于 1955 年毕业于云南大学医学院本科，1958 年在四川省人民医院泌尿外科进修后，回医院建立了泌尿外科专业小组，设病床 10 张，逐步开展普泌诊疗工作。"文革"后专业组病床增加到 20 张，有三级泌尿外科医生 5 人，并主要向腔道泌尿外科及体外冲击波碎石术（ESWL）发展。②宜宾市第二人民医院何志岐于 1955 年毕业于上海医学院，1964 年在重庆医学院泌尿外科进修，学成回院后开始从事普泌的兼职工作，为该院泌尿外科的发展奠定了基础。

遂宁 遂宁专区医院（现遂宁市人民医院）沈庞泗 1956 年毕业于四川医学院本科，1959 年在四川医学院进修泌尿外科，回院后开展工作。该院设泌尿外科病床 30 张。

自贡 ①自贡市第四人民医院吴庚炎于 1958 年在四川省人民医院进修学习，回院后开始泌尿外科专业工作。1978 年陈长静在四川医学院进修后，回院成立泌尿外科专业组，开展肾上腺肿瘤切除、肾肿瘤切除、肾取石、膀胱全切＋直肠膀胱或回肠膀胱扩大术、尿道狭窄修复等复杂手术。1980 年，荣兴欣先后在四川医学院、上海市第六人民医院进修泌尿外科。该院于 1989 年成立了泌尿外科。②自贡市第一人民医院于 20 世纪 70 年代末期成立泌尿外科专业组，病床 10 张，泌尿外科医师 3 人，开展了肾上腺肿瘤切除、肾肿瘤切除、肾取石、尿道狭窄修复等较复杂手术。

内江 内江市第一人民医院孙福临 1956 年毕业于江苏省医学院（现南京医科大学），1958 年在四川省人民医院泌尿外科进修，1959 年回院开始泌尿外科工作，1960 年又在四川医学院泌尿外科进修，在内江地区率先开展肾切除术、肾盂切开取石术、耻骨上前列腺摘除术、膀胱部分切除术、尿道会师术、球部尿道吻合术、静脉肾盂造影术。该院 1976 年开设泌尿专科病房。

绵阳 绵阳地区第一人民医院（现绵阳市中心人民医院）王兆华 1954 年毕业于山东医专，自 1956 年起，他陆续开展了膀胱镜检查、晚期结核肾切除术、阴茎部分切除术、全切及腹股沟淋巴结清扫术等。1960 年后，他又开展了结核性挛缩膀胱及回肠膀胱扩大术、复杂性鹿角形结石手术、肾实质切开取石术等。进入 20 世纪 70 年代后，开展了前列腺增生摘除术、膀胱部分切除术、输尿管膀胱再植术、肾癌手术、尿道下裂成形术及输尿管肾盂连接部（UPJ）成形术等。1978 年，该院设立泌尿外科病房，设置病床 12 张。

乐山 ①乐山专区医院（现乐山市人民医院），始建于 1911 年，前身为教会诊所。解放后扩建为乐山专区医院，1985 年随地改市后更名为乐山市人民医院。下辖城北分院—乐山市急救中心和城南分院—乐山市传染病诊治中心。医院目前系区域范围内最大的一家集医、教、研、防为一体的国家三级甲等医院。宿光永，主任医师，1960 年毕业于重庆医学院本科，1975 年参与组建医院泌尿外科专业组，1980 年在四川省人民医院泌尿外科进修学习，后回医院积极发展泌尿外科工作，为该院泌尿外科的发展奠定了基础，1985 年独立建科，病房编制床位 30 张，宿光永任第一任科主任、龚德伦任科副主任。宿光永曾担任乐山市外科专委会主任委员、四川省泌尿外科专委会委员等职。李军，副主任医师，1998 年继任第二任科主任,2004 年任医院医教处主任至今,曾担任四川省泌尿外科专委会委员,现任四川省男科学专委会委员,乐山市医学会副秘书长。两任主任近 20 年间,科室处于发展壮大时期,陆续开展了膀胱镜检查、各种普泌手术、1989 年率先在乐山开展 ESWL 技术,1993 年膀胱全切-肠代膀胱术,无萎缩性肾切开取石术,1996 年开展 TUR 技术,2001 年开展尿动力学检查等技术项目。②乐山 372 医院(现武警四川总队医院)。成立了隶属于普通外科的泌尿组,由专门从事泌尿外科专业的医务人员开展临床诊疗工作。1990 年起,泌尿外科独立建科,张双禄任科主任,为该院泌尿外科发展奠定了基础。

达州　达州市中心人民医院周国桢于 1960 年由第三军医大学西南医院调入,率先在该地区开展膀胱镜及逆行肾盂造影、肾输尿管结石取出、肾切除(结核)、膀胱扩大、前列腺摘除、直肠代膀胱等手术。1983 年,该院成立泌尿外科专业组,陆庆云任科主任兼泌尿外科组长,开展了膀胱癌全切术、可控回肠代膀胱术、尿瘘修补术、直肠后尿道吻合术等。

南充　南充市中心人民医院邹嗣祯于 1967 年开展尿道狭窄修复术,20 世纪 70 年代该院设立泌尿外科,陆续开展了肾上腺肿瘤切除术、肾取石术、膀胱全切术、肾肿瘤切除术等。

攀枝花　①攀枝市十九冶金医院王时宝 1968 年毕业于四川医学院,1972 年在四川医学院进修泌尿外科和普外科,回院后开展泌尿外科工作,1983 年在重庆第三军医大学西南医院泌尿外科进修学习。②攀枝花市中心人民医院王世侠于 1965 年自上海第一医学院毕业,1975 年到四川省人民医院泌尿外科进修学习。1979 年该院成立泌尿外科专业组,王世侠任专业组负责人,床位 15 张,有 3 位住院医师。1979 年在该院开展首例膀胱全切、直肠代膀胱术,1983 年开展了肾上腺嗜铬细胞瘤切除术。③攀钢总医院郭玉荣 1973 年在四川医学院泌尿外科进修学习后,回院开展泌尿外科工作。1976 年,该院成立了泌尿外科专业组,由郭玉荣负责,有 2 位住院医师,共 10 张床位。1980 年后,开展了肾癌根治术、肾上腺肿瘤切除术、膀胱全切术、回肠代膀胱术等手术。

资阳　资阳市第一人民医院万孝 1976 年在四川医学院泌尿外科进修后,开始较系统地开展普通泌尿外科工作。1977 年该院成立泌尿外科专业组,率先在该地区开展了膀胱镜检查、膀胱切开取石、肾盂输尿管切开取石、膀胱全切等手术。

德阳　德阳市人民医院朱贤古 1958 年毕业于成都医士学校,1962 年开展该地区首例膀胱镜检查,1968 年开展肾盂切开取石术,1976 年开展肾肿瘤切除术。1984 年,该院成立泌尿外科。

巴中　巴中市人民医院辜天慧自 1980 年起在该地区较为系统地开展泌尿外科诊疗工作,包括肾取石术、尿道狭窄修复术、肾肿瘤切除术等。1985 年成立泌尿外科。

凉山　①凉山州第一人民医院吴怀远于 1952 年毕业于四川医学院,分配到西昌地区医院(现凉山州第一人民医院)。1954 年他在西昌地区开展首例肾结石手术,1958 年开展肾脏切除术,1959 年开展膀胱镜检查,1980 年开展前列腺摘除术,1984 年指导肾上腺手术及膀胱全切、直肠代膀胱手术的开展。杨堂松(阿宇拉合)于 1959 年由北京医学院医疗系毕业,分配到凉山州医院工作,开展了肾上腺次全切、前列腺切除等手术。②凉山州第二人民医院张勋柱于 1970 年由重庆医学院医疗系毕业,1977 年调入该院,陆续开展了膀胱阴道瘘修补、全膀胱切除、经腹肾癌根治术、前列腺切除、输尿管移植、肾盂输尿管成形术等手术。

从新中国成立到改革开放初期的这段时间里,四川省的泌尿外科事业在省内各级医疗单位泌尿外科医师的共同努力下不断发展、壮大。其间虽然不可避免地受到了诸如"文革"等社会动荡的干扰和影响,但四川泌尿外科学界的同道们,无论是在学子云集的高等学府,还是在缺医少药的边远地区,始终坚持在自己的岗位上默默耕耘,利用自己的特长为全省各地的泌尿外科病人解除疾病的痛苦,为四川省泌尿外科事业的发展添砖加瓦、贡献力量。

20 世纪 70 年代末至 80 年代初,改革开放加快了繁荣富强的步伐。特别是党的十一届三中全会以后,四川省的泌尿外科学界和全国人民一道迎来了科学发展的春天。以四川医学院附属医院为首的各大医学院校和省级医院均在行政编制上设立了独立的泌尿外科,拥有专业化科室的条件和规模,培养了高素质的泌尿专业人才梯队。而省内的各主要地、市、州医院也大都设立了泌尿外科专业,发展了专职的泌尿外科医师队伍。到 20 世纪 80 年代中期,泌尿外科学作为一个专业在四川全省范围内已经基本形成,为全省泌尿外科学的专业化发展创造了良好的条件。

四、快速蓬勃发展时期

自改革开放以来,四川省的泌尿外科学事业和全国各行各业一样,进入了前所未有的发展时期。随着国民经济的迅速发展,各级医院的医疗条件逐步得到改善,省内外乃至国内外的学术交流日益活跃和频繁,越来越多的泌尿外科新知识、新技术为泌尿外科医师所了解、认识和掌握,越来越先进的泌尿外科新器械、新设备投入临床应用,泌尿外科学作为一个专业在全省范围逐渐成熟。

此时,四川省的泌尿外科事业和全国一样,逐渐进入了以亚专业为主体的学科发展阶段,例如:从 20 世纪 70 年代末开始的临床同种异体肾脏移植,到 80 年代早中期开始的腔道泌尿外科、ESWL 和尿动力学研究,再到 90 年代早中期开始的泌尿男科学和 90 年代末期开始的泌尿腹腔镜技术、经皮肾镜及经输尿管镜技术、激光在泌尿外科的应用等,泌尿外科的专业划分越来越细,各亚专业的水平也逐年提高,从而带动了整个学科的蓬勃发展。

在这个过程中,作为全省泌尿外科学术发展的领头羊,医学院校和省级大型医院在整体水平的提高上起到了重要的推动作用。同时,省内部分地、市、州医院乃至县级医院,在当地泌尿外科学术带头人的带领下,也紧跟学科发展的潮流,抓住机遇、创造条件,引进新技术、新设备,重点发展特色亚专业,在全省范围内形成了你追我赶、互相学习的良好局面。

(一)省级主要医疗单位

1. 华西医科大学附属第一医院

20 世纪 70 年代末起,华西医科大学附属第一医院在普通泌尿外科学的基础上,紧跟全国泌尿外科学的发展,开始了同种异体肾移植的临床和基础研究。其中肾移植和下尿路腔道泌尿外科学,无论在病例数量、临床疗效,以及相关的临床和基础研究,均处于当时的全国先进乃至领先水平,带动着整体学科的发展。90 年代以来,泌尿腹腔镜技术、经皮肾镜及经输尿管镜技术、激光在泌尿外科的应用、显微泌尿男科技术、复杂尿道修复重建技术、女性泌尿等相继开展并迅速发展,处于全国的前列。

在此阶段前后,张卫东、卢一平、李虹、程鸿鸣、杜海鸣、张维本、沈宏、魏强、石明、伍波、王佳、范天勇、赵鲁平、董强、李响、王莉、王坤杰、沈凯、林涛、朱育春等先后留校工作,后来因各种原因离开科室的有:张维本、杜海鸣、伍波和沈凯出国留学后定居国外;张卫东到医院担任医教部部长;赵鲁平到四川德阳市人民医院担任院长。

1992年3月杨宇如主任受学校选派以访问学者身份去美国和加拿大一些知名校、院泌尿科参观访问,取得丰硕收获,一年期满,于1993年按期返院,并于次日即全力以赴上班工作。在他出国期间其职务由李虹副主任代行。

2001年华西医科大学与四川大学合并,医院更名为四川大学华西医院。李虹任四川大学副校长兼任泌尿外科主任,魏强和卢一平任科室副主任。2005年李虹任四川大学常务副校长不再兼任泌尿外科主任,由魏强任科室主任,卢一平、王佳、李响任科室副主任。2010年增加王坤杰为科室副主任。2007—2009年,曾浩、韩平、张朋博士后出站留校,为科室的持续发展储备了高素质人才。同时从2003年开始培养5年制标准化培训住院医生,这些住院医生历经大外科轮转和泌尿外科系统培训,并经过半年的住院总医师培训后从2008年开始毕业。这些住院医生临床工作能力优秀,一毕业就受到兄弟用人单位的欢迎。

经过熟练地积累,科室各亚专业的建设已经初具规模,形成了肾脏移植、微创泌尿、泌尿肿瘤和前列腺疾病、泌尿修复重建、男科、尿控女性泌尿等亚专业,并与移植免疫实验室、病理实验室、遗传实验室等国家级或部级重点实验室开展了广泛合作。科室现有在编泌尿外科医师17人,其中正高职称4人,副高职称9人;博士生导师5人、硕士生导师11人;组成14个医疗组。现拥有编制床位170张。医院为科室设立了独立的泌尿手术室和检查治疗区,整合了膀胱镜室、影像尿动力室、泌尿放射检查室、体外冲击波碎石和5个泌尿手术间及1个放射屏蔽手术间,为学科发展奠定了雄厚的基础和良好的条件。以2009年为例,全年共完成5 460台泌尿外科住院手术、5 500台次的泌尿外科膀胱镜等日间手术和近千例的体外冲击波碎石。近3年以来,共发表SCI收录论著近40篇、获8项国家自然科学基金资助、获2项省科技进步二等奖。

邓显昭、唐孝达、杨宇如、张思孝、李虹、卢一平、魏强等先后担任中华医学会泌尿外科学分会、器官移植分会、男科分会的常委、委员等;中国医师协会泌尿外科分会副主委、委员等;四川省医学会泌尿外科专委会、器官移植专委会、男科专委会的主任委员、副主任委员、常委、委员等;中华泌尿外科杂志、中华器官移植杂志、中华男科学杂志等多种泌尿外科专业杂志编委。此外,还有多名教授副教授在泌尿外科学分会各专业学组担任委员。

以下分别介绍各亚专业形成和发展的状况。

(1)肾移植外科　一直是西南地区主要的临床肾移植中心。1979年起步,1983年医院组建肾脏移植病房。1984年组建肾移植实验室,进行配型及肾移植术后的常规检查和监测。在邓显昭教授、唐孝达院长的指导下,杨宇如主任带领泌尿外科的医师对临床肾移植开展了一系列的研究。1985年,为肾移植术后病人开展了为期3个月的短程CsA抗排斥治疗。1986年,成立泌尿外科研究室。1987年,泌尿外科被批准为博士生培养点,招收的首名博士生为卢一平。1992 年,卢一平在德国获得医学博士后返院,具体负责科室的肾脏移植工作。1993 年,王莉毕业留校固定在肾移植专业组。2006 年林涛从英国伦敦大学完成博士后研究归来,加入肾移植专业。近年,肾移植手术构成发生变化,活体亲属移植快速增加,以 2009 年为例,共完成肾移植 166 例,其中亲属活体移植 144 例。肾移植的科研逐步形成了急性排斥反应的诊断、免疫耐受的诱导及其机制、慢性排斥反应机制及其防治等研究方向。近年来深入开展了免疫耐受的系列研究,在诱导产生特异性免疫耐受或"接近耐受状态"所采用的耐受原、诱导途径及耐受产生和维持的机制等方面形成了自身的研究特色。

唐孝达、杨宇如、卢一平担任或曾担任中华医学会器官移植分会常委或委员、四川省医学会器官移植分会主任委员、中华器官移植杂志编委等。王莉任中华医学会泌尿外科学分会肾移植学组委员。林涛任四川省医学会器官移植分会委员兼秘书。

(2)微创泌尿外科   1985 年,为开展腔道泌尿外科学建立了特检室(泌尿内镜室),由魏硕仿护士长负责管理。当年 10 月 12 日,开展了首例经尿道前列腺电切术(TURP)。11月 8 日,开展了首例经尿道膀胱肿瘤电切术(TURBt)。为规范经尿道手术、减少和避免手术并发症,科室执行了严格的腔道手术培训制度。电切手术相对固定在 2～3 个医疗组内,要求做电切手术的医师要在完成 100 例后才能进行电切教学,以确保疗效。20 世纪 80 年代中期到 90 年代末期,杨宇如主任围绕经尿道电切综合征的预防和处理进行了一系列的临床和基础研究,在对经尿道电切术病人血清电解质监测、血液流变学研究等的基础上,首次提出术中常规预防性应用高渗盐水的概念和具体方案。经近 20 年的临床研究验证,该方案有效地降低了经尿道电切综合征的发生,使经尿道手术更易于推广应用。

随着下尿路腔道技术的不断成熟和发展,社会对经尿道手术的需求越来越大。在保证培训质量的前提下,科室于本世纪初期加快了对泌尿专科医师经尿道技术的培训和普及工作,成立了中华医学会泌尿外科学分会 5 个微创泌尿外科培训中心之一的西南微创泌尿外科培训中心,魏强任培训中心主任。该中心每年举办一次全国性或地区性的微创泌尿外科技术论坛和培训班,邀请国内外知名专家进行讲座和手术演示使经尿道电切手术、经皮肾镜、泌尿腹腔镜等技术以及相关的技术规范在各地区迅速普及。科室迄今已完成 TURP 手术共 4 000 多例,TURBt 手术共 2 500 多例。到 2002 年,科室所有主治医师均熟练掌握经尿道电切技术。据 2002 年的初步统计和比较,医院该类手术的治疗效果达到了发达国家同等规模大学医院的水平。

科室于 1986 年引进了输尿管肾镜及经皮肾镜,在杨宇如主任的指导下,由李虹副主任负责上尿路腔道技术,率先在西南地区开展了输尿管肾镜技术诊治上尿路肿瘤、结石、梗阻、狭窄、不明原因血尿等。1989 年 3 月,医院与美芝公司合资建立体外冲击波碎石中心,使用该公司生产的 JT-ESWL-Ⅱ型碎石机,3 月 21 日试机作右肾盂结石碎石。1993 年,卫生部支持医院为科室配备了进口泌尿检查台,既可在不搬动病人的情况下进行内镜检查和尿路造影时的动态观察,也为开展介入放射诊断和治疗提供了必要的条件。1994 年起,程鸿鸣医师固定在体外冲击波碎石中心工作,负责结石病人的碎石工作。2001 年,科室购进

Donier 公司新一代的体外冲击波碎石机。

2003 年范天勇在香港大学完成博士后研究回科室工作,和魏强主任一起开展了腹腔镜技术在泌尿外科的应用,于 2004 年西南微创泌尿外科新技术论坛演示了经后腹腔腹腔镜右肾上腺肿瘤切除术并在会场进行直播。逐渐使该技术在科室用于几乎所有泌尿外科疾病的手术治疗,成为常规手术并要求年青医师都必须掌握。

2006 年王佳(2002 年美国田纳西州立大学完成博士后研究回国)开展经皮肾技术治疗上尿路结石,使该技术在科室成为常规手术,并在 2007 年西南微创泌尿新技术论坛上演示了经皮肾技术治疗复杂肾结石。此后王坤杰也参加该项工作。

李虹担任中华医学会泌尿外科学分会常委及结石学组副组长、魏强担任微创泌尿学组委员、中华泌尿腔镜杂志编委等。王佳、范天勇任四川省医学会泌尿外科专委会常委、委员。

(3)尿控及女性泌尿　1985 年,购进一台澳大利亚生产的 Urotrace-800 ZF 型尿动力学检测仪,并于同年 12 月 9 日为病员钱明华首次作了尿流率检测。1994 年,新购进丹麦生产的 Menuet-Tm 尿动力学检测仪,并于 1995 年 1 月正式启用。同年沈宏医师开始固定在尿动力学和女性泌尿亚专业,就良性前列腺增生的临床尿动力学、女性排尿功能障碍等进行了系列研究。沈宏医师于 2004 年在美国休斯敦医学中心进修学习尿控和神经源性膀胱后返院,开展了 TVT、TVTO、女性盆底重建术、男性吊带术治疗尿失禁、间质性膀胱炎的膀胱扩张术、神经原性膀胱的膀胱扩大术等新术式,取得很好的效果,吸引众多泌尿外科及妇科医师来科室进修学习,现为科室排尿功能障碍和尿控和女性泌尿亚专业负责人。沈宏现担任中华医学会泌尿外科学分会尿控学组的委员。

(4)泌尿肿瘤和前列腺疾病　1994 年及 2001 年魏强先后到印度尼西亚 Gadiah Mada 大学和澳大利亚 Monash 大学学习临床流行病学和循证医学,回科室后继续以泌尿肿瘤、前列腺疾病为亚专业,并开展泌尿外科疾病的循证医学研究。2000 年李响从美国宾西法尼亚洲立大学完成博士后研究回国、2007 年曾浩在华西病理实验室和 2009 年张朋在华西移植免疫实验室完成博士后研究出站。从而形成了以肿瘤规范化手术和治疗为主要内容的泌尿系肿瘤亚专业。

魏强现担任中华医学会泌尿外科学分会和临床流行病学分会委员、四川省医学会临床流行病学专委会和循证医学专委会委员,李响担任中华医学会泌尿外科学分会肿瘤学组委员、四川省医学会泌尿外科专委会常委,曾浩任四川省医学会泌尿外科专委会青年委员。

(5)泌尿系统修复重建　1985 年,陈绍基固定在小儿泌尿外科组工作后,泌尿科主动将小儿泌尿(12 岁以前)病人转给小儿泌尿外科组,以支持其发展。之后,陈绍基率小儿泌尿外科专业组就先天性尿道下裂的修复与重建开展了系统的基础和临床研究,创新性地提出纵行带蒂岛状包皮瓣修复术治疗尿道下裂。到 20 世纪 90 年代后期,该亚专业在先天性尿道下裂修复手术方面已居于国内领先水平,并得到了国际同行的认可。所主持研究的"先天性尿道下裂一期修复的临床研究"先后获四川省及卫生部科技进步奖。1997 年版《Campbells 泌尿外科学》在"尿道下裂"一章中介绍了陈绍基教授的尿道下裂纵行带蒂岛状包皮瓣修复术。

2005年王坤杰从美国弗吉尼亚大学完成博士后研究回国，在李虹、杨宇如教授指导下，开展一系列复杂尿道损伤狭窄及先天畸形的修复重建手术，取得很好效果，吸引省内外众多患者慕名来就医。同时，与四川大学高分子科学和工程学院谭鸿教授等合作，开展了泌尿组织工程相关基础和临床研究，这就逐步形成了泌尿系修复重建亚专业。2008年韩平在华西修复重建实验室完成博士后研究回科室也加入该亚专业工作。王坤杰现担任中华医学会泌尿外科学分会和四川省医学会泌尿外科专委会青年委员。

（6）男科学　20世纪80年代开始，张思孝、田兆雄、杨宇如、张卫东等即开展了男科相关临床工作，并和华西遗传实验室张思仲教授合作开展了男科相关基础研究。逐渐形成以男性性功能障碍等为临床研究方向、男性不育和生殖调控为基础研究方向的特点，开始了男科学亚专业建设。2005年董强从美国洛克菲勒大学和康奈尔大学完成博士后研究回国加入男科亚专业，开展了显微输精管吻合术等显微男科手术，现任中华医学会男科学分会青年委员、四川省医学会男科专委会委员兼秘书。2008年以后卢一平担任中华医学会男科学分会常委、四川省医学会男科专委会主任委员，也加入男科亚专业。

2. 四川省人民医院

1987年，泌尿外科被批准为院重点学科。为了更有利于开展异体肾移植术，医院又将泌尿外科床位增加了10张（共50张）。1989年，成功地进行了第一例异体肾移植术，年均实施60例左右，人、肾成活率都居国内较高水平。1984年首次施行了TURBt。同年，首次施行了TURP，1994年开展了前列腺气化电切除术（TUV-P），至今已超过近5 000余例次。2004年，引进绿激光应用于前列腺、膀胱及尿道疾病的诊治。2008年，引进经尿道等离子电切，现已广泛应用于临床。

1988年，引进中科院研制的KDE-Ⅰ型体外冲击波碎石机并成立了体外冲击波碎石中心，派专人负责体外冲击波碎石工作。对于难于定位和/或击碎的输尿管结石开展了输尿管插管注水等方法，大大提高了碎石效果。迄今已治疗了各种尿路结石10 000余例。

1988年，引进第一台尿流动力学检查仪，建立尿动力学室由专人负责开展工作。迄今已进行了3 000多例次有关膀胱压力-流率测定、尿道压力测定、漏尿点压测定、肌电图及生物反馈等方面的研究，使对神经源性膀胱及排尿功能障碍性疾病的诊断提到一个更高水平。

1983年，成功地利用膀胱黏膜治愈了长达15 cm的尿道狭窄缺损，受到国际同行的好评。对于陈旧性尿道狭窄这一泌尿外科的常见病、疑难病，针对不同部位和长度，先后开展了尿道拖入术、尿道吻合术和前尿道成形术等，较好地解决了复杂的陈旧性尿道狭窄问题。

20世纪90年代初期，即已对男性性功能障碍如阳痿、早泄及男性不育等常见病和多发病进行了探讨，并在临床上先后开展了阴茎海绵体造影、罂粟碱试验（PT）、阴茎海绵体内注射（ICI）和真空装置治疗（VCD）等诊疗工作。1992年，开展了阴茎背静脉结扎术治疗静脉性阳痿。

在这段时期中还先后开展了孤立肾肾结石手术（1983年），选择性肾动脉造影和介入血管栓塞治疗肾外伤与晚期肾癌(1984年),睾丸肿瘤根治切除术(1985年),膀胱癌根治性切除-可控回肠新膀胱术(1988年)和前列腺癌根治切除术(1989年)等较大型复杂手术。1999年,泌尿外科固定床位增加至80张。1985年、1986年、1991年,相继出版了由刘荣耀主编《临床外科常见病》、潘慈康主编《实用男科学》、潘慈康与陈照祥主编《体外冲击波碎石原理及临床应用》。1998年负责省科委下达的"国人各年龄段血清PSA值标定及其在前列腺疾病中的意义"研究课题,获得省科技进步三等奖。

2004年初开展了输尿管镜检查,提高了对肾盂、输尿管肿瘤的诊断水平与输尿管结石的诊断、治疗的效果,至今已进行了2 000余例次,同年开展了保留肾单位的肾切除术(NSS)。2004年,开展了后腹腔、经腹径路腹腔镜手术,目前,已广泛应用于泌尿系各器官。2005年,开展了经皮肾镜联合超声吸附、弹道、激光碎石术,已累积开展1 400余例次。同年,开展了女性泌尿外科微创治疗,针对女性压力性尿失禁实施TVT-O、TVT-S等手术,盆腔脏器脱垂实施PROLIFT等。2008年底,开展了腹腔镜下膀胱根治性切除-回肠原位新膀胱术、腹膜外腹腔镜下保留性功能前列腺癌根治术。

2002年,省政府批准四川省医学科学院与四川省人民医院合并,成立四川省医学科学院·四川省人民医院。2003年,医院任命邱明星协助陈照祥负责科室工作。2006年,邱明星被任命为泌尿外科科主任。2007年3月,因科室发展和医院业务需要,肾脏移植病房由泌尿外科正式分离,单独成立科室。2008年获批准为国家药监局药物临床试验基地,现开展6项药物临床试验、1项医疗器械验证试验。

截至2010年,四川省医学科学院·四川省人民医院经过快速发展,已有泌尿专科医师共16名(其中博士研究生2名,硕士研究生7名和本科毕业生7名),包括高级职称的6名、中级职称的4名、初级职称的6名,硕士研究生导师2名(已培养研究生2名)。现拥有专科床位130张(三个病区)。医院已为科室设立了专科诊断治疗区(包括腔镜中心、尿控中心、体外冲击波碎石中心、门诊手术室)。目前已成立了泌尿系肿瘤、尿石症、微创泌尿外科、尿控学、男科、女性泌尿外科等专业小组。

3. 成都军区总院

1981年起陈昭颉负责泌尿外科工作,并于1983年任泌尿外科科室主任,科室床位逐年扩展至35张。较早完成了直肠代膀胱术、膀胱扩大术、肾上腺手术(1981年)和自体肾移植(1981年)。1984年,在西南地区较早开展了腔道泌尿外科(经尿道治疗前列腺增生、尿道狭窄腔内治疗等)、工作台外科手术。血液透析和同种异体肾移植得到进一步的发展,并进行了大量的基础及临床应用研究,人/肾成活率居于国内先进水平。特别是应用液电效应治疗复杂性尿道狭窄和尿道闭锁的实验和临床研究,处于国内领先水平,1987年在兰州市召开的全国泌尿外科会议上受到郭应禄院士的高度评价,先后获得国家科技进步奖三等奖和军队科技进步奖二等奖。在泌尿系结石治疗方面,先后研究开发了体外震波碎石机和复方排石冲剂,分别获得了军队科技进步奖二等奖。1994年该院被批准为硕士生培养点。科室注重加强人才培养和学科建设,先后自行和在院外培养了博士生1名、硕士生6名。设有独立的肾移植监护病房、体外碎石中心、膀胱镜检查室、尿动力学检查室。多次主办和协办了全国和全军的大型专业会议,3次参加了新药临床试验工作。2003年3月起,王庆堂任泌尿外科主任,床位扩展为40张。现有工作人员23名(含高级职称3名),其中博士5名、硕士1名。在保持了传统的普通泌尿外科、肾移植及腔道治疗下尿路疾病优势的基础上,增设了微创治疗中心。积极开展微创泌尿外科的研究及应用,引进了经皮肾镜、腹腔镜、钬激光机等先进设备,利用腹腔镜技术开展了肾上腺肿瘤、肾脏肿瘤、肾盂输尿管狭窄及输尿管疾病的治疗。利用钬激光在局部麻醉、B超引导下通过肾镜、输尿管镜治疗复杂性肾和输尿管结石、肾盂和输尿管息肉、输尿管狭窄、膀胱及尿道肿瘤等,结石开放手术率降至10%以下。科室注重进行泌尿外科的科研工作,先后完成了肾移植、膀胱癌、逼尿肌不稳定等方面的临床和应用研究多项,并用以指导临床工作。2004年,顺利通过国家药物临床实验基地的检查和验收。2008年,王亮任主任,杨航任副主任。积极开展亲体肾移植、复杂性尿道手术、保留肾单位肾癌根治术、腹腔镜前列腺癌根治术等工作,并进一步扩大腹腔镜、输尿管软镜的应用,微创手术达到全科手术的80%左右。开展了3项新药临床试验工作。目前,床位64张,医护人员30人,其中高级职称8名,博士5名、硕士5名。设有肾移植病房、体外碎石中心、内镜检查治疗室、尿动力学检查室,形成了突出的专科特色。

4. 川北医学院

1980年成立泌尿外科专业组,1986年正式成立泌尿外科,王继忠任科主任,1989年毛普德任科主任,2006年崔曙任科主任,2009年由邓显忠主持科室工作。在老一代专家陈仲达、王继忠、毛普德教授的指导下,在学科带头人崔曙、邓显忠的带领下,经过了30年不懈努力,已成为省内具有较强实力的现代泌尿外科专业化科室。目前拥有教授3人,副教授6人,硕士生导师2人,主治医师3人,博士2人,硕士8人。现开放病床45张,备用病床25张。设有碎石中心、膀胱镜检查室、尿流动力学检测室、泌尿外科病房等四部分组成。

1976年,开展了开放前列腺摘除术、肾上腺肿瘤切除术及膀胱全切回肠膀胱术。1995年,开展了TUR-P、体外冲击波碎石、输尿管镜检、气压弹道碎石。2001年,开展了经皮肾镜气压弹道碎石、钬激光碎石、超声碎石等。先后开展了20多项微创泌尿外科新技术,如电切、汽化、等离子治疗前列腺、膀胱肿瘤,经皮肾镜、输尿管镜气压弹道、超声、钬激光碎石,腹腔、后腹腔镜手术等,使95%的病人免除了开刀之苦。近年开展了肾移植、男科学。工作量以20%的速度递增,学科水平快速发展。获得省政府科技进步一等奖一项、二等奖一项,获得南充市科技进步二等奖一项、三等奖两项。

5. 泸州医学院

1978年,在李继冉教授领导下正式成立泸州医学院附属医院泌尿外科后,相继开展了人工肾、腹膜透析及泌尿外科各种手术,1982年开展无萎缩性肾切开取石术,1984年开展TUR手术,使泌尿外科学术和技术水平迅速提高;2007年9月泌尿外科迁往新外科大楼后,编制床位扩为60张,有医护人员31人,其中正高职称3人、副高职称6人、博士2人、硕士3人,现负责人为陈同良副教授、姜睿教授、李映川副教授等。

近年开展的泌尿外科新技术有:2006年~2009年期间姜睿教授开展的该院首例双侧巨大肾上腺嗜铬细胞瘤切除术、腹腔镜下输尿管癌根治术、腹腔镜下UPJ成形术和肾脏复位固定术、膀胱癌根治＋盆腔淋巴结清扫＋Hautmann 新膀胱手术、改良的输尿管皮肤造瘘术等;2007 年陈同良副教授等成功施行医院首例亲属肾移植手术;2008 年粟宏伟副教授成功开展了我院首例经皮肾镜取石术。全科承担了研究生、本科、专科、成教及护理本、专科、中专和留学生的教学任务,2007 年开始担任留学生的本科教学,2008 年开始进行规范化专科医师培训;2000 年以来,参编教材 3 部,发表论文 100 余篇。2004 年起开始招收泌尿外科硕士研究生,导师为姜睿教授,已有 13 名硕士研究生毕业,其中优秀毕业生 1 人,优秀硕士论文 1 篇,研究生发表 Medline 收录论文 16 篇。姜睿教授作为项目负责人获 2007 年度四川省政府科技进步三等奖(《慢性疾病对男性性功能的影响》)、2009 年四川省医学科技一等奖(《器官移植后免疫低反应的诱导和检测》)和泸州市科技进步一、二、三等奖各一项,并作为通讯作者在 2009 年《Journal of Sexual Medicine》发表研究论文,为在本院完成的影响因子(6.199)最高的 SCI 论文。2009 年姜睿教授应邀担任《International Journal of Andrology》杂志审稿和评论人,2010 年获四川省杰出青年学术技术带头人培育计划项目资助。李洪位教授、刘顺忠教授多次参加援外医疗工作并受到卫生部表彰。2008 年杨海帆主治医师被卫生部、解放军总后勤部评为全国医药卫生系统抗震救灾先进个人。

（二）各地区主要医疗单位

宜宾　①宜宾市第一人民医院:1996 年独立建科,陈善勤任科室主任,现有编制床位 45 张,实际开放床位 55 张;有高级职称专业人才 3 人、中级职称 4 人、初级职称 3 人,其中硕士 2 人、在读硕士 2 人。近 5 年来,年收治住院病人数 1 110～1 400 人次。从 1982 年起,陈善勤曾先后到协和医院泌尿外科、四川省人民医院整形外科、泸州医学院泌尿外科、上海市第九人民医院泌尿外科、深圳红十字医院泌尿外科、北京肿瘤医院超声科、广州珠江医院泌尿外科、第三军医大学西南医院泌尿外科、北京医科大学泌尿外科研究所进修或专项学习,学成回院后在宜宾地区率先开展了先天性尿道下裂一期阴茎下屈矫正膀胱黏膜尿道成形术、经耻骨后前列腺切除术(1983 年)、全膀胱切除直肠代膀胱术(1984 年)、精索静脉曲张高位结扎加近睾端精索静脉与腹壁下静脉吻合术(1985 年)、显微镜下输精管吻合术(1986 年)、先天性尿道下裂二期阴茎隧道法阴茎头正位开口膀胱黏膜尿道成形术(1987 年)、选择性肾动脉造影肾动脉栓塞诊治肾肿瘤(1988 年)、TURP、TURBt、尿道狭窄尿道内切开(1989 年)、软性膀胱镜的临床应用、肾癌根治性切除术(1992 年)、膀胱癌根治性切除可控回肠膀胱成形腹壁造口术或尿道吻合术、乙状结肠膀胱扩大术(1994 年)、视频技术在泌尿内镜中的应用、肾切除联合经尿道输尿管袖状切除治疗肾盂输尿管肿瘤(1995 年)、Mandigan's 手术治疗前列腺增生症(1996 年)、肾上腺外腹主动脉旁巨大嗜铬细胞瘤切除术、TUVP(1997 年)、电磁式体外冲击波碎石机的临床应用(1998 年)、超声介入诊治上尿路梗阻及肾肿瘤和肾囊肿、输尿管肾镜下气压弹道碎石术、经皮肾镜气压弹道碎石术(2000 年)、尿动力学检查(2001 年),以及腹腔镜手术治疗肾囊肿、精索静脉曲张、肾上腺肿瘤、萎缩肾、肾积水和输尿管结石(2003 年)、超声气压弹道碎石清石系统的临床应用(2005 年)。②宜宾市第二人民医院:为三级甲等医院。1965 年起,由泌尿专业进修过的泌尿兼职医生开始较为系统地诊治泌尿外科疾病。2003 年建科,现有泌尿外科床位 45 张,有在编专科医生 8 人、普泌医生 5 人、男科医生 3 人，其中高级职称 2 名、中级职称 6 名。1997 年起开展了 TUVP、TURBt，2000 年开展了输尿管镜下气压弹道碎石术，2003 年开展了钬激光碎石术和上尿路腹腔镜手术等。

遂宁　遂宁市中心医院 1996 年正式成立泌尿外科病区，孙先禹任首任科室副主任、主任，现科室设置病床 50 张，开放床位 70 张。年门诊病员近 20 000 人次，住院病员近 2 000余人，手术台次 1 500 台。科室主任医师 2 人、副主任医师 2 人、主治医师 3 人和医师 4 人，其中硕士生 4 人和博士 1 人。医院泌尿专业从成立至今，在老一辈专家沈庞泗和学科带头人孙先禹等为代表的三代人的辛勤耕耘下，经过近 50 年的发展，从泌尿系统常见病的诊疗中心发展成为目前的以经尿道腔道泌尿外科、腹腔镜微创技术、体外冲击波碎石术和男性学、性病学专科为特色的川中地区实力最雄厚、规模最大的专业科室和医、教、研中心。

学科带头人孙先禹现任四川省遂宁市中心医院业务副院长、四川省泌尿外科专委会常委、省男科专委会常委，开展了膀胱癌膀胱全切直肠膀胱术、显微镜下输精管吻合术、精索静脉高位结扎转流术、膀胱全切回肠膀胱术、髂内动脉置抗癌药泵和化疗治疗晚期膀胱癌、经尿道前列腺电切术、腹腔镜下精索静脉高位结扎术、经腹腔镜下肾囊肿去顶术、肾癌伴下腔静脉癌栓取出术、X 光透视机下应用输尿管腔内球囊扩张器施行输尿管狭窄扩张术、原位低温肾实质切开取石术治疗复杂性肾铸型结石及应用纤维胆道镜寻找和取出肾内残石、局限性肾肿瘤的保留肾单位的剜除术、输尿管镜下气压弹道碎石术，和经皮肾镜弹道碎石术等手术。2008 年起何俊副主任医生和张尧主治医生任科室副主任。2005 年开展了"膀胱癌根治乙状结肠正位膀胱术"。2009 年开展了 TVT - O 手术。

2009 年 12 月，遂宁市泌尿外科专委会成立并进行首次学术会议和腔道泌尿外科手术演示会，孙先禹任主任委员，何俊、射洪县医院泌尿科主任陈峰、遂宁市红会医院泌尿科主任蒋诗坤、张尧任副主任委员，余周任秘书。

自贡　①自贡市第四人民医院：1989 年成立泌尿外科，荣兴欣医师任科主任。1991年，荣兴欣主持开展男科学及 ESWL、小儿泌尿外科手术等，完成阴茎半硬假体植入治疗神经性阳痿。1992 年，梁勇主治医师在华西医科大学泌尿外科进修 1 年。1993 年，梁勇主持开展 Indiana 膀胱术、保留尿道前列腺切除术。1996 年，荣兴欣主持开展下尿路腔道泌尿外科技术。2000 年，梁勇主持开展上尿路腹腔镜手术（肾囊肿去顶术、输尿管切开取石术、精索静脉高位结扎术、肾上腺肿瘤切除术、肾切除术）。2002 年，梁勇主持开展原位排尿回肠膀胱术、结肠膀胱术。2003 年，新住院大楼启用，泌尿外科病床增至 42 张。2004 年，梁勇任科主任。2005 年，梁勇主持开展上尿路腔道泌尿外科技术。②自贡市第一人民医院于20 世纪 70 年代末成立泌尿外科专业组，有病床 10 张、专业泌尿外科医师 3 人，开展肾上腺肿瘤切除、肾肿瘤切除、肾取石、尿道狭窄修复等较复杂手术。1996 年成立泌尿外科，有病床 30 张，专业泌尿外科医师 7 人。20 世纪 90 年代开展尿动力学及 ESWL、下尿路腔道泌尿外科技术。2003 年开展上尿路腹腔镜手术。2000 年自贡市泌尿外科专业委员会成立，荣兴欣任主任委员，胡顺洪（一院）/黄永明（三院）/徐小春（荣县）林安和（富顺）/郭永清（二院）任副主任委员，梁勇任秘书。2004 年梁勇被评为自贡市泌尿外科学术技术带头人同年任自贡市第四人民医院泌尿外科主任。近十年自贡市泌尿外科有长足进步,原位回肠膀胱术/输尿管镜/经皮肾镜较广泛的应用,应用腹腔镜开展肾癌根治切除术/肾上腺肿瘤切除/输尿管切开取石术/根治全膀胱切除及回肠膀胱术等复杂的腔镜手术。全市现有泌尿外科医师 38 人,其中主任医师 4 人,副主任医师 7 人,研究生 8 人。泌尿外科专业病床 138 张。

内江　①内江市第一人民医院:1959 年在内江地区开展泌尿外科工作,是该地区的泌尿外科创始单位。1976 年开设该地区第一个泌尿外科专科病室。1997 年,第一个建立该地区泌尿外科专业科室,现由高斌医师任科室主任。率先在内江独立开展肾上腺肿瘤切除术、腹膜后淋巴清扫术、全膀胱切除术、直肠膀胱术、回肠代膀胱术、胃代膀胱术等普通泌尿外科手术和泌尿外科后腹腔镜手术,是该地区收治病人最多、完成手术最多、创新技术最多、惟一获内江市科技进步奖的泌尿专科。②内江市第二人民医院:1982 年成立泌尿外科专业组,组长刘裕章,毕业于当时重庆医学院。2004 年 1 月 4 日泌尿外科独立病房成立。初始编制床位 15 张,现编制床位 40 张。现任科主任汪勇:主任医师,现为省泌尿专委会委员。科室开展了:双侧肾上腺嗜铬细胞瘤一期切除,双侧肾脏肿瘤一侧切除一侧保留肾单位肿瘤切除,睾丸非精原细胞瘤双侧腹膜后淋巴清扫术,膀胱癌根治直肠代膀胱术,膀胱大部切除乙状结肠膀胱扩大术,经耻骨后保留尿道前列腺切除术(madigan 术式),前列腺癌根治术,高位隐睾精索血管离断隐睾下降固定术,肾后段动脉阻断肾实质切开取石术,肾下盏肾盂吻合成型术等手术。其中睾丸非精原细胞瘤双侧腹膜后淋巴清扫术,膀胱癌根治直肠代膀胱术,获得内江市三新技术证书。2005 年率先在内江市开展了泌尿外科腹腔镜手术,现能完成肾上腺肿瘤切除,肾囊肿、多囊肾去顶减压术,肾癌、肾盂癌根治术,解剖性肾切除术,肾盂、输尿管切开取石术,输尿管膀胱再植术,精索静脉高位结扎术,精囊切除术,盆腔淋巴清扫术。③内江市第六人民医院:1992 年设立泌尿外科专科病室,余忠副主任医师为现任主任。1997 年,首先在内江独立开展输尿管肾镜术、腔内气压弹道碎石术。2001 年开展尿动力学测定。

绵阳　绵阳市中心人民医院于 20 世纪 70 年代末成立了该地区第一个泌尿外科病房,设置 12 张病床。80 年代开展了肾上腺切除、原发性醛固酮增多症及髓质脂肪癌等手术,还开展了肾动脉造影、栓塞等介入检查和治疗,开展了膀胱瓣输尿管再植、尿道成形、全膀胱切除、回肠膀胱等手术。20 世纪 80 年代末开展了 TURP、TURBt 及 ESWL 等新技术。袁光亚医师于 1990 年中期先后在西安医科大学附属第二医院泌尿外科及华西医科大学附属第一医院泌尿外科进修学习,后任四川省第三、第四、第五、第六届泌尿外科专业委员会委员,绵阳市泌尿外科专业委员会第一届主任委员。大力发展了本地区经尿道手术尤其是TURP、ESWL,以及腹腔镜肾囊肿切除术、输尿管镜检查等腔内泌尿外科技术。率先开展了嗜铬细胞瘤切除术、异体肾移植手术及巨大肾脏肿瘤合并腔静脉栓的根治术、前列腺癌粒子植入术等,推动和促进了本地区泌尿外科工作。

乐山　目前总体情况:乐山 11 个区县里,地处市中区的乐山市人民医院和武警四川总队医院两家国家三甲医院有独立的泌尿外科,其他二甲和二乙医院也都设立有泌尿外科专业小组。全市泌尿外科专业床位近 250 张。2010 年 3 月 6 日乐山市医学会泌尿外科专业

中国泌尿外科学史(第2版)

学组正式成立,王晓锋任学组组长。全市有 150 多位医生从事专职或兼职的泌尿外科工作,全市每年约有 4 000 多位泌尿外科疾病患者住院治疗,年门诊病人更多达 2—3 万多人次,泌尿外科临床工作目前处于乐山历史最好、最佳发展时期。民营医院泌尿男科方面也欣欣向荣,日渐规范向好发展。①乐山市人民医院：1985 年随地改市后更名为乐山市人民医院。2009 年被评为国家三级甲等医院,系区域范围内最大的一家集医、教、研、防为一体的最大的一所综合性医院。1975 年设置泌尿专业组,1985 年建立独立的泌尿外科,目前是医院优势科室,高级职称 5 人,中级职称 2 人,初级职称 2 人,专业医学博士 1 人,在职研究生学历 3 人。开放床位 47 张,有完善的碎石中心和尿动力检查室,开设泌尿外科和男科专科专家门诊,年门诊量达万人次,近年收治病人 1 400 多人次,年手术量大 1 000 台左右。已经成为区域内泌尿外科及男科学术和技术中心。科室近年获国家实用性新型发明专利一项,乐山市科技进步奖二等奖 4 项,三等奖 2 项。王晓锋,副主任医师,1989 年毕业于重庆医科大学,从事泌尿外科男科工作 20 年,2004 年始任科主任至今,先后主持开展了：2003 年四川省首例获得成功的亲属活体肾移植手术,2004 年前列腺尿道支架临床应用和腹腔镜泌尿外科临床应用,2005 年率先在省市内开展经皮肾镜-输尿管镜超声/气压弹道碎石技术,2006 年开展单孔经皮肾囊肿减除术取得满意效果,2010 年又在原来临床工作基础上申报了省市级科研项目"显微外科技术在男科疾病中的应用"等。王晓锋现还兼任四川省医学会泌尿外科专委会委员、常委,四川省男科学专委会青年委员,四川省第八批学术和技术带头人后备人选,乐山市外科专委会副主任委员,泌尿专业学组组长等职。②武警四川总队医院：是一家部队三级甲等医院。建院 60 年,是集医疗、教学、科研、卫勤保障为一体的大型综合型医院,开放床位 1 000 张。泌尿外科是医院优势重点学科之一。现泌尿外科床位 40 张,医护人员共计 26 人,其中高级专业技术人员三名。中级 4 名。硕士研究生一名。年住院病人 1 400 人次年手术 1 000 多台次,近两年年均收入 1 000 万以上。开设泌尿外科及男科两个门诊,年门诊 1 万人次左右。科室于 1990 年开展体外震波碎石。1997 年开展泌尿、前列腺、尿道、膀胱手术。1994 年开始开展膀胱全切直肠代膀胱术,膀胱全切回肠膀胱、回肠正位膀胱、标准化肾癌根治、复杂尿道成形、膀胱外翻矫正、口腔黏膜、膀胱黏膜、包皮瓣尿道下裂一期成形修复等手术在临床普遍开展并积累了丰富临床经验。2005 年起开展经尿道输尿管及经皮肾镜超声气压弹道碎石、清石术积累丰富的临床经验,2008 年开展男科专科门诊,并引进男科检查治疗工作站,近几年腹腔镜下手术开展顺利,已开展腹腔镜下精索静脉高位结扎,肾上腺肿瘤切除、肾盂输尿管成形等手术。杨英刚,副主任医师,1987 年毕业于川北医学院。1990 年起开始从事泌尿外科专业,曾先后在四川省人民医院、第三军医大学西南医院、武警天津医院进修学习。2000 年开始担任科室主任。亲历了医院泌尿病外科自建科开始的每一个发展阶段,具有丰富的临床工作经验。曾获得武警部队医疗成果奖(三等奖)一项。两次荣立个人三等功。2008 年参加"5.12"汶川地震抗震救灾荣立个人二等功。

达州 达州市中心人民医院是我省地市级医院中较早建立泌尿外科专业的医院,其泌尿外科是达州市重点专科,同时接受第三军医大学、川北医学院、达州高等职工医学院的实习生。近半个世纪以来,经周国桢、陆庆云、徐进、徐苗等为首的几代泌尿外科医师的悉心建设,整体学术水平长期位居全省地市级医院前列。1983年,陆庆云主任医师创建了泌尿外科专业组,任第一任学科带头人,为第一届、第二届四川省泌尿外科专业委员会委员,达州市第一届泌尿外科学专委会主任委员。1986年,在全国较早引进了可控回肠膀胱术,获市科技进步奖。徐进主任医师任第三届四川省泌尿外科学专业委员会委员、达州市第一届泌尿外科学专委会副主任委员,在该地区率先引进腔道泌尿外科技术,如TVP、ESWL等。2002年,泌尿外科独立设科,徐苗为第一任泌尿外科主任,首先开展了经皮肾镜、输尿管肾镜取石、碎石术,TURP,TURBt,等离子切除术,尿道狭窄的内切开术,腹腔镜泌尿外科技术,正位膀胱术,自体肾移植术等,也率先开展男科学的诊治工作,为达州市男科学带头人。现全科拥有医护人员20多人、在职医师8人,其中主任医师1名、副主任医师3名,拥有病床45张。门诊病人10 000人次/年,住院病人1 000人次/年,手术台次近1 000人次/年。

南充　南充市中心人民医院泌尿外科专科建制已有近40年历史,是医院的重点专科。现设有病床36张,专科主任医师2人、副主任医师2人、主治医师4人。王安果为现任科室主任,为四川省第四届泌尿外科学专业委员会委员,曾在解放军总医院泌尿外科进修,为华西医科大学在职研究生。科室下设腔内泌尿微创治疗中心、体外冲击波碎石治疗中心、尿动力学检查中心、膀胱镜检查室及泌尿、男性专科门诊。在川东北地区于1996年首家成功开展了同种异体肾移植术。已常规开展经尿道前列腺电切术、经尿道膀胱肿瘤电切术、尿道狭窄内切开术等微创治疗技术,治愈病人2 000余例。成功开展了微创经皮肾穿刺取石术治疗肾及输尿管结石。在川东北地区首家成功运用腹腔镜技术进行了肾囊肿、肾肿瘤、肾上腺肿瘤手术,填补了川东北地区该技术项目的空白。

泸州　泸州地区主要的泌尿外科单位:①泸州医学院附属中医院泌尿外科成立于2004年3月,现负责人为王应洪副主任医师,承担了学院中西医结合系泌尿外科的教学及临床工作,应用中西医结合治疗上尿路结石、前列腺炎和男性不育症是其特色;②泸州市人民医院泌尿外科成立于1990年,历任负责人有宋争放主任医师、巫骏川副主任医师、罗黔副主任医师,1991年即开展经尿道电切术,1994年开展膀胱全切回肠膀胱术,1997年开展泌尿腹腔镜手术,2001年开展输尿管镜气压弹道碎石术,2004年开展经皮肾穿输尿管镜气压弹道碎石术;③泸州市中医医院于1994年成立泌尿外科,现负责人为巫骏川副主任医师;④泸县人民医院泌尿外科创建于1970年,现负责人为刘文才副主任医师,设置床位30张,专科医师6人,其中副主任医师1人、主治医师3人、医师2人;以上的医院均能独立开展泌尿外科各种手术及体外震波碎石术、经尿道电切术、泌尿腹腔镜手术等。叙永县医院、古蔺县中医院、古蔺县中医院等县级医院也相继成立了泌尿外科专业。2010年成立泸州市医学会泌尿外科和男科学专委会,首届主任委员为姜睿教授,名誉主任委员陈同良副教授,副主任委员有:李映川、巫骏川、刘文才、王应洪、罗黔等。

攀枝花　①攀枝花市中心人民医院于1988年购进了国产美芝公司的体外冲击波碎石机,在攀西地区首先开展泌尿系结石体外冲击波碎石术。1989年,购进Olympus前列腺电切系统。彭研嘉主治医师到华西医科大学学习TURP术3个月,返院后开展1～2例,因术中出血多、手术难度大、疗效差而停止开展。1991年,泌尿专业负责人王世侠主任担任攀枝花市中心人民医院副院长,1993年调到上海闸北区人民医院。泌尿外科主治医师雷一鸣调到重庆市第三人民医院。泌尿外科专业组由彭研嘉负责,当时仅有张天德、田华两位下级医师。1996年,泌尿外科独立,床位32张,张天德为科主任。1997年,张天德重新开展TURP术,此项技术逐渐熟练,现基本上代替了开放性手术。1998年,田华副主任医师在攀枝花市首先开展了3例膀胱全切、可控回肠膀胱术。2000年,曾晓明主治医师首先在攀枝花市开展尿动力学检查。2001年,雷弋主治医师在中心医院首先开展输尿管镜检查及气压弹道碎石术。2002年,市中心医院在上级医院帮助下成功开展2例肾移植术。2002年,张天德主任在攀枝花市率先开展了膀胱全切、回肠正位代膀胱术。2003年,曾晓明主治医师在攀枝花市首先开展了腹膜后腔的腹腔镜手术,先后开展了肾盂、输尿管切开取石,肾盂、输尿管结合部狭窄成形术,肾上腺肿瘤切除术,肾囊肿切除术,到2005年已开展近50例手术。经过近几年的发展,科内目前拥有床位36张,主任医师1名、副主任医师3名、主治医师3名、住院医师1名,为攀枝花市最大的泌尿外科。②攀枝花市攀钢总医院:于1979年在攀枝花市率先开展TURP手术,但因术中出血、尿失禁等问题,此类手术在1年后基本停止。1990年,郭玉荣主任创建了独立的泌尿外科病房,下面有2名住院医师,床位25张,为攀枝花市最早独立建立泌尿外科。1994年,开展了ESWL。1996年,在上级医院帮助下成功开展了4例肾移植术,为攀枝花市最早开展肾移植的单位。2004年,郭玉荣主任担任大外科主任,易正金副主任医师担任泌尿外科主任。泌尿外科床位增加到30张,重新开展了TURP技术,并已趋于熟练。攀钢总医院目前拥有副主任医师1名、主治医师2名、住院医师3名。

德阳　1984年,德阳人民医院成立泌尿外科。1986年,开展部分肾切除术。1991—1992年,谭锐医师在华西医科大学泌尿外科进修学习。1992年,开展TUR及耻骨后尿道外前列腺摘除术。1997年,开展ESWL。2000年,开展肾上腺肿瘤切除术、耻骨切除后尿道吻合术。2001年,开展腹腔镜技术治疗肾囊肿及精索静脉曲张。同年,赵鲁平博士由四川大学华西医院泌尿外科调任德阳市人民医院院长,主持开展腹腔镜取石术。2003年,开展输尿管镜技术及经皮肾微创穿刺取石术。2004年,开展尿道冷切术及输尿管癌根治术。

巴中　巴中市中心医院李昕副主任医师分别于1990和2000年在重庆医科大学、华西医科大学附属第一医院泌尿外科进修学习,在该地区率先开展和引进了20多项泌尿外科新技术,如带蒂阴囊皮管Ⅰ期修补尿道下裂、膀胱黏膜Ⅰ期修复会阴部尿道下裂术、经直肠前列腺活检术、经皮肾穿刺术、Anderson-Hyne肾盂成形术、TURP、ESWL、膀胱癌根治术经后腹腔腹腔镜肾囊肿切除术、肾癌根治术、输尿管切开取石术、肾部分切除术、输尿管镜检查治疗技术、微创经皮肾镜取石术等。经后腹腔腹腔镜肾囊肿切除术等。

凉山　凉山彝族自治州第一人民医院是四川省内少数民族地区唯一的三级乙等医院。1984年,开展肾上腺手术及膀胱全切、直肠代膀胱术。1988年,开展ESWL。1995年,应用双J管技术施行上尿路手术。1998年,开展下尿路腔道手术。2005年,开展同种异体肾移植术。现有专科床位43张,高级职称专业技术人员3人、中级职称专业技术人员4人、专业护士16人。

雅安 雅安市人民医院是目前该地区唯一成立泌尿外科专业的三级甲等医院。1984年,由李宝翰主任医师在开展了全膀胱切除术、尿道狭窄手术、肾输尿管结石取石术等泌尿外科常见病手术。1992年成立该地区唯一的泌尿外科专业组,李宝瀚任组长,下属两名主治医师,床位12张,并于1993年开展了肾上腺肿瘤切除术。2004年成立泌尿外科,病床数增至28张,由李斌主任医师任泌尿外科主任,并为现任四川省泌尿外科专业委员会委员。开展了肾上腺嗜铬细胞瘤切除术、复杂尿道狭窄修复术、肾癌根治切除术等,并于20世纪90年代末,开展了TURP、TURBt。2005年后陆续开展了输尿管镜、经皮肾镜碎石取石术、腹腔镜肾囊肿去顶减压术、肾切除术及腹腔镜输尿管切开取石术等微创技术,带动了该地区泌尿专业的发展,使其逐步进入规范化发展的轨道。

(三)小结

据不完全统计,截止到2005年底,四川省内各地市州均有医院建立了独立的泌尿外科,其中大多数地区有4家左右的医院,共计约80多家医院;每家医院设有20～40张泌尿外科专业床位,全省共计2 500多张。全省从事泌尿外科专业的医师420余人,其中副高职称以上的约有180人。泌尿外科学在全省范围内进入了历史上最好的发展时期。

五、著名人物

胡祖贻博士(Dr EC Wilford) Dr EC Wilford(胡祖贻)是加拿大联合教会成员,于多伦多大学医学院结业后获 M. B. L. R. C. P 及 Edinburgh 的医学博士学位。此后他曾担任军医,随加军在海外工作四年,复员后开始从事放射诊断学,并逐渐成为该领域的专家。他拥有丰富的泌尿生殖外科的工作经验。此后在多伦多及爱丁堡的工作经历也帮助他积累了大量经验。

1920年来院,是外科的一位好主任,很喜欢中文。1924年,曾任医学院院长。1925年,回国休假、院长职务先后由 Dr. C. B. Delly 及 Dr. S. H. Liljeslnand 担任。1926年春回校,正当万县发生反美事件及随发生的成渝等地的学生爱国运动,学生罢课、工人罢工,学校外籍教师除胡祖贻一人留校坚持工作外,均离校去沪。学院及医院的协调、管理工作十分困难,他依靠留在校中的中国教师及在医学院的高年级学生鼎力工作、才化险为夷,使医院工作得以继续进行,毕业班学生的教学也照样进行,使他们能按时毕业。1927年,因北伐战争,美领馆拒绝为滞留上海的外籍教师回川签发护照,医学院的各门课程仍靠他组织中国教师努力完成,从而渡过了迫使学校关门的风险,1928年4月10日,新建的医、牙科新教学楼落成开幕时他任助理院长。并把每年的4月10日定为医院日。他自1920年来院后即任成都市四圣祠男医院外科主任直至1938年6月,1938年7月起由董秉奇任主任。

董秉奇教授 男,汉族,1889年出生湖北天门县。1925年毕业于湘雅医科专门学校。曾任北京协和医学校讲师,上海医学院教授,1938—1942年任成都市华西、齐鲁、中央大学医学院三大学联合医院四圣祠仁济医院外科主任,四川省卫生处处长(1946—1949)。解放后任西南军改委员会第七军医大学副校长等职。

1951年及1954年他两次被选为中华医学会重庆分会理事长兼该分会外科学会主任委员。他在《中华医学杂志》上发表的论文有15篇,发表在西南医学上的有10篇以上。

他重视中医,1952年8月他领导中华医学会重庆外科学会召开痔核痔瘘的中医疗法专题讨论会。他离开北京协和医院后,曾用罗氏基金会(CMB)提供的奖学金去美国各地医学院校参观学习。他是中国西医外科界中知名老专家之一。他不幸于1955年12月28日因脑溢血卒于重庆,享年57岁。

刘荣耀教授 男,1906年出生于辽宁省岫岩县。1925年考入山东齐鲁大学医学院,至1932年毕业。毕业后留校,在其附属医院外科任助教住院医师及讲师主治医师。至1938年因日本侵略中国,山东沦陷,齐鲁大学内迁成都与华西协合大学,由南京内迁的中央大学医学院联合办学。

刘荣耀受命率领一班学生也来到成都,并在三大学联合医院(四圣祠仁济男医院)曾先后担任主治医师及外科主任并晋升为副教授。1945年抗日战争胜利后,齐鲁大学于1946年迁回山东,1947—1948年去美国哈佛大学麻省医院泌尿科进修。回国后受聘任四川省立医院外科主任。解放后该院更名为川西医院直至1952年底又改为四川省人民医院,晋升为主任医师。直至1975年方离任而受聘为四川省人民医院外科顾问。

1953年加入中国农工民主党,曾任该党四川省委委员。是四川省第一、第二、第三、第五、第六届人民代表大会代表。先后担任过中华医学会外科分会委员、中华医学会成都分会会长、成都泌尿外科专科委员会主任委员及名誉主任委员等职。他是我国泌尿外科学界的知名老专家,老主任,医德高尚,关心病人,热爱教学,重视培养后继人才,深受病员和学生的爱戴。他于1989年3月3日突然病倒,紧急抢救无效而于当晚逝世,终年82岁。

杨嘉良教授 男,汉族,1907年5月出生于四川资阳县丹山镇一个贫农家庭。两岁丧父,生活无着,同母随继父来成都,当雇工度日,最后定居仁寿县文林镇北街。1920年在仁寿县城关华美高小毕业后,因无力升学,闲居在家。后经当地教会资助,又在当地华美初中读了两年而缀学。1923年又经当地教会介绍来成都四圣祠仁济男医院免费进护士班学习。因机会难得,学习刻苦,工作认真,节衣缩食,积存每月部分补助金,准备进一步升学。1927年去上海沪江大学读预科,因时局动荡不安,次年即返成都考入华西协合大学理科,1930年毕业获理科学士学位后又考入医学院,至1935年毕业并获得医学博士学位。

毕业后受聘于四圣祠仁济男医院作外科医生。1936年被派往北京协和医院外科进修一年回院。1939年晋升为讲师,主治医师。1944年华西协合大学医学院荐送他至加拿大蒙特利尔市多格尔大学进修泌尿外科专业,同时在该市维多利亚皇家医院(Royal. Victoria Hospital)任外科住院医师。至1947年做完1年该院住院总医师并获得泌尿外科硕士学位后回国。返校后晋升为外科教授、任四圣祠慢性病医院(原仁济男医院)院长及大学医院外科主治医师。解放后任外科系主任。1953年经院系调整原医学院改为医学系后,由他任医学系代主任兼外科教研室主任。1956年全国学习苏联,外科教研室改组为外科学总论、系统外科及临床外科教研室后,他除任医学系副主任外,还兼任系统外科教研室主任。同年始任四川省政协委员直至1976年,其间曾连任三届常委。他是九三学社成都分社委员。

中国泌尿外科学史(第2版)

1942年12月15日,他在四圣祠医院为一位患急性胆绞痛的本校工人熊文亘施行急症剖腹探查手术中,从胆总管内取出二条活蛔虫。这是国际胆道外科史上,首例被发现的胆道蛔虫症。1947年他回校后,把他在加拿大节衣缩食购置的膀胱镜、前列腺切除镜、丝状探条等无偿地交给大学医院。开展了输尿管乙状结肠吻合术(即尿、粪同路的输尿管肠道转流术),十二指肠溃疡迷走神经切断术,男性慢性炎性尿道狭窄丝状探条扩张术等当时的新技术,规范了耻骨上经膀胱前列腺摘除术及膀胱镜检术。1954年,他曾用经腰途径为一严重柯兴氏综合征女性患者(严洪芬)施行肾上腺摘除术。为了促进外科亚专业的发展,同年建立了普外、骨科、胸外科及泌尿科四个专业组(当时不属医政管理建制),他任泌尿专业组的学术带头人。1958年他成功地为一位患肾上腺皮质腺瘤的本校医学院本科女大学生摘除了腺瘤。1959年11月5日,他首次为结核性挛缩膀胱病员施行直肠膀胱、乙状结肠会阴改道术。1960年,他初步组织了异种肾移植的动物实验小组开展实验研究。此后因"文革"影响无法进行。在此期间,他响应党的号召,积极参加巡回医疗,热情地为贫下中农看病,受到好评。他为人和睦可亲,对学生循循善诱,讲课生动,风度文雅,受到普遍尊敬和爱戴。令人痛惜的是,文化革命刚结束,拨乱反正刚开始,他就因患急性坏死性胰腺炎,救治无效,于1977年2月13日逝世,终年70岁。

邓显昭教授 男,汉族,1920年出生于四川成都郫县的唐昌镇。原名邓建初,4岁起在当地就读私塾,父母要求严格。父亲曾在成都四圣祠医院(华西协合大学的教学医院)做男护士,因社会动荡,希望送子学医。故后来以考试第一名的成绩,转入成都私立第维小学(属华大的教育体系),就读六年级。因其档案中没有前5年的成绩,校长征求意见改名字,告之华英小学有个名叫邓显昭的学生退学,有小学前5年的成绩,因此改名邓显昭。

小学毕业后考入华西协合大学附中,1941年高中毕业,考入华西协合大学。在大学期间勤奋刻苦,顺利完成7年的医学学业。当初入校攻读医牙专业的同学共90人,到毕业时仅余10人,留校的只有4人。他在毕业前获得了以华大医学院第二任院长命名的"Mooris"奖,以表彰其临床实习的优异表现。1948年自华大医学院毕业,获得华西协合大学和纽约州立大学的医学博士学位,并留校在华西协和大学医院任住院医师。

在大学医院作住院医师3年,期间开始接触泌尿外科临床,得到杨嘉良教授的指导。1951年随华大医疗队参加抗美援朝,医疗队由口腔医院宋儒耀教授带领,在前线成立病房集中收治烧伤战士,他任病房住院总,同年受聘为外科学讲师。1952年回校,在骨科做主治医师。1954年4月外科决定建立普外、骨科、胸科及泌尿四个专业小组,并在每个病房内加上普外。泌尿专业组由杨嘉良教授任指导,他任主治医师。1962年医学院贯彻"高教60条"时,外科正式受命组建各专业组的教师梯队,他晋升为外科副教授。1972年任大外科副主任。1978年晋升为外科学教授,任硕士研究生导师。

在泌尿专业组成立之后,他收治一名5岁的前列腺肿瘤患者,作为个案报告在中华外科杂志上发表。1959年和杨嘉良、陈仲达一起总结和报道了109例尿路结石的诊治经验。1964—1969年,受命组织成立中西医治疗急腹症小组,用中医的方法治疗胆道蛔虫。为探讨蛔虫钻胆的原因,用孵箱模拟人体环境,观察蛔虫对病人和正常人的胆汁是否有不同的趋向性。自1959年以后,在杨嘉良教授的指导下,开始进行膀胱全切、尿流改道的临床研究,他查阅了当时有关尿流改道的各种资料和文献,包括曾到昆明医学院查阅相关的法文资料。之后总结临床经验,并根据当时人们的物质生活条件,重点开展了直肠膀胱术。后来逐渐形成并提出了"双瓣鱼嘴式"输尿管与直肠吻合的方法,有效地减低了因吻合口狭窄或关闭不严导致梗阻、感染等并发症的发生率,其临床研究结果在中华泌尿外科杂志发表。

1957年加入中国共产党,1958年转正,后被选为中国共产党十大、十一大代表。他是我国泌尿外科学界的知名老专家,医德高尚,关心病人,热爱教学,重视培养后继人才,深受病员和学生的爱戴。他是四川省泌尿外科学界的老前辈,重视学术交流以及学会的建设,明确提出学会应做人才培养的基地,以扩大泌尿外科的专业影响。早在20世纪50年代中期,就在成都市医学会的外科专业委员会中倡导建立了泌尿专业组,每1—2月定期开展学术活动。文革前期被迫中断。1974年和四川省人民医院潘慈康教授一起克服困难,恢复了泌尿专业组的学术活动,轮流组织泌尿医师会和疑难病例讨论。1980年《中华泌尿外科杂志》创刊,任第一届编委。1981年4月,成都市泌尿外科分科学会正式成立,他被选举为主任委员。1981年11月,在南京召开全国泌尿外科学会成立大会,他被选为第一届全国泌尿外科学会常委。1985年11月,第二届全国泌尿外科学术会议在成都召开,他被选为大会主席团副主席,连任第二届全国泌尿外科学会常委。1986年任《临床泌尿外科杂志》第一届编委。1986年11月,四川省医学会泌尿外科分会成立,他任第一届主任委员。同时还成立了西南三省四市泌尿协作组,他也被推选为第一届主任委员。后任成都市医学会泌尿专委会、四川省医学会泌尿专委会、西南地区泌尿协作组的名誉主任委员。迄今为止,他还一直在关心和支持四川省、成都市、华西医院泌尿外科人才的培养和泌尿外科事业的发展。

潘慈康主任医师　男,1926年生于四川省成都市。1949年毕业于前南京中央大学医学院后分配在四川省立医院外科工作。1949—1975年先后在前四川省立医院、川西医院和四川省人民医院任外科住院医师和主治医师等职。1975—1983年任外科副主任。1979年晋升外科主任医师。1983—1988年任四川省人民医院院长。1994年退休。曾任第一、第二、第三和第四届中华医学会泌尿外科专委会委员,四川省和成都市泌尿外科专委会副主任委员等职。曾先后任《临床泌尿外科杂志》,《四川医学》等杂志编委和《现代泌尿外科杂志》名誉编委等。1991年获国务院颁发的政府特殊津贴。曾任中华全国计划生育协会副秘书长和常委,四川省计划生育协会常委等职。现任《实用医院临床杂志》名誉主编和四川省计划生育科技专家委员会组长等职。

潘慈康主任医师从医50多年来,一直从事于泌尿外科和计划生育等工作。1956年以后,在刘荣耀教授的教导下即从事泌尿外科专业。同时,因工作需要也参加计划生育和烧伤抢救等医疗工作。1963年,曾参加32111钻井队大批严重烧伤患者的抢救工作,并圆满地完成了任务。在泌尿外科方面先后开展了血液和腹膜透析、肾上腺外科、复杂的陈旧性尿道狭窄、膀胱全切除术和肠道代膀胱术、离体肾手术、同种肾移植以及尿流动力学等高难技术和手术。大都达到了当时国内较高水平,为四川省人民医院的泌尿外科的发展打下了坚实的基础。同时还为四川省内外培养了一大批泌尿外科专业人才,使省医院成为四川省乃至全国泌尿外科培训基地之一。1980—1988 年曾以学者身份多次出访澳、美、英、日和尼泊尔等国。自 20 世纪 60 年代以来,曾先后在《中华外科杂志》、《中华泌尿外科杂志》、《现代泌尿外科杂志》等刊物上发表了论文 9 篇,并多次在国际、全国、西南片区和全省泌尿外科学会上宣读专题论文。专著有《泌尿外科手册》、《实用男性学》和《体外冲击波碎石原理及临床应用》等。1998 年负责主研的"国人各年龄段血清 PSA 值标定及其在前列腺疾病中的意义"的课题,获得四川省科技进步三等奖。1994 年退休后仍每周参加科内病案讨论、门诊和教学工作。同时还参加院外的研究生毕业论文答辩、会诊、科研论文课题评审和计划生育并发症鉴定等工作。

唐孝达教授 1957 年毕业于上海第二医学院医疗系,同年在四川医学院附属医院外科工作。早在 1960 年开始从医泌尿外科。1980 年 10 月在维也纳大学总医院泌尿外科留学历时两年。1984 年 5 月始任四川医学院附属医院院长、医学系主任。1986 年 5 月,四川医学院复名为华西医科大学继续任医院院长及医学院院长至 1993 年 12 月。1994 年始任华西医科大学器官移植研究所所长,1996 年 3 月起,任上海市第一人民医院泌尿外科研究室主任,上海医科大学、复旦大学、交通大学教授。唐孝达教授现任上海市首批领先专业重点学科负责人,上海市第一人民医院泌尿外科研究室主任,博士研究生导师。

唐孝达教授是国际泌尿外科学会会员、曾任中华泌尿外科学会第二～第六届委员、常务委员,中华器官移植学会第一～第二届常务委员、第三届副主任委员、第四届顾问。四川省及成都市泌尿外科专业委员会主任委员,上海市泌尿外科学会副主任委员。《中华泌尿外科杂志》二～第五届编委,《中华器官移植杂志》编委、第六届副主编。《中华医学杂志》、《中华外科杂志》、《临床泌尿外科杂志》等杂志编委或特约审稿人。国务院学位委员会第三届学科评议组成员。高等医学院校统编教材外科学第三、第四、第五版泌尿外科分篇负责人。曾获得七项科技成果,其中国家科技进步奖二、三等各一项,省部级科技进步奖一、二等各一项。上海市首批领先专业重点学科负责人。主编专著一部,参编七部。共培养博士研究生 36 名,硕士生 19 名。享受国务院政府特殊津贴专家。

唐孝达教授作为学科学术带头人,在他的规划领导下,学科在研究领域中,重点突出,临床特色明显,致力于肾脏移植、泌尿系肿瘤和微创泌尿外科的发展,并使之成为学科的特色和优势。近年来,学科在科学研究方面获得了优异的成果。所提出的新理论、新概念、新思路引起了国内外学者的关注。在临床医学实践中他不断地将新理论、新技术引入基础研究和临床应用之中,有力地推动了泌尿外科学科的发展,为泌尿外科的发展做出了卓有成效的成就。同时,培养了一批能够掌握学科前沿高新技术的多学科、多专业的人才梯队,业务骨干和学科带头人。

杨宇如教授 男,外科学教授,博士研究生导师。曾任第六届全国泌尿外科学会常委、第三届器官移植学会常委,四川省泌尿外科专委会第三、第四届、器官移植专委会第一届主任委员。国内多种医学杂志如"中华泌尿外科"、"临床泌尿外科"、"现代泌尿外科"、"生殖与避孕"及"中华器官移植"等杂志编委。1961 年毕业于四川医学院,1992 年赴美国康乃尔大学医学院泌尿外科研修一年。从事泌尿外科临床、科研、教学工作三十多年,对泌尿及男性生殖系统疑难、危急重症的诊断、治疗与手术处理有丰富的经验。20 世纪 80 年代中期在四川乃至西部地区率先开展和推广腔道泌尿外科技术尤其是经尿道电切手术,并进行了一系列的相关临床研究。如在对经尿道电切术病人血清电解质监测、血液流变学研究的基础上,首次提出术中常规预防性应用高渗盐水,有效降低了经尿道电切综合征的发生,使医院该类手术的治疗效果达到了发达国家同等规模大学医院的水平。同时,在肾脏移植的排斥监测和防治、免疫耐受的诱导、泌尿系肿瘤的规范化治疗及手术、男性不育和生殖调控、输精管结扎和复通中生精细胞的凋亡等方面也进行了较深入的探讨,取得一定的成果。已培养硕士 14 人、博士 24 人。先后在国内外医学杂志发表学术论文 60 余篇,参编专著六本。主持和参与全国及部、省级有关泌尿系肿瘤、肾移植及男性生殖等方面科研课题十余项,曾获四川省科技进步一等奖。为推动四川、西南地区泌尿外科事业的发展作出了较大贡献。

陈照祥主任医师　1938 年 8 月出生,四川成都人。1961 年毕业于重庆医科大学医疗系,同年分配到四川省人民医院泌尿外科工作,在老一辈泌尿外科专家刘荣耀、潘慈康的培养和教导下,努力学习和工作,较为熟练地掌握了泌尿外科专业知识和技能,1986 年晋升为副主任医师,1991 年晋升为主任医师。1982 年起担任四川省人民医院泌尿外科主任至今。泌尿外科共 72 张床位(包括普通泌尿外科和肾移植),每年完成手术 2 000 余例次,现已成为医院的重点学科之一。陈照祥主任连任三届中华医学会泌尿外科专委会委员,四川省、成都市泌尿外科专委会副主任委员,四川省高级人民法院医学法律顾问。兼任实用医院临床杂志编委。享受国务院政府特殊津贴。

40 余年来,陈照祥主任始终站在临床工作第一线,长期从事泌尿外科医疗、教学和科研工作,积累了丰富的医、教、研经验。70 年代在在国内较早开展血液透析方法治疗肾功能衰竭,并为四川、重庆、湖南、湖北、西北等地区的大型医院进行辅导,为血液透析技术的普及和肾衰病人的治疗作出了巨大的贡献。同时期较早开展工作台外科治疗复杂性特大完全铸型肾结石,所有患者至今生活质量良好。在国内首创带蒂腰大肌膜瓣治疗肾下垂,解除了传统肾下垂手术的相关并发症。在无 CT 时代,在西南地区率先开展经股动脉穿刺行选择性肾动脉造影和肾动脉栓塞技术,为肾脏肿瘤的诊断和治疗、肾脏出血和肾脏外伤的止血和肾脏保全提供了有效的方法。另外,陈照祥主任在治疗复杂性长段尿道狭窄和尿路畸形方面具有丰富的临床经验和较深的造诣,如对尿道中段狭窄/缺损采用扩张的带蒂睾丸鞘膜成形尿道进行治疗;采用阴囊中缝皮瓣行尿道成形治疗复杂性尿道狭窄;采用膀胱黏膜修复治疗长段尿道狭窄和缺损(该项目发表于中华泌尿外科杂志,在尼泊尔国际外科学会交流并获奖)。在泌尿系统畸形治疗方面,较早开展了马蹄肾经腹峡部切除术、阴茎阴囊转位、隐匿型阴茎延长术,在肾内肾盂并发肾结石取石术中采用带蒂肾固有筋膜行肾盂扩大,解除了肾内肾盂结石术后复发的根本原因。较早并较为熟练地开展和掌握了肾上腺外科,80 年代初首创了经 11 肋间"V"型切口暴露肾上腺,使肾上腺手术的暴露相对完善,使手术变得较为顺利,减少了出血风险。在膀胱肿瘤方面,较早实施结肠膀胱术、结肠球囊膀胱术、回肠膀胱术的正位排尿,提高了患者的生活质量。80 年代初在四川地区率先开展了 TURP 和 TURBt 手术以及 ESWL 治疗尿路结石(在西南地区首家开展输尿管插管碎石），并对全川大多数市县医院进行辅导，为推动该类技术的普及带来了积极的影响。90年代带领年轻医生在全川率先开展了尿动力学检查，腹腔镜，输尿管镜和弹道碎石等手术。

陈照祥主任在《中华外科杂志》、《中华泌尿外科杂志》、《临床泌尿外科杂志》、《现代泌尿外科杂志》、《中华优生优育杂志》、《四川医学》等杂志撰写并发表论著20余篇，参与编写《体外冲击波碎石原理及临床应用》（四川科技出版社）。除参加全国性学术活动外，还多次到国外参加学术交流。陈照祥主任至今仍始终活跃在临床第一线。在40余年的临床工作中，始终全心全意为病人着想，不断努力、踏实工作，对病人以诚信为本，尽职尽责，鞠躬尽瘁，为尽快恢复患者的健康、挽救病人的生命尽到了自己应尽的责任。其高尚的医德医风在全院乃至全川有口皆碑。由于陈主任的精湛医术和高尚医德，2004年5月获得了首届全国优秀医师奖（全国39名获此殊荣医生之一）。

陈昭颉主任军医　男，1939年出生。成都军区总医院泌尿外科的学科带头人，主任军医，三级教授，首批享受国家特殊津贴、有突出贡献的中青年专家。曾任全军泌尿外科专业委员会常务委员、成都军区泌尿外科专业组组长、四川省泌尿外科专业委员会副主任委员、四川省器官移植专业副主任委员、四川省体外冲击波碎石及腔道泌尿专业副主任委员、成都市泌尿外科专业委员会副主任委员，第三军医大学兼职教授、硕士研究生导师。1962年开始从事泌尿外科工作30余年，具有丰富的临床经验，在国内较早开展血液透析和肾移植的基础研究和临床工作，20世纪80年代中期首次将液电效应应用于尿道闭锁及狭窄的治疗，研发体外振波碎石机及中药排石冲剂，在军内外具有较高的知名度。参编专著4部，曾先后获得国家科技进步三等奖1项、军队科技进步二等奖3项。

王继忠教授　1944年11月出生，男，汉族，四川遂宁人，大学本科，主任医师。1969年9月毕业于重庆医科大学医学系，在川北医学院附属医院工作至今。1974年7月至1975年7月在四川省人民医院泌尿外科进修，1989年3月参加上海第四期男子性功能康复班学习。1986—1989年担任泌尿外科主任，1988—2004年担任副院长分管临床工作，2000—2004年兼任川北医学院护理系主任。四川省泌尿外科专委会第二、第三、第四届副主任委员，四川省男科专委会第二届副主任委员，四川省急诊医学专委会第二届副主任委员，2001年至今担任四川省南充市泌尿外科专委会主任委员。四川省医院评审委员会委员，四川省医院管理评审专家，卫生部质管年督导检查专家。一直从事泌尿外科专业，在上尿路手术及男科学领域具有较高的造诣，公开发表论文34篇。1998年评为南充市学术技术带头人，获南充市科技进步奖二等奖一项，三等奖两项。

李虹教授　男，泌尿外科教授、博士生导师，四川大学副校长。现任中华医学会泌尿外科学分会常务委员、中国医师协会泌尿外科医师分会副主任委员、腔道泌尿外科及体外冲击波碎石学组全国委员，四川省及成都市泌尿专委会副主任委员，四川省腔道泌尿外科及体外冲击波碎石学组副组长，四川省计划生育专委会委员。中华泌尿外科杂志编委、实用肿瘤杂志常务编委、中国腔道泌尿外科与体外冲击波碎石杂志编委。四川省医疗事故鉴定专家组成员、四川省及成都市计划生育技术服务及鉴定专家组成员。

1982年毕业于华西医科大学医学院。毕业留校从事泌尿外科临床、科研和教学工作，理论基础扎实，解决临床专业复杂难题能力强。主要研究方向为腔道泌尿外科、前列腺疾病、泌尿肿瘤系，在这些领域有较高的学术造诣。成功施行我国首例右肾癌下腔静脉右心房癌栓形成病例的体外循环深低温麻醉经胸腹联合切口、腔静脉及右心房切开的右肾癌及癌栓切除术。在腔道泌尿的临床和研究工作达国内先进水平，率先在西南地区开展输尿管肾镜技术诊治上尿路肿瘤、结石、梗阻、狭窄、不明原因血尿等，达到西南领先、国内一流水平，受到同行专家一致认同。在开展经尿道手术治疗前列腺增生、膀胱肿瘤、尿道狭窄等疾患方面具有丰富经验，深入探讨了在高危人群中提高前列腺电切术的安全性及疗效问题、治疗方式选择的评价指标问题等。有关预防性应用高渗盐水避免经尿道电切综合征的研究，成功降低了TURP手术中TUR综合征的发生率及死亡率，达到发达国家水平。探索并推广尿道狭窄的腔内处理方法，深入探讨了尿道狭窄治疗中腔道技术的适应证、术式选择、治疗效果及评价等问题，研究结果为国内同行所公认，相关论文获四川省优秀科技论文奖。同时深入研究复发性尿道狭窄的发生机理，从细胞分子生物水平上研究尿道瘢痕成纤维细胞的生物学行为表现及其影响因素，并结合组织工程修复技术探讨尿道的修复与重建新方法。发表论文64篇，均为SCI或统计源期刊，参编全国性及省级学术专著6部。相关研究获中国人民解放军科学技术二等奖1项、省部级科技进步奖1项、承担和参加科学研究基金课题12项，其中国家自然科学基金1项，部省级科研基金5项。培养和参与指导博士及硕士研究生近30名。

六、学术组织和活动

（一）学术组织

四川省泌尿外科学的发展，离不开与泌尿外科专业相关的学术组织，以及由学术组织所举办的各种学术活动。而这段历史，应该追溯到20世纪30~40年代。

1937年5月29日，中华医学会成都分会成立，首届会长罗品山，副会长谢锡臻，当时到会50人。第二届于1939年9月28日改选，会长陈志潜，副会长陈序宾。第三届于1940年11月9日改选，会长李廷安，副会长彭吉人。此后情况无详细记载。

1940年4月，中华医学会重庆市分会成立，执行委员有曾定夫、李安定、陈文镜、王历畊及杨崇瑞等，会员有50多人。同年5月，中华医学会总会理事会决定，将原学会医事委员会重庆办事处扩展为中华医学会重庆办事处，刘汝刚和舒誉先后任干事，负责云南、贵州、四川、重庆等地会务联络事宜。上海沦陷后，总会由上海迁至重庆，地址设在歌乐山中央卫生实验院内。分会开展过一些学术活动，如报告会、学术讨论会及征集论文、发展会员等。许多会员为支援抗战，奔走呼吁募捐药品器材，联络同道医治伤员并救治难民，编印卫生防护宣传单及小册子等。抗战胜利后，总会迁回上海，重庆市分会于1946年改选，李之郁任理事长，谢荣瑞、冉瑞图、顾仲夫、王良为理事。学会定期举行报告会、学术讨论会，会员人数不断增加。

1953年，成都市卫生局局长陈礼辉任成都市医学分会理事长，分会设内、外、妇产、眼耳鼻喉四个组，定期开展学术活动，召开学术会议。1958年，改任周绪德为理事长，同年市医学会归四川省卫生厅及省科协领导,直到1965年10月筹组四川省医学会时,又将市医学会交回市卫生局领导。继因文革,筹组工作也随之停止,市医学会的活动也被迫停止。

1953—1966年,成都市医学分会先后建立了内、外、妇、儿等12个专业委员会,在外科专委会中还建立了骨科、泌尿、胸外及麻醉4个专业组。泌尿外科专业组每1~2月定期开展学术活动,学术空气比较活跃。"文革"前期被迫中断。1974年在川医和省院泌尿同道的倡议下,泌尿专业组自发地恢复学术活动,且形式多种多样,同时进行新医疗技术交流及疑难病人会诊,大大提高了学术水平,促进了成都地区泌尿外科专业的发展。1977年,重庆市在中华医学会外科分会下成立泌尿专业组,每2个月开展学术活动,长期坚持不懈。

1979年,成都市医学分会开始全面恢复学会的组织工作。同年6月,四川省医学会(中华医学会四川省分会)成立,首届理事长为曹钟梁。此后,四川省各地市也相应成立了中华医学会分会,全省的医学学术活动又迅猛地活跃起来。

1981年4月,中华医学会成都市泌尿外科学分会正式成立,同时还举行了成都市首届泌尿外科学术报告会,会议选举刘荣耀为顾问,邓显昭为主任委员,潘慈康、张宗仪为副主任委员。1985年,中华医学会重庆市泌尿外科分科学会成立,同时举行了重庆市泌尿外科中青年论文报告会。会议选举何梓铭为主任委员,宁天枢为副主任委员。

1986年11月,在成都市召开了四川省医学会泌尿外科学分会成立大会暨第一届西南三省四市泌尿外科学术会议。会议上成立了第一届四川省泌尿外科专业委员会,刘荣耀、王业、张宗仪为名誉委员,邓显昭为主任委员,潘慈康、刘志平、何梓铭为副主任委员。会议上还成立了西南地区泌尿外科分科学会协作组,刘荣耀为名誉主任委员,邓显昭为主任委员,邓显昭、骆毅、何梓铭、孙丙豹为常务委员。会议决定:每二年举行一次西南三省四市区域性学术会议,依次分别由成都、贵阳、重庆、昆明四市轮办,会议论文由各省市自己汇集。

1988年5月,在成都市召开第一届四川省暨第二届西南三省四市泌尿外科学术会议,来自云、贵、川、渝的正式及列席代表179人,参加会议的论文共224篇,其中四川省(包括成都市及重庆市)共176篇。之后每两年举办一次四川省医学会泌尿外科学术会议,由省内各地区泌尿专业组织轮流承办。

1993年,四川省医学分会决定,泌尿科分科专业委员会采用信函选票的方式改选,最后确定四川省第二届泌尿外科专业委员会的组成:邓显昭、潘慈康为名誉主任委员,唐孝达任主任委员,并更换了部分委员。1995年12月,在成都召开四川省第三届第一次泌尿外科学术会议,出席的正式及列席代表200多人,报告论文159篇及11个专题讲座。2003年,在四川宜宾召开四川省第八次泌尿外科学术会议,会上经改选产生四川省第四届泌尿外科专委会委员,杨宇如再次当选为主任委员,陈照祥、陈昭颉、王继忠、李虹当选为副主任委员。

1997年起,全省范围内陆续有攀枝花(1997年)、绵阳(2001年)、德阳(2001年)、自贡(2002年)、南充(2003年)、宜宾(2003年)、凉山(2003年)、乐山(2005年)等8个地市州成立了地区性的泌尿外科专业学术分会,并组织了1~3次地区性的泌尿外科学术会议。

(二)学术活动的历史和概况

1956年7月,刘荣耀及邓显昭出席了中华医学会第十届会员代表大会,刘荣耀在大会上作《肾下垂的诊断和治疗》的学术报告。

1963年6月，在沈阳市召开第一届全国外科学术大会，四川省有5名代表参加，并在大会上报告论文8篇。会议决定组办《泌尿外科内部通讯》（季刊）。

1964年，在北京市召开第二届全国外科学术会议，四川省陈仁亨入选大会主席团，并在大会上作《尿道损伤及外伤性尿道狭窄处理上的几个问题》的学术报告。杨嘉良也在大会上报告了《直肠膀胱术22例报告》的论文。

1981年11月，在南京市召开全国泌尿外科学会成立大会暨第一届全国泌尿外科学术会议，四川省共有13名代表参加，7篇论文在大小会发言，14篇论文刊登摘要，38篇论文刊题（会议论文共112篇）。刘荣耀及邓显昭被推选为大会主席团成员，邓显昭被选为第一届全国泌尿外科学会常委，陈家骥和宁天枢被选为委员。

1981年，在杭州市召开首届全省泌尿外科专业学术会议，宁天枢为专业组领导成员。以后召开多次学术会议，第三军医大学、成都军区总医院均有代表参加。

1983年7月，在成都空军医院召开第二届成都市泌尿外科学术年会，邀请了重庆市及部分地县代表参加。

1985年11月，在成都市召开第二届全国泌尿外科学术会议，由中华医学会、全国泌尿外科学会及成都市医学分会联合主办，具体由成都市泌尿外科分会承办，正式及列席代表400余人，全国各地泌尿外科学者、专家交流学术经验，会议论文212篇，四川省被选论文16篇，正式代表16人，列席代表30人。大会在国内首次采用"展牌"形式进行学术交流，还进行了国内外医药器材展销。邓显昭被选为大会主席团副主席，唐孝达为大会副秘书长。邓显昭连任第二届全国泌尿外科学会常委，潘慈康、何梓铭为委员。

1987年9月，在兰州市召开了中华医学会全国泌尿外科1987年学术会议，会议报告论文5篇，中心议题为腔道泌尿外科，四川省邓显昭、唐孝达、杨宇如等参加。

1988年4月，在北京市召开国际泌尿外科学术会议，吴阶平教授任主席，是我国历史上第一次泌尿外科国际盛会，20多个国家和香港地区等百余名国际知名的一流专家出席大会，我国有200多名教授、医师参加。大会共报告论文120篇，其中有我国56篇，着重研讨膀胱肿瘤、ESWL及腔内泌尿外科等方面的经验和进展。我省唐孝达、陈昭颉等参加。

1988年5月，在成都市召开第一届四川省暨第二届西南三省四市泌尿外科学术会议，来自云贵川渝的正式及列席代表179人，参加会议的论文共224篇，其中四川省（包括成都市及重庆市）共176篇。

1988年9月，在无锡市召开体外冲击波碎石与良性前列腺增生专题讨论会，参加讨论的正式代表共47人，四川省田兆雄出席了会议。

1989年5月，在济南市召开第三届全国泌尿外科学术会议，大会主要议题为泌尿系肿瘤、结石、肾移植及男性学。入选会议论文共284篇，四川省16名代表参加了会议，入选论文20篇，其中2篇在大会发言。

1990年4月，在杭州市召开尿道损伤、体外冲击波碎石和阳痿防治专题讨论会，会议正式代表75人，四川省唐孝达、何梓铭及刘志平出席了会议。

1990年5月，在贵阳市召开第三届西南三省四市泌尿外科学术会议，四川省代表参加，四川省参加会议的论文共83篇。

1992年5月，在重庆市召开第四届西南三省四市泌尿外科学术会议，成都市53人参加，被选会议论文59篇。

1992年5月底，在昆明市召开膀胱肿瘤专题讨论会。出席会议的代表150人，四川省何梓铭、金锡御、张思孝、宋波、靳凤烁等出席了会议。

1992年10月，在西安市召开第四届全国泌尿外科学术会议。与会代表650人，会议论文共1008篇。四川省21名代表参加，入选论文23篇。

1994年9月，在昆明市召开第五届西南三省四市泌尿外科学术会议，参会代表及列席代表会共300多人，报告学术论文共289篇。四川省参加代表120多人，报告论文140篇。

1995年12月，在成都市召开四川省第二届第一次泌尿外科学术会议，出席的正式及列席代表200余人。报告论文159篇，专题讲座题目11个。

1996年9月，在北京市召开第五届全国泌尿外科学术会议暨海峡两岸第一次泌尿外科学术会议，参加会议的正式及列席代表678人，收到学术论文1438篇。四川省参会代表46人，大会发言1篇，分会发言24篇。

1999年9月，由中华医学会泌尿外科学分会主办、四川省和成都市泌尿外科专业委员会承办的第四届全国腔道泌尿外科及体外冲击波碎石学术大会在成都召开。2000年10月，在成都市召开了全国器官移植学术会议，到会代表300余人，参会文章共504篇。

2009年9月，由中华医学会泌尿外科学分会主办、成都市泌尿外科专业委员会和四川大学华西医院承办的第十六届全国泌尿外科学术会议在成都召开。大会收到投稿4530篇，李虹教授任大会执行主席。

（三）参编泌尿外科杂志的历史概况

1964年，《泌尿外科内部通讯》（季刊）创刊，由北京、天津、上海、重庆4个编辑组轮流主编，陈仁亨及陈家骥为编委。在重庆先后出版了2期，增进了泌尿外科学术交流，并为以后出版《中华泌尿外科杂志》作了技术准备。

1980年，《中华泌尿外科杂志》创刊，邓显昭、陈家骥任第一届编委，唐孝达、何梓铭任第二、第三、第四届编委，金锡御任第四届编委。

1981年，《国外医学·泌尿系统分册》创刊，唐孝达、田兆雄任第二、第三、第四届编委。

1986年，《临床泌尿外科杂志》创刊，邓显昭、郭迺勉、潘慈康、何梓铭、金锡御任编委。

1996年，《现代泌尿外科杂志》创刊，潘慈康任顾问，唐孝达、金锡御任副主任委员，张思孝任编委。

四川省泌尿外科专业委员会

第一届委员会（1986年）

名誉委员 刘荣耀　王　业　张宗仪

主 任 委 员　邓显昭

副主任委员　潘慈康　刘冶平　何梓铭

委　　　员　唐孝达　宁乾夫　田兆雄　何士元　杨宇如　龚以榜　陈照祥

　　　　　　杨唐俊　彭法先　李继冉　陈昭颉　陈仲达　王杜培　陈庆云

　　　　　　刘树坤　王兆华　宁天枢　吴怀远　金锡御　宿光永　莫华根

　　　　　　陈长静

秘　　　书　田兆雄　彭德先　杨唐俊

第二届委员会（1993 年）

名誉主任委员　邓显昭　潘慈康

主 任 委 员　唐孝达

副主任委员　杨宇如　陈照祥　陈昭颉

委　　　员　田兆雄　何士元　杨宇如　龚以榜　陈照祥　杨常德　彭德先

　　　　　　李继冉　陈昭颉　王继忠　王杜培　陈庆云　刘树坤　李清奇

　　　　　　金锡御　王时宝　杨唐俊　宿光永　谯体义　荣兴欣　方裕华

　　　　　　徐胡福

秘　　　书　田兆雄　彭法先　杨唐俊

第三届委员会（1997 年）

主 任 委 员　杨宇如

副主任委员　李　虹　陈照祥　陈昭颉　王继忠

委　　　员　王明和　卢一平　魏　强　杨世春　张健华　王庆堂　张蜀武

　　　　　　李　强　朱正万　姚家福　宋争放　王安果　徐　进　袁光亚

　　　　　　王时宝　李　军　荣光欣　陈善勤　陈钟良　王　忠　李保翰

　　　　　　高　斌　陈向昭　季天佑　陈东翔

第四届委员会（2001 年）

主 任 委 员　杨宇如

副主任委员　李　虹　陈照祥　陈昭颉　王继忠

委　　　员　陈　刚　陈善勤　陈同良　邓显忠　高　斌　黄　祥　黄　翔

　　　　　　李　斌　李　军　李　强　李　昕　刘利权　卢一平　吕国炳

　　　　　　荣兴欣　孙先禹　唐培金　王安果　王继忠　王明和　王庆堂

　　　　　　王　忠　魏　强　巫骏川　徐　峰　徐　苗　杨世春　袁光亚

　　　　　　张健华　张蜀武　张天德　赵鲁平　朱正万

秘　　　书　李　响　邱明星

第五届委员会（2006 年）

主任委员	李 虹
副主任委员	魏 强　邱明星　崔 曙　王庆堂
委　　员	常德贵　陈 刚　陈善勤　陈同良　邓显忠　范天勇　高 斌
	黄 祥　黄 翔　姜 睿　李 斌　李 强　李 昕　梁 勇
	刘丹平　刘利权　吕国炳　冉 青　宋争放　孙先禹　唐耘熳
	王安果　王 佳　王晓锋　王 忠　徐 峰　徐 苗　杨 航
	易正金　袁光亚　张天德　赵鲁平　朱正万　郭志明
秘　　书	王 东　李 响

第六届委员会（2010 年）

主任委员	李 虹
副主任委员	魏 强　邱明星　崔 曙　王庆堂
常委委员	王 佳　李 响　黄 翔　陈同良　袁光亚　李 强　孙先禹
委　　员	范天勇　唐耘熳　廖 勇　冉 清　陈 刚　蒋建春　宋争放
	杨 航　郭志明　朱正万　姜 睿　邓显忠　赵鲁平　张天德
	易正金　梁 勇　赖建平　刘利权　王晓锋　汪 勇　李 斌
	王 忠　唐培金　李 昕　王安果　徐 苗　许亚宏　黄 祥
	喻定刚　徐 峰
秘　　书	王 东　王坤杰

第一届西南泌尿外科协作组委员名单（1986 年）

名誉主任委员	刘荣耀
主任委员	邓显昭
常务委员	邓显昭　骆 毅　何梓铭　孙丙豹
委　　员	（以姓氏笔画为序）
	王 业　王文忠　邓显昭　宁乾夫　宁天枢　刘树坤　刘志平
	刘中平　刘巨柏　孙丙豹　何梓铭　李继冉　李永康　李生明
	苏健武　何上元　唐孝达　席世甫　陈兆祥　陈昭颉　陈九龄
	陶自鹏　徐鸿毅　骆 毅　蒋克钧　杨宇如　杨志岗　潘兹康
	周秋中　龚以榜　曹宁生　黄振坤　张宗汉　张蜀武　张连元
	张 勋　廖润泉　谭一匡
秘　　书	杨宇如

贵州省泌尿外科学史

　　贵州省位于西南腹地,山、水、林、洞奇景天然生就,苗、侗、水彝各族和谐混居,千山万壑,峰连岭结的古胜高原造就了贵州迤逦的自然风光和纯朴的民俗风情,但是也阻碍了贵州省的医学发展。1938年,贵阳医学院成立,是当时国立九所医学院校之一,西医在贵州省开始了漫长的发展。1969年,大连医学院内迁于贵州省遵义市并更名为遵义医学院,为贵州省医学发展增添了新的活力。然而,由于交通不便和信息闭塞,尽管贵阳医学院培养出过熊旭林这样的泌尿外科医学大家,但贵州省本土的泌尿外科发展依然缓慢。近年来,借着西部大开发的春风,勤劳勇敢的贵州人大胆创新,锐意进取,在泌尿外科学方面取得了长足的进步。

一、奠基时期(1956—1976年)

　　贵州省泌尿外科独立成专业组是在1956年。当时贵州省人民医院梁浩主任和贵阳医学院附院孙世镛教授分别在各自医院大外科的基础上成立了泌尿外科专业组,当时并无专职的泌尿外科专科医师和单独的专科病房。这两家医院于1957年分别购入了美国、德国及国产的热光源膀胱尿道镜,各自开展了泌尿外科工作,人员的培养采取外出进修和科内帮带的方式进行。在这期间,贵州省医学会外科学会泌尿外科专业组成立,由孙世镛教授、梁浩主任、程曾德主任负责。在这时期,能开展一般泌尿外科的手术,如输精管结扎、肾切除、肾部分切除和全膀胱切除术等。

二、发展初期(1976—2002年)

　　"文革"期间,学会活动中断,直到1976年后才恢复。1978年,由孙世镛教授为主委,李运康、孙丙豹、廖润泉、岳峰高和刘中平组成委员会,李运康为秘书,组成新一届的贵州省医学会外科学会泌尿外科专业组。专业组定期开展学术活动和病案讨论。

　　1976—1982年,在黄汉兴教授带领下,首创的"结石总攻疗法"在国内得以认可,为上尿路结石的非手术治疗作出了一定的贡献;较早在国内开展了膀胱全切术;开展并完善了泌尿外科常规手术。1985年,在孙丙豹教授主持下成功完成省内首例同种异体肾移植术,为挽救省内终末期尿毒症患者的生命,提供了便捷、良好的服务。1987年,开展经尿道前列腺电切术、经尿道膀胱肿瘤电切术,腔内尿道疤痕内切开治疗尿道狭窄和闭锁、膀胱腔内超声碎石术。1983—1987年,在周秋中教授带领下尝试了经皮肾穿刺碎石取石术,成为国内最早尝试经皮肾穿刺碎石取石术的之一。1985年开展了自体肾移植治疗肾动脉狭窄并获得良好效果,同年自创经皮肾穿刺套石篮取出膀胱结石新技术获得成功。1987年成功引进实施了大隐静脉——腹股沟淋巴结吻合术、精索淋巴管——腹壁下静脉吻合术治疗乳糜尿。1989 年,开展膀胱腔内液电碎石术。1994 年开展经尿道前列腺气化电切术和膀胱肿瘤气化电切术。1995 年,开展尿路气压弹道碎石术(包括输尿管、膀胱、尿道)。1996 年完成国内首例手术加术中放疗治疗小儿肾上腺神经母细胞瘤;开展尿动力学检查;成功修复省内首例阴茎阴囊皮肤大面积撕脱伤。1998 年,省内首例阴茎完全离断 15 小时 15 分钟再植成功。1999 年开展超声引导下前列腺穿刺系统活检。2000 年省内首例位于腹主动脉与腔静脉间的嗜铬细胞瘤被成功切除。2002 年,在国内首先开展开放术中肾肿瘤、膀胱肿瘤、前列腺肿瘤氩氦刀治疗,经皮穿刺肾造瘘碎石术;省内首例完成肠代可控膀胱术治疗晚期膀胱肿瘤并解除尿液难以控制的问题,开展了等离子前列腺电切术。

三、快速发展时期(2002—2010 年)

随着以体外震波碎石为代表的治疗泌尿系统结石的新技术开始应用于临床以后,大量的泌尿外科微创手术蓬勃发展,腔内泌尿外科技术广泛应用于泌尿外科。在中华泌尿外科委员、贵州省泌尿外科分会主任委员孙兆林教授的带领下,每年召开贵州省泌尿外科年会,进行学术交流与讨论,贵阳医学会泌尿外科分会的成立,使省城贵阳市泌尿外科学术活动更加活跃,同时引进了大批国内和世界先进的设备,具有代表性的设备有:2 微米激光、大功率多尼尔钬激光碎石机、结石分析仪、瑞士 EMS 超声与气压弹道碎石清石机(集超声和气压弹道碎石、取石功能于一体)、输尿管软镜、Laborie 尿动力仪、男性疾病诊断治疗工作站等。广泛开展了经尿道前列腺电切术,膀胱肿瘤电切术,直视下尿道狭窄冷切开术,经皮肾镜碎石术以及输尿管镜检查及输尿管取石手术,腹腔镜下前列腺癌根治术、肾癌根治术等。2007 年,贵州省人民医院泌尿外科成立了西南地区首批国家级泌尿内镜培训基地,每年举行全国腔镜培训一次;2009 年,贵州省人民医院泌尿外科与上海交通大学附属上海市第一人民医院合作建立博士后流动站。

贵州省男科学的发展起步相对较晚,由担任中华医学会男科学组委员会委员的孙兆林教授带领全省泌尿外科工作者,购入 WL22—9999 伟力多功能男性疾病诊断治疗仪与 HG - 2000 体外高频热疗机等,能对男性性功能障碍、不孕不育、前列腺炎等各种男科疾病进行诊断与治疗。

贵州省人民医院泌尿外科经多年的发展,逐渐分出男科、前列腺与尿控、结石与肿瘤等亚专科。2011 年初,该科被评定为贵州省重点学科。

在新的世纪贵州省泌尿外科飞速发展。孙兆林教授带领全省先后在输尿管镜下行气压弹道碎石、超声碎石及钬激光碎石;腹腔镜下前列腺癌根治、肾切除、输尿管切开取石术、肾盂成形、肾上腺切除等手术,取得了良好效果。回顾贵州省泌尿外科的发展史,是一部精心钻研、不断进取,勇于开拓的艰苦奋斗的历史。是老一辈无私奉献、辛勤耕耘的结果。新一代的泌尿外科人正在踏着前人所创造的道路积极探索,团结拼搏,编写出贵州省泌尿外科新的史诗。

中国泌尿外科学史（第2版）

贵州省历届泌尿外科分会

第一届委员会（1988 年）

主 任 委 员　孙丙豹
副主任委员　李运康　廖润泉　周秋中

第二届委员会（1993 年）

主 任 委 员　孙丙豹
副主任委员　李运康　廖润泉　周秋中

第三届委员会（1998 年）

主 任 委 员　孙丙豹
副主任委员　沈寅初　孙兆林　廖润泉　李家富

第四届委员会（2001 年）

主 任 委 员　沈寅初
副主任委员　孙兆林　石家齐　许灌成

第五届委员会（2004 年）

主 任 委 员　孙兆林
副主任委员　石家齐　罗　旭　冯　进　许灌成

第六届委员会（2008 年）

主 任 委 员　孙兆林
副主任委员　石家齐　罗　旭　冯　进　许灌成

云南省泌尿外科学史

云南省地处祖国西南边疆,山清水秀,人杰地灵,居住着 26 个民族。在这块美丽的土地上,勤劳而智慧的各族人民,曾经创造了极其灿烂的祖国文化,为中华民族的发展做出了卓越的贡献。以中医中药、民族医药为代表的东方医学,对全省各族人民的生息、繁衍和健康起着不可磨灭的作用,我们永远不能忘记祖先对人类文明所做的贡献。

20 世纪初,随着西方教会的传入,西方文化深入中国大地,利用教会传入的西方医学也深入民间,使西方文化有了扎根的基础。

法国殖民主义者瞄准了云南的锡矿,兴修铁路,把个旧市大量的锡经越南运往欧洲。20 世纪 30 年代,法国人在昆明开办了"惠滇"医院。留法医师范秉哲博士回昆明创建了慈勤医院和云南大学医学院。1939 年云南省政府创建省立昆华医院,同年由留法归国的一批医师,如杜棻等创办了云南大学附属医院(简称云大医院)。随着这些医院的建立,现代医学在云南也就开始了其漫长的发展道路。

一、奠基与发展初期(解放前后)

20 世纪 30 年代后期,由于日本帝国主义的入侵,内地各界人士纷纷迁移到西南地区。虽然也有一批内地的知名医学专家来到昆明,但其中泌尿外科医师却非常缺乏,仅有在云南大学医院任职的留法归国泌尿外科医师程一雄。

1945 年,日本无条件投降,抗日战争取得胜利。但那时期各医院和遭受洗劫的战后中国大地一样,满目疮痍,因此泌尿外科水平非常低,仅能做一些如膀胱结石、阴茎癌、鞘膜积液等手术。由于缺乏 X 线机等必要的检查设备,很多病症则难以作出明确的诊断,病人只能听天由命,顺其自然。在农村的尿道结石病人,因发生急性尿潴留,情急无奈之下只有请民间草医,用弯刀在会阴部切开取石,以解燃眉之急,术后遗留下长期的会阴尿瘘。直至 20 世纪 50 年代初,还时有这类病人到医院就诊。

1950 年云南解放。为了改变云南没有泌尿外科工作者的局面,1954 年,云南大学医院(即现在的昆医附一院)派骆毅医师到上海医学院附属中山医院进修泌尿外科 1 年。1956 年,昆华医院(即现在的省第一人民医院)派张连元医师到上海仁济、广慈两家医院进修泌尿外科 1 年。1955 年,云南大学医院骆毅医师、曹宁生医师组建了我省第一个泌尿外科病房。继之,1957 年,昆华医院张连元医师也组建了泌尿外科病房。至此,云南才有了泌尿外科病房,全面开展了泌尿外科业务。随后,解放军四三医院张勋医师、昆明市人民医院赵振楣医师、昆明医学院附属第二医院徐鸿毅医师等相继由大外科中独立出来,成立了泌尿外科。

上海延安医院于 1970 年整体搬迁到昆明,坐落在东庄省人民医院新建的"国际医院"

的地盘上,称为昆明市延安医院。该院泌尿外科主任为全国平板式人工肾创始人夏其昌医师。数年后,夏其昌医师病故,林康医师担任主任。昆明铁路医院何世壮医师也于20世纪70年代初组建了泌尿外科。何世壮调广州工作后,刘巨柏医师任主任。这些早期的泌尿外科专家们努力学习,勤奋工作,不断提高自己的业务水平,培养和造就了一大批新一代的泌尿外科专业队伍,为云南省泌尿外科的发展作出了巨大的贡献。

20世纪50年代初,云南省内只有2家较大的医院有老式的外国膀胱镜及40毫安的移动式小型X线机,收治的病种仅有泌尿系结核(主要为附睾结核)、膀胱结石、阴茎癌等外观可见的一般病症。这种情况直到云南大学、昆华两家医院先后派出到全国医疗水平较高的上海进修的医师回来后才得以改变。经过10年的发展,至60年代中期,基本跟上了全国的技术水平。这期间开展了耻骨后与耻骨上前列腺摘除术、膀胱肿瘤全膀胱切除术、直肠代膀胱术、Lowsley-Jonson尿粪分流术、结核性挛缩膀胱部分切除乙状结肠膀胱扩大成形术、肾部分切除治疗肾结石、肾上腺肿瘤切除术治疗嗜铬细胞瘤醛固酮增多症、肾上腺大部分切除治疗库欣综合征。这些手术在1955年以前是无能力开展的。

为了配合国家计划生育国策的落实,1964年在云南掀起了计划生育手术高潮,下关市医院卢进医师在实践中发明了穿针引线法无切口输精管结扎术,创伤小、疗效好。省卫生厅专门组成技术指导组到各地、州、市推广此技术,并且到山东、上海等地传授经验。20世纪70年代初期,在新的节育高潮中,云南大学医院骆毅医师带领男性节育小组深入地区县开展输精管穿刺黏堵法,完成了数千例手术,取得了优异成绩,全国有多批医师来昆明取经。

这段时期,昆明的各省市级医院在自身泌尿外科业务水平迅速提高的同时,为云南省17个地、州、市级医院培训了一批泌尿外科医师,部分医院成立了泌尿外科专科,大部分的医院已至少有1名受过训练的泌尿外科医生,全省泌尿外科各级层次基本形成。

"文革"期间,各医院的泌尿外科受到了严重的冲击,医护不分,人才流失,诊疗技术停滞不前,学科发展跌入了低谷。但以骆毅、张连元、曹宁生、董泽泉、苏健武等医师为代表的一批泌尿外科专家仍在艰苦的条件下坚持不懈地开展泌尿外科工作,并于70年代初,深入到各县开展男性节育手术,使计划生育政策深入人心,为计划生育工作作出了重大贡献。

1970年,上海延安医院迁来昆明后,他们研制的平板式人工肾对误食鱼胆中毒所致的尿毒症病人进行血液透析治疗取得成功。这是云南应用人工肾的开篇,技术水平在全国名列前茅。延安医院还研制了"血滤罐"用于救治毒物中毒所致的尿毒症,也取得了良好效果。昆明医学院附属第二医院于1974年首先开展了腹主动脉瘤切除自体肾移植手术。1978年党的十一届三中全会以后,各医疗单位相继落实了知识分子政策,泌尿外科事业又开始蓬勃发展起来,专业队伍不断壮大,诊疗技术取得明显提高。1979年,云南省第一人民医院(昆华医院)引进人工肾开展血液透析工作,并于1980年底成功进行了同种异体肾移植手术。之后,昆明医学院附属第一医院、延安医院、解放军四三医院、昆明市第一人民医院、昆医附二院也相继开展了肾移植工作。

1981年在南京召开了第一届全国泌尿外科学术大会,成立了中华医学会泌尿外科分会。之后,1982年9月在昆明召开了云南省第一届泌尿外科学术会议,并成立了云南省医学会泌尿外科分会,骆毅为主任委员,张连元、曹宁生、张勋、林康任为副主任委员。由此,掀开了云南省泌尿外科发展的新篇章。

二、发展阶段(20世纪80年代初期至90年代中期)

20世纪80年代,全国迎来了科学的春天,党的知识分子政策的落实,大大鼓舞了科技队伍的士气,激励了知识分子的工作积极性与历史使命感,改革开放的氛围为医学创造了良好环境与发展空间。云南省广大医护专业人员满怀豪情,意气风发,决心在老一辈学者艰苦创业打下的基础上重整旗鼓,再创佳绩,使一度陷于停顿的泌尿外科重现了生机。然而,由于云南省地处边疆,交通不便,信息闭塞,原有医疗基础薄弱,发展滞后,虽然部分省、市级医院有一定的专业基础,但与国内先进地区相比仍存在较大差距。而且,各地之间的发展也极不平衡,不少基层医院缺乏专业人员,专科设备简陋,尚无专科设置,因而整体水平不高。为迅速改变上述状况,跟上时代发展步伐,缩短与先进地区的差距,各省、市级医院在原有基础上,努力拓宽专科业务,引进先进技术与设备,不断开展高难度手术,如1982年后昆明医学院附属第一、第二医院开展的经尿道前列腺电切术(TURP)、经皮肾镜取石术(PCNL)及输尿管镜取石术(URS),开创了云南省微创外科技术之先河。继之,各省、市级医院及地州医院如大理、楚雄、玉溪、曲靖等地区医院逐步开展各种先进专业技术,使腔内技术在良性前列腺增生症(BPH)及尿石症治疗中所占比例逐步增大,明显改变了过去上述疾病仅仅依靠开放手术的局面。

20世纪80年代,全国体外冲击波碎石术(ESWL)迅速推广,又在云南省引发了碎石治疗的高潮。云南省属尿石症高发区,结石病人众多,治疗要求迫切。1987年,云南省红十字会医院(云南省第二人民医院)及昆明医学院附属第二医院首先引进上海交大研制的第二代碎石机进行ESWL治疗泌尿系统结石病人,带动了云南省碎石工作的开展。短时间内云南省相继引进碎石机数十台,治疗病人多达数千例,在扩大治疗及降低并发症和不良反应方面积累了一定的经验。部分省级医院采用ESWL与PCNL联合治疗肾结石,提高了复杂性肾结石的治疗成功率,降低了切肾率,深受广大病人欢迎,使云南省尿石症的治疗进入了多种治疗途径协同发展的新阶段。

20世纪90年代后,新型免疫抑制剂(如酚酸酯、FK506)的临床应用,提高了肾移植人/肾的存活率。此阶段部分地、州医院(思茅、大理、玉溪、西双版纳等)相继开展了肾移植手术,改变了过去器官移植仅限于省、市级医院进行的局面。一些高难度手术与先进技术也在各地医院陆续开展,如云南省第一人民医院率先行生殖器肿瘤的腹膜后淋巴结清扫术;昆明医学院附属第一医院开展了低温下复杂性肾结石取石术及离体肾手术、小儿先天畸形矫正术、膀胱外翻成形术等;昆明医学院附属第二医院开展的选择性肾动脉造影术和肾动脉栓塞术,提高了肾血管性高血压及创伤性肾出血的诊疗水平;昆明医学院附属第二医院开展和改进了膀胱全切术及原位膀胱术(1991年),并迅速推广至各地、州医院。先进仪器设备的引进也大大提高了专业医师对常见病的认识,转变了治疗观念,如1992

年昆明医学院附属第一医院引进丹迪尿流动仪后,各院均引进设备培训人员,成立尿动力学检查室,明显提高了下尿路梗阻及功能障碍的诊疗水平。射频、微波、激光等设备的引进也进一步促进了前列腺疾病诊疗的开展。20世纪90年代中期,为适应社会的需要,昆明医学院附属第一医院成立了男性专科,由专人、专科集中对男性疾病(不育症、性功能障碍及生殖器感染等)进行科研与临床诊治,填补了云南省男科学的空白。

1982年,云南省医学会泌尿外科专委会成立后,针对云南省的具体情况,制定"以加强学术交流、培训基层专业人员、提高全省专业医疗业务素质"为宗旨的工作方向。建立了每年召开学术年会的制度,鼓励中、青年医生走上学术交流第一线,不定期举办专题理论学习班,以提高专业人员,尤其是基层专科医师的理论水平,拓宽他们的知识面。为适应医疗科研工作的需要,每年有目的地邀请基础医学与相关学科专家举办专题讲座,如"分子生物学及细胞遗传学基础理论与临床的联系"、"性传播疾病的诊疗进展"、"检验学与影像诊断学新进展"等。与此同时,还多次邀请国内著名专家来昆明讲学和帮助开展手术(如郭应禄、顾方六、梅骅、李炎唐、沈家立、江鱼、马永江、宋健达、吴开俊、金锡御、叶章群、鲁功成、唐孝达、杨宇如、孙颖浩、宋波等教授),他们带来了新知识、新观点、新信息及诊疗新技术,使云南省泌尿外科医生得到极大启发。尤其值得一提的是,1998年,以吴阶平院士和顾方六教授为首的全国泌尿外科学会委员会全体常委来昆明进行义务讲学及义诊。为此,省专委会专门举办了全省泌尿外科医生学习班,参会人数创历史新高,各位常委均作了精彩的、高质量的学术报告,使与会者受益极大。此阶段还邀请了美国Arnald Rustin教授前来讲授和演示TURP(1982年)、Guy Abbate MD来昆明为青年医生举办理论学习班(1989年)以及Glesner MD来昆明医学院附属第一医院进行学术交流及专题讨论,上述活动均深受广大泌尿外科医师的欢迎。

20世纪80年代中期,在临床医疗不断发展的同时,加强了泌尿外科基础与临床的科学研究,先后对尿石症、肾缺血再灌注损伤、膀胱肿瘤、海洛因吸毒者器官功能障碍等进行分项研究。科研工作的开展不仅拓宽了专业医生的知识面,加深了其对疾病病因、病理的认识,提高了临床诊疗水平,也培养了专业医生科学的临床思维与严谨、求实的科学态度,为泌尿外科专业的发展增加了丰富的内涵与发展活力。

专业人才培养一直是各省、市级医院及老一辈泌尿外科工作者工作的重点,各院均采取省外进修、国外深造及就地培养等多种渠道进行人才培养,并对全省基层医院进行重点扶持,为壮大云南省泌尿外科专业队伍、提高专业素质打下了坚实的基础。1984年,昆明医学院附属第一医院成立硕士研究生培养点,继之,附属第二医院也开展了硕士及博士研究生培养工作,先后培养硕士研究生数十名,目前他们已成为云南省泌尿外科医、教、研的骨干力量。20世纪90年代后,大批研究生、归国留学人员陆续加入到泌尿外科队伍,他们不仅以充沛的精力、高涨的工作热情,同时也以广博的基础理论知识和扎实的科研功底,积极活跃在各项医疗、科研和教学活动中,为云南省泌尿外科专科的发展注入了新的活力,使这一阶段的专业水平与业务范围均有了显著的提高。他们也在临床实践中增强了自身的临床经验与实践工作能力,形成了这一阶段学科发展的显著特点。可以说,自20世纪80年代初至 90 年代中后期,云南省泌尿外科步入了稳步发展的阶段。经过 10 多年的努力,云南省的泌尿外科队伍不断壮大,专业人员素质不断提高,泌尿外科的整体水平有了较大的进步,进一步缩小了与国内先进水平的差距。

三、现阶段

20 世纪 90 年代中期以来,是我省泌尿外科全面和快速发展的阶段,泌尿外科医师队伍迅速壮大,人员素质大幅度提高,专业领域不断拓宽,各种新技术不断开展,特别是在膀胱肿瘤的外科治疗、微创泌尿外科技术、肾移植、小儿泌尿外科、男性学等方面的发展尤为迅速。昆医附二院徐鸿毅教授带领开展的根治性膀胱全切、正位尿流改道术,在全国和全省范围内进行了广泛的推广和应用,很多基层医院如曲靖市一院、玉溪市一院、文山州医院等均完成了较多的病例。全省共完成了超过千例的手术,并进行了系统的基础研究,术后患者的生活质量得到了极大的改善。该项工作被中华泌尿外科杂志载入建国 50 年成就,并获得了云南省科学技术进步一等奖。著名泌尿外科专家顾方六教授对这项工作的开展给予了大力的支持。昆医附一院开展的可控腹壁尿流改道术进一步完善了我省膀胱肿瘤的外科治疗。在膀胱肿瘤的研究方面,昆医附二院还与北大医院合作开展了膀胱肿瘤的生物导向诊断和导向治疗,昆医附一院及省一院等在膀胱肿瘤的分子生物学特性方面进行了研究。

为促进腔内和微创泌尿外科技术在我省的开展和普及,昆医附二院于 1995 年开展了经尿道前列腺汽化电切术、1998 年开展了后腹腔镜泌尿外科手术以及经皮肾镜碎石取石术,2001 年成都军区昆明总医院开展了钬激光前列腺剜出术及腔内碎石术,2005 年昆明市延安医院开展了绿激光前列腺汽化术,云南省第一人民医院开展了经腹腔入路的腹腔镜泌尿外科手术,昆医附二院、玉溪市第一人民医院等相继开展了腹腔镜根治性肾癌切除术,昆医附二院于 2008 年以后独立开展了腹腔镜前列腺癌根治术及膀胱癌根治术。这些工作的开展有力地推进了我省微创泌尿外科技术的全面发展。这一期间,全省各地广泛开展了输尿管镜取石、经尿道前列腺切除、经皮肾镜取石、腹腔镜手术等各种腔内泌尿外科手术,著名的泌尿外科专家那彦群、叶章群、孙则禹、孙颖浩、李逊、刘春晓、张旭、黄健、高新等教授对我省的工作都给予了大力的支持和帮助。

这一时期也是云南省泌尿外科水平全面提升的黄金时期,昆明市延安医院、昆明市第一人民医院在异体肾移植方面完成了大宗的手术病例,在手术方法及免疫抑制剂的应用方面积累了宝贵的经验,一些基层医院如思茅市第一人民医院等均独立开展了肾移植工作。昆医附一院开展的亲体肾移植手术取得了较好的疗效,病例数已居国内前列。昆医附二院、昆明市第一人民医院等在肝肾联合移植方面进行了尝试,取得了初步的经验。昆明市儿童医院、云南省第一人民医院在小儿尿道下裂,昆明市儿童医院在小儿直肠膀胱瘘的手术治疗方面取得了重要的进步,手术疗效明显提高。昆医附一院、昆医附二院成立了男性专科,在阴茎勃起功能障碍的诊断与治疗以及男性不育方面做了大量的临床和实验研究,取得了可喜的成绩。昆医附二院在泌尿系结石的病因诊断及预防治疗进行了研究。全省各地医院先后开展了前列腺癌的早期诊断、根治性切除手术及晚期前列腺癌的内分泌及其他辅助治疗。尿动力学检查及无张力尿道悬吊术治疗女性压力性尿失禁也在全省不断普及。2008 年在中华泌尿外科的领导下，成功地承办了第十五届中华泌尿外科学术大会，来自全国和全球的近 3 000 名代表参加了会议，会议得到了海内外的高度评价。

四、结　语

半个多世纪以来，在中华泌尿外科学会的带领下、在全国各省、区同仁及海外同仁的大力关心、帮助和支持下，在以骆毅、张连元、曹宁生、徐鸿毅等一大批著名的老一辈泌尿外科专家的带领下，经过全省泌尿外科同道的艰苦创业，云南省的泌尿外科事业取得了辉煌的成就，已发展成一支拥有近 500 余人的专科队伍，在很多方面已跟上了国内外先进水平的步伐。全省市级以上的医院都成立了泌尿专科，所有县级医院和部分乡镇医院都培养出了专科医师，泌尿外科的临床、科研、人才培养等整体水平有了极大的提高。90% 以上的县级医院开展了体外冲击波碎石，60% 以上的县级医院不同程度地开展了各种微创泌尿外科手术，50% 以上的省市级医院开展过肾移植手术。

今天，以根治性膀胱全切、正位尿流改道术，体外冲击波碎石、输尿管镜取石、经皮肾镜取石、经尿道前列腺电切术和等离子切除术、钬激光前列腺剜除术、腹腔镜泌尿外科手术，肾移植等为代表的现代泌尿外科技术已成为了我省现阶工作的亮点和特点。全省同仁团结一心，在继承和改良传统方法的基础上，不断引进和开展各种新技术和新研究，努力推动着我省泌尿外科的向前发展，为边疆人民的健康贡献着自己的智慧和力量。

在总结历史和展望未来的同时，我们更加怀念和倍加感谢所有关心、支持和帮助过我们的全国各省区和海外的同道们，我们永远不会忘记你们对云南省泌尿外科事业发展所作出的重要贡献。籍此，云南省泌尿外科的全体同道向你们致以最崇高的敬意和最衷心的感谢。让我们携起手来，紧密团结在中华泌尿外科分会的领导下，锐意进取、开拓创新，为中华泌尿外科的腾飞而努力奋斗。

云南省历届泌尿外科学分会

第一届委员会（1982 年 9 月）

主 任 委 员　骆　毅
副主任委员　张连元、曹宁生、张　勋、林　康
秘　　　书　周庆乡

第二届委员会（1986 年 11 月）

主 任 委 员　骆　毅
副主任委员　张连元、曹宁生、张　勋

秘　　　书　张连元(兼)

第三届委员会(1988 年 10 月)

主 任 委 员　张连元

副主任委员　曹宁生、陈久龄、徐鸿毅

秘　　　书　张　勋

第四届委员会(1992 年 11 月)

主 任 委 员　曹宁生

副主任委员　徐鸿毅、邹永康、陈久龄、戚恩荣

秘　　　书　马鸿钧

第五届委员会(1995 年 11 月)

主 任 委 员　曹宁生

副主任委员　徐鸿毅、李天惠、邹永康、黄振坤、戚恩荣

秘　　　书　马鸿钧

第六届委员会(1999 年 12 月)

主 任 委 员　徐鸿毅

副主任委员　马鸿钧、李天惠、邹永康、姜国琛、黄振坤、戚恩荣

秘　　　书　李炯明

第七届委员会(2004 年 8 月)

主 任 委 员　李炯明

副主任委员　肖明辉、王剑松、马超龙、刘齐贵

秘　　　书　刘建和

第八届委员会(2009 年 8 月)

主 任 委 员　李炯明

副主任委员　肖明辉　王剑松　刘齐贵　申吉泓

秘　　　书　刘建和

西藏自治区泌尿外科学史

西藏自治区地处祖国西南边疆，位于北纬 26°52′至 36°32′，东经 78°24′至 99°06′，属世界屋脊，常年处于低氧状态。

解放前的西藏，由于长期封建农奴制度的统治，经济、文化、卫生等均十分落后，广大劳动人民过着极其贫困的生活，百万农奴得不到医药卫生保障。1951 年，西藏和平解放后，为了改善全区落后的卫生、医疗面貌，人民解放军和国家卫生部组织派出了大量医务人员进藏。西藏地区的卫生医疗条件由此发生了翻天覆地的变化，卫生机构也逐步健全起来。

1952 年 7 月，成立了西藏自治区第一所医院——昌都地区人民医院。同年 9 月 8 日，拉萨市人民医院成立。1954 年 6 月，那曲卫生所成立。1955 年 10 月，日喀则地区医院成立。在中央政府的关心和内地各省市的帮助下，西藏卫生事业取得了稳步发展。到 1959 年时，西藏全区建立医疗卫生机构共 62 个，病床 480 张。但在"文革"时期，西藏卫生工作遭受了重大损害，导致医疗卫生机构不能正常运转。

1980 年 11 月，国家卫生部在重庆召开了有关省市参加的援藏卫生工作座谈会。在党中央、国务院和西藏自治区党委、政府的领导下，西藏卫生事业从此又进入了一个新的发展阶段。卫生机构总数已达 1 027 个，床位达 5 582 张。

由于西藏地区的历史、经济、地理等因素，西藏的卫生事业起步晚，发展慢，在设备、资金和医疗技术水平等方面与内地仍有很大差距，尤其是泌尿外科方面的发展差距更大。至今全区多数医院里泌尿外科专业未成立完全独立的科室。全区卫生工作人员中从事泌尿外科专业的医师仅 22 名，其中副高职称医师 6 名，主治医师 8 名。

西藏自治区泌尿外科学的发展也经历了从无到有，从解决小型疾病到大医院也开展的较大手术的发展历程。1951 年和平解放后，中国人民解放军医疗组和内地援藏医务人员进藏后，由于当时条件限制，仅能开展膀胱切开取石术和一些小的手术。20 世纪 80 年代以后，随着西藏地区的经济、医疗技术等方面的发展和改善，现在已逐步开展了肾盂结石、输尿管结石、肾切除、尿道损伤等手术。尤其是近几年，在全球技术革命浪潮的影响下，泌尿外科取得了长足的进步。西藏自治区第一人民医院在 1985 年时只有一台膀胱镜，在没有受到正规培训的情况下，泌尿外科专科医师只能做一些常规泌外小手术。1987 年，北京协和医院泌尿外科臧美孚教授进藏指导，首次在该院开展了肾内巨大结石、肾窦肾实质切开取石术。1995 年，邀请北京医科大学泌尿外科研究所潘柏年教授在该院首次开展经尿道前列腺电切术（TURP）。之后，又邀请北京协和医院李汉忠教授首次在该院开展肾癌扩大根治手术，邀请四川大学华西医院杨宇如教授在该院首次开展肾上腺手术。现在西藏自治区第一人民医院已能够单独常规开展以上手术。在自治区党委的关怀和全国人民的支持及卫生厅党组织的正确领导下，经过几代人的不懈努力，西藏自治区第一人民医院已发展成为具有浓郁高原特色,集医疗、教学、科研、急救、保健、康复为一体的全区规模最大的综合性医院。1998 年被评为自治区三级甲等医院,荣获 1998—1999 年度全国"百佳医院"称号。

西藏自治区第一人民医院是西藏自治区地方唯一的三级甲等医院。现有正式职工 795人,外聘职工 204 人,其中主任医师 13 名,副主任医师 50 名,开放床位 600 多张。目前泌尿外科专业与普胸外科专业在一起合并为外三科,泌尿外科尚未单独分离出来,但泌尿外科专业人员配备在全区来说首屈一指,包括 1 名副主任医师、3 名主治医师(硕士生一名)、2名住院医师。以上人员曾先后在上海第六人民医院、北京协和医院、北京医院、四川省华西医院、山东省临沂市人民医院进修学习过泌尿外科专业,可以常规开展肾上腺、肾脏、输尿管、膀胱、前列腺、尿道、阴茎、睾丸等疾病的开放手术,并可常规开展膀胱镜检查、输尿管镜检查、经尿道膀胱肿瘤电切术(TURBt)、经尿道前列腺电切术(TURP)及简单的泌尿腹腔镜手术。该院已形成了一支藏汉结合、以藏族为主体的多民族专业技术队伍。该医院目前拥有万元以上的医疗设备仪器 220 台(件),如 MRI、CT、彩色多普勒、1 250 毫安 X 线机、7060 型全自动生化分析仪、全自动化学发光免疫分析仪、电子胃镜、血液净化设备、体外碎石机、膀胱镜、前列腺电切镜、鼻内镜、冰冻切片机、牙科综合治疗机及各种监护仪等。和内地兄弟单位的泌尿外科专业相比,西藏自治区的泌尿外科专业发展还任重道远,还需要中华医学会泌尿外科分会的大力支持。到目前为止,西藏自治区还没有建立起省级泌尿外科专业学会,这也在很大程度上制约了西藏自治区泌尿外科的发展。承蒙中华医学会泌尿外科学会分会的大力支持,西藏自治区第一人民医院外三科副主任、泌尿外科学科带头人李传洪同志被选为中华医学会泌尿外科学会分会第九届委员,这为拉动西藏地区与内地泌尿外科的交流及发展奠定了良好的基础。相信西藏地区在全国人民的支持下,各项事业包括泌尿外科专业的发展必将有一个质的飞跃。

拉萨市人民医院也是自治区的重要医疗机构之一。20 世纪 80 年代,该院进入大发展时期。苏州大学附属第一医院院长温端改教授(泌尿外科专家)任院长,他亲自为该院(也是西藏自治区)培养了第一位泌尿外科学硕士,并援助了医疗器械。后来他又派该院 2 名泌尿外科医师到苏州大学附属第一医院泌尿外科进修学习。该院广大的医务工作者牢记着温端改教授的无私奉献,每当回忆起那段历史,他们都深情地说:"在温端改担任院长的几年间,是我们医院发展最快的时期。他是全国各族同胞、江苏人民真诚关爱我们藏族卫生事业的最好体现,我们是不会忘记他的"。

1998 年,拉萨市人民医院开展了第一例肾盂结石体外冲击波碎石;2003 年,该院开展了第一例经腹膜后腹腔镜肾囊肿去顶减压术;2004 年,在西藏军区总医院与内地医院专家的合作下,成功开展了第一例肾移植手术。

和平解放 50 多年来,在党中央、国务院、兄弟省市的关心和支持下,在西藏自治区党委、人民政府的领导下,经过西藏自治区全体泌尿外科医务人员的努力,虽然泌尿外科事业取得了一些成绩,但在腔内微创技术和其他泌尿外科疾病治疗与国内泌尿外科学的水平仍有相当差距。

到目前为止,西藏自治区还没有建立起省级泌尿外科专业学会,这也在很大程度上制约了西藏自治区泌尿外科学的发展。中华医学会泌尿外科学分会的领导和全国兄弟省市的同仁,都在关心和期待着西藏自治区泌尿外科学专业委员会的筹建工作,希望西藏自治区泌尿外科学学会早日成立。

为响应党中央和国务院推进西部大开发的号召,促进内地发达地区与少数民族地区的医学交流,扩大最新知识和尖端医疗手段在基层的传播和应用,2005 年 7 月 25～29 日,中华医学会泌尿外科学分会组织了 10 名专家举行了"西藏行学术活动",这是中华医学会泌尿外科学分会首次组团赴西藏讲学。此次活动受到中华医学会泌尿外科学分会领导、西藏自治区政府卫生厅和拉萨市卫生局领导的高度重视。"西藏行学术活动"专家组由中华医学会泌尿外科学分会副主任委员孙则禹教授任组长,分会秘书北京同仁医院陈山教授、北京大学泌尿外科研究所李宁忱教授任副组长,成员有解放军总医院洪宝发教授、北京协和医院纪志刚教授、南京鼓楼医院戴玉田教授、广东省人民医院王行环教授、中山大学附属第一医院陈凌武教授、中山大学附属第二医院姚友生教授、四川大学华西医院魏强教授。

学术交流活动开始时,中华医学会泌尿外科学分会主任委员那彦群教授发来贺词,西藏自治区政府卫生厅和拉萨市卫生局领导到会并讲话,中华医学会泌尿外科学分会副主任委员孙则禹教授代表中华医学会泌尿外科学分会讲话,传达了全国泌尿外科学同道们对西藏同道的真诚祝愿。活动期间,孙则禹教授、陈山教授、王行环教授、戴玉田教授等分别作了"经腹肾癌根治术"、"慢性前列腺炎治疗的新进展"、"腹腔镜技术在泌尿外科中的应用"、"洁悠神在泌尿外科中的应用"等专题讲座,并与拉萨市各医院的泌尿外科医师进行了座谈和讨论。

通过本次活动,中华医学会泌尿外科学分会与西藏泌尿外科医生建立了更为密切的联系,并在成立地方分会上达成了共识:希望尽快成立当地泌尿外科学会,尽快加入到中华医学会泌尿外科学分会的大家庭中来。这一积极的姿态也得到当地卫生厅、局和各医院的支持。同时,孙则禹教授代表中华医学会泌尿外科学分会对当地泌尿外科医师提出了要求:希望在年底前,指定专人完成西藏地区泌尿外科学史的撰写工作;要积极参加全国泌尿外科学术年会。

西藏自治区泌尿外科事业的发展任重道远,如何尽快缩小差距,加快全区泌尿外科的发展,已刻不容缓。2005 年 11 月 16～21 日,中华医学会泌尿外科学分会在杭州市召开了"第十二届全国泌尿外科学术交流大会"。执行主席蔡松良教授、大会执行副主席谢立平教授根据分会的决定,特邀了西藏自治区仁青、陈全红医师参加了此次学术盛会,并全免了他们的各项费用。两位医师在接受记者采访时表示:"我们充分地体会到全国泌尿外科同道们的热情,我们将为西藏自治区泌尿外科学的发展多做贡献"。我们相信,在党中央的关怀下,在自治区党委、政府的领导下,在兄弟省市帮助下和在全国泌尿外科学界广大同仁们的真诚支持下,西藏自治区的泌尿外科工作会有一个辉煌的发展和崭新的未来。

陕西省泌尿外科学史

陕西省是中华民族的重要发祥地,亦是祖国传统医学重要的发祥地之一。从传说神农尝百草起,历代诸多医学家在三秦大地济世救人,著书立说,承前启后,继承发扬民族医药的丰功伟绩。祖国医学的形成、发展、提高与三秦大地有着密切的关系。在我国历史上,许多著名医学、药学经典著作都在这里问世,许多医德高尚、医术精湛的医学家及药学家,如医术高明的秦越人扁鹊、唐代伟大的医药学家孙思邈等,他们或生于斯、或成于斯、或葬于斯,成为秦地的骄傲和自豪。正是他们,为祖国医药宝库相继增添了一颗颗光辉灿烂的明珠。因而,"秦地多良医"、"秦地无闲草",早已成为评论陕西省古代医学水平的用语,可谓三秦大地名医荟萃,医药文化源远流长。

中华人民共和国成立后,党和政府十分关心人民群众的健康状况,大力发展医药卫生事业,陕西省城乡卫生面貌发生了巨大的变化,人民的健康水平显著提高,特别是十三届三中全会以后,陕西省卫生工作理顺思路、明确战略重点,以改革统揽全局,使全省卫生事业进入一个较快的发展时期,在诸多领域取得了较大进步,形成了自己的特点。

陕西省的医学发展有着深厚的历史积淀和文化传统,但由于地理位置和经济发展状况的限制,在新中国成立之前,陕西省没有独立的泌尿外科专业,也没有专门的泌尿外科医师。

1951年西北医学院(先后更名为西安医学院、西安医科大学、西安交通大学医学院)附属医院派遣周宪文到北京医学院进修泌尿外科专业,成为陕西省第一位泌尿外科专业主治医师,同年创建了陕西省第一个泌尿外科,开展了泌尿外科专业工作。

1954年中,第四军医大学在西安组建,曹晨涛、秦尔斌、于茂生等老一辈泌尿外科专家从南京来到陕西,壮大了陕西省的泌尿外科医师队伍。在诸位泌尿外科前辈的努力下,陕西省的泌尿外科逐步形成规模。陕西省人民医院、西安市中心医院及各地市医院相继成立了泌尿外科专科。

多年以来,以西安医科大学和第四军医大学为基地,培养出众多泌尿外科医师,他们努力工作在陕西省各级地、市、县区医院。到2005年底,陕西省辖各市,包括西安市、铜川市、宝鸡市、咸阳市、渭南市、延安市、榆林市、汉中市、安康市、商州市及部分县级医院都有了泌尿外科专科医师和泌尿外科专科(专业组)。据不完全统计,全省泌尿外科主治医师以上专科医师300多人,开设泌尿外科专科病床1 500多张。

一、学科形成和起步时期(1950—1966年)

抗日战争胜利后,陕西省第一所医学院校——西北医学院(前身为北平大学医学院)从汉中迁至西安。该院周宪文医师1952年从北京医学院进修泌尿外科返回西安后,率先在陕西地区开展了泌尿外科工作,成为陕西省历史上第一位泌尿外科专科医师。

1956年西北医学院更名为西安医学院,在西安南郊大雁塔西侧建成新的第一附属医院。周宪文、刘文善、王文楷、南勋义医师先后到该院从事泌尿外科工作。

1957—1958年万恒麟医师赴上海第二医学院进修学习泌尿外科,返回后组建了西安医学院第二附属医院泌尿外科,并调入赵嘉禾、李良弟医师组成了第二附属医院泌尿外科医师队伍。

起步时期的陕西省泌尿外科事业在老一辈泌尿外科专家的执著追求和努力奋斗下蒸蒸日上,学科迅猛发展,不仅承担了陕西省常见泌尿外科疾病的诊治任务,而且开展了如肾上腺嗜铬细胞瘤切除术、膀胱全切术、肾部分切除术等许多高难度手术。

1954年中国人民解放军院校调整,第五军医大学迁至西安成立第四军医大学。1956年,曹晨涛、秦尔斌、于茂生、巢振南等医师来到西安,组建了第四军医大学第一附属医院(西京医院)泌尿外科,随后相继有李希华、邹永清、邵国兴、罗永礼等医师参与泌尿外科工作。1955年,原解放军兰州军区第六陆军医院归属第四军医大学,成为其第二附属医院(唐都医院),严培荣等医师在附属第二医院从事泌尿外科工作。

第四军医大学泌尿外科的成立和曹晨涛、秦尔斌、于茂生等泌尿外科老前辈的加盟,进一步壮大了陕西泌尿外科医师队伍,陕西省的泌尿外科事业开始踏上迅速发展的征途。

二、发展初期(1966—1979 年)

进入20世纪60年代,陕西省泌尿外科事业在各位前辈的不懈努力下逐渐成熟壮大。随着国内外泌尿外科界科学技术的交流和发展,陕西省的泌尿外科事业也开始大踏步地前进。各级医院泌尿外科紧跟国内外泌尿外科的发展形势在前进中发展提高,重视临床与基础研究,在泌尿系统肿瘤、结石、前列腺增生、肾上腺疾病、先天性疾病、损伤、结核、感染以及男科疾病的诊治方面积累了丰富的经验。

60年代,西安医学院附属第一医院开始进行血液透析动物实验,并购置法国滚筒式人工肾,因"文革"搁置至1972年才正式运作。1973—1976年间开展人工肾血液透析动物实验和随后的临床应用治疗急性肾功能衰竭,填补了陕西地区血液透析的空白。1978年添购了国产平板型人工肾机,以后,全省各大医院纷纷开展了该项工作。在上述工作的基础上,1977年周宪文、刘文善、王文楷、南勋义、陈勇等人开始进行肾移植动物实验,1979年西安医学院第一附属医院和第四军医大学西京医院泌尿外科同时进行了尸体供肾的肾移植临床工作。随后,榆林地区中心医院贺焕章医师开展了肾移植的实验研究和临床工作。

"文革"期间,第四军医大学调防至重庆,由秦尔斌教授任泌尿外科主任。1975年,第四军医大学由重庆迁回西安后,由于茂生教授任第四军医大学西京医院泌尿外科主任,秦尔斌教授任副主任。于茂生教授在国内较早报道了先天性尿道下裂、尿道上裂、膀胱外翻等手术的改进和经验。1977年于茂生教授开办全军泌尿外科学习班,学员来自全军各军区泌尿外科骨干医师,每期学制1年,4年共招收40多名医师,大多数学员在全军各军区大医院工作,现已成为各单位泌尿外科骨干或学科带头人,是我军泌尿外科界一支主要骨干力量。

第四军医大学唐都医院于1960年成立泌尿外科，独立完成泌尿外科临床教学任务。1963年已能完成肾上腺手术、全膀胱切除术、尿路改道等手术。严培荣任科室负责人。1969年随第四军医大学调防至重庆，1975年7月随第四军医大学调防回西安。

1960—1966年，周宪文、刘文善、李希华、万恒麟、南勋义等均参加了省、市级计划生育技术指导工作。1966年陕西省乾县医院在全国首先开创了经皮穿刺输精管粘堵术，西安医学院第一附属医院泌尿外科周宪文等医师在此基础上和西安市化工研究所协作首先研制出国内输精管绝育粘堵剂——J3胶，在临床上广泛推广应用，并获得省科技成果奖一等奖。随后周宪文等参加了醋酸棉酚在男性生育中研究的全国协作组，该治疗后因副作用较大而停止。西安医学院第一附属医院泌尿外科当时建成了男科学和计划生育实验室。

20世纪70年代，西安医学院第一附属医院泌尿外科南勋义教授开始临床研究巨大肾积水病人在解除梗阻或造瘘引流术后肾功能可逐渐恢复而保存患肾的研究，结果提示一些病人的确可以使肾功能恢复正常，后将成功病例资料进行总结，并将该观点发表于《中华泌尿外科杂志》。

1974—1976年西安医学院第一附属医院周宪文医师下放到安康地区医院工作，指导当地医院开展了部分泌尿外科手术。随后耿庆义医师在西安医学院第一附属医院泌尿外科进修学习，回到安康后，开展了前列腺摘除术、输尿管切开取石术等泌尿外科常规手术，带动了安康地区泌尿外科的发展。

延安地区人民医院（后改名为延安医学院附属第一医院，1998年改为延安大学附属医院）早在1972年由陈文英医师首先开展泌尿外科手术，当时已经可以开展耻骨上前列腺摘除术、肾脏切除术、尿道下裂成形术等泌尿外科常规手术以及血液透析和腹膜透析治疗。

"文革"对陕西省卫生事业的发展造成了一定的影响，但并未使泌尿外科的发展停止脚步。在老一辈专家学者的带领下，各级医师齐心协力、克服重重困难，不但开展和提高了许多重大医疗技术，还开辟了肾移植、男科学、计划生育等学科新领域，在巨大的压力下，将陕西省的泌尿外科事业继续推向前进。

三、快速发展时期（1980—1999年）

20世纪80年代后，陕西省的肾移植工作突飞猛进。1993年西安医科大学第一附属医院肾移植科成立单独科室，陈勇、薛武军先后任主任，1997年成功开展了活体供肾的肾移植，并取得了大量的临床经验和病例积累。陕西省人民医院和第四军医大学唐都医院泌尿外科也成功开展了肾移植临床工作。1994年第四军医大学西京医院开展了肝肾联合移植手术。

西安医学院于1985年更名为西安医科大学，同年，第一附属医院应用同种异体肾上腺种植治疗Addison病获得成功。随后，二个附医院相继开展了前列腺癌根治术、根治性膀胱切除低压可控膀胱术、原位膀胱术、肾癌腔静脉癌栓摘除术等高难度手术。

西安医科大学第二附属医院泌尿外科也在泌尿外科的各个领域取得长足发展。特别是万恒麟教授等在1985年开展经尿道前列腺电切术以后，在该领域取得了西北地区领先的地位。围绕该项技术全科撰写出基础和临床研究论文十余篇，由王子明总结上报，获陕西省科技进步奖，继而成立了前列腺疾病研究室。1985 年西安医科大学第二附属医院泌尿外科石涛等进行了同种异体睾丸移植手术。

1981 年，第四军医大学西京医院泌尿外科于茂生教授开始招收硕士研究生，1983 年该科正式成为硕士研究生授权点，1997 年正式成为博士研究生授权点，于茂生教授成为全军首位泌尿外科博士生导师。

1985 年，西安医科大学第一、第二附属医院泌尿外科成为硕士研究生授权点，开始培养泌尿外科研究生。1988 年开始招收男科学研究生。2001 年成为博士研究生授权点。

第四军医大学西京医院泌尿外科 1982 年起开展利用阴茎头-阴茎海绵体内瘘分流术治疗阴茎异常勃起荣获全军科技进步奖三等奖。1984 年由李希华副教授和理疗科郭友池副教授合作开展用氩激光治疗浅表性膀胱肿瘤荣获全军科技大会三等奖，在国内首创开展应用氩激光治疗腺性膀胱炎取得良好效果。后开展了 Nd-YAG 激光治疗前列腺增生症；肾动脉栓塞后经腹肾癌根治术等新技术。1998 年，王禾教授任第四军医大学西京医院泌尿外科主任；1999 年开始在全国率先开展经尿道组织插入式半导体激光治疗前列腺增生症，取得了满意的效果。

1980 年 4 月，西安市中心医院徐铭程医师首先使用人体内微爆破治疗膀胱结石获得成功，为世界首例。1985 年参加了在日本筑波召开的世界科技博览会，在全国乃至世界引起一定反响。80 年代后期，西安电力机械公司职工医院、西安医科大学附属第一医院和中国人民解放军第四军医大学相继开展了体外冲击波碎石治疗泌尿系结石。

进入 20 世纪 90 年代以后，陕西省泌尿外科发展处于全面快速发展时期，全省各地市包括铜川、宝鸡、咸阳、渭南、延安、榆林、汉中、安康、商洛及部分县区陆续成立了泌尿外科专科。1995 年延安大学附属医院正式成立泌尿外科时，适逢全国人大副委员长吴阶平院士视察延安，吴老了解到延安也有了正规的泌尿外科，非常高兴，欣然为科室题词："不断提高医疗质量、探讨本地区疾病特点，在更好地为人民服务的同时发展泌尿外科学"。

随着泌尿外科专业人才队伍迅速壮大，出现了大批学科建设带头人，逐渐加强了国际间学术交流。各医院陆续派遣医师前往美国、加拿大、英国、瑞典、日本等国家进行交流、研修、访问，不断引进新技术、新方法，并购进大批先进的医疗器械、仪器及设备。

在全国泌尿外科各位前辈、老教授的大力支持下，诸如吴阶平、马永江、马腾骧、郭应禄、顾方六、章咏裳等，西安地区的刘文善、万恒麟、李希华等的亲切关怀指导下，于 1996 年 8 月《现代泌尿外科杂志》创刊。编辑部设在西安医科大学第一附属医院泌尿外科，由南勋义任主编，那彦群、张元芳、党建功、贺大林任副主编。杂志以面向临床实践、提高学术水平为宗旨，为全国的泌尿外科同仁提供了一个学习和交流的平台，深受全国各地作者、读者的欢迎。

在各级医师的不懈努力下，陕西省泌尿外科事业逐渐趋于成熟。普通泌尿外科、腔内泌尿外科、肾移植、男科学等领域保持良好的发展势头，同时经尿道前列腺电切术、体外冲击波碎石等新技术相继开展。更为重要的是，泌尿外科的发展已经逐渐覆盖到全省各地、市、县,为全省广大人民群众提供了泌尿外科专业的医疗服务。

四、跨越式发展时期(2000 年至今)

2000 年高校合并,西安医科大学合并为西安交通大学。第一附属医院(又名西安医院)泌尿外科在贺大林教授带领下积极引进先进的治疗方法和技术,先后开展了荧光膀胱镜对膀胱癌的早期诊断、腹腔镜治疗肾上腺肿瘤及肾与输尿管疾病、经阴道无张力尿道中段悬吊术(TVT)治疗女性压力性尿失禁、输尿管镜、经皮肾镜、气压弹道碎石术等。成立设施先进的泌尿外科 B 超室、尿动力学室、体外冲击波碎石室、膀胱镜室、泌尿外科实验室。2001年获陕西省医学重点学科称号。

2000 年起,西安交通大学医学院第一附属医院先后开展了胰肾和肝肾联合移植术。至2010 年,西安交通大学医学院第一附属医院共完成 3 102 例肾移植术,成为全国开展肾移植术最多的医院之一,数量和质量方面均居西北地区之首。该医院尸体供肾肾移植最长存活时间大于 30 年,目前仍健在且胜任岗位工作。2003 年开展了胰肾联合移植,最长存活已超过 3 年。薛武军教授任西安交通大学器官移植研究所所长,中华医子会器官移植分会常委,陕西省新长征突击手标兵。

2001 年第四军医大学西京医院开展了泌尿外科腹腔镜技术,同时再度加大腔内泌尿外科技术开展力度,使泌尿外科微创手术比例进一步提高,获得良好的临床效果。其中袁建林主任等人的"泌尿外科腹腔镜微创手术的基础与临床应用研究","半导体激光微创手术治疗高龄、高危前列腺增生症的临床应用研究"分别获军队医疗科技进步二等奖和三等奖。2005 年,西京医院完成肝-肾-胰-联合移植术。据文献检索,此例属世界第 6 例,亚洲术后存活时间最长的肝-肾-胰联合移植病人。

西安市武警医院、高新医院、西安铁路中心医院、咸阳市第二人民院等相继开展了肾移植工作。

西安交通大学医学院第二附属医院(又名西北医院)泌尿外科在原有经尿道前列腺电切术的基础上,由石涛、王子明、甘为民率领开展经尿道前列腺汽化电切术(TUVP),目前手术总数已逾 8 000 例,居西北地区首位。2003 年在西北地区率先开展了微通道经皮肾镜技术。2006 年种铁等开展了经尿道前列腺剜除术,并就其安全性和有效性与传统 TURP技术做了前瞻性对比研究,获得良好临床效果。在甘为民、种铁主任带领下,腹腔镜技术已成为该科继 TURP 技术后的另一个特色项目。腹腔镜手术已涵盖泌尿外科所有上尿路和下尿路手术,包括前列腺癌根治手术等。2010 年 9 月开展了单孔腹腔镜治疗肾脏囊性疾病和肾上腺肿瘤等手术。

陕西省人民医院程永毅医师和空军医院邓晓峰医师在经尿道前列腺汽化电切手术方面也做了大量工作,两院 TUVP 手术例数均超过 3 000 例。随后西安市各大医院及咸阳、铜川、宝鸡、渭南、延安、榆林、汉中、安康、商洛及部分县区医院均购置了经尿道前列腺汽化电切手术设备,并开展了该项手术,现经尿道前列腺汽化电切手术已在全省普及。

2002 年 10 月,经上级批准,成立西安交通大学泌尿外科研究所,贺大林教授任所长,王子明教授任副所长。该所设在西安交通大学医学院第一附属医院内,设肿瘤、免疫病理、基础研究、分子生物学等4个研究室,在泌尿系肿瘤、男性不育的基础研究方面积累了较为丰富的经验。2004年8月,研究所肿瘤研究室经专家评审验收后,批准成为环境与疾病相关基因教育部重点实验室,极大地促进了研究所科研工作的开展。研究所主持多项国家级、省部级科研课题,中标国家级、教育部、卫生部、陕西省等各级科研课题20多项。2007年西安交通大学医学院第一附属医院泌尿外科、肾移植科和第二附属医院泌尿外科联合申报,获批成为国家重点学科。

2000年以来,第四军医大学唐都医院泌尿外科成立了全军优生优育技术中心,微创腔内泌尿外科治疗中心、中美国际钬激光应用技术研究及培训中心,逐步形成了一个以治疗前列腺疾病、腔内泌尿外科为特色的全面发展的泌尿外科医学专科中心。同年唐都医院开展的经尿道钬激光前列腺剜除术、腔内钬激光治疗泌尿系复杂结石、浅表膀胱肿瘤等技术已成为科室的特色项目。成功申请国家,省部级各类课题12项,并举办国内学术会议1次。

2003年,陕西省人民医院开展了西北地区首例阴茎假体植入术治疗器质性勃起功能障碍。

2004年,西安解放军第四医院和第四军医大学西京医院开展绿激光治疗前列腺增生症取得了很好的疗效。

进入21世纪以来,信息科技的发展,使时间、空间的阻碍大大缩小。陕西省泌尿外科的发展也乘此东风在诸多领域追赶甚至达到国内领先水平。泌尿外科专业人员队伍更加壮大,更加年轻化、知识化,国际交流日益频繁,逐渐成为国内泌尿外科界的一支生力军。

1. 在学术著作方面 1979年,于茂生教授组织秦尔斌、李希华及邹永清等医师编写了《实用泌尿外科学》在军内发行,得到了国内军内同道们的支持与肯定。1987年,李希华、邹永清及邵国兴教授参加全军编写的《临床疾病诊断依据、治愈好转标准》一书出版。1994年南勋义教授主编《中西医结合诊治泌尿外科疾病》一书,并于1995年被选为中国中西医结合全国泌尿外科专业委员会副主任委员。1996年李希华等参加编写了《新编诊疗常规》一书,赢得全国、全军基层医师的广泛好评并多次印刷。于茂生教授参加编写吴阶平主编的《泌尿外科学》(第一版),黄平治、李永海主编的《男性不育》和《男性性功能障碍》等获得了同行的好评。1999年贺大林教授主编出版了《泌尿生殖系统肿瘤学》。1999年李希华教授参加编写《手术学·泌尿外科卷》(第一版)。2004年李希华教授参加编写全军《手术学·泌尿外科卷》第二版。李希华教授和南勋义教授参编《吴阶平泌尿外科学》(第二版)。

2. 泌尿外科学会工作 "文革"前泌尿外科学术活动附属在外科学组中,不定期开展一些讲座和讨论。1972年泌尿外科全面恢复了学术活动,是陕西省医学会各分会中最早恢复活动的专科学术小组之一,为推动省医学会的工作起了楷模作用。当时在西安医学院第二附属医院召开西安地区泌尿外科学术讨论,每月1次,使大家及时学习掌握最新的学术动态,交流新的经验。此类学术交流活动延续至今。关于学术活动的领导机构,每次都由陕西省医学会负责召集有关人员选举后产生。历届担任陕西省医学会泌尿外科专业委员会主任委员的是：第一届马永江；第二届秦尔斌；第三届刘文善；第四届万恒麟；第五届南勋义；第六、第七届贺大林，第八届王子明。陕西省泌尿外科分会活动内容广泛，形式多样，包括科学研究及临床课题报告，会上除有经验的专家作学术报告外，还安排中青年医师发言及讨论，并邀请相关科室，如影像学、检验科等专家前来讲座，间断穿插疑难病例讨论，以及针对各医院现有的临床病例资料进行讨论，解决实际问题。为了推动边远地区的泌尿外科工作，多次把学术活动放到基层地区，如汉中、商洛、安康、延安、榆林等地区，深得各界好评。泌尿外科分会是陕西省医学会先进分会之一。

西北五省（区）泌尿外科学术会议经陕西、甘肃两省发起，在张华麟等老前辈的大力支持下，于1980年正式开始运作，每2～3年召开1次，由西北五省轮流主持。第一届在兰州市，主持人张华麟；第二届在西安市，主持人周宪文；第三届在乌鲁木齐市，主持人樊苏培；第四届在银川市，主持人马成义；第五届在西宁市，主持人蒋观尧；第六届在酒泉市，主持人刘国栋；第七届在西安市，主持人万恒麟；第八届在乌鲁木齐市，主持人闵立贵；第九届在银川市，主持人阎廷雄；第十届在西宁市，主持人李生祥；第十一届在天水市，主持人陈一戎。各地泌尿外科医生勇跃参会，讨论内容不限，达到了相互交流、共同提高的目的。每次会议都邀请国内知名专家作专题报告。

1999年，石涛当选为中华男科学分会第二届委员会常务委员；2002年，陕西省医学会男科学专业委员会成立，石涛任主任委员。

陕西省医学会泌尿外科分会对历届全国泌尿外科学术会议均积极组稿参与，返回后在分会传达，上级组织所分配的各项任务均尽力完成。陕西省曾担任历届全国泌尿外科学分会委员的有于茂生、周宪文、万恒麟、李希华、王中琨、党建功、贺大林、王禾、王子明等教授。贺大林教授现任中华泌尿外科学分会常委，王子明教授现任中华男科学分会常委。种铁教授现任中华泌尿外科学分会青年委员，李和程副教授为中华男科学分会青年委员。王子明、刘润明、陈兴发分别担任腔内泌尿外科、尿控及女性泌尿外科、结石学组委员。担任历届《中华泌尿外科杂志》编委的有于茂生、万恒麟、李希华、南勋义、陈宝琦、贺大林、王禾、王子明、袁建林。

1992年10月，中华医学会泌尿外科学会第四届第一次会议在西安召开，陕西省医学会泌尿外科分会积极配合，使会议圆满完成各项任务，除了学术交流外，还顺利地进行了泌尿外科学会委员会和《中华泌尿外科杂志》编委会换届选举工作。这次会议也促进了陕西省泌尿外科进一步对外交流，并增强了加速赶上全国先进水平的决心。2010年10月，第十七届全国泌尿外科学术会议再度在西安古城召开，我们尿外科同仁满腔热情、精心安排、认真负责，保证了大会圆满成功，赢得了全国同道的赞誉。

时光如梭、日月变迁，21世纪之舟已经在浩荡的历史长河中开始了它的漫漫航程。陕西省泌尿外科学界的同仁们不敢懈怠，奋力追赶着时代的潮流。我们在中华泌尿外科学分会的率领下，也将乘着中华民族腾飞之风，在中国泌尿外科乃至世界泌尿外科前进和发展的波涛中扬帆远航。

陕西省历届泌尿外科分会

第一届委员会名单(1973 年 1 月 16 日)

组　长　马永江

副组长　刘文善

秘　书　万恒麟

委　员　秦尔斌　周宪文　王治国　于茂生　韩甲立

第二届委员会(1979 年 11 月)

主　委　秦尔斌

副主委　周宪文

秘　书　万恒麟

委　员　刘文善　王治国　于茂生　韩甲立

　　注　1) 1981 年泌尿外科与有关单位组织了人工肾讲习会。

　　　　2) 1983 年 5 月 9~12 日在西安召开了中华医学会陕西分会第一届泌尿外科学术会议。

第三届委员会(1987 年 1 月 14 日)

名誉主委　秦尔斌　于茂生　周宪文

主　　委　刘文善

副 主 委　万恒麟　李希华

秘　　书　赵嘉禾

常　　委　韩甲立

委　　员　曲孟泰　王文楷　南勋义　江敦信　徐铭程　邹永清　郝积昌

　　　　　　余国蔚　耿庆义　贺焕章

　　注　1988 年 3 月 15~17 日在汉中由我会与汉中地区医学会联合召开了第二次全体委员会及学术交流会。

第四届委员会(1992 年 12 月 12 日)

名誉主委　刘文善

名誉委员　徐铭程

主　　委　万恒麟

副 主 委　李希华　南勋义

常　　委　赵嘉禾　邹永清

秘　　书　赵嘉禾　李永海

委　　员　耿庆义　江敦信　郝积昌　佘国蔚　贺焕章　陈　勇　邵国兴

　　　　　朱昌法　季　明　刘　凡　候成甲　思成怀　王学文　李永海

　　注　1) 1992 年在西安承办了全国第四届泌尿外科学术会议。

　　　　2) 1996 年 9 月 2 日在西安召开了第七届西北五省(区)泌尿外科学术会议。

　　　　3) 1996 年 8 月创刊并出版了首期《现代泌尿外科杂志》。

第五届委员会（1998 年）

主　　委　南勋义

副 主 委　党建功　石　涛　王中琨　邹　练

常委兼秘书　王子明　陈宝琦

常　　委　杜仲尚　季　明　王学文　贺焕章

委员兼秘书　贺大林

委　　员　王　禾　巨生产　杜双宽　张铁山　邓小枫　耿庆义　王莲志　何瑞龙

　　注　1) 1999 年 10 月 11～12 日举办"男性病与泌尿生殖感染新进展学习班"。

　　　　2) 2000 年 5 月 19～21 日在汉中举办"陕西省首届泌尿外科及男科学新进展学习班及论文交流会"。

　　　　3) 2000 年与第四医院联合举办了 2 期泌尿生殖感染新进展学习班。

　　　　4) 2001 年 7 月 26～29 日在绥德县召开陕西省第四届泌尿外科学术年会。

　　　　5) 2002 年 4 月 19～21 日在安康召开陕西省第五届泌尿外科学术年会暨学习班。

第六届委员会（2002 年 8 月 3 日）

主　　委　贺大林

副 主 委　王中琨　王　禾　党建功　杜仲尚　保庭毅　王子明

常　　委　石　涛　刘　凡　陈宝琦　杜高社　邢俊平

委员兼秘书　何　辉

委　　员　程　伟　袁建林　虎　威　张铁山　巨生产　刘　涛　王连志　汤正岐

　　　　　贺焕章　唐明忠　杨百强　王学文　耿庆义　杜双宽　候成甲　徐　军

　　　　　赵永年

　　注　2003 年 3 月 29 日在西安举办"陕西省泌尿外科学术会议"。

第七届委员会（2005 年 12 月 21 日）

主　　委　贺大林

副 主 委　王　禾　王子明　程永毅　保庭毅　王明珠

常　　　委	刘　凡	袁建林	陈兴发	杜高社	甘为民		
委员兼秘书	何　辉	秦卫军					
委　　　员	陈宝琦	徐　军	侯成甲	李永启	唐明忠	杨百强	程　伟　赵永军
	杜双宽	汤正岐	王连志	刘　涛	冯继周	刘　哲	虎　威　巨生产

第八届委员会（2009 年 3 月 26 日）

名 誉 主 委	贺大林						
主 任 委 员	王子明						
副主任委员	甘为民	程永毅	保庭毅	袁建林	王明珠		
常委兼秘书	种　铁						
常 务 委 员	王　禾	陈兴发	杜双宽	乔西民	虎　威	何士军	杨增悦
委　　　员	刘　涛	胡利发	汤正岐	王连志	唐明忠	杜高社	徐　军　孙伍柒
	秦荣良	陈　如	范郁会	张敬悌	李　鸣	马永图	焦东平　刘平民
	刘润明	杨百强	李永启	张　波	白安胜	陈海文	邱建新　刘　哲
	秦卫军	何　辉					

甘肃省泌尿外科学史

一、奠基阶段(1949年前)

清朝末年,民国初年,甘肃省成立了甘肃医学院,设置了医疗专修科,将皮肤和泌尿科合在一起称为皮泌科,曾成立皮泌科门诊,由一位李姓医生主诊。

1937年,抗日战争时期,大批名家、教授逃出敌占区,云集兰州市。当时来兰州市的有张查理、陈桂云和于光元等医学专家。在成立西北医院及西北医学专科学校(简称西北医专)时,由齐清心担任校长,张查理为西北医院的院长并兼任西北医专教授,于光元任皮肤科教授兼任英语和药理学教授,陈桂云任妇产科教授。张查理除承担解剖学教学外尚兼任外科主任,张华麟为外科副主任兼任泌尿科副主任。1945年日本投降,许多专家返回到原地。张查理、张华麟仍留在西北,利用援华剩余物资成立兰州中央医院。张华麟成立了泌尿科门诊(设在外科),不设专科病床,病人安排在普外科住院。1947年,西北医专并入兰州大学,成立兰州大学医学院。1947年,史成礼自兰州大学医学院毕业,张华麟将其留院做助手。除管病人外,史成礼还承担门诊病人的尿液、前列腺液和精液的检验。张华麟亲自示范,严格要求史成礼认真观察24小时的尿液、尿量变化,不得间断,并亲自规定精液分析的标准(国内样板)。解放前,淋病性尿道炎,尿道狭窄病人很多,淋病性尿道扩张术难度很大,张华麟亲自训练史成礼掌握尿道扩张术,在青霉素发明初期极为稀缺和昂贵,张华麟严格要求肌内注射,并要由医生操作。

二、平稳发展时期(1949—1976年)

1948年,张华麟赴美国留学,在密执安大学医学院进修泌尿外科,1950年回国。吴阶平同时在美国学习。张华麟回国后,任解放军第一医院院长。1951年,在担任院长期间,创建了全国第一家泌尿外科。这个刚诞生的科室,成为抗美援朝战争中全军救治泌尿系统伤员的主要基地。在此期间,他撰写了《陈旧性尿道损伤的处理》、《耻骨骨瓣手术途径》、《利用阴囊皮瓣修补大段尿道缺损手术》等论文,总结出一套治疗泌尿系统损伤的新方法,为大批的志愿军伤员解除了这方面的病患和痛苦。这些成果在20世纪50年代初期尚属首创。为此,张华麟曾荣立二等功1次、三等功2次,并出席西北军区后勤部功模大会。1950年底,由张华麟主刀,靳士耀为助手进行了兰州第一例肾结核肾切除手术。当时病人肾周围粘连严重,手术进行了4小时尚未剥离粘连,病人血压下降,情况危急,不得已用大血管钳夹住肾蒂血管。夹住肾蒂进行观察,3日后病情稳定,再次手术成功摘除。张华麟回顾此事认为:夹住肾蒂阻断肾脏供血是为下一次手术成功创造条件,当时输血很困难,该病人又找不到血源,所以择期手术非常必要。张华麟还多次强调肾脏手术前必须确定病变肾,手术台上还要对照 X 线片,确定在哪侧进行手术,因为某大医院曾发生将健肾摘除的医疗事故。

1950 年,兰州大学医学院聘任张华麟为泌尿外科教授,开始设置泌尿外科课程,共 16 学时,每周 2 节,共 8 节,史成礼为助教。张华麟有中医的基础,搜集了许多关于性科学方面的中医文献 30 余册,并提出研究性问题的重要性,鼓励史成礼进行该方面的研究。他重视前列腺对人的生殖能力和性能力的影响。他常说:前列腺虽小,但问题很大,对每一个病人要像内科医生测体温一样去检查,避免对一些功能障碍的人误诊。

1949 年,解放军接管原兰州中央医院,成立西北军医总医院,后改为兰州军区兰州总医院。建国之初,兰州军区兰州总医院泌尿外科与普通外科合编制,由靳士耀、俞天麟相继担任科室领导。当时的泌尿外科设备不全,人员不齐,只能解决一般的泌尿外科临床问题。1959 年,张华麟教授调任兰州军区兰州总医院副院长后,开始组建泌尿外科,到 1963 年始成为独立科室,床位 35 张,由张华麟兼任科主任,俞天麟任副主任,刘德福任主治医师,专科人员及设备逐步健全。在开展一些新业务的同时积极进行科研工作。1964 年,开展了异体肾移植的动物实验及膀胱再生的临床研究等,并取得了初步成效。

1950 年,史成礼调到兰州大学附属医院,曾利用青年参军查体机会调查青年阴茎正常值 1 412 例,刘国栋为助手。1952 年,经当时医学院院长曲正(原延安中央医院院长)介绍,史成礼到北京医学院师从吴阶平学习一年半。1953 年底返回兰州任兰州大学附属医院医务总干事。1959 年,史成礼利用赴外地学习的机会,曾在上海第二医学院附属仁济医院王以敬教授、上海医学院附属中山医院熊汝成教授处学习泌尿外科。他在学习期间开始着手翻译《泌尿外科手术图解》。他在 1954 年和 1955 年分别编写的《临床外科基础》、《泌尿外科手术图解》两部著作,由当时上海广协书局(上海科技出版社前身)出版发行。1954 年,兰州医学院从兰州大学分离独立建院,他开始筹建兰州医学院附属医院,期间又到天津向施锡恩教授学习。在《泌尿外科通讯》发表肾部分切除等论文 5 篇。1955 年,史成礼完成国内第一例人工直肠膀胱手术,被评为 1956 年甘肃省先进卫生工作者,被国务院批准晋升为泌尿外科副教授。1955 年,刘国栋毕业后留在兰州医学院附属医院工作,马梦麟留甘肃省人民医院工作。他们之后相继从事泌尿外科专业。

1957 年,在兰州医学院附属第一医院建院完成后,史成礼又开始筹建附属第二医院。1959 年,兰州医学院附属第二医院正式成立。史成礼教授主持泌尿外科专业工作,有 10 张固定床位,固定医师有史成礼、刘国栋 2 人。当时设备简陋,只有一套解放前购置的美国产膀胱镜和几根金属尿道探条。当时曾开展肾结核病灶清除术、回肠代输尿管术等。1959 年,第一次开始宣传计划生育,泌尿外科承担男性输精管结扎手术任务。1962 年,受甘肃省卫生厅委托,承担为全省培训泌尿外科医生的任务,先后为各地培养多名泌尿外科医师,承办了 2 期输精管结扎培训班。当时张华麟任中华医学会甘肃省医学会秘书长。由他建议并成立了泌尿外科学学术专业组,张华麟为组长,史成礼为副组长兼秘书长。1964 年,全国外科学会第一届泌尿外科专业组学术会议在沈阳召开,张华麟派史成礼参会,会上发表了阴茎正常值与避孕套规格报告,受到与会者的好评。史成礼当时还在甘肃工人报发表 17 篇性问题的科普文章,受到天津泌尿外科学前辈施锡恩的赞赏。

1965 年，兰州医学院附属第二医院拥有泌尿外科病床 13 张，有刘国栋、陈世谋、陈修诚、王乃珍、王世栋、白淑芳等医师，手术范围已扩大到肾、肾上腺、前列腺和膀胱手术，并完成淋巴造影术、肾动脉造影术和膀胱切除腹膜后淋巴清扫术，治疗晚期子宫癌和膀胱癌切除手术等。1966 年，"文革"开始，正常工作秩序被打乱。1970 年，史成礼教授被调任他职。这时期，北京医学院著名泌尿外科专家沈绍基教授被下放到甘肃省武都县，陈修诚调至兰州医学院附属第一医院，组建泌尿外科。

1972 年，沈绍基教授由基层调至兰州医学院附属第二医院任泌尿外科主任。当时，在省委书记宋平同志的关怀下，沈绍基创建了泌尿外科特检室和泌尿外科研究室，完善了泌尿外科的基础建设，并开展了泌尿系结石的研究。他还带领全科人员开展了多项泌尿外科的新业务。兰州军区兰州总医院泌尿外科自 1973 年以后，病床、专业人员固定，设备逐步更新。在开展各项新技术及科研工作的同时，该科于 1975 年开始为全军举办高级泌尿外科专科进修班，并编著出版了 6 部专著。

甘肃省人民医院泌尿外科是由马梦麟组建的，在 20 世纪 60 年代即开展了一些难度大的泌尿外科手术。1964 年，马梦麟即开展了膀胱全切 Bricker 手术和肾结核病灶清除术，并采用麦卡锡镜行膀胱颈部切开术，当时在国内这些手术都是先进水平的。

三、快速发展（1977 年至今）

"文革"结束后，甘肃省泌尿外科事业进入了一个快速发展阶段。老一辈泌尿外科专家张华麟、史成礼、沈绍基、俞天麟、刘国栋、刘德福、马梦麟、陈修诚等焕发出极大的工作热情。他们在各自的工作岗位，带领中青年泌尿外科医生积极开展新业务、新技术，许多成果达到了国内先进水平，对甘肃省泌尿外科的发展产生了很大的影响。1983 年，在他们的倡议和积极筹备下，联合西北五省的泌尿外科界，成功地召开了第一届西北五省（区）泌尿外科学术会议。此后，各省、自治区每两年轮流举办 1 次，至今已举办了 11 届。1987 年，在兰州又成功地承办了全国泌尿外科学术会议，这是"文革"后召开的第三次全国性的泌尿外科学术会议。会议的成功举办给大家留下了深刻的印象。进入 20 世纪 90 年代，泌尿外科学的飞速发展也带动了甘肃省泌尿外科事业的快速前进，临床工作的全面开展及一些研究所的成立，使泌尿外科研究工作向更高、更深入的层次发展，并取得了令人瞩目的成绩。

1977 年，兰州军区兰州总医院泌尿外科床位扩展为 45 张。1979 年筹建解放军泌尿外科中心，1986 年经总后勤部卫生部检查验收合格，中心正式建成。中心设有 50 张床位，附设资料室、膀胱镜检诊室（1981 年成立）、内分泌实验室（1982 年）、细胞培养室（1985 年）、体外冲击波碎石室（1988 年）、血液透析室（1975 年）等共 6 个辅助诊疗单位。1985 年，经总后勤部批准该科为第四军医大学硕士研究生联合培养点；1998 年，又被批准为博士研究生联合培养点。

1973—1984 年，俞天麟任泌尿外科主任，并长期担任甘肃省及全军泌尿外科学会主任委员及副主任委员、《临床泌尿外科杂志》等数家杂志编委，享受国务院政府特殊津贴，为硕士生导师。1974 年，他在临床开展了对嗜铬细胞瘤手术前扩容疗法的探讨，提高了术后的存活率。1977年，开展了全军第一例同种异体肾移植手术，并且取得了成功。1979年，开始对肾肿瘤病人实施肾动脉栓塞术。1980年，将腹膜透析机应用于临床，并陆续开展了慢性肾衰病人动静脉内瘘术、肾上腺自体移植及同种异体肾上腺移植；开展了无水乙醇肾动脉灌注的动物实验及临床观察等。

1985—1989年，刘德福任该院泌尿外科主任，享受国务院政府特殊津贴。他带领全科人员开展了动脉栓塞治疗肾移植后高血压、大隐静脉-淋巴管吻合治疗乳糜尿、异体肾上腺低温冷藏后移植及超低温冷藏法研究及人羊膜植入法膀胱再生的实验研究等新技术、新业务。

1990—2001年，张绍增任该科主任，并长期担任全军及甘肃省泌尿外科学会副主任委员、国际泌尿外科学会会员、《解放军医学杂志》等数家杂志编委，享受国务院特殊津贴，为国家级有突出贡献的中青年专家，博士生导师。他带领全科同志对复杂性膀胱阴道瘘的修补方法进行了改进，对肾上腺疾病进行全面研究，尤其是嗜铬细胞瘤的临床研究获得军队科技进步奖二等奖。培养了博士8名、硕士30多名。该科现任主任王养民和全科同仁们一起不断引进和开展新技术、新业务，开展了腹腔镜泌尿外科手术。在全军泌尿外科中心创建和发展过程中，国内知名泌尿外科专家张华麟教授呕心沥血，俞天麟、刘德福竭尽全力，张绍增教授长期担任科主任，经过几代人的努力，该科和该中心已成为布局合理、设施配套、功能齐全、特色突出的全军泌尿外科专科中心。

2007年12月至今，王养民教授担任科主任，以微创腔道泌尿外科为发展方向，使微创外科手术成为新的特色。2008年成功举办甘肃省泌尿、男科年会。近年来已承担全军面上课题2项，国家自然科学基金1项。该科从临床到科研都取得了令人瞩目的成就。近10年来，在全国性专业杂志上发表论文200余篇，专著10余部，省部级奖项20余项。多年来，圆满完成第四军医大学、兰州大学、甘肃省中医学院及贵州医学院等高校实习生、研究生的带教工作。

兰州医学院附属第二医院（现兰州大学附属第二医院）泌尿外科也进入了一个大发展的阶段。在此期间，泌尿科增加了吴大兰、白淑芳、何家扬等医师，床位增至35张。1978年，泌尿外科从大外科中分出，独立建科，沈绍基教授任科主任。该科1978年筹建泌尿外科研究所，1979年首次招收泌尿外科硕士研究生2人。1980年，沈绍基调回北京医学院，刘国栋成为兰州医学院附属第二医院泌尿外科主任和研究所所长，并担任中华医学会泌尿外科学会第三、第四、第五届常委，国际泌尿外科学会会员，《中华泌尿外科杂志》编委。他为泌尿外科培养了大批专业人才，为甘肃省泌尿外科事业的发展作出了很大贡献。1985年，史成礼与刘国栋、马梦麟合著的《泌尿外科基础》出版。1994年，陈一戎任该泌尿外科主任兼任泌尿外科研究所所长。2000年，陈一戎担任中华医学会泌尿外科学会第六届常委、《中华泌尿外科杂志》编委、国际泌尿外科学会会员。1997年，他领导下的泌尿外科被确定为甘肃省教育厅重点学科，次年被确定为甘肃省卫生系统重点学科，床位扩大至45张。1996年何家扬调往上海市第五人民医院。1998年，该科王志平获得吴阶平泌尿医学奖，其撰写的论文获中华医学会优秀论文二等奖2次。2001年，王志平接任兰州大学附属第二医院泌尿外科研究所所长至今。2009年以来，王志平教授担任甘肃省泌尿外科学会主任委员。2002年，王志平教授被评为国家卫生部有突出贡献的中青年专家，享受国务院政府特殊津贴，并担任中国泌尿外科医师协会常委及国际泌尿外科学会会员、《临床泌尿外科杂志》和《现代泌尿外科杂志》编委。2001年该科由秦大山任科主任，在他的主持下，科室开展了多项新技术、新业务。2003年，该科由岳中瑾任泌尿外科主任。2009年，该科由段建敏任泌尿外科主任。2010年4月，甘肃省泌尿外科临床医学中心在兰大二院泌尿外科正式成立，成为全省唯一的集临床与科研的大型机构。同年，搬入新大楼，床位扩大到120张科内划分泌尿系肿瘤、泌尿系结石、腔镜泌尿外科、尿控和男科亚科，王志平教授任中心主任。在此期间，王志平担任中华泌尿外学会委员、《中华泌尿外科杂志》编委和国家自然科学基金终审评委。

目前，兰州大学附属第二医院泌尿外科及泌尿外科研究所已成为全国泌尿外科学专业临床医疗、人才培训、科研教学的重要基地，被国际泌尿外科学会列为国际泌尿外科培训中心之一，已成为硕士、博士授予点和博士后流动站已培养硕士、博士研究生80余名。近年来，国际交流日益频繁，王志平和岳中瑾先后赴英国爱丁堡大学、伦敦大学泌尿外科研究所及美国霍普金斯大学泌尿外科研究所学习。先后请数名国际著名泌尿外科专家如：英国儿童医院小儿外科Cukow教授，英国伯明翰大学医学院泌尿外科主任Wallace教授，英国伦敦大学教授兼BJU International杂志出版公司主席、编辑部主任Woodhouse教授，Jonhns Hopkins大学的国际男科学杂志副主编Aurther L Burnett教授来该科进行讲学及手术演示，并举办多期泌尿外科学习班，为提高甘肃省泌尿外科疾病的诊治水平做出了重要贡献。近年来大规模开展了肾移植术、亲属活体肾移植术、分期尿道下裂修复术，常规开展泌尿外科腹腔镜手术，如肾上腺肿瘤切除术、肾切除术、肾癌根治术、肾盂成形术等。开展了膀胱癌根治原位膀胱替代术等。亲属活体肾移植例数位居西北五省医院之首。2003年，成功完成西北五省首例胰肾联合移植，填补了甘肃省大器官联合移植的空白。近几年，兰州大学附属第二医院泌尿外科研究所发展很快，开展了多项高水平细胞和分子生物学研究及临床研究。王志平先后在国际SCI收录刊物上发表学术论文60篇，被引频次近120次。获得多个国家和省部级科研项目资助和奖项。其中省部级一等奖二项，二等奖七项获得发明专利项。2002年以来，陈一戎与王志平作为博士生导师，已培养20多名博士生，2007年，岳中瑾教授荣获"甘肃省陇人骄子"荣誉，是唯一的医学类获奖者，极大地鼓舞了省内广大医学工作者。2010年兰大二院成功举办了临床泌尿外科杂志国际会议，成为继1987年全国泌尿外科年会后的最盛大会议。2008年4、5月间，甘肃出现大量因食用三鹿奶粉而患泌尿系结石的婴幼儿，兰大二院首先向甘肃省卫生厅报告该情况，并大量诊治患儿。为全国范围内诊治该类患儿奠定了重要基础。王志平、岳中瑾、田俊强副主任医被派到北京参加了卫生部组织的研讨会，参与诊治指南的制订。2008年王志平教授获得国家863项目一项，成为甘肃省内首次获得的医学类项目。目前承担863一项，国家自然科学基金5项，科研经费800余万。2010年甘肃省泌尿系疾病临床医学中心网站开通，建立了全省泌尿外科疾病统计及共享体系，同时启动了多个疾病多中心性研究。成立了学术委员会。

20 世纪 80 年代初，甘肃省人民医院泌尿外科在马梦麟主任主持下，在省内率先开展了经尿道前列腺电切术，并开展了耻骨劈开膀胱阴道瘘修补术、肾部分切除术、乙状结肠扩大膀胱术、血液透析等。特别是在膀胱阴道瘘的治疗方面，他提出了解剖对位、层次缝合的观点，有现实的指导意义，并在武汉的全国学术会议上进行了手术演示。科室在人员、设备方面也都有了很大的发展。1992 年，吴尚志担任该科主任；1997 年后，颜东文担任科主任。在此期间他开展了许多新技术和新业务。2002 年，史葆光任该科副主任，2008 年升任科室主任；2001 年，陈一戎教授调入甘肃省人民医院。此后该科陆续开展了同种异体肾移植、输尿管镜取石、腹腔镜泌尿外科手术、尿动力学检查等。

20 世纪 80 年代初，兰州医学院附属第一医院泌尿外科在陈修诚教授主持下，在甘肃省内较早建立了血液透析室、泌尿外科特殊检查室，并开展了全膀胱切除术、乙状结肠侧侧吻合术，基本上能完成当时省内泌尿外科的各项手术。与其他医院一起承办过全国泌尿外科学术会议。20 世纪 90 年代之后，泌尿外科通过购置设备、人员结构重新调整、建立健全辅助检查仪器，在病源、手术量、手术类型及成功率上都得到了很大提高。病床扩展至 24 张，设有特检室、体外冲击波碎石室、实验室、B 超室等。1998 年，白进良任泌尿外科主任，徐耀庭任副主任，此后开展了多项新业务，填补了医院空白，如亲属供肾及异体供肾肾移植术、腹腔镜后腹膜肾上腺腺瘤摘除术、经尿道前列腺汽化电切术、经尿道膀胱肿瘤电切术、尿道狭窄冷刀切开术等，以及成功实施了多例肾癌伴肾静脉及腔静脉瘤栓手术。徐耀庭主编《阴囊外科》，并获得多项科研奖。经历了 30 余年的大力发展，通过多位泌尿外科专家的努力，现今泌尿外科在科研学术水平、人员结构、医疗教学、亚专业分化等方面均迈上了一个新台阶。

解放军第一医院在甘肃省泌尿外科的发展过程中起到了开创和发展的作用，张华麟在该院做了开创性的工作，此后的张惠仁、张金山主任在泌尿外科的发展中做了大量的工作。2008 年，该科主任张伟因在"结石婴儿"事件中为社会作出了杰出贡献，被甘肃省委宣传部表彰为"感动甘肃 2008 十大陇人骄子。"兰州市第一人民医院泌尿外科是在甘肃省建立较早的专科，先后主持工作的宗绍武主任、王民三主任带领全科医师开展了肾移植、肾癌根治、肾上腺肿瘤切除、膀胱全切、前列腺汽化电切等高难度手术。

甘肃省的基层医院在甘肃省泌尿外科的发展中起着举足轻重的作用。在基层开展泌尿外科手术，解决当地群众就医难的问题，是造福于基层群众的大事。酒泉、定西、张掖、天水、庆阳、平凉等地泌尿外科都具备了相当的规模，已能开展绝大部分的泌尿外科手术，医师们的辛勤工作推动着甘肃省泌尿外科事业在广度和深度上不断向前发展。1977 年，酒泉市医院在北京医疗队吴德诚、邵鸿勋、刘遒芳等专家的协助下，成立了泌尿外科，赵永兴负责领导工作。在蔡建茂、安永寿等医师的努力下，该科已能开展肾移植、腹腔镜泌尿外科手术、前列腺汽化电切术、膀胱全切等高难度的手术。定西市医院泌尿外科在刘德和、杨继胜、孙天明等医师的不断努力下，科室发展很快，目前已能开展膀胱切除原位膀胱术、前列腺汽化电切术，以及疑难的肾上腺手术等。张掖市人民医院泌尿外科是 20 世纪 70 年代由李树桐医师创建的，目前已具备相当的规模，在当地享有很高的威望，1976 年即开展了回肠代输尿管术。文焕章、屠松等相继担任过该科的科主任,目前已能开展前列腺癌根治、膀胱癌根治、肾癌根治、前列腺汽化电切等许多高难度手术,使该地区泌尿外科有了很大发展。天水市医院泌尿外科是20世纪80年代由付梧创建的,他在北京医科大学附属第三医院进修回来后,开展了许多泌尿外科手术。其后,朱锋、杜维成先后任主任,使泌尿外科有了更大的发展,目前业务开展、科室规模、技术装备等在甘肃省内已属先进行列。庆阳市医院的朱虎义医师在20世纪80年代成功地完成了胎儿睾丸移植,在国内引起了重视。

在甘肃的大型厂矿企业医院对全省的泌尿外科的发展所起的作用是不可低估的。甘肃省铁路中心医院泌尿外科是省内建立较早的专科之一,在刘莀臣主任的主持下开展了许多泌尿外科手术。1989年,他们引进了体外冲击波碎石机,陆续开展了肾移植、前列腺汽化电切等手术。中国石油兰州化学工业公司职工医院(兰化医院)泌尿外科也较早开展了肾移植、前列腺汽化电切等手术。金川有色金属公司职工医院、白银市第一人民医院(白银公司职工医院)都是泌尿外科工作开展很好的医院,他们在为广大厂矿职工服务的同时,也为当地人民群众解决了大量的泌尿外科疾患的治疗问题,为他们解除了病痛。2003年,原兰化医院与兰炼医院整合为兰州石化总医院,罗博任泌尿外科主任,泌尿外科床位增加至33张。此后陆续开展了肾上腺肿瘤腹腔镜治疗、腹腔镜肾脏肿瘤根治术、输尿管疾病的输尿管镜检查、治疗,膀胱肿瘤电切、膀胱全切、肠代膀胱术、尿道狭窄修复、尿道大裂修复、尿道冷刀切开、尿流动力学检查等技术,近期又开展了后腹腔镜肾肿瘤部分切除、肾肿瘤剜除术等,填补了医院的多项技术空白。甘肃省中医院成功组建了泌尿外科,赵永强出任该科主任,开创性地进行了大量泌尿外科手术,发展迅速。

青海省泌尿外科学史

一、初创时期

青海省泌尿外科专业起步比较晚,发展也比较慢。青海省医学会直至1976年才开始筹建,有关工作人员的落实到位、办公地点的确定等都在较短的时间内完成。1977年,青海省政府落实医学会会长、副会长、秘书长、办事人员,并在省市医院及相关单位部门发展登记会员。学会下设内、外、妇、儿等专业组织机构。各专业分会的负责人均由省、市级医院知名专家担任。当时青海省专职的泌尿外科医师不足6人,主要由普外科医师兼职。青海省只有两家比较大的医院,即青海省人民医院和青海医学院附属医院。当时这两家医院都没有设泌尿专科,只是在普外科内设几张泌尿外科专业床位,由2～3位普外科医师兼做泌尿外科工作。全省各医院普外科中隶属泌尿外科的床位不足20张。在学会中,泌尿外科专业和普外科专业同属外科学会。

1979年,青海医学院附属医院率先将泌尿外科分离出来单独组建科室,有床位20张,泌尿外科医师4人。科主任为陈甸英教授、副主任为徐满东教授。此后不久,青海省人民医院也单独组建科室。科主任为李长生。至此,青海省两家比较大的医院都有了独立的泌尿外科。随着床位的增加、专业人才的成长,青海的泌尿外科专业队伍开始逐渐壮大。此后,青海省中医院、西宁市第一人民医院、解放军第四医院等多家医院均先后将泌尿外科分出独立建科,青海省的泌尿外科专业开始形成了一定规模。但当时的泌尿外科学专业组活动仍和普外科专业组统一由外科学组管理。

二、发展时期

1981年,由于省、市级医院泌尿专科相继成立,床位增加,泌尿外科医师增多,床位数由原来的20多张增加至60张左右,因此,泌尿外科学组和普外科学组分离,第一任泌尿外科专业组组长由西宁市第一人民医院泌尿外科主任蒋观尧主任医师担任。泌尿外科专业组开始独立进行学术活动,开始有阅片会诊、手术会诊等学术活动,每月1～2次。各大医院分别组建独立的泌尿外科专业。专业组于1986年改选,第二任专业学组组长由青海省中医院泌尿外科主任熊园修主任医师担任。当时,几位老主任都曾在内地各大医院进修过,泌尿外科检查科室设备也逐步增加。

1986年6月,青海省泌尿外科专业组举办青海泌尿外科专业学习班,主要招收行业职工医院和部队医院青年医师,学员共10名,学习时间3个月,边授课边进修。这期学习班对青海省泌尿外科的发展起到了积极的作用。参加学习的各医院都开始购置膀胱镜、尿道扩张器等设备,泌尿外科病人开始增多,全省的业务水平也有了较大发展。这期学习班还邀请了上海医科大学华山医院泌尿外科沈家立教授、陈炳龙教授讲课。这次学习班的培训，对西宁及甘肃省内各地区医院青年医师的培养起到了积极作用。

1980年8月，青海医学院附属医院泌尿外科在陈甸英主任、王台教授、徐满东副主任主持下，由兰州军区兰州总医院俞天麟教授亲自指导，完成青海省首例ABO配型的同种异体肾移植工作。1981年，青海省人民医院泌尿外科由李长生主任主持，在兰州军区兰州总医院指导下完成一例肾移植，两院共同揭开了青海省器官移植的序幕。

1992年，青海省医学会泌尿外科分会专业组进行了第三次改选，组长由青海省人民医院泌尿外科主任李长生主任医师担任。这段时间青海省泌尿外科发展比较平稳，省、市级医院相继开始进行比较大的手术，而且手术成功率都有所提高。开展的手术有泌尿系统肿瘤根治性切除术、全膀胱术、多种术式的尿流改道术、先天性畸形的手术成形术等。1990年，青海医学院附属医院开始开展腔内手术、前列腺电切、膀胱肿瘤和息肉电切、尿道狭窄内切开等手术。随后，青海省人民医院、青海省中医院、青海省红十字医院也开展腔内手术。青海省中医院开展体外冲击波碎石术，该院泌尿外科庞学仁主任开展了输尿管镜取石术。1990年8月，青海省医学会泌尿外科学专业组在西宁召开西北各省地区学术会议，会期5天，与会人员180人。当时陕西省有几位著名教授到会，兰州市也有几位著名专家与会。这时青海省泌尿专科医师专业队伍增加到40名左右，州、县医院还有由普外科医师兼职的10多名。

1990年以后，青海省几位知名主任相继调离、退休、离职，这对青海泌尿外科的发展产生了一定的影响。青海省当时调离、退休的主任：青海医学院附属医院泌尿外科陈甸英主任调到南京铁道医院泌尿外科；王台主任退休回北京；徐满东主任调回武汉市东湖梨园医院；西宁市第一人民医院蒋观尧主任离职休息；青海省中医院主任熊园修退休；青海省红十字医院绪翔皋主任退休回上海；青海省人民医院李长生主任退休。

20世纪90年代初，青海省医学会泌尿外科学专业组进行第四次改选，由青海医学院附属医院泌尿外科主任李生祥任组长。1996年，青海省医学会泌尿外科学组正式改为青海省医学会泌尿外科学分会，李生祥教授任分会主任委员，同时兼任中华医学会泌尿外科学分会全国委员。1999年，青海医学院附属医院泌尿外科主任李生祥组织肾移植手术班子，参加北京市朝阳医院泌尿外科管德林教授举办的肾移植学习班，进行1个月的学习、观摩、进修。2000年1月，在北京市朝阳医院泌尿外科韩志友教授亲自指导下，青海医学院附属医院泌尿外科李生祥主任主持完成了青海省2例HLA组织配型的同种异体肾移植手术，术中、术后病人都正常。青海医学院附属医院泌尿外科又一次开创了青海省器官移植的新纪元。其后，青海医学院附属医院泌尿外科在李生祥主任带领下先后完成15例HLA组织配型肾移植，而且带动了该院普外科肝移植、眼科角膜移植的开展，使该院脏器移植的水平又前进了一大步。随后，青海省人民医院泌尿外科在刘智明主任努力下，在北京市友谊医院参加和指导下完成了5例HLA组织配型的肾移植术。这期间，青海省人民医院泌尿外科还完成了亲属供肾的肾移植术。2006年，青海大学附属医院(原青海医学院附属医院)在王健主任组织领导下，在北京市朝阳医院泌尿外科韩志友教授指导下，完成了亲属供肾活体肾移植术,人/肾存活良好。

三、快速发展时期

进入新世纪,青海省的泌尿外科学建设不仅在诊断和治疗泌尿男科疾病方面以及开展新业务、新技术方面得到快速发展,在研究生教育和科研上也有了长足的发展,取得了很大的成就。

2002年,以王健教授为导师的青海大学附属医院泌尿外科作为青海大学医学院唯一的也是全省唯一的泌尿外科硕士学位授予点开始招收泌尿外科学硕士研究生。这是青海省泌尿外科学专业教育的良好开端。迄今在王健教授悉心指导下,青海大学已培养出6届、17名科学/专业学位硕士研究生,在读研究生15名。其中3人毕业后考入国内知名大学,攻读泌尿外科博士学位。2007年,青海省人民医院泌尿外科继青海大学附属医院后也成为硕士学位授予点,科主任刘智明教授为硕士研究生导师。研究生教育队伍扩大,教学能力增强。

在科研方面,青海泌尿外科人一直秉承着以科研促医疗、以医疗保科研的方针,积极进行前沿课题的探索和研究。2002年由王健教授为课题负责人申报的课题,获得国家自然科学基金项目资助,这也是青海大学附属医院历史上第一次获得的国家自然科学基金项目,王健教授作为课题负责人还承担着国家中医药管理局留学回国人员科技活动择优资助项目课题、国家人事部留学回国人员择优资助科技项目课题、青海省重大科技攻关项目和中华医学会科技发展中心临床多中心研究课题等多项课题。2007年由王健教授为课题负责人申报的课题,再次获得国家自然科学基金项目资助。

21世纪青海各医院泌尿外科床位和设备明显增加,而且引进了很多先进的治疗设备。腔内技术开展得比较普遍,输尿管镜、经皮肾镜、后腹腔镜、钬激光碎石仪已经得到很好的应用,而且手术效果令人满意。青海省中医院泌尿外科在前主任庞学仁领导下率先开展体外冲击波碎石术和输尿管镜取石术的基础上,该院由张鹏主任于2005年引进了第三代EMS碎石清石系统,开展了经皮肾镜气压弹道碎石清石、输尿管镜气压弹道碎石清石等手术。随后青海省人民医院、青海大学附属医院相继引进了经皮肾镜以及输尿管镜系统。2006年,青海大学附属医院引进了钬激光碎石仪,配合先进的STORZ输尿管镜和经皮肾镜,在泌尿系统结石的治疗上,用腔内治疗基本代替了开放手术。

从2000年开始,青海省人民医院、青海大学附属医院泌尿外科已将TURP、TURBt作为治疗前列腺增生和膀胱肿瘤的主要手段,代替了开放手术。之后,西宁市第一人民医院、青海省中医院、青海省红十字医院、西宁市第二人民医院等医院都相继开始以腔内电切手术代替开放手术作为治疗相关疾病的主导方法。这也缩小了与国内先进水平的差距,减轻了患者的痛苦,减少了术后恢复时间,减少了手术创伤,提高了治疗效率。近年来上述医院逐渐开展了腹腔镜下的泌尿外科手术,继续缩短着与内地医院的差距。

2003年下半年在李生祥教授的努力下,成立了青海省泌尿外科专科医院,新增加了腔内设备、体外碎石设备,人员配备有了较大发展,床位增至60张。设有手术室、腔镜室、体外碎石室,为青海省泌尿外科的发展又增添了新的一页。

目前,青海省各大医院的泌尿外科专业人才队伍构成也更加合理。人才梯队化、高学历化、高素质化。其中,新增硕士研究生 10 人,博士研究生 1 人。其中青海大学附属医院泌尿外科拥有硕士研究生 6 人,博士研究生 1 人。这为青海省泌尿外科专业诊疗活动、新技术的应用、新业务的开展、本科教育、泌尿外科学专业教育、科研提供了良好的和坚实的基础。

2007 年,青海省医学会泌尿外科分会换届改选,由青海大学附属医院泌尿外科主任王健教授任主任委员,同时任中华医学会泌尿外科学分会全国委员。2009 年王健教授任中华医学会泌尿外科学分会尿控及前列腺增生学组委员。

2009 年中华医学会泌尿外科学分会第七次西部行暨泌尿外科疾病诊治指南宣讲会在青海大学附属医院会议中心举行,会期 2 天,中华医学会泌尿外科学分会副主任委员孙则禹教授、孙光教授亲临宣讲。包括西部五省的泌尿外科同仁参会人员达 150 余人。此次会议体现了中华医学会以及中华医学会泌尿外科学分会对西部地区和青海省的关怀和重视,对规范泌尿外科诊疗活动起到了积极的作用。

当然,青海省的泌尿外科学与全国先进水平相比仍有不少差距,专业人员业务水平参差不齐,开展新业务、新技术的条件仍不够理想,医疗环境与内地相比仍较落后。但本届青海省医学会泌尿外科学分会有决心,在中华医学会泌尿外科学分会的领导下,紧跟全国大好形势,力争把专科分会工作做得更细、更好,充分发挥中青年骨干的积极作用,扎扎实实把泌尿专科学术工作开创出一个更好、更新的局面。

五、未来展望

展望未来,我们信心百倍,在中华医学会泌尿外科学分会和青海省医学会的关怀下,青海省医学会泌尿外科分会将继往开来,为青海省泌尿外科事业的发展作出更大的贡献,创造更大的辉煌。

青海省历届泌尿外科学分会

第一届委员会(1981—1986 年)

组长　蒋观尧　主任医师(西宁市第一人民医院泌尿外科主任)

第二届委员会(1986—1992 年)

组长　熊国修　主任医师(青海省中医院泌尿外科主任)

中国泌尿外科学史(第 2 版)

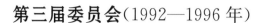

第三届委员会（1992—1996 年）

组长　李长生　主任医师（青海省人民医院泌尿外科主任）

第一届委员会（1996—2001 年）

主 任 委 员　李生祥　教授（青海医学院附属医院泌尿外科主任）

副主任委员　刘智明　主任医师、陈长勇　主任医师、王健　教授、王炳忠　主任医师

秘　　　书　赵铁军　副主任医师

第二届委员会（2001—2007 年）

主 任 委 员　李生祥　教授（青海医学院附属医院泌尿外科主任）

副主任委员　刘智明　主任医师、陈长勇　主任医师、王健　教授、王炳忠　主任医师

秘　　　书　赵铁军　副主任医师

第三届委员会（2007 至今）

主 任 委 员　王　健　教授（青海大学附属医院泌尿外科主任）

副主任委员　陈长勇　主任医师、刘智明　主任医师、赵铁军　主任医师

秘　　　书　张　鹏　副主任医师

宁夏回族自治区泌尿外科学史

宁夏回族自治区地处中国西北东部,位于黄河中上游。中华民族的母亲河——黄河从她的中部缓缓穿过,灌溉了这块美丽富饶的土地。巍巍贺兰山是祁连山余脉,它是宁夏西北部阻挡西伯利亚寒流和风沙的天然屏障。早在几千年前,勤劳的人民便在这块土地上繁衍生息,并创造了灿烂的文化。新中国成立后,尤其是在党的十一届三中全会和西部大开发政策感召下,宁夏的工业、农业、科学技术、文化教育及卫生事业都得到了快速发展。首府银川市是宁夏政治、经济、文化的中心。美丽富饶的银川平原现已成为名副其实的"塞上江南"。

一、初创时期（1949—1976 年）

新中国成立后,在原旧医疗机构基础上成立了甘肃省第二人民医院(当时宁夏行政管辖隶属甘肃省)。同时,还成立了解放军第五医院。全区医疗基础薄弱,设备极其简陋。

20 世纪 50 年代末,新中国培养的大批高素质医药技术人才从北京、沈阳、西安、广东、福建、湖北等地来到宁夏工作。宁夏的医疗事业有了巨大的发展,扩建了医疗机构。1958 年,宁夏回族自治区成立,将甘肃省第二人民医院更名为宁夏回族自治区第一人民医院。固原地区也建立了宁夏回族自治区第二人民医院。同时还成立了银川市第一人民医院。1962 年之前,宁夏没有专职泌尿外科医师,当时的外科医师仅能做一些简单的泌尿外科手术,如鞘膜积液翻转术、睾丸切除术、膀胱切开取石术等。

1962 年 7 月,马成义医师从上海仁济医院进修泌尿外科回到宁夏回族自治区第一人民医院,开展了泌尿外科业务。1963 年,阎廷雄医师开始专职从事泌尿外科专业。从此,宁夏有了专职泌尿外科医师,开创了泌尿外科专业。同时他们两位做了大量泌尿外科技术工作,也培养了大批泌尿外科人才,为后来宁夏泌尿外科的发展奠定了基础。

20 世纪 60 年代,宁夏回族自治区第二人民医院王勋国医师、银川市第一人民医院王金声医师、解放军第五医院刘孝移医师、石嘴山市煤炭医院刘丕显医师等在各自的医院相继开展了泌尿外科业务,使宁夏泌尿外科业务技术有了实质上的发展。到 60 年代末期,宁夏回族自治区第一人民医院已能够开展肾切除术、回肠代膀胱术、回肠扩大膀胱术、尿道损伤修补术、膀胱肿瘤切除术等。银川市第一人民医院也相继开展了肾切除术、膀胱肿瘤切除术。

这一时期,宁夏回族自治区肾结核病人较多,在肾结核的诊断、治疗,尤其是在一侧肾结核对侧肾积水、结核性挛缩小膀胱方面积累了较丰富的临床经验。

1970 年初,宁夏医学院成立,再次将宁夏回族自治区第一人民医院更名为宁夏医学院附属医院,并在银川成立了宁夏回族自治区人民医院。

二、发展壮大时期(1977—1989年)

"文革"结束后,特别是党的十一届三中全会后,尊重科学、尊重知识、尊重知识分子的社会氛围极大地激发了各级领导和广大泌尿外科医师开展新业务、新技术的积极性。全区选派几十位医师分别到北京、上海、天津、重庆、广州进修泌尿外科。宁夏各县也选派部分医师到宁夏医学院附属医院进修泌尿外科。这批骨干技术人才回到各自医院后,或建立泌尿外科病房,或建立专科床位,如宁夏回族自治区人民医院、银川市第二人民医院、银川市第三人民医院、石嘴山市第一人民医院、吴忠市人民医院、解放军第五医院、青铜峡市医院、中卫市人民医院、平罗县人民医院、自治区第二人民医院(固原市地区医院)、灵武市医院、中宁县医院、同心县医院、隆德县医院、盐池县医院等,使宁夏地区泌尿外科的床位数量得到了扩大,泌尿外科专业人员由原来的10人发展到近100人,形成了一支泌尿外科专业医师队伍,为宁夏地区今后泌尿外科学的大发展奠定了坚实的基础。

随着医疗技术的进步,泌尿外科业务范围进一步扩大。1980年,宁夏医学院附属医院开展了"套管法"耻骨上经膀胱前列腺摘除术,并在全区各基层医院推广。1984年5月,采用了三根硅胶管内置持续尿道扩张术,治疗骨盆骨折后尿道断裂及狭窄取得了满意的疗效,并在全区内外推广。同期,还开展了肾上腺肿瘤手术、肾动脉栓塞术、肾癌根治术,以及全膀胱切除术、回肠膀胱术。1985年,宁夏回族自治区人民医院开展了全膀胱切除术、直肠代膀胱术。1981年,宁夏回族自治区人民医院成功地为一例多发性肾结石病人进行了自体肾移植。1982年,宁夏医学院附属医院为2例肾衰尿毒症病人实施了同种异体肾移植术。同年,还成功地为一例双肾巨大血管平滑肌脂肪瘤病人行右肾切除、左肾切除行工作台肿瘤切除后自体肾移植术。这些手术的成功,为后来的肾移植起到了推动作用。随后宁夏回族自治区人民医院、宁夏武警医院、解放军第五医院等多家医院开展了此项工作。

1985年,宁夏医学院附属医院购进Storz电切镜、输尿管镜等器械,在美国罗斯汀教授的帮助下,开展了经尿道前列腺电除术,1周内完成手术32例。同时,还开展了输尿管镜下输尿管取石术、超声碎石术,对推动全区腔内泌尿学的发展起到了积极的推动作用。

三、快速发展时期(20世纪90年代初至今)

20世纪90年代,宁夏回族自治区泌尿外科事业进入一个高速发展时期。首先是加强了对外交流,引进了先进技术,引进人才,加快培养技术骨干,壮大了泌尿外科医师队伍;其次,购置了先进设备仪器。各市、地、县医院有了泌尿外科专科病房,扩大了业务范围。如宁夏医学院附属医院建立了泌尿外科实验室,开展科研工作及尿动力学检查。宁夏回族自治区人民医院开展了Kock可控膀胱术。解放军第五医院开展了阑尾脐孔可控膀胱术等。

1991年,宁夏医学院附属医院开展了体外冲击波碎石术。其后,解放军第五医院、银川市第三人民医院、银川市第一人民医院等7家医院也先后开展了此项技术。体外冲击波碎石术在区内普遍开展,并取得满意的治疗效果。同期,本地区腔内技术、微创手术也有了快速发展。20世纪80年代末期,仅宁夏医学院附属医院能够开展经尿道前列腺、膀胱肿瘤电切术。目前,宁夏回族自治区人民医院、银川市第一人民医院、解放军第五医院、石嘴山市第一人民医院和第二人民医院、吴忠市人民医院等单位使用此技术均趋于稳定成熟,而且一些地区县医院也较普遍开展了。

1994年,石嘴山市第一人民医院开展腹腔镜肾囊肿去顶减压术和精索静脉高位结扎术。此后,宁夏医学院附属医院、宁夏回族自治区人民医院、吴忠市人民医院还开展了腹腔镜下肾上腺肿瘤切除等手术。

1979年5月,宁夏医学会外科学分会成立。1982年8月1日,宁夏回族自治区医学会泌尿外科学分会与外科学会分离,成为独立的宁夏回族自治区泌尿外科学分会,其组成成员见后附。

多年来,宁夏泌尿外科学分会长期坚持组织学术活动,不断举办专题讲座,积极传达国内外新技术、新业务、新信息,互相交流学习经验,为宁夏泌尿外科事业发展搭建平台做了大量的工作。

从1990年起,由银川地区5家医院轮流主办宁夏泌尿外科学会年会。每年举行一次年终工作总结,总结一年来学会的工作及全区泌尿外科取得的成绩,决定下一年努力方向。会后举办联谊会,泌尿外科同仁畅所欲言,气氛热烈,不但交流感情,而且增进了友谊。因此,宁夏泌尿外科学会每年均被宁夏医学会评为"先进学会"。

2005年5月始宁夏医学院附属医院先后开展了腹腔镜下肾癌肾盂癌根治术、肾上腺肿瘤切除术、输尿管取石术及肾盂输尿管成形等手术;2009年开展了腹腔镜下膀胱全切原位新膀胱术,腹腔镜下前列腺癌根治术和膀胱全切乙状结肠直肠膀胱术。

2007年9月到12月解放军第五医院和宁夏医学院附属医院泌尿外科相继开展了经皮肾镜钬激光碎石、输尿管镜下碎石和B超定位经皮肾镜EMS碎石清石术。到2010年5月,宁夏自治区人民医院、银川市第一医院、宁夏医科大学附属石嘴山第一医院、宁夏武警总队医院均能开展尿路结石微创治疗。

21世纪是科技高速发展的时代,宁夏泌尿外科的同仁们正以饱满的热情、昂扬的斗志、奋发进取的精神和赶超国内先进水平的决心,为宁夏泌尿外科事业发展继续作出贡献。

第一届委员会（1982年8月）

主 任 委 员 阎廷雄
副主任委员 王勋国　王金声　郭玉生
秘　　　书 梁大用

第二届委员会（1994年9月）

主 任 委 员 阎廷雄
副主任委员 王勋国　王金声　郭玉生　梁大用
秘　　　书 李书学

第三届委员会（2001 年 9 月）

主 任 委 员　梁大用

副主任委员　李书学　陈福宝　陈世昌　张　韬　张万宁

秘　　　书　李书学（兼）

副主任委员　陈征儒（增补）　张晨光（增补）

秘　　　书　陈征儒（兼，增补）

第四届委员会（2008 年 8 月）

主 任 委 员　陈福宝

副主任委员　陈世昌　陈征儒　张　韬　李　明（增补）　朱江宁（增补）

秘　　　书　陈征儒（兼）

委　　　员　李培军　王　韧　卢熙涛　马　强　侯志刚　李　珺
　　　　　　路　艺（增补）

新疆维吾尔自治区泌尿外科学史

新疆维吾尔自治区位于中国的西北部，地处欧亚大陆中心。首府乌鲁木齐市位于新疆中部，地处天山北麓、准噶尔盆地南缘。环山带水，沃野广袤，是西域著名的"耕凿弦诵之产，歌舞游冶之地"。因此，世居在这儿的人们，把她亲切地称为"乌鲁木齐"，准噶尔蒙古语意为"优美的牧场"。几千年来，勤劳的人民在这块土地上繁衍生息，并创造了灿烂的西域文化。新中国成立后，尤其是在党的十一届三中全会和西部大开发政策感召下，新疆的工业、农业、科学技术、文化教育及卫生事业都得到了快速发展。首府乌鲁木齐市是新疆政治、经济、文化的中心。回顾新疆泌尿外科学的历史，总结过去的成就，这使我们能够从前辈的身上汲取许多宝贵的经验和财富。

一、组织建设

新中国成立后，新疆的医学、医疗专科开始了真正的起步和发展。1955年新疆将创建于1934年7月的省立迪化医院改名为新疆维吾尔自治区人民医院，该院隶属自治区卫生厅领导。

1955年，毛泽东主席和周恩来总理指示我国卫生部同苏联外交部、保健部协商，决定在新疆迪化市（现乌鲁木齐市）新建一座医学城。周恩来总理把将兴建新疆医学中心的项目纳入第一个五年计划，把它列为苏联援助我国建设的156项重点工程之一。

1956年，新疆医科大学坐落于新疆维吾尔自治区首府乌鲁木齐市风景秀丽的鲤鱼山下，原名新疆医学院。

1956年7月，新疆医学院附属医院正式成立，同年9月10日，自治区党委决定樊苏培同志任附属医院副院长。开院时建立临床科室10个，即普通外科、胸腔外科、泌尿科、骨科、放射科、妇产科、神经科、皮肤科、眼科、耳鼻喉科。行政管理只有副院长樊苏培，秘书冯德浩。全院职工100多人。1960年泌尿科在国内较早地开展切开股动脉穿刺插管行股动脉和肾动脉造影术；1963年樊苏培在国内首位开展了回肠袢替代全输尿管手术。

1967年"文化大革命"开始后，全省各大医院（包括新疆医学院）遭到了严重破坏，特别是新疆医学院第一附属医院，医疗、科研及教学几乎处于停顿状态。

"文革"结束后，特别是党的第十一届三中全会以来，各医疗单位落实了知识分子政策，撤并的科室重新独立，泌尿外科专科医师又回归工作岗位，新疆医科大学附属第一医院和自治区人民医院泌尿外科又蓬勃发展起来。之后，石河子大学医学院附属医院、新疆军区总医院、乌鲁木齐市友谊医院等多家医院开始创办泌尿外科专科，专业队伍不断壮大，在诊疗技术和临床、基础科研、教学等方面，取得了可喜的成绩。

20世纪60年代，全国著名泌尿外科专家樊苏培创建了新疆医学院第一附属医院泌尿外科,培养了新疆首批泌尿外科专业医生,开创了新疆泌尿外科学的历史。此后,自治区人民医院、石河子大学医学院附属医院、新疆军区总医院、乌鲁木齐市友谊医院先后组建了泌尿外科专业组。20 世纪 80 年代初,上述四家医院相继成立了泌尿外科,涌现出新疆泌尿外科专业的第二批学术带头人,如新疆医科大学第一附属医院秦绍华、盛新福,自治区人民医院杨忠建、闵立贵,新疆军区总医院蔡敏,石河子大学医学院第一附属医院曾治有等。1986 年,在乌鲁木齐市举行了西北五省区第三届泌尿外科学术会议并或立了中华泌尿外科学会新疆分会第一届委员会,主任委员樊苏培,副主任委员秦绍华、杨忠建、蔡敏。新疆参加会议代表 20 多人,国际著名泌尿外科专家、中华泌尿外科学会主任委员吴阶平应邀出席会议并做专题讲座。1992 年,新疆泌尿外科的开创者樊苏培教授因病去世。1994 年,在乌鲁木齐召开了新疆维吾尔自治区第二届泌尿外科学术会议,并成立了新疆维吾尔自治区第二届泌尿外科学术委员会,主任委员秦绍华,副主任委员杨忠建、盛新福、蔡敏。参加会议代表 50 多人,撰写论文 96 篇,编辑出版了论文集。

1999 年,在乌鲁木齐市举行了第八届西北五省泌尿外科学术会议和第三届新疆维吾尔自治区泌尿外科学术会议,并成立了第三届新疆维吾尔自治区泌尿外科学术委员会。主任委员闵立贵,副主任委员盛新福、高清元、杨学洁。参加会议者共 180 人,其中新疆有 100 多人,撰写了论文 150 多篇,编辑出版了论文集。国内著名专家梅骅应邀出席会议,并做了专题讲座。

2004 年 3 月,新疆维吾尔自治区医学会泌尿外科分会进行了换届改选,选举产生了新疆维吾尔自治区第四届泌尿外科专业委员会。闵立贵连任主任委员,丁国富、袁超英、王玉杰任副主任委员。泌尿外科专业人员从 20 世纪 70 年代初的 10 多人发展到现在的 400 多人,目前,自治区人民医院拥有泌尿外科床位 120 张,新疆医科大学附属第一医院泌尿外科床位 100 张。乌鲁木齐市各大医院几乎都成立了泌尿外科。新疆各地州、兵团医院及各师医院也成立了泌尿外科专业组,大部分县医院都有兼职泌尿外科医生。新疆医科大学第一附属医院、自治区人民医院和石河子大学医学院附属第一医院泌尿外科为培养新疆泌尿外科专业人才作出了巨大贡献。

2002 年 10 月 30 日,新疆维吾尔自治区首届男科学学术会议在乌鲁木齐隆重召开,到会代表 100 多人,分别来自全疆各地。新疆维吾尔自治区男科学学会,在此会议上正式成立,经过各单位的推荐,与会代表举手表决通过闵立贵等 19 人为首届男科学会委员。会议期间特邀内地专家做手术示教,为推动新疆男科学的发展起到了良好的作用。

二、专业发展

随着新疆泌尿外科医生队伍的不断发展壮大,各种泌尿系疾病的诊断和治疗不断走向规范化、正规化,各种新技术、新设备被引进,泌尿外科领域高难度手术也先后开展,大大提高了泌尿外科专业水平。20 世纪 60~70 年代,新疆仅能开展肾切除、结肠扩大膀胱、膀胱全切除加 Bricker 手术、自体肾移植术、前列腺摘除等普通泌尿外科手术。1983 年,新疆医科大学附属第一医院首先成功地进行了第一例尸肾病人肾移植手术,病人存活 3 个月因肺部感染死亡。此后自治区人民医院、新疆军区总医院、空军医院、石河子大学医学院附属第一医院、伊犁友谊医院、克拉玛依总医院先后成功地进行了肾移植手术。截止到2010年11月，新疆已有多家三级甲等医院开展尸肾和亲体肾移植手术近千例。2000年起石河子大学医学院附属第一医院丁国富教授、武警总医院袁超英主任医师等在李逊教授指导下开展了mPCNL治疗肾结石。2005年8月起新医大一附院在李建兴教授指导下，安尼瓦牙生主任医师率先开展标准通道经皮肾穿刺气压弹道联合超声吸附碎石术，目前已愈2 000例，年龄在5个月至85岁。目前，全疆已有15家以上医院独立开展了mPCNL和标准通道经皮肾穿刺各种设备碎石术。

20世纪80年代，新疆医科大学附属第一医院和自治区人民医院先后引进了体外冲击波碎石机，开创了治疗尿路结石的新纪元。此后新疆军区总医院、空军医院、乌鲁木齐市友谊医院、新疆兵团医院、武警医院也开展了体外冲击波碎石。截至2010年11月，全疆共进行了体外冲击波碎石治疗超过30 000人次。目前各地州级医院及部分县医院均拥有体外冲击波碎石机。

· 近20年来，泌尿外科腔道技术发展迅速。20世纪90年代初，新疆医科大学附属第一医院和自治区人民医院先后引进并开展了经尿道前列腺电切和膀胱肿瘤电切术，随后全疆兵团医院、乌鲁木齐市友谊医院、新疆军区总医院、铁路医院、石河子医科大学附属、建工医院等医院及全疆各地区级医院均逐步开展了此项技术。至2009年末，全疆80%左右县、市级以上医院均开展了此手术。杨学浩医师为新疆腔道泌尿外科的发展作出了突出贡献，他在全国首先开展了经尿道前列腺气化电切术，就此经验曾在全国泌尿外科学术会议上做了大会发言。在此阶段，武警医院的袁超英医师及自治区人民医院的汪清医师尝试了NDYAG激光和铥激光前列腺切除术。20世纪90年代末，新疆医科大学附属第一医院、兵团医院、石河子医科大学附属医院、自治区人民医院和新疆军区总医院等先后开展了输尿管镜下气压弹道碎石等新技术，截至2010年11月共治疗上尿路结石5 000余例。2000年以来，石河子大学医学院附属第一医院、新疆医科大学附属第一医院、自治区人民医院、自治区中医院等大型医院成功地开展了后腹腔镜下肾上腺肿瘤切除、肾盂输尿管成形、肾脏盂输尿管切开取石、肾下垂肾固定、根治性膀胱全切、根治性肾切除、根治性前列腺切除、乳糜尿肾蒂淋巴管结扎等几十种手术，开创了腹腔镜在新疆泌尿外科的应用。王玉杰、丁国富、王勤章、汪清、袁超英、文彬、王英刚、董炎鑫、木拉提、吴群、常继伟、耿进成、王励、孙云、李炜等一批中青年医生，在促进新疆泌尿外科腔道技术的开展发挥了重要的作用。

新疆医科大学第一附属医院于1998年首先开展了尿动力学的临床应用，并获自治区科技进步奖三等奖。随后新疆医科大学附属第五医院，自治区人民医院也开展了此项工作。

2001年起，在一批留学生归国人员、归来医学博士和中国泌尿外科学会"将才工程"学者的努力下，新疆各大医院相继开展了开放和腹腔镜下累及腔静脉及合并腔静脉瘤栓的肾肿瘤切除、巨大肾上腺肿瘤切除、根治性膀胱切除原位新膀胱术、根治性膀胱切除加可控indiana膀胱手术、可控Mainz Ⅰ式手术、前列腺癌保留NVB根治手术等高难度手术，各种尿道下裂手术成功率升高，男性膀胱外翻采用Mainz Ⅱ型术式尿流改道极大地改善了病人的生活质量。

全疆泌尿外科领域共获省部级科研成果奖二、三等奖五项。全疆泌尿外科医生在省级专业刊物发表论文 200 余篇,出版专著 6 本。

三、学术活动

1) 全区共参加了 12 个届次的中华泌尿外科学术会议和 4 个届次的男科会议,共有 50 多人次参加会议,50 多篇论文被收入会议论文集。有 2 人 3 次在大会上发言。

2) 5 人次参加国际泌尿外科学术会议。参加了 10 次西北五省泌尿外科学术会议,共有 100 余人次,60 多篇论文被收入会议论文集,有 10 多人次在大会上发言。

3) 请全国著名泌尿外科专家梅骅、鲍镇美、胡礼泉、杨宇如、杨勇、金锡御、孙光、魏强等进行专题讲座。

4) 举行了 3 次全区泌尿外科学术会议。第二、第三届学术会议共收论文分别为 96 篇和 100 多篇,并编辑出版了会议论文集。

5) 在乌鲁木齐成功举办了全国男科学学习班,全国著名男科专家朱积川、黄宇烽、李江源、程祥甫、石涛、闵立贵等做了专题讲座。新疆维吾尔自治区泌尿外科学专业委员会与铁路医院共同举办了全区泌尿外科腔道学习班。全国著名泌尿外科专家潘柏年进行了经尿道前列腺电切手术演示,帮助地、州医院开展手术千余例。

6) 新疆首届全兵团泌尿外科新技术培训班在石河子市人民医院成功举办,北京大学泌尿外科研究所李鸣教授讲授泌尿系肿瘤治疗的新进展。

7) 2003 年 9 月,举办了新疆泌尿外科和男科新技术高级学习班,特邀请郭应禄院士和张心堤院士做专题讲座,新疆专家做专题发言,并做了钬激光和经阴道无张力尿道中段悬吊术(TVT)手术演示。

8) 在乌鲁木齐成功举办国际西部泌尿外科论坛。中华泌尿外科学会主任委员那彦群、副主任委员孙则禹、叶章群及著名专家李逊、王建业、黎明、夏同礼、唐孝达及美籍专家詹姆斯教授与会并分别做了专题演讲。

9) 近 3 年来,新疆医科大学附属第一医院连续 3 年举办国家级继续教育学习班,先后请国内外知名专家如德国美因兹 stein.Tuhof 来和科学术讲座用手术表演。上海第六人民医院徐月敏教授、香港李树强教授、李建新教授、李逊教授、王行环教授、北京儿童医院孙宁教授、华西医科大魏强教授等国内许多知名教授来疆学术讲座并手术表演,治疗小儿尿道下裂及膀胱外翻。

四、人才培养

20 世纪 70 年代,新疆医科大学附属第一医院已成为泌尿外科医学硕士点,樊苏培教授培养了新疆第一批研究生林毅、何延俞。之后,此硕士点先后培训了近百名硕士生,已成为本地区泌尿外科的骨干,一大批教学医院的医师成为了硕导,2009 年新疆医科大学附属第一医院王玉杰成为临床医学士导师,自治区人民医院汪清成为安徽医科大学外聘博导。目前,本连区有博士 10 名左右。

20 世纪 70 年代,我国著名泌尿外科专家樊苏培培养了一批泌尿外科专业医师。现在全疆共有泌尿外科专职医师 164 人,兼职医师 240 人,副主任医师以上泌尿外科专家 82 人。

20 世纪 90 年代以来,新疆医科大学附属第一医院秦绍华、盛新福等硕士生导师培养了新疆泌尿外科研究生 18 人,如王玉杰、武阳、崔曙、王英刚、吴群、王家菁、钱方程等,他们现在都已成为新疆各医院泌尿外科的技术骨干。目前新疆泌尿外科学界有近 10 名泌尿外科医学博士,分别是自治区人民医院的江清、新疆医科大学附属第一医院的王玉杰、石河子医科大学附属医院的王勤章、新疆军区总院的董炎鑫、武警医院的王军、新疆医科大学附属第一医院的黄谋、木拉提、威力江等。

解放军泌尿外科学史

中国人民解放军建军之初,即成立了各种形式的医疗队、战地救护队、野战医院,直至发展成为建国后的各级军区总医院、中心医院、驻军医院,以及隶属于各总部的直属医院。但建国前及建国之初,我军泌尿外科较少有独立成科者,大多与普外科合编,从事外科日常工作,兼做泌尿外科工作。随着医院规模的发展、病种的扩大,以及病人诊治要求的日益提高,才逐渐组建单独的泌尿外科。在后期的发展中,我军泌尿外科取得了较快的发展,尤其以总后勤部隶属下的四所军医大学的 9 个附属医院,以解放军总医院及兰州军区总院、南京军区总院等发展最为迅速。

一、起步阶段

我军泌尿外科前辈中,有不少医学专业人员早年从事泌尿外科的经历,如西京医院的曹晨涛教授,1925 年即至美国进修泌尿外科,30 年代回国从事泌尿外科工作。张华麟教授、许殿乙教授、陈仁亨教授、马永江教授、宋元阁教授等泌尿外科老专家,大多有在西方发达国家进修和学习的历史,为我国及我军泌尿外科事业做了良好的奠基和开创性工作。

20 世纪 50 年代,有部分军队医院泌尿外科独立组建其中成立最早的是第三军医大学附属西南医院泌尿外科,由我国泌尿外科奠基人之一的陈仁亨教授于 1950 年建立。西南医院的前身是国民党中央医院,王历畎、马永江、虞松庭等都曾在该院工作和学习过。第二军医大学附属长海医院泌尿外科由我国泌尿外科奠基人之一的马永江教授于 1951 年缔建。南京军区总医院泌尿科则由许殿乙教授于 1951 年缔建,均为军内最早建立的泌尿外科。解放军总医院泌尿外科则由许殿乙教授于 1959 年创建。随后,四所军医大学都相继组建了独立的泌尿外科。兰州军区总医院的张华麟教授、第四军医大学的曹晨涛教授、第三军医大学的陈仁亨教授、解放军总医院的许殿乙教授、沈阳军区总医院宋元阁教授等为组建我军第一代泌尿外科或泌尿外科学专业作出了较大的贡献。

这一时期的军内泌尿外科学,基本与国内的泌尿外科学同时起步。中华医学会外科学分会在 1962 年成立的全国泌尿外科协作组 4 个成员单位,以及 1963 年成立的《泌尿外科内部通讯》4 个成员单位中,我军就占有 2 个,分别是第二军医大学的长海医院和第三军医大学的西南医院。

组建伊始,我军各单位泌尿外科即开始进行了大量的基础和临床研究。20 世纪 50 年代后期,第二军医大学附属长海医院马永江教授开展了血液透析工作。第三军医大学附属西南医院陈仁亨教授、郭乃勉教授开展了外伤性尿道狭窄的治疗研究以及尿动力学的系列研究。20 世纪 60 年代,兰州军区总医院开展了异体肾移植的动物实验及膀胱再生的临床研究等,均取得了初步成效。解放军总医院则在血液透析、泌尿系肿瘤的基础研究方面进行了探索。这一时期军队的泌尿外科学的开拓者们因工作的需要，出现频繁调动，也间接促进了泌尿外科的进步和广泛开展，如王历畔、马永江、虞颂庭等著名专家曾到第三军医大学附属西南医院工作，南京军区总医院许殿乙教授辗转于解放军总医院和南京军区总医院，曹晨涛教授、于茂生教授受邀到第四军医大学查房等。

20世纪60年代后期，由于受到"文革"运动的冲击，刚刚起步的我军泌尿外科事业基本停滞。

二、发展阶段

20世纪70年代后期，同全国的学术发展一样，我军泌尿外科工作开始全面复苏。这一发展时期主要有以下特点：①原有的有较强实力的军队泌尿外科单位迅猛发展，在多个领域取得了明显的突破；②军内较大的医院相继成立了专业的泌尿外科科室，使泌尿外科临床工作逐渐走上正轨，大量的军内外泌尿外科病人得到了专科诊治，大大地提高了泌尿外科疾病的诊治水平；③成立了军内泌尿外科专业学术机构——全军泌尿外科专业委员会。马永江及金锡御教授相继成为这一时期我军泌尿外科学术发展和进步的带头人，在他们的带领下，我军泌尿外科事业得到了大幅度的普及和提高。这一时期，我军各单位泌尿外科专业人员相对固定，床位规模不断扩大，仪器设备也得到不断完善和更新。这一时期是军队泌尿外科在多个领域快速发展的时期，在一些专病诊治和研究方面形成了特色或建立了优势，对我国有关领域的临床和科研作出了积极的贡献。

20世纪50年代开始，第三军医大学附属西南医院在郭乃勉教授的带领下，通过长达半个多世纪、历经3代人的不懈努力，对尿动力学和排尿功能障碍性疾病进行了系列研究，建立了尿路功能检测方法学，研制出系列仪器设备，对多种常见下尿路功能障碍性疾病进行了病因诊断和鉴别诊断研究。近年来，该院在宋波教授的带领下，结合临床需要，对逼尿肌不稳定、前列腺疼痛及膀胱感觉三大领域进行了深入的基础研究，部分结果得到国外同行的认同，并被多家国际权威期刊发表，有关研究结果获得国家科技进步奖二等奖。解放军三〇九医院、第一军医大学附属南方医院等单位也在尿动力学的标准化、神经源性排尿功能障碍性疾病诊治等方面做了较多工作。

第二军医大学附属长海医院着眼于前列腺疾病的系统诊治研究，对良性前列腺增生及前列腺癌的基础和临床研究取得了显著成效，尤其是在前列腺癌的内分泌和外科治疗方面，得到了国内同行的认可，研究成果获得军队科技进步奖一等奖。解放军总医院于20世纪80年代后期开展前列腺电切术。第四军医大学附属唐都医院、解放军三〇九医院、第三军医大学附属西南医院、昆明总医院等单位较早开展钬激光前列腺剜除术。第一军医大学附属珠江医院开展的经尿道前列腺增生双极等离子电切治疗，无论技术和治疗例数均达到国内领先水平。解放军总医院开展了绿激光前列腺切除术，治愈病人逾千例。

治疗尿道外伤及外伤性尿道狭窄是我军泌尿外科的又一特色。第三军医大学附属西南医院自20世纪50年代末即开始着手此类疾病研究，在后尿道狭窄手术方面积累了丰富的经验，尤其在复杂性外伤性后尿道狭窄的开放手术治疗方面形成了特色。广州军区总医院、成都军区总医院等在外伤性尿道狭窄治疗方面也有较大的建树。

20世纪70年代后期,我军肾移植与国内地方医院几乎是同时起步。到1991年,全国共有3个医院年度肾移植数量突破100例。第二军医大学附属长征医院名列其中,且1992年、1993年、1994年,除长征医院肾移植例数连续3年名列全国第一以外,第一军医大学附属南方医院、珠江医院也跻身于数个肾移植年度数超百例的单位行列。此后,解放军总医院、第三军医大学附属新桥医院、第三军医大学附属大坪医院、南京军区南京总医院、南京军区福州总医院均有年度肾移植数超百例的记录。截至2000年底,全国开展肾移植1 500例以上的单位共6家,其中有长征医院、南方医院、新桥医院3家部队医院;解放军总医院和珠江医院肾移植1 000多例。2000年度,全国共有23家单位超过100例,共有12家军队医院名列其中。我军肾移植人才济济,成就显赫,几乎占据国内半壁江山,与地方大型移植中心平分秋色,且在许多方面保持领先。如第二军医大学附属长征医院总结1978—1996年的1 300例肾移植,人/肾存活率1年为97%/93%,3年为90.2%/79.7%,5年为82.4%/71.7%,已达到国际先进水平。长征医院研制的HCA肾保存液在全国23个省市、34个军内外医疗单位使用,经过21年的临床检验,其安全有效、方便价廉,得到全国公认。肾移植存活时间最长的为解放军总医院的病例,病人于1977年10月20日手术至今已存活近28年。1984年,济南军区总医院李慎勤成功开展了全国第一例带血管胚胎肾移植。在与肾移植相关的联合大器官移植方面:2000年6月,第三军医大学附属西南医院在全国首次开展心肾联合移植术、心脏瓣膜置换联合肾移植获得成功,并在全军成功开展了首例长期存活肝肾联合移植;第三军医大学附属新桥医院在全军率先开展胰十二指肠肾联合移植术(膀胱引流式),附属西南医院也在全军首次开展肠内引流式胰十二指肠肾联合移植术,均获成功。在预防和治疗排斥方面:新型免疫抑制剂,如MMF、FK506、OKT3、赛尼哌、舒莱、布累迪宁、雷帕霉素均首先在我军各移植中心试用,效果良好;我军部分移植中心率先开展了C_2法环孢素浓度的测定,证实比C_0法价值更大。第一军医大学附属珠江医院在国内率先应用HLA氨基酸残基配型选择合适受者,明显减少HLA错配率,提高了肾移植的长期存活率。南京军区南京总医院和第三军医大学附属西南医院在全国较早开展了血浆置换和连续性肾脏替代治疗,有效地降低了超急性排斥,改善了肾移植后水钠潴留及移植肾功能。我军的血液透析技术也起步较早。马永江教授于20世纪60年代即开始于军内开展血液透析工作。解放军总医院和兰州军区总医院于20世纪70年代开展这一技术。兰州军区总医院于1975年开展了西北地区最早的人工肾血液净化治疗,救治了陕、甘、青各地病人2 000多人次,1992年成立血液净化中心,血液透析机增加达13台,年透析量平均3 000多人次。

20世纪80年代末,国内一些泌尿外科专家开始进行男科学的临床探索。第二军医大学附属长海医院、第三军医大学附属西南医院与新桥医院以及解放军总医院也在军内率先开展了男科学的临床和科研工作。兰州军区兰州总医院泌尿外科亦对男性不育、早孕及性病等相关疾病进行了研究。20世纪80年代中期,北京、上海、重庆等城市医学院校开始招收我国第一批男科学硕士研究生。南京军区南京总医院主办《中华男科学杂志》。第二军医大学附属长海医院率先开展男性病学研究和防治；采用中药治疗甘油致家兔急性肾功能衰竭也取得可喜成果。

进入 20 世纪 90 年代后，我军各医院在保持各自特色的同时，加大了对腔内泌尿外科的投入。第二军医大学附属长海医院对前列腺增生、膀胱癌、前列腺癌、输尿管结石病积累了丰富的诊疗经验，率先在华东地区开展输尿镜下气压弹道碎石术及钬激光碎石术，临床应用效果及例数在国内居首位，并与国际著名的 Karl Storz 内镜仪器公司合作建立国内首家腔道泌尿外科培训中心，为军内外培养了大量腔道泌尿外科专业人才。2001 年"泌尿系疾病的腔内治疗"获得了军队医疗成果奖一等奖。解放军总医院、广州军区广州总医院等也较早开展输尿管镜技术。第三军医大学附属西南医院大力开展泌尿系结石的腔内治疗，着眼于西南地区结石大、数量多的特殊性，将输尿管镜、经皮肾、体外冲击波碎石及药物治疗有机地结合，使绝大多数结石病人避免了开放手术。目前第二军医大学长海医院、第三军医大学西南医院、解放军总医院等在结石领域所开展的腔镜技术均处于地区领先水平。

我军各泌尿外科对基础研究也较为重视，其中第三军医大学西南医院的尿动力学相关研究、第二军医大学长海医院的前列腺疾病相关研究、解放军总医院的腔内技术相关研究，均在国际上崭露头角。第二军医大学长海医院孙颖浩、解放军总医院张旭先后获国家杰出青年基金资助。第二军医大学长海医院许生亮、第三军医大学西南医院李龙坤先后获市级杰出青年基金资助。

我军队医疗机构从其诞生的第一天始就肩负了服务于军队、服务于战争的基本使命。但在早期的军事斗争中，泌尿外科作为一种独立的专业或救治单元服务于军事的历史资料极少。能查阅到的资料显示，直到 1951 年抗美援朝战争期间，在重大战争中才有组建泌尿外科专科医疗队的记录。在抗美援朝战争中组织了以军队医院为主、地方医院参加的泌尿外科专科医疗队。北京市派出了以吴阶平为团长的医疗队，南京军区以许殿乙为团长，广州军区则以杨启良为领队，队员来自广州军区总医院、昆明军区总医院、海军四〇一医院等。1979 年，在我国南方边境军事冲突中，成都军区总医院、广州军区总医院及军区所属各医院、各军医大学等均派出泌尿专科医生并组成了泌尿外科专科医疗队。随着未来军事斗争的变化，为确保能应对突发事件中军事卫勤的需要，我军泌尿外科专业与其他专业一样已组成了战时应急分队。在平时从事军、地伤病员的医疗救治，战时直接配置于二线医疗基地，参加泌尿外科伤病员的医疗救治。近年来，在汶川地震、玉树地震、舟曲泥石流滑坡等重大自然灾害救助，以及东部沿海作战演习，秘鲁联合军演等重大军事活动中，均有我军泌尿外科医务人员的身影。在这些军事或突发事件中，孙颖浩、李龙坤、靳风烁、李新、王亮等因突出贡献荣立二等功和三等功。

三、学术组织和学术活动

我军于 1957 年成立了第一届总后卫生部医学科学委员会，设有 4 个专门委员会，泌尿外科的许殿乙教授任外科委员会的副主任委员，陈仁亨教授等任委员。在 1964 年的第二届科学委员会中，马永江、陈仁亨、张华麟、许殿乙等为委员。1979 年，第三届科学技术委员会成立了 21 个全军专业委员会,张华麟任野战外科专业组副组长。1985 年,第四届科学技术委员会成立了全军泌尿外科专业委员会,组长马永江,副组长李炎唐、俞天麟,秘书郑家富,委员 15 名。1990 年,第五届全军泌尿外科专业委员会成立,组长金锡御,副组长李炎唐、张绍增、闵志廉,顾问俞天麟,秘书宋波,委员 15 名。1995 年,第六届全军泌尿外科专业委员会成立,组长金锡御,副组长闵志廉、王晓雄、张绍增,顾问李炎唐,秘书宋波,委员 20 名(常委 8 名)。2000 年,第七届全军泌尿外科专业委员会成立,组长宋波,副组长闵志廉、王晓雄、张绍增、谭建明,顾问金锡御、李炎唐,秘书李龙坤,委员 25 名(常委 11 名)。2006 年,第八届全军泌尿外科专业委员会成立,组长宋波,副组长孙颖浩、谭建明、洪宝发、邹炼,顾问闵志廉、王晓雄,秘书长李龙坤,委员 36 名(常委 14 名)。第九届泌尿外科专业委员会拟定由孙颖浩任主任委员。

自 1981 年至今,每 3 年举办一届全军泌尿外科学术会议。先后在杭州、兰州、济南、成都、沈阳、广州、北京、重庆、上海、西安、广州举办了第一至第十一届全军(武警)泌尿外科学术会议。各大医院在开展各项新技术及科研工作的同时,举办各种学习班和进修班,并编著出版专著。

兰州军区总医院、第二军医大学附属长征医院、第三军医大学附属西南医院先后被批准为全军泌尿外科中心。第三军医大学附属西南医院于 2005 年被总后勤部批准为全军泌尿外科研究所。第三军医大学附属新桥医院为全军肾脏病中心。第二军医大学附属长海医院为全军前列腺疾病研究所。广州军区总医院为全军下尿路疾病中心。于茂生、宋波、叶定伟、孙颖浩等先后获得吴阶平医学奖。

第十二部分

香港、澳门、台湾泌尿外科学史

香港特别行政区泌尿外科发展史

香港是中国的一部分。由于历史的原因,香港曾受英国殖民统治100多年,在香港社会的发展中,方方面面都受到英国一些制度的影响,医学以至泌尿外科学的发展也不例外。

1950年,虽然在中国内地及其他不少国家,泌尿外科早已成为独立的专业,但在香港,由于受英国制度的影响,泌尿外科工作仍然只是普通外科医生工作的一部分。香港大学医学院外科部主管Francis Stock是一位来自英国利物浦大学,对泌尿外科有特别兴趣的普通外科医生。与英国一样,当时香港的外科医生几乎每一种手术都要做。他们只可以说是对某一专科较有兴趣,而不像在美国那里有明确的专科分工。

Stock处理泌尿外科问题的方法,与当时英国常用的方法一样,即大部分泌尿外科手术均为开放式。开放手术主要应用于尿路结石、前列腺梗阻、肾肿瘤、膀胱癌及尿路结核等。内镜仅限于膀胱镜、膀胱活检、逆向输尿管肾盂造影、膀胱电灼治疗细小乳头状膀胱瘤等。

外科部的普通外科医生并不热衷于泌尿外科工作,这不无原因。当时的Brown Burger膀胱镜,用小灯泡照明,一次膀胱镜检查往往要换几个灯泡才能完成。

那时候,膀胱结石的发病率颇高,尤其是在小孩子中更为常见。这与当时社会条件差,小孩的营养不良,特别是维生素A缺乏,有密切关系。用绞石器绞碎膀胱石,往往比开放手术需时更久,对膀胱可能造成的创伤更大。

在那时,前列腺增生的开放手术一般都有大量出血的情况。病人因此往往恐惧治疗,直至发生尿潴留时,才迫不得已接受手术。Millin耻骨后切除当时在香港尚未流行,而根据英国利物浦大学传统,急性尿潴留一般不会放置导尿管而直接行耻骨上前列腺切除。这为当时当值的外科医生带来极繁重的工作量。

尿路结核当时的处理,一般都是药物控制后再行肾切除。前列腺癌病人求诊时都已属晚期,治疗限于睾丸切除、雌激素治疗或电疗,并非当时外科工作重点。当时社会尚无安全性行为的意识,性病相当常见,导致的尿道狭窄治疗十分困难,往往需要多次扩张,做会阴尿道造口治疗,但不少仍会发展成为会阴脓肿及瘘管。先天性阴茎下裂的矫形手术的效果往往不理想,以致常有瘘管发生,要多次重做或修补。

虽然困难重重,但并未使一群立志从事泌尿外科专业的医生气馁。

20世纪60年代,王源美教授接掌香港大学外科部,在多个领域引入新的发展。1965年,他在外科中成立了专责泌尿外科的小组,成员包括顾家麒、梁智鸿及叶守瑗。他们有着与普通外科医生不同的理念。当时外科就等同于切除病患器官,而泌尿外科医生意识到肾功能一旦失去就无可复原,深信泌尿外科手术应以保存肾功能为要务。在他们的努力下,香港的泌尿外科有多方面的发展。

一、人工肾透析

20世纪60年代初,扶轮社捐款香港大学购置血透析洗肾机,1962年开始使用,最初只用作治疗急性肾功能衰竭病人。1967年,顾家麒开始为肾功能衰竭病人提供长期透析,以便可以开展肾移植手术。当时,长期血透析采用的Scribner分流硅质管需要直接由美国订购,透析的水需自行用盐调校。最早的血透析机为Kolf型号,有体积颇大的双喉管圈,须先注入两单位血液才可运作,当时血源紧张,使血液透析更加艰难。后来引入较新机种,有现成的透析液及无须预先注入血液的小透析器,血液透析的困难才得以逐步解决。

二、肾移植

20世纪60年代末,进行肾移植的条件成熟。香港大学泌尿外科组经多番考虑,决定先从尸体供肾开始肾脏移植。中国人故有死求全尸的观念,以及当时医学界未普遍接受脑死亡的概念,都为尸体供肾带来障碍。1969年1月,一名19岁少女服药后心跳两度停顿,家属同意在失救时捐出肾脏。最后该少女心跳再度停顿,不能复苏,死后立即送手术室,进行供肾手术。接受捐肾者为32岁男性。手术由顾家麒领导小组成功完成,为东南亚首例。当时抗排斥药仅有prednisolone及azathioprine,遇到排斥时只能增加剂量或用放射治疗。透析及移植后药物治疗均由泌尿外科医生负责。肾移植成功为泌尿外科发展注入了强心针。首先,肾功能衰竭不再是绝症,而是可以经肾移植使生活回复正常。其次,移植成功,显示泌尿外科医生除需手术技巧外,更需掌握缺血器官的保存、受肾者的准备以至术后排斥防治等多方面的医学新知识。其后,1970年梁智鸿赴美深造,引进了更好的肾保存技术,使肾移植的成功率得以提高。但在东方保守思想的困扰下,捐肾者少,所以当时肾移植发展缓慢。

高安症(Takayasu's disease):在香港,肾血管病引致血压升高,多是由于一种名为高安症的血管病造成。高安症会造成主动脉及主要血管源头闭塞,但髂动脉则不受影响。病变血管脆弱不堪,无法手术重整。为挽救缺血的肾脏,便有了将肾自体移植到正常的髂动脉上的构想。梁智鸿早期报道了14例成功保存肾功能,以及改善血压控制的临床经验。

经尿道前列腺电切术(TURP):最初,外科部只有一台ACMI电切镜。该镜也是由灯泡照明,并不方便。大部分的良性前列腺增生仍依靠开放手术切除。这时,无菌导尿法已普遍应用在急性尿潴留的病人,他们的手术,亦得以安排在较好的时间进行。后来,随着光学仪器的引进,灯泡照明的不便得以解决。泌尿外科小组各成员也转向选用TURP的技术,效果良好,逐渐代替了开放手术的地位,并在香港普及。其后得到梁智鸿的推动,TURP 便在澳门及邻近地区也发展起来。

随着对膀胱功能的进一步了解,泌尿外科医生认识到有必要在膀胱产生严重病变之前舒缓前列腺的梗阻。因此,更多泌尿外科医生倾向于在较早的阶段给良性前列腺增生的病人做手术。香港经济发展,改善了人民的生活条件,人均寿命延长,老年人口比例渐大,使前列腺的问题日趋普遍,对治疗的需求亦日趋殷切,这为泌尿外科专业的发展提供了基础。

尿路结石的肾保存手术:20 世纪 60 年代,肾全切除是治疗鹿角状肾结石的标准手术。20 世纪 60 年代初,香港大学开始引入延展肾盂切开取石、部分肾切除及肾剖开取石等。

尿路结核:结核病的发病率在香港较西方国家高,尿路结核感染因而成为香港泌尿外科当时的一个重点研究课题。病人一般无明显肺病症状,早期尿路感染症状亦很轻微,加上当时的医疗条件较差,到病人求诊时,病情多已十分严重,肾脏脓肿坏死、附睾脓肿瘘管等都很常见。当时发现,就算药物控制成功,不少尿路结核病人都会有结核感染的后遗症,引致种种问题:如输尿管狭窄可引致肾功能受损,膀胱收缩引致尿频等。由于认识到结核菌会潜伏在病肾及输尿管组织,行肾切除时开始行充分的输尿管切除。对输尿管狭窄,亦明白不可作输尿管-输尿管吻合,以免感染对侧肾。20 世纪 60 年代,香港泌尿外科医生开始采用输尿管膀胱吻合术及使用结肠或空肠扩大膀胱,保持肾功能及改善排尿情况。之后,更有使用空肠代输尿管及用扩张的肾盏来替代的手术。

乳糜尿:乳糜尿在 20 世纪 60 年代的生活环境下并不罕见,当时开始使用淋巴结造影诊断。而使用输尿管逆向导管灌注硝酸银治疗乳糜尿病人,常有感染及肾功能受损的并发症。泌尿外科医生开始采用开放手术结扎病变的肾周淋巴管,亦见一定成效。

膀胱重整手术:王源美是膀胱重整手术的先驱者之一。他曾先后使用空肠-结肠以及胃的下半部作膀胱全切除后的原位重整,其中以胃作膀胱重建最为杰出。胃部重建膀胱较少发生电解质失衡或尿路感染,但技术上则较其他重整更为艰巨。王源美以无比的勇于创新的精神,进行了世界上一系列的胃与膀胱重整手术,并与梁智鸿合作在犬上详细研究胃部膀胱重整的生理效果。王源美的结肠膀胱重整手术及梁智鸿的胃与膀胱重整研究饮誉国际,两人亦因此先后成为英国皇家外科学院 Hunterian 教授。

肾病治疗和肾移植的发展:20 世纪 70 年代初期,香港大学内科部门开始有医生专注于肾病的临床及研究工作。他们与外科部门合作照顾肾功能衰竭的病人。

1971 年顾家麒离开香港大学,在私立的圣保禄医院成立了洗肾中心。在 1973 年首例活体供肾肾脏移植在私立的港安医院进行。接受移植的病人为一位 17 岁男子。他是家中的独子,捐肾者是他的母亲。肾移植总共费用 3 万港元。这在当时是一个很大的数字,有幸得到各方善款捐助,而使手术成功。

20 世纪 70 年代,随着新的抗排斥药物的出现,这时期肾科内科医生逐渐开始接受了肾移植病人手术后趋于复杂的药物治疗。肾科内科医生与泌尿外科医生开始举办定期学术活动,1979 年在梁智鸿领导下成立了肾科学会。

肾移植:20 世纪 80 年代初期,肾科医生引入了持续流动腹膜透析(CAPD),进一步推动了肾移植的需要。脑死亡得到法律认可,以及在医院内设立了由护士担任的专责移植联络员,才使尸体供肾得到发展。1979年黄树航医生在玛嘉烈医院进行了首宗在公立医院的近亲活体供肾移植。其后,活体供肾移植数又有增加。1987年陈友冬医生在玛嘉烈医院进行了首宗非近亲(夫妇)活体供肾移植。在公立医院,肾移植手术先后更在中文大学韦尔斯亲王医院、伊利沙白医院及屯门医院开展。在1986年医务卫生署成立中央肾科委员会,专注肾科病人及肾移植问题。到了1995年,各院之间已成立了中央轮候名册,共享组织配对设施,以及器官分配制度等种种合作机制。

泌尿外科医生也负责血透析及腹膜透析的有关手术。1998年玛嘉烈医院成立了赛马会肾科及泌尿外科中心。该中心接受小儿肾功能衰竭病人转诊,提供小儿透析及肾移植手术。可惜,中国人死留全尸的观念仍根深蒂固,加上很多病人北上内地大陆换肾,使香港肾移植的数目停滞不前。2001年医管局聘请英国外科教授Sir David Carter来港检讨香港外科的发展。他在给医管局的报告中建议将香港的肾脏移植中心缩减。屯门医院因发展较晚,遂成为缩减对象,于2001年停止了肾移植的工作。

三、体外冲击波碎石

减少创伤性的结石治疗成为20世纪80年代泌尿外科发展的主流。香港大学外科部在1984年率先引入经皮穿刺肾镜取石手术。同年,美国食品与药物管理局正式批准体外冲击波碎石治疗。顾家麒在参观伦敦及纽约两个碎石中心后,深感此项治疗的革命性,于是立即着手筹备。1985年,圣保禄医院购置了东南亚第一台体外冲击波碎石治疗机,型号为Dornier HM3。配合同期引入的肾镜及输尿管镜,在香港确立了全面综合的尿路结石治疗中心的模式。初期泌尿外科同道对体外冲击波碎石治疗的效果仍有疑虑,但时间证明了一切。不出数年,私立的养和医院及圣德勒撒医院都分别安装了体外冲击波碎石治疗机。

1989年,香港大学玛丽医院得到赛马会捐助,购置了公立医院第一台体外冲击波碎石治疗机。其他公立医院都要由医生陪同病人到该院接受治疗,碎石中心续渐不敷应用。1993年医管局成立后,设立体外冲击波碎石治疗工作委员会,监察情况。在委员会建议下,新的碎石治疗机于1996年得以在玛嘉烈医院及韦尔斯亲王医院添置。唯位处西陲的屯门医院的病人,仍须长途跋涉到40公里外的韦尔斯亲王医院接受碎石治疗。后经委员会协力争取及当时医管局总监特别批准,2001年屯门医院获得拨款安装公立医院第四台碎石治疗机。该机在2003年投入服务。至此,公立医院冲击波碎石治疗的发展已大致完备,体外冲击波碎石治疗工作委员会亦早已于1999年改组成泌尿外科服务专科小组,在医管局内就泌尿外科服务各项问题,扮演一个关注范围更广的咨询角色。

第二所医学院:20世纪70年代末期,配合邓小平领导的开放政策,香港经济蓬勃发展。香港医务卫生处处长倡议在中文大学开设第二所医学院。该医学院于1981年招收首届学生。外科部教授李国璋原任教伦敦大学,回港上任后感到香港外科的专科分工不足。1984年韦尔斯亲王医院启用时,他在外科部成立了8个临床外科专科队伍,其中泌尿外科与肾移植组由陈兆欢负责。泌尿外科专科组从此开始就独立运作,完全专注泌尿外科业务,而无须从事其他普通外科紧急或非紧急临床工作。这种专科运作模式渐渐得到其他公立医院认同。到了1993年医管局成立,各院外科部门人手得到增加,泌尿外科组在各院开始成型。

香港泌尿外科学会:1987年,一群热心的资深泌尿外科专家,包括陈兆欢、陈友冬、顾家麒、梁智鸿、李文骥、黄国基、黄树航,经过多次的聚会商讨,成立了香港泌尿外科学会。其目的为:促进对泌尿外科的认识及兴趣,商讨有关泌尿外科事宜,提高泌尿外科水平,联系外地泌尿外科工作者,建议及协助泌尿外科专科培训,收集及发放泌尿外科活动资料。

梁智鸿成为首届学会会长,黄国基成为首届秘书。1989年梁智鸿当选立法局医学界功能组别代表议员,无暇兼顾会务,换届由黄国基及李文骥分别担任会长及秘书。李文骥在1990年移居新加坡,其后在推动新加坡的医学发展也作出了重大的贡献。反观当时香港医学界,正受到大量医生外流以及医疗改制的冲击,泌尿外科学会的活动相对沉寂下来。

1994年,医管局成立了一年,人手增加使各医院内可成立泌尿专科组。医务委员会开始登记泌尿外科专家名册,陈友冬与陈兆欢合力将泌尿外科学会重新活跃起来。新一届主席为陈友冬,秘书为范强,司库为姚添福,委员有陈兆欢、谈宝初、黄国基、黄德庆、文志卫。陈友冬为学会定下经常性的活动,将与肾科学会联合举办的临床会议改为泌尿外科学会按月主办的临床会议,并在次年举办了首届周年学术会议,邀请著名海外学者来港演讲。周年学术会议得到会员踊跃支持,自此成为泌尿外科学会每年的重要活动。2001年第四届全球华人泌尿外科会议、2003年亚太泌尿肿瘤外科会议、2004年亚洲泌尿外科会议都与香港泌尿外科学会的周年学术会议成功合办。黄德庆并于2004年的亚洲泌尿外科会议上就职为亚洲泌尿外科学会会长。每年泌尿外科学会在大会上颁发最佳论文奖鼓励会员。2001年《香港外科学院年报》(*Annals of the College of Surgeons of Hong Kong*)成为香港泌尿外科学会正式会刊。自此,周年学术会议的论文摘要都在该杂志上发表。2004年香港外科学院年报更名为《外科实践》(*Surgical Practice*)。香港泌尿外科学会多年来在本地举办了不少其他学术及联谊活动,亦资助了很多会员到海外参加会议。学会亦热衷于提高社会人士对泌尿外科问题的关注。先后举办了前列腺症状、夜尿症状及男性健康等普查,以及各专题的健康讲座,目的是为了帮助公众了解泌尿外科问题,有病时可及早治疗。

四、国内同道交流

直至1980年,香港泌尿外科医生与国内同道的交往不多。1986年,陈兆欢应广州中山医科大学第二医学院梅骅教授邀请到其附属医院访问,交流手术技巧。其后,经英皇御用外科医师Sir Norman Blacklock介绍,陈兆欢接触到中国泌尿外科之父,中国人民代表大会常委会副委员长吴阶平院士。两地随即展开科研合作,并在国际杂志共同发表成果。得吴阶平院士协助,1997年香港泌尿外科学会委员会拜访了北京解放军总医院、北京大学泌尿外科研究所及北京协和医院。吴阶平院士其后数次访港,并于2000年获香港中文大学颁授荣誉科学博士衔。2000年亚洲泌尿外科会议在北京召开,香港泌尿外科学会组成大代表团参加。此后,香港与内地同道交流日趋频繁。在2000年及2005年的香港泌尿外科周年学术会议中,香港泌尿外科学会先后邀请到梅骅教授及郭应禄院士来港作嘉宾讲师。

20世纪90年代,一系列的科技进展的引入,为香港泌尿外科带来新的面貌。

五、药物治疗

20世纪90年代,香港医师见证了药物治疗在泌尿外科日益重要的地位。1994年引入finasteride及其后新一代α阻断剂的推广,使有下尿路症状的病人更乐意接受治疗。对良性前列腺增生的关注,得以向公众推广。1998年引入sildenafil,切底改变了公众对阳痿的态度。阳痿由一难以启齿、无可奈何的难关,一下子变成无须哑忍、不难改善的小节。医管局决定不融资任何治疗阳痿的口服药物,但到公立医院泌尿外科求诊的病人仍是络绎不绝。

微创治疗良性前列腺增生:在20世纪90年代初,私立的圣保禄医院及公立的玛嘉烈医院先后引入了美国的Microfocus前列腺微波热疗机,治疗前列腺疾病症状有所改善,但效果不持久。随着治疗前列腺增生的药物的引入和推广,前列腺微波热疗渐渐减少。同期引入的其他前列腺增生治疗方法,如NdYAG激光及Wallstent支架管,也未能得到广泛使用。

内镜治疗尿路结石:20世纪90年代,内镜治疗尿路结石的仪器则有较实用的发展。输尿管镜研制得软细,减轻了对输尿管的创伤。可弯的输尿管镜在各院已有购置。体内的碎石装置有EHL及超声波碎石器,效果并不理想。1993年引入的弹道碎石装置,成为既有效又经济的选择,各医院纷纷采用。钬激光及色素激光碎石装置在20世纪90年代中后期引入各医院。色素激光因保养及色素处理较困难,已多为钬激光所取代。

六、根治性前列腺切除

根治性前列腺切除治疗早期前列腺癌:在20世纪90年代初期已在各公立医院开始推行,主要是采取耻骨后径路,但手术为数不多。直到20世纪90年代中期,PSA检查在香港得到广泛使用,才有更多的前列腺癌在早期得以被诊断出来,根治性前列腺切除的手术才有进一步发展。

膀胱重整手术:20世纪90年代早期,膀胱重整手术再度成为发展的重点。膀胱切除后的源位重整,有各种方法先后被引入,包括欧洲的Mainz技术,Hautmann技术,Studer技术,以及美国的Skinner技术等。膀胱重整手术在神经源性膀胱功能障碍中也扮演了更重要的角色。1991年玛嘉烈医院进行了首例人工尿道括约肌植入手术,治疗一名神经源性膀胱尿失禁的病人。尿动力检查,亦已成为各院的标准设施。

泌尿外科腹腔镜手术:1991年,香港报道了首例腹腔镜胆囊切除手术。同年,美国Clayman报道了首例腹腔镜肾切除手术,引起了香港泌尿外科同道对腹腔镜手术的兴趣。1993年,在新加坡举办的泌尿外科腹腔镜手术工作坊及其后Winfield来港手术示范,启动了香港的泌尿科腹腔镜手术。早期泌尿外科医生从事腹腔镜手术的机会不多,幸有普通外科的同道协助发展。早期的手术,主要适用于阴囊静脉曲张及隐睾症,在1994年有首例报道,在 1995 年报道了输尿管切开取石、肾上腺切除及盆腔淋巴结清扫手术,在 1996 年报道了肾切除、腹膜透析管处理,在 1997 年报道了肾下垂的固定术及肾盂整形术,以及在 1999 年报道了阴道悬吊术。

2002 年外国专家先后来港示范腹腔镜肾切除手术的改良,其后本地亦举办了动物及尸体腹腔镜手术工作坊,腹腔镜肾切除得到真正推广,并在同年应用到肾移植活体供肾的手术上,其后再应用到肾部分切除方面。

腹腔镜膀胱切除在 1995 年有普外医生报道 3 例,但工作未有继续,直至 2000 年初再在泌尿外科医生的手中得到发展,在 2005 年有例数较多的报道。2000 年初,多名泌尿外科医生到法国及美国学习腹腔镜根治性前列腺切除手术。在 2002 年香港报道了首例根治性前列腺切除手术后,现多家医院均已开展腹腔镜手术为例行手术。至此,泌尿外科医生成为腹腔镜的主要使用者。泌尿外科同道李树强于 2004 年担任了香港微创外科学会会长,并在任内在香港举办了第七届亚洲区内镜及微创手术医学会议。其中腔内泌尿及泌尿腹腔镜的内容占重要篇幅,显示香港腔内微创泌尿外科在亚洲区已占重要地位。

2005 年,中文大学韦尔斯亲王医院得到赛马会捐助,购置了 da Vinci 手术机械人装置,展望泌尿外科在机械人手术,将又有一番精彩进展。

七、其他新的治疗方法

在 2000 年后引入的其他新治疗方法,包括前列腺癌的体内放射治疗(养和医院及玛丽医院)、冷冻治疗(圣保禄医院)及绿激光治疗良性前列腺增生等。

八、专科资格、培训及考试

香港外科学会于 1990 年被升格为香港外科学院,首任院长为梁智鸿。学院于 1992 年正式加入香港专科学院,成为法定的专科医生资格评审组织。外科学院并负责监察临床培训,设立专科考试,颁授院士资格,推荐专科资格,推行持续外科教育,以及推动外科内各专科的发展等任务。外科学院成立后即就香港外科专科人力问题作出研究,并在此基础上委任陈兆欢成立了专科评议会常务委员会。该委员会于 1995 年催生了外科学院内 4 个专科评议会,泌尿外科评议会即其中之一。首批约 60 名泌尿外科医生的名册按经验豁免考试登记产生。他们的泌尿专科医生资格,成为香港法定可引用的名衔。评议会第一届主席由陈友冬当选担任。

泌尿外科评议会随即与英国爱丁堡皇家外科学院商议有关联院专科资格考试事宜,并与爱丁堡皇家外科学院代表一同展开培训医院的考核工作,以及登记培训专家和受训学员。举办资格考试一事几经波折,后来陈兆欢接任评议会主席,经各方面多番努力,首次考试终于在 1997 年 10 月举行,产生首批经考试评定的泌尿外科专科医生。此后,考试每 18 个月举办一次,每次考试都由本港及英国各派出 3 名专家主考。形式参照英国泌尿外科专科院士考试:有笔试、临床诊断,以及六组口试应对。内容涵盖泌尿外科各主要范畴,包括:泌尿肿瘤科、尿动力学、重整手术、妇女泌尿外科、小儿泌尿外科、男性科、肾科及肾移植、创伤、手术及科学基础原理等。在 1997—2005 年举办的 6 次考试中,共确认了 26 名学员的泌尿外科专业资格。早期学员必须经 3 年基本及 3 年高级程度培训才可应考。后来,随着外科学院培训改制,培训期已改为必须经 2 年基本及 4 年高级程度培训。培训学员在各单位的轮换亦逐渐确立制度。

九、泌尿外科护理专业化

在各院的外科部门发展泌尿外科分工的同时,护理界亦开始泌尿外科护理的发展。香港泌尿外科学会 1996 年在医学联会举办泌尿外科护理讲座,反应踊跃,大批护士加入学会成为附属会员,积极投入学会各项活动。在他们协助下,学会在 2000 年成立了泌尿外科护理分委会,每年均主办泌尿外科护理讲座。医管局亦有主办泌尿外科护理专业培训课程,由泌尿外科医生参与讲课。各主要医院设立了培训中心及泌尿外科专科护士的职位。泌尿外科专科护理的专业地位,在香港得到充分确认。

十、结语

香港的泌尿外科,得到前辈多年努力经营,在独特的历史及地缘背景中,克服种种条件限制,逐渐从普通外科的框架中发展出了自己独立的专业地位;在新知识、新技术的引入方面,尚能跟随一定的国际水平;在专业资格承认、培训及考试方面亦已上轨道。可是,各医院仍未能创设独立的泌尿外科部门。随着香港回归祖国,泌尿外科同道将能进一步拓宽视野,与国内同道更紧密合作,为祖国的泌尿外科事业作出更大的贡献。

澳门特别行政区泌尿外科学史

澳门是南中国海岸珠江口一颗细小而璀璨的明珠,是中国领土的一部分,其医疗服务历来以中医药为主。葡萄牙人占领后,澳门开始成为中西方文化的交汇点,西医药开始进入澳门,并逐渐发展。19世纪80年代,澳门镜湖医院和仁伯爵综合医院相继建立,分别为中医医院和西医医院。1892年,孙中山先生到镜湖医院当义务西医,开创了该院西医的先河。

澳门地处珠江三角洲,泌尿道结石发病率高。澳门人均寿命长,良性前列腺增生的发病率也高。在泌尿生殖系恶性肿瘤中,近年前列腺癌发病率升高,已取代膀胱癌而居首位。其他泌尿生殖系疾病的发病率与邻近地区相仿。

1973年以前,澳门没有泌尿外科专科医生,澳门的泌尿外科临床工作主要由仁伯爵综合医院和镜湖医院的普通外科医生分担,部分病人到澳门邻近地区的医院诊治。1973年,从重庆医学院回澳门工作的泌尿外科副主任医师陈汝荣在镜湖医院的普通外科开设普通泌尿外科门诊,开展一些普通泌尿外科开放性手术。至1977年,从天津回澳的泌尿外科主治医师施子家加入镜湖医院普通外科,参与泌尿外科工作。1983年,陈汝荣在镜湖医院开展了经尿道前列腺电切术(TURP),随后陆续开展了其他下尿路的内镜诊疗术。20世纪90年代早期开始,镜湖医院的普通外科医生,如张惠恩等相继接受泌尿外科临床培训、参与泌尿外科临床工作,同时开始有来自国内的泌尿外科医生,如柯庆阳、罗则民、赵鼎、苗延生、杜林栋、黄一峰、陈宗福、石明、张茂钧、许建宁、张冠等医师先后到镜湖医院普通外科进行泌尿外科临床工作。1983年,来自葡萄牙里斯本的泌尿外科主治医生 Dr. Vitalino Rosado de Carvalho 在澳门仁伯爵综合医院普通外科开设普通泌尿外科门诊,开展一些普通泌尿外科开放性手术及下尿路内镜诊疗术,经尿道膀胱肿瘤电切术(TURBt)和 TURP 等。1985年,Vitalino Rosado de Carvalho 在澳门仁伯爵综合医院创立泌尿外科,此后陆续有来自葡萄牙和中国内地的泌尿外科专科医生,如 Dr. Jorge Almeida esousa, Dr. Amilcar sismeiro, Dr. Mario Reis, Dr. Jose Robalo、孙剑良、瞿连喜、吴忠、杨勇等医师在仁伯爵综合医泌尿外科工作。到仁伯爵综合医院泌尿外科就诊的病人主要由政府卫生中心、本院急诊室及其他科室转介。Dr. Vitalino Rosado de Carvalho 和杨勇等医师在进行泌尿科临床工作的同时还为澳门仁伯爵综合医院泌尿外科培养了数名泌尿外科专科医生。

澳门是中国领土不可分割的一部分,经历了400多年风风雨雨,1999年12月20日终于回到祖国的怀抱,成为直属中华人民共和国政府的特别行政区,实现了"一国两制"的伟大构想,从而泌尿外科进入发展的崭新阶段。

澳门回归祖国前后,葡萄牙及国内的泌尿外科医师陆续从澳门这两家医院退休或返回其原工作单位。本地的退休泌尿外科医师到私人诊所工作。澳门本地成长起来的泌尿外科医生逐渐担负起澳门这两家医院的泌尿外科工作。1999 年 12 月,何舜发接任仁伯爵综合医院泌尿外科主任,领导其科室的潘伟洪、甄立雄、李坚、谢文健等医师进行临床工作,参与国内及国际学术活动,开展新的并全面开展了普通泌尿外科开放性手术和泌尿道内镜诊疗术。该科在普通泌尿外科的基础上,还开展了小儿泌尿外科、男性学和神经泌尿外科等诊疗项目,筹建了多功能的泌尿外科日间诊疗室,以及领导科室开展微创性腹腔镜和腹膜后镜手术。2000 年,何舜发主任在亚洲地区率先开展了经骶神经电刺激神经调节治疗膀胱、尿道功能障碍的手术,从而在治疗经药物治疗无效的膀胱、尿道功能障碍方面,为亚洲引入了一种全新概念的治疗方法。经此微创、无须改变膀胱、尿道解剖结构手术的病人不仅恢复了正常的贮尿和排尿功能,而且提升了生活质量。在运用这种治疗方法的实践过程中,他还发现了这种治疗方法的适应证更广泛。2000 年,陈泰业医师开始主管镜湖医院普通外科的泌尿外科工作,领导张惠恩、柳晓辉等医师进行临床工作,参与国内及国际学术活动,继续开展新的检查方法、普通泌尿外科开放性手术和泌尿道内镜诊疗术,以及领导科室开展微创性腹腔镜和腹膜后镜手术。现在澳门地区泌尿外科已普遍进行经直肠超声介导针刺前列腺活检、尿动力学检查及各种内镜检查等,也常规进行各种泌尿生殖系恶性肿瘤的根治性手术、尿流改道手术、小儿泌尿外科手术、女性泌尿外科手术、男性阴茎假体植入术、全尿路内镜手术、经皮肾镜手术,并开展腹腔镜及腹膜后镜等手术。此外,本地两家医院也常规进行泌尿系统结石的体外冲击波碎石。

　　2005 年 6 月 19 日,澳门外科学会泌尿外科分会成立,由何舜发、陈泰业及甄立雄分别出任会长、副会长和秘书长。澳门外科学会泌尿外科分会为澳门有史以来第一个泌尿外科团体,得到澳门卫生当局、澳门医学界、香港和国内同道的大力支持,澳门现有的泌尿外科医师皆成为会员。澳门外科学会泌尿外科分会成立后,随即积极在本地开展学术活动;积极参与国内、两岸四地及国际学术交流,并成功申请成为亚洲泌尿外科学会成员。

　　在澳门卫生当局、澳门医学界、香港和国内同道的大力支持下,通过澳门地区泌尿外科界前辈,来自国内、葡萄牙和香港的泌尿外科医生以及澳门目前的泌尿外科医生的共同努力,澳门的泌尿外科水平已大大提高。澳门的泌尿外科队伍正日益壮大和完善,并与国内、国际泌尿外科界接轨。

　　转眼间,我们已经迈进了 21 世纪。展望未来,我们前景美好,任务更艰。我们将秉承前辈们的拼搏精神和优良传统,继续努力,为澳门居民提供完善而高质量的泌尿外科医疗服务,为澳门的泌尿外科事业谱写更美好的新编章。

关于台湾泌尿外科学史的编写说明

[按语]　中华医学会泌尿外科学分会认为,台湾是中国的一部分。中华医学会泌尿外科学分会此次撰写《中国泌尿外科学史》,编委会认为理应包括台湾的泌尿外科学发展的情况。2006年5月,在美国泌尿外科学会(AUA)年会的首届华语学术交流会场上,中华医学会泌尿外科学分会副主任委员孙则禹教授代表编委会将上述意愿与当时台湾泌尿科医学会理事长于大雄教授进行了沟通。于大雄教授欣然应允,表示愿意积极配合。AUA 大会后不久,孙则禹教授就收到了于大雄教授通过电子邮件传来的稿件。此稿件用四个部分、分区来表述台湾泌尿外科学的初始、发展及现状。为尊重台湾泌尿外科学界的原稿,我们仍以四个部分来刊用。不过由此我们已经看到了台湾泌尿外科学发展的一步一步的脚印,以及现在取得的斐然学术成绩。我们感谢于大雄教授为两岸泌尿外科学界增强相互学术交流所付出的真诚和努力。

中华医学会泌尿外科学分会

《中国泌尿外科学史》编委会

2006 年 8 月 28 日

台湾泌尿外科学史

台湾泌尿外科发展史之一：台大医院篇

一、日据时代

泌尿外科在台大医院,属于历史悠久的一科,早在日据时代台北医院时期即已创立。1938 年,台北帝国大学附属医院时期称为皮肤泌尿器科,主任为高桥信吉教授。1940 年 4 月,台北帝国大学医学部第一届毕业生谢有福与陈登科两位进入皮肤泌尿器科任副手,同年 6 月升任为助手。

二、光复初期

光复初期,台湾泌尿科的发展主要经由两个轴心进行：一是台大系统,二是军方系统。透过陈淳主任提供的沿革数据,再经由江万瑄教授巨细靡遗的叙说,我们汇整出早期泌尿外科在台大医院的发展。

1945 年台湾光复,台北帝国大学改制为国立台湾大学,台大医学院仍沿袭日据时代的制度,在附属医院设有皮肤泌尿科,科内医师们同时钻研皮肤科与泌尿科,教育制度仍沿袭日本模式,课程内容及教学方法并未做重大改变。1946 年,谢有福教授任该院第一任皮肤泌尿科主任。第二附属医院（即现在的市立中兴医院）皮肤泌尿科主任为陈登科教授。1950 年，傅斯年校长建立住院医师制度，当时江万瑄为台大泌尿科之资深助教，于是被选为本科第一任总住院医师（图 12-1）。

图 12-1　台大医院第一届住院医师合影，前排左一为江万瑄教授。

三、泌尿科独立

1954 年，台大医学院开始实施医学教育改革，并修订课程及教学方法。鉴于皮肤科与泌尿科实为两个完全不同的学科，于同年进行分科，对学生也分开授课，但住院医师仍接受双重训练。1958 年，主治医师部分已区分为泌尿科及皮肤科。1962 年，泌尿科及皮肤科正式分别设立，由谢有福教授任第一任泌尿外科主任，陈登科教授任第一任皮肤科主任。

在当时整个大外科环境中，泌尿科是很小的一科，较容易被忽略而不受重视。且当时泌尿科医学会尚未成立，较正式的学术交流不多，台湾泌尿科的新技术几乎都是从美国学来的。军方系统与台大系统，遇到困难的病例，为了病人的利益，并没有什么门户之见，常互相讨论，而且军方因为资金充裕，较常举办一些正式学术交流与讨论会（图 12-2），由此足见台湾泌尿外科界的和谐其来有自。

1989 年，台大医院为提高住院医师质量及医疗水平，经科务会议决定凡新进人员必须修满 5 年（1 年外科、4 年泌尿外科）之住院医师训练。而后为配合医院之政策，于 1993 年升格为泌尿部，分设 4 个次专科，即一般泌尿外科、尿石科、小儿泌尿外科及生殖泌尿外科。每科均设有主任，主持研究及教学之推行。

图 12 - 2　初期台大与军方合作邀请国外泌尿外科医师来台演讲

注　前排左二为台大谢有福教授,第二排右三为三总马正平教授。

四、泌尿科发展

谢有福是台大皮肤泌尿科第一任主任暨台大泌尿科第一任主任,是高桥信吉教授的得意门生,为人随和,学识渊博,手术技术精湛,精力充沛。对学生之教学,住院医师之训练,主治医师之教育不遗余力。1952 年,谢有福升任教授职,并于 1953 年赴美国纽约医学院进修 1 年。回台后把国外所学到的学识技术,逐步发扬光大,将本科一步步推上国际泌尿外科学界之舞台。1968 年,谢教授领导本科发展肾切半术,得以手术摘除肾鹿角状结石,免于切除肾脏,造福病人。1972 年他卸主任职。1978 年,台湾成立泌尿外科医学会,他荣任第一届理事长,后连任,于 1986 年卸任。1982 年,谢教授于贡献领导台大泌尿外科 42 年后,光荣退休改任临床教授。1986 年因肾癌与世长辞。先生可说是本科光复后开创者,并为本省泌尿外科医学界第一人,贡献卓著,学生遍布全台湾,可谓桃李满天下。先生之勤学、教育精神与后进常相左右。

江万瑄教授是本科的另一位元老,1944 年毕业于日本东京帝国大学后,随即进入东大皮肤泌尿器科当副手,于 1946 年进入台大泌尿外科,由助教任起,1950 年任第一位总住院医师,1951 年赴美国西北大学进修 1 年,1957 年赴西德海德堡大学进修,并于 1962 年升任教授职。研究的主要兴趣为泌尿系统癌症及男性不育症。此外,并兼具医疗行政之长才,于 1952—1962 年任台大医院医务秘书,1962—1972 年任台大医院副院长,并数次外调支持地方医院,1962 年任省立台南医院院长 2 年,1970 年出任台北市立和平医院院长 2 年,1972 年继任台大泌尿外科主任 6 年,于 1975 年利用年休任台北医学院附设医院第一任院长,对台湾医学界贡献卓著。且其学养口才俱佳,是一位极受学生欢迎的教授。江教授于1987年荣退,随即荣任台北医学院院长,并受聘为台大泌尿外科名誉教授,1989年改聘为兼任教授至今。

　　许德金副教授于1978年起继任主任6年。他于1950年到台大,那一时期的前辈尚有张锦乐、林达尊、高义勇、吴建堂、周恒衡、彭明俊、胡宝珍、吕耀卿等诸医师。许主任于1962年升任副教授职,对尿路结石有深入的研究。他于1964年赴美国芝加哥大学进修1年,回台后促进了尿路结石研究的发展,首先引用尿路结石之偏光显微镜分析,较诸其他方法更方便、准确。而后,进行尿石化学溶解之临床应用,并主持本科之尿石预防特别门诊,使本科居于全台湾省尿石症之领导地位。对后辈之教学指导,更以各种影像教学法及研究影像化来提高研究人员质量,功不可没。于1991年荣退并聘任为本部临床教授,1995年改聘为兼任教授至今。

　　蔡崇璋副教授于1966年进入本科任主治医师,1967年赴美国纽约医学院及史隆凯特林癌症中心进修,乃为小儿泌尿外科专家,主持特别门诊,对泌尿系统先天性异常之手术治疗的成果皆甚佳,对住院医师之教学更是非常热心。1979年与许德金副教授共同参与连体婴忠仁、忠义之分割手术,并于1980年升任副教授。1984年接任本科主任,在任职期间,他修改住院医师4年制为5年制,健全研究室之设备,引进多项先进高科技医疗诊断仪器,例如经皮肾脏仪器、光纤维膀胱镜、光纤维输尿管镜、体外震波碎石机、经尿道膀胱超声波、经直肠前列腺超声波、尿路膀胱动态等仪器,并增设肿瘤研究室、尿路动态研究室及超声波研究室,更加强原有之尿石研究室,使本科之诊断治疗及研究达世界一流水平。蔡副教授于1991年卸主任职。

　　丘祖毅副教授于1963年进入本科,于1966年奉派至利比亚医疗服务,顺道至英国伦敦大学进修。1969年回国,1983年升任副教授,从事泌尿系统之超声波研究,目前已广泛应用于临床上,并于1991年继主任职。

　　赖明坤教授于1994年接任主任职。赖教授于1972年台大医学院医科毕业后,赴美国纽约罗杰斯特医学中心深造,修完2年一般外科及4年泌尿外科住院医师训练后升为主治医师。1980年,长庚纪念医院聘他为泌尿外科主治医师,并于1985年升任主任,于1994年卸任。赖教授专长于肾移植之研究及手术,造福病人无数。回台14年当中,发表论文有84篇,1988年升副教授,1985年聘为台大医学院兼任讲师,并于1994年升任教授。

　　陈淳教授于1975年进入本科当住院医师,于1979年奉派到基隆医院担任泌尿外科主任,并于1982年调回本科任主治医师,1999年开始担任主任,大力推展泌尿外科腹腔镜手术,并于2003年升任教授。他对尿路结石有专精研究,尤其运用内镜法治疗尿石有独到之处,为本科不可多得的中坚人才。

　　本科另一资深医师为王经纶医师,他于1953年进入台大泌尿外科,1960年升任讲师,他一直从事性神经学研究,于1992年退休。另则有劳汉信主治医师对男性结扎有独到之处,并配合政府推行台湾地区家庭计划,立下不少汗马功劳。谢德生医师对生殖泌尿系统肿瘤治疗及预防有专才,并于1997年升任国泰综合医院泌尿外科主任。谢汝敦医师专门从事男性性功能障碍的研究及治疗,成果丰硕。陈世干医师对小儿泌尿疾病之研究及治疗有独到之处。此外,本部主治医师尚有余宏政、刘诗彬、张宏江、蒲永孝、阚士杰、黄鹤翔、黄昭渊、杜元博及王硕盟等医师,均学有专精,贡献卓著。另有台大泌尿外科培养出来的优秀人才,本世纪在台湾各医学院服务执教的计有高雄医学院泌尿外科前主任(名誉教授)江金培教授,台中中山医学院、中国医药学院施克敏医师,国泰综合医院林志明副院长,辅仁大学医学院院长江汉声教授,卫生署立花莲医院黄炽楷院长,花莲慈济医院泌尿外科主任郭汉崇教授,恩主公医院泌尿外科主任杨绪棣等诸医师。在台湾地区各医院前后期当过泌尿外科主任者计有:黄有谋、萧俊雄、黄敏雄、郭芳顶、叶明道、龙志强、宋育一、张新田、罗景易、许健吉、林志明、凌冈泉、赖达三、陈淳、谢德生、洪正升、谢汝敦、陈永丰、杨文智、陈志忠、王旭翔、张世忠、唐一清、林芳树、陈伟宝、许耕榕、刘志光、潘英升、王中敬、郭育成、李尚兴、林明锋、潘昆荣、萧博仁、陈永泰、江冠忠、陈真祥、洪锦雄、李升平、陈志鸿等诸位医师及敏盛医院前院长陈志忠医师等。

五、过去、现况与展望

光复初期,台大泌尿部主要的住院病人为尿路结核症及尿路结石,此外因慢性淋病引起之尿道狭窄也甚多,其后由于卫生情况改善,以及抗结核药物之进步,结核症也就越来越少;而由于抗生素之发达,慢性淋病引起之尿道狭窄近年来已甚罕见。前列腺肥大症则因国民平均寿命之增加而成为极普遍之泌尿外科疾病。早期,此病之手术方法包括会阴前列腺切除术,耻骨后前列腺切除术及耻骨上前列腺切除术,后来前者渐少使用,只剩下后者两方法,当时因麻醉技术没有目前这样先进,前列腺手术为危险性很高的手术。因此,无法做前列腺切除而作膀胱造的病人为数不少。现今由于手术方法及麻醉之进步,此类手术已相当安全了。近数年来,内镜手术的发达则常采用经尿道切除术和激光手术,不但可节省住院时间,而且痛苦也较少。承蒙院方协助,台大泌尿部于1996年成立前列腺中心,加入微波等先进治疗方法,集合各种前列腺疾病之检查治疗,同时发挥卫教及研究的功能。

尿路结石方面,早期膀胱结石比例较高,可能是与饮食状况有关,因肾结石引起肾功能丧失的病例也较多。后来发展肾切半手术,得以手术摘除肾鹿角状结石,免于肾切除。1984年,已开始采用经皮肾取石术。此外,并有输尿管镜,可经尿道取出输尿管结石。1987年购买体外震波碎石机。次年更引进输尿管镜碎石术,为尿石病人减少了手术痛苦。同时在临床上也应用化学药剂溶石,加上尿石预防特别门诊,对于此病之治疗渐趋理想。

小儿泌尿外科方面,由于小儿超声波诊断学之发达,尿路动力学之发展及各种诊断手术方法之改进,对于先天性异常病例均能早期诊断治疗,从而提高了医疗效果及医疗水平。有关婴幼儿尿路感染症来追查膀胱输尿管返流、尿路阻塞、神经源性膀胱以及先天性输尿管膀胱开口部的异常所引起的膀胱返流等,也是今后小儿泌尿外科发展之方向。

在泌尿系统诊断方面,早期的膀胱镜为灯泡式的热光源,可见度较差,且灯泡易损坏。20世纪70年代初期改采光纤光源使诊断情形大有改善,近些年来多采用光纤维膀胱镜可减少病人的痛苦。其他渐次采用的诊断方法包括超声波、膀胱功能检查、尿液细胞诊断、流动细胞仪检查及顺行性肾盂摄影。超声波引进后,在其引导下,可作经皮肾穿刺、顺行性肾盂摄影,使我们能够看清肾盂病灶之情形。膀胱压力仪器之引进,能做各种膀胱功能异常的鉴别诊断,且能评估术前、术后之膀胱功能。尿液细胞诊断及流式细胞仪检查亦为非侵袭性检查方法,有助于泌尿系统癌症之诊断及追踪。对于后腹腔病灶,尤其是肾上腺肿瘤,以前需靠后腹腔灌气摄影,此种方法病人甚痛苦,且肾上腺肿瘤病人常合并高血压,危险性很高,有了计算机断层(CT)和核磁共振仪(MRI)摄影,后腹腔灌气摄影就不再做了。CT和MRI对泌尿系统的其他部位也很具诊断价值。近年来购入经直肠或尿道之超声波检查仪,对于前列腺、精囊及膀胱肿瘤之侵犯程度皆较其他检查方法更精确,尤其有助于分辨良性前列腺肥大及前列腺癌,且能准确地在超声波导引下做前列腺活体切片及对浅在性膀胱癌的治疗前、治疗中及手术后的诊断,准确性高,提高了治疗效果。其他方面,例如腹腔镜手术之发展亦在积极进行中,现已达理想之地步。

台大泌尿部的主要研究方向为尿路结石之成因、预防及治疗方法,以及膀胱肿瘤、肾脏肿瘤、先天性异常、前列腺肥大症、前列腺癌、性功能障碍、尿路动力学、癌症流式细胞仪诊断及癌症标记研究等,进而进入基因治疗的境界。

由于工业进步,经济水平提高,泌尿系统疾病日渐增加;泌尿系统的先天性异常占所有先天性疾患的第一位,例如常见的隐睾症、尿道下裂等,医院内感染也以泌尿系统为最多。此外,由于工业污染,膀胱肿瘤也越来越多。随着国民平均寿命的提高,前列腺肥大症也日渐增加。因工业进步、社会竞争激烈而引起之压力性尿频,为目前台大医院门诊常见之疾病,进行膀胱动力学的研究与临床应用,对此类病人很有帮助。

台湾泌尿外科发展史之二: 南部台湾篇

高雄医学院附设医院于1957年创立。在校长杜聪明教授力邀之下,江金培教授以当时台大皮肤泌尿科讲师应聘至高雄医学院担任首任皮肤泌尿科主任。这是台北以外第一个泌尿科的成立。由于草创时期,高雄医学院尚未有毕业生,因此皮肤泌尿外科医师仅有一人,即所谓"校长兼工友"。而当时南部尿路结石及尿路上皮癌的病人比北部多很多,由于手术病人的逐渐增加,只好请一些学生课余来帮忙。创立初期万事皆须自力更生,门诊用的桌椅是自己寻找的;当时住院部设在学校校区内,而门诊部则在目前的六合二路三间租来的二层民房(图12-3),每天的例行公事则是骑着单车往返门诊部、病房及手术室之间。由于当时常有宵禁,因此往往至病房巡视病人后无法回家,而值班室又不敷使用并且蚊子又多,往往只能小憩片刻,等待天亮。当年手术没有麻醉医师,病人的麻醉也是一人包办,术后也没住院医师,也是完全靠自己照顾病人,如遇急诊病人,由于人手不足,往往所有医师、护士、事务员、技术员,不分彼此身份蜂拥而上,一起帮忙救治病患,当时南部泌尿外科手术几乎都是由外科医师兼任,即使是内科系医师虽对外科系并不是专业,也常互相帮忙。1958年沈祖杰医师自台大皮肤泌尿科来加入本科服务。由于皮肤泌尿科是延续日本医界分科制度,并且与性病的诊治是一致的,因此将这两个当时的冷门科合并在一起是可理解的。

图 12-3　六合路高雄医学院附设医院旧观

　　直到 1961 年郑永昌医师毕业后,担任首位住院医师,1962 年方甘棠医师随后加入为第二位住院医师,此时本科方具雏形。而随着业务量的增加,1965 年 12 月泌尿科与皮肤科各自独立分开,江金培教授专任泌尿外科主任,沈祖杰医师则为皮肤科主任。而郑永昌医师升为泌尿外科讲师,方甘棠医师则转任皮肤科。随后 1967 年陈天端、1968 年杨治港、1969年梅俊瑞、廖政文、林文毅医师分别加入阵容。1970 年附设医院第一期院厦扩建完成,泌尿外科也搬入西栋三楼与外科共享。此时泌尿外科由 1957 年一人科历经 13 年的草创至今方可谓稍具规模。高雄医学院的成立,由于是私立的,这与台大医院与军队医院全由政府补助完全不同,高雄医学院虽有董事会,但陈启川董事长当时仅提供创院使用的农地,所有医院的建设大多来自教职员工的努力,高雄医学院是在自给自足、自立自强的状况下发展的,既没有政府的大力补助,也没财团的资助,高雄医学院的成长与其他医院比起来备感艰辛。回顾泌尿科创立之初所使用的 24F 膀胱镜是当时市立医院(现大同医院)院长罗福岳先生慷慨借给我们的美援仪器。除了在经济上有困难外,当时又遭遇董事会与院方的纠纷,真可谓雪上加霜,在面临领不到薪水的窘境下,如果不是靠着坚强的毅力以及强烈的使命感要为医学教育奉献,可能当时如自行开业的话生活将会过的较舒适。但是也就是大家凭着努力不懈的精神,苦干下来方有今日的高雄医学院。1970 至 1975 年黄俊雄、张庆辰、刘干兴、赖大川、曾炳荣分别加入担任住院医师。1976 年病房迁至西栋六楼,与皮肤科共享 26 张病床。1976 年张政昌、涂秀鸿,1977 年黄祝国,1978 年杨永增加入担任住院医师,1978 年在谢有福、江万瑄、江金培、郑不非、马正平等前辈号召下,台湾成立泌尿科医学会 (图 12-4)。

图 12 - 4 台湾泌尿外科医学会成立大会留影
注 前排右二为江金培教授。

1980 年,有鉴于医学继续教育的重要性及增进南部地区的医疗水平,南区月会定期每月举行,最初几年均在高雄医学院举行并由高雄医学院主办,后来由于各大医院泌尿科先后成立改为轮流主办。1981 年台湾外科医学会江金培教授担任会长,1982 年江教授任附设医院副院长。在 1979—1982 年分别又有周以和、郭绍鸿、王起杰、王茂声、刘乐辉、杨永增、陈明潭、王武岳加入担任住院医师。由于高雄医学院泌尿外科在经过 25 年的辛苦经营,临床服务已具水平,但医学中心的任务为教学、研究及服务,因此在研究的提升方面,则是鼓励年轻医师就读研究所。1983 年杨永增及周以和自高雄医学院医研所硕士班毕业。黄俊雄副教授 1984 年升教授,1986 年博士班毕业,1985 年张祺璋、陈黎明,1986 年吴文正、黄俊农担任住院医师,同年,泌尿外科迁至 B 栋 8 楼后来加上 A 栋 11 楼共有 41 张病床。而江金培教授担任泌尿外科主任也已近 30 年,因此由黄俊雄教授接任主任。1987 年刘力璋、翁伟哲,1988 年江博晖、林雯雄担任住院医师,同年 7 月购进台湾南部第一台体外震波碎石机。1989 年许主培,1990 年叶旭颜、王进南担任住院医师,1990 年 4 月 4 日完成高雄医学院第一例肾移植,9 月江金培教授担任台湾泌尿外科医学会理事长,并于次年于高雄医学院召开泌尿外科医学会年会 (图 12 - 5)。

图 12 - 5 1992 年台湾泌尿外科年会于高雄医学院举办,江金培理事长致词

1891 年,周以和博士班毕业,吴文正硕士班毕业并升讲师。1992 年周以和讲师升副教授,江博晖升讲师,翁伟哲硕士班毕业,苏建裕、王建元任住院医师。1993 年王起杰讲师博士班毕业,沈荣宗、林敬恒任住院医师。1994 年詹皓凯、张美玉任住院医师,张医师为高雄医学院首位女性住院医师。1995 年 1 月江金培教授在泌尿外科工作近 40 年岁月后届龄退休,同年江博晖讲师自医研所博士班毕业。随着不断的有优秀学生的加入,科内的研究也日益增多,如在膀胱化学灌注药物治疗的研究、结石成分分析、性功能的研究、彩色多普勒超声波的应用、泌尿上皮细胞癌的研究、经皮肾造瘘术治疗气肿性肾盂肾炎等。过去 10 年来,该科的研究也陆续发表于医学杂志,并在国际会议的参加及论文发表也极为踊跃,如国际泌尿外科医学会、国际性功能障碍学会、亚太性功能障碍学会、亚太超声波学会等,不仅有精彩论文发表,有时也担任特别演讲及会议主持人。此外,年轻一辈也屡获台湾优秀论文奖、国外医学研究奖、国科会优等研究奖及中研院研究奖。近 40 年来的辛劳总算开花结果了。1996 年吴文正讲师博士班毕业,王起杰升任副教授,李经家、黄玄释任住院医师;1998 年小港医院泌尿外科开幕,吴文正讲师担任首任主任;1997—2001 年分别又有黄书彬、王弘仁、陈启文、林鸿裕、李懿伦、蔡秀男、郑皓硕、陈重钦、陈俊凯、张汉明、李永进、刘家驹、蒋逢明、吴崇信、柯宏龙任住院医师。回顾 1957—1961 年完全没有住院医师,至此时期则人才济济。2000 年周以和副教授担任主任,2003 年吴文正副教授担任主任。

在江金培教授初至南部时,发现尿路上皮癌及结石病人特别多,直到现在仍是如此。而在乌脚病地区(北门、学甲、布袋、义竹)等地区的尿路上皮癌病人发生率更是高,而波文病也常见于此类病人。此外,上泌尿道上皮细胞癌的高发生率更是名列世界前茅,而无男女性别差异等特殊地域性疾病的发现,也有了后来很多的研究发表在国际医学杂志上。而路竹、澎湖及离岛的血丝虫病,造成乳糜尿的诊断及治疗,也发表在国际医学杂志上并在美国教科书上被引用。尿路结石在当时是泌尿外科的主要手术项目,由于医疗资源匮乏及无保险制度,因此当时巨大膀胱结石是常见的,而肾鹿角形结石也不少见,当时高雄医学院在台湾首先采用 Extended Pyelolithotomy 来处理此类结石。前列腺肥大手术,初期以耻骨上前列腺切除术为主,后来内镜的发展后,方以经尿道前列腺电切术(TURP)为主,由于当时灌洗液消毒条件差,而加上器械并不精良,术后有时出血需大量灌洗时,往往需烧开水以备冲洗之用,这在目前看来简直不可思议。在膀胱镜方面,早期以灯泡为光源能见度差,随后改为光纤,目前又有影像系统,可将影像放大,小血管的止血可更完善,而操作医师也不再需要弯腰仰颈的辛苦工作,同样时间内,可切除更多的组织,甚至不再需要将导尿管拉紧固定,隔日即可拔除导尿管。影像诊断方面,以前后腹腔病灶需做后腹腔灌气摄影,因此像肾细胞癌或肾上腺肿瘤,在没有超声波或计算机断层之下要做早期诊断是困难的,所幸当时病人对医师极为尊敬,鲜少有因延误诊断而发生医疗纠纷。在 1989 年高雄医学院购入第一台彩色超声仪(ACUSON 128)后,用于诊断性功能障碍、精索静脉曲张、睾丸扭转、肾移植排斥及泌尿血管疾病等,也在国际上发表了数篇论文。对于膀胱癌,早期以部分切除或经尿道膀胱肿瘤电切术(TURBt)为主,由于考虑尿路分流因素,过去对于膀胱彻底切除术做得不多,这也是泌尿外科独立于外科训练的缺点之一。以肠道做尿路分流,以前并非泌尿外科医师所擅长,在 1990 年以后,由于年轻医师均须在胃肠外科接受训练,施行多种尿路分流手术陆续在高雄医学院开始,也有了很好的成绩。从 1993 年 3 月起,腹腔镜之发展也开始进行,并完成首例经腹腔肾上腺切除手术,为年龄最小(7岁)之后腹腔镜肾切除术,随后又有手持(Hand Assisted)腹腔镜的采用。

　　江教授感言:回忆当初南下高雄是本着拓荒者的精神来打拼的,经过了46年后眼看着高雄医学院泌尿外科日渐茁壮也足堪告慰了。算算我这一辈子的人生,以在高雄医学院这一段与大家共同奋斗的时光最有意义,虽然辛苦的,但也是最值得的。眼见由本科训练出来的年轻医师皆卓然有成,可谓青出于蓝而更胜于蓝,此时的心情就如同年老父亲看到孩子们的杰出发展与成就,内心备感欣喜与快慰。罗马不是一天造成的,回想46年前的孑然一身到今日高雄医学院泌尿外科的规模之大,高雄医学院泌尿外科的早期是在缺人、缺钱的条件下逐步成长的,在早期为南部病患的医疗服务扮演了举足轻重的角色。近年来,由于各大财团医院林立,泌尿外科医师的逐渐增加,其医疗服务的角色或许不似数10年前,但盼年轻后辈能随时缅怀前辈创业为艰的历史,在医学研究及教学的角色扮演上仍应持续过去艰苦奋斗之水牛精神,一步一个脚印地走下去。

台湾泌尿外科发展史之三: 中部台湾篇

一、横跨三个世纪老医院历久弥新

　　据史料上记载,1895年日本依《马关条约》占领台湾时,在彰化设置台湾民政支部,并附设诊疗所,此即为台中医院之滥觞。同年12月,民政支部迁移台中,诊疗所随之移到清代所建台湾县考棚巡政厅旧址内。1897年,台湾地方官制更改后,附设诊疗所亦同时改名为台中病院。1900年台中病院选择在台中火车站附近(即今日中山路及绿川南边附近)盖新院舍(图12-6),并于翌年4月落成。到了1912年,因空间不足而选择在现址再盖新院舍,1912年10月动工,1915年7月落成启用。

图12-6 台中医院

注 创立于1895年,1898年直属台湾总督府,称为台湾总督府台中医院。本照片为当时医院大门口。

1940 年台中病院再改建为现代化医院（图 12-7）。老一辈的台中人习惯称台中病院为台中大病院，这也相当程度上显示它在当时台中人心中的地位。光复之后台中病院被国民政府接收，并于 1946 年 11 月 25 日改名为省立台中医院，首任院长为李佑吉院长。1997 年省立台中医院改为隶卫生署，并更名为署立台中医院。与此同时，台中医院新医疗大楼也正好改建完成（图 12-8），崭新的硬件设备大为提升医院整体水平，也引领台中医院迈向

图 12-7　台中医院之门诊急诊大楼

注　因年久未能符合现代化医疗配备使用，于 1993 年 4 月 19 日拆除重建。

图 12-8　台中医院新建医疗大楼

注　1998 年 6 月 9 日落成启用。

另一个医疗新纪元。台中医院自成立迄今已108年,一直是中部的医疗重镇,而它也随着时代的进步一直不断扩建及更新以维持它应有的医疗水平,持续守护中部地区民众健康的神圣使命。

二、泌尿科名称沿革

百年来泌尿科名称频频更名,1903年当时的台北医院外科部门成立皮肤病癞毒科是皮泌科的前身,到了1908年2月,皮肤病癞毒科才从外科独立出来。翌年4月皮肤病癞毒科改名为皮肤病花柳病科。1938年台北医院并入台北帝大医学部,改名为台北帝国大学附属医院,皮肤病花柳病科再改名为皮肤泌尿器科,由高侨信吉出任部长。皮肤泌尿器科何时又改名为皮肤泌尿科则无数据可考,应该是战后才改的。到了1962年台大医院皮肤科和泌尿科才正式分开各自独立。不过,泌尿科还有另外一个名称叫做泌尿外科,是被国防医疗系统所采用。由此观之,"UROLOGY"的确是很特别的一个科系,不知道什么时候才能有一个统一的中文名称。

三、台中医院泌尿科医疗团队

台中医院的皮肤泌尿科是在1970年正式从外科分出来独立设科,由施克敏医师担任第一任皮肤泌尿科主任,然而施主任旋即于1971年6月辞职回家开业,而台中医院的皮肤泌尿科的业务也因此暂停。这个情形一直持续到1972年3月底,胡秀苑医师继施克敏医师担任第二任皮肤泌尿科主任才又重新开始皮肤泌尿科的执业。1974年,5月底,胡主任又辞职离开,使得皮肤泌尿科的业务又再度停滞。1974年9月,时任省立新竹医院外科主任黄名扬医师商调台中医院继胡秀苑医师成为第三任皮肤泌尿科主任。1982年,因应时代的潮流,泌尿科和皮肤科各自分开设科,黄名扬医师成为第一任泌尿科主任。到了2002年3月,黄名扬医师申请退休而由李明辉医师接任泌尿科主任。台中医院是地域性的医院,上自院长下至住院医师全部都是外籍兵团,泌尿外科自然不能例外,30多年来在台中医院泌尿科服务的医师共计有11名,由于科内医疗团队的共同努力才能有今天的局面。

四、中部地区的泌尿科先驱

1964年3月20日,施克敏医师从台大医院泌尿科转任台中医院外科主治医师,是第一位台中医院的泌尿科专科医师,在外科从事皮肤泌尿科的业务。1967年,台湾推行男性输精管结扎,第一次有200名个案委托台中医院做免费手术。男性输精管结扎是一种一劳永逸的节育方法,效果良好而且副作用少。因此,很容易被多数人所接受。为了控制当时过高的生育率,于是推行男性输精管结扎免费手术作为家庭计划的重要政策。台中医院也因而成为男性输精管结扎免费手术的中部重镇。在手术技术方面,我们做了一些改进,采用微创无缝线手术,因为无缝线所以不必拆线,因为微创,手术次日就可以洗澡沾水了。这样的手术方式更提高了个案的接受度。输精管结扎免费手术一直推行到1986年才停止,也对当时人口政策有着不可磨灭的贡献。输精管结扎推行至今已经蔚为风气,很多小家庭因为养育子女有很大的经济压力,因此采用输精管结扎来节育。所以,输精管结扎自费手术目前依然流行,是泌尿外科常见的门诊手术。

良性前列腺肥大手术是泌尿外科主要的大手术之一。早期泌尿外科医师多视此手术为一大挑战,术后的照顾更是需要耐心。受限当时的手术条件,术后若要使小便通畅,常常要清洗膀胱内的血块,这样的工作既费时又状况频频,住院医师往往在半夜还被叫起来处理类似的事情,常被搞得焦头烂额。这样的情况一直到新的手术技术——经尿道前列腺电切手术应用之后才获得改善。台中医院在1959年获得大批美援医疗物资及器械,其中有膀胱镜(cystoscope)、膀胱尿道镜(panendoscope)、切除镜(resectoscope)以及碎石镜等,全部都是使用五烛光小灯泡当光源,以当时而言算是相当先进的设备。其中切除镜需配合高输出功率电刀才能使用于经尿道前列腺电切。直到1976年之际,本科才购置高输出功率电刀并获得留美归国的萧俊雄医师指导,经过约半年学习后,技术才逐渐成熟,开启了台湾中部经尿道前列腺切除手术的先河。

1994年,台湾实施全民健保,医疗生态全面改观,医疗水平大幅提高,民众的医学知识以及就医权益的需求也不同以往。1996年台湾《新生报》创立《饮食男女》专栏,发表泌尿外科有关之医学常识以作为民众之卫教,由黄名扬医师与李明辉医师轮流执笔。复于2001年与《台湾日报》创立《理性与感性》专栏,由黄名扬医师执笔,此后科内医师也持续在各大报投稿,至今已蔚为风气,数年来累积之稿件为数可观,并皆收集于台中医院泌尿外科网络之中。

五、成立"三室",展望未来

1998年台中医院泌尿外科设立尿动力学检查室和体外震波碎石室。设立时间虽然稍晚,依然是泌尿外科发展的重要里程碑。2003年设置膀胱功能保健中心(Urinary Continent Center,UCC),初期以生理(物)反馈治疗、骨盆肌肉电刺激治疗及凯格尔运动来治疗膀胱尿路功能失调,前列腺综合征以及早期尿失禁之病人。除此之外,泌尿外科仍然有宽广的发展空间,是一个潜力十足的科系,台中医院泌尿外科亦自我期许能百尺竿头,更进一步,努力跟上时代的脚步,以造福台湾中部更多的病人。

台湾泌尿外科发展史之四：军队医院篇

国防医学院前身,可追溯至1902年(光绪二十八年)11月24日所成立的北洋军医学堂,其校址设于天津东门外海运局。创校之初多以日本教席为主,后历经时局变革,学校一再搬迁,抗战时迁至贵州安顺,胜利后复员上海,以日据时上海江湾之日军陆军病院为校址,由林可胜博士领导,当时成员包括医、牙、药、护、制药、复建等部门,师资以北平协和医学院、湖南湘雅医学院等国内著名欧美学风鼎盛之医学中心毕业生为主。其欧美医学教育方式色彩鲜明，学生则招自全国的八大考区；1947 年 6 月 1 日嗣为整军建军需要，与战时卫生人员训练所及其分校、分所等 13 个单位于上海江湾五角场合并，正式更名为国防医学院，当时有位姜景贤大夫开始做泌尿科工作，可说是军中泌尿科第一人。

1949 年，国防医学院迁至台北水源地。迁台后国防医学院成为台湾台大医学院外的第二家医学院，当时教职员学生共 3 200 余人。与由东京帝国大学传承的台大医学院纯日式医学教育泾渭分明，为台湾医界增加了新的思考及行为模式。如国防医学院采医学中心制，教育分八类六级，可培育各级卫生人才，即使学生来源上也各有系统，两家医学院分领台湾医学教育风骚。

在军医院发展方面，日据时代日本在小南门设立日本陆军卫戍病院；抗战胜利后，1947 年国民政府接收改为联勤台湾总医院，随后又改为陆军八〇一总院，1967 年 7 月 1 日正式改组为陆、海、空三军总医院。当时邓述微先生为第一任院长，文忠杰教授为第一任外科部主任，张先林教授则为国防医学院外科学系主任。在 1979 年 5 月国防医学院与陆、海、空三军总医院合并，外科学系改制为外科学科，其后国防医学院外科学科与陆、海、空三军总医院外科部成为教学研究与临床任务并重单位。

在组织制度变革方面，当时台湾外科学系正是青黄不接时期，人才凋零。张先林教授领导策划建立 5～6 年严格的分科住院医师训练制度，并于住院总医师做完一年晋升主治医师后，视其个人意愿、兴趣，选择胸腔外科、骨科、泌尿外科、神经外科、心脏血管外科、麻醉科，以及后来成立的整形外科、小儿外科、大肠直肠外科等专科，培养其成为国防医学院专科医师之训练师资。

泌尿外科所涵盖的范围包括整个泌尿系统及后腹腔。20 世纪 30～40 年代，那时病人 70%～80% 是结石，20%～30% 是泌尿道感染，癌症很少。1 年大概只看个几个病人，当时结石还是需要手术的，而且肾上腺的诊断也不像现在这么好，有些瘤像豆子般大，X 线看不到，若要手术也很麻烦，要从后面开很大的洞，像现在有内镜只要穿个小洞就可以进行手术。早期许多医学书籍及仪器多需倚重外援资助。那个年代一般人民寿命没那么长，没有什么前列腺肥大的问题，看病的机会少了很多。当时三军总医院只看军人及军眷，20 世纪 60 年代末期才渐开放民众看诊。早期的中心诊所则为各科资深教授而设，专为一般民众看诊。

三军总医院泌尿外科最早于 1950 年由郑不非主任领导，后郑不非主任转往荣民总医院担任泌尿外科第一任主任，于 1958 年由吕晔彬主任（图 12 - 9）接任。

期间惨淡经营、备经艰辛，光学仪器老旧，多承袭美军所用的剩余物品，如现今保存在陆、海、空三军总医院泌尿外科的膀胱镜，即为美援提供台湾的第一部膀胱镜。与现今之内镜手术器械相比简直是天壤之别。吕晔彬主任自国外引进肾血管摄影技术并完成在台湾的第一例检查，而后对肾血管病变引发之高血压诊断上有长足之进步。尿道重建术也在众多师长的努力下有极佳的结果。前列腺肥大同时也开始尝试由最早经耻骨后切除术改变

图 12-9　吕晔彬教授近照

为 TURP 手术；那时泌尿外科整个学习环境与现在真是大不相同。而后，马正平教授（图12-10）于 1976 年接任，继而发扬光大以至于今。

图 12-10　马正平教授近照

有别于台大泌尿外科自成一部的制度，三军总医院泌尿外科是属于大外科体系。而早期在三军总医院外科部必须先做 3 年轮训住院医师，第 4 年后期就当总医师。总医师是很忙的，当时三军总医院、荣民总医院有个不成文的规定，当完总医师前不能结婚。因为会忙不过来，照顾不到家庭，而且电话不像现在普及，都是军用电话，所以大多数人几乎都在医院里等待（stand by）。当然现今医疗及学习环境已开放、自由多了。

鉴于国际间医学交流日益频繁,马正平教授任内开始邀请世界级大师来台作学术演讲与交流,如 1983 年邀请 Dr Coleman,1984 年邀请 Dr Marberger,Dr Schneider 来台作短期访问,示范经皮肾脏穿刺导管技巧及系列演讲,1987 年邀请德国首位开展体外冲击波碎石术(EWSL)的 Chaussy 教授访台,同年 10 月亦请世界泌尿外科专家 Pavone-Macaluso 教授来台举办膀胱癌讨论会;之后,又陆续邀请纽约 William R Fair 教授,罗彻斯特 Cockett TK 教授,旧金山的 Tanagho EA 教授,1966 年诺贝尔医学奖得主芝加哥的 Huggins C 教授和 Hodges CV 教授,还有日本 Makoto Miki 教授来台交流医学上的知识。

　　1978 年,在谢有福、江万瑄、郑不非、吕晔彬、曹梦兰、马正平、江金培等前辈医师号召下,台湾泌尿外科医学会正式成立,谢有福教授担任第一、第二、第三、第四届理事长,推动台湾各医院间交流;马正平教授于 1986 年接任第五届理事长后,任内为学会订立许多制度:建议理事长 2 年一任,最好不连任,并以身作则,让北、中、南地区资深优秀医师,都有服务学会的机会;亦与当时的张圣原秘书长筹划泌尿外科专科医师事宜,报准并予执行;学会的会标亦在他任内正式确定下来。

第十三部分

中华医学会泌尿外科学分会 历届常委小传

（按姓氏笔画排序）

丁 强

丁强，1963年4月出生，中共党员，医学博士，教授，博士生导师。现任复旦大学附属华山医院院长，泌尿外科主任，中华医学会泌尿外科学会常务委员，肿瘤学组副组长，中华医学会上海分会泌尿外科学会副主任委员。历任原上海医科大学附属华山医院泌尿外科副主任、泌尿外科主任，复旦大学泌尿外科研究所常务副所长，华山医院副院长。

丁强教授先后主持的科研项目包括国家自然科学基金面上项目2项、上海市科学技术委员会重点项目2项、上海市基础重大项目子课题1项，卫生部临床重点项目1项。曾入选"上海市科技启明星"、上海市"百人计划"、共青团中央"全国青年岗位能手"、和卫生部"青年优秀人才"等人才培养计划和荣誉称号。先后获得教育部科学技术进步二等奖、上海市医学科技二等奖和上海市科技进步三等奖等多个奖励。在国内外权威期刊上发表论文100余篇。先后培养博士研究生12名、硕士研究生7名，博士后研究人员1名。丁强教授现担任《中华泌尿外科杂志》编委、《中华外科杂志》编委、《中华实验外科杂志》编委和《临床泌尿外科杂志》编委等。参与了12本泌尿外科专著的编写工作。

自2003年从事医院行政管理工作以来，在提高医院医疗管理的整体水平，创新医院发展思路，引入科学管理理念等方面取得了不菲的成绩。近几年来，医院业务发展突飞猛进，医院门急诊人次近280万，一直在上海名列前茅，每年业务收入增长率超过10%，现已突破22亿元。自2007年开始，着手引入JCI国际医院认证标准，并在2010年1月正式通过认证，成为首家通过JCI认证的国内最大的国有公立医院。医院学科建设成效明显，近几年来医院院士达3名，973首席科学家3名，长江学者3名，国家自然科学基金项目逐年增长，项目经费已达1.4亿元。医院拓展方面卓有成效，华山医院北院作为市府重点实事工程进展顺利，虹桥国际医学园区的西院项目也在紧张筹备之中。其不断创新的管理理念、敢于争先的拼搏精神得到了医院管理界的普遍认可。

于惠元

1926—1990 年,辽宁省沈阳市人,1948 年毕业于沈阳市盛京医学院。曾在沈阳盛京施医院、中国医科大学内科学院、北京市第六人民医院和北京友谊医院先后任外科医师、外科副主任、泌尿外科主任。担任北京友谊医院泌尿外科主任 25 年。历任中华医学会泌尿外科学会常务委员、中华器官移植学会常务委员、生物工程学会人工肾委员会副主任委员、北美透析学会会员。

北京友谊医院泌尿外科在泌尿外科著名专家吴阶平教授的倡导及支持下创建于 1964 年 10 月,在于惠元教授的直接领导下,艰苦奋斗、不懈探求,从建科初期的 30 张床位发展到 2 个病区 80 张床位,并建立了研究室、膀胱镜 X 线检查室、透析室等,完善了泌尿外科的规模建设。

于惠元教授在北京友谊医院泌尿外科的技术建设及先进设备引进、应用等方面作出了贡献。1965 年,泌尿外科引进国内第一台具有国际先进水平的鼓式血液透析机,结束了我国急性肾功能衰竭“不治之症”的年代,开始了血液透析的新时期。

我国对肾移植的研究起步于 20 世纪 60 年代末。当时,国际上肾移植累积已达 4 000 多例,而我国在这一领域还是空白。我国每年因肾脏疾病造成肾功能衰竭的病人达 15 万以上,仅北京每年就有 1 000 多人被各种肾脏疾病夺去生命。“西方人能做的手术,我们中国人也一定能做成!”受这一信念激励,在著名泌尿外科专家吴阶平教授的倡导和支持下,北京友谊医院的于惠元教授和侯宗昌教授创建了国内第一个肾移植研究室,开始进行肾移植配型、免疫研究和动物实验。1972 年,于惠元教授、侯宗昌教授与中山医学院的梅骅教授合作,成功实施了我国第一例亲属肾移植手术,开创了我国器官移植领域的新纪元。

肾移植后的第一道难关就是手术后出现的排异反应,为了攻克排异反应、移植后并发感染等难关,友谊医院泌尿外科在于惠元教授带领下,在国内率先开始使用以环孢素为核心的三联免疫抑制剂治疗方案,并创造性地将中药冬虫夏草应用到肾移植术后的治疗中,使移植肾 1 年成活率由 1980 年以前的 40％提高到 1985 年的 75％。在该院接受肾移植的病人,术后生存时间最长的已达 30 年。

于惠元教授不仅在医术方面造诣精深,而且对病人满腔热忱。1980 年病人俞纯立因尿毒症接受了肾移植手术。肾移植术后第 9 天,在返京途中的火车上,病人突然出现剧烈腹痛,继而无尿。陪同病人的于惠元教授当即准确地判断为术后输尿管与膀胱吻合处断裂。因火车上不具备手术条件,于惠元教授果断地采取了腹腔引流,把导尿管插入病人腹腔,用嘴将漏入腹腔的尿液吸出。俞纯立当时感动得泪流满面。于惠元教授成为所有医生学习的榜样。

于惠元教授一生从事泌尿外科临床、科研、教学工作,其医疗经验丰富,学术造诣精深,是我国泌尿外科成绩杰出的卓越专家,是我国血液透析及肾移植创始人之一。他在挤压综合征、急慢性肾功能不全、血液透析等领域都进行了系统、深入的研究,发表了大量专著和论文,多次获得国家卫生部、北京市的奖励,1987 年被授予“北京市有突出贡献的专家”称号。

中国泌尿外科学史(第2版)

于惠元教授有远大的理想、抱负和追求，坚持四项基本原则，坚持改革开放，对党、对人民怀有深厚的感情。1973—1976年，在参加敬爱的周恩来总理医疗小组的工作中，于惠元教授以极其负责的态度，为保证党和国家领导人的健康作出了贡献。

1990年8月27日，于惠元教授在应邀赴美参加国际学术会议后的回国途中，因心脏病突然发作而不幸逝世。今天，他创建的北京友谊医院泌尿外科，已成为全国泌尿外科及肾移植人才培养基地之一，亦是亚洲最大的肾移植中心，已实施肾移植3 000多例次，居全国之首，移植肾1年存活率已达95%以上。于惠元教授的一生，不仅为北京友谊医院的医疗工作作出了突出的成绩，也为北京市乃至全国泌尿外科事业作出了很大的贡献。

卫　焘

江苏省无锡市人，1927年10月出生，主任医师、教授。1952年毕业于上海第二医科大学（原圣约翰大学医学院，七年制）。毕业后分配至山西太原市中心医院（原中央二机部第一职工医院）工作。先后在上海中山医院、仁济医院进修泌尿外科，又在北京协和医院师从吴阶平教授专攻泌尿外科。1978年赴比利时自由大学ERASME医院进修男科学，1988年赴意大利考察泌尿外科急救工作。

曾担任太原市中心医院泌尿外科主任，并受聘为山西医学院兼职教授。自1953年来山西省后，致力于开展泌尿外科普及工作。在省卫生厅的支持下，先后举办主治医师以上的泌尿外科医师培训班10期，共培训了50名泌尿外科专业医师，在山西省形成泌尿外科专业网，对普及泌尿外科作出了贡献。

卫焘教授在泌尿外科的主要贡献：

1）肾移植研究，获山西省科技进步奖四等奖（1982）。

2）表浅性膀胱癌的免疫疗法，获山西省科技进步奖二等奖（1986）。

3）膀胱再生，获山西省科技进步奖四等奖（1986）。

4）气囊式吴氏导管法前列腺切除术，获山西省科技进步奖二等奖（1987）。

5）阳痿症的病因分析及阴茎海绵体造影术，获山西省科技进步奖三等奖（1987）。

6）静脉瘘性阳痿的外科治疗，获山西省科技进步奖三等奖（1991）。

共发表论文38篇，其中"吴氏气囊导管法前列腺切除术"（1982年）、"阳痿症的病因分析"（1991年）、"阳痿症的外科治疗"（1992年）均发表在《中华泌尿外科》杂志上，受到了国内同行好评。参与编写了医学名著《黄家驷外科学》《吴阶平泌尿外科学》《男科学》以及梅骅教授主编的《泌尿外科手术学》等。卫焘教授是山西省泌尿外科的创始人及学科带头人。历任中华医学会泌尿外科学会第一、第二届委员，第三、第四届常委；山西省泌尿外科学会第二、第三、第四届主任委员及第五届名誉主任委员；《中华泌尿外科杂志》第一、第二、第三、第四届编委，《中国男科学》杂志编委。1987年获全国五一劳动奖章。1991年享受国务院政府特殊津贴。他是全国劳模（1959年）、山西省劳模（1986年），1985、1987年国家卫生部先进工作者，山西省第四、五、六届人大代表。

马永江

1914—2004年，出生于浙江省杭县（现杭州市），国家一级教授，新中国泌尿外科奠基人之一。1941年7月毕业于北平协和医学院，获医学博士学位。后任协和医院外科医师。1946年赴美国密执安州培琼医学院进修。1949年初回国，任国民党国防医学院联勤总医院泌尿外科主治医师。1949年5月参加革命工作，1961年12月参加中国人民解放军，1983年4月加入中国共产党。历任上海第二医学院泌尿外科副教授、中国人民解放军第二军医大学附属第一医院泌尿外科副教授、教授、主任、主任医师、校专家组成员。曾任中华医学会泌尿外科学会副主任委员、上海泌尿外科学会主任委员、全军泌尿外科专业学术组组长、总后勤部医学科学技术委员会委员兼泌尿外科专业组组长、国际泌尿外科学会会员、《中国外科年鉴》主编，《中华泌尿外科杂志》《中华老年医学杂志》等6种医学杂志主编、副主编、编委。20世纪70年代末，在国内率先开展男性病学研究和防治，采用中药治疗甘油致家兔急性肾功能衰竭取得可喜成果。完成的科研课题"川芎防止甘油致家兔急性肾功能衰竭的实验研究"，获军队科技进步奖二等奖。主编《实用泌尿外科学》（人民军医出版社，1992年）、《泌尿外科学》（上海科学技术出版社，1982年）等10部专著；主审及参编《创伤外科学》（人民军医出版社，1989年）等20多部著作。发表医学论文200余篇。为中国人民政治协商会议第四、五届全国委员会委员。荣立二等功1次。1990年11月退休。1992年10月起享受国务院颁发的政府特殊津贴。2004年5月29日因病医治无效于上海逝世，享年91岁。

马腾骧

1926年7月出生，辽宁省辽阳市人，天津医科大学教授、博士生导师，著名泌尿外科学专家，享受国务院政府特殊津贴。

1948年，他毕业于盛京医科大学，1949年在天津市总医院从医任教，1953年任外科泌尿专业主治医师，1962年晋升为副教授，1978年恢复职称后首批晋升为教授。1984年，他领导的泌尿外科学科成为国内第二批博士学位授权点。马腾骧教授是国际泌尿外科学会会员、国际人工器官学会会员；曾担任中华泌尿外科学会第三、四、五届副主任委员，中国生物工程学会人工器官分会主任委员，天津市泌尿外科学会主任委员；《中华泌尿外科杂志》第三、四、五届副主编、《中华外科杂志》等多种杂志编委；现任中国生物工程学会人工器官分会及天津市医学会泌尿外科学会名誉主任委员、《透析与人工器官》杂志主编；2005年前，任天津市泌尿外科研究所所长，其后任名誉所长。他曾任天津医学院总医院外科副主任，天津医科大学附属第二医院外科主任、泌尿外科主任、副院长、院长等职。

20 世纪 50 年代，马腾骧教授在国内最早开展了肠管在泌尿外科领域的应用、保留器官的泌尿系统结核病的外科治疗（部分肾切除、肾结核病灶清除术）、肾血管性高血压的外科诊疗、人工肾的临床应用等新技术。1957 年由他主持开展了肠管在泌尿外科领域内应用的研究。20 世纪 60 年代初，他开展了国内第一例泌尿系统结核症保留器官手术。

1959 年，在国内首次将人工肾用于临床抢救急性肾功能衰竭获得成功。从此以后，他每年都要到外地会诊，抢救急性肾功能衰竭病人，足迹遍布大半个中国，从而使国内人工肾进入临床实用阶段。20 世纪 60 年代初，他开展了天津市第一例同种异体肾移植，是国内较早实施肾移植手术的专家之一。1960 年编写出版了国内第一部《膀胱镜诊断学》，1962 年编写出版了国内第一部《人工肾》专著。

马腾骧教授，在事业上倾注了全部的心血，兢兢业业，锲而不舍，不断攀登；在学术上兼收并蓄，态度严谨，不断创新；在治学上教书育人，严格要求，甘为人梯；在人格上高风亮节，医德高尚。经过 50 多年从医、执教，他将自己所走过的路程总结为"实践、探索"。他在医、教、研实践中缜密观察、苦苦求索，在不断实践、不断探索中求得创新与发展，克服困难、战胜自己，使得事业有成。为表彰他在泌尿外科领域所取得的突出成就，1994 年他被授予全国第一届吴阶平医学研究奖、保罗-杨森药学研究奖一等奖。他还先后 6 次获得天津市劳动模范、全国优秀教师等荣誉称号。

马潞林

1961 年 10 月生，主任医师，教授，博士研究生导师，北京大学第三医院泌尿外科主任。中华医学会泌尿外科分会常委兼肾脏移植学组组长，中国微创杂志副主编，中华泌尿外科杂志编委，中华外科杂志通讯编委，中国医师协会泌尿外科分会委员，北京医学会器官移植分会委员，北京医学会泌尿外科分会委员。1984 年毕业于第四军医大学。

从事泌尿外科工作 26 年，主要擅长于泌尿外科疑难手术、肾移植和腹腔镜手术。泌尿外科疑难手术包括巨大肾上腺肿瘤切除，肾癌合并腔静脉癌栓，前列腺癌根治，膀胱全切尿流改道—回结肠代膀胱、回肠代膀胱、回肠膀胱及输尿管皮肤造瘘。擅长的腹腔镜手术包括：保留 NVB 的前列腺癌根治术、保留 NVB 的膀胱全切＋淋巴结清扫＋Studer 原位膀胱术，根治性肾癌切除术、肾部分切除术、巨大肾上腺肿瘤切除术等。近几年开展了单孔肾癌根治术、单孔膀胱全切等国际一流手术。

长期作肾移植工作，已完成肾移植 1000 余例，几乎无外科并发症。我已完成后腹腔镜活体亲属供肾切取 160 余例，数量国内最多，成功率 100％，成功率与国际水平同步，并在 JU 发表相关文章 3 篇；现已做胰十二指肠肾联合移植 20 余例，取得良好效果，为国内开展该项工作最多的医院之一。2004 年完成肾移植 185 例，名列北京各大医院之首。马潞林主任主编《泌尿外科腹腔镜手术学图谱》，主译《泌尿外科腹腔镜手术图谱》及泌尿外科多部专著,并且参与编写《泌尿外科内镜诊断治疗学》、《泌尿外科手术并发症的预防与处理》等多部泌尿外科论著。

在国外杂志上发表SCI收录的论著15篇,国内发表的文章40余篇。获北京市科技进步二等奖一项,三等奖一项。2009年获得国家自然基金1项、北大985资助的科研基金2项(猪胰肾联合移植门——肠引流动物模型的建立,肾移植术后排斥反应的监测),国家973循证医学基金一项(胰肾移植肠引流与门脉引流的比较),国家211项目20万,北京大学第三医院资助项目1项(胰肾联合移植),总金额近200万。

王少华

1937年出生,卫生部北京医院泌尿外科主任医师、教授。1965年7月毕业于北京协和医科大学医学系。毕业后先在中国医学科学院整形外科医院任外科住院医师,后供职于天津市大港油田总医院任外科主治医师。1976年,在天津市第一中心医院泌尿外科进修;1981年,调至卫生部北京医院泌尿外科工作至今。1987年,在日本东京慈惠会医科大学泌尿外科进修;1992年,兼任中华医学会泌尿外科分会常务委员;1999年底退休。

王行环

1965年出生,湖北省武汉市人。广东省人民医院泌尿外科主任,武汉大学、南方医科大学、汕头大学教授及博士生导师;中华医学会泌尿外科学会常务委员,中华医学会广东省泌尿外科学会副主任委员;《中华泌尿外科杂志》《中华男科学杂志》《临床泌尿外科杂志》《现代泌尿外科杂志》《临床外科杂志》《中国输血杂志》等编委。

1986年毕业于湖北医科大学医学系,获学士学位;1989年毕业于湖北医科大学泌尿外科研究中心,师从胡礼泉教授,获硕士学位并留校任教;1996年毕业于北京医科大学泌尿外科研究所,师从顾方六教授,获博士学位。之后在广东省人民医院泌尿外科工作,1999年出任泌尿外科主任。多次去美国学习交流,2000年4—5月,于纽约大学微创泌尿外科中心学习;2002年10月,入选中华医学会泌尿外科分会"将才工程",赴美国南加州大学Norris Hospital学习。

从事泌尿外科、男科临床及研究工作,具有丰富临床经验。致力于新技术的开展,特别以腹腔镜微创技术和经尿道前列腺增生等离子切除术为特长。

科研工作中曾获卫生部科技进步奖二等奖。课题"膀胱癌根治术后原位胃新膀胱的研究"和"腹腔镜膀胱癌根治术原位胃新膀胱的应用研究"分别获得广东省科技计划项目与广州市科技计划项目立项资助,同时还承担了多项省级课题的研究。发表中、英文论文50多篇。曾承担国家自然科学基金等各级研究项目8项,其中"良性前列腺增生和前列腺癌在中国发病情况研究"获卫生部科技进步奖二等奖。

参加《吴阶平泌尿外科学》、《黄家驷外科学》、《男科学》以及梅骅教授编写的《泌尿外科手术学》(第3版)等权威专著的再版编写,参与郭应禄教授主编的《泌尿外科内镜诊断治疗学》的编写,作为分篇副主编参与制定《良性前列腺增生诊断治疗指南》(2006版)。

"良性前列腺增生和前列腺癌在中国发病情况的研究"获1996年卫生部科技进步奖二等奖。获得多项国家自然科学基金课题,承担的重要课题:

1)EGF和TGFb3对不同年龄肾切除术后留存肾代偿的影响(国家自然科学基金课题)。

2)良性前列腺增生症和前列腺癌在中国发病情况的研究(国家自然科学基金课题)。

3)前列腺移行区体积参数评价的BPH研究(广东省卫生厅资助课题)。

4)经尿道前列腺电汽化术的应用研究(广东省卫生厅资助课题)。

5)等离子双极电切用于经尿道手术的应用研究(广东省人民医院启动性基金)。

6)膀胱癌根治术后原位胃新膀胱的研究(广东省科技计划项目)。

7)原位胃新膀胱的应用研究(广州市科技计划项目)。

王建业

1957年出生,1982年12月毕业于新疆医学院医疗系本科;1989年8月毕业于中国协和医科大学研究院,获硕士学位;1994年7月毕业于瑞士苏黎世大学医学院,获医学博士学位。现任卫生部北京医院副院长、主任医师,中国协和医科大学教授、博士生导师。兼任中华医学会泌尿外科学常务委员、北京医学会泌尿外科学会副主任委员、中华医院管理学会医疗质量专业委员会副主任委员、中国医师学会泌尿外科专业委员会副主任委员、中华医学会老年医学专业委员会副主任委员等职。

长期从事泌尿外科临床与科研工作。多年来担负着党和国家领导人的干部保健工作,受到中央领导的好评。在担任科主任期间,在国内较先开展了前列腺癌的早期诊断与根治性手术,使得前列腺癌的诊治系统化、规范化。同时,在国内较早开展了良性前列腺增生症的汽化术、消融术、经尿道前列腺电切术等。近年来,又带领北京医院泌尿外科医师开展了腹腔镜、肾移植等手术。对老龄高危人群的诊治有着丰富的临床经验,曾多次为90岁以上高龄病人施行前列腺增生、膀胱癌切除等手术。

以与老年人相关的良性前列腺增生症及前列腺癌为研究重点,承担多项国家及省部级课题，现有课题经费 200 多万元。特别是主持、承担国家"十五"攻关课题——"良性前列腺增生症的规范化诊治方案的研究"，为我国良性前列腺增生症的诊疗提供循证医学指南。通过承担各类研究课题，培养了多名硕士、博士研究生，发表了相关论文 20 多篇，主编专著 1 部，参加编写的专著 4 部。

　　曾荣获中华医学会优秀论文奖一等奖、第二届中国青年科技奖、中华医学会优秀青年医师奖，享受国务院特殊津贴。

王晓峰

　　1951 年 5 月生于黑龙江省哈尔滨市，现任北京大学人民医院泌尿外科主任、教授、主任医师、博士生导师，中华医学会泌尿外科学分会常务委员、北京市医学会泌尿外科学分会副主任委员、北京市男科学分会委员、北京市器官移植学分会委员、中华泌尿外科医师协会委员、国家卫生部中高级考试委员会泌尿外科组组长、《中华外科杂志》特约编委、《中国血液净化杂志》编委。

　　1976 年毕业于北京医学院医疗系，1980 年开始从事泌尿外科临床、教学和科研工作，1989—1991 年曾在德国埃森（Essen）大学泌尿外科和男科进修。是荣获国家科技进步奖一等奖的"体外液电冲击波碎石机"课题组成员。

在多年的临床和科研工作中积累了丰富的经验，特别是在泌尿系统肿瘤、前列腺增生症的诊断和治疗、肾移植和男性性功能障碍方面都有较高的水平，已累计完成各种泌尿外科手术近万例。目前的主要研究方向为：肾移植的免疫耐受诱导，男性勃起功能障碍的诊断和治疗，以及泌尿外科疾病的微创治疗。已有 20 多篇论文在国内核心专业期刊上发表。

王瑞福

　　1917 年 5 月出生，山东省莱州人。1943 年毕业于满洲医科大学，后于满洲医科大学附属医院皮肤泌尿外科工作，是当时皮肤泌尿外科内唯一的中国医生。1946 年，满洲医科大学改名称为"国立沈阳医学院"，王瑞福教授任皮肤泌尿外科主任。1948 年 11 月 2 日沈阳解放，中国医科大学合并沈阳国立医学院；经过 3 个月左右的政治学习，1949 年 3 月，泌尿外科由原来的皮肤泌尿外科脱离出来，王瑞福教授负责成立了独立的专业泌尿外科，任科主任。自此，王瑞福教授一直奋战在泌尿外科的最前线，直至 1988 年于工作岗位上离休，为中国医科大学附属第一医

院乃至辽宁省泌尿外科事业的发展作出了重要贡献，堪称辽宁省泌尿外科事业的奠基人之一。王瑞福教授曾任中华医学会泌尿外科学分会第一届委员会常务委员、辽宁省外科学会泌尿组组长。

王瑞福教授从事泌尿外科临床、科研和教学工作近45年，长期致力于泌尿生殖系统肿瘤、结石、结核以及前列腺增生症的诊治研究工作。在他的带领下，科室在国内较早地开展了前列腺切除术、膀胱全切术、肾部分切除术、自体肾移植治疗肾动脉狭窄等高难度手术，以及肾动脉造影、腹膜后充气造影等在当时较为先进的检查技术。王瑞福教授在长期临床实践中总结出了"晚期重症脓肾型肾结核一期肾切除术"的相关技巧与经验，改变了过去沿用的先行肾造瘘、再择期行肾切除的常规方法，变两次手术为一次手术，减轻了病人的痛苦和经济负担，成为此后多年来沿用的经典手术之一。另外，王瑞福教授在肾上腺疾病的外科治疗方面做出了突出贡献，1979年，他着手"双肾上腺全切自体移植治疗肾上腺皮质增生皮质醇症的研究"，当时在国内处于先进水平，取得了良好的术后效果。在长期术后随访观察中，发现双侧肾上腺切除者有部分出现Nelson综合征，在国内较早地报道了该病的诊断和治疗经验。

王瑞福教授从医45载，积极投身于泌尿外科的临床、科研工作，发表学术论文20多篇，参加编写泌尿外科专著2部，参与承担省、市级科研课题2项，获得省部级科研奖2项。培养了数十名学生，桃李满天下。在长期的医疗实践中，他医德高尚、技术精湛、服务热情，得到了社会广泛的承认与尊敬。

王东文

1964年出生，1984年毕业于山西医学院，同年参加工作，博士毕业于华中科技大学，曾留学日本东京医科大学，并赴美国进行短期交流及访问。任山西医科大学模拟医院副院长，山西医科大学第一医院泌尿外科主任、教授，博士研究生导师。

兼任中华医学会泌尿外科学分会全国常委（尿控及女性泌尿外科学组副组长），山西省医学会泌尿外科专业委员会主任委员，国际尿控学会会员，国际泌尿外科学会会员，《中华泌尿外科杂志》、《中华男科学杂志》、《中华腔镜泌尿外科杂志（电子版）》、《现代泌尿生殖肿瘤杂志》、《现代泌尿外科杂志》等杂志编委。享受国务院政府特殊津贴，2007年入选人事部"新世纪百千万人才工程"国家级人选，2009—2010年度卫生部有突出贡献中青年专家，被授予山西省劳动模范、山西省卫生系统有突出贡献人才、山西省优秀留学归国人员、山西省首届中青年名医等称号，现为山西省第十届政协委员。

目前主要从事泌尿外科微创治疗的基础研究及研发和临床尿动力学两大方面的研究工作。先后主持并完成包括国家自然基金项目在内的国家级及省部级科研项目10余项，在核心期刊、统计源期刊上发表论文80余篇，主编及参编著作10余部。研究成果获教育部科技成果奖1项，全军科技进步奖1项，山西省科技进步奖一等奖2项、二等奖4项、三等奖3项，山西省高等学校科学技术奖2项，太原市优秀科技项目1项等，获国家授权专利5项。

尤国才

1932—2011年，上海市人。1956年毕业于江苏医学院（现南京医科大学）后留江苏医学院附属第一医院（江苏省人民医院）外科工作。1959年任泌尿外科专科医师，1984—1996年任泌尿外科主任、硕士生导师，1996年至今任职于医院专家室。曾先后兼任中华医学会泌尿外科学分会委员、常委，中华医学会男科学分会委员，国家计生委专题委员会委员，中国透析与移植委员会委员，中华医学会江苏省分会泌尿外科学会秘书、副主任委员、主任委员、名誉主任委员，江苏省计划生育协会副主任委员，中华医学会南京分会泌尿外科学会主任委员、名誉主任委员，中华医学会南京分会男科学会主任委员，南京医学会理事，

《中华男科学杂志》副主编、顾问，《中国男科学杂志》、《临床泌尿外科杂志》、《现代泌尿外科杂志》、《肾脏病与透析肾移植杂志》编委等，并被国际泌尿外科学会（SIU）接纳为会员。

从事泌尿外科临床医疗、教学、科研工作40多年，培养出大批学士、硕士，不少已在国内外泌尿外科领域内成为骨干力量。他本人对肾移植、肾上腺外科、尿石症、泌尿系肿瘤、男科学等造诣较深。曾早期自制高压注射器，利用200 mA X线机成功完成肾动脉-腹主动脉造影术，发现大动脉炎是我国肾动脉狭窄并发高血压的主要原因，1973年即以自体肾移植进行治疗。随后在省内首先施行了活体亲属异体肾移植术。他对肾上腺的良恶性疾病、库欣综合征、原发性醛固酮症、肾上腺生殖器综合征、嗜铬细胞瘤的诊治颇有研究，特别是嗜铬细胞瘤（包括异味）的手术病死率位于国内最低水平。他所开展的胸腔外、腹膜外胸腰背切口扩大肾癌根治术，损伤小、并发症少，已成为科内基本模式。他所研制的硅胶管-银阴茎假体和临床应用，于1984年通过以吴阶平教授为首的国内著名专家组成的委员会论证与鉴定，填补了国内空白。他曾任国家科研课题"棉酚"研究和国家"六五"科技攻关课题的全国14个省市协作组的组长；"男性节育药棉酚的临床试用"总结论文在国内外引起很大反响，曾获全国科学大会奖。"男性节育药棉酚所致睾丸形态学变化"、"男性节育药棉酚所致低血钾的发病原因"分别获国家部委级二、三等奖。他先后有多项科技成果获省科技进步奖。1985年被评为南京市劳动模范，1989年分别受到国家计生委和卫生部表彰，被授予科技工作有突出成绩和贡献的专家荣誉证书，1992年享受国务院政府特殊津贴。

在国内外发表署名论文60多篇，如"精子灭活的实验研究"、"自体肾移植术治疗肾动脉狭窄性高血压30例"、"异体肾移植的超急性排斥反应"、"植入硅橡胶-银阴茎假体治疗

50 例阳痿"、"扩大肾癌根治术 48 例"等均颇有影响。参编《男性输精管结扎术》、《临床药物手册》、《实用男性学》、《生殖医学》、《泌尿外科手术学》,担任"八五"重点图书《泌尿外科手术图解》的主编。他曾赴德国、日本、泰国、西班牙、美国、加拿大、法国以及中国香港和台湾地区进行访问和学术交流。

孔垂泽

　　1962 年 7 月出生,辽宁省盖州市人,医学博士。1985 年 7 月毕业于中国医科大学,同年于中国医科大学附属第一医院工作,1997 年晋升为副教授、副主任医师,任泌尿外科副主任;1999 年 7 月至 2000 年 6 月于日本香川医科大学留学;2000 年破格晋升为教授、主任医师;2001 年任泌尿外科主任、博士生导师。

　　1998 年担任《中华外科杂志》编委,2000 年担任《中华泌尿外科杂志》编委,2004 年担任《中华实验外科杂志》、《临床泌尿外科杂志》、《现代泌尿外科杂志》编委。2000 年任辽宁省泌尿外科学会常务委员,2002 年任辽宁省泌尿外科学会主任委员、中华医学会泌尿外科分会第六届委员会委员,2004 年任中华医学会泌尿外科分会第七届委员会常务委员,2005 年任中华医学会泌尿外科分会肿瘤学组委员。1998 年在上海获得"吴阶平泌尿外科医学奖",2000 年被评为辽宁省优秀青年骨干教师,2004 年入选人事部"百千万"人才工程百人人选。

　　孙垂泽从事泌尿外科临床、科研、教学工作 20 多年,致力于前列腺增生、肾上腺疾病、泌尿男生殖系肿瘤和女性泌尿外科疾病的诊治研究。1990 年师从于张铭铮教授,开展经尿道手术治疗前列腺增生症、膀胱肿瘤等,对前列腺尖区的处理方法进行改良,取得了良好的治疗效果,获得辽宁省科技进步奖三等奖。对肾上腺肿瘤,特别是无症状肾上腺肿瘤诊治进行研究,提出了无功能肾上腺肿瘤的临床诊治和分类方法,提出了临床前原发性醛固酮增多症的概念和诊治原则,获得辽宁省科技进步奖三等奖。对泌尿男生殖系肿瘤,特别是上尿路移行细胞癌术后再发膀胱癌的防治有较深入的研究,获得辽宁省科技进步奖三等奖、中华医学科技奖三等奖。对肾盂输尿管癌的临床与基础进行研究,改良了上尿路移行细胞癌手术治疗时管口周围膀胱壁的处理方法,获得辽宁省科技进步奖二等奖。在大力开展腹腔镜手术基础上,于国内率先开展微创内镜根治性肾切除术,将开放手术与腹腔镜技术相结合,不使用气腹,避免了气腹并发症,达到既微创又根治的目的。参与或承担了"十五"攻关课题、国家自然科学基金课题、卫生部课题、辽宁省自然科学基金课题、辽宁省教委、国家教委课题共 10 项。已于国内中华系列杂志及国家级杂志发表学术论文 73 篇,于国外杂志发表学术论文 8 篇(4 篇通讯作者署名为中国医科大学附属第一医院)。参加编写《吴阶平泌尿外科学》、《现代前列腺病学》2 部专著,担任《外科解剖学图谱》副主编,主审译著《微创内视下泌尿外科手术》。

注重人才培养和学科发展，经过5年的努力，完成了泌尿外科专业学组的划分，使泌尿外科分成6个专业分支学科，注重尿动力学研究，建立了女性泌尿外科和神经泌尿学，开展微创泌尿外科手术，培养了一批具有各自发展方向和学术特点的学术带头团队，推动了该院泌尿外科的发展。

邓显昭

1919年8月出生，四川省成都市人。原名邓建初。

1948年自华西协和大学医学院毕业，获得华西协和大学和纽约州立大学医学博士学位，并留校在医院任住院医师。

在大学医院担任住院医师3年，期间开始接触泌尿外科临床，得到杨嘉良教授的指导。1952年起，在骨科担任主治医师。1954年4月泌尿专业组由杨嘉良教授任指导，邓显昭任主治医师，师从杨嘉良教授。1962年晋升为外科副教授，主管泌尿外科专业组工作。1972年任大外科副主任。1978年晋升为外科学教授，任硕士研究生导师。同年被任命为医学院教务处处长，主管医学院的教务工作至1982年。1983年起开始招收泌尿外科博士研究生，共培养了5名泌尿外科学硕士生、6名泌尿外科学博士生。

20世纪50年代泌尿专业组成立之后，他收治了一名患前列腺肉瘤的5岁男孩，撰写诊治个案报告在《中华外科杂志》上发表。1959年和杨嘉良、陈仲达一起总结和报道了"108例尿路结石的诊治经验"。自1959年以后，他在杨嘉良教授的指导下，开始进行膀胱扩大、膀胱替代及尿流改道的临床研究。他查阅了当时有关肠道膀胱、尿流改道的各种资料和文献，包括曾到昆明医学院查阅相关的法文资料。之后总结临床经验，并根据当时人们较为困难的物质生活条件，重点开展了直肠膀胱、乙状结肠腹壁造口术。后来逐渐形成并提出了"双瓣鱼嘴式"输尿管与直肠吻合的方法，有效地降低了因吻合口狭窄或关闭不严导致梗阻、感染等并发症的发生率。其初期的临床研究结果于1964年在全国大会上报告，后在《中华泌尿外科杂志》上发表。之后，又对20多例行直肠膀胱术的病人进行了长期随访，膀胱镜、尿路造影等检查结果显示：直肠膀胱容量满意，控尿良好，无上尿路积水和感染。由于疗效满意、术后长期护理的经济负担小，其临床经验在全国不少地区得到了推广应用。20世纪八九十年代，随着社会经济条件的改善、人们生活水平的提高，他又鼓励开展其他的尿流改道手术，包括原位回肠膀胱术。

他连续三届被选为中国共产党十大、十一大和十二大代表。他是我国泌尿外科学界的知名老专家，医德高尚，关心病人，热爱教学，重视培养后继人才，深受病员和学生的爱戴。他是四川省泌尿外科学界的老前辈，重视学术交流以及学会的建设，明确提出学会应成为人才培养的基地，以扩大泌尿外科的专业影响。早在20世纪50年代中期，他就和四川省人民医院潘慈康教授一起,在成都市组织泌尿学科学术活动,每1~2个月轮流组织泌尿医师会和疑难病例讨论,当时全市仅这2家单位有泌尿专业组。"文革"前期学术活动被迫中断,1974年他们又克服困难恢复了泌尿专业组的学术活动,并将其扩大到成都市的各大市级医院、成都军区总院、中医学院,带动各医院泌尿外科的工作和发展。1980年《中华泌尿外科杂志》创刊,他任第一届编委。1981年4月,成都市泌尿外科学分会正式成立,他被选举为主任委员。1981年11月,在南京召开全国泌尿外科学会成立大会,他被选为第一届全国泌尿外科学会常委。1985年11月,第二届全国泌尿外科学术会议在成都召开,他被选为大会主席团副主席、第二届全国泌尿外科学会常委。1986年《临床泌尿外科杂志》出版,任第一届编委。1986年11月四川省医学会泌尿外科分会成立,任第一届主任委员。同时,还成立了西南三省四市泌尿协作组,他被推选为第一届主任委员。后任成都市医学会泌尿专委会、四川省医学会泌尿专委会、西南地区泌尿协作组的名誉主任委员,直至退休。直至今日,他还一直在关心和支持华西医院、成都市、四川省乃至西部地区泌尿外科人才的培养和泌尿外科事业的发展。

叶章群

1955年出生,湖北省武汉市人,教授、博士研究生导师,享受国务院政府特殊津贴。1977年毕业于三峡大学医学院,1981年考入华中科技大学同济医学院就读泌尿外科研究生,1984年获医学硕士学位,1984—1987年在华中科技大学同济医学院附属同济医院泌尿外科任主治医师、讲师,1987—1990年继续攻读华中科技大学同济医学院博士学位,1990年获得临床医学博士学位。1992年晋升同济医院教授、主任医师,1993—1994年赴意大利巴勒莫大学临床泌尿外科研究所进修。1994—1998年任同济医院泌尿外科副主任、教授、博士生导师;1999至今任同济医院外科副主任、泌尿外科主任,主任医师、教授,博士生导师。

研究方向为尿石成因及防治、泌尿系肿瘤。

从事泌尿外科工作20多年,在临床上开展了许多新技术和手术方法,多次获得同济医院新业务、新技术一、二等奖。目前,在研课题有国家自然科学基金课题"可分解草酸小鼠肠干细胞群的构建"。已完成科研课题6项,其中国家自然科学基金课题3项。获卫生部科技进步奖三等奖1项,湖北省政府科技进步奖1项,湖北省卫生厅科技进步奖一等奖1项、二等奖2项、三等奖1项,武汉市科技进步奖二等奖、三等奖各1项,多次获湖北省科委优秀论文奖。

现任中华医学会泌尿外科学分会副主任委员、国际泌尿外科学会会员、中华泌尿外科学会腔内及冲击波碎石学组委员、中华泌尿外科学会湖北省泌尿外科分会主任委员,担任国家自然科学基金评委。担任《临床泌尿外科杂志》副主编、《中华外科杂志》编委、《中华泌尿外科杂志》副主编，分别担任《中华实验外科杂志》、《中华男科学杂志》、《现代泌尿外科杂志》、《华中科技大学学报》、《华中医学杂志》、《国外医学·泌尿外科分册》编委。发表专业论文80多篇。主编《肾上腺疾病》（人民卫生出版社，1997年）、《尿流改道和膀胱替代成形》（人民卫生出版社，2000年）、《泌尿系结石》（人民卫生出版社，2002年）、《泌尿外科疾病诊疗指南》（科学出版社，2005年）。副主编《泌尿外科恶性肿瘤的综合治疗》、《现代泌尿外科学》；主审《泌尿外科手术图谱》、《泌尿系内腔镜检查》、《尿石研究新进展》；参编《吴阶平泌尿外科学》、《泌尿外科手术学》、《不孕与不育》、《实用创伤外科》、《外科学》、《外科常用实验方法及动物模型的建立》等10多部专著。其中《外科学》为七年制医疗系学生的必修教材，《外科常用实验方法及动物模型的建立》为七年制医疗系学生的选修教材。

从事外科学教学20多年，现有在读硕士、博士研究生20多人。曾2次获得"优秀研究生导师"称号。

作为著名泌尿外科专家章咏裳教授的博士生，传承了老一辈淡泊名利、刻苦钻研、严谨求实、开拓进取的优良传统并将之发扬光大。对学生注重言传身教，对同事做到以身作则，先人后己，克己奉公。他高瞻远瞩，对世界泌尿外科发展潮流把握准确，领导科室开展新业务、新技术数十项，使得科室专业水平得到迅速提高，获得广大同仁的一致肯定。

刘同才

1936—2002年，辽宁省法库县人。1963年毕业于中国医科大学。之后在中国医科大学附属第一医院外科工作，后定于泌尿外科，一直工作至66岁辞世。1986年晋升为副教授、副主任医师，1996年晋升为教授、主任医师。历任中国医科大学附属第一医院泌尿外科副主任、主任。曾兼任国际泌尿外科协会会员、中华医学会泌尿外科学分会第六届委员会常务委员、辽宁省泌尿外科学会第四届委员会主任委员、沈阳市泌尿外科学会主任委员。

刘同才教授从事泌尿外科临床、科研和教学工作近40年，长期致力于泌尿生殖系统肿瘤、结石、结核以及肾上腺疾病的诊治研究，取得了丰硕的成果。特别是在肾上腺疾病的外科治疗方面，在国内享有较高声誉。以他为首的攻关小组不断摸索、不断创新，对肾上腺皮质增生所致的库欣综合征的研究达到国内先进水平。在国内首先开展一侧肾上腺全切、对侧肾上腺切除4/5的手术，症状虽然可以一时性缓解，但长时间后可能复发而且概率较高；经过实践，改良术式为双侧肾上腺全切、终身服用激素，取得了满意的疗效。在临床实践中不断总结，摈弃背部切口，改为经第十一肋切口的手术方法，手术操作简便，并发症少，为肾上腺疾病的手术治疗创造了更为可行的新方法。1979年，参与"双侧肾上腺全切自体移植治疗肾上腺皮质增生皮质醇症的研究"，取得了良好的术后效果。在长期术后随访观察中,还发现部分双侧肾上腺切除者出现 Nelson 综合征,系因脑垂体肿瘤引起,在国内较早地报道了该病的诊断和治疗,为肾上腺疾病的外科治疗作出了杰出贡献。

刘同才教授还在国内较早地开展了自体肾移植手术,治疗肾血管狭窄性高血压,收到了良好的治疗效果,受到科学大会的表彰。在经腹肾癌根治术、膀胱全切回肠代膀胱术方面也有着较高的造诣,提高了肾肿瘤及膀胱肿瘤的治疗效果。对于肾癌合并肾静脉、腔静脉癌栓的病例,较早地进行了取栓方面的研究,开创了腔静脉、肾静脉切开取癌栓的新术式,为晚期肾癌病人的治疗做了有益的尝试和探索,提高了病人的生存率。

刘同才教授从医以来,积极投身于泌尿外科的临床、科研工作,发表学术论文 20 多篇,参加编写泌尿外科专著 3 部,参与承担省、市级科研课题 3 项,获得省部级科研奖励 2 项。1990 年开始培养研究生,已经有 10 多名学生先后走上泌尿外科工作岗位,并且都已成为各医院的骨干力量。在长期的医疗实践中,他医德高尚、技术精湛、服务热情,获得社会广泛的承认与尊敬,并多次被评为省、市优秀卫生工作者。

刘国栋

1930 年 6 月出生于甘肃省秦安县。1955 年 9 月毕业于兰州医学院医疗系并留校任兰州医学院附属第二医院泌尿外科住院医师。1978 年起,先后晋升为主治医师、副教授、副主任医师;1982 年,任兰州医学院附属第二医院泌尿外科主任,硕士研究生导师;1987 年,任该院泌尿外科教授、主任医师,泌尿外科研究室主任。1991 年,荣获甘肃省优秀专家称号,享受国务院颁发的政府特殊津贴。1992 年 8 月起,任兰州医学院泌尿外科研究所所长。曾兼任甘肃省科协常务委员,甘肃省计划生育学会副主任委员,甘肃省医学会理事,泌尿专业学会主任委员,中华医学会泌尿外科学会常委,中华男科学分会常委、顾问,中华器官移植学会委员;《中华泌尿外科杂志》、《中华男科学杂志》、《临床泌尿外科杂志》、《甘肃医药》、《兰州医学院学报》等编委,《现代泌尿外科杂志》副主编;国际泌尿外科学会会员,英国剑桥名人传记学会会员,美国泌尿外科学会会员。

50 多年来,他一直从事泌尿外科的临床、教学和科研工作。在临床方面,在国内较早用病灶清除术治疗空洞性肾结核,从而保留结核肾。从 1983 年起,用卡介苗治疗浅肌层膀胱肿瘤,使一些本该切除膀胱而保留膀胱者至今无瘤复发仍健在。对耻骨上前列腺切除后采用取囊的 Foley 管持续冲洗引流,取得恢复快的好效果。在科研方面,尤其在泌尿系结石微结构的研究和溶石药物的研究方面有独到的见解和突出的成绩,在国内外有一定影响。用仿 Renacidin 溶磷酸盐结石,在体外可达完全溶解。从中草药如五苓散和胖大海中提取的大分子物质(GAGs)防治尿草酸钙结石,取得很好的效果,并应用于临床。在泌尿系肿瘤研究中,也取得了良好的成绩。在肿瘤的治疗中采用了多种新方法,取得了长期的效果。对部分肾癌切除肿瘤保留肾脏取得良好的效果。此外，对泌尿系肿瘤淋巴细胞浸润及免疫治疗进行过较深入的研究。经多年努力，在国内较早成立了泌尿外科研究所，开展了很多新业务，为教学、科研和临床的不断发展及进一步培养高级泌尿外科人才奠定了基础。现在仍在研究分子医学。

自 1980 年以来，在国内外共发表学术论文 85 篇，其中 3 篇发表在国际上有较大影响的杂志上。主持和指导 24 项科研项目，均获省科技成果奖。主编《泌尿外科基础》、《老年泌尿外科学》、《泌尿外科进修医师必读》；参加吴阶平主编的《泌尿外科学》、《吴阶平泌尿外科学》的编写。

米振国

山西肿瘤医院院长，博士生导师，享受国务院颁发的特殊津贴，兼任同济医科大学外科学教授和山西医科大学教授，《中华泌尿外科杂志》《中国腔道泌尿外科》《EMSL 杂志》编委，中华医学会泌尿外科学分会常委，中华医学会男科学分会常委，山西医学会泌尿外科学分会主任委员，国际泌尿外科学会会员等职。

1983 年获山西医学院（现山西医科大学）泌尿外科学硕士学位。1990—1991 年在日本东京医科大学附院研修，专攻微创泌尿外科，师从国际著名腔道泌尿外科教授 Miki Makoto，是山西外科学的第一个研究生和留学生。毕业后回到山西，投入新的工作。1996—2001 年任山西医科大学附属第一医院泌尿外科主任、主任医师。2001 年底至今任山西省肿瘤医院院长、博士生导师。

米振国教授率先在山西推广了"经皮肾镜碎石术"、"输尿管镜检及治疗技术"、"膀胱肿瘤电切术"、"尿道狭窄及闭锁的内镜治疗技术"、"经尿道前列腺电切术"、"泌尿系腹腔技术"等多项泌尿外科微创技术。由于重视继承和创新，米振国教授的学术和专业技术得到了迅速发展，赢得了"山西微创泌尿外科第一人"的称誉。他创造性地提出"阶梯式教学法"理论，为山西培养了大批腔内镜技术人才。他组织编写了山西省唯一一部由卫生部授权的《膀胱肿瘤的诊断和治疗》视听教材，主持参与编写了《膀胱肿瘤研究进展》《外科学》《淋巴瘤》等 6 部学术著作。他主持参与的"后尿道腺瘤"等研究获山西科技进步奖一等奖 2 项、二等奖 3 项，公开发表论文 40 多篇。目前由他主持的"生物技术治疗微小癌的临床应用研究"等 6 项课题，获卫生部基金、省留学基金、省攻关基金等共 35.5 万元。

20 世纪 90 年代中期，米振国教授担任科主任、副院长后，为发展山西省泌尿外科事业，从省政府一次争取到了 10 万美元专用经费，以此为契机夯实了泌尿外科基础，加快了泌尿外科发展步伐。为铆足这一学科的发展后劲，他特别注意人才梯队建设和年轻人才培养，先后培养硕士、博士生等专业人才 30 多人。在第六次全国泌尿外科年会上，他所在科室交流的论文达 10 多篇；他领军的山西医科大学第一附属医院泌尿外科被评为"省重点学科"，全科拥有正高级职称人员 4 名、副高级职称人员 6 名和众多中级专业技术人员的"金字塔"

最优化人才梯队。

上任山西省肿瘤医院院长后，他的管理才能得到了有效的发挥。他带领该院职工开拓进取，奋发图强，在不到5年的时间里，"山西省肿瘤放射治疗中心"、"山西省乳腺疾病治疗中心"、"山西省疑难病理会诊中心"先后挂牌成立；相继成为"中国百万妇女乳腺癌普查首批定点医院"、"中国农村妇女子宫颈癌早诊早治示范基地"、"全国食管癌普查基地"的牵头指导单位；医院的固定资产翻了2.7倍，职工人均收入翻了一番，有16项成果通过鉴定，有8项成果获奖，解决了困扰医院长达10年的宿舍区土地纠纷问题，职工住房和生活环境均有较大的改善。在2003年与"非典"疫情的战斗中，该院严防死守，成功实现了职工、病人、陪护人员"三个零感染"。

在30多年的时间里，由于扎实而卓有成效的工作，米振国教授赢得了党和人民给予他的许多荣誉，山西省政府授予他"山西省优秀中青年回国人员留学奖学金"、"山西省五一劳动奖章"等荣誉，他还被山西省委宣传部授予"抗击非典标兵"称号。

江　鱼

1925年4月出生，江苏省无锡市人。1941—1944年就读于国立南京中央大学生物系；抗战胜利后，于上海同德医学院医学系获医学学士学位；1949—1950年在无锡普仁医院实习1年；1950年任上海南洋医院住院医师，同年10月就聘上海宏仁医院任外科住院医师，1954年任外科住院总医师，1955年晋升主治医师。1956年，因上海第二医学院院系调整转入仁济医院；1959年，提升为外科学讲师，随蓝锡纯教授研究日本血吸虫病的外科治疗，定期赴青浦、昆山等县，协助开展切脾手术和日本血吸虫病的外科并发症的防治工作。

1960年以后，在上海仁济医院泌尿外科工作。1962年，赴北京医学院和天津医学院进修泌尿外科，由我国著名泌尿外科专家吴阶平、施锡恩教授亲自教导。由于有10年普外科专业经验，为开展泌尿外科专业打下了坚实的基础。1964年，任上海第二医学院仁济医院临床外科教研组副主任，以后在王以敬教授的领导下开展泌尿外科临床、教学、科研工作。1954年，在王以敬教授指导下开展了肠道在泌尿外科中的应用研究，创造性地开展了腹膜外回肠膀胱术，撰写了"应用肠管代替膀胱60例手术探讨和腹膜外回肠膀胱术110例临床观察"等学术论文。1964年，开始创建男子计划生育实验室（现男科学研究所），撰写了"精液分析对男性生育估计"的论文。1968年，开展经尿道前列腺切除的腔内泌尿外科技术，并通过请香港专家在沪举办经尿道前列腺切除术（TURP）学习班，积极示范传教，将此项技术推向江苏、浙江等临近省份。1969年，率先采用耻骨联合劈开途径，治疗复杂难治性尿道狭窄。1971年，采用腰干淋巴管、淋巴结与邻近静脉显微吻合技术，治疗顽固性乳糜尿。历年来，担任上海第二医学院临床泌尿外科的教学工作，并独立进行泌尿外科和男科学方面的科研工作。从 1967 年开始,从事上海华东医院泌尿外科干部保健会诊工作迄今,1984 年任上海第二医学院附属第九人民医院泌尿外科顾问,协助第九人民医院建立泌尿外科专科。1968 年,担任《中国医学百科全书·计划生育分册》副主编。1968 年,投入肾移植的动物实验研究。1970 年,首先在上海开展了人工肾和肾移植工作,主持研究血液透析和动静脉内瘘的临床应用,为国内首创,获上海市科技进步奖二等奖。1975 年被中央卫生部派赴法国巴黎、里昂、蒙彼利埃和图罗兹考察器官移植免疫和肾移植工作。1986、1988 年,两次赴日本大阪大学泌尿外科讲学;先后又于 1993 年赴新加坡、1994 年赴美国洛杉矶讲学;1995 年 6 月,参加台湾海峡两岸第一届泌尿外科学术交流。

45 年来在专业杂志上发表泌尿外科及男性学论文共 200 多篇。主编《泌尿外科学纲要》、《泌尿外科手册》、《输尿管外科》、《前列腺疾病》、《男性学》、《不孕不育治疗学》、《男性节育与不育》、《实用男子性功能障碍治疗学》、《性医学》。1986 年,创办了《中国男科学杂志》,并任主编;担任《国外医学·泌尿外科学分册》副主编。参加编写《泌尿外科学》、《外科学》、《泌尿生殖外科学》、《中国医学百科全书·泌尿外科分册》、《激光医学》、《泌尿外科论著》、《外科病理生理》、《肾移植》等 10 多部专著。由他审核的著作有《尿路结石症》、《不孕与不育》、《男性学问答》、《少年百科自然辞典》、《简明临床男性学》等。曾任中国泌尿外科学会常务委员、上海泌尿外科分会主任委员、男科学会主任委员。担任《中华泌尿外科杂志》、《临床泌尿外科杂志》、《实用泌尿外科杂志》、《人工器官与透析杂志》、《上海医学》、《新药与临床研究》、《上海第二医科大学学报》、《临床综合杂志》、《器官移植杂志》、《生殖与避孕杂志》、《激光医学杂志》等编委。

历年来获奖科研项目有:血液透析动静脉内瘘的临床应用,上海市科技成果奖二等奖;YAG 激光治疗膀胱癌,上海市科技成果奖三等奖;中国正常生育力男子的精液研究,国家计划生育委员会科技进步奖三等奖;CXY 温控膀胱冲洗机,上海市科技成果奖三等奖;前列腺增生经尿道联合部切开并扩张术,宁夏回族自治区卫生厅科技成果奖三等奖。

获得国家级荣誉证书:国家计生委颁发的"六五"国家科技攻关表彰荣誉证书;卫生部计划生育研究工作表彰荣誉证书;国家教育委员会《外科学》编写优秀教材奖证书。2005 年获中华医学会男科学分会学术期刊创办贡献奖。

那彦群

1946 年 9 月出生,北京市人,泌尿外科教授、主任医师、博士生导师。1970 年毕业于天津医科大学医学系,1970—1976 年在天津市天津医院泌尿外科任住院医师,1976 年后任职于北京医学院泌尿外科研究所、北京医学院第一临床医学院泌尿外科,历任住院医师、主治医师、副主任医师、主任医师、教授、博士研究生导师。1982—1984 年在日本东京医科齿科大学留学,1999 年赴美国 Rochester 大学担任访问教授。现任北京大学泌尿外科研究所所长,北京大学首钢医院院长,中华医学会泌尿外科学分会主任委员,北京市泌尿外科学会主任委员,《中华泌尿外科杂志》主编,《中华外

中国泌尿外科学史(第 2 版)

科杂志》《现代泌尿外科杂志》副主编,《中华医学杂志》及《中华男科杂志》编委,国际泌尿外科学会中国代表,亚洲腔内泌尿外科学会理事,中日医学科技交流协会会长。

那彦群教授是我国新一代泌尿外科学科带头人之一,长期以来致力于腔内泌尿外科学和尿路肿瘤的研究工作,注重创新,尤其是在腔内泌尿外科学方面,在国内率先开展了多项新技术。例如:20 世纪 80 年代开展的肾动脉栓塞、经尿道手术、经皮肾镜、输尿管镜手术、软性膀胱镜和软性输尿管镜的应用等,这些新技术多在国内率先开展,并处于领先地位。90 年代初,又在国内率先开展了应用腹腔镜诊断和治疗泌尿外科疾病的临床研究。90 年代中期,开展记忆合金网状支架和激光治疗前列腺增生的临床研究,在国内首先研究和开发了网状支架和置入器并在临床应用,取得了好成绩,填补了国内空白。为了普及和提高我国腔内泌尿外科水平,在国内多次主办腔内泌尿外科学习班,讲授和演示腔内泌尿外科技术,并制作了大量内镜手术教育录像带,为推动我国腔内泌尿外科的发展做了大量工作。对于尿路和男性生殖器肿瘤的研究主要致力于肿瘤的分期诊断和肿瘤的化学治疗,改变了既往对于尿路和男性生殖器肿瘤多单纯采用手术方法治疗的思路。在 80 年代中后期,努力开展尿路肿瘤的化学治疗,特别是在睾丸肿瘤的全身化疗和膀胱癌的动脉化疗上取得了一定的成绩。

近年来,著译医学专著 10 多部,发表论文 307 篇。1986 年,"经尿道切除膀胱癌"获卫生部首届全国青年医学学术交流会优秀论文三等奖;1988 年,"经皮顺行窥镜输尿管取石术"获北京市科技进步奖三等奖;1997 年,主编的《腔内泌尿外科学》获卫生部医药卫生科技进步奖三等奖;1998 年,"经尿道前列腺组织电解治疗前列腺增生症的研究"获国家科技成果完成者证书;2002 年,"局部热疗的三个温度段概念"获北京市科技进步奖三等奖;2003 年,"异体真皮细胞外基质重建尿道的实验和研究"获中华医学科技进步奖三等奖;2005 年,"腔内泌尿外科技术的应用和推广"获北京市科技进步奖二等奖和中华医学科技进步奖二等奖。1993年起享受国务院颁发的政府特殊津贴。共承担和参与各种科研课题 16 项,获各种研究基金资助金额近千万元,其中国家级课题 6 项,部委级课题 8 项,担任国家"十五"科技攻关项目首席负责人。已培养博士研究生 21 名、硕士研究生 14 名,在读博士生 18 名,博士后 1 名。

孙　光

1951 年 11 月出生,毕业于天津医科大学医学系,留校后任天津医科大学附属第二医院住院医师。1980 年考取天津医科大学临床泌尿外科专业硕士研究生,师从马腾骧教授。毕业后历任天津医科大学附属第二医院主治医师、副主任医师、主任医师、教授、硕士研究生导师、博士研究生导师。现任天津医科大学第二医院泌尿科主任,天津市泌尿外科研究所副所长兼男科研究室主任,天津多家医院泌尿外科名誉科主任。同时兼任中华医学会泌尿外科分会副主任委员,中国泌尿外科学院(CSU)副院长,中华医学会男科分会常务委员,天津市医学会泌尿外科分会主任委员及男科分会主任委员,天津市医学会理事。被聘为

《中华泌尿外科杂志》、《中华外科杂志》、《临床泌尿外科杂志》、《现代泌尿外科杂志》、《世界泌尿肿瘤学杂志》、《现代泌尿生殖肿瘤》、《天津医科大学学报》、《中华腔镜泌尿外科杂志（电子版）》、《*JOURNAL OF ENDOUROLOGY*》（中文版）、《中国临床新医学》、《生物医学工程与临床》等10多家专业杂志的编委、副主编。

孙光教授1994年被选拔为天津市自然科学技术领域百名跨世纪学术技术带头人育才工程培养对象进行重点培养。2000年前后，作为中华医学会泌尿外科分会将才工程培训班成员，多次参加专题培训班和博士生导师研讨班；1999年赴台湾参加海峡两岸泌尿外科学术交流及考察；2002年赴美培训，参观考察美国南加州大学Kerk医学院及附属医院NORRIS癌症治疗中心。

1994年任科室副主任后，负责科室行政管理工作。1998年任科主任至今。一贯主张科室做大做强，规模经营。病房床位由60张扩至现有的204张。将1个病房划分为4个病区，集中管理，各有侧重，包括普通泌尿外科的3个病区，9个病组，以及尿路结石和血液净化2个病组构成的第四病区。实行专项技术落实到人，配套引进相应设备，如尿动力学检测仪、等离子电切系统、腹腔镜手术设备、各种尿路腔镜及碎石设备等。以新设备或新技术专人负责的形式带动中青年业务骨干的培养和选拔工作，建立起结构合理、适应市场需求的人才梯队。目前，科室临床水平有了长足的进步，已跃居北方地区的前列，跻身国内先进行列。

自2000年担任天津市泌尿外科学会主任委员以来，提出"全市泌尿外科一盘棋，共同团结谋发展"的思路。团结全市老、中、青泌尿外科医师，发挥各医院的主观能动性，协调好学会、医院、医药厂家之间的关系，营造一种宽松、和谐、心情舒畅、共同努力发展天津市泌尿外科事业的学术氛围。泌尿外科学会产生了凝聚力和向心力，每月学术例会及每年学术年会的参会人员踊跃，学术气氛热烈，学术内容丰富，加速了学术发展、信息交流、行业自律、团结互助，提升了天津市泌尿外科整体学术水平。

尽管承担了大量的行政和社会工作，但他从未脱离临床一线工作，一直亲自管理一个病区及其中一个病组的医疗业务。每周主持全科大查房和疑难病例讨论会，担负天津市及周围省市疑难病例的会诊，进行复杂手术的教学及医疗纠纷的鉴定工作，独立诊治本专业疑难病例，独立完成高难复杂手术。多年来，在科内积极开拓肾移植、腔内泌尿学、男科学、尿动力学等新的领域，率先引进、开展新技术，填补许多天津市空白。例如：男科学方面，1990—1991年开展阴茎海绵体造影及阴茎背神经传导速度测定等男科学研究，自制阴茎海绵体灌流装置，完成"连续性限压定流阴茎海绵体灌流、造影术"的科研课题，在全国首届男科学研讨会上发表论文，并获1992年度天津市卫生局新技术引进项目奖。在器官移植学方面，1992—1993年重新恢复肾移植工作，亲自完成肾移植手术10多例，均获成功，获1994年度朱宪彝医学奖；在腔内泌尿学方面，1994—1997年率先开展腹腔镜泌尿外科手术，经尿道接触式激光与非接触式激光治疗前列腺增生症、膀胱癌、尿道狭窄，经尿道前列腺汽化切除术（TUVP），经尿道等离子电切术，经括约肌经直肠修补难治性直肠尿道瘘，均填补天津市空白。

1982—1983年，在全国首先采用DCC法完成前列腺中雌激素受体测定，并在抗雄激素治疗后测定40多条犬血浆性激素、前列腺组织内性激素、前列腺细胞的性激素受体、DNA

含量,探讨前列腺增生症的内分泌病因,发表论文 2 篇,为研究所确立"前列腺增生症的病因学研究"为三大主攻方向之一奠定了基础。1994 年以来,开展膀胱癌预后因子的临床与实验研究,指导多名研究生对膀胱癌进行细胞核形态、核仁组成区、DNA 倍体、癌基因与抑癌基因蛋白产物、微卫星组成分析及细胞外基质、血管内皮生长因子、转移因子等研究,已发现与肿瘤分期、分级、病人生存期相关的因素,发表论文 10 多篇 。1998—2000 年,完成新型可显影终末型永久性栓塞剂——聚 N-取代丙烯酰胺凝胶的犬肾动脉栓塞的近、中期疗效观察研究,成果在《中华泌尿外科杂志》上发表。近年来,先后完成国家省级重点课题 11 项,包括国家"十五"攻关科研课题(前列腺增生症药物规范化治疗临床研究)、市教委课题(膀胱癌预后因子的临床与实验研究)、市科委课题(肾肿瘤的介入治疗、PTEN 基因过表达在人EJ 细胞系生物学行为及膀胱癌组织基因突变和蛋白表达研究)等,并通过验收、鉴定,部分获天津市科学技术成果奖。"连续性限压定流阴茎海绵体灌流造影术"获天津市卫生局医药卫生新技术引进项目奖,"同种异体肾移植术与腔内泌尿外科学复杂手术的临床应用"获天津医科大学朱宪彝医学三等奖,"经括约肌经直肠修补难治性直肠尿道瘘"获天津市卫生局卫生系统引进应用新技术填补空白项目奖。多年来先后承担校内护理系、儿科系、医疗系、检验系、博士班、业余大学、护校,以及天津大学精密仪器系、卫生部办全国泌尿外科学习班等泌尿外科专业课程的教学工作。

　　近年来,先后作为主编、副主编和分册副主编、编委、编者正式出版 22 部,包括《现代泌尿外科学》、《实用泌尿外科手术技巧》、《泌尿外科诊疗决策》、《临床医师口袋丛书——泌尿外科手册》、《泌尿外科手术并发症》、《通用危重病急救医学》、《临床疾病诊疗规范——泌尿分册》、《中国泌尿外科疾病诊断治疗指南》、《泌尿系生殖肿瘤外科学》、《泌尿外科高级教程》、《天津青年学术精粹》、《卫生论坛——2001 年天津卫生系统优秀论文集》和《睾丸肿瘤外科及手术学》等。其中主编的《临床医师口袋丛书——泌尿外科手册》因简洁、实用、方便,深受临床医师的好评。在专业核心期刊发表论文 100 多篇;在 10 种专业期刊上发表译文、文摘 130 多篇,共约 13 万字。

孙则禹

　　1944 年 11 月出生,1967 年毕业于解放军第二军医大学医疗系,现为南京大学医学院附属鼓楼医院泌尿外科学科带头人、主任医师,南京大学医学院教授、硕士生导师、博士生导师。兼任国际泌尿外科学会(SIU)会员,中华医学会(CMA)第二十一、第二十二届理事,中华医学会泌尿外科学分会第四届委员、第五与第六届常委、第七、第八届副主任委员,第九届顾问。曾任江苏省医学会常务理事,江苏省医学会泌尿外科学分会主任委员,江苏省医学会男科学分会副主任委员,南京医学会常务理事,南京医学会泌尿外科学分会主任委员。《中华泌尿外科杂志》副总编辑,《中华男科学杂志》副主编,《江苏医药杂志》《现代泌尿外科杂志》编委。

孙则禹教授从事泌尿外科临床、教学和科研工作 40 余年。在泌尿外科学领域对肾上腺疾病的外科治疗、泌尿系统先天性畸形的矫正、泌尿系统肿瘤的根治性手术治疗、前列腺病变的系统性治疗及腔内泌尿外科学等方面有精湛研究及丰富的临床经验。已发表署名论文 200 多篇,其中以第一作者署名论文 100 多篇。主要论文有"肾盂输尿管交接部梗阻的处理"、"肾盂输尿管交接部梗阻的电镜研究"、"肾部分切除术治疗肾结石"、"外伤性膀胱破裂 31 例治疗小结"、"阴茎癌 144 例临床分析"、"腔静脉后输尿管"、"肾上腺髓质增生"、"肾上腺无功能性肿瘤 30 例临床报告"等。

孙则禹教授善于学习,基础理论扎实,重视临床实践,手术技巧娴熟。他于 1980 年提出肾上腺髓质增生问题。1985 年,在《中华泌尿外科杂志》发表论文赞同吴阶平院士提出的肾上腺髓质增生是一种独立疾病的观点,依据报告病例的临床表现、实验室生化指标及病理特征,提出该病与肾上腺嗜铬细胞瘤有本质的区别。这篇论文是吴阶平院士提出有关这一疾病新概念之后国内第三篇相关论文。1989 年,他在国内率先开展了由美国 Johns Hopkings 大学 PC Walsh 教授开创的保留性神经的前列腺癌根治术。1992 年,又最早将此手术中的区别并保留性神经的方法引入根治性全膀胱切除术,取得了良好的临床疗效,减少了这两种手术引起的阳痿并发症,提高了病人术后的生活质量。1993 年,他在《中华泌尿外科杂志》发表的"腔静脉后输尿管"论文中,根据胚胎发育中腔静脉演化过程,并结合对国外病理学众多文献的分析,明确提出这样的观点:腔静脉后输尿管与其说是输尿管的先天性发育畸形,不如说是胚胎发育过程中腔静脉的发育畸形。此观点后来被许多学者认可并引用。1993 年,与龚振华医师共同发表了"膀胱腔内 B 超检查对膀胱肿瘤分期的意义"一文,该文报告膀胱癌术前膀胱腔内 B 超断层扫描判断肿瘤临床分期与手术后病理分期符合率高达 94.4%。江苏省医学情报研究所对该研究进行国内外文献检索后评价:该文中详细描述的膀胱腔内 B 超断层扫描肿瘤影像学特征及提出的分期标准,在国内外尚属首次,此研究成果对指导膀胱肿瘤的临床治疗有着重要的意义。1994 年,在"肾盂输尿管交接部功能性梗阻的处理"的研究论文中,首次(国内)报道了肾盂输尿管交接部功能性病变组织的电镜研究结果,通过对文献的复习及对介导输尿管蠕动的细胞间传导机制的阐述,使泌尿外科临床医师深刻地认识到,该病的临床处理原则应该是切除多余肾盂及 UPJ,重建新的漏斗形肾盂输尿管交接部。据 2000 年《中国生物医学期刊引文数据库》(CMCI)统计,该文被引用 50 多次,为高质量、高影响力的论文之一。

孙则禹教授非常重视和善于总结临床经验,数年来他笔耕不辍,著作颇丰。代表性著作有:参与编撰《疾病临床诊断与治疗标准》泌尿外科篇、《临床医师进修手册》泌尿外科篇、《等级医院病种管理》泌尿外科篇、《肾脏疾病的现代治疗》及《吴阶平泌尿外科学》等 10 多部大型专著。1996 年,与国内著名临床专家武正炎教授共同主编并出版了我国第一本《内分泌外科学》专著。在吴阶平泌尿外科医学基金的赞助下,1998 年又主编并出版了《现代肾上腺外科学》。该书系统地总结了我国肾上腺外科学的最新进展和丰富的临床经验,内容新颖、图文并茂,实用性很强,受到国内泌尿外科界的高度评价。2002 年主编并出版了

《江苏泌尿外科史志》,这是中国首部专科地方性史志,受到中华医学会泌尿外科学分会的高度赞赏。2006 年 9 月,与孙光教授、孙颖浩教授共同主编出版了《睾丸肿瘤外科及手术学》。2007 年与他人共同主编《中国泌尿外科学史》。

由于孙则禹教授在医学上的卓著贡献,得到了国内医学界的承认并获得了许多荣誉。如 1999 年,他主编的《内分泌外科学》被评为"全国优秀科技图书奖"暨"科学进步奖(科技著作)"二等奖;"经尿道膀胱腔内超声断层检查对膀胱肿瘤临床分期的意义"1994年获江苏省卫生厅科技成果奖二等奖;"先天性输尿管瓣膜症的治疗"1994 年获江苏省卫生厅科技成果奖三等奖;"肾盂输尿管交界部功能性梗阻"获 1995 年江苏省卫生厅科技成果奖二等奖;2004 年"肝-肾联合移植的临床研究"获江苏省科技进步奖二等奖。共获得 20 多项科技成果或科技进步奖项。1998 年获江苏省政府"有突出贡献中青年专家"称号,2000 年享受国务院特殊津贴。近年来,曾赴美、法、比利时、意大利、韩国、日本、中国台湾和香港等地考察,共 20 多次,参加国际学术会议或讲学。2002 年被美国 Georgia 州立大学医学院特聘为首位中国客座教授。目前正主持、参与省市级科研课题 8 项,并与美国 Georgia 州立大学医学院泌尿外科合作开展男科学及前列腺癌方面的研究。

在中华医学会泌尿外科学分会领导下,孙则禹教授作为副主任委员,分工负责泌尿外科常见疾病诊疗指南的组织编写工作,并担任《中国泌尿外科学院》常务副院长兼教务长。他认真履行职责,有高度的责任感和献身精神,领导此项工作在困难中前进。2005 年中华医学会泌尿外科学分会已颁布了 4 个疾病的诊疗指南,即膀胱过度活动症、前列腺癌、肾癌及前列腺良性增生。该项工作受到了全国同道的热烈欢迎和高度评价。

孙昌惕

1920 年出生,福建省闽侯县人。1947 年毕业于成都华西大学医学院,同年任该医学院附院的外科住院医师。1950 年在北大医院任外科住院医师。1952 年参加北京市抗美援朝志愿医疗团,在长春十八陆军医院工作,曾荣立三等功 2 次。1953 年专攻泌尿外科,先后任住院医师、主治医师及主任医师。1963 年被聘任为北京医学院泌尿外科副教授,同年建立泌尿外科研究室。1965 年参加北京密云医疗队任第四大队队长。1979 年参加卫生部大西北医疗队。1981 年建立泌尿外科研究所,扩大了泌尿外科的编制。1981 年任《中华泌尿外科杂志》副总编及该杂志的常务编委,被中国残疾人福利基金会康复学会聘为中国截瘫康复研究顾问并担任《健康》杂志的顾问。1984 年任泌尿外科教授。

孙昌惕从事泌尿外科已达 53 年,长期致力于泌尿生殖系结核、肿瘤、结石、外伤及前列腺增生等疾病的诊治研究。针对一侧结核对侧肾积水、晚期泌尿系结核，提出在病程不同阶段应用最佳的诊断治疗方法，包括肾造影、肠道在泌尿外科的应用、部分切除治疗早期肾结核及药物治疗，其疗效达到国际水平。在结石方面建立尿石的化学分析，在尿石症中甲状旁腺腺瘤及腺癌的诊断及治疗，以及尿酸结石及胱氨酸结石的诊断及溶解均有治疗成功的报道。1980 年开始尿动力学的研究。共发表专业论文 20 多篇。曾获得北京市人民政府及医学院成果奖。1981 年起共培养硕士研究生 4 名。

孙颖浩

1961 年 5 月出生于福建省福清县，祖籍山东省乳山。1978 年 9 月考入第一军医大学军医系，1983 年毕业分配至第二军医大学附属长海医院泌尿外科，师从马永江教授、郑家富教授及钱松溪教授，先后获得医学硕士、博士学位。1995 年 11 月至 1996 年 10 月在美国 Johns Hopkins 医学院泌尿外科访问学习，师从 Walsh 教授。现为全军前列腺疾病研究所所长、第二军医大学泌尿外科中心主任、长海医院泌尿外科主任，主任医师、教授、博士研究生导师。享受国务院颁发的政府特殊津贴。

长期从事泌尿外科临床、科研与教学工作，在泌尿系肿瘤诊治及腔道泌尿外科技术方面形成一定的特色。培养了博士后 3 人，博士研究生 15 名，硕士研究生 18 名。以第一完成人"腔内新技术治疗泌尿系疾病的研究"获中华医学科技三等奖 1 项，"前列腺癌的早期诊断与治疗"、"泌尿系疾病的腔内治疗"分别获军队医疗成果奖一等奖 2 项；"微创治疗泌尿系结石新技术的应用研究"获上海市科技进步奖一等奖 1 项；其他研究获军队医疗成果奖二等奖和军队科技进步奖三等奖各 1 项。以第二完成人获上海市科技进步奖二等奖 1 项。以第一申请人获国家专利 4 项。近 3 年来，主编《泌尿系肿瘤外科学》、《前列腺癌临床诊疗学》、《睾丸肿瘤外科及手术学》、《前列腺疾病 300 问》(第 1～第 3 版)，参编《男科学》。以第一作者或通讯作者发表论文于国内外核心期刊 65 篇，其中发表在 Journal Urology 和 Journal of Endourology 等 SCI 收录的外文论文 8 篇。承担了国家自然科学基金重大国际合作研究项目、国家杰出青年基金、国家教育部跨世纪优秀人才基金、军队杰出人才基金、上海市优秀学科带头人基金、上海市医学领军人才基金和上海市卫生系统跨世纪百人计划基金等科研项目，基金总额 640 万元。

目前担任中华医学会泌尿外科学分会副主任委员、中华医学会泌尿外科学分会腔内学组组长、上海市医学会理事、上海市医学会泌尿外科分会副主任委员、中国人民解放军泌尿外科专业委员会副主任委员等多项职务，并担任《中华泌尿外科杂志》和《临床泌尿外科杂志》副主编，《*The Journal of Men's Health & Gender*》、《中华外科杂志》、《中国微创外科杂志》、《中国外科年鉴》、《第二军医大学学报》以及《国外医学·泌尿外科学分册》编委。先后荣获中国人民解放军二等功、三等功及上海市政府记大功各1次；2001年获得上海市银蛇奖一等奖；2002年获得吴阶平泌尿外科医学奖；2002年获中国人民解放军总后勤部科技银星荣誉称号。

李汉忠

　　毕业于上海第一医学院，在中国医学科学院北京协和医学院北京协和医院泌尿外科长期从事临床工作，20世纪90年代赴美国纽约哥伦比亚大学长老会医学中心及康奈尔大学泌尿外科进修做访问学者。目前是中国医学科学院北京协和医院教授、主任医师、博士生导师，泌尿外科主任、学科带头人。兼职担任中华医学会泌尿外科分会常务委员、中国医师协会北京泌尿外科专家委员会主任委员、中华医学会北京泌尿外科分会副主任委员、中国医师协会泌尿外科分会常务委员、中国性学会理事、中国抗癌协会常务委员。《中华泌尿外科杂志》常务编委、《中华外科杂志》编委、《国外医学移植与血液净化分册杂志》常务编委、《现代泌尿外科杂志》编委等职务。

　　从医30多年来潜心研究泌尿外科专业的基础理论和专业知识，积累了丰富的临床实践经验，对诸多泌尿外科疾病的发生发展规律有着独到见解，手术技术精益求精，具有很高的造诣，1993率先在国内开展腹腔镜手术。在肾上腺外科疾病、腔道泌尿外科、肾移植、泌尿男生殖系肿瘤、前列腺疾病的诊断和治疗方面进行了卓有成效的工作，治疗了大量疑难病例，取得了良好效果。在国内率先开展的前列腺癌近距离治疗200多例，填补了国内空白。肾上腺外科是协和医院的特色学科，在李汉忠教授带领下成功地完成了包括位于心脏、纵隔、主动脉旁等部位的近百例高难度的嗜铬细胞瘤手术，达到了国际先进水平；在原发性醛固酮增多症、肾上腺皮质增生、肾上腺肿瘤、异位ACTH增多症、多发内分泌肿瘤的治疗上达到国内领先水平；主持制定了《中国泌尿外科疾病诊断治疗指南》中的《肾上腺外科疾病诊断治疗指南》。

　　先后承担、协作负责国家自然科学基金、科技部、教育部、卫生部多项科研基金、国家"十一五"科技攻关、省部级、院内、院校等科研项目，均取得了良好的研究结果；曾经获得三项卫生部科技进步奖，二项国家专利局发明专利，数十项院校医疗成果奖；在国内外专业杂志发表专业论文200多篇，SCI收录10余篇。2006年被评为"首都十大健康卫士、首都卫生系统先进工作者"，2007年被评为"全国卫生系统先进工作者"。

杨宇如

外科学教授,博士研究生导师。任中华医学会第六届泌尿外科学分会常委、器官移植学分会委员。四川省泌尿外科专业委员会、器官移植专科委员会主任委员。国内多种医学杂志如《中华泌尿外科》、《临床泌尿外科》、《现代泌尿外科》、《生殖与避孕》、《中华器官移植》等编委。1961 年毕业于四川医学院,1992 年赴美国康乃尔大学医学院泌尿外科研修 1 年。从事泌尿外科临床、科研、教学工作 30 多年,对泌尿及男性生殖系统疑难、危急重症的诊断、治疗与手术处理有丰富的经验。20 世纪 80 年代中期,在四川乃至西部地区率先开展和推广腔道泌尿外科技术,尤其是经尿道电切手术,并进行了一系列的相关临床研究,如在对经尿道电切术病人血清电解质监测、血液流变学研究的基础上,首次提出术中常规预防性应用高渗盐水,有效地降低了经尿道电切综合征的发生,使医院该类手术的治疗效果达到了发达国家同等规模医科大学附属医院的水平。同时,在肾移植的排斥监测和防治、免疫耐受的诱导、泌尿系肿瘤的规范化治疗及手术、男性不育和生殖调控、输精管结扎和复通中生精细胞的凋亡等方面也进行了较深入的探讨,取得了一定的成果。已培养硕士、博士研究生 22 人,现指导在读博士生 14 名。先后在国内外医学杂志发表学术论文 60 多篇,参编专著 6 本。主持和参与全国及部、省级有关泌尿系肿瘤、肾移植及男性生殖等方面科研课题 10 多项,曾获四川省科技进步奖一等奖。为推动四川、西南地区泌尿外科事业的发展作出了较大的贡献。

杨松森

1916—2003 年。江苏省金坛市人,1943 年于贵阳医学院毕业(六年制)。曾工作于贵阳医学院、上海市立第四医院。1952 年起任浙江医学院(现浙江大学医学院)讲师、副教授,浙江医科大学教授,浙江大学医学院附属第一医院泌尿外科主任医师。与我国著名泌尿外科专家王历畊教授共同创立浙医一院泌尿外科,是浙江省泌尿外科奠基人之一,是国内首先开展肾部分切除手术的专家。他亲手创建的浙医一院泌尿外科病理标本室,成为全国同行羡慕有加的教学基地,著名的顾方六教授称赞它是"全国第一,恐怕也是世界无双。"他倡导的每月一次的杭州地区泌尿外科学术活动延续至今,成为团结全省泌尿外科医师的纽带,促进了全省泌尿外科的发展。

1981—1985 年,杨松森教授担任浙医一院副院长、院长等职务;1982 年,担任浙江省医

中国泌尿外科学史(第2版)

学会泌尿外科分会主任委员、中华医学会泌尿外科分会常委。他是国内著名的泌尿外科专家，浙江省泌尿外科的主要奠基人。1979年获浙江省先进工作者称号，1992年享受国务院颁发的政府特殊津贴。1953年加入中国民主促进会，先后任民进浙江省第二、第三、第四届委员会副主任委员，浙江省政协第四、第五、第六届委员会委员。

李　虹

泌尿外科教授、博士生导师，四川大学副校长。现任中华医学会泌尿外科学分会常务委员、中国医师协会泌尿外科医师分会副主任委员、腔道泌尿外科及体外冲击波碎石学组全国委员、四川省及成都市泌尿专委会副主任委员、四川省腔道泌尿外科及体外冲击波碎石学组副组长、四川省计划生育专家委员会委员。任《中华泌尿外科杂志》编委、《实用肿瘤杂志》常务编委、《中国腔道泌尿外科与体外冲击波碎石杂志》编委。四川省医疗事故鉴定专家组成员、四川省及成都市计划生育技术服务及鉴定专家组成员。

1982年毕业于华西医科大学医学院，留校从事泌尿外科临床、科研和教学工作，理论基础扎实，解决临床专业复杂难题能力强。主要研究方向为腔道泌尿外科、前列腺疾病、泌尿肿瘤疾病，在这些领域有较高的学术造诣。成功施行我国首例右肾癌下腔静脉右心房癌栓形成病例的体外循环深低温麻醉经胸腹联合切口、腔静脉及右心房切开的右肾癌及癌栓切除术。在腔道泌尿外科的临床和研究工作中达到国内先进水平，率先在西南地区开展输尿管肾镜技术诊治上尿路肿瘤、结石、梗阻、狭窄、不明原因血尿等，达到西南领先、国内一流水平，受到同行专家一致认同。在开展经尿道手术治疗前列腺增生、膀胱肿瘤、尿道狭窄等疾患方面具有丰富经验，深入探讨了在高危人群中提高前列腺电切术的安全性及疗效问题、治疗方式选择的评价指标问题等。有关预防性应用高渗盐水避免经尿道电切综合征的研究，成功地降低了TURP手术中TUR综合征的发生率及病死率，达到发达国家水平。探索并推广尿道狭窄的腔内处理方法，深入探讨了尿道狭窄治疗中腔道技术的适应证、术式选择、治疗效果及评价等问题，研究结果为国内同行所公认，相关论文获四川省优秀科技论文奖。同时深入研究复发性尿道狭窄的发生机制，从细胞分子生物学水平上研究尿道瘢痕成纤维细胞的生物学行为表现及其影响因素，并结合组织工程修复技术，探讨尿道的修复与重建新方法。在SCI收录期刊或统计源期刊上发表论文64篇，参编全国性及省级学术专著6部。相关研究获中国人民解放军科学技术进步奖二等奖1项，省部级科技进步奖1项。承担和参加科学研究基金课题12项，其中国家自然科学基金1项，部省级科研基金5项。培养和参与指导博士及硕士研究生近30名。

李炎唐

1932 年出生，1956 年于哈尔滨医科大学医学系毕业。美国哈佛大学医学院泌尿外科研究员，美国休斯顿贝勒医学院博士后研究员；中国人民解放军总医院、军医进修学院泌尿外科主任医师、教授（正军级），1978 年起为研究生导师；第一批政府特殊津贴获得者；全国政协第五、八、九届委员；中华医学会泌尿外科学分会和器官移植学分会常委，北京市泌尿外科学分会副主任委员和器官移植学分会主任委员；中国透析移植学分会副主任委员，以及其他 6 个学会常委和委员；解放军泌尿外科专业组副组长，解放军泌尿外科专业委员会顾问；《中华泌尿外科杂志》常务编委，《中华器官移植杂志》和《解放军医学杂志》等 6 种杂志的编委，《中华医学杂志》和《中华外科杂志》编审；中国自然科学基金专业评委；中国医学基金会常务理事；首批中华医学会医疗事故技术鉴定专家库成员；国家劳动和社会保障部医疗保险项目评审专家，国际泌尿外科学会高级会员；美国泌尿外科学会和欧洲器官移植学会会员。1977 年起为中央保健委员会专家、中国摄影家协会会员、中国老摄影家协会会员。精通泌尿外科理论和技术，特别在肾脏移植、腔道泌尿外科、前列腺增生症和癌、泌尿生殖系肿瘤等方面有精深的研究。国际首创的成果：①直视下经尿道电灼治疗尿道完全闭锁；②中药雷公藤多苷作为肾移植抗排斥药（国家自然科学研究基金课题）；③纤维黏合剂用于肾劈开取石术和肾肿瘤剜除术或部分切除术；④LH-RH A 治疗睾丸切除后前列腺复发或转移癌（最长已 8 年）；⑤肾巨大错构瘤单纯切除肿瘤保存肾脏国际首先报道；⑥发明经尿道电切膀胱颈治疗女子神经源性膀胱；⑦发明经尿道冷切外括约肌治疗男子神经源性膀胱。他是我国最早开展血液净化、肾移植和腔道泌尿外科手术（前列腺电切除、输尿管肾镜、经皮肾镜）的学者之一。1977 年 10 月 20 日，由他施行的第一例肾移植病人是至今我国肾移植病人生活工作时间最长者（至 2005 年已 28 年）。他在我国最先发现并报道膀胱淀粉样变性和肉芽肿性前列腺炎，最早开展肿瘤剜除术治疗肾细胞癌（1987 年 2 例，至今仍健在），最先报道下腔静脉癌栓取出治疗肾癌并发下腔静脉癌栓，最先报道用环磷酰胺治疗晚期前列腺癌，最先报道自体挤压综合征等。获军队科技成果奖二等奖 3 项、三等奖 12 项。获中华医学会北京分会优秀论文奖 2 次。主编《泌尿外科高科技》、《二十一世纪泌尿外科手术解》、《新世纪肾脏移植学》、《泌尿及男子生殖系创伤》、《泌尿外科手术并发症预防和处理》；参与撰写《泌尿外科学》、《医学百科全书》、《手术学全集·泌尿外科卷》、《吴阶平泌尿外科学》、《实用泌尿外科学》等 16 部大型著作。发表论文 186 篇，其中 25 篇在国际会议或期刊上发表。

肖连升

1922 年出生，1945 年毕业于原新京医科大学。毕业后在新京医科大学附属医院皮肤科任住院医师，从事泌尿外科工作。解放后成立长春军医大学时在附属第三医院（现为吉林大学第三医院，即中日联谊医院）创立泌尿外科。

1983 年起开始招收硕士研究生。1981 年担任中华医学会泌尿外科学分会委员。1984 年担任中华医学会泌尿外科学分会常委，并担任中华医学会吉林省泌尿外科分会主任委员（第一～第四届）。1985 年，担任中华医学会长春市泌尿外科分会主任委员。

主要学术贡献：①与王浩然等于 1977 年开展血液透析，1978 年开展肾移植，为吉林省透析和肾移植工作发展奠定了坚实的基础；②从 1982 年起，从事研究生、进修生和青年医生的临床教学工作，为吉林省医学人才的培养作出了杰出的贡献；③从1984 年起，历任多届省、市泌尿外科学会主任委员，为吉林省泌尿外科同行的学术交流和共同发展作出了重大的贡献。

肖连升教授至今仍然工作在临床第一线，60 年来辛勤工作、无私奉献，吉林省泌尿外科同仁都对他敬慕不已。

吴阶平

中国科学院院士和中国工程学院院士，博士研究生导师。1917—2011 年，汉族，江苏省常州市人。1937 年毕业于北平燕京大学获理学学士学位。1942 年毕业于北平协和医学院获医学博士学位，同年在中央医院任住院医师，1944 年任外科住院总医师，翌年任外科主治医师。1946—1947 年在北京大学医学院任讲师兼外科主治医师。1947—1948 年在美国芝加哥大学进修，师从哈金斯教授（1966 年度诺贝尔医学奖获得者）。

1980 年当选为中国科学院学部委员（现称院士），1992 当选中国科学院学部主席团成员，1993 年当选第三世界科学院院士，1995 年当选中国工程院院士和主席团成员。历任北京第二医学院院长，首都医科大学终身名誉校长，中国医学科学院副院长、院长、名誉院长，北京协和医科大学校长、名誉校长，北京医科大学泌尿外科研究所所长、名誉所长，中华医学会会长、名誉会长，中华医学会泌尿外科学分会主任委员、终身名誉主任委员，清华大学医学院首届院长，南京大学医学院名誉院长，中国科协副主席、名誉主席，国际计划生育联合会中央理事会理事、副主席、亚太地区主席，九三学社中央委员会副主席、主席，全国人民代表大会代表，教科文卫委员会委员，全国人大常委会委员、副委员长等职。

他还曾任《中国大百科全书》总编委会副主任,《中国医学百科全书》编委会副主任,《中华泌尿外科杂志》主编,《中华医学杂志》英文版顾问,国际内分泌外科医生协会会员等。吴阶平院士曾长期担任毛泽东、周恩来等党和国家领导人的保健医生,负责医疗组的工作,为保证党和国家领导人的健康作出了重大贡献。

吴阶平院士是医学家、医学教育家,中国泌尿外科的奠基人之一,为中国泌尿外科和医学事业的发展作出了卓越的贡献。他在医学领域的主要贡献包括:提出肾结核对侧肾积水的新概念,使原来不能挽救的病人获得康复机会;计划生育研究方面在输精管结扎术的基础上提出多种输精管绝育法,国际上公认我国居于领先地位;经17年临床资料的积累确立了肾上腺髓质增生为独立疾病;对肾切除后留存肾的代偿性增长自20世纪80年代起进行了系统的实验和临床研究,已取得的研究成果说明传统认识需要调整,以延长肾切除病人的寿命。

1982年编著的《性医学》为我国开展性教育打下基础,先后发表医学论文150篇,编著医学书籍21部,其中13部为主编。获得全国科学大会奖、卫生部科学技术进步奖等全国性的科学技术奖14项。培养医学硕士、博士研究生数十名。

吴德诚

1925—2004年,江苏省常州市人,泌尿外科学教授。1949年毕业于山东齐鲁大学医学院(七年制),毕业后到北京协和医院工作。历任住院医师、主治医师、副教授、教授,北京协和医院外科副主任,泌尿外科主任等职。兼任《中华外科杂志》、《中华泌尿外科杂志》、《北京医学杂志》、《中华医学杂志》(英文版)编委,北京泌尿外科学会主任委员,中华医学会北京分会理事、外科学会委员,中国泌尿外科学会副主任委员,是中华人民共和国成立后北京协和医院泌尿外科创建人之一。

50年来,吴德诚教授一直从事泌尿外科的医疗、教学和科研工作。自20世纪50年代起,将肾上腺外科作为研究的重点,使肾结核手术、肾上腺手术、膀胱肿瘤手术治疗规范化。其中肾上腺嗜铬细胞瘤的外科治疗曾获中国医学科学院重大科研成果奖二等奖,并在美国加州讲学介绍经验。1981年起,侧重于经尿道的内镜手术,在美国学习1年后,在医院开展内腔镜手术,已积累了千余例病例经验,为国内领先。受卫生部委托,举办了3期全国性学习班,使这项新技术在国内得到开展和推广,获卫生部科研成果奖二等奖,为推动我国腔内泌尿外科新技术作出了突出贡献。

多年来,在《中华外科杂志》、《中华泌尿外科杂志》等刊物上发表有关泌尿系统结核、结石、肿瘤、计划生育、经尿道内镜手术等论文40多篇,参与《临床外科手册》、《泌尿外科学》、《实用肿瘤学》、《泌尿外科进展》、《医学百科全书》等著作中有关章节的写作及国外一些有关教科书的翻译工作。

自 20 世纪 50 年代末起，一直参与国家领导人的医疗保健工作，并多次到国外参加对兄弟国家及友好国家领导人的医疗保健工作，为此获得了中央保健局的奖励。自 20 世纪 60 年代起，多次到前苏联、古巴和东欧国家访问。20 世纪 80 年代后，到美国及西欧诸国参观、访问、进修及讲学。长期从事中国协和医科大学教学工作，培养大学生、住院医师、进修医生和研究生，是北京协和医院外科最早的博士生导师之一。他教学认真、方法好，受到教师和学生的好评。现仍承担教学和培养研究生任务。1991 年起享受国务院颁发的政府特殊津贴。

沈同举

1941 年 1 月出生，1964 年 9 月毕业于哈尔滨医科大学医疗系。同年分配到哈尔滨医科大学附属第二医院泌尿外科。1989 年晋升为副教授、副主任医师。1993 年晋升为教授、主任医师，并担任硕士研究生导师。1996 年调入黑龙江省医院任泌尿外科主任、主任医师，外科党支部书记。在第六届中国泌尿外科学会上当选为常务委员，任中华医学会医疗事故技术鉴定专家库专家、黑龙江省医学会泌尿外科学会主任委员、美国泌尿外科学会会员、国家自然科学基金委员会生命科学部临床专业组评委、哈尔滨医科大学和佳木斯大学硕士研究生导师。1997 年被评为国家级有突出贡献的中青年专家，享受国务院颁发的政府特殊津贴。

40 多年来，长期从事泌尿外科临床和科研工作，精通泌尿外科理论和技术，特别在肾脏移植、腔道泌尿外科、前列腺增生症和前列腺癌、泌尿生殖系肿瘤方面有精深的研究。1978 年在省内最先开展肾移植手术，1980 年以《肾移植动物试验和临床应用》获黑龙江省科学技术进步奖二等奖。曾成功地为俄罗斯妇女奥莉娅的丈夫献爱心施肾移植手术，在黑龙江省内同行中，以及国内和俄罗斯影响很大，国内外有 50 余家报刊、杂志、电台相继报道。1984 年在省科委立题负责主持建立黑龙江省第一个人类精子库，开展冷冻精子的研究并应用于临床，获省卫生厅新技术一等奖。1996 年完成黑龙江省科委课题《不灌洗法尸体睾丸保护及移植的试验研究及临床应用》，获黑龙江省科学技术进步奖二等奖。结合科研和临床教学工作，在国家级及省级杂志发表论文 22 篇。曾先后到非洲圣多美-普林西比共和国、俄罗斯、巴基斯坦、泰国等国家进行援外医疗，任客座教授从事医疗和学术交流。2002 年，作为中国医学会泌尿外科学会将才工程培训班成员，参加博士生导师研讨班，并首批赴台湾，与台湾泌尿外科同仁就《泌尿外科争议性议题》进行研讨和学术交流。

沈绍基

1920 年 10 月出生于北京市,祖籍浙江省绍兴市,1943 年毕业于北京大学医学院。抗日战争时期,赴抗战后方,后到陕西省汉市中西北医学院。抗战胜利后,1946 年回北京大学医学院,任外科住院医师兼助教。1950 年参加中央少数民族访问团工作。1951 年回北京大学医学院后,协助吴阶平教授建立泌尿外科病房,先后任泌尿外科主治医师及讲师。20 世纪 60 年代,任系统外科教研组主任、副教授及系统外科主任兼泌尿外科主任。1961 年中央卫生部批准设立全国第一个泌尿外科研究室——泌尿外科研究所前身,任主任。

1969 年下放到甘肃省,先以全心全意为农民服务的精神,从事人民公社医疗工作,解决了不少疑难问题,后参加武都县医师培训班,最后调至兰州医学院任外科教研组主任及兰州医学院附属第二医院外科主任,升任教授。

1980 年调回北京医科大学泌尿外科研究所任教授、副所长。1981 年出国学术访问,先后到美国北卡罗来纳州鲍曼格莱医学院及佛罗里达州大学访问,重点考察泌尿系结石的研究工作。

曾任《中华外科杂志》、《泌尿外科杂志》编委,中国泌尿外科学会副主任委员、名誉委员。

从 1961 年设研究室开始,秉承吴阶平教授的意愿,以泌尿系常见病中的尿石症为主要研究课题,数十年如一日进行求索。为了给研究打好基础,除在生化、病理等方面有一定程度的深造外,还根据尿石是一种生物病理矿化的原因,在结晶学和结晶光学等矿物学的知识方面进行深造,并于 1962 年首先建立我国尿石的结晶学和光学资料,为研究尿石打下基础。开展了结石分析工作,从化学分析发展到 X 线衍射红外分析,并配置结石分析试剂供应全国各医院,以了解结石发生原因并加以预防。研究结石各种成分的相互关系,如磷酸盐和草酸盐,草酸盐和尿酸盐的关系——矿物学上称为交代现象,在结石研究上引用半导体取向附生的概念,尤其采用阴极发光技术在尿石中取得尿酸促进草酸钙结石的证据。从大量病人尿生化成分分析,找出结石形成的多种因素,作为评估病人预后的准确依据,从而制定有针对性的药物治疗方法,防止其发生和复发。通过用电镜对成石动物的观察,发现肾小管细胞的损害,并用偏光显微镜确定损害发生于晶体产生之前,阐明了细胞破坏并非由于晶体作用的一般看法,提示高浓度的草酸对细胞有毒性作用,从而引起人们对此现象的注意,进而发现有氧自由基的作用。首先引进了动态研究细晶的种子晶技术及粒度分析技术,进行了多种抑制物的研究,并用于多种防治结石中草药的鉴定。应用快速蒸发技术研究了尿中 TH 蛋白对结石形成的作用,正常情况下它是一种抑制物,但在特定条件下(如浓缩)可强有力地促进结石形成,并证明了具有二硫键的乙酰半胱氨酸可以对抗这种促进结石形成作用,从而首先从基质形成的途径找到一种预防结石的药物,它还可以化解碎石的黏附,促进排出。

针对以上内容曾在国内外杂志上发表论文数十篇,参加《黄家驷外科学》、《吴阶平泌尿外科学》、《老年医学》、《泌尿系结石的实验和临床研究》等书籍的编写,曾获卫生部科学大会奖、科学技术进步奖及吴阶平泌尿外科奖等奖项。

沈绍基教授非常重视教学和对年轻干部的培养,除亲自培养数名硕士和博士研究生外,对进修医师也热情教诲,他培养的人才大多已成为各单位的骨干。

宋　波

1957年11月出生于贵州省贵阳市,中共党员。1983年毕业于第三军医大学临床医疗系。现任第三军医大学附属西南医院全军泌尿外科研究所所长、教授、主任医师、博士研究生导师,享受国务院颁发的政府特殊津贴,并任中华医学会泌尿外科学分会常务委员兼尿控学组主任委员,全军泌尿外科专业委员会主任委员,亚太尿控理事会常务理事,亚洲女性泌尿外科学会委员,《中华泌尿外科杂志》、《临床泌尿外科杂志》、《现代泌尿外科》、《人民军医杂志》、《解放军医学杂志》等专业杂志编委。

宋波教授从事泌尿外科医疗、教学、科研工作20多年,精通泌尿外科理论和操作技术。近10多年来,作为全军泌尿外科专业的学术带头人,他立足国内,瞄准学科前沿,致力于尿动力学实验和临床研究,以及排尿功能障碍性疾病的实验和临床研究,取得了可喜的成绩。使尿动力学和尿路功能障碍性疾病的基础和诊治研究居国内领先地位,并对这些领域工作的开展起到了推动和促进作用。在尿动力学实验和临床研究方面建立了适合我国人群的尿动力学检查方法和正常参数值,成功地研制了尿动力仪,将尿动力学检查运用于临床尿路功能障碍性疾病的诊断、病因分析和治疗,提高了临床诊治水平。在排尿功能障碍性疾病的实验和临床研究方面,他率先提出了尿路功能障碍性疾病的概念,开创了从功能障碍的角度来认识和治疗这类问题的全新策略和思路。先后作为第一完成人荣获国家科技进步奖二等奖1项,作为第二完成人获军队科技进步奖二等奖2项。1998年荣获吴阶平泌尿外科医学基金奖,承担国家自然科学基金课题6项。近年来,于中华医学系列杂志等核心期刊上发表论文110多篇,在国外杂志发表英文论著3篇。曾多次赴欧美参加国际学术会议,屡次在国内学术会议上做重要发言。先后培养进修医生上百名,培养硕士及博士研究生数十名。

主编专著《临床尿动力学》,参编《泌尿外科手术学》、《尿道外科学》、《泌尿外科学》、《手术学全集·泌尿外科卷》、《吴阶平泌尿外科学》、《临床泌尿外科学》等13部医学专著。2004年,荣立军队个人二等功并获全军第五批"三星人才"科技银星奖。

张元芳

1940年9月22日出生，汉族，上海市人。1963年毕业于上海第一医学院（现为复旦大学上海医学院）医疗系，同年9月分配至上海第一医学院附属中山医院外科任住院医师。1980年2月至1982年4月在南斯拉夫贝尔格莱德大学泌尿外科医院和里耶卡医院学习泌尿外科、血液透析及肾移植。1986年晋升为上海医科大学附属中山医院泌尿外科副主任医师，1988年担任上海医科大学附属中山医院副院长，1989年晋升为上海第一科大学外科学教授。1990年被聘为博士生导师。1992年10月至1994年8月在美国纽约州立大学长岛学院医院泌尿外科学习泌尿外科和分子生物学。1995年3月调入上海医科大学附属华山医院，1995年3月至2003年12月任华山医院院长。曾任复旦大学附属华山医院器官移植外科主任、复旦大学器官移植研究所顾问、复旦大学华山临床医学院院长和复旦大学上海医学院外科系主任。1996年至今，担任复旦大学泌尿外科研究所所长。历任中华医学会泌尿外科学分会副主任委员、器官移植学分会委员、中华医院管理学会理事；现任中国医师学会泌尿外科分会副主任委员，上海市泌尿外科学会主任委员、上海市男科学会主任委员和外科学会副主任委员，还担任中国光学会激光医学分科学会副主任委员和上海市激光学会医学与工程专业委员会主任委员。担任《中华泌尿外科杂志》副总编辑和《临床泌尿外科杂志》副主编，《中华医学杂志》常务编委和《临床外科杂志》、《中国男科学杂志》、《上海医学》、《中国全科医学》编委。

张元芳教授长期从事泌尿外科的临床、教学和科研工作，是复旦大学泌尿外科学的学科带头人，对泌尿外科肿瘤、泌尿系结石、前列腺增生症、激光医学、男科学和肾移植有较深造诣。

体外冲击波粉碎肾结石的研究和临床应用获国家科技进步奖一等奖。在膀胱肿瘤的研究方面，卫生部临床重点项目"膀胱癌早期诊断和治疗"获2003年教育部科技进步奖二等奖；"同位素^{131}I标记血卟啉衍生物对诊断恶性肿瘤的研究"获山东省医学科学院科技成果奖一等奖和山东省医学科技创新成果奖三等奖。1990年被卫生部授予有"突出贡献中青年专家"称号，1991年享受国务院特殊津贴，2000年被评为中华医学会优秀学会工作者并获上海市优秀发明三等奖，2002年被评为中华医院管理学会全国优秀院长和上海市十佳校（院、所）长；承担国家自然科学研究项目、卫生部临床重点建设项目、上海市科委科研项目、国家"十五"科技攻关课题共14项，发表论文250多篇，主编学术著作10部，参与编写著作12部，其中主编《男科治疗学》、《现代泌尿外科和男科学》、《现代泌尿外科理论与实践》；副主编《实用外科学》；担任《现代外科学》泌尿外科分科主编和研究生教材《外科学——前沿与争论》泌尿外科部分的负责人。培养并已毕业硕士研究生17名、博士研究生27名、博士后2名；目前正在培养硕士研究生2名、博士研究生2名。

张凤翔

1935年出生于辽宁省北镇县，无党派人士。1957年毕业于山东医学院（现山东大学医学院），同年分配到河北医学院外科教研室工作至今。任河北医科大学附属第二医院泌尿外科教授、主任医师、硕士研究生导师；中华医学会泌尿外科学分会第五、六届常务委员；河北省泌尿外科学会荣誉主任委员；国际泌尿外科学会会员；河北省干部医疗保健专家组成员；享受国务院颁发的政府特殊津贴。

张凤翔是河北省小儿泌尿外科学术带头人，对泌尿系统先天性畸形矫治和重建泌尿外科学具有较深的造诣，尤其是在小儿先天性膀胱外翻、尿道上裂和小儿尿失禁的外科治疗及临床研究方面都有独到之处，在国内治疗例数最多、观察时间最长，并取得满意的效果，积累了较为丰富的临床经验，得到了同行专家的认同和赞誉。

20世纪70年代初，他开始对先天性尿道上裂、膀胱外翻等进行外科治疗和临床研究，对尿道上裂提出了以治疗为目的的男女统一分型和各型相应的矫治术式，首创用尿道紧缩术外加外阴成形术治疗女性尿道上裂。较早地采用功能性修复术治疗膀胱外翻并加以改进，明显改善了病人的生活质量。对非典型膀胱外翻与合并肠异位的临床研究，提供了国内的发病数据和治疗观点。早年曾对"利用阴茎背侧皮肤一期尿道下裂成形"、"环扎法治疗女性尿道黏膜脱垂"、"小儿尿失禁外科治疗"等进行了临床研究和报道。

在从事医、教、研工作中，他潜心研究，努力探索，先后在统计源期刊和中文核心期刊发表论文40多篇，其中3篇被选入《中国外科年鉴》。获省级科技进步奖三等奖2项；厅级科技进步奖一等奖2项、二等奖2项、三等奖4项。并参加了《吴阶平泌尿外科学》、《泌尿外科手术学》、《实用小儿外科学》、《临床医学问答》等多部著作的编写。

张华麟

1912—1985年，出生于河北省隆尧县，毕业于南京军医学校，中国共产党党员。曾担任兰州军区兰州总医院副院长兼泌尿外科主任，专家组组长，一级教授，是我国著名的泌尿外科专家，甘肃省泌尿外科创始人。

1932年考入南京军医学校，1936年毕业后在南京中央医院任实习医师，实习结束后为该院外科医师。抗日战争时期随该院转入贵阳中央医院，被该院聘为外科主治医师。1942年到兰州中央医院任外科主治医师、副主任、泌尿外科主任，并兼西北医专（兰州大学医学院前身）讲师、副教授。1948年赴美国留学，在密执安大学医学院进修泌尿外科，1950年回国。

回国后,曾任解放军第一医院院长兼泌尿外科主任。1959 年调入兰州军区总医院任副院长兼泌尿外科主任,1973 年任专家组组长。此外,还担任中华医学会理事、中华医学会泌尿外科学分会常委、中国人民解放军医学科学技术委员会委员、全军泌尿外科专业组组长及学术顾问、全军野战外科专业组副组长、兰州军区后勤部医学科学委员会副主任。曾经是国际外科学会会员,中华医学会甘肃省分会副会长兼秘书长、名誉会长,甘肃省科学技术协会名誉主席。1950—1965 年担任兰州医学院泌尿外科教授。

主要成果:1951 年在担任解放军第一医院院长期间,创建了全国第一个泌尿外科,这个刚诞生的科室成为抗美援朝战场上全军救治泌尿系统伤员的主要基地。在此期间,撰写了"陈旧性尿道损伤的处理"、"耻骨骨瓣手术途径"、"利用阴囊皮瓣修补大段尿道缺损手术"等论文,总结出一套治疗泌尿系统损伤的新方法,为大批志愿军伤员解决了病患痛苦。这些成果在 20 世纪 50 年代初期尚属首创。为此,曾荣立二等功 1 次、三等功 2 次,并出席西北军区后勤部功模大会。

1959 年调任兰州军区总医院副院长兼泌尿外科主任后,创建了全军第一个泌尿外科中心,并先后举办 5 期全军泌尿外科进修班,为全军泌尿外科培养了大批的技术骨干。60 年代初期,他开始率先进行肾移植的动物实验,1965 年 11 月在第 25 次动物实验时获得成功,这是全军第 1 例成功的肾移植动物实验。但是由于"文革"的干扰,直到 1977 年才应用于临床获得成功,在全军仍是首例,为此,他于 1978 年获得全国科学大会奖。

他曾编写了《泌尿生殖系外科学》,主编了《临床泌尿外科》,参与了《辞海》、《中国医学百科全书》、《创伤外科学》、《医疗护理技术操作常规》的编审工作,完成了《外科急腹症》《外科争论》等书的审稿工作。

他是我国西北地区泌尿外科的创始人,也是全国泌尿外科的奠基人之一,更是我军泌尿外科创始人之一,是国内著名的泌尿外科专家。他热爱祖国、医德高尚、作风严谨、严于律己、勤奋努力,虽然他已去世多年,但他对泌尿外科的发展奠定了基础,对我国、我军泌尿外科事业所作出的卓越贡献将流芳于世,永不磨灭。

张时纯

1920 年出生,浙江省宁波市人,中共党员。1947 年于国立湘雅医学院毕业,获学士学位。毕业后一直在湘雅医院外科工作,曾担任外科教研组副组长及泌尿外科主任多年,任教授、博士研究生导师,为中华医学会泌尿外科学分会委员、常委,湖南省泌尿外科学会主任委员及《中华泌尿外科杂志》编委,享受国务院颁发的政府特殊津贴。1981 年被派往美国耶鲁大学学习 1 年,为美国泌尿外科学会会员。曾为湖南省第三、第四、第五、第六届人大代表,第六届省人大常委会委员。2000 年退休后被中南大学授予"湘雅医院名家"的称号。

张铭铮

1931 年 9 月出生于黑龙江省哈尔滨市,后定居于辽宁省,籍贯山东省掖县。1959 年毕业于中国医科大学。毕业后于中国医科大学附属第一医院外科工作,后定于泌尿外科,一直工作至 69 岁退休。1983 年晋升为副教授、副主任医师,1989 年晋升为教授、主任医师。历任中国医科大学附属第一医院泌尿外科副主任、主任。曾兼任国际泌尿外科协会会员,中华医学会泌尿外科学分会第二、第三届委员会委员,第四、第五届委员会常务委员,辽宁省泌尿外科学会第一、第二、第三届委员会主任委员,沈阳市政协委员,《中华泌尿外科杂志》编委。

张铭铮教授从事泌尿外科临床、科研和教学工作近 40 年,长期致力于泌尿生殖系统肿瘤、结石、结核以及前列腺增生症的诊治与研究工作,特别是在腔内治疗方面(经尿道电切)造诣颇深。1979 年,张铭铮教授留学瑞典,在瑞典首都斯德哥尔摩卡林斯医院深造 2 年,掌握了经尿道电切治疗的先进技术。因其表现突出、成绩优异,回国时,导师赠送给他一套价值人民币 20 多万元的 Storz 电切镜及电切襻、气囊尿管等相关操作器械,当时,这在国内是比较早、比较先进的器械之一。张铭铮教授将这些器械无偿赠送给医院,气囊尿管用至 2001 年,电切襻一直用至 2005 年,为国家、医院节省了大笔资金,也充分体现了张铭铮教授的高风亮节。1982 年他回国后,积极开展经尿道电切术,治疗表浅膀胱肿瘤及前列腺增生症,在国内开创了经尿道电切术的先河,至 2001 年已行各类经尿道电切手术万余例。该项技术在 1984 年获得卫生部科技奖二等奖。1985 年,在张铭铮教授组织下,在沈阳召开了国内第一次经尿道电切技术学习班,会上还邀请瑞典著名的腔内治疗专家安德森教授做了精彩的技术表演,为国内经尿道电切技术的开展与应用作出了杰出的贡献。在该次经尿道电切技术学习班期间,张铭铮教授被授予瑞典卡林斯医院银质荣誉奖章和证书,以表彰他对发展经尿道电切技术及中瑞友好作出的贡献,成为辽宁省内第一位被国外学术团体授予奖章的学者。

1983 年,张铭铮教授任科室主任,带领科室同志不断探索、创新,开展了经腹肾癌根治术、膀胱全切回肠代膀胱术,提高了肾肿瘤及膀胱肿瘤的治疗效果。在肾上腺疾病的诊治方面也颇有造诣,为肾上腺手术的切口选择、术式改进作出了贡献。

张铭铮教授从医以来,积极投身于泌尿外科的临床、科研工作,发表学术论文 30 多篇,参加编写泌尿外科专著 3 部,参与或承担省、市课题 5 项,获得国家级、省部级科研奖励 2 项。1986 年开始培养研究生,10 多年来,桃李满天下,已经有 28 名学生先后走上泌尿外科工作岗位,并且都已经成为各医院的骨干力量。张铭铮教授在长期的医疗实践中,医德高尚、技术精湛、服务热情,得到了社会广泛的承认与尊敬。

张 炜

1956年9月出生。江苏海安县人，医学博士。1983年毕业于第三军医大学医学系，留校任第二附属医院泌尿外科医师。1987年转业至南京医科大学第一附属医院（江苏省人民医院）泌尿外科工作，1996年晋升为副主任医师，1997年任泌尿外科副主任，1999－2000年赴美国加州旧金山大学医学院泌尿外科进修，2002年晋升主任医师，2003年至今任江苏省人民医院泌尿外科主任、主任医师、教授、博士研究生导师。江苏省"333高层次人才培养工程"首批中青年科技领军人才，江苏省"科教兴卫"工程泌尿外科学科带头人。现任中华医学会泌尿外科学分会常务委员、肾移植学组委员、江苏省泌尿外科学会主任委员。担任《中华泌尿外科杂志》、《中华器官移植杂志》、《中华实验外科学杂志》、《中华男科学杂志》等杂志编委。享受国务院特殊津贴专家。

张炜从事泌尿外科临床、教学、科研工作20多年，研究方向为泌尿男生殖系统肿瘤、器官移植及泌尿生殖系统先天畸形。获江苏省科技进步二等奖2项、三等奖5项、国家第五届"恩德思医学科学技术奖"杰出成就奖1项。作为课题负责人或主要研究人员获得国家自然科学基金3项；省厅级课题6项；国家"973"项目、国家基础研究重大项目前期研究专项及"十一·五"支撑计划子课题研究3项。发表专业学术论文40余篇。主编专著2部。

陈 山

1957年7月5日出生于北京市，汉族，1982年毕业于首都医科大学医疗系。于首都医科大学附属同仁医院工作至今。现任首都医科大学教授、主任医师、硕士生导师。现为中华医学会泌尿外科学分会常务委员兼秘书、北京市医学会泌尿外科学分会委员兼秘书、中华医学会和北京市医学会医疗事故技术鉴定专家库成员、国家医药管理局医疗设备技术鉴定专家库成员、《中华外科杂志》特约审稿人、JOURNAL OF ENDOUROLOGY（中文版）编委。从事泌尿外科工作20多年，精通泌尿外科的理论和技术，在男性泌尿生殖系疾病的诊断和治疗方面有一定的研究。参与和主持了"七五"国家科研课题"激光光敏诊治膀胱肿瘤"、"激光封闭输精管的动物试验及临床应用的观察"、"人工神经网络预测前列腺增生病人手术风险的初步研究"、"人膀胱癌基因差异基因的微阵列研究"、"不同年龄段前列腺移行区与前列腺体积比例的研究"等科研工作，部分科研获奖。翻译及出版论著多部，先后发表论文数十篇。

陈一戎

1943年9月出生,湖南省耒阳人,1967年毕业于兰州医学院,1979年考取兰州医学院泌尿外科专业研究生,师从著名泌尿外科专家沈绍基、刘国栋教授,1982年毕业并获北京医科大学硕士学位。毕业后长期在兰州医学院附属第二医院泌尿外科工作。2001年3月调入甘肃省人民医院工作。1989年9月至1990年12月在法国斯特拉斯堡大学医学院进修泌尿外科,1998年3月至9月在美国芝加哥伊州大学芝加哥学区医学院(UIC)以高级访问学者身份从事泌尿外科实验室工作。1992年晋升为泌尿外科主任医师,1995年晋升为外科学教授。

长期以来,从事泌尿外科临床及科研工作,现任兰州大学附属第二医院泌尿外科研究所名誉所长,博士生导师。已培养硕士研究生22名,在读博士7名,与兰州大学合作培养博士生2名。现为国际泌尿外科学会会员、中华医学会泌尿外科学分会委员、中华医学会器官移植学会委员、中华医学会男科学会委员、《中华泌尿外科杂志》、《现代泌尿外科杂志》编委、国务院特殊津贴获得者、甘肃省优秀专家、全国新药评审专家、甘肃省医学会副会长。

陈一戎教授长期以来从事泌尿外科的临床工作,在治疗泌尿系肿瘤、前列腺增生、泌尿系结石、泌尿系先天性疾患等方面都积累了丰富的临床经验,处理了许多复杂、疑难的临床问题。他虚心学习,走出去,请进来,博采众长,不断把一些治疗新方法、新技术、新术式应用到临床实践中去。1982年即参加了肾移植工作。他善于总结经验,发表了60多篇论文,其中SCI收录9篇。他总结他人和自己多年的临床经验,主编《重建泌尿外科手术学》(人民军医出版社,2002年),副主编《泌尿外科进修医师必读》(人民军医出版社,1999年),参编《吴阶平泌尿外科学》、《现代前列腺病学》等10多部著作。共获得省级科技进步奖10项,省级科技进步奖27项。

在泌尿系统肿瘤研究中,观察了诸多免疫因子对膀胱癌病人LAK细胞增殖和细胞毒作用的影响,探讨了抗肿瘤免疫的调节机制。在国内首先在膀胱肿瘤中提纯、鉴定了TIL,并研究了其对细胞株的细胞毒作用及各种细胞因子的影响,发表了一系列文章。在卡介苗激活杀伤细胞(BAK)抗膀胱肿瘤作用研究中发现,BAK细胞抗肿瘤效应可能是卡介苗抗膀胱肿瘤重要机制之一。研究泌尿系肿瘤转移的早期诊断,在前列腺癌转移的早期诊断上,应用巢式逆转录PCR检测外周血,同时用PSA、PMA 2个标志物,很大程度上提高了在外周血中前列腺癌细胞的检出率。

陈一戎教授有良好的医德医风,在病人和医务界中享有很高的声誉。他治学严谨、学风正派,培养的22名硕士研究生中,12名考取博士研究生,有的已成为三级医院的业务骨干。

邵鸿勋

祖籍浙江省余姚县，1921年出生于上海市，学生时代积极参加抗日活动，于1945年秘密参加中国共产党地下党组织，1948年毕业于上海圣约翰大学医学院（七年制），获医学博士学位。

1950年因高干保健工作需要由上海调往卫生部北京医院，担任高干保健医疗任务，1955年赴前苏联莫斯科第一医学院泌尿外科学习，获博士学位。1959～1970年在协和医院泌尿外科工作。1970年因工作需要调回北京医院筹建泌尿外科病房和门诊，任主任医师，负责干部保健工作。20世纪70年代，为完成国家文化协定，由卫生部派赴阿尔巴尼亚任医药组组长，并担任地拉那第二医学院泌尿外科顾问。20世纪80年代，赴澳门讲学并先后去美国、法国、日本等国家考察。担任北京医院硕士生导师，享受国务院颁发的政府特殊津贴。

从医以来，他先后发表专业文章70多篇，参加编写著作20多部。曾担任多届学会工作：担任第一～第四届北京市泌尿外科学会委员，第一～第三届中华医学会泌尿外科学会常务委员兼秘书长，第一～第四届《中华泌尿外科杂志》常务编委，第一～第五届《临床泌尿外科杂志》编委。

金锡御

1933年7月出生，1950年12月入伍参加抗美援朝，1950年毕业于沈阳中国医科大学（五年制），博士研究生导师，中共党员。曾任第三军医大学西南医院业务副院长，现第三军医大学专家组成员，西南医院泌尿外科教授、主任医师，享受国务院颁发的政府特殊津贴。精通泌尿外科专业，特别是在尿道损伤及外伤性尿道狭窄的临床研究、尿动力学实验及临床研究等方面成绩显著，两项均获军队科技进步奖二等奖。主编《手术学全集泌尿外科手术卷》获全国优秀科技图书二等奖及首届中国人民解放军图书奖，连续被评为校"七五"及"八五"期间先进科技工作者。担任全军泌尿外科专业委员会主任委员、中华泌尿外科学会常务委员兼尿动力学学组组长、中华创伤学会副主任委员、重庆市医学会理事、重庆市泌尿外科专业委员会主任、国际泌尿外科学会会员、国际尿控学会会员、美国泌尿外科学会通讯会员、《中华创伤杂志》编委、《中华创伤杂志》英文版第一届编委、《中华泌尿外科杂志》《临床泌尿外科杂志》《实用泌尿外科杂志》编委、《现代泌尿外科杂志》副主编、《国外医学·泌尿分册》《解放军医学杂志》编委、《第三军医大学学报》常务编委。主编著作7部：

《尿道外科》(人民卫生出版社,1981年第一版,2000年第二版)、《临床尿动力学》(人民卫生出版社,2000年)、《泌尿外科手术卷》(人民军医出版社,1994年)、《腹部及泌尿生殖系器官损伤》(吉林省科学技术出版社,1998年)、《创伤外科学腹部及泌尿器官损伤》(上海科学技术出版社,1999年)、《外科手术学》(人民卫生出版社,1995年第二版,2000年第三版)、《现代创伤学》(人民卫生出版社,1998年第一版,2000年第二版)。参编专著13部:《创伤治疗学》、《黄家驷外科学》、《新编外科临床手册》、《实用泌尿外科学》、《泌尿外科》、《现代创伤学》、《实用泌尿外科手册》、《泌尿外科手术图解》、《泌尿外科手术学》、《尿道下裂外科学》、《前列腺增生与前列腺癌》、《泌尿外科高科技》、《现代战伤外科学》。

周志耀

　　1924年9月出生,浙江省湖州市人,主任医师、教授。1948年毕业于江苏医学院,毕业后任南京鼓楼医院外科住院医师。解放初期,参加南京市血吸虫防治大队,任三中队副中队长,赴浙江嘉兴地区为解放军防治血吸虫病,曾荣立二等功。1950年底,参加南京市抗美援朝志愿医疗团,任第六手术队队长,曾记大功、二等功各1次。1952年后,先后晋升为主治医师、副主任医师、主任医师,1956年任外科副主任兼泌尿外科主任,1982年任鼓楼医院院长,1983年被聘为南京医学院外科教授,1984年任鼓楼医院名誉院长,1987年任南京大学医学院副院长兼临床医学系主任,并被聘为教授。1995年受聘为国家卫生部北京泌尿外科研究所举办的全国泌尿外科培训中心客座教授。曾兼任中国科协委员,中华医学会常务理事、名誉理事,中华外科学会委员,中华医学会泌尿外科学分会常务委员,中华医学会江苏省分会副会长、泌尿外科学会主任委员,江苏省科协副主席,中国人民对外友好协会拉丁美洲分会理事,南京市对外友好协会副会长,《中华泌尿外科杂志》、《临床泌尿外科》、《江苏医药》、《老年医学》等期刊的编委。

　　周志耀从事泌尿外科临床、科研和教学工作近半个世纪,长期致力于肾结核、泌尿生殖系肿瘤、结石、外伤,以及前列腺增生等疾患的诊治和研究。对原发性膀胱癌,在病程不同时期应用最佳治疗方法,使疗效达到国际先进水平;对前列腺癌的手术方法、临床分期、手术适应证的选择进行了大量研究,在我国率先进行前列腺癌根治术,使前列腺癌术后存活率居世界先进水平;在国内积极开展腔内泌尿外科新技术,行各类腔内泌尿外科手术已达数千例。1987年后潜心研究体外冲击波碎石技术,现治疗已达万余例,并在儿童肾结石、输尿管结石、难治性肾结石的碎石技术上取得了丰富的经验。近年又在国内首先开展微创性手术,利用激光、高频电汽化切割等方法治疗前列腺增生已达800多例,使手术效果更好、更安全,大大减轻了老年病人的手术痛苦和并发症。1987年他领导建立泌尿外科研究所,开展泌尿系统结石成分分析、肿瘤细胞培养以及尿动力学等的研究。先后有20多项科研成果分别获全国、省、市科技进步奖。发表学术论文百余篇,其中多篇在国际会议上交流,获得好评。

参加《黄家驷外科学》、《泌尿外科学》、《泌尿外科手术学》、《临床男性学》等8部专著的编写。1994年荣获吴阶平医学科学研究（泌尿外科）一等奖，1991年起享受国务院政府特殊津贴。

周志耀在1964年及1977年2次参加中国援非医疗队，任副队长，在坦桑尼亚、桑给巴尔工作4年多。在此期间，对非洲的外科多发病、常见病进行了深入研究，对泌尿系血吸虫病、丝虫病等的手术治疗积累了丰富经验，并组织编写了近30万字的《非洲外科学》，作为培训当地外科医师的教材和我国援外人员的学习资料，深受欢迎。为表彰他在工作中的卓越贡献，1967年坦桑尼亚总统亲自授予他奖章，1979年坦桑尼亚三军司令兼国防部长赠予他珍贵大型木雕，归国后被外经部评为援外先进工作者。

周志耀在长期的医疗实践中，医德高尚、技术精湛、服务热情，获社会广泛的认可、尊敬。

郑家富

1934年4月出生于福建省莆田县，1951年8月参加中国人民解放军，1954年4月加入中国共产党。1956年于第二军医大学医疗系毕业后留校工作。历任第二军医大学附属第一医院外科住院医师、主治医师、讲师、副教授、主任医师、教授，外科教研室副主任，泌尿外科副主任、主任，研究生导师。

曾任中华医学会泌尿外科学分会副主任委员，上海市医学会泌尿外科学分会委员，中华医学会老年医学分会委员，上海市医学会老年医学分会委员，《中华泌尿外科杂志》副总编辑、顾问，《中华外科年鉴》编委、顾问，国际泌尿外科协会会员。

长期从事泌尿外科医疗、教学、科研工作，发表论文64篇，参编《泌尿生殖外科学》、《实用泌尿外科学》、《手术学——泌尿外科卷》、《吴阶平泌尿外科学》等6部专著。荣立三等功2次，获得军队科技进步奖二等奖2次，享受国务院颁发的政府特殊津贴。

侯树坤

1936—2009年，祖籍天津市，教授，博士生导师。1962年毕业于北京医学院医疗系。毕业后任职于北京医学院附属人民医院外科。1983—1984年在加拿大麦吉尔大学维多利亚医院肾移植科访问学习。1986—1993年任北京医科大学人民医院泌尿外科主任，1990—1998年任北京医科大学人民医院副院长。1993年起，享受国务院颁发的政府特殊津贴。1995年起，先后获得3项国家自然科学基金，主要研究方向为膀胱癌的侵袭力和转移。多篇相关论文发表于《Urology》、《Journal of Urology》、《中华外科杂志》、《中华泌尿外科杂志》。培养硕士、博士研究生多名，发表并指导论文60多篇。1992年起，先后任第四届中华医学会泌尿外科学分会常务委员、秘书，第五届中华医学会泌尿外科学分会副主任委员、秘书；第六届中华医学会泌尿外科学分会副主任委员。1995年起，先后任第九届和第十届《中华外科杂志》编委，第十一届《中华外科杂志》常务编委，第五届《中华泌尿外科杂志》常务编委，第六届《中华泌尿外科杂志》副总编辑。

姜永金

1940年出生，中日友好医院泌尿外科主任医师、教授。1987—2000年任中日友好医院泌尿外科主任。曾任中华医学会第五届泌尿外科学分会常委，第三届器官移植分会委员。1964—1986年在北京协和医院外科、泌尿外科从事临床工作，受到了良好的协和医疗作风的培养。1974年，曾被公派出国到英国剑桥 Addenbrook 医院在 Calne 教授指导下进修肾移植1年多。1978年进行本人第一例尸体肾移植，肾存活23年多。1979年参加国内首例肝上下腔静脉联合巨大嗜铬细胞瘤切除术，并为病人行右腋下自体肾上腺移植获得成功。1987年首次在国内用白细胞介素2活性监测肾移植排斥，并于1996年获国家科委科学技术研究成果奖。1990年在国内首次用阻断神经内分泌免疫辅助环孢素 A 免疫抑制疗法在肾移植上取得良好效果，论文在1996年第十六届世界器官移植学术会议（西班牙）及1997年《移植会议录》（*Transplantation Proceedings*）发表。1998年获国务院颁发的政府特殊津贴。除肾移植工作外，自20世纪80年代起，开展经尿道电切术，自1987年以来还开展了经腹扩大肾癌根治术、保留肾组织手术治疗双肾及孤肾（直径8 cm）错构瘤以及肾癌、转移性肾癌生物化学治疗，正位尿道口I期修复尿道下裂、后腹膜淋巴清扫加大剂量顺铂联合化疗治疗睾丸非精原细胞瘤、肾上腺外科等工作。1989年曾尝试1例经会阴途径保留尿道黏膜前列腺切除术治疗前列腺黑色素瘤。参加编译《克氏外科学》。2001年退休返聘至今。

曾任第五届中日友好医院学术顾问委员会委员、中日友好医院高干保健专家。从事临床一线工作40多年，积累了大量临床经验。在国内外学术会议及国家级杂志发表及合作发表论文数十篇。

贺大林

1960年3月出生于陕西省，1983年7月毕业于南京铁道医学院，1991年7月于原西安医科大学硕士研究生毕业。曾在美国 Emory 大学和 Texas 大学 Anderson Cancer Center 留学。现为西安交通大学医学院附属第一医院泌尿外科主任医师，西安交通大学医学院教授、博士研究生导师，西安交通大学医学院泌尿外科研究所所长，西安交通大学医学院附属第一医院副院长，中华医学会泌尿外科学分会常委，陕西省医学会泌尿外科学专业委员会主任委员，陕西省医学会男科学专业委员会副主任委员。现担任《中华医学杂志》编委、《临床泌尿外科杂志》《现代泌尿外科杂志》副主编、《西安交通大学学报》(医学版)及《肿瘤临床》等杂志编委。

　　贺大林教授在泌尿男生殖系肿瘤的临床与基础研究及男科学领域做了大量深入的研究工作,先后主持国家级、省部级科研项目 18 项,培养博士、硕士研究生 30 多名,创办泌尿外科研究所,在国内外杂志共发表文章 100 多篇。荣获陕西省科技进步奖一等奖 1 项、三等奖 1 项,陕西高等学校科学技术奖三等奖 1 项。为陕西省优秀留学回国人员,享受国务院颁发的政府特殊津贴。

夏术阶

　　医学博士,博士后。《中华医学杂志》副总编辑。

　　上海交通大学一院临床学院常务副院长、上海交通大学泌尿外科研究所所长、上海交通大学附属第一人民医院泌尿外科主任、教授、博士研究生导师。中华医学会泌尿外科上海分会副主任委员,上海激光学会副理事长,中华医学会泌尿外科学会常委、中国光学学会生物医学光子学专业委员会副主任委员,国际泌尿外科学会会员,南京医科大学外科学教授,参加 Aian Journal of Andrology、Current Urology、Journal of Urology、Prostate Cancer and Prostate Disease、WJU、Laser in Surgery & Medicine、Endocrine-Related Cancer、等国内外家杂志的审稿工作。国家卫生部内镜专业技术考评委员会专科内镜专家委员会主席,国家卫生部内镜专业技术考评委员会专家,国家自然基金终审专家组专家,上海市医学领军人才、上海市领军人才。获得上海市优秀学科带头人计划资助。享受国务院政府特殊津贴。

　　擅长泌尿系肿瘤、结石、男性学、前列腺外科、微创泌尿外科、泌尿系感染。

　　1991—1993 年在英国伦敦大学 St. Bartholomew's 医院学习工作。得到 Hugh Whitefield 和 Roger Kirby 的指导。1999 年进入复旦大学博士后流动站、上海市第一人民医院,聘为上海市高级职称评审专家和上海市干部保健医师。

　　先后主持 3 项国家自然科学基金课题,获得教育部 211 学科建设基金资助,主要研究前列腺周围带与移行带之间的分子调控、前列腺雄激素受体亚型基因功能与蛋白的表达。主持上海市重大点研基金 5 项、国家卫生部及吴阶平基金会以及省部级研究课题等项目。获得国家专利 12 项,国内外杂志发表学术论文约 235 篇,其中 SCI 论文 30 篇。主编《微创泌尿外科手术学》、《前列腺癌》等 6 部专著,参编《泌尿外科疾病诊断与鉴别诊断》等 22 部著作,其中包括 3 部全国统编教材。获得省部级科学技术进步二等奖 2 项,三等奖 1 项;上海市医学科技进步二等奖 1 项、三等奖 1 项;国家教育部科技进步二等奖 1 项;中华医学科技进步一等奖提名及中华医学科技进步二等奖 1 项。获得中国内镜杰出领袖奖。获得泌尿外科最高荣誉奖吴阶平医学奖。

　　主攻方向:前列腺临床外科与基础研究;泌尿系肿瘤;微创外科。

主要的学术论点：①提出了输精管对前列腺增生的抑制作用。②建立了经直肠超声前列腺体积定量学研究的方法，并校正了国际上前列腺超声定量学研究方法的误差。③提出并论证了前列腺组织中雄激素受体亚型的新概念。提出了前列腺组织中雄激素受体亚型的分布特征和种属特异性。克隆出了雄激素受体亚型基因。为研究阻断雄激素受体亚型的药物奠定了基础。④提出了前列腺阶段性增长的理论，并将前列腺的增长分为四个不同时相。即青春期前的缓慢增长期；10～30岁的快速增长期；30～50岁的再缓慢增长期；50～90岁的加速增长期。提出了前列腺增长与雄激素的相互关系。⑤创立2微米（铥）激光剥橘式前列腺切除术治疗良性前列腺增生症的手术方法，EU（影响因子7.667），得到国际F1000高度评价。

顾方六

1927—2003年，出生于上海市，1946年考入北京大学医学院，1954年毕业留校任外科助教兼住院医师。1955年被选送泌尿外科研究生，师从我国泌尿外科奠基人吴阶平院士。1958年毕业后，先后担任北京医学院附属第一医院（后称北京医科大学附属第一医院、现称北京大学附属第一医院）泌尿外科主治医师、副主任医师、副教授、主任医师、教授、博士生导师。1971—1980年任北京医学院附属第一医院外科主任兼泌尿外科主任；1980—1992年任北京医学院（80年代中期改北京医科大学）泌尿外科研究所副所长、所长。其间于1984年在瑞典卡罗琳斯卡学院任访问教授8个月。

50多年来，顾方六教授在泌尿外科临床、科研和教学领域辛勤耕耘，作出了卓越的贡献，在国内外享有盛誉，拥有崇高的学术地位。他于1992—1996年任中华医学会泌尿外科学分会主任委员。1980年起，先后担任《中华泌尿外科杂志》常务编委、副总编辑、总编辑、名誉总编辑；《中华外科杂志》编委、常务编委、副总编辑、顾问。他还先后担任国际泌尿外科学会会员、主席团成员、中国国家代表，美国泌尿外科学会会员、日本泌尿外科学会荣誉会员；亚洲泌尿外科学会理事、第五届组织委员会主席、第六届组织委员会主席（2002—2004年）。1991年起，任世界卫生组织（WHO）、国际抗癌联盟（UICC）良性前列腺增生国际咨询委员会第一～第五届委员；WHO、UICC前列腺癌第一～第三届国际咨询委员。1996年起代表亚洲任WHO、UICC泌尿外科疾病国际咨询委员会指导委员会委员；并任欧洲肿瘤学院高级顾问。1986—1992年任《Urological Research》杂志编委。1989年任《International Urology and Nephrology》杂志编委。

北京医科大学泌尿外科研究所（现北京大学泌尿外科研究所）是国际知名、国内领先的以医疗、教学、科研、预防为一体的泌尿外科中心，作为创始人之一，顾方六教授为奠定和巩固本所的学术地位作出了重要贡献。他毕生致力于泌尿外科临床和基础研究,并在肿瘤、良性前列腺增生、肾代偿性生长等领域取得了丰硕的成果。他连续获得国家自然科学基金 6 项、国家教委博士点基金 3 项、卫生部基金 1 项。发表专业论文 260 篇,其中 45 篇为英文,1 篇为葡文(巴西)。参加编写并出版书籍 48 种,其中 3 种系国外出版。曾获国家科学技术进步奖 1 项、卫生部科技成果奖 6 项、国家教委科技进步奖 1 项、光华科技基金奖 1 项。1991 年起享受国务院颁发的政府特殊津贴。1998 年获瑞典卡罗琳斯卡学院银质奖章。1991 年获美国华盛顿国防部病理研究所署名的"卓越贡献"奖章。

顾方六教授是杰出的泌尿外科教育家,他一生教书育人,培养博士后 1 名、博士 19 名、硕士 5 名,桃李满天下,影响遍及国内外。

高居忠

1942 年 11 月出生于福建省闽侯县,1968 年毕业于北京协和医科大学(学制 8 年)。1968—1972 年任一机部青山试验机厂住院医师。1972 年任北京燕山石油化工总厂医院外科住院医师。1978—1992 年任北京友谊医院泌尿外科住院医师、主治医师、副主任医师、科室副主任。1985—1987 年赴美留学,任加州大学医学中心泌尿外科进修医师。1992 年调入首都医科大学北京朝阳医院,任泌尿外科副主任,主任医师、教授。1995—2003 年任首都医科大学北京朝阳医院院长。1997—2004 年任首都医科大学泌尿外科研究所所长。2002 年起任北京市器官移植中心副主任。

长期从事泌尿外科临床、教学和科研工作,发表论文 60 多篇,主要有:"膀胱周围脂肪过多症"、"转移皮瓣修补远端尿道下裂及尿道瘘"、"肾球旁细胞瘤"、"肾癌 TIL 的分离培养及其表型分析"、"胰肾联合移植治疗胰岛素依赖型糖尿病及终末期肾病的实验与临床研究"。主编《外科学》(全国高等学校医学规划教材),主译《泌尿外科学》(美国)等多部著作。

承担北京市、卫生部科学基金多项课题,如肾胰联合移植治疗 1 型糖尿病的实验与临床研究等,多次获北京市卫生局、北京市科技成果奖。

为国际泌尿外科学会会员,首都医科大学教授、主任医师、博士生导师,享受国务院颁发的政府特殊津贴,吴阶平泌尿外科基金会理事,中国健康促进基金会副理事长,中华医学会泌尿外科学分会第六、第七届常委,《中华泌尿外科杂志》常务编委等。

郭应禄

1930年5月4日出生于山西省定襄县，1956年毕业于北京医学院医学系，1963年于北京医学院泌尿外科专业研究生毕业。现任北京大学泌尿外科医师培训学院院长、北京大学男科病防治中心主任、北京大学第一临床医学院（简称北大医院）名誉院长、北京大学泌尿外科研究所名誉所长、中国医师协会泌尿外科医师分会主任委员、中华医学会泌尿外科学分会名誉主任委员、中华医学会男科学分会名誉主任委员。中国工程院院士，我国泌尿外科和男科学新一代学科带头人。主编学术著作27部，发表论文300多篇，取得成果20多项。1982年主持研制国内体外冲击波碎石样机，1984年用于临床治疗肾结石，1987年首创俯卧位治疗输尿管结石，是国内体外冲击波碎石领域的开拓者。20世纪80年代，率先开展经尿道手术、输尿管镜、经皮肾镜和腹腔镜的微创手术。20世纪80年代主编第一部肾移植专著《肾移植》；1991年主编第一部《腔内泌尿外科学》，为我国这一领域的奠基人。1995年提出腔内热疗3个温度段的观点，澄清了国际上在该学术问题上的模糊概念。培养的研究生中已获博士学位的有42名、博士后4名。

1991年创建腔内泌尿外科和体外冲击波碎石学组，1995年创建中华医学会男科学分会。同年，组建北京医科大学泌尿外科培训中心，并成立吴阶平泌尿外科医学基金会。

1997年启动"泌尿外科人才工程"，为全国培养"知识面广、工作能力强、素质好和有创新精神的专业骨干"，参加专题培训者多达3 000人，参加普及教育者逾3万人，此工程现已被列入北京大学"211"工程的标志性成果。2002年启动"泌尿外科将才工程"，每年向境外派送100名以上主任级骨干参加短期学习；举办博士生导师培训班，培训均实施免费教育，成为全国医学继续教育领域的一个亮点。2004年北京大学泌尿外科培训中心被中华医学会指定为泌尿外科专科医师培训中心，并经北京大学批准成立了北京大学泌尿外科医师培训学院。此项工作从整体上提高了我国泌尿外科水平，加强了凝聚力，为实现2020年使中国泌尿外科达到国际水平提供了有力保证。

2005年创建中国医师协会泌尿外科医师分会并任主任委员，提出要将协会办成真正维护医生权益、帮助医生成长的"医师之家"。

同年，由他一手创办和主持的北京大学第一医院男科中心开业。该中心集中了一批国内一流的男科专家与教授，配备了最新的医疗和科研设备，力求成为行业医疗、教学、科研和预防专业机构的典范。

郭应禄院士以他不断开拓和创新的工作为我国泌尿外科事业的快速发展作出了卓越的贡献。

1994年荣获首届吴阶平杨森医药学研究奖一等奖。2000年被评为北京市先进工作者。2001年荣获"北京市优秀共产党员"称号。

2003年荣获北京大学"桃李奖"。2004年荣获"北京大学优秀共产党员标兵"称号。

唐孝达

　　1935 年 2 月出生于上海市，1952 年 9 月就读于上海第二医学院医疗系。1957 年 10 月毕业后分配到四川医学院附属医院外科工作，于 1960 年确定从事泌尿外科专业。经教育部考试后于 1980 年 10 月到奥地利维也纳大学总医院泌尿外科进修，历时 2 年。1982 年 10 月回国后继续在四川医学院附属医院泌尿外科工作。于 1984 年 5 月任四川医学院附属医院院长和医学系主任，外科副教授。1985 年 5 月四川医学院复名为华西医科大学，继续担任该校附属医院院长和医学院院长及外科学教授。1994 年起任华西医科大学器官移植研究所所长。1996 年 3 月调入上海市第一人民医院工作，任上海市领先专业泌尿外科研究室主任，重点学科负责人。2001 年 9 月任上海市器官移植临床中心顾问。曾担任国务院学位委员会第三届学科评议组成员。

　　自参加工作以来，他长期从事外科和泌尿外科的医疗、教学、科研工作。1990 年经国务院学位委员会批准任博士生导师，共培养博士研究生 36 名，招收 7 名博士生进入博士后流动站。

　　共发表论文 260 篇，主编和参编著作 11 部。担任全国高等医药院校外科学统编教材第三、第四、第五版泌尿外科分编负责人，全国高等医药院校教材、全国高等医药教材建设研究会规划教材《外科学——前沿与争论》（供研究生用）泌尿外科和男性学评论人。获国家科学技术进步奖二等奖 1 项，省部级科技进步奖一、二、三等奖 9 项。负责 5 项国家自然科学基金项目。1988 年获国家卫生部有突出贡献中青年专家称号。

　　长期担任《中华泌尿外科杂志》、《临床泌尿外科杂志》、《现代泌尿外科杂志》编委，《中华器官移植杂志》编委或副主编，《实用肿瘤杂志》编委，《中华医学杂志》、《中华外科杂志》特约审稿人；参加国家自然科学基金评审等工作。

黄翼然

　　广东省中山市人，中国共产党党员。1982 年于江西医学院本科毕业，1989 年于上海第二医科大学附属仁济医院泌尿外科硕士研究生毕业。现任上海第二医科大学附属仁济医院泌尿外科主任，上海市男性学科研究所副所长，教授，主任医师，博士生导师。担任上海市高干保健医师、上海市卫生系统职称资格高评委等，中华医学会泌尿外科学分会常委，上海市医学会泌尿外科学分会副主任委员，中华医师协会泌尿外科学分会委员，担任《中国男科学杂志》常务副主编，担任《中华泌尿外科杂志》等数本杂志的编委。

　　1998 年入选上海市卫生系统"百人计划"，1999 年破格晋升为主任医师,2001 年被评为上海第二医科大学先进工作者,2002 年被评为上海市卫生局先进工作者,荣获 2004 年上海市卫生系统"十佳医生"称号、2004 年原上海第二医科大学首届校长奖,获 2006 年上海市"五一"劳动奖章。申请课题 10 项,经费 100 万元以上,其中自然科学基金 1 项,发表论文 50 多篇,被 SCI 收录 1 篇。

黄　健

1960 年 1 月出生于广东梅县,1983 年毕业于广州医学院临床系,1990 年中山医科大学外科学博士毕业,攻读博士学位期间从事可控性尿流改道及腹腔镜手术方法的研究,改进了手术方式,取得良好的临床效果;1992 年晋升为副教授,硕士导师;1994—1995 年在日本大学医学部研修期间,开始系统学习腹腔镜下泌尿生殖系手术,回国后开展腹腔镜下肾,肾上腺手术治疗。2000 年再次到美国马萨诸塞州医疗中心研修泌尿外科腹腔镜技术。1998 年 12 月被聘为中山大学孙逸仙纪念医院外科学教授;2004 年被聘为中山大学博士生导师。1995 年任中山大学孙逸仙纪念医院外科副主任,1997 年起至今任中山大学孙逸仙纪念医院副院长;1998 年至今任中山大学孙逸仙纪念医院泌尿外科主任,2005 年兼任中山大学孙逸仙纪念医院外科主任,微创外科主任。2004 年被选为广东省医学会泌尿外科学分会主任委员,现任中国医师协会泌尿外科专科医师分会副主任委员、中华医学会泌尿外科分会副主任委员,中国泌尿外科学院副教务长、中华医学会泌尿外科学分会微创泌尿外科学组副组长、华南微创技术培训中心主任,广东省医学会常务理事、广东省医学会泌尿外科分会主任委员、广东省医学会微创外科分会常委、世界内镜学会会员,欧洲泌尿外科学会会员,《中华泌尿外科杂志》《临床泌尿外科杂志》《现代泌尿外科杂志》《现代泌尿生殖肿瘤杂志》等的杂志的编委,《中华腔镜泌尿外科杂志》的副主编,《Journal of Endourology》的特约编委。

主要研究方向为泌尿系肿瘤及微创泌尿外科学,1987 年开始进行膀胱根治性切除,可控性尿流改道手术,是国内最早开展该手术的专家之一。黄健教授是我国著名的腹腔镜专家,2002 年在国内率先开展了腹腔镜膀胱全切除-回肠新膀胱术,水平处于国内领先,是国际上开展该手术例数最多的专家之一,参加美国克里夫兰泌尿科倡导的国际多中心腹腔镜下膀胱全切除-重建术的临床研究项目(IMCLRCP),并在国内各大医院大力规范和开展该术式 2008 年在国内率先开展单孔腹腔镜下膀胱癌根治术,前列腺癌根治术。2006 年建立了中华医学会泌尿外科学分会华南培训中心,在 2008 年 WCE 及 2009 年 SIU 等国际会议上演示手术,近五年来为我国培养 800 多名微创技术骨干,牵头编写中华医学会泌尿外科学分会标准化培训教材《hand on training》。近十年来致力于泌尿系肿瘤,特别是前列腺癌和膀胱癌发病的分子机制和临床研究。主持卫生公益性行业专项基金 1 项,卫生部临床重点 2 项,国家自然科学基金 2 项,广东省自然科学基金重点项目,教育部回国人员基金和国家十五科技攻关项目分课题等 10 多项,近 5 年共获得基金 600 多万元。研究成果《腹腔镜膀胱根治性切除及原位新膀胱术的系列研究》获 2008 年教育部高等学校科技进步奖一等奖。2004 年《肠道膀胱代替术的系列研究》获广东省科技进步奖三等奖。2006 年获得第十三届全国泌尿外科年会优秀论文奖,2009 年获得腔道学组金膀胱镜奖。发表国内核心期刊论文 60 余篇,在 European Urology,Journal of Urology,International Journal of Cancer 等国外知名杂志上发表论文 20 多篇,出版专著《微创泌尿外科学》和《泌尿外科内镜技术规范化教材》,参编专著多本。

梅　骅

1932 年 12 月出生于广东省台山县。1949 年 8 月考取华南医学院,1955 年毕业后,先后进入中山医学院附属第二医院、第一医院外科,任住院医师、助教;1965 年 2～9 月在北京医学院附属第一医院泌尿外科进修;1980—1982 年在美国麻省总医院泌尿外科进修;1961 年任中山医学院附属第一医院主治医师;1978 年任中山医学院外科学副教授;1978—1993 年当选第五、第六、第七届全国人大代表;1980—1985 年任中山医学院附属第一医院泌尿外科副主任;1984 年至今任广东省高干保健医生;1985—1994 年任中山医科大学附属第一医院泌尿外科主任;1986 年任中山医科大学教授、硕士研究生导师;1997 年至今任中山医科大学深圳泌尿外科医院(现深圳中山泌尿外科医院)院长;1988—1996 年任广东省医学分会泌尿外科学分会主任委员;1989—1994 年任中华医学会第二十、第二十一届理事会理事;1991 年被中山医科大学聘为博士生导师;1992 年至今被聘为中央保健会诊专家;1993 年起享受国务院颁发的政府特殊津贴。1993 年当选为广东省第七届政治协商委员会委员。1993—2004 年任中华医学会泌尿外科学分会副主任委员,现为该会顾问。现任中华医学会广东分会资深专家委员会副主任委员。从事泌尿外科专业 50 年,擅长泌尿外科的各种疑难杂病的临床处理。对泌尿系统结石、泌尿系统肿瘤、男科学等进行了较深入的研究,有 7 项研究成果获全国、省及大学的奖励。于 1972 年取得我国首例亲属肾移植手术成功,获 1978 年全国科学大会奖。设计了治疗先天性尿道下裂新术式——膀胱黏膜一期尿道成形术,以及可控性尿流改道新术式——去带盲结肠可控膀胱术,已推广使用。对卡介苗防治表浅膀胱癌、保留性功能的根治性膀胱切除术、前列腺癌病因和早期诊断、慢性前列腺炎的诊断和治疗女性压力性尿失禁,以及女性下尿路感染等方面进行了较深入探讨,取得成果。先后在国内外核心期刊发表学术论文 90 多篇,主编《泌尿外科手术学》(人民卫生出版社,1972 年第一版、1996 年第二版),成为泌尿外科医师的主要参考书,获 1999

年国家卫生部科技进步奖二等奖;主编《泌尿外科临床解剖学》(山东科学技术出版社,2001年)及《泌尿男生殖外科手术图谱》(湖北科学技术出版社,1994年)等学术专著10多部。历任《中华泌尿外科杂志》《中华显微外科杂志》《中华外科杂志》、《Urologic Oncology》杂志等9种医学杂志编委;国际泌尿外科学会会员;美国泌尿学会会员。梅骅教授治学严谨,在教学中密切联系实际,以自己长期积累的经验来指导和培养学生与青年医师。培养硕士12名,博士研究生25名,博士后2名;1986年创办中山医科大学深圳泌尿外科医院,为在经济特区建立新模式的医疗机构作出了贡献。1985年和1988年获得广东省特级劳动模范称号,1994年获得首届吴阶平医学研究奖。

章咏裳

　　? —2001年,1955年毕业于同济大学医学院,留院工作后随医学院迁至武汉市,在同济医院工作。1977年晋升为副教授,1981年晋升为教授、博士生导师,享受国务院颁发的政府特殊津贴。1981年赴德国慕尼黑大学进修,1983年为东德莱比锡大学访问学者。先后任同济医院泌尿外科主任、大外科主任,同济医院器官移植研究所副所长等职。2001年因病去世。

　　1977年首先开展肾移植、血透治疗,1982年率先将经尿道前列腺电切术(TURP)在中南地区引进,在肾移植、腔内泌尿外科、泌尿系结石的研究和临床运用方面居全国领先水平。曾经2次获得国家自然科学基金,并获得省部级基金多项。多次获优秀论文奖,多次获优秀教师称号。

　　辅助多家地(市)级医院开展血透等专业,如沙市、荆州、襄樊等。积极响应党的号召,上山下乡参加农村医疗队,亲自为当地百姓主刀手术,并悉心培训当地外科医生。

　　曾担任中华器官移植学会主任委员、中华医学会泌尿外科学分会常委、湖北省性学会副理事长等。担任《中华泌尿外科杂志》、《中华器官移植杂志》等专业杂志编委。主编《前列腺疾病》(湖北人民出版社,1982年),《临床医师诊疗丛书/泌尿外科疾病诊疗指南》(科学出版社,1999年),《泌尿男生殖外科手术图谱》(湖北科学出版社,1994年),《泌尿外科手术学》(人民卫生出版社,1998年),参编《吴阶平泌尿外科学》、《外科学》等。

　　章咏裳教授在我国较早被批准为硕士及博士研究生导师。经章咏裳教授指导毕业的硕士、博士达30多人。章咏裳教授虽已辞世,但他淡泊名利,作风正派,治学严谨的学者形象永远活着,并影响着一代又一代的优秀青年医师。

谢立平

1961 年出生于南京。1982 年毕业于浙江医科大学临床医学系本科。1988 年毕业于浙江医科大学，获医学硕士学位。1993 年毕业于德国基尔大学医学院，获医学博士学位。2001 年 4 月至 2001 年 7 月美国西弗吉尼亚大学医学院泌尿外科学习膀胱肿瘤治疗。2004 年 5 月美国南加州大学 Norris 肿瘤中心学习膀胱癌和前列腺癌。2004 年 9 月美国约翰霍普金斯大学泌尿外科研究所学习前列腺癌。2007 年 5 月美国哈佛大学医学院泌尿外科学习泌尿系肿瘤。现为浙江大学医学院附属第一医院泌尿外科主任、教授、主任医师、博士生导师；浙江大学泌尿外科学位点负责人；浙江大学医学院附属第一医院泌尿男科中心主任；浙江大学医学院附属第一医院微创外科中心副主任。

从事泌尿外科临床和科研工作 20 多年。研究方向为泌尿系肿瘤、微创泌尿外科及前列腺疾病等。承担及参加"十一五"国家科技攻关计划、国家自然基金、教育部、卫生部、浙江省科技计划项目、浙江省医药优秀人才专项基金、重大横向项目等课题 10 余项。在国内外重要学术期刊发表论文 60 余篇，其中 SCI 收录 20 余篇。参与编写专著 4 部；参与编写中国泌尿外科疾病诊断治疗指南的膀胱癌及前列腺癌部分。已获国家专利 11 项。培养了博士后 3 名，博士研究生 10 余名，硕士研究生 20 余名。

目前担任 Corresponding Member of the European Association of Urology；中华医学会泌尿外科学分会常务委员兼副秘书长；中华医学会泌尿外科学分会肿瘤学组委员；中国抗癌协会泌尿生殖系统肿瘤专业委员会常务委员；浙江省抗癌协会泌尿生殖系统肿瘤专业委员会主任委员；浙江省医学会泌尿外科学分会候任主任委员；浙江省医学会微创外科分会副主任委员，泌尿学组组长；浙江省内镜（腔镜）质量控制中心专家委员会副主任；浙江省"新世纪 151 人才工程"第一层次；浙江省计划生育科学研究所男性生殖健康重点实验室主任；《中华泌尿外科杂志》编委；《中华男科学杂志》编委；《临床泌尿外科杂志》编委；《现代泌尿外科杂志》编委。

黑兰荪

1930 年出生于天津市，回族，1956 年于河北医学院医学系毕业，同年留校工作至今，中国共产党党员。曾任河北医科大学附属第二医院泌尿外科主任，教授，中华医学会泌尿外科学分会委员、常务委员，河北省医学会泌尿外科学分会主任委员，《中华泌尿外科杂志》及《国外医学·泌尿系统分册》编委。

从事医疗教学工作 50 年，积累了许多泌尿外科疾病的诊疗经验。20 世纪 70 年代，曾在男性节育方面做了如下工作：①参与国家"八五"攻关课题男性节育药——棉酚的临床协作组科研工作，为协作组提供了 821 例服用棉酚的数据和经验。这项集体完成的科研项目,获 1978 年全国科学大会奖及全国医药卫生科学大会奖、1979 年河北省科技成果奖二等奖。②1974 年,输精管钢栓节育术,这一省级协作项目临床应用 2 045 例,经 10 年随访,手术成功率98.33%,并发症 2.2%,因其生育的可复性,受术者易于接受,曾被 5 个省市作为新技术引进,在全国计划生育高潮时期,发挥了一定作用,获河北省科学技术进步奖。

70 年代后期,先后开展了血液透析、肾移植及介入治疗等医学项目。在天花粉引产、急性肾功能衰竭抢救工作中发挥了很好的作用。

80 年代以来,先后开展体外冲击波碎石及腔内泌尿外科手术,发表在省级以上刊物论文 40 多篇,获奖 6 项,合编著作 4 部,分别由人民出版社及河北人民出版社出版。

鲁功成

1937 年 6 月出生,1955 年进入武汉医学院(现华中科技大学同济医学院)医疗系学习,1960 年毕业,被分配到附属协和医院外科工作,1972 年专业固定在泌尿外科,1985—1997 年任泌尿外科主任,直至 2004 年底退休。1983 年晋升为副教授,1990 年晋升教授,1986 年任硕士研究生导师,1991 年任博士研究生导师。1993—2004 年任湖北省医学会泌尿外科分会主任委员,1996 年任湖北省医学会理事。曾任中华医学会泌尿外科学分会委员、常委,任《中华泌尿外科杂志》《中华外科学》等 9 本学术杂志编委。1996 年任武汉市科技智囊团成员,1998 年起任国家自然科学基金委员会评审组成员。1993 年被评为湖北省有突出贡献中青年专家。

主要科研成果(课题负责人、课题设计、第一完成人)

1)乳糜尿的实验与临床研究(1982 年):①通过犬、兔的实验研究,证明结扎胸导管后,淋巴循环可通过侧支再通;②首次通过乳糜尿病人的电视淋巴造影,证明胸导管通畅和腹膜后淋巴管曲张;③自行设计了淋巴结大隐静脉吻合术治疗乳糜尿,术后经电视淋巴造影,证明吻合口通畅。

2)男性尿道损伤的实验研究(1983 年)。

3)中药白芨肾动脉栓塞的临床研究(1983 年)。

4)上尿路动力学的实验与临床研究(1989 年)。

5)肾盂灌洗潜在危险性的实验研究(1990 年)。通过兔的实验研究,在国内首次证明肾盂灌洗液可进入兔的髂静脉、下腔静脉和右心房。

6)利尿 B 超检测分肾功能的临床研究(1989 年)。

7)改良直针吻合法治疗难治性后尿道狭窄(1989 年)。

作为课题负责人、课题设计人,课题由研究生完成的项目

1)人膀胱癌多药耐受的基础及临床研究(获 3 次国家自然科学基金的资助,前后 10 年由 6 位博士研究生在不同阶段完成)。

2）慢性前列腺炎的实验研究（由 4 名博士研究生，前后 8 年完成）。

3）双氧水膀胱灌注诊断膀胱肿瘤的临床研究。

4）前列腺癌的基础研究（由国家卫生部科研基金资助）。

5）尿结石的基础与临床研究（由 3 名硕士研究生在不同时间段连续完成）。

6）阴茎血管的局部解剖研究（由解剖教研室老师指导完成）。

7）人膀胱癌组织培养和个体化治疗。

8）积水肾功能可复性的预测。

以第一作者发表论文 85 篇。主编《泌尿外科手术学》、《现代泌尿外科》，参编有关泌尿外科专著 15 本。先后获湖北省政府科技成果进步奖二等奖 4 项、三等奖 5 项，国家卫生部科技进步奖二等奖 2 项，中华医学奖三等奖 1 项。

谢 桐

1923—2000 年，江苏省常州市人，2000 年 10 月 27 日辞世。他是我国著名的器官移植、泌尿外科专家。1943 年考入同德医学院，1950 年毕业于上海同济大学医学院，后调至上海市第一人民医院工作。1953—1954 年参加抗美援朝医疗队，荣立国际三等功，回国后仍在上海市第一人民医院工作。1959 年加入中国共产党。1960 年开始从事泌尿外科工作。1963 年在国内率先开展选择性肾动脉造影，成为泌尿外科领域介入治疗的先驱。1964 年在国内外率先进行电刺激膀胱的研究，进行动物实验比加拿大学者还早半年。

20 世纪 70 年代，谢桐与吴阶平一起研究了嗜铬细胞增生症并发表了论文。他提出了"乳糜尿的发病机制是淋巴管逆流"的学说，还在国内外首创用喜树碱灌注膀胱防治膀胱肿瘤的复发，论文在巴黎国际泌尿外科年会上发表时获得好评。20 世纪 70 年代初，谢桐教授在国内率先引进了血透用的设备，在临床上正式开展血液透析治疗工作。

他身体力行，到全国各地讲学，开展学术、技术交流，促进血液透析在国内逐步普及，同时同有关厂商、科研机构一起研制国产血透设备。至 20 世纪 70 年代末，国产设备占有了部分市场，进一步促进了我国透析事业的发展。他与上海医疗器械研究所共同研制的小型人工肾机器和国产空心纤维透析器获全国科学大会奖。

1978 年，开始开展同种异体肾移植手术。他严谨的作风、科学的态度使他所主持的肾移植在质量和数量上始终处于国内先进水平，病人的存活率大为提高。

1985 年，把环孢素引进我国并应用于肾移植病人，在国内大力推广，使我国的移植水平迅速向世界水平前进了一大步。鉴于谢桐教授对泌尿外科、肾移植、血液透析作出的贡献，80 年代他当选为中国生物医学工程学会人工器官学会副主任委员、中华医学会泌尿外科学分会副主任委员、中国透析移植研究会主席、中华医学会理事、国际泌尿外科学会委员、上海医学会泌尿外科学会主任委员、上海医科大学学位评定委员、博士研究生导师,并担任《中华泌尿外科杂志》、《临床泌尿外科杂志》、《中华器官移植杂志》、《肿瘤杂志国外医学泌尿分册》等杂志的副主编或编委职务。

1977年和1978年被评为医院先进工作者,1983年被评为上海市卫生局先进工作者,1987年被评为上海市劳动模范,1988、1991、1993年分别被评为上海市卫生局优秀党员,1994年被评为全国卫生系统先进工作者,1995年被评为上海医科大学优秀研究生导师。他所领导的科室被评为上海市第一批医学重点学科。

谢桐教授主编了国内第一本透析疗法的专著《透析疗法》,并先后主编《前列腺外科》、《泌尿外科手术图解》、《肾移植》等专著,并担任国内《黄家驷外科学》的分主编、《吴阶平泌尿外科学》的副主编等。先后在国内外发表论文350篇。谢桐教授创建了中国透析移植研究会,并定期召开全国学术交流会、透析学习班、器官移植学习班,并邀请国外著名学者定期来华进行学术交流,引进国外先进技术,进一步推动了我国透析移植事业的发展。

虞颂庭

1914—2010年,出生于浙江省慈溪县,1939年毕业于北平协和医学院,获得医学博士学位并留校任助理住院医师,1944年赴重庆中央医院任外科主治医师。抗战胜利后不久赴美国芝加哥大学研修,从师于国际著名的泌尿外科专家、前列腺癌内分泌治疗的开拓者、诺贝尔奖金获得者Charles Huggins教授。1948年回国就职于天津中央医院,任外科主任。1950—1952年兼任协和医学院助理教授。同时在天津积极参与创建天津医学院,1954年至今任天津医学院(现为天津医科大学)外科学教授,迄今从医执教已67年,一直致力于外科、泌尿外科的临床医疗、教学和科研工作,在泌尿外科的许多方面造诣颇深,尤其是对泌尿系统肿瘤的应用基础研究倾注了不少心血。

多年来,他与泌尿外科的同仁及他的学生们进行了大量的研究工作,如20世纪70年代对从事染料行业工人膀胱癌染色体畸变的观察;80年代对膀胱癌血型抗原及血型相关抗原与膀胱癌恶性度及预后的关系、膀胱癌细胞DNA倍体、细胞核形态学多参数分析与膀胱癌预后关系的研究等;90年代初,他又开始应用分子生物学技术,研究涉及癌基因与抑癌基因、肿瘤转移相关基因、端粒酶、染色体微卫星不稳定性及其他多种癌细胞变化过程中有关蛋白与泌尿系统肿瘤发生、浸润和转移的关系等诸多领域。这种研究不仅有助于使诊断更为正确,而且为研究肿瘤的基因治疗提供了必要的资料。他培养研究生30多名,发表研究论文100多篇(包括普通外科和泌尿外科学)。这些研究成果曾获得天津市科技进步奖二等奖。主编、主译或参编外科学和泌尿外科学等方面的著作10多部。

虞颂庭教授淡泊名利,毕生致力于教学与医疗工作。他十分注重人才的培养,重视对青年医师基础理论和科研意识的培养,强调临床医生必须加强与临床基础学科的联系和协作,鼓励青年医生开拓视野,勇于创新。几十年来,虞颂庭教授以广博而坚实的医学理论知识和临床经验、认真严谨的治学态度和朴实民主的学者风范教育和影响了几代医师,曾为我国培养了不少外科、泌尿外科领域的专业人才,其中许多人在各自的岗位上作出了突出的贡献。

虞颂庭教授活到老、学到老、工作到老,在年近 90 岁高龄时仍然是最常光顾图书馆的读者,仍然坚持看专家门诊,坚持参与科内每周的查房,经常给大家介绍泌尿外科领域发展的最新动态。

虞颂庭教授是中国共产党党员、九三学社社员,在繁忙的业务工作之余,还积极参加许多社会活动,曾为天津市第九、十届人大代表,天津市第六、七、八届政协副主席。曾任九三学社中央常委、九三学社天津市委主任委员,现任九三学社天津市委名誉主任委员。历任中华外科学会委员、中华医学会泌尿外科学分会副主任委员、中国生物医学工程学会常务理事、中国生物医学工程学会天津市分会理事长、《中华外科杂志》编委、《中华泌尿外科杂志》副总编辑等职。1994 年获吴阶平泌尿外科基金会第一届"吴阶平医学奖",1994 年获得天津市卫生局"伯乐奖"。

鲍镇美

1924 年出生,湖南省常德市人。1949 年于贵阳医学院(六年制)本科毕业。曾任中华医学会泌尿外科学分会委员,《中华泌尿外科杂志》副主编,《临床泌尿外科杂志》《国外医学·泌尿系统分册》《中级医刊》编委。北京中日友好医院泌尿外科教授,硕士生导师。曾任内蒙古医学院院长。1980—1985 年任《内蒙古医学杂志》主编。参加编写了《泌尿外科进展》(1964 年)、《黄家驷外科学》(1979 年)、《实用泌尿外科学》(1991 年)、《泌尿外科》(1993 年)等专著。现任美国传记研究所(American Biographical Institute)顾问。

曾先后在贵阳医学院外科、朝鲜人民军医院外科工作。1952—1953 年在北京医学院附属医院进修,1954 年调任北京医学院北大医院讲师。1958 年支援边疆来内蒙古工作,任内蒙古医学院附属医院泌尿外科讲师。1977 年任副教授,1982 年受聘为主任医师兼教授。1983 年赴美国俄勒冈卫生科学中心(Oregon Health Science Center)进修。1983 年 12 月就任内蒙古医学院院长。1984 年调往北京中日友好医院工作。

鲍镇美教授治学严谨、思维慎密,临床工作认真负责、一丝不苟。1962 年,他与孙培道合作在国内首先用尿 VMA 定性法筛选出嗜铬细胞瘤病人,并施行手术切除治愈。1965—1976 年用髂内动脉结扎术减少了前列腺切除的术中失血(该方法获 1979 年内蒙古自治区科技成果奖)。1980 年首创用嗜铬细胞瘤包膜下剜出术,使复杂嗜铬细胞瘤的手术增加了一种切除手段,提高了切除成功率,降低了手术病死率。此项技术已编入《泌尿外科手术学》(1996 年),并因此获英国剑桥世界名人传记中心授予的 Decree of Merit 奖。

中国泌尿外科学史（第2版）

　　鲍教授洞悉国外泌尿外科进展及发展趋势，在大剂量含钠溶液防治失血性休克、嗜铬细胞瘤诊治进展、细胞凋亡等理论的研究上均有独到之处。每隔一段时间即可见到他撰写的关于这些课题的讲座或述评性文章。

臧美孚

　　祖籍山东省，1957年毕业于上海第一医学院医疗系本科，同年分配至中国医学科学院北京协和医院外科。历任外科住院医师、总住院医师、主治医师、讲师、副教授及教授。1982年初至1983年4月在美国明尼苏达大学研修泌尿外科（专攻泌尿系肿瘤），获该校"荣誉学者"及校友资格证书；1983年4～9月，在奥地利沙兹堡总医院进修泌尿外科。1985年以来，任北京协和医院外科副主任、泌尿外科主任、中华泌尿外科学会常委、北京市泌尿外科学分会副主任委员、《中华外科杂志》编委、国际泌尿外科学会会员。

　　在多年的临床外科实践中，积累了丰富的临床经验，有扎实的基本功，始终在临床一线工作。在泌尿外科专业中，尤其擅长肾上腺外科、肾癌治疗、肾移植及内镜手术。与本院内分泌科合作完成了数百例库欣综合征的手术治疗，对高血压醛固酮症、各种类型的肾上腺嗜铬细胞瘤有丰富的手术经验，在肾血管性高血压的手术治疗方面积累了丰富的经验。对各种类型的肾肿瘤尤其是肾癌的治疗方法有独到之处。自1984年以来，他改变了传统的肾切口，扩大了肾癌根治术的范围，提高了肾癌病人的5年生存率。异体肾移植手术成功率达到国内先进水平，经他手术的该手术已被列为泌尿外科的常规工作。目前肾移植病人存活时间最长已达23年。已积累了数千例经尿道前列腺电切的手术经验。开展尿道镜、腹腔镜、输尿管镜等常规诊治手段。另外，对难治性外伤性尿道狭窄创立了耻骨开窗的手术途径，开展了阳痿假体植入、女性尿失禁等新疗法，处理各种难度较大的泌尿外科手术有丰富的经验。在探讨肿瘤的基础研究方面，1988年培养了肾癌Rcc-881体外细胞株，利用高能震波对体外肿瘤细胞、动物体内肿瘤生长和生物特性进行了一系列基础研究，并从癌基因等分子生物学角度进行了探讨。自1990年以来与美国OKLAHOME大学合作进行了联苯胺作业工人的膀胱癌病因调查，并对高危人群继续从早期肿瘤标记监测中进行追踪。自20世纪70年代以后，先后发表临床及科研论著40多篇，参加了《中国医学百科全书》《急诊医学》及多部外科学教材和专著的编写，并参与了国外教科书的翻译工作，担负了北京协和医科大学的临床教学工作，承担各级医师及进修医师的培训，为硕士及博士研究生导师，先后培养硕士、博士研究生共12名。1992年享受国务院颁发的政府特殊津贴。

中国泌尿外科学史（第2版）

熊汝成

1908—1995年，湖北省蕲春市人，汉族，泌尿外科学教授，博士生导师，1960年加入中国共产党。1995年8月5日逝世。

1936年毕业于北平协和医学院，并获得美国纽约州大学颁发的医学博士学位。毕业后在北平协和医学院、贵阳医学院和上海医学院从事医疗和教学工作。1946年赴美国密执安大学医院进修泌尿外科，1947年回国即在上海医学院中山医院开创泌尿外科。新中国成立后，熊汝成教授是中山医院首任工会主席。抗美援朝期间，他担任抗美援朝医疗队第七大队大队长。

历任中山医院泌尿外科主任、系统外科教研组主任、外科教研组主任、医学系副主任、医学系一部主任、中山医院护士学校校长、中山医院副院长等职。1993年被聘为首批中华医学会资深会员。曾任中华医学会泌尿外科学分会副主任委员、名誉顾问，中华医学会器官移植学会名誉主任委员，国家计划生育委员会计划生育科技专题委员会顾问，《中华医学百科全书·泌尿外科卷》副主编。曾担任上海市医学会泌尿外科学分会主任委员、上海医科大学荣誉教授、波兰Bialgstok医学院客座教授。

1960年以来，他对肾血管性高血压进行了较全面的研究，提出了我国大动脉炎是引起肾动脉狭窄最常见的病理基础，受到国内外重视。在他主持下，1972年9月研究成功国内第一台平板型（Kill型）人工肾并投入生产，为晚期肾功能衰竭病人进行血液透析和肾移植提供了条件。1974年获上海市重大科技成果奖。1970年1月进行首例尸体肾移植。1975年7月第二例尸体肾移植获得成功，受者生存9年以上，是当时我国肾移植存活时间最长的病例。1977年获上海市重大科技成果奖。1978年其所在单位获全国卫生科技大会颁发的全国医药卫生先进集体称号。1979年与中国科学院上海有机化学研究所、第三军医大学协作研制全氟碳代血液，1981年首先应用于临床，效果良好。1987年获解放军总后勤部科技进步奖三等奖。1984年起与上海交通大学合作研究肾结石体外碎石并完成动物实验和临床试验。1987年7月获国家科技进步奖一等奖。指导博士生开展的流式细胞技术诊断膀胱肿瘤，1991年6月获国家卫生部科技进步奖三等奖。先后主编、副主编《肾脏移植》、《泌尿生殖外科学》、《实用外科学》等专著8部，参编其他泌尿外科专著16部，发表论文130多篇。

1983年被评为上海市劳动模范，1985年被评为全国计划生育先进工作者，1993年获首届吴阶平泌尿外科医学奖。

熊旭林

1918—2002 年。出生于湖北省鄂州市,少年时代目睹旧中国的贫穷落后、列强凌辱而发愤读书,立志学医,1946 年毕业于贵阳医学院,留校任外科医师。他的一生以振兴中华民族、救死扶伤为己任。

"像我这样不聪明的人,只要勤学苦练和心怀全心全意为病人服务的信念,当好一名外科医生不难。"这是我国著名泌尿外科学专家、首届吴阶平奖获得者、武汉协和医院泌尿外科熊旭林教授质朴的人生格言。在熊旭林教授半个世纪的医学生涯中,他的最大追求,莫过于用坚韧不拔的刻苦钻研精神,用自己的医术和热忱去拯救每一个病人的生命,争取千万个家庭的安康和幸福。

20 世纪 50 年代以来,先后在武汉大学附属医院、同济医学院附属协和医院任外科住院医师、总住院医师、主治医师。1957 年晋升副教授,担任外科教研组副主任兼泌尿外科主任直至 1986 年,1986 年晋升教授。自 1980 年起,他担任硕士、博士研究生导师,享受国务院颁发的政府特殊津贴。1980 年起先后担任两届中华泌尿外科学会常务委员,湖北省和武汉市泌尿外科学会主任委员,湖北省器官移植学会副主任委员,中华医学会湖北省分会常务理事,《中华泌尿外科杂志》、《同济医科大学学报》编委,《中华器官移植杂志》常务编委。1986 年创办《临床泌尿外科杂志》,并一直担任主编。

熊旭林教授在半个世纪的泌尿外科临床、科研及教学工作中,锐意进取、辛勤耕耘、硕果累累,为华中地区泌尿外科学事业的发展做了大量开拓性的工作。解放初期,国家还处在战争创伤修复期,国民经济十分困难,整个华中、中南地区的医疗技术和医疗条件极为落后,远远不能适应病人就医的需要。面对渴求解除痛苦的病人,面对设备、技术落后,熊旭林毅然选择了白手起家,一切从零开始。他深知创业的艰难,没有现成的知识,他就向书本学习,不分昼夜地沉浸在书海中,广泛阅读国内外文献,博采众长,吸取精华;没有现成的经验,他就在临床上分秒必争地刻苦钻研,在实践中摸索和累积。1952 年,他创建了华中地区第一个泌尿外科专科。经过四十余载的拼搏奋斗,为现在的华中科技大学协和医院泌尿外科的发展奠定了坚实的基础,使协和医院泌尿外科享誉国内外,并成为华中乃至中南地区泌尿外科学的领先学科。

为了病人,他上下求索、潜心钻研。每一次手术前,他总是反复研究、周密安排,严谨设计手术方案,术中全神贯注、精益求精,术后认真分析总结,掌握了一套精湛的泌尿外科手术方法。他率先在国内、省内开展了各种泌尿外科疾病的手术治疗新术式,如耻骨后前列腺摘除术、膀胱部分切除术、膀胱全切除术和输尿管乙状结肠吻合术、肾上腺亚全切除术、经会阴前列腺摘除术、膀胱镜电切除术和嗜铬细胞瘤剜除术,肾切除肾癌根治术、乳糜尿外科治疗、前列腺增生的电切除术在国内有广泛的影响。其中男性尿道损伤、良性前列腺增生外科治疗、肾实质切开铆钉式缝合止血法等居于国内领先水平。长期致力于前列腺增生症的发病机制、手术改进和手术止血方法改进,潜心研究男性尿道损伤分类及其治疗原则,创新了男性尿道损伤的修复方法,其疗效达到国际先进水平。

20世纪60年代早期,熊旭林教授精心研制滚筒式人工肾并用于临床。而在这一时期,他又把目光投向了能够使肾功能衰竭病人告别死神的"回天术"——肾移植。他从文献中得知,国外从60年代中期便开始了同种异体肾移植动物实验,60年代末期已经成功用于临床。面对人类医学的进步,熊旭林兴奋不已,同时又暗暗下定决心:"我们也要搞自己的肾移植"。图书室、实验室成了他的家,反复实验、反复总结,经过大量的自体和异体动物试验后,于1974年首次在湖北省成功开展了自体肾移植术。在华中地区首例同种异体肾移植术成功,使协和医院成为我国较早开展这项工作的单位之一。

20世纪80年代初,国外已开始利用体外冲击波原理治疗肾结石、输尿管结石,熊旭林教授又以敏锐的眼光紧跟时代潮流,从1984年起精心研究体外冲击波碎石技术。难能可贵的是,他还自己成功地研制了泌尿系统结石碎石机机样。在当时国家拨款有限的情况下,他千方百计多方筹措资金,购买当时罕见的碎石机、膀胱镜、透析机等先进设备。他们在华中地区率先开展各项血液透析、泌尿系统B超和膀胱镜检查新业务,使无数病人获得了新生。

熊旭林教授积极开展泌尿系统结石分析、泌尿外科肿瘤病因学等的学术研究,先后有近20项科研成果分别获得全国、省市科技进步奖,发表学术论文近百篇,获得了国内同行的广泛赞誉。参加了全国外科学教材《黄家驷外科学》、《泌尿外科学》、《临床男科学》、《中国医学百科全书》、《临床泌尿外科手册》等专著的编写。

熊旭林教授在泌尿外科学事业上不懈追求,作出了杰出贡献,赢得了党和人民的信任,他在花甲之年光荣地加入了中国共产党,并荣获全国先进卫生工作者称号。1957—1994年先后担任湖北省、武汉市人大代表,多次获得各级优秀党员、先进工作者称号。在长期的医疗实践中,熊旭林教授为人师表、诲人不倦,先后培养了16名博士、硕士研究生和一大批优秀的泌尿外科人才,他们当中许多人已成长为著名泌尿外科专家。

熊旭林教授以自己的高尚医德和精湛医术,赢得了人民群众和全国泌尿外科学界的广泛赞誉与尊敬,而他不畏艰难勇攀医学高峰的精神,也成为激励后辈学者奋斗的宝贵财富。

樊苏培

1919—1992年,出生于上海市崇明县,1938年由苏州市省立中学考入上海第一医学院(现复旦大学上海医学院)医疗系。1944年毕业后任上海医学院附属华山医院及中山医院住院医师、泌尿外科主治医师、讲师等。1955年7月,为响应国家号召支援边疆建设,毅然放弃优越的生活条件,来到边疆少数民族地区,参加了新疆医学院艰苦的创建工作。曾任新疆医学院泌尿外科副主任医师、主任医师,泌尿外科副主任、主任,外科学副教授、教授,新疆医学院附属第一医院副院长;曾任第七届全国政协委员,新疆维吾尔自治区政协第三届委员,第四、五届常委;曾任新疆维吾尔自治区第二、第三届科协副主席,第四届荣誉委员,中华医学会新疆维吾尔自治区分会副会长、名誉顾问,新疆维吾尔自治区外科学会副主任委员,新疆维吾尔自治区医学会泌尿外科学分会主任委员,《中华泌尿外科杂志》编辑委员会委员,《新疆医学》杂志总主编。

樊苏培教授在外科学方面有深厚扎实的理论知识,手术技艺精湛,专长于泌尿外科,是我国知名的泌尿外科专家。他在长期的医学实践中,不断钻研、勤于探索,积累了丰富的临床和教学经验,尤其对泌尿系统结核、肾癌、肾上腺外科疾病、泌尿外科 X 线诊断,以及新疆地区的常见病、多发病——泌尿系统结石、包虫病、布氏杆菌病等有较深入的研究。在泌尿外科手术上有所创新,如小肠襻代替全输尿管、前列腺切除术及多种泌尿系造影方法等,在国内有一定影响。对急性肾功能衰竭的治疗和研究成绩显著。

从 1953 年起,先后在全国性刊物上发表专业论文数十篇,编写了《中华医学百科全书·泌尿外科分册》,与方昆豪合作著有《临床泌尿外科 X 线诊断学》一书,在全国有较大影响。在他主持下,新疆医学院率先在新疆开展了人工肾血液透析工作,并在临床应用上达到全国先进水平。1977 年开始采用自体肾移植治疗肾动脉狭窄引起的肾性高血压获成功。1978 年曾作为特邀代表出席了全国科学技术大会。1983 年 10 月组织开展了新疆第一例同种异体肾移植手术获得成功。1987 年在他带领下,泌尿外科"异体肾移植"获得新疆维吾尔自治区科学技术研究成果奖。1988 年又率先在新疆地区引进泌尿系统体外冲击波碎石术,对新疆泌尿外科技术水平提高作出了较大的贡献。

樊苏培教授从事医学教育 40 多年,教学质量高、效果好,为新疆培养了大批各民族医务人才,桃李遍布全疆各地。他是新疆医学院第一批硕士研究生导师。

樊苏培教授热爱新疆,积极参加边疆建设,来疆后一直安心边疆工作。为了更好地为边疆人民服务,他积极学习少数民族语言,在长期的医疗、教学实践中,与新疆各族人民结下了深厚的友谊。年逾花甲时他还带领医疗队深入基层和牧区,为当地各族群众防病治病,培训医疗骨干。30 多年来,他的足迹遍布天山南北,他的医德和医术受到广泛赞誉。

樊苏培教授任全国政协委员后,积极参政议政,参加政协组织的各项社会活动,为全疆的经济建设和文教卫生事业献计献策,提出了许多有益的意见和建议。尽管身兼诸多社会职务,他一贯尽职尽责,不辞劳苦。在长期从事的各种学术团体工作中,以高度的责任感,兢兢业业、默默无闻、积极工作、无私奉献,为推动全疆科技群众团体的建设与发展,作出了重要的贡献。

1992 年 2 月 19 日,樊苏培教授因肺癌医治无效于上海逝世,享年 72 岁。

中国泌尿外科学史（第2版）

潘铁军

1963年10月出生，中共党员，主任医师，教授，博士、硕士生导师。

1986年毕业于华中科技大学同济医学院医疗系，毕业后任广州军区武汉总医院泌尿外科住院医师，1988年考入华中科技大学同济医学院泌尿外科专业硕士研究生，并硕博连读，师从于熊旭林教授、鲁功成教授。1993年毕业后任广州军区武汉总医院泌尿外科主任至今。现任中华医学会泌尿外科分会常委及副秘书长、中华医学会泌尿外科分会肿瘤学组委员、全国抗癌协会泌尿男生殖系肿瘤委员、欧洲泌尿外科会员、美国泌尿外科学会会员、全军泌外学会常委、湖北泌尿腔道学会副主任委员、武汉市泌尿外科学会副主任委员、广州军区科学技术委员会委员、广州军区泌尿外科专业组副组长、武汉市移植学会委员、湖北省泌尿外科学会常委、华中科技大学同济医学院聘用教授兼硕士生导师，担任《中华泌尿外科杂志》、《中华男科杂志》、《临床外科杂志》、《华南国防医学杂志》、《腔道泌尿外科杂志》、《现代泌尿外科杂志》、《现代泌尿生殖系肿瘤杂志》等学术期刊编委。

1986年开始从事泌尿外科工作，具有扎实的专业理论功底，曾于1998年被指定为"1383"工程第二层次人才，并选送到北京医科大学泌尿外科研究所深造1年，求学于泌尿外科专家那彦群教授，2003年作为全国泌尿外科将才工程之一赴美国迈阿密大学师从著名肿瘤泌尿外科专家Soloway教授，之后赴意大利巴勒莫大学医学院泌尿外科研究所作为访问学者，学习前列腺癌根治术及前列腺癌临床诊疗方面的先进技术，2005年参加了美国南加州大学泌尿外科肿瘤高级研修班，2007年参加了哈佛大学麻省总医院举行的高级研修班，对泌尿系肿瘤的诊疗进行了系统的学习。多次应邀参加国内外泌尿外科学术会议，并进行学术报告及手术演示。

在临床工作中，长期致力于泌尿系肿瘤、泌尿系结石、前列腺等疾病的临床及基础研究，在泌尿系结石的微创治疗、前列腺增生症的腔道微创治疗、泌尿系肿瘤的诊疗、泌尿外科腹腔镜技术及器官移植等方面具有较高的造诣。开展了多项新技术、新业务，在国内外首次提出和实施自体肾移植结合腔道碎石技术治疗巨大完全性肾鹿角形结石，早期开展了保留血管神经束的前列腺癌、膀胱癌根治术，创新性的提出了"腰肋悬空仰卧位"经皮肾镜碎石术、"四步法"等离子前列腺剜除术，在腹腔镜下肾切除、肾盂成形术、前列腺癌、膀胱癌根治术等腹腔镜手术方面进行多项技术创新和改进，疗效显著。

在国家级刊物上发表论文50余篇，主编专科书籍5部，主译专著1部，参与编写著作10余部。参与编写国家级规划"十一五"教科《外科学》1部，参与编写与制定膀胱癌诊疗指南1次。参与国家自然科学基金资助项目1项，负责省攻关课题及卫生厅资助等项目5项，负责中华医学会课题6项。获省科技进步奖二等奖1项，获军队医疗成果三等奖3项。

第十四部分

中国泌尿外科学者参加
国际泌尿外科协会会员名册

CUA 第七届和第八届委员会为了促进国际化进程,组织 CUA 全国委员和青年委员会副主任委员集体注册成为美国泌尿外科学会(AUA)和欧洲泌尿外科学会(EAU)国际会员。

表 14 - 1　美国泌尿外科学会(AUA)会员名单(以姓名拼音排序)

姓名	工作单位	邮编
毕建斌(Bi Jianbin)	中国医科大学附属第一医院泌尿外科	110001
岑　松(Cen Song)	海南省人民医院泌尿外科	570311
陈　方(Chen Fang)	上海儿童医院泌尿外科	200040
陈福宝(Chen Fubao)	宁夏医科大学附属医院泌尿外科	750004
陈　山(Chen Shan)	首都医科大学附属北京同仁医院泌尿外科	100730
陈　忠(Chen Zhong)	华中科技大学同济医学院附属同济医院泌尿外科	430030
程　跃(Cheng Yue)	宁波第一医院泌尿外科	315010
邓耀良(Deng Yaoliang)	广西医科大学附属第一医院泌尿外科	530021
丁国富(Ding Guofu)	石河子大学附属医院泌尿外科	823008
丁　强(Ding Qiang)	复旦大学附属华山医院泌尿外科	200040
范治璐(Fan Zhilu)	大连医科大学附属第二医院泌尿外科	116027
高　新(Gao Xin)	中山大学附属第三医院泌尿外科	510630
贺大林(He Dalin)	西安交通大学医学院第一附属医院泌尿外科	710061
侯健全(Hou Jianquan)	苏州大学附属第一医院泌尿外科	215006
黄　健(Huang Jian)	中山大学附属第二医院泌尿外科	510120
黄　翔(Huang Xiang)	四川省人民医院泌尿外科	610072
黄翼然(Huang Yiran)	上海交通大学医学院附属仁济医院泌尿外科	200217
靳风烁(Jin Fengshuo)	重庆第三军医大学大坪医院泌尿外科	400042
孔垂泽(Kong Chuize)	中国医科大学附属第一医院泌尿外科	110001

（续表）

姓名	工作单位	邮编
孔祥波(Kong Xiangbo)	吉林大学中日联谊医院泌尿外科	130031
李传洪(Li Chuanhong)	西藏自治区人民医院泌尿外科	850000
李汉忠(Li Hanzhong)	北京协和医院泌尿外科	100730
李　虹(Li Hong)	四川大学华西医院泌尿外科	610061
李炯明(Li Jiongming)	昆明医学院附属第二医院泌尿外科	650101
李黎明(Li Liming)	天津医科大学总医院泌尿外科	300052
李宁忱(Li Ningchen)	北京大学吴阶平泌尿外科医学中心	100034
黎　炜(li Wei)	河北医科大学第二附属医院泌尿外科	50000
李　逊(Li Xun)	广州医学院港湾医院泌尿外科	510230
梁朝朝(Liang Chaozhao)	安徽医科大学附属第一医院泌尿外科	230022
刘修恒(Liu Xiuheng)	武汉大学人民医院泌尿外科	430060
马洪顺(Ma Hongshun)	天津第一中心医院泌尿外科	300192
马潞林(Ma Lulin)	北京大学第三医院泌尿外科	100191
那彦群(Na Yanqun)	北京大学吴阶平泌尿外科医学中心	100041
倪少滨(Ni Shaobin)	哈尔滨医科大学第一附属医院泌尿外科	150001
潘铁军(Pan Tiejun)	广州军区武汉总医院泌尿外科泌尿外科	430070
齐　琳(Qi Lin)	中南大学湘雅医院泌尿外科	410008
任来成(Ren Laicheng)	山西医科大学第二医院泌尿外科	30001
宋　波(Song Bo)	第三军医大学附属西南医院泌尿外科	400038
孙　光(Sun Guang)	天津医科大学第二医院泌尿外科	300211
孙颖浩(Sun Yinghao)	上海长海医院泌尿外科	200433
孙则禹(Sun Zeyu)	南京大学医学院附属鼓楼医院泌尿外科	210008
孙兆林(Sun Zhaolin)	贵州省人民医院泌尿外科	550002
田　野(Tian Ye)	首都医科大学附属北京友谊医院泌尿外科	100050
王春喜(Wang Chunxi)	吉林大学第一临床学院泌尿外科	130021
王东文(Wang Dongwen)	山西医科大学第一医院泌尿外科	30001
王共先(Wang Gongxian)	南昌大学第一附属医院泌尿外科	330006
王　健(Wang Jian)	青海大学附属医院泌尿外科	810001
王建业(Wang Jianye)	卫生部北京医院泌尿外科	100730
王晓峰(Wang Xiaofeng)	北京大学人民医院泌尿外科	100044

(续表)

姓名	工作单位	邮编
王行环(Wang Xinghuan)	武汉大学中南医院泌尿外科	510080
王玉杰(Wang Yujie)	新疆医科大学第一附属医院泌尿外科	830001
王志平(Wang Zhiping)	兰州大学第二医院泌尿外科	730030
王子明(Wang Ziming)	西安交通大学医学院第二附属医院泌尿外科	710004
魏 强(Wei Qiang)	四川大学华西医院泌尿外科	610041
吴小侯(Wu Xiaohou)	重庆医科大学附属第一医院泌尿外科	400016
夏海波(Xia Haibo)	赤峰学院附属医院泌尿外科	24000
夏术阶(Xia Shujie)	上海交通大学附属第一人民医院泌尿外科	200080
谢立平(Xie Li Ping)	浙江大学医学院附属第一医院泌尿外科	310003
邢金春(Xin Jinchun)	厦门大学附属第一医院泌尿外科	361003
许传亮(Xu Chuanliang)	上海市长海医院泌尿外科	200433
许克新(Xu Kexin)	北京大学人民医院泌尿外科	100044
徐 勇(Xu Yong)	天津医科大学第二医院泌尿外科	300211
徐祗顺(Xu Zhishun)	山东大学齐鲁医院泌尿外科	250012
叶章群(Ye Zhangqun)	华中科技大学同济医学院附属同济医院泌尿外科	430030
殷长军(Yin Changjun)	江苏省人民医院泌尿外科	210029
袁建林(Yuan Jianlin)	西京医院泌尿外科	710032
张 凯(Zhang Kai)	北京大学第一医院泌尿外科	100034
张 炜(Zhang Wei)	江苏省人民医院泌尿外科	210029
张 旭(Zhang Xu)	解放军总医院泌尿外科	100853
赵晓昆(Zhao Xiaokun)	中南大学湘雅二医院泌尿外科	410011
郑军华(Zheng Junhua)	上海市第十人民医院泌尿外科	200072

表 14-2 欧洲泌尿外科学会(EAU)会员名单(以姓名拼音排序)

姓名	工作单位	邮编
毕建斌(Bi Jianbin)	中国医科大学附属第一医院泌尿外科	110001
岑 松(Cen Song)	海南省人民医院泌尿外科	570311
陈 方(Chen Fang)	上海儿童医院泌尿外科	200040
陈福宝(Chen Fubao)	宁夏医科大学附属医院泌尿外科	750004
陈 山(Chen Shan)	首都医科大学附属北京同仁医院泌尿外科	100730

中国泌尿外科学史(第2版)

（续表）

姓名	工作单位	邮编
陈　忠（Chen Zhong）	华中科技大学同济医学院附属同济医院泌尿外科	430030
程　跃（Cheng Yue）	宁波第一医院泌尿外科	315010
邓耀良（Deng Yaoliang）	广西医科大学附属第一医院泌尿外科	530021
丁国富（Ding Guofu）	石河子大学附属医院泌尿外科	823008
丁　强（Ding Qiang）	复旦大学附属华山医院泌尿外科	200040
范治璐（Fan Zhilu）	大连医科大学附属第二医院泌尿外科	116027
高　新（Gao Xin）	中山大学附属第三医院泌尿外科	510630
贺大林（He Dalin）	西安交通大学医学院第一附属医院泌尿外科	710061
侯健全（Hou Jianquan）	苏州大学附属第一医院泌尿外科	215006
黄　健（Huang Jian）	中山大学附属第二医院泌尿外科	510120
黄　翔（Huang Xiang）	四川省人民医院泌尿外科	610072
黄翼然（Huang Yiran）	上海交通大学医学院附属仁济医院泌尿外科	200217
靳风烁（Jin Fengshuo）	重庆第三军医大学大坪医院泌尿外科	400042
孔垂泽（Kong Chuize）	中国医科大学附属第一医院泌尿外科	110001
孔祥波（Kong Xiangbo）	吉林大学中日联谊医院泌尿外科	130031
李传洪（Li Chuanhong）	西藏自治区人民医院泌尿外科	850000
李汉忠（Li Hanzhong）	北京协和医院泌尿外科	100730
李　虹（Li Hong）	四川大学华西医院泌尿外科	610061
李炯明（Li Jiongming）	昆明医学院附属第二医院泌尿外科	650101
李黎明（Li Liming）	天津医科大学总医院泌尿外科	300052
李宁忱（Li Ningchen）	北京大学吴阶平泌尿外科医学中心	100034
黎　炜（Li Wei）	河北医科大学第二附属医院泌尿外科	50000
李　逊（Li Xun）	广州医学院港湾医院泌尿外科	510230
梁朝朝（Liang Chaozhao）	安徽医科大学附属第一医院泌尿外科	230022
刘修恒（Liu Xiuheng）	武汉大学人民医院泌尿外科	430060
马洪顺（Ma Hongshun）	天津第一中心医院泌尿外科	300192
马潞林（Ma Lulin）	北京大学第三医院泌尿外科	100191
那彦群（Na Yanqun）	北京大学吴阶平泌尿外科医学中心	100041
倪少滨（Ni Shaobin）	哈尔滨医科大学第一附属医院泌尿外科	150001
潘铁军（Pan Tiejun）	广州军区武汉总医院泌尿外科泌尿外科	430070
齐　琳（Qi Lin）	中南大学湘雅医院泌尿外科	410008

（续表）

姓名	工作单位	邮编
任来成（Ren Laicheng）	山西医科大学第二医院泌尿外科	30001
宋　波（Song Bo）	第三军医大学附属西南医院泌尿外科	400038
孙　光（Sun Guang）	天津医科大学第二医院泌尿外科	300211
孙颖浩（Sun Yinghao）	上海长海医院泌尿外科	200433
孙则禹（Sun Zeyu）	南京大学医学院附属鼓楼医院泌尿外科	210008
孙兆林（Sun Zhaolin）	贵州省人民医院泌尿外科	550002
田　野（Tian Ye）	首都医科大学附属北京友谊医院泌尿外科	100050
王春喜（Wang Chunxi）	吉林大学第一临床学院泌尿外科	130021
王东文（Wang Dongwen）	山西医科大学第一医院泌尿外科	30001
王共先（Wang Gongxian）	南昌大学第一附属医院泌尿外科	330006
王　健（Wang Jian）	青海大学附属医院泌尿外科	810001
王建业（Wang Jianye）	卫生部北京医院泌尿外科	100730
王晓峰（Wang Xiaofeng）	北京大学人民医院泌尿外科	100044
王行环（Wang Xinghuan）	武汉大学中南医院泌尿外科	510080
王玉杰（Wang Yujie）	新疆医科大学第一附属医院泌尿外科	830001
王志平（Wang Zhiping）	兰州大学第二医院泌尿外科	730030
王子明（Wang Ziming）	西安交通大学医学院第二附属医院泌尿外科	710004
魏　强（Wei Qiang）	四川大学华西医院泌尿外科	610041
吴小侯（Wu Xiaohou）	重庆医科大学附属第一医院泌尿外科	400016
夏海波（Xia Haibo）	赤峰学院附属医院泌尿外科	24000
夏术阶（Xia Shujie）	上海交通大学附属第一人民医院泌尿外科	200080
谢立平（Xie Li Ping）	浙江大学医学院附属第一医院泌尿外科	310003
邢金春（Xin Jinchun）	厦门大学附属第一医院泌尿外科	361003
许传亮（Xu Chuanliang）	上海市长海医院泌尿外科	200433
许克新（Xu Kexin）	北京大学人民医院泌尿外科	100044
徐　勇（Xu Yong）	天津医科大学第二医院泌尿外科	300211
徐祗顺（Xu Zhishun）	山东大学齐鲁医院泌尿外科	250012
叶章群（Ye Zhangqun）	华中科技大学同济医学院附属同济医院泌尿外科	430030
殷长军（Yin Changjun）	江苏省人民医院泌尿外科	210029
袁建林（Yuan Jianlin）	西京医院泌尿外科	710032
张　凯（Zhang Kai）	北京大学第一医院泌尿外科	100034

中国泌尿外科学史（第2版）

中国泌尿外科学史（第2版）

（续表）

姓名	工作单位	邮编
张　炜（Zhang Wei）	江苏省人民医院泌尿外科	210029
张　旭（Zhang Xu）	解放军总医院泌尿外科	100853
赵晓昆（Zhao Xiaokun）	中南大学湘雅二医院泌尿外科	410011
郑军华（Zheng Junhua）	上海市第十人民医院泌尿外科	200072

表 14-3　国际泌尿外科学会（SIU）会员名单（按姓名拼音排序）

姓名	工作单位	邮编
丁克家（Ding Kejia）	山东省立医院泌尿外科	250021
范治璐（Fan Zhilu）	大连医科大学附属第二医院泌尿外科	116023
顾　晓（Gu Xiao）	苏北人民医院泌尿外科	225001
何舜发（Ho Son Fat）	澳门仁伯爵医院	
孔祥波（Kong Xiangbo）	吉林大学中日联谊医院泌尿外科	
冷　静（Leng Jing）	上海交通大学附属仁济医院泌尿外科	200001
李金华（Li Jinhua）	荆州市中心医院泌尿外科	434020
李炯明（Li Jiongming）	昆明医学院第二附属医院泌尿外科	650101
李黎明（Li Liming）	天津医科大学总医院泌尿外科	300052
李宁忱（Li Ningchen）	北京大学吴阶平泌尿外科医学中心	100043
李炎堂（Li Yantang）	中国人民解放军总医院泌尿外科	100853
刘定益（Liu Ding-Yi）	上海瑞金医院泌尿外科	200025
陆曙炎（Lu Shuyan）	常州市第二人民医院泌尿外科	213003
梅　骅（Mei Hua）	中山大学附属第一医院泌尿外科	510080
那彦群（Na Yanqun）	北京大学吴阶平泌尿外科医学中心	100043
彭轼平（Peng Shiping）	江西医学院第一附属医院泌尿外科	330006
申鹏飞（Shen Pengfei）	中南大学湘雅医院泌尿外科	410008
沈周俊（Shen Zhoujun）	上海瑞金医院泌尿外科	200025
孙则禹（Sun Zeyu）	南京大学医学院附属鼓楼医院泌尿外科	210008
孙颖浩（Sun Yinghao）	上海长海医院泌尿外科	200433
王剑松（Wang Jiansong）	昆明医学院附属第二医院泌尿外科	650101
王志平（Wang Zhiping）	兰州大学第二医院	730030
魏金星（Wei Jinxing）	郑州大学第一附属医院泌尿外科	450052

（续表）

姓名	工作单位	邮编
文志卫（Man Chi Wai）	香港屯门医院	
夏术阶（Xia Shujie）	上海市第一人民医院	200080
杨进益（Yang Jinyi）	大连友谊医院泌尿外科	116001
Yu Chia－Cheng	台湾高雄荣民总医院	
张元芳（Zhang Yuanfang）	上海华山医院泌尿外科	200040
郑家富（Zheng Jiafu）	上海长海医院泌尿外科	200433
周芳坚（Zhou Fangjian）	中山大学附属肿瘤医院泌尿外科	510060
周立群（Zhou Liqun）	北京大学泌尿外科研究所	100034
邹晓峰（Zou Xiaofeng）	赣南医学院第一附属医院泌尿外科	341000

第十五部分

中华医学会泌尿外科学分会 规范化管理文件

中华医学会泌尿外科学分会委员会工作规约

第一章　总　　则

第一条　中华医学会泌尿外科学分会是中华医学会所属的专科分会，是推动中国泌尿外科事业发展的核心力量。中华医学会泌尿外科学分会委员会是中华医学会泌尿外科分会的领导机构，遵守中华医学会的各项规定，服从中华医学会的领导。分会委员会是分会的领导机构。

第二章　宗旨和工作范围

第二条　宗旨：团结领导全国泌尿外科医师，发展中国泌尿外科事业。

第三条　工作范围：

1. 组织全国性学术会议、专题研讨会。
2. 培养泌尿外科专科医师，开展泌尿外科医师的继续教育活动。
3. 积极进行科学普及工作。
4. 促进国际间交流与合作，组织在华举办的国际会议。
5. 组织全国性多中心研究及全国性流行病学调查。
6. 撰写、修订中国泌尿外科疾病诊治指南和中国泌尿外科史。
7. 编辑出版专业杂志和其他出版物。
8. 表彰和奖励为发展中国泌尿外科事业作出贡献的个人和团体。完成政府和其他团体委托的政策咨询、医疗保险、成果鉴定、医疗事故鉴定等项工作。

第三章　委员会组成

第四条　委员会由 45～91 名委员组成，设前任主任委员、现任主任委员、候任主任委员各 1

名,副主任委员 2～4 名。常务委员为委员总人数的 1/3,学术秘书 1 人,工作秘书 2 人。

第五条 委员、常务委员、副主任委员、候任主任委员、主任委员和秘书长、副秘书长、工作秘书的产生按中华医学会有关规定执行。(为便于工作开展,建议全国委员一般应由各省、直辖市、自治区专业委员会的主任委员担任。在拥有常务委员名额地区的主任委员原则上应为常务委员。)

第六条 所有委员应该模范遵守分会的各项规章制度,积极参加分会的各项活动,在遇到与分会的活动在时间和利益有冲突的时候,应该以分会活动为重。所有委员应该自觉地维护分会的权威性和统一性,抵制不利于分会团结的言行与行动。

第七条 委员会下设工作部:

1. 学科发展工作部。

4. 出版刊物及疾病诊治指南工作部。

3. 继续教育(含科学普及)工作部。

3. 国际交流工作部。

5. 总务部工作部。

5. 组织部工作部。

第八条 委员会下设学组:

1. 腔道泌尿外科学组。

2. 尿控及女性泌尿外科学组。

3. 泌尿及男性生殖系统肿瘤学组。

4. 泌尿系结石学组。

5. 肾移植学组。

6. 男科学组。

7. 小儿泌尿外科学组。

8. 基础研究学组。

第九条 委员会下设的各工作部及学组的组成及工作程序按各自规定执行。

第十条 委员会实行现任主任委员负责制。前任主任委员、现任主任委员、候任主任委员分别负责 1 个工作部的工作;秘书长、副秘书长、工作秘书协助现任主任委员工作。

第四章 会议制度

第十一条 全国委员会每年举办 2 次,每届 3 年任期内,参加会议次数不应少于 4 次(含 4 次),若少于 4 次,建议下届不连任委员。

第十二条 常务委员会议每年举行 2 次,每届 3 年任期内,参加会议次数不应少于 4 次(含 4 次),若少于 4 次,建议下届不连任常务委员。

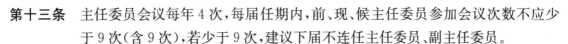
第十三条　主任委员会议每年 4 次，每届任期内，前、现、候主任委员参加会议次数不应少于 9 次（含 9 次），若少于 9 次，建议下届不连任主任委员、副主任委员。

第十四条　在必要时，现主任委员可临时召开主任委员、常务委员及全国委员会议。

第十五条　全体委员会会议必须超过全国委员人数的 2/3 方可召开，会议决定在超过参会者半数同意后方可执行。

第十六条　主任委员会议、常务委员会、全体委员会的时间、地点由主任委员决定。

第十七条　本规约在与中华医学会的规章相抵触时，以中华医学会章程为准。

〔经第八届第一次全体委员会议（2007 年 10 月 11 日，郑州）及第八届第三次全体委员会议（2007 年 11 月 15 日，厦门）讨论通过〕

科学发展工作部规则

第一章　宗旨和工作范围

第一条　宗旨：在中华医学会泌尿外科学分会领导下，推动中国泌尿外科科学事业发展。

第二条　工作范围：

1. 制定中国泌尿外科短期、中期、长期科学发展规划。

2. 举办全国学术年会、静论坛和学组会。

3. 组织全国性泌尿外科疾病流行病学调查。

4. 组织全国多中心临床与基础研究。

5. 组织颁发分会范围内的各种奖励。

6. 其他与科学发展的相关事宜。

第二章　机构与成员

第三条　成员：科学发展工作部由 15 名成员组成（其中分会委员人数应大于 2/3）。

第四条　成员的产生：

1. 各大区、直辖市常务委员提名，现任主任委员聘任。

2. 成员任期一届（3 年），可连任，但不得超过两届。

第五条　机构：

1. 办事机构设在分会办公室，由主任委员所在地的一名常委（或委员）和秘书负责该机构的日常事务。

2. 该机构受分管此项工作的一位主任委员领导。

3. 重大事宜必须经该部 2/3 以上成员同意后，报送主任委员会议。

4. 重大事宜必须经过主任委员会议通过后方可实施。

第三章　冠　　名

第六条　学科发展工作部是泌尿外科学分会的下设机构,举办的各类活动必须冠名"中华医学会泌尿外科学分会"。

第七条　在各类活动中,若需要签署个人名称时,第一责任人为分会主任委员,第二责任人为主管该部工作的主任委员。

第四章　附　　则

第八条　学科发展工作部开展活动的经费由泌尿外科学分会统一管理。

第九条　中华医学会泌尿外科学分会受中华医学会领导,本规则与中华医学会有关规定相违时,以中华医学会规定为准。

　　[经第八届第一次全体委员会议(2007 年 10 月 11 日,郑州)及第八届第三次全体委员会议(2007 年 11 月 15 日,厦门)讨论通过]

国际交流工作部规则

第一章　宗旨和工作范围

第一条　宗旨:在中华医学会泌尿外科学分会领导下,推动中国泌尿外科学界与国际的交流与合作。

第二条　工作范围:

1. 举办在华的国际会议。

2. 组织促进泌尿外科医生参加亚洲及国际学术会议。

3. 参加亚洲及国际泌尿外科组织的工作会议。

4. 发展国际泌尿外科学会会员,推荐国际学术组织的中国代表。

5. 其他与对外交流相关的事宜。

第二章　机构与成员

第三条　成员:国际交流工作部由 15 名成员组成(其中分会委员人数应大于 2/3)。

第四条　成员的产生:

1. 各大区、直辖市常务委员提名,现任主任委员聘任。

2. 成员任期一届(3年),可连任,但不得超过两届。

第五条　机构:

    1. 办事机构设在分会办公室,由主任委员所在地的一名常委(或委员)及秘书负责该机构的日常事务。

    2. 该机构受分管此项工作的一位副主任委员领导。

    3. 重大决定必须经该部2/3以上成员同意后,报送主任委员会议。

    4. 重大决定必须经过主任委员会议通过后方可实施。

第三章　冠　　名

第六条　国际交流工作部是泌尿外科学分会的下设机构,举办的各类活动必须冠名"中华医学会泌尿外科学分会"。

第七条　在各类活动中,若需要签署个人名称时,第一责任人为分会现任主任委员,第二责任人为主管该部工作的主任委员。

第四章　附　　则

第八条　国际交流工作部开展活动的经费由泌尿外科学分会统一管理。

第九条　中华医学会泌尿外科学分会受中华医学会领导,本规则与中华医学会有关规定相违时,以中华医学会规定为准。

    〔经第八届第一次全体委员会议(2007年10月11日,郑州)及第八届第三次全体委员会议(2007年11月15日,厦门)讨论通过〕

出版物及疾病诊治指南工作部规则

第一章　宗旨和工作范围

第一条　宗旨:在中华医学会泌尿外科学分会领导下,出版泌尿外科相关杂志及其他出版物,规范中国泌尿外科常见疾病诊治标准。

第二条　工作范围:

    1. 出版泌尿外科相关杂志。

    2. 出版泌尿外科相关书籍。

    3. 出版泌尿外科相关音像制品。

    4. 撰写和修订中国泌尿外科常见疾病诊治指南。

    5. 撰写和修订中国泌尿外科学史。

    6. 其他与出版刊物及疾病诊治指南工作相关事宜。

第二章 机构与成员

第三条 成员：出版刊物及疾病诊治指南工作部由 15 名成员组成（其中分会委员人数应大于 2/3）。

第四条 成员的产生：

1. 各大区、直辖市常务委员提名，现任主任委员聘任。

2. 成员任期一届（3 年），可连任，但不得超过两届。

第五条 机构：

1. 办事机构设在分会办公室，由主任委员所在地的一名常委（或委员）及秘书负责该机构的日常事务。

2. 该机构受分管此项工作的一位主任委员领导。

3. 重大决定必须经该部 2/3 以上成员同意后，报送主任委员会议。

4. 重大决定必须经过主任委员会议通过后方可实施。

第三章 冠   名

第六条 出版刊物及疾病诊治指南工作部是泌尿外科学分会的下设机构，举办的各类活动必须冠名"中华医学会泌尿外科学分会"。

第七条 在各类活动中，若需要签署个人名称时，第一责任人为分会现任主任委员，第二责任人为主管该工作的主任委员。

第四章 附   则

第八条 出版刊物及疾病诊治指南工作部开展活动的经费由泌尿外科学分会统一管理。

第九条 中华医学会泌尿外科学分会受中华医学会领导，本规则与中华医学会有关规定相违时，以中华医学会规定为准。

〔经第八届第一次全体委员会议（2007 年 10 月 11 日，郑州）及第八届第三次全体委员会议（2007 年 11 月 15 日，厦门）讨论通过〕

继续教育工作部规则

第一章 宗旨和工作范围

第一条 宗旨：在中华医学会泌尿外科学分会领导下，培养泌尿外科专科医师，加强泌尿外科专科医师继续教育，进行科学普及工作。

第二条 工作范围：

1. 确定泌尿外科专科医师培养基地的标准和资格确认。

2. 确定泌尿外科专科医师培养和考核标准。

3. 确定专科医师培养方法。

4. 组织实施专科医师培训。

5. 举行各类继续教育活动。

6. 向泌尿外科医生和民众谈及泌尿外科学知识。

7. 其他与专科医师工作相关的事宜。

第二章 机构与成员

第三条 成员：专科医师工作部由 15 名成员组成（其中分会委员人数应大于 2/3）。

第四条 成员的产生：

1. 各大区、直辖市常务委员提名，现任主任委员聘任。

2. 成员任期一届（3 年），可连任，但不得超过两届。

第五条 机构：

1. 办事机构设在分会办公室，由现任主任委员所在地的一名常委（或委员）及秘书负责该机构的日常事务。

2. 该机构受分管此项工作的一位主任委员领导。

3. 重大事宜必须经该部 2/3 以上成员同意后，报送主任委员会议。

4. 重大决定必须经过主任委员会议通过后方可实施。

第三章 冠 名

第六条 继续教育工作部是泌尿外科学分会的下设机构，举办的各类活动必须冠名"中华医学会泌尿外科学分会"。

第七条 在各类活动中，若需要签署个人名称时，第一责任人为分会现任主任委员，第二责任人为主管该工作的主任委员。

第四章 附 则

第八条 继续教育工作部开展活动的经费由泌尿外科学分会统一管理。

第九条 中华医学会泌尿外科学分会受中华医学会领导，本规则与中华医学会有关规定相违时，以中华医学会规定为准。

［经第八届第一次全体委员会议（2007 年 10 月 11 日，郑州）及第八届第三次全体委员会议（2007 年 11 月 15 日，厦门）讨论通过］

总 务 部 规 则

第一章　宗旨和工作范围

第一条　宗旨：在中华医学会泌尿外科学分会领导下，管理中华医学会泌尿外科分会内部诸项事宜。

第二条　工作范围：

1. 分会各种规章制度的制定、修改。

2. 组织召开主任委员会议、常务委员会和全体委员会。

3. 医疗保险与价格相关事宜。

4. 伦理学相关事宜。

5. 分会内的财务管理。

6. 泌尿外科医疗事故鉴定事宜。

7. 其他与总务部工作相关事宜。

第二章　机构与成员

第三条　成员：总务部由现任泌尿外科学分会主任委员学会秘书长、工作秘书组成。

第四条　机构：

1. 办事机构设在分会办公室，由秘书负责该机构的日常事务。

2. 该机构受泌尿外科学分会主任委员领导。

3. 重大决定必须经过主任委员会议通过后方可实施。

第三章　冠　　名

第五条　总务部是泌尿外科学分会的下设机构，举办的各类活动必须冠名"中华医学会泌尿外科学分会"。

第六条　在各类活动中，若需要签署个人名称时，责任人为分会主任委员。

第四章　附　　则

第七条　总务部开展活动的经费由泌尿外科学分会统一管理。

第八条　中华医学会泌尿外科学分会受中华医学会领导,本规则与中华医学会有关规定相违时,以中华医学会规定为准。

　　[经第八届第一次全体委员会议(2007年10月11日,郑州)及第八届第三次全体委员会议(2007年11月15日,厦门)讨论通过]

组织工作部规则

第一章　宗旨和工作范围

第一条　宗旨:在中华医学会泌尿外科学分会领导下,健全泌尿外科分会组织,扩大泌尿外科专科医师队伍。

第二条　工作范围:

1. 泌尿外科学分会分支机构的建立与管理。
2. 泌尿外科学分会学组的建立与管理。
3. 发展中华医学会会员及专科会员。
4. 协助中华医学会组织部进行分会的换届改选。
5. 其他组织发展相关事宜。

第二章　机构与成员

第三条　成员:组织部由现任主任委员所在地的常务委员,学会正、副秘书长及工作秘书组成。

第四条　机构:

1. 办事机构设在分会办公室,由秘书负责该机构的日常事务。
2. 该机构受泌尿外科学分会现任主任委员领导。
3. 重大决定必须经过主任委员会议通过后方可实施。

第三章　冠　　名

第五条　组织部是泌尿外科学分会的下设机构,举办的各类活动必须冠名"中华医学会泌尿外科学分会"。

第六条　在各类活动中,若需要签署个人名称时,责任人为现任主任委员。

第四章 附 则

第七条 组织部开展活动的经费由泌尿外科学分会统一管理。

第八条 中华医学会泌尿外科学分会受中华医学会领导,本规则与中华医学会有关规定相违时,以中华医学会规定为准。

〔经第八届第一次全体委员会议(2007年10月11日,郑州)及第八届第三次全体委员会议(2007年11月15日,厦门)讨论通过〕

尿控及女性泌尿外科学组规则

第一章 宗旨和工作范围

第一条 宗旨:尿控及女性泌尿外科学组是在中华医学会泌尿外科学分会领导下,推动中国尿控专业发展的学术组织。

第二条 工作范围:

1. 组织尿控及女性泌尿外科专业的学术活动。

2. 掌握尿控及女性泌尿外科专业的学术动态,定期向泌尿外科学分会提出学术发展的设想和计划。

3. 在每年举行的全国泌尿外科学年会中组织尿控及女性泌尿外科专业分组会议。

4. 协助泌尿外科学分会进行与尿控及女性泌尿外科专业相关的全国多中心临床研究及相关疾病的流行病学调查,制定相应的尿控及女性泌尿外科专业相关的诊断治疗操作规范。

5. 组织尿控及女性泌尿外科的培训工作。

6. 向非泌尿外科专科医师及广大群众普及尿控及女性泌尿外科科学知识。

7. 其他与尿控及女性泌尿外科发展相关事宜。

第二章 机构与成员

第三条 成员:尿控及女性泌尿外科学组由15~25名委员组成。

第四条 成员的产生:

1. 分会组织部将学组委员名额分配至各大区、直辖市。

2. 各大区、直辖市的常委提名,分会组织工作部讨论确定学组委员名单。

3. 委员任期一届(3年),可连任,但不得超过三届。

第五条 领导机构：

1. 设立组长 1 名，副组长 2 名，秘书 1 名。

2. 组长、副组长由学组委员会推选产生，报分会组织工作部通过。组长原则上由分会常务委员担任，副组长由委员担任。

3. 秘书由组长聘任。

4. 学组重大决定必须经过分会主任委员会议通过后方可实施。

第三章　冠　　名

第六条 尿控及女性泌尿外科学组是泌尿外科学分会的下设机构，举办的各类活动必须冠名"中华医学会泌尿外科学分会"。

第七条 在各类活动中，若需要签署个人名称时，第一责任人为现任主任委员，第二责任人为尿控及女性泌尿外科学组组长。

第四章　附　　则

第八条 尿控及女性泌尿外科学组开展活动的经费由泌尿外科学分会统一管理。

第九条 中华医学会泌尿外科学分会受中华医学会领导，本规则与中华医学会有关规定相违时，以中华医学会规定为准。

　　［经第八届第一次全体委员会议（2007 年 10 月 11 日，郑州）及第八届第三次全体委员会议（2007 年 11 月 15 日，厦门）讨论通过］

泌尿及男性生殖系肿瘤学组规则

第一章　宗旨和工作范围

第一条 宗旨：泌尿及男性生殖系肿瘤学组是在中华医学会泌尿外科学分会领导下，推动中国泌尿及男性生殖系肿瘤专业发展的学术组织。

第二条 工作范围：

1. 组织泌尿及男性生殖系肿瘤专业的学术活动。

2. 掌握泌尿及男性生殖系肿瘤专业的学术动态，定期向泌尿外科学分会提出学术发展的设想和计划。

3. 在每年举行的全国泌尿外科学年会中组织泌尿及男性生殖系肿瘤专业分组会议。

4. 协助泌尿外科学分会进行与泌尿及男性生殖系肿瘤专业相关的全国多中心临床研究及相关疾病的流行病学调查,制定泌尿及男性生殖系肿瘤专业相关的诊断治疗操作规范。

5. 组织泌尿及男性生殖系肿瘤专业的培训工作。

6. 向非泌尿外科专科医师及广大群众普及泌尿及男性生殖系肿瘤科学知识。

7. 其他与泌尿及男性生殖系肿瘤发展相关事宜。

第二章　机构与成员

第三条　成员：泌尿及男性生殖系肿瘤学组由 15～25 名成员组成。

第四条　成员的产生：

1. 分会组织部将学组委员名额分配至各大区、直辖市。

2. 各大区、直辖市的常委提名,分会组织工作部讨论确定学组委员名单。

3. 委员任期一届(3 年),可连任,但不得超过三届。

第五条　领导机构：

1. 设立组长 1 名,副组长 2 名,秘书 1 名。

2. 组长、副组长由学组委员会推选产生,报分会主任委员会议通过。组长原则上由分会常务委员,副组长由分会委员担任。

3. 秘书由组长聘任。

4. 学组重大决定必须经过分会主任委员会议通过后方可实施。

第三章　冠　　名

第六条　泌尿及男性生殖系肿瘤学组是泌尿外科学分会的下设机构,举办的各类活动必须冠名"中华医学会泌尿外科学分会"。

第七条　在各类活动中,若需要签署个人名称时,第一责任人为分会现任主任委员,第二责任人为泌尿及男性生殖系肿瘤学组组长。

第四章　附　　则

第八条　泌尿及男性生殖系肿瘤学组开展活动的经费由泌尿外科学分会统一管理。

第九条　中华医学会泌尿外科学分会受中华医学会领导,本规则与中华医学会有关规定相违时,以中华医学会规定为准。

〔经第八届第一次全体委员会议(2007 年 10 月 11 日,郑州)及第八届第三次全体委员会议(2007 年 11 月 15 日,厦门)讨论通过〕

中国泌尿外科学史(第2版)

泌尿系结石学组规则

第一章　宗旨和工作范围

第一条　宗旨：泌尿系结石学组是在中华医学会泌尿外科学分会领导下，推动中国泌尿系结石专业发展的学术组织。

第二条　工作范围：

1. 组织泌尿系结石专业的学术活动。

2. 掌握泌尿系结石专业的学术动态，定期向泌尿外科学分会提出学术发展的设想和计划。

3. 在每年举行的全国泌尿外科学年会中组织泌尿系结石专业分组会议。

4. 协助泌尿外科学分会进行与泌尿系结石专业相关的全国多中心临床研究及相关疾病的流行病学调查，制定泌尿系结石专业相关的诊断治疗操作规范。

5. 组织泌尿系结石专业的培训工作。

6. 向非泌尿外科专科医师及广大群众普及泌尿系结石科学知识。

7. 其他与泌尿系结石发展相关事宜。

第二章　机构与成员

第三条　成员：泌尿系结石学组由 15～25 名成员组成。

第四条　成员的产生：

1. 分会组织部将学组委员名额分配至各大区、直辖市。

2. 各大区、直辖市的常委提名，分会组织工作部讨论确定学组委员名单。

3. 委员任期一届（3 年），可连任，但不得超过三届。

第五条　领导机构：

1. 设立组长 1 名，副组长 2 名，秘书 1 名。

2. 组长、副组长由学组委员会推选产生，报分会分会组织工作部通过。组长原则上由分会委员担任。

3. 秘书由组长聘任。

4. 学组重大决定必须经过分会主任委员会议通过后方可实施。

第三章　冠　　名

第六条　泌尿系结石学组是泌尿外科学分会的下设机构，举办的各类活动必须冠名"中华

医学会泌尿外科学分会"。

第七条 在各类活动中,若需要签署个人名称时,第一责任人为分会现任主任委员,第二责任人为泌尿系结石学组组长。

第四章 附 则

第八条 泌尿系结石学组开展活动的经费由泌尿外科学分会统一管理。

第九条 中华医学会泌尿外科学分会受中华医学会领导,本规则与中华医学会有关规定相违时,以中华医学会规定为准。

[经第八届第一次全体委员会议(2007 年 10 月 11 日,郑州)及第八届第三次全体委员会议(2007 年 11 月 15 日,厦门)讨论通过]

肾移植学组规则

第一章 宗旨和工作范围

第一条 宗旨:肾移植学组是在中华医学会泌尿外科学分会领导下,推动中国肾移植专业发展的学术组织。

第二条 工作范围:

1. 组织肾移植专业的学术活动。

2. 掌握肾移植专业的学术动态,定期向泌尿外科学分会提出学术发展的设想和计划。

3. 在每年举行的全国泌尿外科学会年会中组织肾移植专业分组会议。

4. 协助泌尿外科学分会进行与肾移植专业相关的全国多中心临床研究及相关疾病的流行病学调查,制定肾移植专业相关的诊断治疗操作规范。

5. 组织肾移植专业的培训工作。

6. 向非泌尿外科专科医师及广大群众普及肾移植科学知识。

7. 其他与肾移植发展相关事宜。

第二章 机构与成员

第三条 成员:肾移植学组由 9~17 名成员组成。

第四条 成员的产生:

1. 分会组织部将学组委员名额分配至各大区、直辖市。

2. 各大区、直辖市的常委提名,分会组织工作部讨论确定学组委员名单。

3. 委员任期一届(3年),可连任,但不得超过三届。

第五条　领导机构:

1. 设立组长1名,副组长2名,秘书1名。

2. 组长、副组长由学组委员会推选产生,报分会主任委员会议通过。组长原则上由分会常务委员,副组长由分会委员担任。

3. 秘书由组长聘任。

4. 学组重大决定必须经过分会主任委员会议通过后方可实施。

第三章　冠　　名

第六条　肾移植学组是泌尿外科学分会的下设机构,举办的各类活动必须冠名"中华医学会泌尿外科学分会"。

第七条　在各类活动中,若需要签署个人名称时,第一责任人为现任主任委员,第二责任人为肾移植学组组长。

第四章　附　　则

第八条　肾移植学组开展活动的经费由泌尿外科学分会统一管理。

第九条　中华医学会泌尿外科学分会受中华医学会领导,本规则与中华医学会有关规定相违时,以中华医学会规定为准。

　[经第八届第一次全体委员会议(2007年10月11日,郑州)及第八届第三次全体委员会议(2007年11月15日,厦门)讨论通过]

男科学组规则

第一章　宗旨和工作范围

第一条　宗旨:男科学组是在中华医学会泌尿外科学分会领导下,推动中国男科学专业发展的学术组织。

第二条　工作范围:

1. 组织男科学专业的学术活动。

2. 掌握男科学专业的学术动态,定期向泌尿外科学分会提出学术发展的设想和计划。

3. 在每年举行的全国泌尿外科学年会中组织男科学专业分组会议。

4. 协助泌尿外科学分会进行与男科学专业相关的全国多中心临床研究及相关疾

病的流行病学调查,制定男科学专业相关的诊断治疗操作规范。

5. 组织男科学专业的培训工作。

6. 向非泌尿外科专科医师及广大群众普及男科学的科学知识。

7. 其他与男科学发展相关事宜。

第二章 机构与成员

第三条 成员:男科学组由 9～17 名成员组成。

第四条 成员的产生:

1. 分会组织部将学组委员名额分配至各大区、直辖市。

2. 各大区、直辖市的常委提名,主任委员会议讨论确定学组委员名单。

3. 委员任期一届(3 年),可连任,但不得超过三届。

第五条 领导机构:

1. 设立组长 1 名,副组长 2 名,秘书 1 名。

2. 组长、副组长由学组委员会推选产生,报分会组织工作部会议通过。组长原则
上由分会常务委员担任,副组长由分会委员担任。

3. 秘书由组长聘任。

4. 学组重大决定必须经过分会主任委员会议通过后方可实施。

第三章 冠 名

第六条 男科学组是泌尿外科学分会的下设机构,举办的各类活动必须冠名"中华医学会
泌尿外科学分会"。

第七条 在各类活动中,若需要签署个人名称时,第一责任人为分会主任委员,第二责任人
为男科学组组长。

第四章 附 则

第八条 男科学组开展活动的经费由泌尿外科学分会统一管理。

第九条 中华医学会泌尿外科学分会受中华医学会领导,本规则与中华医学会有关规定相
违时,以中华医学会规定为准。

〔经第八届第一次全体委员会议(2007 年 10 月 11 日,郑州)及第八届第三次全体委员会议(2007 年 11 月
15 日,厦门)讨论通过〕

小儿泌尿外科学组规则

第一章 宗旨和工作范围

第一条 宗旨：小儿泌尿外科学组是在中华医学会泌尿外科学分会领导下，推动中国小儿泌尿外科专业发展的学术组织。

第二条 工作范围：

1. 组织小儿泌尿外科专业的学术活动。

2. 掌握小儿泌尿外科专业的学术动态，定期向泌尿外科学分会提出学术发展的设想和计划。

3. 在每年举行的全国泌尿外科学年会中组织小儿泌尿外科专业分组会议。

4. 协助泌尿外科学分会进行与小儿泌尿外科专业相关的全国多中心临床研究及相关疾病的流行病学调查，制定小儿泌尿外科专业相关的诊断治疗操作规范。

5. 组织小儿泌尿外科专业的培训工作。

6. 向非泌尿外科专科医师及广大群众普及小儿泌尿外科的科学知识。

7. 其他与小儿泌尿外科发展相关事宜。

第二章 机构与成员

第三条 成员：小儿泌尿外科学组由7～15名成员组成。

第四条 成员的产生：

1. 分会组织部将学组委员名额分配至各大区、直辖市。

2. 各大区、直辖市的常委提名，主任委员会议讨论确定学组委员名单。

3. 委员任期一届，可连任，但不得超过三届。

第五条 领导机构：

1. 设立组长1名，副组长2名，秘书1名。

2. 组长、副组长由学组委员会推选产生，报分会主任委员会议通过。组长原则由分会常务委员担任，副组长由分会委员担任。

3. 秘书由组长聘任。

4. 学组重大决定必须经过分会主任委员会议通过后方可实施。

第三章 冠 名

第六条 小儿泌尿外科学组是泌尿外科学分会的下设机构，举办的各类活动必须冠名"中华医学会泌尿外科学分会"。

第七条　在各类活动中,若需要签署个人名称时,第一责任人为分会主任委员,第二责任人为小儿泌尿外科学组组长。

第四章　附　　则

第八条　小儿泌尿外科学组开展活动的经费由泌尿外科学分会统一管理。

第九条　中华医学会泌尿外科学分会受中华医学会领导,本规则与中华医学会有关规定相违时,以中华医学会规定为准。

　　　[经第八届第一次全体委员会议(2007年10月11日,郑州)及第八届第三次全体委员会议(2007年11月15日,厦门)讨论通过]

全国学术年会操作规程

　　为了更及时地传递与交流学术信息,促进学科发展,中华医学会泌尿外科学分会决定自2005年起,将两年1次的全国泌尿外科学术会议改为全国学术会议年会制。

一、会议名称

依序排列为"中华医学会泌尿外科学分会第十届学术年会"。

二、会议时间

每年10月15日至11月15日。

三、会期

一般为3天(利用周末)。

四、会议承办

全国六大行政区及四个直辖市轮流承办(东北、华北、华东、中南、西南、西北与北京、上海、天津、重庆),年会期间由各行政区或直辖市选派一名常委代表向委员会提出承办下届年会申请,由全体委员不记名投票决定。由承办大区或直辖市推举一位大会执行主席(一般由承办省、市泌尿外科专业委员会主任委员担任),在分会学科发展工作部的领导下,负责全面承办事宜(包括组织学术会议筹备委员会、征稿、招商、审稿、会议安排、会议纪要等)。

五、征集与录用

会议承办者于本届学术年会后发出下一届学术年会《征稿通知》,稿件截止日期为8月31日。审稿会于9月中旬在会议举办地召开。审稿会由分会主任委员主持,常委、各学组组长和举办地的代表参加。

六、会议日程

1. 会议报到日下午为常委会、委员会、编委会、学组会等工作会议时间。

2. 会议第一日为开幕式及学术大会。

3. 会议第二、第三日为学组学术会议。

4. 会议前晚举行开幕晚宴。

5. 会议结束日 11∶00—12∶00 举行闭幕式,年会主办地 CUA 会旗交接仪式及颁奖。

七、学术年会优秀论文奖

自 2005 年开始设立"泌尿外科学分会优秀论文奖"。每届年会选出 2 篇优秀论文,在 12 篇大会报告论文中产生(论文第一作者必须为学会会员)。选举办法:①由全体委员无记名投票;②由全体与会代表无记名投票;③与会者与委员权重为 1∶10;④以简单多数原则选取前 2 名;⑤优秀论文奖奖金为 2 万元人民币。

八、同时设立学组论文奖

具体办法和奖金数额由各学组制定。

九、奖金由会议收入支付,获奖者自缴所得税

十、为了鼓励把年会办好,在大会期间对会议进行满意度调查(满意和不满意)

根据结果进行奖惩(奖惩方法待定)。

[经第七届第一次常务委员会会议(2004 年 12 月 17 日,银川)及第七届第二次全体委员会议(2005 年 2 月 25 日,南宁)讨论通过。]

第十六部分

吴阶平泌尿外科医学奖评选规则及申请表格

第一章　总　　则

第一条　为了推动泌尿外科医学事业的发展.促进泌尿外科医学技术进步,中华医学会泌尿外科学分会制定吴阶平泌尿外科医学奖评选规则。

第二条　吴阶平泌尿外科医学奖,旨在奖励在泌尿外科医学临床.科研工作中作出突出贡献.取得显著成就的个人。

第三条　吴阶平泌尿外科医学奖每年颁发一次,每次颁发1～2人(如无合适人选,可以空缺),颁发获奖证书.奖章及奖金。

第四条　吴阶平泌尿外科医学奖奖金来自于中华医学会泌尿外科学分会,亦接受个人和社会各界捐款,所接受款项由中华医学会泌尿外科学分会管理,专款专用。

第二章　推荐和评审

第五条　吴阶平泌尿外科医学奖候选人由具有推荐资格者推荐产生,审评实行公开.公平.公正原则,不受任何组织或个人的干扰。

第六条　吴阶平泌尿外科医学奖评审委员会由中华医学会泌尿外科学分会常委组成。中华医学会泌尿外科学分会前任主任委员为评审委员会主席,现任主任委员为副主席。

第七条　吴阶平泌尿外科医学奖以个人名义书面形式(含电子邮件)推荐获奖者。

第八条　吴阶平泌尿外科医学奖推荐人资格：中华医学会泌尿外科学分会委员

第九条　评选程序

(一)每年五月一日前,中华医学会泌尿外科学分会办公室将推荐表寄送至具有推荐资格的推荐者(推荐表由泌尿外科学会网上下载)。

(二)由三名推荐者联合推荐一名候选人,每名推荐者只限推荐1名,于七月一日前将推荐材料以信涵或电子邮件寄送中华医学会泌尿外科学分会办公室。

(三)每年六月一日至六月三十一日,中华医学会泌尿外科学分会办公室对候选人的推荐材料进行形式审查。

（四）每年七月一日至七月三十一日，中华医学会泌尿外科学分会办公室将推荐材料审查合格的候选人，按被提名人次排列顺序，选取前 10 名（出现并列名次时，按 10 名人次计算，末位并列者全部入选）。

（五）评审委员在八月三十一日前向中华医学会泌尿外科学分会办公室提出五名获奖人建议名单。中华医学会泌尿外科学分会办公室按被提名人次排列顺序，选取前 5 名（出现并列名次时，按 5 名人次计算，末位并列者全部入选）。

（六）每年九月份在中华医学会泌尿外科学分会网站进行获奖提名人公示。

（七）每年十月份召开吴阶平泌尿外科医学奖评审委员会终审会议，以无记名投票形式确定获奖者。因故不能到会的委员可以采取书面通讯的方式投票，但是现场投票委员不能少于全体评委的三分之二，获奖者票数必须达到现场投票的 2/3。

（八）获奖者经吴阶平泌尿外科医学奖评审委员会确认，于本年度中华医学会泌尿外科学分会全国学术年会上进行颁奖仪式。

第十条　吴阶平泌尿外科医学奖实行回避制度，评审委员会委员若被提名并进入前十名者，将不参加本年度评审委员会工作，其委员空缺将由特约评审员填补。特约评审员将由中华医学会泌尿外科学分会组织部提名征求评委意见后产生，任期一年。同一法人单位的评审委员不参加本单位候选人的评审。

第三章　监督与处理

第十一条　反对学术腐败。凡剽窃、侵夺他人的发明、发现或者其他科学技术成果的，或者以不正当手段骗取吴阶平泌尿外科医学奖的，由吴阶平泌尿外科医学奖评审委员会撤消其奖励，追回奖金、奖章和证书。

第十二条　参与吴阶平泌尿外科医学奖评审活动的有关人员在评审活动中弄虚作假，徇私舞弊，发现后撤消其评审委员会委员和办公室人员的资格。

第四章　附　　则

第十三条　本条例由中华医学会泌尿外科学分会负责解释。

吴 阶 平 泌 尿 外 科 医 学 奖
推 荐 表

推荐单位＿＿＿＿＿＿＿＿＿

人选姓名＿＿＿＿＿＿＿＿＿

工作单位＿＿＿＿＿＿＿＿＿

中华医学会泌尿外科学分会制

填　表　说　明

1. 认真填写提名表格，提供相关材料，保证提名的公正性和所提供材料的真实性。
2. 应评审委员会的要求，提供有关的补充说明或其他材料。
3. 对提名情况及所提供的材料不泄露给其他人。
4. 简历：从大学开始填写。
5. 曾获奖励情况：指省部级以上科技奖励和荣誉称号。
6. 获基金项目资助情况：包括已完成和正在开展的各类基金项目。

姓　名		性别		民族		照片
出生日期		学历		学位		
籍　贯	省　　市(县)			党派		
专业专长		专业技术职务				

	名　称		所在地	
单　位	通讯地址		邮政编码	
	联系电话		传　真	
住　宅	电子信箱		手　机	
	通讯地址		邮政编码	
	身份证号码		住宅电话	

在国内外学术团体任职情况	
社会职务	

	何年何月到何年何月	在何单位(学校)任何职(读何专业)
简　历		

曾获奖励情况

获奖时间	获奖项目名称	奖项名称	奖励等级（排名）	授奖部门

获基金项目资助情况

获基金资助项目	基金名称	资助时间及方式	目前完成情况

主要科学技术成就和贡献
主要科学发现.技术创新或技术推广要点
发表论文、专著的情况
科技成果应用情况或技术推广情况 （请附有关证明材料）

声　明	本人对推荐表上述内容及全部附件材料进行了审查,对其客观性和真实性负责。 　　　　　　　　　　　　　　　　　　　　被推荐人签名: 　　　　　　　　　　　　　　　　　　　　　　年　月　日